토익 개념&실전 종합서

실력 완성

토익 개념&실전 종합서

실력완성

초판 1쇄 인쇄 2023년 4월 20일
초판 1쇄 발행 2023년 4월 30일

지 은 이 | 파고다교육그룹 언어교육연구소, 장진영
펴 낸 이 | 박경실
펴 낸 곳 | **PAGODA Books** 파고다북스
출판등록 | 2005년 5월 27일 제 300-2005-90호
주   소 | 06614 서울특별시 서초구 강남대로 419, 19층(서초동, 파고다타워)
전   화 | (02) 6940-4070
팩   스 | (02) 536-0660
홈페이지 | www.pagodabook.com

ISBN 978-89-6281-620-4 (13740)

파고다북스   www.pagodabook.com
파고다 어학원   www.pagoda21.com
파고다 인강   www.pagodastar.com
테스트 클리닉   www.testclinic.com

▎낙장 및 파본은 구매처에서 교환해 드립니다.

토익 개념&실전 종합서

실력완성

PAGODA Books

목차

PART 1

LISTENING COMPREHENSION

PART 2

PART 3

PART 4

PART 5·6·7

READING COMPREHENSION

이 책의 구성과 특징

LISTENING COMPREHENSION

>> PART 1 사진의 유형을 이해하고 유형별 사진 공략법과 시제와 태 표현을 정확하게 구분한다.

>> PART 2 의문사 의문문, 비의문사 의문문에 따른 다양한 응답 표현 및 빈출 오답 유형을 익힌다.

>> PART 3 빠르게 전개되는 지문을 정확하게 파악하는 직청·직해 능력과 더불어 문맥 파악 및 논리력 판단을 길러야 한다.

>> PART 4 출제되는 지문 유형을 익히고 해당 지문에 자주 나오는 빈출 어휘 및 표현을 학습한다.

OVERVIEW

본격적인 학습의 준비 단계로, 각 Part별 출제 경향 및 문제 유형, 신토익 소개 및 그에 따른 접근 전략을 정리하였다.

문제 풀이 전략

각 Part별 문제 풀이에 앞서, 해당 Part의 기본 개념을 예문과 함께 익히고, 정답에 쉽게 접근할 수 있는 풀이 전략을 제시하였다.

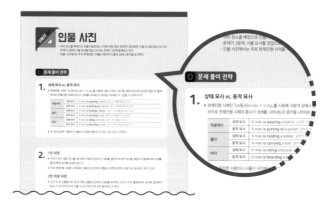

핵심 문제 유형

문제 풀이 전략에서 학습한 내용을 바로 적용해 볼 수 있도록 해당 유형의 대표 문제들을 제시하였다.

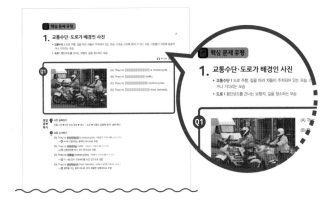

Practice

해당 UNIT에 해당하는 다양한 유형의 실전 문제를 접할 수 있도록 핵심 빈출 유형과 신유형 문제 및 고난도 문제를 각 Part별로 골고루 구성하였다.

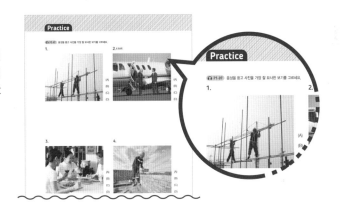

해설서

각 문제의 스크립트와 해석은 물론, 정답이 되는 근거와 오답이 되는 이유, 그리고 문제 풀이에 필요한 어휘를 수록하여 혼자서도 학습이 가능하도록 상세하게 구성하였나.

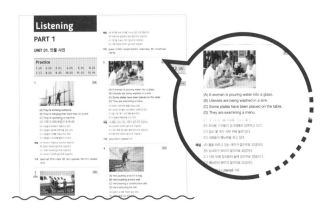

이 책의 구성과 특징

READING COMPREHENSION

>> PART 5 토익 입문자들에게 꼭 필요한 기초 토익 문법과 핵심 기본 문제 유형을 학습한다.
문장의 구조와 틀을 이해하고 해석하는 능력을 길러 각 문제를 푸는 방법을 익힌다.

>> PART 6 Part 5에서 학습한 어법 적용 문제, 어휘 문제, 글의 흐름상 빈칸에 알맞은 문장을 삽입하는 문제에도
충분히 대비한다.

>> PART 7 문제 유형별 해결 전략과 지문의 종류 및 주제별 해결 전략을 학습한다.

OVERVIEW

본격적인 학습의 준비 단계로, 각 Part별
출제 경향 및 문제 유형, 바뀐 신토익 소개
및 그에 따른 접근 전략을 정리하였다.

기본 개념 이해하기

문제 풀이에 앞서, 기본 개념을 예문과 함
께 익히고, 정답에 쉽게 접근할 수 있는 문
제 풀이 전략을 제시하였다.

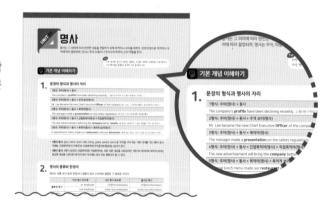

8

핵심 문제 유형

앞서 학습한 내용을 실제 문제에 적용해 볼 수 있도록 해당 유형의 대표 문제들을 제시하였다.

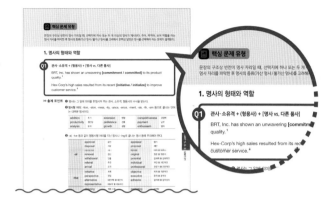

Practice

다양한 토익 실전 문제를 접할 수 있도록 핵심 빈출 유형과 신유형 및 고난도 문제를 골고루 구성하였다.

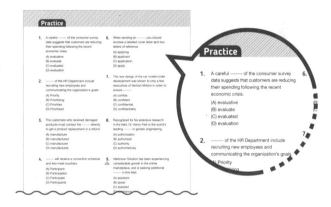

해설서

실력 완성을 위한 정답·오답 분석과 문제 풀이에 필요한 어휘를 수록하여 혼자서도 학습이 가능하도록 상세하게 구성하였다.

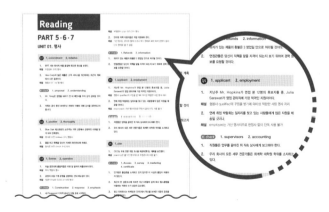

파트별 토익 소개

PART 1 — PHOTOGRAPHS
사진 묘사 문제

PART 1은 제시한 사진을 올바르게 묘사한 문장을 찾는 문제로, 방송으로 사진에 대한 4개의 짧은 설명문을 한번 들려준다. 4개의 설명문은 문제지에 인쇄되어 있지 않으며 4개의 설명문을 잘 듣고 그중에서 사진을 가장 정확하게 묘사하고 있는 문장을 답으로 선택한다.

문항 수	6문항(1번 ~ 6번에 해당합니다.)
Direction 소요 시간	약 1분 30초(LC 전체 Direction 약 25초 포함)
문제를 들려주는 시간	약 20초
다음 문제까지의 여유 시간	약 5초
문제 유형	1. 1인 중심 사진 2. 2인 이상 사진 3. 사물/풍경 사진

▶ 시험지에 인쇄되어 있는 모양

1.

▶ 스피커에서 들리는 음성

Number 1. Look at the picture marked number 1 in your test book.

(A) They're writing on a board.
(B) They're taking a file from a shelf.
(C) They're working at a desk.
(D) They're listening to a presentation.

정답 **1.** (C)

PART 2

QUESTION-RESPONSE
질의응답 문제

PART 2는 질문에 대한 올바른 답을 찾는 문제로, 방송을 통해 질문과 질문에 대한 3개의 응답문을 각 한 번씩 들려준다. 질문과 응답문은 문제지에 인쇄가 되어 있지 않으며 질문에 대한 가장 어울리는 응답문을 답으로 선택한다.

문항 수	25문항 (7번 ~ 31번에 해당합니다.)
Direction 소요 시간	약 25초
문제를 들려주는 시간	약 15초
다음 문제까지의 여유 시간	약 5초
문제 유형	1. 의문사 의문문 - Who/When/Where - What/Which - How/Why 2. 비의문사 의문문 - Be/Do/Will/Have/Should/May - 부정/부가/간접/선택 - 제안문·요청문·평서문

▶ 시험지에 인쇄되어 있는 모양

7. Mark your answer on your answer sheet.

▶ 스피커에서 들리는 음성

Number 7. How was the English test you took today?

(A) I took the bus home.
(B) I thought it was too difficult.
(C) I have two classes today.

정답 **7.** (B)

PART 3

SHORT CONVERSATIONS
짧은 대화 문제

PART 3는 짧은 대화문을 듣고 이에 대한 문제를 푸는 형식으로, 먼저 방송을 통해 짧은 대화를 들려준 뒤 이에 해당하는 질문을 들려준다. 문제지에는 질문과 4개의 보기가 인쇄되어 있으며 문제를 들은 뒤 제시된 보기 중 가장 적절한 것을 답으로 선택한다.

문항 수	13개 대화문, 39문항(32번 ~ 70번에 해당합니다.)
Direction 소요 시간	약 30초
문제를 들려주는 시간	약 30~40초
다음 문제까지의 여유 시간	약 8초
지문 유형	- 회사 생활, 일상생활, 회사와 일상의 혼합 - 총 13개 대화문 중 '2인 대화문 11개, 3인 대화문 2개'로 고정 출제 - 주고받는 대화 수: 3~10번
질문 유형	- **일반 정보 문제**: 주제·목적, 화자의 신분, 대화 장소 - **세부 정보 문제**: 키워드, 제안·요청, 다음에 할 일/일어날 일 - 화자가 그렇게 말한 의도를 묻는 문제(2문제 고정 출제) - 시각 자료 연계 문제(62~70번 사이에서 3문제 고정 출제)

▶ 시험지에 인쇄되어 있는 모양

32. What is the conversation mainly about?
(A) Changes in business policies
(B) Sales of a company's products
(C) Expanding into a new market
(D) Recruiting temporary employees

33. Why does the woman say, "There you go"?
(A) She is happy to attend a meeting.
(B) She is frustrated with a coworker.
(C) She is offering encouragement.
(D) She is handing over something.

34. What do the men imply about the company?
(A) It has launched new merchandise.
(B) It is planning to relocate soon.
(C) It has clients in several countries.
(D) It is having financial difficulties.

▶ 스피커에서 들리는 음성

Questions 32 through 34 refer to the following conversation with three speakers.

M1: How have you two been doing with your sales lately?

W: Um, not too bad. My clients have been ordering about the same amount of promotional merchandise as before.

M2: I haven't been doing so well. But I do have a meeting with a potential new client tomorrow.

W: There you go. I'm sure things will turn around for you.

M1: Yeah, I hope it works out.

W: It's probably just temporary due to the recession.

M2: Maybe, but I heard that the company may downsize to try to save money.

M1: Actually, I heard that, too.

정답 **32.** (B) **33.** (C) **34.** (D)

PART 4

SHORT TALKS
짧은 담화 문제

PART 4는 짧은 담화문을 듣고 이에 대한 문제를 푸는 형식으로, 먼저 방송을 통해 짧은 담화를 들려준 뒤 이에 해당하는 질문을 들려준다. 문제지에는 질문과 4개의 보기가 인쇄되어 있으며 문제를 들은 뒤 제시된 보기 중 가장 적절한 것을 답으로 선택한다.

문항 수	10개 담화문, 30문항 (71번 ~ 100번에 해당합니다.)
Direction 소요 시간	약 30초
문제를 들려주는 시간	약 30~40초
다음 문제까지의 여유 시간	약 8초
지문 유형	– 전화 메시지, 회의 발췌록, 안내 방송, 광고 방송, 뉴스 보도, 연설 등
질문 유형	– 일반 정보 문제: 주제·목적, 화자/청자의 신분, 담화 장소 – 세부 정보 문제: 키워드, 제안·요청, 다음에 할 일/일어날 일 – 화자가 그렇게 말한 의도를 묻는 문제 (3문제 고정 출제) – 시각 자료 연계 문제 (95~100번 사이에서 2문제 고정 출제)

▶ 시험지에 인쇄되어 있는 모양

71. Where most likely is the speaker?
    (A) At a trade fair
    (B) At a corporate banquet
    (C) At a business seminar
    (D) At an anniversary celebration

72. What are the listeners asked to do?
    (A) Pick up programs for employees
    (B) Arrive early for a presentation
    (C) Turn off their mobile phones
    (D) Carry their personal belongings

73. Why does the schedule have to be changed?
    (A) A speaker has to leave early.
    (B) A piece of equipment is not working.
    (C) Lunch is not ready.
    (D) Some speakers have not yet arrived.

▶ 스피커에서 들리는 음성

Questions 71 through 73 refer to the following talk.

I'd like to welcome all of you to today's employee training and development seminar for business owners. I'll briefly go over a few details before we get started. There will be a 15-minute break for coffee and snacks halfway through the program. This will be a good opportunity for you to mingle. If you need to leave the room during a talk, make sure to keep your wallet, phone, and … ah… any other valuable personal items with you. Also, please note that there will be a change in the order of the program. Um… Mr. Roland has to leave earlier than originally scheduled, so the last two speakers will be switched.

정답 **71.** (C) **72.** (D) **73.** (A)

PART 5

INCOMPLETE SENTENCES
단문 공란 메우기

PART 5는 빈칸이 포함된 짧은 문장과 4개의 보기를 주고 빈칸에 들어갈 가장 알맞은 보기를 고르는 문제로, 총 30문제가 출제된다. 크게 어형 문제/문법 문제와 어휘 문제로 문제 유형이 나뉜다.

문항 수	30개 문장, 30문항 (101번 ~ 130번에 해당합니다.)
문제 유형	- 어형 문제 / 문법 문제: 빈칸의 자리를 파악하여 보기 중 알맞은 품사나 형태를 고르는 문제와 문장의 구조를 파악하고 구와 절을 구분하여 빈칸에 알맞은 접속사나 진치사, 또는 부시 등을 고르는 문제 - 어휘 문제: 같은 품사의 4개 어휘 중에서 정확한 용례를 파악하여 빈칸에 알맞은 단어를 고르는 문제
보기 구성	4개의 보기

▶ 시험지에 인쇄되어 있는 모양

어형 문제
>>

101. If our request for new computer equipment receives -------, we are going to purchase 10 extra monitors.

    (A) approval   (B) approved
    (C) approve   (D) approves

어휘 문제
>>

102. After being employed at a Tokyo-based technology firm for two decades, Ms. Mayne ------- to Vancouver to start her own IT company.

    (A) visited   (B) returned
    (C) happened   (D) compared

문법 문제
>>

103. ------- the demand for the PFS-2x smartphone, production will be tripled next quarter.

    (A) Even if   (B) Just as
    (C) As a result of   (D) Moreover

정답 **101.** (A) **102.** (B) **103.** (C)

PART 6

TEXT COMPLETION
장문 공란 메우기

PART 6는 4개의 지문에 각각 4개의 문항이 나와 총 16문제가 출제되며, PART 5와 같은 문제이나, 문맥을 파악해 정답을 골라야 한다. 편지, 이메일 등의 다양한 지문이 출제되며, 크게 어형/문법을 묻는 문제, 어휘 문제, 문장 선택 문제로 문제 유형이 나뉜다.

문항 수	4개 지문, 16문항(131번 ~ 146번에 해당합니다.)
지문 유형	설명서, 편지, 이메일, 기사, 공지, 지시문, 광고, 회람, 발표문, 정보문 등
문제 유형	- 어형 문제 / 문법 문제: 문장 구조, 문맥상 어울리는 시제 등을 고르는 문제 - 어휘 문제: 같은 품사의 4개 어휘 중에서 문맥상 알맞은 단어를 고르는 문제 - 문장 선택 문제: 앞뒤 문맥을 파악하여 4개의 문장 중에서 알맞은 문장을 고르는 문제
보기 구성	4개의 보기

▶ 시험지에 인쇄되어 있는 모양

Questions 131-134 refer to the following e-mail.

To: sford@etnnet.com
From: customersupport@interhosptimes.ca
Date: July 1
Subject: Re: Your Subscription

Congratulations on becoming a reader of *International Hospitality Times*. ------- the plan you have subscribed to, 131. you will not only have unlimited access to our online content, but you will also receive our hard copy edition each month. If you wish to ------- your subscription preferences, contact our Customer Support Center at +28 07896 132. 325422. Most ------- may also make updates to their accounts on our website at www.interhosptimes.ca. Please 133. note that due to compatibility issues, it may not be possible for customers in certain countries to access their accounts online. -------. Your business is greatly appreciated. 134.

International Hospitality Times

문법 문제 ≫ 131. (A) Besides
(B) As if
(C) Under
(D) Prior to

어휘 문제 ≫ 132. (A) purchase
(B) modify
(C) collect
(D) inform

어형 문제 ≫ 133. (A) subscribe
(B) subscriptions
(C) subscribers
(D) subscribing

문장 삽입 문제 ≫ 134. (A) We have branches in over 30 countries around the globe.
(B) We provide online content that includes Web extras and archives.
(C) We are working to make this service available to all readers soon.
(D) We would like to remind you that your contract expires this month.

정답 **131.** (C) **132.** (B) **133.** (C) **134.** (C)

PART 7

READING COMPREHENSION
독해

PART 7은 단일·이중·삼중 지문을 읽고 그에 딸린 2~5문제를 푸는 형태로, 총 15개 지문, 54문제가 출제되어 RC 전체 문항의 절반 이상을 차지한다. 같은 의미의 패러프레이징된 표현에 주의하고, 문맥을 파악하는 연습을 한다. 키워드 파악은 문제 해결의 기본이다.

문항 수	15개 지문, 54문항(147번 ~ 200번에 해당합니다.)
지문 유형	- **단일 지문:** 이메일, 편지, 문자 메시지, 온라인 채팅, 광고, 기사, 양식, 회람, 공지, 웹페이지 등 - **이중 지문:** 이메일/이메일, 기사/이메일, 웹페이지/이메일 등 - **삼중 지문:** 다양한 세 지문들의 조합
문제 유형	- **핵심 정보:** 주제 또는 제목과 같이 가장 핵심적인 내용을 파악하는 문제 - **특정 정보:** 세부 사항을 묻는 문제로, 모든 질문이 의문사로 시작하며 지문에서 질문의 키워드와 관련된 부분을 읽고 정답을 찾는 문제 - **NOT:** 지문을 읽는 동안 보기 중에서 지문의 내용과 일치하는 보기를 대조해서 소거하는 문제 - **추론:** 지문의 내용을 바탕으로 전체 흐름을 이해하며 지문에 직접 언급되지 않은 사항을 추론하는 문제 - **화자 의도 파악:** 화자의 의도를 묻는 문제로, 문자 메시지나 2인 형태의 대화로 출제되며 온라인 채팅은 3인 이상의 대화 형태로 출제 - **동의어:** 주어진 단어의 사전적 의미가 아니라 문맥상의 의미와 가장 가까운 단어를 고르는 문제 - **문장 삽입:** 지문의 흐름상 주어진 문장이 들어갈 적절한 위치를 고르는 문제로, 세부적인 정보보다 전체적인 문맥 파악이 중요한 문제
보기 구성	4개의 보기

▶ 시험지에 인쇄되어 있는 모양

Questions 151-152 refer to the following text message chain.

> **Naijia Kuti** 12:02 P.M.
> My bus to Ibadan was canceled due to engine problems, and all other buses to that city are full. I don't know if I can give my presentation at the history conference. What should I do?

> **Adebiyi Achebe** 12:04 P.M.
> Not to worry. I'll come pick you up in my car.

> **Naijia Kuti** 12:05 P.M.
> I appreciate it! My seminar starts at 5 P.M. As long as we depart from Lagos by 1:30, I'll be able to make it on time.

> **Adebiyi Achebe** 12:07 P.M.
> Where should I go?

> **Naijia Kuti** 12:08 P.M.
> In front of La Pointe Restaurant, near Terminal Rodoviario. Call me when you're getting close.

151. At 12:04 P.M., what does Mr. Achebe most likely mean when he writes, "Not to worry"?
(A) He has a solution to Ms. Kuti's problem.
(B) He can reschedule a presentation.
(C) He knows another bus will arrive soon.
(D) He is happy to cover Ms. Kuti's shift.

152. What is implied about Ms. Kuti?
(A) She has a meeting at a restaurant.
(B) She is going to be late for a seminar.
(C) She plans to pick up a client at 1:30 P.M.
(D) She is within driving distance of a conference.

정답 **151.** (A) **152.** (D)

Questions 158-160 refer to the following Web page.

http://www.sdayrealestate.com/listing18293

Looking for a new home for your family? This house, located on 18293 Winding Grove, was remodeled last month. It features 2,500 square feet of floor space, with 5,000 square feet devoted to a gorgeous backyard. Also included is a 625 square feet garage that can comfortably fit two mid-sized vehicles. —[1]—. Located just a five-minute drive from the Fairweather Metro Station, this property allows for easy access to the downtown area, while providing plenty of room for you and your family. —[2]—. A serene lake is just a 100-foot walk away from the house. —[3]—. A 15 percent down payment is required to secure the property. —[4]—. For more detailed information or to arrange a showing, please email Jerry@sdayrealestate.com.

158. How large is the parking space?
(A) 100 square feet
(B) 625 square feet
(C) 2,500 square feet
(D) 5,000 square feet

159. What is NOT stated as an advantage of the property?
(A) It has a spacious design.
(B) It has been recently renovated.
(C) It is in a quiet neighborhood.
(D) It is near public transportation.

160. In which of the positions marked [1], [2], [3], and [4] does the following sentence best belong?

"A smaller amount may be accepted, depending on the buyer's financial circumstances."

(A) [1]
(B) [2]
(C) [3]
(D) [4]

정답 **158.** (B) **159.** (C) **160.** (D)

PART 1

OVERVIEW

주어진 사진을 보고, 들려주는 4개의 보기 중에서 사진 속에 등장하는 인물의 동작이나 상태, 사물의 상태나 위치 등을 가장 정확하게 묘사한 것을 고르는 문제로 총 6문항이 출제된다.

문제 유형

1인 사진 | 한 사람이 등장, 인물의 동작과 옷차림 등의 상태 묘사

2인 이상 사진 | 두 사람 이상 등장, 인물의 공통 동작, 상호 동작, 개별 동작 및 상태 묘사

인물·사물 혼합 사진 | 인물과 사물이 함께 등장하여 동시에 혼합적으로 묘사

사물·풍경 사진 | 사람이 등장하지 않고 사물과 풍경 중심, 사물의 위치나 전체적 풍경 묘사

출제 포인트

- 인물 사진에서 인물의 동작이 아니라 상태를 묘사하는 정답이 더 자주 출제되고 있다.
- 인물 사진이더라도 사람 주변의 사물이나 배경을 묘사하는 정답도 출제된다.
- 사물·풍경 사진을 현재형 일반동사로 묘사하는 정답이 출제된다.

PART 1 이렇게 대비하자!

- Part 1에 자주 출제되는 사진의 상황별 빈출 표현들을 정리하여 암기한다.
- Part 1에서는 정답을 찾기보다 오답을 소거해야 한다. 평소 문제 풀이를 하면서 오답 보기들이 왜 정답이 될 수 없는지를 완벽하게 이해한다.
- 문제 풀이에서 틀린 문제들을 중점적으로 반복 청취하면서 문장 단위로 받아쓰기 연습을 하고, 듣고 따라 말하는(shadowing) 청취 훈련이 필요하다.

PART 1 오답 소거법

1. 혼동되는 상태 동사와 동작 동사를 이용한 오답

(A) He is wearing glasses. ◎

남자는 안경을 착용한 상태이다.

(B) He is putting on glasses. ✕

남자는 안경을 착용하고 있는 중이다.

wear와 put on은 한국어로는 둘 다 '입다, 착용하다'로 해석이 되지만 wear는 착용한 상태를 나타내고 put on은 착용하는 동작을 나타내므로 주의해야 한다.

2. 사진에 없는 사람, 사물, 동작을 연상시키는 오답

(A) He is holding a lid of a machine. ◎

남자는 기계의 덮개를 손으로 잡고 있다.

(B) He is putting some papers on a machine. ✕

남자는 기계 위에 서류를 놓고 있다.

복사하기 위해서는 복사기 위에 서류를 놓아야 한다는 것을 연상해 (B)를 답으로 고를 수 있지만, 사진에 papers(서류)가 없기 때문에 답이 될 수 없다.

3. 혼동되는 유사 발음의 단어를 이용한 오답

(A) She is riding bicycles. ◎

여자는 자전거를 타고 있다.

(B) She is writing on a notepad. ✕

여자는 메모장에 무언가를 쓰고 있다.

맞는 표현은 is riding bicycles(자전거를 타고 있다)이지만 riding과 유사한 발음의 writing을 이용하여 is writing on a notepad(메모장에 무언가를 쓰고 있다)라는 전혀 다른 내용의 함정이 나온다.

4. 여러 가지 의미가 있는 다의어를 이용한 오답

(A) The man is pushing a stroller. ◎

남자가 유모차를 밀고 있다.

(B) They are walking toward the car park. ✕

사람들이 주차장 쪽으로 걸어가고 있다.

park라는 단어만 듣고 사진에 나와 있는 공원을 연상해서 (B)를 답으로 고를 수 있는데, park의 다른 의미를 이용한 함정 문제이다. park는 '공원'이라는 뜻도 있지만 주차와 관련된 의미로도 많이 출제되므로 park(v. 주차하다), parking lot/car park(주차장) 등의 주차와 관련된 표현에 주의한다.

PART 1 주의해야 할 유사 발음 어휘

[p] / [f]	copy 복사하다 / coffee 커피	peel 껍질을 벗기다 / feel 느끼다
	pan 냄비 / fan 선풍기, 부채	pull 당기다 / full 가득 찬
	pass 지나가다 / fast 빠른	pile 더미; 쌓다 / file 파일(을 철하다)
[b] / [v]	base (사물의) 맨 아랫부분 / vase 꽃병	cupboard 찬장 / cover 덮개; 덮다
	bend 구부리다 / vend 팔다	curb 도로 경계석 / curve 커브
[s] / [θ]	boss 상사 / both 둘 다	pass 지나가다 / path 길
[s] / [z]	close 가까운 / clothes 옷	race 경주 / raise 들어 올리다
[l] / [r]	close 가까운, 닫다 / cross 건너다	lap 무릎 / lab 실험실 / wrap 싸다
	cloud 구름 / crowd 군중	lead 이끌다 / read 읽다
	glass 잔 / grass 잔디	load 짐을 싣다 / road 도로
	lace 끈 / race 경주	lock 잠그다 / rock 바위
	lamp 등 / ramp 경사로	lid 뚜껑 / rid 없애다
	lane 차선 / rain 비	tile 타일 / tire 타이어
[t] / [d]	letter 편지 / ladder 사다리	writing 쓰기 / riding 타기
기타	address 연설하다 / dress 드레스	hold 들다 / fold 접다
	alone 혼자 / along ~을 따라서 / long 긴	horse 말 / hose 호스
	books 책들 / box 상자	car 차 / cart 카트
	sail 항해하다 / sell 팔다	chair 의자 / share 공유하다
	seat 좌석 / sit 앉다	stack 더미; 쌓다 / stock 채우다
	draw 그리다 / throw 던지다	track (지나간) 자국 / rack 선반
	fish 낚시하다 / finish 끝내다	fountain 분수 / mountain 산

PART 1 주의해야 할 다의어

assemble	① 모이다
	② 조립하다
board	① 게시판
	② 이사회
	③ 타다
book	① 책
	② 예약하다
carry	① 운반하다
	② 취급하다
check	① 수표
	② 확인하다
place	① 장소
	② 놓다
water	① 물
	② 물을 주다
wave	① 파도
	② 흔들다
cover	① 덮다, 씌우다
	② 포함하다
park	① 공원
	② 주차하다

plant	① 식물
	② 공장
	③ 심다
point	① 요점
	② 가리키다
present	① 선물
	② 참석한
	③ 보여주다, 제시하다
produce	① 농작물
	② 생산하다
sign	① 간판, 표지판
	② 서명하다
take off	① 이륙하다
	② 벗다, 풀다
light	① (전)등
	② 가벼운
	③ 불을 붙이다
locate	① 두다
	② ~의 위치를 찾아내다
lot	① 부지
	② 많은

인물 사진

- 여러 장소를 배경으로 인물이 등장하는 사진은 매회 평균 4문제가 출제되며, 인물 묘사를 정답으로 하는 문제가 3문제, 사물 묘사를 정답으로 하는 문제가 1문제 출제되고 있다.
- 인물 사진에서는 주로 현재진행 시제를 사용하여 인물의 상태나 동작을 묘사한다.

⚙ 문제 풀이 전략

1. 상태 묘사 vs. 동작 묘사

▶ 현재진행 시제인 「be동사(is/are + V-ing」를 사용해 사람의 상태나 동작을 알맞게 묘사한 문장을 정답으로 출제하므로 현재진행 시제의 동사가 상태를 나타내는지 동작을 나타내는지 구분할 수 있어야 한다.

착용하다	상태 묘사	A man is wearing a watch. 남자가 시계를 착용하고 있다.
	동작 묘사	A man is putting on a jacket. 남자가 재킷을 착용하는 중이다.
들다	상태 묘사	A man is holding a ladder. 남자가 사다리를 들고[잡고] 있다.
	동작 묘사	A man is carrying a tool. 남자가 도구를 들고 가는 중이다.
타다	상태 묘사	A man is riding a bicycle. 남자가 자전거를 타고 있다.
	동작 묘사	A man is boarding a train. 남자가 기차에 탑승하는 중이다.

▶ 보기에 등장한 사람이나 사물이 사진에서 확인이 안 되는 경우 즉시 소거한다.

2. 1인 사진

▶ 주어가 모두 같은 보기를 제시하며 사람의 동작이나 상태를 알맞게 묘사한 동사를 정답으로 출제하므로 문제를 풀 때 특히 동사를 유심히 듣는다.

▶ 주로 현재진행 시제로 나타내며 인물의 손 동작이나 행동과 관련된 표현이 정답으로 제시되는 경우가 많다.

2인 이상 사진

▶ 사진 속 한 인물뿐 아니라 두 명의 공통된 동작이나 상태를 묘사하는 보기가 자주 출제되므로 동사에 집중해서 듣되, 각 보기의 주어가 다를 수 있으므로 주어 또한 놓쳐서는 안 된다.

인물·풍경 혼합사진

▶ 여러 명의 공통된 동작이나 상태를 묘사하기도 하지만 여러 명 중 한 인물만 묘사하는 문제도 자주 출제되므로 각 보기의 주어와 동사를 모두 파악하여 사진과 일치하는지 확인한다. 인물의 동작이나 상태뿐 아니라 사진에 등장하는 여러 사물이 주어로 나오기도 하므로 인물과 주변 사물들을 모두 눈여겨 봐야 하는 어려운 문제들이다.

1. 교통수단·도로가 배경인 사진

+ **교통수단 |** 도로 주행, 길을 따라 차들이 주차되어 있는 모습, 신호등 근처에 멈춰 서 있는 차량, 사람들이 차량에 탑승하거나 기다리는 모습

+ **도로 |** 횡단보도를 건너는 보행자, 길을 청소하는 모습

🎧 P1-01 미국

Q1

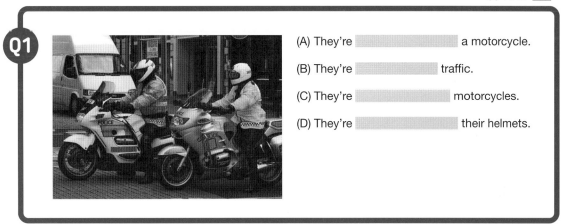

(A) They're ▮▮▮▮▮▮▮ a motorcycle.

(B) They're ▮▮▮▮▮▮▮ traffic.

(C) They're ▮▮▮▮▮▮▮ motorcycles.

(D) They're ▮▮▮▮▮▮▮ their helmets.

정답 공략 하기

① 사진 살펴보기

인물 사진 ➡ 2인 이상 등장 ➡ 장소 – 도로 ➡ 인물의 공통된 동작·상태 확인

② 오답 소거하기

(A) They're working on a motorcycle. 사람들이 오토바이를 손보고 있다.

⋯ ❌ 수리나 정비하는 동작이 아니므로 오답

(B) They're directing traffic. 사람들이 교통정리를 하고 있다.

⋯ ❌ 교통정리를 하고 있지 않으므로 오답

(C) They're riding motorcycles. 사람들이 오토바이를 타고 있다.

⋯ ⭕ 두 사람 모두 오토바이를 타고 있으므로 정답

(D) They're putting on their helmets. 사람들이 헬멧을 착용하는 중이다.

⋯ ❌ 헬멧을 쓰는 중이 아니라 이미 착용한 상태이므로 오답

board 탑승하다	be boarding an airplane 비행기에 탑승하는 중이다
disembark 내리다	be disembarking from an airplane 비행기에서 내리고 있다
enter **get on** **get in[into]** 들어가다, 타다	be entering a parking lot 주차장에 들어가고 있다 be entering a garage 차고에 들어가고 있다 be entering a bus 버스에 타고 있다 be getting on a train 기차에 타고 있다 be getting in[into] a car 차에 타고 있다
exit **get off** **get out** 나가다, 내리다	be exiting a building 건물에서 나가고 있다 be exiting a train 기차에서 내리고 있다 be getting off a vehicle 차량에서 내리고 있다 be getting out of a car 차에서 내리고 있다
ride 타고 있다(상태)	be riding in a car 차에 타고 있다 주의 ride는 board(진행되고 있는 행동을 묘사하는 단어)와는 달리 차량에 타고 있는 '상태'를 나타내는 동사임을 기억한다.
drive 운전하다	be driving a vehicle 차를 운전하고 있다
cross 건너다	be crossing a street 길을 건너고 있다 be crossing a bridge 다리를 건너고 있다
park 주차하다	be parking a vehicle 차를 주차하고 있다 be parked along a street 길을 따라서 주차되어 있다
dock (배를) 부두에 대다	be docked in a harbor 항구에 배가 대어져 있다
travel 이동하다	be traveling on a track 트랙에서 이동하고 있다
taxi 이동하다	be taxiing down the runway 활주로를 따라 이동하고 있다
approach 다가가다	be approaching a plane 비행기에 다가가고 있다
be ~에 있다	be at a station 역에 있다 be at an intersection 교차로에 있다 be in a parking area 주차장에 있다 be on the opposite side 반대편에 있다
stroll **walk** 걷다	be strolling along a path 길을 따라 걸어가고 있다 be walking down a street 길을 따라 걸어가고 있다
cycle 자전거를 타다	be cycling in the city 시내에서 자전거를 타고 있다
step onto 올라타다	be stepping onto a bus 버스에 올라타고 있다

2. 사무실·실내 업무가 배경인 사진

+ **사무실 |** 여러 명이 서류를 보는 모습, 토론하는 모습, 사무기기를 사용하는 모습, 사무실에서 휴식을 취하는 모습

+ **실내 업무 관련 |** 실험실에서 현미경 등을 사용하는 모습, 병원에서 의사가 환자를 진료하는 모습

🎧 P1-02 [미국]

Q2

(A) They're ▨▨▨▨▨ on keyboards.

(B) They're ▨▨▨▨▨ a computer screen.

(C) They're ▨▨▨▨▨ around a table.

(D) They're moving ▨▨▨▨▨.

정답 공략 하기

① 사진 살펴보기

인물 사진 ➡ 2인 이상 등장 ➡ 장소 – 사무실 ➡ 인물의 공통된 동작·상태 확인

② 오답 소거하기

(A) They're **typing** on keyboards. 사람들이 자판을 치고 있다.

    ···➡ ❌ 키보드를 치고 있지 않으므로 오답

(B) They're **facing** a computer screen. 사람들이 컴퓨터 화면을 보고 있다.

    ···➡ ⭕ 세 사람 모두 컴퓨터 화면을 보고 있으므로 정답

(C) They're **standing** around a table. 사람들이 탁자 주위에 서 있다.

    ···➡ ❌ 서 있지 않으므로 오답

(D) They're moving **furniture**. 사람들이 가구를 옮기고 있다.

    ···➡ ❌ 가구가 보이지 않으므로 오답

gather 모이다	be gathered in a group 한 무리로 모여 있다
have 가지다	be having a meeting[discussion] 회의 중이다
adjust 조절하다, 정돈하다	be adjusting a monitor 모니터를 조정하고 있다
arrange 정리하다, 배열하다	be arranging a desk 책상을 정리하고 있다
carry 나르다, 옮기다, 들고 가다	be carrying some papers 서류를 들고 가고 있다
hold 잡다, 들다, 쥐다	be holding a file 서류를 들고 있다
close (문을) 닫다	be closing a door 문을 닫고 있다
look at **examine** 보다, 검토하다	be looking at a document 서류를 보고 있다 be examining a paper 서류를 검토하고 있다
greet 인사하다	be greeting each other 서로에게 인사하고 있다
shake hands 악수하다	be shaking hands 악수하고 있다
handle 들다, 옮기다	be handling a package 상자를 들고[옮기고] 있다
hand 건네다	be handing her a file 여자에게 파일을 건네고 있다
organize 정리하다	be organizing some files 파일을 정리하고 있다
install 설치하다	be installing some equipment 장비를 설치하고 있다
clean 청소하다	be cleaning a table 탁자를 청소하고 있다
empty 비우다	be emptying a trash can 휴지통을 비우고 있다
write 적다	be writing on a piece of paper 종이에 적고 있다
call 전화하다; 전화(통화)	be making a phone call 전화하다 = be answering a telephone call 전화를 받고 있다 = be holding a phone[receiver] 전화기를 들고 있다 = be holding a phone to his[her] ear 전화기를 귀에 대고 듣고 있다 **주의** be hanging up the phone 전화를 끊다 (전화를 끊는 상황인지는 사진으로 알 수 없으므로 대부분 오답이다.)
look in(to) ~안을 들여다 보다, 조사하다	be looking in(to) a cabinet 서랍장 안을 들여다 보다
read 읽다, 보다	be reading some documents 서류를 보고 있다
type 타이핑하다, 자판을 두드리다	be typing on a keyboard 키보드를 치고 있다
hang up (고리 등에) 걸다	be hanging up a coat 코트를 걸고 있다
point at (손으로) 가리키다	be pointing at a document (손가락으로) 서류를 가리키고 있다
post 게시하다	be posting a notice on a board 게시판에 공고문을 게시하고 있다

3. 공사장이 배경인 사진

+ 페인트를 칠하는 모습, 건설 자재를 나르는 모습 등

🎧 P1-03 [호주]

> **Tip!**
> 사진에서는 인물의 동작이나 착용 중인 작업복, 또는 사용하고 있는 기계와 관련된 표현이 자주 출제돼!

Q3

(A) The man is operating ⬜⬜⬜⬜⬜⬜.

(B) The man is working at
⬜⬜⬜⬜⬜⬜.

(C) The man is ⬜⬜⬜⬜⬜ safety gear.

(D) The man is loading ⬜⬜⬜⬜ into
⬜⬜⬜⬜.

정답 공략 하기

① 사진 살펴보기

인물 사진 ➡ 1인 등장 ➡ 장소 – 공사장 ➡ 인물의 동작·상태 확인

② 오답 소거하기

(A) The man is operating equipment. 남자는 장비를 작동하고 있다.
　⋯▸ ❌ 남자가 사용 중인 장비가 보이지 않으므로 오답

(B) The man is working at a construction site. 남자는 공사 현장에서 일하고 있다.
　⋯▸ ⭕ 공사장에서 일하는 모습이므로 정답

(C) The man is taking off safety gear. 남자는 안전 장비를 벗고 있다.
　⋯▸ ❌ 안전모를 벗는 중이 아니라 착용한 상태이므로 오답

(D) The man is loading bricks into a cart. 남자는 카트에 벽돌을 싣고 있다.
　⋯▸ ❌ 카트에 벽돌을 싣고 있는 모습이 아니므로 오답

assemble 조립하다	be assembling a shelf 선반을 조립하고 있다
carry 나르다, 옮기다, 들고 가다	be carrying equipment 장비를 옮기고 있다
hold 들다	be holding a tool 도구를 들고 있다
lift **pick up** 들어 올리다	be lifting some wood off the ground 땅에서 목재를 들어 올리고 있다 be picking up a chair 의자를 들어 올리고 있다
fix 수리하다	be fixing a machine 기계를 수리하고 있다
climb 올라가다	be climbing onto a roof 지붕에 올라가고 있다
construct 건설하다, 짓다	be constructing a bridge 다리를 건설하고 있다 be constructed on the hill 언덕에 지어지다
install 설치하다, 조립하다	be installing a railing 난간을 설치하고 있다
paint 페인트를 칠하다	be painting a wall 벽에 페인트를 칠하고 있다
remove 제거하다, (옷 등을) 벗다	be removing a hard hat 안전 모자를 벗고 있다
stand 서다	be standing on a ladder 사다리에 서 있다
work 일하다, 작업하다	be working outdoors 야외에서 작업하고 있다
lay 두다, 놓다	be laying bricks into a pile 벽돌을 한 더미로 놓고 있다
work on 작업하다	be working on a car 차를 손보고 있다
(re)pave 도로를 (재)포장하다	be repaving a road 도로를 재포장하고 있다
resurface 표면을 다시 처리하다	be resurfacing a road 도로를 재포장하고 있다
secure (단단히) 고정시키다	be securing a box with tape 상자를 테이프로 단단히 고정시키고 있다
use 사용하다	be using a ladder 사다리를 사용하고 있다
lean against ~에 기대다	be leaning against a lamppost 가로등 기둥에 기대어 있다

4. 집이 배경인 사진

+ **부엌 |** 싱크대를 사용하는 모습, 음식을 하거나 먹는 모습
+ **정원·마당 |** 식물을 손질하는 모습, 잔디를 깎는 모습, 야외 조경을 관리하는 모습
+ **거실·방 |** 청소하는 모습, 독서를 하거나 컴퓨터를 사용하는 모습

Q4

(A) She is watering ██████████████.

(B) She is ██████████████ some vegetables.

(C) She is cleaning ██████████████.

(D) She is ██████████████ the sink.

정답 공략 하기

❶ 사진 살펴보기

인물 사진 ➡ 1인 ➡ 장소 – 부엌 ➡ 인물의 동작·상태 확인

❷ 오답 소거하기

(A) She is watering the lawn. 여자가 잔디에 물을 주고 있다.

⋯➡ ❌ 잔디가 보이지 않으므로 오답

(B) She is chopping some vegetables. 여자가 채소를 썰고 있다.

⋯➡ ❌ 자르고 있는 동작이 아니므로 오답

(C) She is cleaning the kitchen counter. 여자가 부엌 조리대를 청소하고 있다.

⋯➡ ❌ 부엌 조리대를 청소하는 모습이 아니므로 오답

(D) She is using the sink. 여자가 싱크대를 사용하고 있다.

⋯➡ ⭕ 싱크대에서 채소를 씻고 있으므로 정답

cook 요리하다	be **cooking** some food 음식을 요리하고 있다
prepare 준비하다	be **preparing** food 음식을 준비하고 있다
chop 썰다	be **chopping** vegetables 채소를 썰고 있다
grill 굽다	be **grilling** some food 음식을 그릴에 굽고 있다
pour 붓다, 따르다	be **pouring** some water 물을 따르고 있다
use 사용하다	be **using** cooking utensils 조리 기구를 사용하고 있다
cut 자르다	be **cutting** the grass 잔디를 깎고 있다
mow (잔디를) 깎다	be **mowing** the lawn 잔디를 깎고 있다
dig 구덩이를 파다	be **digging** a hole 구덩이를 파고 있다
pick 따다	be **picking** tomatoes in a garden 정원에서 토마토를 따고 있다
water 물을 주다	be **watering** flowers in the garden 정원에서 꽃에 물을 주고 있다
rake 갈퀴질을 하다	be **raking** leaves into a pile 잎들을 갈퀴질하여 한 더미로 모으고 있다
trim 다듬다, 손질하다	be **trimming** the bushes 관목을 다듬고 있다
vacuum 진공청소기로 청소하다	be **vacuuming** the floor 바닥을 진공청소기로 청소하다
clean 청소하다	be **cleaning** the stove 가스레인지를 청소하고 있다
clear 치우다	be **clearing** the table 테이블을 치우고 있다
wipe 문질러 닦다	be **wiping** the window 창문을 닦고 있다
sweep 쓸다	be **sweeping** the floor 바닥을 쓸고 있다
mop 대걸레로 닦다	be **mopping** the floor 바닥을 닦고 있다
polish 광을 내다	be **polishing** a statue 조각상을 닦고 있다
dry 말리다	be **drying** utensils with a cloth 천으로 주방 도구의 물기를 닦고 있다
stir 젓다	be **stirring** a pot 냄비를 젓고 있다
drink 마시다	be **drinking** a beverage 음료를 마시고 있다 be **drinking** from a cup 컵으로 마시고 있다

5. 야외·여가 활동이 배경인 사진

+ **공원** | 산책하는 모습, 자전거를 타는 모습, 그늘에서 독서하는 모습
+ **그 외 장소** | 산이나 바위를 오르며 하이킹하는 모습, 야외에서 악기 연주하는 모습, 해변에서 시간을 보내는 모습

🎧 P1-05 미국

Q5

(A) Some people are performing on a
　　　　　　　　　　.

(B) Some people are 　　　　　　　　　　.

(C) Some people are resting on a 　　　　　　.

(D) Some people are 　　　　　　 in a park.

PART 1

UNIT 01

정답 공략 하기

❶ 사진 살펴보기

인물 사진 ➡ 2인 등장 ➡ 장소 – 야외 ➡ 인물의 공통된 동작·상태 확인

❷ 오답 소거하기

(A) Some people are performing on a stage. 몇몇 사람들이 무대 위에서 공연하고 있다.

　⋯ ❌ 무대는 보이지 않으므로 오답

(B) Some people are playing instruments. 몇몇 사람들이 악기를 연주하고 있다.

　⋯ ⭕ 두 사람 모두 기타를 연주하고 있으므로 정답

(C) Some people are resting on a bench. 몇몇 사람들이 벤치에서 쉬고 있다.

　⋯ ❌ 벤치는 보이지 않으므로 오답

(D) Some people are walking in a park. 몇몇 사람들이 공원에서 걷고 있다.

　⋯ ❌ 걷고 있지 않으므로 오답

applaud **clap** 박수를 치다	be applauding a performer 공연자에게 박수 갈채를 보내고 있다 be clapping hands 박수를 치고 있다
attend 참석하다, 참관하다	be attending a concert 공연을 관람[감상]하고 있다
hike 하이킹을 하다	be hiking near some trees 나무 몇 그루 근처에서 하이킹하고 있다
ride 타다	be riding a bike 자전거를 타고 있다
cycle 자전거를 타다	be cycling through a park 공원에서 자전거를 타고 있다
stroll 거닐다	be strolling through a park 공원에서 거닐고 있다
leave 떠나다	be leaving a stage 무대에서 나가고 있다
perform 공연하다	be performing on stage 무대에서 공연하고 있다
play (악기를) 연주하다	be playing instruments 악기를 연주하고 있다
give 주다, (공연 등을) 하다	be giving a performance 공연을 하고 있다
lie 눕다	be lying on the beach 해변에 누워 있다
read 읽다	be reading in a park 공원에서 책을 읽고 있다
wear 입다(상태), (가방을) 메다	be wearing a backpack 배낭을 메고 있다
shovel 삽질하다	be shoveling snow off the street 길에서 삽으로 눈을 치우고 있다
arrange 정돈하다	be arranging some flowers 꽃꽂이를 하고 있다
rake 갈퀴질을 하다	be raking leaves 낙엽들을 갈퀴로 긁어 모으고 있다
row **paddle** 노를 젓다	be rowing a boat 배의 노를 젓고 있다
photograph 사진을 찍다	be photographing some buildings 건물들의 사진을 찍고 있다
rest 쉬다	be resting on a bench 벤치에서 쉬고 있다
sit 앉다	be sitting on the bench 벤치에 앉아 있다
seat 앉히다	be seated on the grass 잔디밭에 앉아 있다
skate 스케이트를 타다	be skating in a park 공원에서 스케이트를 타고 있다
climb 오르다	be climbing up a hill 언덕을 오르는 중이다
wave 손을 흔들다	be waving from a bus 버스에서 손을 흔든다

6. 그 외 공공 장소가 배경인 사진

+ **상점 |** 물건을 고르는 모습, 카트에 물건을 싣는 모습
+ **식당 |** 종업원이 음식을 제공하는 모습, 손님의 빈 잔에 물을 따라주는 모습
+ **호텔 |** 로비의 직원과 고객의 모습
+ **도서관 |** 책장에서 책을 꺼내려고 손을 뻗는 모습
+ **미용실 |** 가운을 두르고 있는 손님의 모습

🎧 P1-06   미국

Q6

(A) Light fixtures ▨▨▨▨▨▨▨▨ above the people.

(B) A group of people is ▨▨▨▨▨▨▨▨ some ▨▨▨▨▨▨▨▨.

(C) Some tables ▨▨▨▨▨▨▨▨.

(D) Some customers ▨▨▨▨▨▨▨▨ for their groceries.

정답 공략 하기

① 사진 살펴보기

인물 사진 ➡ 3인 이상 등장 ➡ 장소 – 식당 ➡ 인물들의 공통된 동작·상태 확인

② 오답 소거하기

(A) Light fixtures are being hung above the people. 사람들 위에 조명이 매달려지고 있다.
　　⋯➡ ❌ 조명을 달고 있는 사람이 없으므로 오답

(B) A group of people is approaching some steps. 한 무리의 사람들이 계단으로 다가가고 있다.
　　⋯➡ ❌ 계단으로 향하는 사람들을 확인할 수 없으므로 오답

(C) Some tables are occupied. 몇몇 탁자가 사용되고 있다.
　　⋯➡ ⭕ 사진에 탁자를 사용하고 있는 사람이 보이므로 정답

(D) Some customers are paying for their groceries. 몇몇 고객들이 식료품 비용을 지불하고 있다.
　　⋯➡ ❌ 사진에 식료품을 들고 계산하는 사람들이 보이지 않으므로 오답

display 전시하다	be displayed in a shop 상점에 진열되어 있다
lay 두다, 놓다	be laid on the floor 바닥에 놓여 있다
line up 줄을 서다	be lined up in a display case 진열장에 줄지어져 있다
load (짐을) 싣다	be loaded into crates 상자에 담겨 있다
place 놓다, 두다	be placed on a counter 카운터에 놓여 있다 be placing a menu on a table 탁자에 메뉴를 놓고 있다
stock 채우다	be stocked with products 제품으로 채워지다
bring 가져가다	be brought to a table 테이블에 가져오다
fill 채우다	be filling shelves with books 책으로 선반을 채우고 있다
hand out 나눠주다, 배부하다	be handing out some papers 서류를 배부하고 있다
leave 남기다, 떠나다	be left on a chair 의자에 남아 있다
occupy 사용하다, 자리를 차지하다	be occupied 사용되고 있다
set 준비하다	be set for a meal 식사가 준비되다
seat 앉(히)다	be seated at a table 테이블에 앉아 있다
have ~하게 하다, (식사를) 하다, 가지다	be having his[her] hair cut 그[그녀]의 머리를 자르고 있다 be having[eating] a meal 식사를 하고 있다
light 불을 붙이다	be lighting a candle 양초에 불을 붙이고 있다
rearrange 재배치하다	be rearranging a display 진열품을 재배치하고 있다
shop 쇼핑을 하다	be shopping for groceries 식료품을 사고 있다
buy **purchase** 구매하다	be buying groceries 식료품을 구매하고 있다 be purchasing an article of clothing 의류 한 점을 구매하고 있다
study, examine, read (유심히) 보다	be studying a menu 메뉴를 보고 있다 be examining a document 서류를 보고 있다
walk 걷다	be walking into a café 카페로 걸어 들어가고 있다
be full of ~로 가득하다	be full of shoppers 손님으로 가득하다 = be crowded with shoppers
hang 걸다	be hung from a ceiling 천장에 매달려 있다
help **assist** 도와주다	be helping customers 손님들을 도와주고 있다
remove 치우다	be removed from a table 테이블에서 치워지다
set up 설치하다	be set up in the lobby 로비에 설치되다

P1-07 음성을 듣고 사진을 가장 잘 묘사한 보기를 고르세요.

1.

(A)
(B)
(C)
(D)

2. 고난도

(A)
(B)
(C)
(D)

3.

(A)
(B)
(C)
(D)

4.

(A)
(B)
(C)
(D)

5. | 고난도

(A)
(B)
(C)
(D)

6.

(A)
(B)
(C)
(D)

7.

(A)
(B)
(C)
(D)

8.

(A)
(B)
(C)
(D)

9.

(A)

(B)

(C)

(D)

10.

(A)

(B)

(C)

(D)

11.

(A)

(B)

(C)

(D)

12.

(A)

(B)

(C)

(D)

사물·풍경 사진

- 인물이 등장하지 않고 실내외를 배경으로 하는 사진은 매회 평균 2문제가 출제되며, 대부분 사물의 위치나 상태를 묘사한다.
- 사물·풍경 사진을 장소별로 구분하여 살펴보고 장소별 필수 어휘를 숙지해야 한다.

⚙ 문제 풀이 전략

1. 사진에 등장하지 않는 사람이나 사물을 언급한 오답은 즉시 소거한다.

▶ 사물·풍경 사진에서 사람을 주어로 한 보기는 듣자마자 바로 소거한다.

▶ 사진에서 볼 수 없는 사물이 들리면 바로 소거한다.

2. 빈출 정답 시제는 수동태(be + p.p.)이다.

▶ 사물의 위치나 상태는 주로 수동태로 표현되기 때문에 알맞은 수동태를 사용한 문장이 정답으로 출제된다.

현재 수동태 [be + p.p.]	The shelves are stocked with some products. 몇몇 제품으로 선반이 채워져 있다.
현재완료 수동태 [have been + p.p.]	Some books have been placed on a table. 탁자에 책 몇 권이 놓여 있다.

3. 현재진행과 현재 시제도 사물 묘사 문제의 정답으로 출제된다.

▶ 현재진행형이나 현재 시제를 사용한 정답도 종종 등장한다.

현재 진행 [be + V-ing]	Several boats are floating on the water. 선박 몇 척이 물 위에 떠 있다.
현재 시제	A path leads to the entrance. 길이 입구로 이어져 있다.

4. 현재진행 수동태(be being + p.p.)는 대부분 오답이다.

▶ 현재진행 수동태는 진행 중인 인물의 동작을 수동형으로 나타낸 것이므로 사람이 없는 사물·풍경 사진에서 현재진행 수동태를 사용한 보기는 95% 이상 오답으로 소거한다.

> **EX** The floor is being swept. 바닥이 쓸려지고 있다. (= 누군가 바닥을 쓸고 있다.)
> ⋯▶ 바닥을 쓸고 있는 사람이 있어야 정답

1. 교통 수단·도로가 배경인 사진

+ 비행기, 배, 기차, 차, 버스, 자전거가 주차 또는 정박해 있는 모습

🎧 P1-08　미국

Q1

(A)　　　　　　　　　　　　　　 is boarding a boat.

(B)　　　　　　　　　 are fishing on a shore.

(C) Boats　　　　　　　 in a harbor.

(D) A bridge　　　　　　　　　　　.

정답 공략 하기

① 사진 살펴보기

사물·풍경 사진 ➡ 장소 – 항구 ➡ 배의 위치·상태 및 주변 사물 확인

② 오답 소거하기

(A) A line of passengers is boarding a boat. 한 줄로 선 승객들이 보트를 타고 있다.

    ···❌ 탑승하는 승객들이 보이지 않으므로 오답

(B) Some people are fishing on a shore. 몇몇 사람들이 해안에서 낚시를 하고 있다.

    ···❌ 낚시하는 사람들이 보이지 않으므로 오답

(C) Boats are docked in a harbor. 배들이 항구에 정박해 있다.

    ···⭕ 두 척의 배가 항구에 정박해 있으므로 정답

(D) A bridge is being constructed. 다리가 건설되고 있다.

    ···❌ 다리가 건설 중인 모습이 아니므로 오답

take off 이륙하다	be taking off from a runway 활주로에서 이륙 중이다
land 착륙하다	be landing 착륙 중이다
park 주차시키다, 세우다	be parked 주차되어 있다, 세워져 있다
load 짐을 싣다	be loaded onto a truck 트럭에 (짐이) 실려 있다
float 떠 있다	be floating on the water 물 위에 떠 있다
dock 정박하다	be docked in a harbor 항구에 정박되어 있다
sail 항해하다	be sailing across the lake 호수에서 항해 중이다
pass 지나다	be passing under the bridge 다리 밑을 지나가고 있다
drive (차들이) 다니다	be driving down a road (차들이) 도로를 따라 다니고 있다
congested 혼잡한	be congested with traffic 교통이 혼잡하다
deserted 사람이 없는	be deserted 사람이 없다
span 가로지르다	span a waterway 수로 위를 가로지르다
run 이어지다, (길이) 나 있다	run alongside a building (도로 등이) 건물 옆으로 나 있다
extend 이어지다, 뻗어 있다	extends across the river (다리 등이) 강 위로 뻗어 있다
curve 휘어지다	curved around the bay (도로가) 만을 따라 휘어 있다
surround 둘러싸다	be surrounded by trees 나무로 둘러싸여 있다
divide 나누다	be divided by a handrail (계단 등이) 난간으로 나뉘어 있다
suspend 매달리다	be suspended above a table (전등 등이) 테이블 위에 매달려 있다
secure 고정시키다, 잡아매다	be secured to the metal post 쇠 기둥에 묶여 있다
shade 그늘지게 하다	be shaded by some trees 몇몇 나무들로 그늘이 져 있다
lead to 이어지다	A walkway leads to the building. 도보가 건물로 이어져 있다.
erect 세우다	be erected outside the building 건물 바깥쪽에 세워져 있다
dig (땅을) 파다	be digging a trench 도랑을 파고 있다
board 탑승하다	be boarding a bus 버스에 탑승하고 있다
inspect 점검하다	be inspecting the car 자동차를 살펴보고 있다

2. 실내가 배경인 사진

✦ 집안의 방이나 상점, 식당 등을 배경으로 한 장면

Q2

(A) Light fixtures ▨▨▨▨▨▨▨▨ from the ceiling.

(B) A table ▨▨▨▨▨▨▨▨ in front of a sofa.

(C) The windows have been left ▨▨▨▨▨▨.

(D) Paint ▨▨▨▨▨▨▨▨▨ to a wall.

정답 공략 하기

❶ 사진 살펴보기

사물·풍경 사진 ➡ 장소 − 실내 ➡ 사물들의 위치·상태 확인

❷ 오답 소거하기

(A) Light fixtures **are being hung** from the ceiling. 조명들이 천장에 매달려지고 있다.

⋯➤ ❌ 조명을 매달고 있는 사람이 보이지 않으므로 오답

(B) A table **is placed** in front of a sofa. 탁자가 소파 앞에 놓여 있다.

⋯➤ ⊙ 테이블이 소파 앞에 있으므로 정답

(C) The windows have been left **open**. 창문이 열려 있다.

⋯➤ ❌ 창문들이 열려 있지 않으므로 오답

(D) Paint **is being applied** to a wall. 벽에 페인트가 칠해지고 있다.

⋯➤ ❌ 벽에 페인트를 칠하는 사람이 보이지 않으므로 오답

arrange 정리하다	be arranged in front of a sofa 소파 앞에 정리되어 있다
attach 붙이다	be attached to the wall 벽에 붙어 있다
decorate 장식하다	be decorated with flowers 꽃으로 장식되어 있다
dismantle 분해하다	be dismantled 분해되다
drop 떨어뜨리다	be dropped on the floor 바닥에 떨어져 있다
be filled with ~로 가득 차다	be filled with reading materials 읽을거리로 가득 차 있다
hang 걸다	be hung on a wall 벽에 걸려 있다
leave ~한 상태로 두다[남기다]	be left open 열려 있다
organize 정리하다	be organized on a table 테이블 위에 정리되어 있다
post 붙이다	be posted on a board 게시판에 붙어 있다
line up 줄을 서다	be lined up under the windows 창문 밑에 줄지어 있다
place **locate** **situate** **position** 두다, 놓다, 위치시키다	be placed in the corner 코너에 놓여 있다 be located on a shelf 선반에 놓여 있다 be situated in the corner 모퉁이[구석]에 위치해 있다 be positioned on a sofa 소파 위에 자리하고 있다
sit [사물 주어] **lie** **rest** (~에) 있다[위치하다]	be sitting on a table 탁자에 놓여 있다 be lying on the floor 바닥에 놓여 있다 be resting on the floor 바닥에 놓여 있다
set 두다, 놓다	be set on the ground 땅에 놓여 있다
stack 쌓다	be stacked on top of each other 차곡차곡 쌓여 있다
pile 쌓다	be piled on a counter 카운터 위에 쌓여 있다
mount 고정시키다	be mounted on a wall 벽에 고정되어 있다
pin (핀으로) 고정시키다	be pinned on the bulletin board 게시판에 고정되고 있다
tack (압정으로) 꽂다	be tacked on the board 판에 (압정으로) 고정되어 있다
arrange 정렬하다, 정리하다	be arranged in a row 일렬로 정렬되어 있다

3. 실외가 배경인 사진

+ 공원, 시골, 해변, 도시 풍경, 공사장 등을 배경으로 한 장면

🎧 P1-10 미국

Q3

(A) Some trees ⬛⬛⬛⬛⬛⬛⬛⬛⬛⬛⬛⬛⬛⬛⬛.

(B) Leaves have been gathered ⬛⬛⬛⬛⬛⬛⬛⬛⬛.

(C) ⬛⬛⬛⬛⬛⬛⬛ is spraying water on plants.

(D) A bench ⬛⬛⬛⬛⬛⬛⬛⬛⬛.

정답 공략 하기

❶ 사진 살펴보기

사물·풍경 사진 ➡ 장소 – 공원 ➡ 주변 풍경과 사물의 위치·상태 확인

❷ 오답 소거하기

(A) Some trees are being trimmed. 나무 몇 그루들이 손질되고 있다.

⟶ ❌ 나무를 손질하고 있는 사람이 보이지 않으므로 오답

(B) Leaves have been gathered in a pile. 낙엽들이 한 더미로 모아져 있다.

⟶ ❌ 한 더미로 쌓아올린 낙엽이 보이지 않으므로 오답

(C) A gardener is spraying water on plants. 정원사가 식물에 물을 뿌리고 있다.

⟶ ❌ 정원사가 보이지 않으므로 오답

(D) A bench is unoccupied. 벤치가 비어 있다.

⟶ ⭕ 벤치에 앉아 있는 사람이 없으므로 정답

실외 배경 사진 필수 어휘 VOCA

illuminate 비추다, 밝히다	**be illuminated by lights** 조명으로 비춰지다
install 설치하다	**be installed** 설치되다
lead to ~로 이어지다[인도하다]	**lead to a building** 건물로 이어져 있다
prop 받쳐 세워 놓다	**be propped against the house** 집에 기대어 있다
reflect 비추다, 반사하다	**be reflected on the surface of the water** 수면에 반사되고 있다
run 이어지다, 연결하다	**run along the edge of the road** 도로의 가장자리를 따라서 이어지다
stretch 늘어지다, (어떤 지역에 걸쳐) 펼쳐지다, 뻗어 있다	**stretch along the road** 길을 따라서 늘어져 있다
surround **encircle** 둘러싸다	A building is **surrounded** by trees. 건물이 나무로 둘러싸여 있다. = Trees **surround** a building. = Trees **encircle** a building.
scatter 흩어지게 만들다	**be scattered on the street** 길 위에 흩어져 있다
fall 떨어지다	**be falling onto the ground** 땅에 떨어지고 있다
deserted 사람이 없는	The intersection is **deserted**. 교차로에 인적이 없다.
cast a shadow 그림자를 드리우다	The ladder is **casting a shadow**. 사다리의 그림자가 드리워져 있다.
line up 줄을 서다	**be lined up along the edge of a canal** 운하의 가장자리를 따라 줄지어 있다
overlook 내려다보다	Houses **overlook** the lake. 집들이 호수를 내려다본다.
grow (식물 등이) 자라다	**be growing near the water** (식물들이) 물가에서 자라고 있다
stand 서 있다	**stands near a lake** (건물 등이) 호수 옆에 서 있다
line ~을 따라 줄 세우다	**line both sides of the street** 길 양쪽에 줄 세워져 있다
build 짓다	**have been built along the water** 물가를 따라 지어져 있다
face ~을 향하다	**be facing a store** 가게를 향해 있다
leave open 열어 두다	**have been left open** 열려 있다
border 경계를 이루다	**be bordered by a fence** (길 등이) 울타리로 경계를 이루고 있다

Practice

🎧 P1-11
음성을 듣고 사진을 가장 잘 묘사한 보기를 고르세요.

1.

(A)
(B)
(C)
(D)

2.

(A)
(B)
(C)
(D)

3. Ι 고난도

(A)
(B)
(C)
(D)

4.

(A)
(B)
(C)
(D)

5. 고난도

(A)

(B)

(C)

(D)

6.

(A)

(B)

(C)

(D)

7.

(A)

(B)

(C)

(D)

8.

(A)

(B)

(C)

(D)

9.

(A)
(B)
(C)
(D)

10.

(A)
(B)
(C)
(D)

11. I 고난도

(A)
(B)
(C)
(D)

12.

(A)
(B)
(C)
(D)

PART
2

OVERVIEW

질문을 듣고, 이어서 들려주는 3개의 보기 중에서 질문에 가장 적절한 응답을 선택하는 문제이다.

문제 유형

의문사 의문문 | Who, When, Where, What, Which, How, Why

일반(Yes/No) 의문문 | Be동사 의문문, 조동사 의문문(Have, Do, Can, Will 등)

특수 의문문 | 부정 의문문, 부가 의문문, 선택 의문문, 요청문(제안·제공·요청), 간접 의문문, 평서문

출제 포인트

- 단답형으로 응답하는 의문문의 비중은 줄고, 다양한 응답이 가능한 평서문과 부가 의문문의 비중이 커지고 있다.
- '모르겠다,' '아직 정해지지 않았다' 등의 우회적인 응답이나 되묻는 응답의 비중 역시 직접 응답의 비중과 비슷한 수준으로 출제된다.

PART 2 이렇게 대비하자!

- Part 2에 자주 출제되는 질문·응답 유형 및 필수 표현을 정리한다.
- 질문은 알아듣기 쉽지만, 응답은 알아듣기 어려운 토익 Part 2는 질문의 핵심 키워드에 어울리지 않는 오답을 소거해 나가는 연습이 필요하다.

PART 2 오답 소거법

1. 의문사 의문문에 Yes / No 등으로 답하는 오답

Q. When will Mr. Kim return from the conference? Mr. Kim은 언제 콘퍼런스에서 돌아오나요?

(A) He was in the meeting this morning. ◉ 아침에 회의에 있었는데요.

(B) **Yes**, he will participate in the conference. ✕ 네, 그는 콘퍼런스에 참가할 거예요.

conference라는 같은 단어가 반복되어 (B)가 정답처럼 들리지만, 의문사로 시작하는 의문문에는 Yes나 No로 답할 수 없다. Yes와 같은 유사한 의미인 Sure나 Of course로도 답할 수 없다.

2. 똑같은 발음 또는 유사한 발음을 이용한 오답

Q. Have you **reviewed** the report? 보고서를 다 검토했나요?

(A) I just got back from my vacation. ◉ 휴가에서 막 돌아왔어요. (그래서 아직 검토하지 못했다)

(B) It has a nice **view**. ✕ 전망이 참 좋네요.

(B)는 내용상 전혀 상관없는 오답이지만 질문의 review와 발음이 비슷한 view를 이용한 함정이다. 똑같은 발음 또는 유사한 발음이 들리면 왠지 정답처럼 들리지만, 오답 함정인 경우가 대부분이므로 주의해야 한다.

3. 연상되는 어휘를 이용한 오답

Q. Where is the **museum**? 박물관은 어디에 있나요?

(A) It is on 5th Avenue. ◉ 5번가에 있어요.

(B) It was a great **exhibit**. ✕ 아주 멋진 전시회였어요.

(B)는 질문과는 상관없는 오답이지만 질문의 museum(박물관)을 듣고 연상되는 exhibit(전시회)를 이용한 함정이다. 의미상 관련이 있는 어휘가 보기에서 들리면 왠지 정답처럼 들리지만, 오답 함정인 경우가 많으므로 주의해야 한다.

4. 질문과 응답의 주어 불일치 오답

Q. How did **you** enjoy your stay at our hotel? 저희 호텔에서의 숙박은 어떠셨나요?

(A) It was great. ◉ 아주 좋았어요.

(B) **He** stayed late. ✕ 그는 늦게까지 있었어요.

stay라는 같은 단어가 반복되어 (B)가 정답처럼 들리지만, 질문에서의 주어가 you였기 때문에 답은 I로 나와야 한다. (B)는 주어가 he라서 답이 될 수 없다. 질문은 you(2인칭)에 대해 묻고 있지만, he(3인칭)로 대답한 오답이다.

5. 질문과 응답의 시제 불일치 오답

Q. Did Ms. Chambers explain the benefits? Ms. Chambers가 혜택들을 설명해 주었나요?

(A) I will meet her tomorrow. ◉ 내일 그녀를 만날 거예요.

(B) Yes, she **does**. ✕ 네, 그녀가 합니다.

일반 의문문에 Yes나 No로 답하는 것이 가장 기본적이지만 (B)는 시제가 맞지 않아서 답이 될 수 없다. 질문은 과거의 일(did)을 묻고 있지만, 현재시제(does)로 대답한 오답이다.

PART 2 주의해야 할 유사 발음 어휘

질문에서 들렸던 단어와 똑같은 발음 또는 유사한 발음의 단어가 오답 함정으로 나오는 문제가 출제 비중이 아주 높다. 앞 문제에 신경 쓰거나 하느라고 질문을 못 들었을 때, 들렸던 똑같은 또는 유사한 발음의 단어가 들리면 그 대답이 왠지 정답처럼 느껴지지만 그런 것들은 대부분 오답 함정임을 반드시 알아 두어야 한다. 아래에 유사 발음 함정 문제로 자주 출제되는 단어의 짝을 숙지해 둔다.

account 계좌 / count 세다	drive 운전하다 / arrive 도착하다
allowed 허가받은 / loud 시끄러운	assign 할당하다 / sign 간판; 서명하다
invoice 청구서 / voice 목소리	introduce 소개하다 / reduce 줄이다
move 이사하다, 옮기다 / remove 치우다	light 가벼운 / right 오른쪽의
repair 고치다 / prepare 준비하다	review 검토 / view 전망
rain 비(가 오다) / train 기차; 교육하다	collect 모으다 / correct 정확한
apartment 아파트 / department 부서	revenue 수익 / renew 갱신하다
late 늦은 / rate 요금	lend 빌려주다 / rent 임대하다
firm 회사 / confirm 확인해주다	jacket 재킷 / packet 통

listen 듣다 / recent 최근의	called 전화를 걸었다 / cold 추운
computer 컴퓨터 / commuter 통근자	copy 복사하다 / coffee 커피
mind 상관하다 / mine 나의 것	lunch 점심 / launch 출시하다
refund 환불 / fun 재미있는	retire 은퇴하다 / tired 피곤한
supplies 물품 / surprise 놀라움; 놀라다	contract 계약서 / contact 연락하다
open 열다 / often 종종	boss 상사 / both 둘 다
fine 좋은 / find 찾다	fix 고치다 / fax 팩스(를 보내다)

applicant 지원자 / application 지원	appoint 임명하다 / appointment 약속
expense 비용 / expensive 비싼	assistant 조수 / assistance 도움
register 등록하다 / registration 등록	copy 복사하다 / copier 복사기

cancel 취소하다 / can't sell 팔 수 없다	maintenance 유지 / main entrance 정문
delivery 배달 / deliver it 그것을 배달하다	duty 의무 / due to ～ 때문에

『모르겠습니다』류의 우회적인 응답 유형

거의 모든 유형의 질문에 가능한 답변으로 매회 적어도 3문제 이상 정답으로 출제되므로 반드시 익혀 두어야 한다.

1. 모르겠습니다

I don't know. 잘 모르겠습니다.	I have no idea. 잘 모르겠습니다.
I'm not sure. 확실하지 않습니다.	No one is sure yet. 아무도 확실하지 않습니다.
Nobody told me. 아무도 나에게 말해 주지 않았어요.	I haven't been notified yet. 아직 못 들었어요.
I haven't been told yet. 아직 못 들었습니다.	I'm still waiting to hear. 아직 소식을 기다리고 있어요.
I haven't heard anything yet. 아직 아무것도 듣지 못했습니다.	He didn't give a reason. 이유를 말해 주지 않았어요.

2. 아직 결정되지 않았어요

It hasn't been decided. 아직 결정되지 않았어요.	We haven't decided yet. 아직 결정하지 않았어요.
I'm still deciding. 아직도 정하고 있어요.	I haven't made a decision. 아직 결정하지 못했어요.
I've not made up my mind. 아직 마음을 정하지 못했어요.	It hasn't been discussed yet. 아직 논의되지 않았어요.
It hasn't been confirmed. 아직 공식화되지 않았어요.	He'll let me know this afternoon. 오후에 알려줄 겁니다.
We'll find out in today's meeting. 오늘 회의 때 알게 될 거예요.	It's too soon to tell. 아직 말하긴 일러요.

3. 확인해 보겠습니다

Let me check. 확인해 보겠습니다.	I'll find out. 알아보겠습니다.
I'll go see. 가서 알아보겠습니다.	I'll look it up. (자료 등을) 찾아보겠습니다.
I'll let you know. 알려드리겠습니다.	I'll have to ask James. James에게 물어봐야 해요.

4. 다른 사람에게 물어보세요

Why don't you ask James? James에게 물어보지 그래요?	Ask James. James에게 물어보세요.
James might know. James가 알 거예요.	Talk to James. James에게 말하세요.

5. 다른 곳을 확인해 보세요

Check the bulletin board. 게시판을 확인해 보세요.	It's listed in the itinerary. 일정표에 나와 있습니다.
We emailed it to everyone. 모든 사람에게 이메일을 보냈어요.	You can find it on our website. 웹사이트에 있어요.

6. 상황에 따라 달라요

It depends. 상황에 따라 달라요.	It depends on the salary. 급여에 따라 다릅니다.

Who·When·Where 의문문

- 의문사 의문문은 매회 10~13문제가 출제될 만큼 비중이 높다. 그중에서도 Who, When, Where 의문문은 매회 평균 2문제씩 출제되며, 특히 When과 Where의 발음이 비슷하게 들리므로 두 의문사의 소리를 구별하는 훈련을 집중적으로 해야 한다.

⚙ 문제 풀이 전략 Who 의문문

1. 사람 이름, 직업, 직책, 부서, 회사명이 정답이다.

> **Tip!**
> 최근 Part 2 난이도가 높아진 만큼 비교적 쉬운 Who - [사람 이름] 정답이 자주 출제되지 않아. 오히려 사람 이름이 오답함정으로 나올 수도 있으니 주의해!

Q. **Who**'s preparing next year's budget proposal? 내년도 예산안을 누가 준비하고 있나요?
A. I think **Tommy** is. Tommy일 거예요. [사람 이름]

Q. **Who** do I contact about accessing my e-mail account?
제 이메일 계정에 접속하려면 누구에게 연락하면 되나요?
A. Try the **Technology Department**. 기술지원부에 연락해 보세요. [직책, 부서]

2. I, No one, Nobody, Someone, Everyone 등 부정대명사가 정답이다.

Q. **Who**'s going to restock the shelves? 선반을 누가 다시 채울 건가요?
A. **I**'m assigning that task to you. 저는 그 업무를 당신에게 배정하려고 해요.

Q. **Who**'s been promoted to vice president? 누가 부사장으로 승진했나요?
A. **Someone** from the Marketing team. 마케팅 부서의 누군가요.

> **Tip!**
> 의문사 의문문에 Yes/No로 답할 수 없다는 건 잘 알고 있지? 그렇다고 No one/Nobody 같은 보기도 오답으로 생각하면 안 돼! No one/Nobody는 해석하면 '아무도 ~않다' 라는 뜻이지 'No'가 아니니 혼동하지 말자!

3. 우회적인 응답에 주의한다.

Q. **Who**'s picking up clients at the train station this afternoon?
오늘 오후에 고객들을 데리러 누가 기차역으로 가나요?
A. They're arriving **tomorrow**. 그분들은 내일 도착합니다.
⟶ 내일 도착하므로 오늘은 가지 않아도 된다.

> **Tip!**
> Part 2 만점을 위해서 우리에게 중요한 건 정답 찾기가 아닌 오답 버리기야! 특히 우회적 응답은 스크립트를 확인하고도 '이게 왜 정답이지?' 싶은 경우들이 많아. 질문의 핵심 키워드를 빠르게 잡고 키워드에 어울리지 않는 보기들을 하나씩 버려가며 정답을 남기는 게 포인트! Part 2의 대표적인 오답 유형을 252 페이지에서 꼭 확인해!

핵심 문제 유형

Q1 사람 이름으로 응답

Who was the last person to use the fax machine?

(A) You can email me instead.
(B) I think it was Ichiro.
(C) That's the last time I saw him.

정답 공략 하기

1 키워드 잡기

의문사 who ➡ use ➡ fax machine

2 오답 소거하기

(A) ✘ 연상 어휘 오답(fax – email)
(B) ⊙ 사람 이름(Ichiro) 정답
(C) ✘ 동어 반복 오답(last)

3 가능한 정답

I was out of the office all day. 저는 종일 사무실 밖에 있었어요.

🎧 P2-01 미국 → 호주

정답 (B)

해석 팩스기를 마지막으로 사용한 사람이 누구였죠?
(A) 대신에 저한테 이메일 보내셔도 돼요.
(B) Ichiro였던 거 같아요.
(C) 그를 마지막으로 본 게 그때였습니다.

어휘 last 마지막의 | instead 그 대신

Tip!
Who 의문문에 사람 이름이 나오더라도 난생 처음 들어보는 이름이 나올 수 있으니, 오답 버리기로 정답만 남기는 게 가장 정확해!

Q2 직책, 부서, 회사명으로 응답

Who's giving the presentation?

(A) The Personnel Department.
(B) Yes, it was an excellent presentation.
(C) Sarah gave him a present.

정답 공략 하기

1 키워드 잡기

의문사 who ➡ giving ➡ presentation

2 오답 소거하기

(A) ⊙ 부서명 정답
(B) ✘ 의문사 의문문에 Yes/No 응답 불가!
(C) ✘ 유사 발음 오답(presentation – present)

3 가능한 정답

Didn't you get the e-mail? 이메일 받지 않으셨어요?

🎧 P2-02 영국 → 미국

정답 (A)

해석 발표를 누가 하나요?
(A) 인사부요.
(B) 네, 훌륭한 발표였어요.
(C) Sarah가 그에게 선물을 주었어요.

어휘 give a presentation 발표하다 | Personnel Department 인사부

PART 2

UNIT 03

57

P2-03 미국 → 미국

Q3 부정대명사로 응답

Who should I forward the e-mail to?

(A) Everyone in our team.
(B) Ms. Kumar has the key.
(C) Yes, he was awarded last year.

정답	(A)
해석	이메일을 누구에게 전달하는 게 좋을까요?
	(A) 우리 팀 전부요.
	(B) Ms. Kumar가 열쇠를 가지고 있어요.
	(C) 네, 그분이 작년에 상을 탔어요.
어휘	forward 전달하다, 보내다, 앞으로

정답 공략 하기

1 키워드 잡기

의문사 who ➡ forward ➡ o mail

Tip!
Who 의문문에 사람 이름이 오답 함정으로 등장할 수도 있다는 건 기억해!

2 오답 소거하기

(A) ◎ 부정대명사(Everyone) 정답
(B) ✗ 질문과 무관한 동문서답형 오답
(C) ✗ 유사 발음 오답(forward – award)

3 가능한 정답

Didn't Anita already tell you? Anita가 이미 말해주지 않았나요?

P2-04 호주 → 미국

Q4 우회적인 응답

Who do I need to see about transferring to another branch?

(A) It's being transported to the headquarters.
(B) The request form is right here.
(C) No, I don't need to see him.

정답	(B)
해석	다른 지사로 전근 가려면 누구를 만나야 하나요?
	(A) 그건 본사로 수송 중이에요.
	(B) 요청서가 바로 여기 있어요.
	(C) 아뇨, 전 그를 만날 필요가 없어요.
어휘	transfer 이동하다, 전근 가다 | transport 수송하다 | headquarters 본사 | request form 요청서

정답 공략 하기

1 키워드 잡기

의문사 who ➡ see ➡ about transferring

2 오답 소거하기

(A) ✗ 유사 발음 오답(transferring – transported)
(B) ◎ 우회적 정답 ⋯ 따로 담당자를 만날 필요 없이 요청서만 작성하면 된다.
(C) ✗ 의문사 의문문에 Yes/No 응답 불가

3 가능한 정답

Tom in Human Resources. 인사부의 Tom이요.

Who 의문문 필수 표현　*EXPRESSION*

1. Who 의문문과 응답

Q. Who's responsible for filing the company's taxes? 누가 회사의 세금 신고 작업을 담당하고 있나요?
A. The head of accounting usually handles that. 회계팀장이 주로 처리해요.

Q. Excuse me, who can help me with this broken printer?
실례합니다. 이 고장 난 프린터를 수리해 주실 수 있는 분이 누구신가요?
A. Go to the repair desk. 수리 데스크로 가시면 돼요.

Q. Who's moving into the basement space? 지하 공간으로 누가 이사 오나요?
A. An advertising company signed the lease. 한 광고 회사가 임대 계약을 했어요.

Q. Who's using my laptop? 누가 제 노트북을 쓰고 있나요?
A. It's right on the desk. 바로 책상 위에 있네요. (아무도 쓰고 있지 않아요.)

Q. Whose turn is it to buy lunch? 누가 점심 살 차례인가요?
A. I already bought it. 저는 이미 샀어요. (저는 아니에요.)

Q. Whose office is this? 여기는 누구 사무실인가요?
A. Nobody is using it yet. 아직 아무도 사용하고 있지 않아요.

2. Who 의문문 응답 빈출 어휘

부서명	Accounting Department 회계부	
	Human Resources Department, Personnel 인사부	
	Maintenance Department 관리부	Public Relations Department 홍보부
	Sales Department 영업부	Technical Support Team 기술지원팀
직위 · 직책 · 직업	accountant 회계사, 회계 담당자	assistant 보조 사원
	board of directors 이사회	bookkeeper 회계 장부 담당자
	building superintendent 건물 관리인	head, supervisor, manager 관리자, 매니저
	representative, agent, staff 직원	receptionist 안내원
	secretary 비서	management 경영진
	sales representative 영업 직원	chief executive officer (CEO) 최고 경영자
	janitor 건물 관리인, 수위	technician 기술자, 기사
	editor 편집자	mechanic 정비공
	customer service representative 고객서비스 담당자	
기타	colleague, coworker, associate 동료	guest speaker 초청 연사
	outside consultant 외부 컨설턴트	contractor 계약자, 하청[도급]업자
	supplier 공급[납품]업체	the public 대중
	client, customer, account 고객	relative 친척

⚙ 문제 풀이 전략   When 의문문

1. 시점과 어울리지 않는 보기를 소거한다.

▸ 첫 단어인 의문사 When을 키워드로 잡고, 시점에 어울리지 않는 보기들을 하나씩 소거한다.

Q. When's the design workshop? 디자인 워크숍이 언제인가요?
A. Actually, it will start **in half an hour**. 실은, 30분 내로 시작할 거예요.
✗ Several years of work experience. 수년간의 경력이요.
　　⋯▸ 기간을 나타내는 several years는 시점 답변으로 어울리지 않는다.
✗ Yes, about this month's sales figures. 네, 이번 달 판매 수치에 관해서요.
　　⋯▸ 의문사 의문문에 Yes/No 응답 불가

> Tip!
> Part 2는 반드시 소거법으로 접근해야 해. When을 키워드로 잡고 정답이 될 수 없는 보기들을 하나씩 소거해 봐!

2. 시제 일치를 확인한다.

▸ 질문과 응답의 시제가 일치하는지 확인한다.

Q. When will that hotel on Darby Street be remodeled? Darby 가에 있는 그 호텔이 언제 리모델링 되나요?
A. Work begins **next month.** 공사는 다음 달에 시작됩니다.
✗ I really enjoyed my stay in Prague. 프라하에 있었던 것이 정말 즐거웠습니다.
　　⋯▸ 시제 불일치 오답 (will – enjoyed)

3. No later than, Not until, As soon as, Once, After 등의 시간 표현들이 정답으로 자주 출제된다.

▸ **No later than** 늦어도 ~까지 | **Not until** ~가 되어서야 | **As soon as** ~하자 마자 | **Once** 일단 ~하고 나면, ~하자마자 | **After** ~한 후에

Q. When will the building renovation project be completed? 건물 수리 공사가 언제 완료될까요?
A. Not until next year. 내년이나 돼야 해요.

4. 장소로 답하거나 잘 모르겠다는 우회적인 응답에 주의한다.

▸ 시점을 묻는 When 의문문이지만 시점을 확인할 수 있는 사람이나 장소를 알려주는 등 모르겠다는 의미로 우회적인 대답을 할 수도 있다.

> Tip!
> When 의문문의 정답으로 자주 출제되는 표현들을 83 페이지에서 확인하고 꼭 암기하자!

Q. When are we going to move to the new building? 우리는 언제 새로운 건물로 이사 가나요?
A. It's been posted **on the website**. 웹사이트에 공지되어 있어요.
A. We'll find out **in the meeting**. 회의 때 알게 될 거예요.
A. We should ask **our manager**. 매니저에게 물어봅시다.

Q5 시간 표현으로 응답

When will the bookshelves be installed?

(A) Yes, I did it.
(B) On the top shelf.
(C) Not until next week.

P2-05 미국 → 호주

정답 (C)

해석 책장이 언제 설치될까요?
(A) 네, 제가 했어요.
(B) 맨 위칸에요.
(C) 다음 주나 돼야 해요.

어휘 bookshelf 책장 | install 설치하다 | shelf 선반

정답 공략 하기

1 키워드 잡기

의문사 when ➡ bookshelves ➡ installed

2 오답 소거하기

(A) ✕ 의문사 의문문에 Yes/No 불가
(B) ✕ When이 아닌 Where 의문문에 어울리는 응답
(C) ◉ 시간 표현(Not until)을 사용한 정답

3 가능한 정답

I think Glen will know. Glen이 알 것 같아요.

Q6 우회적인 응답

When will the guest list be ready?

(A) A guest lecturer.
(B) I just have to add a few more people.
(C) In the banquet hall.

P2-06 영국 → 미국

정답 (B)

해석 손님 명단이 언제 준비될까요?
(A) 초청 강사요.
(B) 몇 사람만 더 추가하면 돼요.
(C) 연회장 안에서요.

어휘 guest lecturer 초청 강사 | banquet 연회

정답 공략 하기

1 키워드 잡기

의문사 when ➡ guest list ➡ ready

2 오답 소거하기

(A) ✕ Who 의문문에 어울리는 응답
(B) ◉ 우회적 정답 ⋯➡ 몇 사람만 더 추가하면 되니 금방 준비될 것이다.
(C) ✕ Where 의문문에 어울리는 응답

3 가능한 정답

Before the end of the day. 오늘 퇴근 전에는요.

PART 2

UNIT 03

Q7 되묻기형 응답

When will I be reimbursed for my travel expenses?

(A) Have they been approved?
(B) I like traveling abroad.
(C) Not that expensive.

정답 (A)

해석 저의 출장 비용을 언제 상환받을 수 있을까요?
(A) 그것들이 승인이 났나요?
(B) 저는 해외여행을 좋아해요.
(C) 그렇게 비싸지 않아요.

어휘 travel 여행하다, 출장가다 | reimburse 상환하다 | expense 비용 | approve 승인하다 | abroad 해외로

정답 공략 하기

1 키워드 잡기

의문사 when ➡ reimbursed

2 오답 소거하기

(A) ◎ 우회적 정답 ⋯ 승인이 되고 나서야 상환받을 수 있다.
(B) ✕ 유사 발음 오답(travel – traveling)
(C) ✕ 유사 발음 오답(expenses – expensive)

3 가능한 정답

It will be included in your next month's paycheck. 다음 달 월급에 포함될 거예요.

Q8 When 의문문에 장소나 제3의 인물 제시로 응답

When will the new design be presented?

(A) It's on the calendar.
(B) Last week.
(C) Signs are posted on the wall.

정답 (A)

해석 새 디자인이 언제 발표될까요?
(A) 일정표에 있어요.
(B) 지난주에요.
(C) 표지판이 벽에 게시되어 있어요.

어휘 present 발표하다 | post 게시하다

정답 공략 하기

1 키워드 잡기

의문사 when ➡ new design ➡ presented

2 오답 소거하기

(A) ◎ 장소로 답했지만 해석상 가장 어울리는 우회적 정답
(B) ✕ 미래 시제로 질문했는데 과거로 대답했으므로 시제 불일치 오답
(C) ✕ 유사 발음 오답(design – signs), Where 의문문에 어울리는 응답

3 가능한 정답

Next Monday afternoon. 다음 주 월요일 오후요.

When 의문문 필수 표현 *EXPRESSION*

1. When 의문문과 응답

Q. When is the deadline? 마감일이 언제인가요?
A. The day after tomorrow. 내일 모레요.

Q. When did you see him? 그를 언제 봤나요?
A. A week ago. 일주일 전에요.

Q. When will you finish the report? 보고서를 언제 끝낼 건가요?
A. Not until next week. 다음 주나 되어서요.

Q. When did the CEO make the decision? 최고경영자께서 언제 그 결정을 하셨나요?
A. While he was working in his office this morning. 오늘 아침에 사무실에서 집무를 보시는 동안에요.

Q. When is your company planning on moving into a larger building?
당신의 회사는 언제 더 큰 건물로 이전할 계획인가요?
A. Whenever they find the right place. 적당한 장소를 찾기만 하면 언제라도요.

2. When 의문문 응답 빈출 부사구

과거	yesterday 어제 last week 지난주에 last year 작년에	a week ago 일주일 전에 last month 지난달에 since ~이후로
현재	right now, right away 지금 바로 often 자주 at 3 o'clock 3시에	usually 대개 regularly 규칙적으로
미래	in about an hour 한 시간쯤 후에 at the next meeting 다음 회의에 by the end of the day 오늘까지 sometime next week 다음 주쯤 not until next Monday 다음 주 월요일이나 되어서야 within the next few days 며칠 내에	soon, any minute 곧 the day after tomorrow 내일 모레 after lunch 점심 후에 not for another hour 한 시간 후에 later this month 이달 말에
기타	We'd better wait until ~때까지 기다려 봅시다 as soon as possible 가능한 한 빨리 during ~하는 동안 before noon 정오 전에 once the blueprints are finalized 일단 설계도가 완성되면	as soon as she arrives 그녀가 도착하자마자 when he approves it 그가 승인하면 no later than 늦어도 ~까지는 on May 3rd 5월 3일에

🔩 문제 풀이 전략   Where 의문문

1. 장소에 어울리지 않는 보기는 소거한다.

▶ Where를 핵심 키워드로 잡고 Where에 어울리지 않는 보기를 하나씩 소거하며 문제를 푼다.

Q. **Where** do I turn in my application? 지원서를 어디에 제출하나요?
A. That's indicated **on the second page**. 그것은 두 번째 페이지에 표시되어 있어요.
❌ A potential candidate. 잠재 후보입니다. ⋯▸ 연상 어휘 오답(application – candidate)

2. 사람이나 website, online, Internet이 정답으로 자주 출제된다.

▶ 장소나 위치를 묘사하는 문장이 Where 의문문의 대표적인 응답이지만 최근에는 사람이나 website, online, Internet 등이 정답으로 나오기도 한다.

Q. **Where** can I purchase parts for my printer? 제 프린터의 부품을 어디에서 살 수 있나요?
A. **Sheryl** would know. Sheryl이 알 거예요. [사람]

Q. **Where** should I go to get the loan application form? 대출 신청서를 어디에서 받을 수 있나요?
A. You can download one **online**. 온라인으로 다운로드 가능해요. [website, online, Internet]

Where 의문문이라고 물리적 장소만 정답으로 나올 수 있다는 고정관념을 버려야 해. Where 의문문에 사람이나 website, online, Internet 응답을 연결해서 생각하기 힘들다면 나머지 오답들을 소거해봐! 남은 보기가 정답이야.

3. 우회적인 응답에 주의한다.

▶ Try(~해 보세요)로 답하거나, 잘 모르겠다는 우회적 응답이 자주 출제된다.

Q. **Where** can I rent commercial properties downtown? 시내의 상업용 부동산을 어디에서 임대할 수 있을까요?
A. **Try** the Dowson Building. Dowson Building으로 가 보세요. [Try로 응답]

Q. **Where** can I try these pants on? 이 바지를 어디에서 입어볼 수 있나요?
A. Sorry, I don't work here. 미안하지만, 저는 여기서 일하지 않아요. [우회적인 응답]

4. 의문사 Where과 When을 혼동하면 안 된다.

Q. **Where** is the job fair taking place? 취업 박람회가 어디에서 열리나요?
A. **At the convention center.** 컨벤션 센터에서요.
❌ On the 10th. 10일에요. ⋯▸ When 의문문에 어울리는 응답

Where을 When으로 잘못 듣는 경우의 대부분은 영국/호주 발음으로 나올 때야! Where가 영국식으로 발음될 때는 어떻게 들리는지 유의하고 꾸준한 쉐도잉 훈련으로 두 발음을 구분해야 해!

Q9 장소로 응답

Where do you want me to put the package?

(A) On the table, please.
(B) No, you can send it directly to my home address.
(C) I packed mine.

P2-09 호주 → 미국

정답 (A)

해석 소포를 어디에 둘까요?
(A) 탁자 위에 놔 주세요.
(B) 아니요, 우리 집 주소로 바로 보내주세요.
(C) 제 건 쌌습니다.

어휘 package 소포 | directly 바로, 곧장 | pack (짐을) 싸다

정답 공략하기

① 키워드 잡기

의문사 where ➡ put ➡ package

② 오답 소거하기

(A) ◎ 장소를 언급한 정답
(B) ✗ 의문사 의문문에 Yes/No 불가
(C) ✗ 유사 발음 오답(package – packed)

③ 가능한 정답

The delivery is for Ted, isn't it? Ted에게 온 택배죠, 그렇죠?

Q10 우회적인 응답

Where should I set up this new printer?

(A) We need to make room for it.
(B) I like how the office is set up.
(C) Later this afternoon.

P2-10 영국 → 미국

정답 (A)

해석 새 프린터를 어디에 설치할까요?
(A) 그걸 놓을 공간을 확보해야 해요.
(B) 사무실 배치가 마음에 드네요.
(C) 오늘 늦은 오후에요.

어휘 set up 설치하다 | room 공간

정답 공략하기

① 키워드 잡기

의문사 where ➡ set up ➡ printer

② 오답 소거하기

(A) ◎ 우회적 정답 ⋯➤ 설치할 곳이 없으니 공간을 확보해야 한다.
(B) ✗ 동어 반복 오답(set up)
(C) ✗ When 의문문에 어울리는 오답

③ 가능한 정답

Next to the bookshelves over there. 저쪽에 있는 책장들 옆에요.

PART 2 UNIT 03

Q11 'Try(~해 보세요)'로 응답

Where can I find Lee's e-mail address?

(A) This afternoon, at 5.
(B) Try the company directory.
(C) I'll pick up the mail.

정답 (B)

해석 Lee의 이메일 주소를 어디에서 찾을 수 있나요?
(A) 오늘 오후 다섯 시에요.
(B) 회사 전화번호부를 한번 보세요.
(C) 제가 우편물을 가지고 올게요.

어휘 directory 전화번호부, 인명부 | pick up 가지고 오다, 데리러 가다

정답 공략 하기

1 키워드 잡기

의문사 where ➡ e-mail address

2 오답 소거하기

(A) ✖ When 의문분에 어울리는 오답
(B) ◉ Try로 답하는 우회적 정답
(C) ✖ 유사 발음 오답(e-mail – mail)

3 가능한 정답

Let me write it down for you. 제가 적어드릴게요.

Q12 '모른다'형 응답

Where can I find the new laptop computers?

(A) I'm not an employee here.
(B) It's a new computer monitor.
(C) They cost 800 dollars.

정답 (A)

해석 새 노트북 컴퓨터는 어디에 있나요?
(A) 저는 이곳 직원이 아닌데요.
(B) 새 컴퓨터 모니터예요.
(C) 800달러입니다.

어휘 cost ~의 비용이 들다

정답 공략 하기

1 키워드 잡기

의문사 where ➡ find ➡ computers

2 오답 소거하기

(A) ◉ 우회적 정답 ⋯ 여기 직원이 아니라서 모른다.
(B) ✖ 동어 반복 오답(computer)
(C) ✖ How much 의문문에 어울리는 오답

3 가능한 정답

In the storage room across the hall. 복도 건너편에 있는 창고예요.

Where 의문문 필수 표현   EXPRESSION

1. Where 의문문과 응답

Q. Where did you buy the bag? 그 가방을 어디에서 샀나요?
A. Downtown. 시내에서요.

Q. Where is my laptop? 제 노트북이 어디 있나요?
A. Sarah has it Sarah가 가지고 있어요.

Q. Excuse me. Where can I find the smoking area? 실례합니다. 흡연 구역이 어디 있나요?
A. There's one beside the restroom. 화장실 옆에 한 군데 있습니다.

Q. Where is the nearest convenience store? 가장 가까운 편의점이 어디 있나요?
A. Try the Burnside Building. Burnside Building으로 가 보세요.

Q. Where are the instructions for this new software? 새 소프트웨어 설명서는 어디 있나요?
A. They haven't been found yet. 아직 못 찾았어요.

2. Where 의문문 응답에 쓰이는 장소 표현

장소 표현 부사구	in the break room 휴게실에	over there 저쪽에
	in a meeting 회의에서	on the table 테이블 위에
	in the top drawer 맨 위 서랍에	to the storeroom 창고로
	at the ticket booth 매표소에서	just around the corner 모퉁이를 돌면 바로
	directly to the hotel 호텔로 바로	above the desk 책상 위에
	at the café across the street 길 건너 카페에서	next to the mall 상점 옆에
	in the folder on top of the desk 책상 위 폴더에	down the hall 복도 끝에
	in New York 뉴욕에	toward the front 앞쪽으로
기타	Please follow me. 저를 따라오세요.	
	Have you tried the market on Spring Street? Spring 가에 있는 시장에 가 보셨나요?	
	It's on our internal website. 사내 웹사이트에 나와 있어요.	
	Try the company directory. 회사 전화번호부를 확인해 보세요.	
	A lot of people like + 장소. 많은 사람들이 ~를 좋아해요.	

Practice

🎧 P2-13 질문을 듣고 가장 알맞은 답을 고르세요.

1. Mark your answer on your answer sheet.   (A)   (B)   (C)

2. Mark your answer on your answer sheet.   (A)   (B)   (C)

3. Mark your answer on your answer sheet.   (A)   (B)   (C)

4. Mark your answer on your answer sheet.   (A)   (B)   (C)

5. Mark your answer on your answer sheet.   (A)   (B)   (C)

6. Mark your answer on your answer sheet.   (A)   (B)   (C)

7. Mark your answer on your answer sheet.   (A)   (B)   (C)

8. Mark your answer on your answer sheet.   (A)   (B)   (C)

9. Mark your answer on your answer sheet.   (A)   (B)   (C)

10. Mark your answer on your answer sheet.   (A)   (B)   (C)

11. Mark your answer on your answer sheet.   (A)   (B)   (C)

12. Mark your answer on your answer sheet.   (A)   (B)   (C)

13. Mark your answer on your answer sheet.   (A)   (B)   (C)

14. Mark your answer on your answer sheet.   (A)   (B)   (C)

15. Mark your answer on your answer sheet.   (A)   (B)   (C)
고난도

16. Mark your answer on your answer sheet.   (A)   (B)   (C)

17. Mark your answer on your answer sheet.   (A)   (B)   (C)

18. Mark your answer on your answer sheet.   (A)   (B)   (C)

19. Mark your answer on your answer sheet.   (A)   (B)   (C)

20. Mark your answer on your answer sheet.   (A)   (B)   (C)

21. Mark your answer on your answer sheet.   (A)   (B)   (C)

22. Mark your answer on your answer sheet.   (A)   (B)   (C)

23. Mark your answer on your answer sheet.   (A)   (B)   (C)

24. Mark your answer on your answer sheet.   (A)   (B)   (C)

25. Mark your answer on your answer sheet.   (A)   (B)   (C)

Why·What·Which·How 의문문

- Why, What, Which, How 의문문은 매회 평균 2문제씩 출제가 되며, 각 의문사 뒤에 무엇이 나오는 지에 따라 다양한 답변이 가능하다. Why 의문문에서 이유를 묻는 질문과 제안을 나타내는 Why don't you[we] ~?를 구분해야 한다. What 의문문과 How 의문문은 의문문의 형태와 뒤에 오는 단어가 정답의 단서다.

문제 풀이 전략 Why 의문문

1. Because, To 부정사, So that 등으로 이유를 설명한다.

▸ 이유, 원인, 목적을 묻는 질문이므로 이유를 나타내는 Because(~이기 때문에), To 부정사(~하기 위해서), So that(~하기 위해서), For(~을 위해서) 등을 이용해 답하거나 이러한 표현을 생략하는 정답도 많이 나온다.

Q. Why has the meeting been rescheduled? 회의 일정이 왜 다시 잡힌 거죠?
A. So that everyone can attend. 모두가 참석할 수 있도록 하기 위해서요.

> **Tip!**
> Why 의문문의 답으로 이유를 설명하는 「To + 동사 (원형)」 형태의 to부정사가 아닌 「To + 장소」를 쓴 교묘한 오답 함정이 나올 수 있어. 「To + 동사 (원형)」을 반드시 확인하자!

2. Yes/No로 응답할 수 없다.

▸ Why 의문문을 포함한 모든 의문사 의문문에 Yes/No 응답이 나오면 바로 오답 처리한다.

Q. Why did Ms. Demicoli return these contracts to me? Ms. Demicoli가 왜 저에게 이 계약서를 돌려보냈나요?
A. She wants you to double-check them before she signs.
그녀가 서명하기 전에 당신이 이것을 한 번 더 확인해 주길 원하세요.
✕ Yes, please photocopy them. 네, 복사해 주세요.
⋯ 의문사 의문문에 Yes/No 응답 불가

3. 제안의 Why don't you[we] ~? 의문문은 Yes/No로 응답할 수 있다.

▸ 제안할 때 쓰이는 Why don't you[we] ~? (~하는 게 어때요?) 의문문의 응답으로는 Yes/Sure과 같은 수락 표현이 정답으로 등장할 수 있다는 것을 기억하자.

Q. Why don't we share a ride to the seminar? 세미나까지 차를 같이 타고 가는 게 어때요?
A. Sure, I'll see who's driving. 물론이죠, 누가 운전하는지 알아볼게요.

> **Tip!**
> 제안의 Why don't you ~? 질문에서 Why만 듣고 이유로 답해야 한다고 착각하면 Because로 시작하는 오답 함정에 빠질 수 있어. Why don't you ~? 질문에 Because 응답은 무조건 오답이야!

P2-14 [영국 → 미국]

Q1 이유·원인·목적으로 응답

Why was the budget proposal rejected?

(A) Because it was missing some details.
(B) A monthly department budget.
(C) He was reelected.

정답 (A)

해석 왜 예산안이 부결됐나요?
(A) 몇 가지 세부 정보가 누락돼서요.
(B) 월간 부서 예산이요.
(C) 그는 재선출됐어요.

어휘 budget proposal 예산안 | reject 거절하다 | detail 세부사항 | reelect 재선하다

정답 공략 하기

1 키워드 잡기

의문사 why ➡ proposal ➡ rejected

2 오답 소거하기

(A) ◉ Because를 써서 이유를 설명한 정답
(B) ✘ 동어 반복 오답(budget)
(C) ✘ 유사 발음 오답(rejected – reelected)

3 가능한 정답

I wasn't in charge of it. 제가 담당하지 않았어요.

P2-15 [호주 → 미국]

Q2 Because가 생략된 응답

Why is Wendy leaving the office now?

(A) She's picking up some clients.
(B) Around 5 o'clock.
(C) I'll leave it on your desk.

정답 (A)

해석 Wendy가 왜 지금 퇴근하는 거죠?
(A) 고객을 마중 나가야 해서요.
(B) 5시쯤이요.
(C) 그걸 당신 책상에 둘게요.

어휘 pick up ~을 데리러 가다 | client 고객

정답 공략 하기

1 키워드 잡기

의문사 why ➡ leaving ➡ office

2 오답 소거하기

(A) ◉ Because를 생략하고 이유를 설명한 정답
(B) ✘ When 의문문에 어울리는 응답
(C) ✘ 유사 발음 오답(leaving 떠나다 – leave 남겨 두다)

3 가능한 정답

Why don't you ask her manager? 그녀의 매니저에게 물어보는 건 어때요?

Q3 우회적인 응답

Why is the monthly report so short?

(A) This is only the first page.
(B) By Tuesday, at the earliest.
(C) In alphabetical order.

P2-16 영국 → 호주

정답   (A)

해석   월간 보고서가 왜 이렇게 짧은가요?
       (A) 이것은 첫 페이지일 뿐이에요.
       (B) 빠르면 화요일쯤이요.
       (C) 알파벳 순서로요.

어휘   monthly 월간의, 매월의 | alphabetical 알파벳의 |
       order 순서

정답 공략 하기

1 키워드 잡기

의문사 why ➡ report ➡ short

2 오답 소거하기

(A) ◎ '이것은 첫 페이지일 뿐'이라며 뒤에 내용이 더 있음을 전달한 우회적 정답
(B) ✖ When 의문문에 어울리는 응답
(C) ✖ How 의문문(방법)에 어울리는 응답

Tip!
정답을 바로 고르기 힘든 이런 문제들은 소거법으로 접근하면 정답률이 올라갈거야!

3 가능한 정답

The other pages must be missing. 다른 페이지들이 누락되었나 봐요.

Q4 '모른다'형 응답

Why was Alex late for work today?

(A) Yes, he's working today.
(B) We still have some time.
(C) He didn't say.

P2-17 미국 → 미국

정답   (C)

해석   Alex가 왜 오늘 회사에 지각했나요?
       (A) 네, 그는 오늘 일해요.
       (B) 아직 시간이 좀 있어요.
       (C) 말 안 하던데요.

어휘   late 늦은, 지각한 | still 아직도

정답 공략 하기

1 키워드 잡기

의문사 why ➡ Alex ➡ late for work

2 오답 소거하기

(A) ✖ 의문사 의문문에 Yes/No 응답 불가
(B) ✖ 연상 어휘 오답(late – have some time)
(C) ◎ '모른다' 정답 ⋯➡ 그가 말해주지 않아서 모른다.

3 가능한 정답

I heard his car broke down. 차가 고장 났다고 들었어요.

Why 의문문 필수 표현 *EXPRESSION*

이유 · 원인 · 목적의 Why	**Q.** Why did you discontinue this item? 이 품목의 생산을 왜 중단했나요? **A.** Because[Since] the price has gone way up. 가격이 많이 상승했기 때문입니다. **Q.** Why are you going to Busan next week? 다음 주에 왜 부산에 가시나요? **A.** To attend my friend's wedding. 제 친구 결혼식에 참석하기 위해서요. **A.** Due to my friend's wedding. 제 친구의 결혼식 때문에요.
부정의 Why 의문문	**Q.** Why didn't you submit your expense report yesterday? 어제 왜 지출 보고서를 제출하지 않았습니까? **A.** It completely slipped my mind. 완전히 잊고 있었어요. **Tip!** Why don't you ~? (~하는 게 어때요?)와 혼동하지 않도록 주의해!
제안의 Why don't you ~?	**Q.** Why don't you come over for dinner on Saturday? 토요일에 저녁 먹으러 오는 게 어때요? **A.** That's a good idea. 좋은 생각이네요. **A.** That sounds good. 좋아요. **A.** I'll do that. 그럴게요. **Tip!** 상대방이 제안을 할 때는 제안을 긍정적으로 수락하는 표현이 정답으로 자주 나오니 꼭 외워둬!

PART 2

UNIT 04

⚙ 문제 풀이 전략 **What·Which 의문문**

1. 의문사 What·Which 뒤에 나오는 명사를 파악한다.

▶ What·Which 의문문은 뒤에 오는 명사에 따라 다양하게 해석되므로 반드시 뒤에 오는 명사까지 키워드로 잡아야 한다.

Q. **What's the name** of the new Italian restaurant? 새로 생긴 이탈리안 식당 이름이 뭐예요?
A. I need to look it up. 알아봐야 돼요. ┉▶ 잘 모르겠다고 답하는 우회적인 정답 유형

2. What 의문문의 빈출 표현을 익혀둔다.

▶ What ~ like ~? (의견: ~는 어떤가요?)/What's the best way ~? (방법: ~하는 가장 좋은 방법은 무엇인가요?)/What's the fare[fee] ~? (요금[비용]: ~의 요금은 얼마인가요?) 등과 같은 빈출 표현들을 익혀둔다.

Q. **What's the subscription fee** for *Finance Today* magazine? 〈Finance Today〉 잡지의 구독료가 어떻게 되나요?
A. Thirty dollars a year. 일년에 30달러요.

Q. **What's the best way** to get to city hall from here? 여기에서 시청까지 가는 가장 좋은 방법이 뭔가요?
A. I'd take the subway. 저라면 지하철을 타겠어요.

Tip! Part 2에서 고득점을 받으려면 직청·직해가 가능해야 해. 위와 같은 빈출 표현은 빨리 해석하는 데 도움이 될 거야. 해석이 빨리 돼야 질문에 이어서 쏟아져 나오는 보기들을 들을 마음의 여유가 생기겠지?

3. Yes/No 응답은 즉시 소거한다.

▶ 의문사 의문문에 Yes, No, Sure, Of course 보기는 바로 소거한다.

Q. **What's the return policy** for products purchased online?
　온라인으로 구입한 상품에 대한 반품 규정이 어떻게 되나요?
A. We offer a full refund. 전액 환불해 드려요.
✗ **Yes**, it's in the stockroom. 네, 창고에 있어요. ┉▶ 의문사 의문문에 Yes/No 응답 불가

4. Which 의문문의 정답으로는 The one 이 자주 출제된다.

▶ Which 의문문은 주로 「Which + 명사 ~?」 형태로 출제되며 2~3개의 정해진 대상 중 하나의 선택을 물어본다는 점에서 불특정 다수의 What 의문문과 차이가 있다.
▶ 정답으로 '~것'을 의미하는 The one이 자주 출제된다.

Q. **Which train** are you taking? 어느 기차 타실 거예요? [Which + 사물]
A. **The one** leaving at two. 두 시에 출발하는 거요.

Q. **Which** of the **assistants** is working tomorrow? 보조들 중 누가 내일 일하죠? [Which + 사람 명사 = Who]
A. Ryan will be here in the morning. Ryan이 아침에 올 거예요.

Tip! 「Which + 사람 명사」는 Who와 의미가 같아! 사람이 언급된 보기를 고르거나 사람이 아닌 보기들을 하나씩 소거하는 연습을 하자!

⋯⋯⋯⋯⋯⋯⋯⋯⋯⋯⋯⋯⋯⋯ 🎧 P2-18 │영국 → 미국│

Q5 명사가 키워드인 질문

What location was selected for the photographs?

(A) Hamilton Park.
(B) By the photographer.
(C) I'm leaving, too.

정답 (A)

해석 사진 촬영지로 어디가 선정되었나요?
(A) Hamilton 공원이요.
(B) 사진작가가요.
(C) 저도 출발할 거예요.

어휘 location 위치 | photographer 사진작가, 사진사

정답
공략
하기

1 키워드 잡기

의문사 what + location ➡ selected

2 오답 소거하기

(A) ◎ What location은 장소를 묻는 질문이므로 정답
(B) ✖ 유사 발음 오답(photographs – photographer), Who 의문문에 어울리는 응답
(C) ✖ 질문과 무관한 동문서답형 오답

3 가능한 정답

I wasn't in charge of that. 제가 담당하지 않았어요.

⋯⋯⋯⋯⋯⋯⋯⋯⋯⋯⋯⋯⋯⋯ 🎧 P2-19 │미국 → 영국│

Q6 관용 표현이 키워드인 질문

What's wrong with the color printer?

(A) Yes, they repair computers.
(B) 150 dollars.
(C) It's out of ink.

정답 (C)

해석 이 컬러 프린터는 뭐가 문제인 거죠?
(A) 네, 그들이 컴퓨터를 고쳐요.
(B) 150달러요.
(C) 잉크가 떨어졌어요.

어휘 repair 수리하다 | out of ~가 다 떨어진

정답
공략
하기

1 키워드 잡기

의문사 what ➡ wrong ➡ printer ➡ what's wrong with를 하나의 단어로 이해해야 한다.

2 오답 소거하기

(A) ✖ 의문사 의문문에 Yes/No 불가
(B) ✖ 가격을 묻지 않았으므로 오답
(C) ◎ 프린터의 문제점으로 가장 어울리므로 정답

3 가능한 정답

Didn't we just buy a new one? 새 제품을 구매한 지 얼마 안 되지 않았나요?

PART 2 UNIT 04

Q7 우회적인 응답

What's the result of the overseas contract?

(A) That's a good plan.
(B) I contacted the Sales Department.
(C) I'm still waiting to hear.

정답 (C)

해석 해외 계약의 결과가 어떤가요?
(A) 좋은 계획이네요.
(B) 제가 영업부에 연락했어요.
(C) 아직 소식을 기다리고 있어요.

어휘 **result** 결과 | **overseas** 해외의 | **contact** 연락하다 | **Sales Department** 영업부

정답 공략 하기

❶ 키워드 잡기

의문사 what ➡ the result ➡ contract

❷ 오답 소거하기

(A) ❌ 질문과 무관한 동문서답형 오답
(B) ❌ 유사 발음 오답(contract – contacted)
(C) ⭕ '소식을 기다리고 있다'며 아직 모르고 있음을 우회적으로 답하고 있으므로 정답

❸ 가능한 정답

Our presentation was very successful. 저희 발표는 굉장히 성공적이었어요.

Q8 The one으로 응답

Which meeting room can we use?

(A) I will do it.
(B) It has been useful.
(C) The one on the 15th floor.

정답 (C)

해석 우리가 어느 회의실을 사용할 수 있죠?
(A) 제가 할게요.
(B) 그건 유용했어요.
(C) 15층에 있는 거요.

어휘 **useful** 유용한

정답 공략 하기

❶ 키워드 잡기

의문사 which ➡ meeting room ➡ use

❷ 오답 소거하기

(A) ❌ 질문과 무관한 동문서답형 오답
(B) ❌ 유사 발음 오답(use – useful)
(C) ⭕ 질문의 meeting room을 가리키는 The one을 사용한 정답

❸ 가능한 정답

I'm not sure. Let's ask Derek. 저도 잘 모르겠어요. Derek에게 물어보죠.

What · Which 의문문 필수 표현 _EXPRESSION_

1. What 의문문과 응답

시점	**Q.** What time is it in New York? 뉴욕은 몇 시인가요? **A.** They are 14 hours behind us. 우리보다 14시간 느립니다.
종류	**Q.** What kind of facilities does the gym have? 이 체육관에는 어떤 시설들이 있나요? **A.** They're listed right here in the pamphlet. 이 책자 바로 여기에 나와 있습니다.
요금 · 비용	**Q.** What is the cost of shipping? 배송료는 얼마인가요? **A.** It depends on the weight. 무게에 따라 다릅니다.
문제점	**Q.** What's wrong with this fax machine? 이 팩스기에 무슨 문제가 있나요? **A.** It's not plugged in. 플러그가 빠져 있네요.
방법	**Q.** What is the best way to get to the hotel from the airport? 공항에서 호텔로 가는 가장 좋은 방법이 무엇인가요? **A.** By taxi. 택시로요.
직업	**Q.** What do you do? 무슨 일 하세요? **A.** I'm a teacher. 교사예요.
이유	**Q.** What is the reason for her absence? 그녀가 결석한 이유가 뭔가요? **A.** I heard she doesn't feel good. 몸이 안 좋다고 하네요.
의견	**Q.** What is your new computer like? 새 컴퓨터는 어때요? **A.** It's much nicer than the old one. 예전 것보다 훨씬 나아요.
제안	**Q.** What if we took these bookshelves out of the office? 이 책장들을 사무실 밖으로 꺼내면 어떨까요? **A.** That would make more space. 그럼 공간이 더 생길 거예요.

2. Which 의문문에 The one 정답

Q. Which pen is yours? 어느 펜이 당신 것인가요?
A. The red one. 빨간 거요.

3. Which 의문문에 사람 정답

Q. Which of you read this novel? 여러분 중 누가 이 소설을 읽었나요?
A. Sophie and I did. Sophie와 저요.

⚙ 문제 풀이 전략 — How 의문문

1. 「How + 형용사/부사 ~?」의 형용사/부사를 파악한다.

▶ How 의문문은 뒤에 오는 형용사나 부사에 따라 다양하게 해석되므로 반드시 형용사나 부사를 놓치지 말고 들어야 한다.

Q. How often do you hold staff management training? 직원 관리 교육을 얼마나 자주 하시나요?
A. About once a year. 약 일년에 한 번씩이요.

Q. How long has the manufacturing plant been operating? 제조 공장이 운영된 지가 얼마나 됐나요?
A. It opened this time last year. 작년 이맘때쯤 열었어요.

2. How 의문문 빈출 질문 1: 방법·기간·수량·빈도·시점·거리 등을 묻는다.

Q. How will you **inform** the successful candidates?
합격자들에게 어떻게 알릴 건가요? [방법 ⋯ 「How + 동사」를 키워드로 잡기]
A. I'll email them. 그들에게 이메일을 보낼 거예요.

Q. How soon can you ship my order? 제 주문 상품을 언제까지 보내주실 수 있나요? [시점]
A. By the end of the day. 오늘까지요.

> **Tip!**
> How 의문문은 Who, When, Where 의문문처럼 첫 의문사만 들어서는 안 되고, 반드시 How 뒤에 따라 나오는 단어를 키워드로 잡고 질문의 의미를 정확하게 파악해야 해!

3. How 의문문 빈출 질문 2: 의견을 묻는다.

▶ How do you like ~?, How did ~ go?와 같은 의견을 묻는 빈출 관용 표현들을 익혀 둬야 빨리 해석할 수 있다.

Q. How did you like the play? 연극 어땠어요?
A. It was too long. 너무 길었어요.

Q. How did the product demonstration **go** yesterday? 어제 상품 시연 어땠어요?
A. Much better than I thought. 제가 생각했던 것보다 훨씬 잘 진행되었어요.

4. 제안의 How about ~? 의문문은 Yes/No로 응답할 수 있다.

▶ 의문사 의문문에 Yes/No가 나오면 오답이지만, 제안의 표현인 How about ~?(~하는 게 어때요?)은 Yes/Sure과 같은 수락의 응답이 가능하다.

Q. How about we drop by the furniture store? 그 가구점을 들러 보는 게 어때요?
A. Sure, I need to buy a chair. 좋아요. 의자를 하나 사야 하거든요.

핵심 문제 유형

P2-22 | 미국 → 미국

Q9 방법·수단으로 응답

How do I cancel the online purchase?

(A) By clicking this button.
(B) The cancellation rate is low.
(C) You can buy up to 300 dollars' worth.

정답	(A)
해석	온라인 구매를 어떻게 취소할 수 있나요?
	(A) 이 버튼을 눌러서요.
	(B) 취소율이 낮아요.
	(C) 300달러 어치까지 구매하실 수 있어요.
어휘	up to + 숫자 ~까지 ǀ worth ~의 가치가 있는, ~어치

정답 공략 하기

1 키워드 잡기

의문사 how ➡ cancel

2 오답 소거하기

(A) ◉ '이 버튼을 눌러서'라며 취소 방법을 직접 알려주고 있으므로 정답
(B) ✕ 유사 발음 오답(cancel – cancellation)
(C) ✕ 연상 어휘 오답(purchase – buy), 수량을 나타내는 How 의문문에 어울리는 답이므로 소거

3 가능한 정답

I'm not familiar with that website. 그 웹사이트에 대해 잘 몰라요.

P2-23 | 영국 → 호주

Q10 'How + 형용사/부사'에 대한 응답

How soon can you begin making copies of the handout?

(A) At the newspaper stand.
(B) I can start now.
(C) Five copies.

정답	(B)
해석	그 유인물은 언제쯤 복사해 주실 수 있죠?
	(A) 신문 가판대에서요.
	(B) 지금부터 할 수 있어요.
	(C) 다섯 부요.
어휘	handout 유인물 ǀ newspaper stand 신문 가판대

정답 공략 하기

1 키워드 잡기

의문사 How + soon ➡ you ➡ making copies

2 오답 소거하기

(A) ✕ 연상 어휘 오답(copies – newspaper)
(B) ◉ 복사를 할 수 있는 시점을 묻는 질문(How soon)에 시점으로 답하고 있으므로 정답
(C) ✕ 동어 반복 오답(copies 복사; 부)

3 가능한 정답

I thought you were going to take care of it. 당신이 처리하는 것으로 알고 있었어요.

79

P2-24 미국 → 영국

Q11 의견·상태로 응답

How did the conference call with the designers go?

(A) Jessica said it went smoothly.
(B) Across the hall.
(C) It won't take long.

정답 (A)

해석 디자이너들과의 전화 회의는 어떻게 됐나요?
(A) Jessica가 순조롭게 진행됐다고 했어요.
(B) 복도를 가로질러서요.
(C) 오래 걸리지 않을 거예요.

어휘 conference call 전화 회의 | smoothly 순조롭게

정답 공략 하기

1 키워드 잡기

의문사 How ➡ conference call ➡ go

2 오답 소거하기

(A) ◉ 전화 회의의 결과를 묻는 질문(How ~ go)에 잘 진행되었다는 결과로 응답하고 있으므로 정답
(B) ✖ 유사 발음 오답(call – hall)
(C) ✖ 시제 불일치 오답(did – won't)

3 가능한 정답

It was postponed to next Wednesday.
다음 주 수요일로 연기되었어요.

P2-25 영국 → 호주

Q12 우회적인 응답

How much time do we have to complete the proposal?

(A) Sure, I'll do it.
(B) 200 dollars.
(C) I'll check with my boss.

정답 (C)

해석 제안서를 마무리하기까지 시간이 얼마나 있나요?
(A) 물론이죠, 제가 할게요.
(B) 200달러요.
(C) 상사에게 확인해 볼게요.

어휘 complete 작성하다 | check 확인하다

정답 공략 하기

1 키워드 잡기

의문사 how + much time

 Tip! 여기서 키워드를 단순히 how much 까지만 잡으면 (B) 200 dollars 같은 오답 함정에 빠질 수 있어! 그러니까 질문을 제대로 파악하는 것이 중요해!

2 오답 소거하기

(A) ✖ 의문사 의문문에 Sure 불가
(B) ✖ How much (money) 의문문에 어울리는 응답
(C) ◉ '상사에게 확인해 보겠다'는 '난 몰라'형 정답

3 가능한 정답

We'll find out in today's meeting. 오늘 회의 때 알게 될 거예요.

방법 (How + 일반동사)	**Q.** How do I get to city hall? 시청에 어떻게 가나요? **A.** By subway. 지하철로요.
의견 (How + be동사 ~?/ How do you like ~?)	**Q.** How was your trip to Brazil? 브라질 여행은 어땠어요? **A.** It was fantastic. 끝내줬어요. **Q.** How do you like the new apartment? 새 아파트는 어때요? **A.** It's much more spacious. 훨씬 더 넓어요.
결과(어땠나요?)	**Q.** How did the seminar go? 세미나는 어땠어요? **A.** It went well. 잘 진행되었어요.
진행 상황 (How + be동사 ~ coming along?)	**Q.** How are the plans coming along for your trip? 여행 준비 계획들은 어떻게 되어가고 있어요? **A.** I'm just about ready to go. 막 준비가 다 끝났어요.
기간	**Q.** How long will it take to create the report? 보고서를 작성하는 데 얼마나 걸릴까요? **A.** Approximately four days. 약 4일 정도 걸립니다.
빈도	**Q.** How often do you and David have a meeting? 당신과 David는 얼마나 자주 회의를 하나요? **A.** As often as possible. 가급적 자주요.
때·시간	**Q.** How soon can you finish the revision of the contract? 계약서 수정을 얼마나 빨리 끝낼 수 있나요? **A.** It shouldn't take me too much longer. 그리 오래 걸리지 않을 겁니다.
수량	**Q.** How many employees do you have at your company? 당신 회사의 직원이 몇 명 정도 되나요? **A.** I don't know exactly. 저도 정확히는 모르겠어요.
거리	**Q.** How far is it to the bus stop from here? 여기서 버스 정류소까지는 얼마나 먼가요? **A.** It takes 10 minutes on foot. 걸어서 10분 정도 걸립니다.

PART 2

UNIT 04

Practice

질문을 듣고 가장 알맞은 답을 고르세요.

1. Mark your answer on your answer sheet.　　(A)　(B)　(C)

2. Mark your answer on your answer sheet.　　(A)　(B)　(C)

3. Mark your answer on your answer sheet.　　(A)　(B)　(C)

4. Mark your answer on your answer sheet.　　(A)　(B)　(C)

5. Mark your answer on your answer sheet.　　(A)　(B)　(C)

6. Mark your answer on your answer sheet.　　(A)　(B)　(C)

7. Mark your answer on your answer sheet.　　(A)　(B)　(C)

8. Mark your answer on your answer sheet.　　(A)　(B)　(C)

9. Mark your answer on your answer sheet.　　(A)　(B)　(C)

10. Mark your answer on your answer sheet.　　(A)　(B)　(C)

11. Mark your answer on your answer sheet.　　(A)　(B)　(C)

12. Mark your answer on your answer sheet.　　(A)　(B)　(C)

13. Mark your answer on your answer sheet.　　(A)　(B)　(C)

14. Mark your answer on your answer sheet.　　　　(A)　(B)　(C)

고난도

15. Mark your answer on your answer sheet.　　　　(A)　(B)　(C)

16. Mark your answer on your answer sheet.　　　　(A)　(B)　(C)

17. Mark your answer on your answer sheet.　　　　(A)　(B)　(C)

18. Mark your answer on your answer sheet.　　　　(A)　(B)　(C)

19. Mark your answer on your answer sheet.　　　　(A)　(B)　(C)

20. Mark your answer on your answer sheet.　　　　(A)　(B)　(C)

21. Mark your answer on your answer sheet.　　　　(A)　(B)　(C)

22. Mark your answer on your answer sheet.　　　　(A)　(B)　(C)

23. Mark your answer on your answer sheet.　　　　(A)　(B)　(C)

24. Mark your answer on your answer sheet.　　　　(A)　(B)　(C)

25. Mark your answer on your answer sheet.　　　　(A)　(B)　(C)

일반·간접·부정·부가 의문문

- 일반 의문문은 사실 여부를 확인하는 질문으로, 의문사 의문문과 달리 Yes/No 응답이 가능하다. 최근에는 Yes/No가 생략된 정답이 자주 등장하는 추세다.
- 간접 의문문은 일반 의문문과 의문사 의문문이 연결된 형태로 매회 한 문제 정도가 출제된다.
- 부정 의문문은 Don't you ~? / Aren't you ~?와 같이 부정으로 시작하는 의문문으로, 일반 의문문을 강조한 표현이다.
- 부가 의문문은 평서문 뒤에 ~did[didn't] you? / ~is[isn't] she? / ~have[haven't] you? 등의 꼬리 질문이 붙는 형태로, 사실을 확인하거나 상대방의 동의를 구하는 질문이다.

문제 풀이 전략 **일반 의문문**

일반 의문문은 주어 뒤의 본동사를 빠르게 이해하고 해석하는 것이 포인트야!

1. Do동사 의문문
▶ 특정 사실을 확인하는 의문문으로 「Do + 주어 + 동사 ~?」 형태로 출제된다.
▶ Do동사의 시제와 주어의 인칭, 동사와 목적어를 확실히 들어야 한다.

> **Q. Do you** find the room a little hot? 방이 좀 덥지 않아요?
> **A.** I'll turn on the air conditioning. 제가 에어컨을 켤게요.

2. Have동사 의문문
▶ 경험이나 완료 여부를 묻는 질문으로 「Have + 주어 + 동사 ~?」의 형태로 출제된다.
▶ Not yet(아뇨, 아직이요)이 정답으로 자주 나온다.

3. Be동사 의문문
▶ 현재나 과거의 사실, 미래 계획 등을 확인하는 질문이다.
▶ Yes/No로 응답한 후, 부연 설명을 덧붙인 형태가 정답으로 나온다.
▶ Be동사와 주어를 정답의 단서로 시제와 인칭을 파악하고 뒤에 오는 동사나 형용사를 반드시 들어야 한다.
> **cf** 현재 진행형(is[are] V-ing)은 가까운 미래의 일정을 나타내는 표현으로 쓰인다.

> **Q. Is** the CEO planning to get lunch catered for the workshop ?
> CEO가 워크숍 점심으로 출장 뷔페를 부를 계획인가요?
> **A. No**, we are going out to eat. 아뇨, 밖에 나가서 먹을 거예요.

4. Should 의문문
▶ 제안을 하거나 반드시 해야 하는 의무 사항을 확인하는 질문이다.
▶ 제안을 의미하는 질문에는 '수락'을 나타내는 응답을 정답으로 하는 문제가 자주 출제된다.
▶ '모르겠다' 또는 '생각해 보겠다' 등 우회적인 응답도 자주 등장한다.

> **Q. Should** I get started on the new construction project? 새 공사 프로젝트를 시작할까요?
> **A.** We need Mr. Zimmerman's approval, remember? Mr. Zimmerman의 승인이 필요해요. 기억하시죠?

Q1 Yes/No로 응답

Are you in charge of the Manning account?

(A) Some time after 5 P.M.
(B) Yes, Clive and I are.
(C) The phone needs to be charged.

🎧 P2-27 | 미국 → 영국

정답 (B)

해석 Manning 고객 건 담당하시나요?
(A) 다섯 시 조금 지나서요.
(B) 네, Clive와 제가 담당입니다.
(C) 전화기를 충전해야 해요.

어휘 account 고객, 계좌, 계정 | charge 충전하다

정답 공략 하기

❶ 키워드 잡기

Are you ➡ in charge of ➡ Manning account

❷ 오답 소거하기

(A) ✖ When 의문문에 어울리는 응답
(B) ◉ Manning 고객 건을 담당하느냐는 질문에 Yes로 응답한 후, Clive와 내가 한다고 부연 설명하므로 정답
(C) ✖ 유사 발음 오답(charge – charged)

❸ 가능한 정답

No, but you can ask Mike.
아니요, 그렇지만 Mike에게 물어보면 될 거예요.

Q2 Yes/No를 생략한 응답

Do you think you'll submit an application for the job in San Francisco?

(A) Take a direct flight.
(B) I like living here.
(C) In the recommendation letter.

🎧 P2-28 | 미국 → 호주

정답 (B)

해석 샌프란시스코에 있는 그 자리에 지원서를 제출할 생각이세요?
(A) 직항 비행기를 타세요.
(B) 저는 여기에서 사는 게 좋아요.
(C) 추천서에요.

어휘 submit 제출하다 | application 지원서 | direct flight 직항 항공편 | recommendation letter 추천서

정답 공략 하기

❶ 키워드 잡기

Do you think ➡ submit an application ➡ San Francisco

❷ 오답 소거하기

(A) ✖ 질문과 무관한 동문서답형 오답
(B) ◉ 다른 도시로 옮기고 싶지 않아 지원하지 않겠다고 우회적으로 응답하고 있으므로 정답
(C) ✖ 연상 어휘 오답(application, job – recommendation letter)

❸ 가능한 정답

I already emailed them last week.
이미 지난 주에 이메일을 보냈어요.

Q3 우회적인 응답

Has my itinerary been printed out?

(A) Weekday flights are a little cheaper.
(B) John will attend a conference in Tokyo.
(C) I thought you wanted it sent to your
e-mail.

🎧 P2-29 미국 → 미국

정답 (C)

해석 제 여행 일정표가 출력됐나요?
(A) 평일 항공편이 좀 더 싸요.
(B) John이 도쿄 회의에 참석할 거예요.
(C) 이메일로 보내 달라는 줄 알았어요.

어휘 itinerary 여행 일정표 | weekday 평일 | flight 항공편 |
attend 참석하다

정답 공략 하기

1 키워드 잡기

itinerary ➡ printed out

2 오답 소거하기

(A) ❌ 연상 어휘 오답(itinerary – flights)
(B) ❌ 연상 어휘 오답(itinerary – conference)
(C) ⭕ 우회적인 정답 ⋯ 이메일로 받고 싶어 하는 줄 알고 출력하지 않았다.

3 가능한 정답

Yes, I placed it on your desk. 네, 책상 위에 올려두었어요.

Q4 되묻기형 응답

**Do you want me to put the leftover pizza
in the refrigerator?**

(A) No thanks, I'm full.
(B) Is there enough room?
(C) It's from a new restaurant.

🎧 P2-30 호주 → 영국

정답 (B)

해석 남은 피자는 냉장고에 넣어 둘까요?
(A) 괜찮아요, 배불러요.
(B) 둘 자리가 있나요?
(C) 새로 생긴 식당 거예요.

어휘 leftover 먹고 남은 음식 | refrigerator 냉장고

정답 공략 하기

1 키워드 잡기

want me to ➡ put ➡ pizza ➡ refrigerator

2 오답 소거하기

(A) ❌ 연상 어휘 오답(pizza – full)
(B) ⭕ 음식을 보관할 자리가 충분한지 되묻고 있으므로 정답
(C) ❌ 연상 어휘 오답(pizza – restaurant)

3 가능한 정답

Yes, I'd appreciate that. 네, 그렇게 해주시면 감사하죠.

1. Do동사 의문문

현재 사실· 의견 확인	**Q.** Does your store carry mineral water? 생수를 취급하시나요? **A.** It's in aisle 5. 5번 통로에 있습니다.
과거 사실· 경험 확인	**Q.** Did you attend the marketing workshop yesterday? 어제 마케팅 워크숍에 참석하셨나요? **A.** Yes, I learned a lot. 네, 많이 배웠어요.

2. Have동사 의문문

경험 확인	**Q.** Have you been to the new museum yet? 새로 생긴 박물관에 가 보셨나요? **A.** No, I haven't yet. 아니요, 아직 안 가 봤어요.
완료 여부 확인	**Q.** Have you put the discounted items on display yet? 할인 품목들을 진열했나요? **A.** Yes, I've just finished. 네, 막 끝냈어요.

3. Be동사 의문문

현재 사실 확인	**Q.** Is there an electronics store in this part of the town? 이 지역에 전자제품 매장이 있나요? **A.** It's just around the corner. 모퉁이에 있습니다.
과거 사실 확인	**Q.** Were you able to get in touch with all of the job candidates? 입사 지원자들 모두와 연락이 됐나요? **A.** I contacted half of them. 그들 중 절반과 연락됐어요.
미래 계획	**Q.** Are you going to the company dinner tonight? 오늘 저녁 회식에 갈 건가요? **A.** No, I have to finalize the sales report. 아니요, 매출 보고서를 마무리해야 해요.

4. Should 의문문

의무	**Q.** Should we pay before we get the delivery? 배송 전에 비용을 지불해야 하나요? **A.** No, unless you prefer it that way. 아니요, 그 방식을 선호하시는 게 아니라면요.

1. 문장 중간의 의문사가 핵심 키워드다.

▶ 의문사가 포함되어 있는 간접 의문문은 매회 한 문제씩 출제되는 유형으로, Do동사, Have동사, Be동사, 조동사 등으로 시작하며 의문사가 포함된 질문이다.

▶ 간접 의문문 중간에 나오는 의문사를 반드시 키워드로 잡고 핵심 의문사에 가장 알맞은 응답을 정답으로 선택한다.

Q. Do you know **who** will be conducting the safety inspection today?
오늘 누가 안전 검사를 실시하는지 아시나요?

A. Someone from headquarters.
본사에서 온 직원이요. [Who 의문문 – Someone 빈출 정답 패턴]

❌ In John's team. John의 팀에서요.
⋯⋙ 장소로 답했으므로 Where 의문문에 적합한 응답

> **Tip!**
> 간접 의문문은 의문사를 파악하는 게 핵심이야. 위 보기에 사람 이름인 John이 나와서 헷갈릴 수 있지만 In ~ team은 위치 등의 장소를 의미하는 응답이니 Who 의문문에 어울리지 않아. 이런 교묘한 오답 함정에 빠지지 않도록 주의해!

2. Yes/No 응답이 가능하다.

▶ 의문사를 포함하고 있지만, Yes/No로 응답이 가능하며, Yes/No가 생략되기도 한다.

Q. Do you remember **which intern** prepared the presentation notes?
어느 인턴이 이 발표 노트를 준비했는지 아세요?

A. Yes, it's Katherine from the sales team. 네, 영업부서의 Katherine입니다.

A. Sook-hee might know. (아니요.) 숙희가 알 거예요. (No 생략)

3. 우회적인 응답에 주의한다.

▶ 간접 의문문도 다른 의문사 의문문과 마찬가지로 딱 맞아떨어지는 응답보다 돌려서 말하는 우회적인 답변을 정답으로 하는 문제가 자주 출제되는 추세다.

Q. Can you tell me **why** the contract hasn't been signed yet?
계약서에 왜 아직 서명이 되지 않았는지 말씀해 주시겠어요?

A. It's under review. 검토 중이에요.

Q5 의문사에 대응하는 응답

Does it matter which color pen I use to sign the agreement?

(A) Yes, it's a new design.
(B) I totally agree.
(C) Please use black.

🎧 P2-31 영국 → 미국

정답 (C)

해석 계약서에 서명하는 데 어떤 색의 펜을 사용하는지가 중요한가요?
(A) 네, 이것은 새로운 디자인이에요.
(B) 전적으로 동의해요.
(C) 검은색을 사용해 주세요.

어휘 matter 문제가 되다, 중요하다 | agreement 계약(서) | totally 완전히, 전적으로

정답 공략 하기

❶ 키워드 잡기

Does it ➡ matter ➡ which color

❷ 오답 소거하기

(A) ❌ 유사 발음 오답(sign – design)
(B) ❌ 유사 발음 오답(agreement – agree)
(C) ⭕ 어떤 색의 펜을 사용하는 게 중요하냐고 묻는 질문에 색깔로 적절히 답하고 있으므로 정답

❸ 가능한 정답

You should probably ask someone else.
다른 사람에게 물어보셔야 할 거예요.

Tip! 아무리 긴 문장이 나와도 당황하지 말자구! 간접의문문은 6하원칙 의문사을 키워드로 잡아주면 게임 끝!

Q6 우회적인 응답

Do you know who the Accounting hired as a replacement?

(A) It's a higher amount.
(B) The building manager can fix that.
(C) I heard they didn't need to.

🎧 P2-32 미국 → 호주

정답 (C)

해석 회계부가 후임자로 누구를 고용했는지 아세요?
(A) 액수가 더 많아요.
(B) 건물 매니저가 그것을 고칠 수 있어요.
(C) 그럴 필요가 없었다고 들었어요.

어휘 Accounting 회계부 | replacement 후임자 | amount 총액, 총계 | fix 고치다

정답 공략 하기

❶ 키워드 잡기

Do you ➡ know ➡ replacement

❷ 오답 소거하기

(A) ❌ 유사 발음 오답(hired – higher)
(B) ❌ 연상 어휘 오답(replacement – fix)
(C) ⭕ '그럴 필요가 없대요'라고 답하는 우회적 정답

❸ 가능한 정답

I didn't know they were. 그들이 그러는 줄 몰랐어요.

Tip! 간접 의문문은 문장 중간에 의문사가 들어가는 패턴뿐 아니라 if, whether, that 등의 접속사을 써서 묻기도 한다는 것을 알아둬!

1. 긍정이면 Yes, 부정이면 No로 응답한다.

▶ not은 무시하고 긍정 의문문과 마찬가지로 긍정이면 Yes, 부정이면 No로 응답한다.

▶ Yes/No는 생략 가능하다.

Q. Aren't you taking our clients to dinner tonight? 오늘밤 고객들께 저녁 식사를 대접하는 거 아닌가요?

A. (**No,**) they're leaving at noon. (아니요,) 고객들이 정오에 떠나거든요.

2. 주어, 동사, 목적어를 놓치면 안 된다.

▶ 질문 내용에 긍정하거나 부정하는 응답이 정답이므로 질문의 핵심어인 주어, 동사, 목적어를 듣고 질문의 전체 내용을 파악해야 한다.

Q. Hasn't the fax machine been repaired? 팩스기가 수리되지 않았나요?
    ⋯➡ 키워드를 fax machine/repaired로 잡고 수리됐으면 Yes, 그렇지 않으면 No로 대답!

A. We're still waiting for a part. (아니요.) 우리는 아직도 부품을 기다리는 중이에요. (No 생략)

Q. Shouldn't we move the desk closer to the door? 책상을 문 가까이로 옮겨야 하지 않을까요?
    ⋯➡ 키워드를 move/desk로 잡아두고 책상을 옮겨야 하면 Yes, 그렇지 않으면 No로 대답!

A. Yes, that'd be better. 네, 그렇게 하는 게 더 낫겠네요.

3. 시제와 인칭을 파악한다.

▶ 질문과 답변의 시제와 인칭이 일치하는지 확인하고 정답을 선택한다.

Q. Didn't Ms. Wang already sign the rental agreement? Ms. Wang이 이미 임대 계약서에 서명하지 않았나요?

A. No, it wasn't ready yet. 아니요, 계약서가 아직 준비되어 있지 않았어요.
    ⋯➡ 계약서가 아직 준비되지 않아서 서명을 하지 못했어요.

❌ Yes, I agree. 네, 동의해요.
    ⋯➡ 주어 불일치 오답(Ms. Wang – I)

❌ Yes, she's going to design the new logo. 네, 그녀가 새로운 로고를 디자인할 거예요.
    ⋯➡ 시제 불일치 오답(Didn't – is going to)

Q7 Yes/No로 응답

Don't you have to fill in everything on the application form?

(A) No, only the top part.
(B) Where are they from?
(C) They're on my chair.

.... 🎧 P2-33 미국 → 영국

정답   (A)

해석   이 지원서에 모든 부분을 기입해야 하지 않나요?
       (A) 아니요, 윗부분만요.
       (B) 그들은 어디에서 왔나요?
       (C) 제 의자 위에 있어요.

어휘   fill in 기입하다 | application form 신청서

정답 공략 하기

1 키워드 잡기

부정 의문문 ➡ fill in ➡ everything

2 오답 소거하기

(A) ◎ 모든 부분을 작성해야 하는지 묻는 질문에 '아니다'라고 적절히 말하고 있으므로 정답
(B) ✘ 유사 발음 오답(form – from)
(C) ✘ 어디에 있는지 장소를 묻지 않았으므로 동문서답형 오답

3 가능한 정답

Didn't I already do that? 제가 이미 그렇게 하지 않았나요?

Q8 Yes/No 생략한 응답

Didn't you send an invitation to Mr. James?

(A) About twenty people.
(B) The opening ceremony.
(C) I sent it yesterday.

.... 🎧 P2-34 미국 → 미국

정답   (C)

해석   Mr. James에게 초대장을 보내지 않았나요?
       (A) 대략 20명이요.
       (B) 개회식이요.
       (C) 어제 보냈어요.

어휘   invitation 초대, 초대장 | opening ceremony 개회식, 개업식

정답 공략 하기

1 키워드 잡기

부정 의문문 ➡ send ➡ invitation

2 오답 소거하기

(A) ✘ 사람 수를 묻지 않았으므로 동문서답형 오답
(B) ✘ 연상 어휘 오답(invitation – opening ceremony)
(C) ◎ 초대장을 보냈냐는 질문에 yes를 생략하여 어제 보냈다고 말하는 형태이므로 정답

3 가능한 정답

I thought you were going to do that. 당신이 할 줄 알았어요.

PART 2

UNIT 05

P2-35 미국 → 호주

Q9 우회적인 응답

Aren't you going to give the new manager a good evaluation?

(A) Some supervisors will attend the seminar.

(B) My manager evaluated me.

(C) I'll wait until this project is completed.

정답	(C)
해석	새로 온 관리자에 대해 좋은 평가를 하실 거 아닌가요?
	(A) 일부 관리자들이 세미나에 참석할 거예요.
	(B) 제 관리자가 저를 평가했어요.
	(C) 이 프로젝트가 끝날 때까지 기다려 보려고요.
어휘	evaluation 평가 I supervisor 관리자, 상사 I attend 참석하다 I complete 끝내다, 완성하다

정답 공략 하기

1 키워드 잡기

부정 의문문 ➡ give ➡ manager ➡ good evaluation

2 오답 소거하기

(A) ❌ 연상 어휘 오답(manager – supervisors)

(B) ❌ 동어 반복 오답(manager), 유사 발음 오답(evaluation – evaluated)

(C) ◎ 우회적인 정답 ⋯➤ 프로젝트가 끝날 때까지 지켜보고 결정하겠다.

3 가능한 정답

Yes, she has been working very hard. 네, 그녀는 그 동안 열심히 일했죠.

P2-36 영국 → 호주

Q10 '모른다'형 응답

Didn't Tanner start his new job already?

(A) I haven't heard anything from him.

(B) I work as an accountant.

(C) An impressive résumé.

정답	(A)
해석	Tanner가 벌써 새 직장에 출근하지 않았나요?
	(A) 그에게서 아무 소식도 못 들었어요.
	(B) 저는 회계사로 일해요.
	(C) 인상 깊은 이력서네요.
어휘	accountant 회계사 I impressive 인상적인 I résumé 이력서

정답 공략 하기

1 키워드 잡기

부정 의문문 ➡ Tanner ➡ start ➡ new job

2 오답 소거하기

(A) ◎ '모른다'형 정답 ⋯➤ 그에게 들은 게 없어서 모른다.

(B) ❌ 주어 불일치 오답(Tanner – I)

(C) ❌ 연상 어휘 오답(job – résumé)

3 가능한 정답

His first day is next Monday. 그의 첫 출근일은 다음 주 월요일이에요.

사실 확인	**Q.** Aren't you working next week? 다음 주에 일하지 않나요?
	A. Yes, I am. 네, 일해요.
	Q. Isn't there an apartment available on a higher floor? 고층 아파트는 없나요?
	A. Not at the moment. 지금은 없습니다.
	Q. Isn't Kelly going on vacation soon? Kelly는 곧 휴가를 가시 않나요?
	A. On Monday, I think. 제 생각엔 월요일이에요.
	Q. Don't you offer free shipping for online purchases? 온라인 구매에는 무료 배송을 제공하지 않나요?
	A. Yes, but only on orders over 30 dollars. 네, 하지만 30달러 이상의 주문에만요.
	Q. Didn't Lee already buy the movie tickets? Lee가 이미 영화표를 사지 않았나요?
	A. He's doing it now. 그는 지금 사고 있어요.
동의	**Q.** Don't you think it's too late to place the order? 지금 주문하기에 너무 늦은 것 같지 않아요?
	A. Yes, I think so. 네, 그렇게 생각해요.
	Q. Isn't it cold in the office? 사무실이 춥지 않나요?
	A. Yes, someone turned off the heat. 네, 누가 난방기를 껐어요.
제안	**Q.** Shouldn't we put safety goggles on now? 지금 보안경을 써야 하지 않을까요?
	A. That's a good idea. 좋은 생각이에요.
	Q. Shouldn't we purchase new computers this month? 이번 달에 새 컴퓨터를 사야 하지 않을까요?
	A. The old ones are fine. 예전 것들도 괜찮아요.

PART 2 UNIT 05

1. 긍정이면 Yes, 부정이면 No로 응답한다.

▶ not은 무시하고 부연 설명이 긍정이면 Yes, 부정이면 No로 응답한다.

▶ 최근에는 Yes/No가 생략된 정답이 많이 나온다.

Q. You'll be at the workshop tomorrow, **won't you**? 내일 워크숍에 오실거죠, 그렇지 않나요?

A. Yes, I'll meet you there. 네, 거기서 봬요.

Q. The Internet is really slow this morning, **isn't it**? 오늘 아침 인터넷이 정말 느리네요, 그렇지 않나요?

A. I haven't noticed. (아니요.) 알아차리지 못했어요. (NO 생략)

Q. The product launch is supposed to be on October 17th, **isn't it**?
상품 출시일이 10월 17일로 되어 있죠, 그렇죠?

A. I thought it's in November. (아니요.) 11월인줄 알았는데요. (NO 생략)

2. 부가 의문문의 Yes/No 오답 함정에 유의한다.

▶ Yes/No로 응답 후, 이어지는 부연 설명이 질문의 내용과 일치하지 않는 오답 함정에 유의한다.

Q. That first speech was impressive, **wasn't it**? 그 첫 번째 연설이 아주 인상적이었어요, 그렇죠?

A. I just got here. 저는 방금 왔어요.
⋯▶ 방금 도착해서 보지 못했다는 의미의 우회적 정답

✖ **Yes**, it's at 8 o'clock. 네, 그것은 8시에 있어요.
⋯▶ Yes로 응답하지만 어울리지 않는 부연 설명

핵심 문제 유형

▶ P2-37 영국 → 미국

Q11 Yes/No로 응답

You work in this building, don't you?

(A) Yes, I'm in Advertising.
(B) That work needs to be done soon.
(C) It's on the second floor.

정답 (A)

해석 이 건물에서 일하시죠, 그렇지 않나요?
(A) 네, 광고부에 있습니다.
(B) 그 일은 곧 완료되어야 합니다.
(C) 그것은 2층에 있습니다.

어휘 Advertising 광고부

정답 공략 하기

1 키워드 잡기
부가 의문문 ➡ work ➡ building

2 오답 소거하기
(A) ◎ 이 건물에서 일하냐는 질문에 '그렇다'고 말한 후 적절하게 부연 설명을 하고 있으므로 정답
(B) ✗ 동어 반복 오답(work 일하다; 작업, 일)
(C) ✗ 주어 불일치 오답
　　(cf I'm on the second floor. 저는 2층에서 근무해요.)

3 가능한 정답
I'm actually here to drop off a package. 실은 택배 배달하기 위해 여기에 왔어요.

▶ P2-38 미국 → 호주

Q12 Yes/No 생략한 응답

You heard about Amy's promotion to supervisor, didn't you?

(A) The corporate headquarters.
(B) She really deserves it.
(C) I've heard that song before.

정답 (B)

해석 Amy가 매니저로 승진한 소식 들으셨죠, 그렇지 않나요?
(A) 회사 본사요.
(B) 그녀는 정말로 그럴 만한 자격이 돼요.
(C) 저는 전에 그 노래를 들어 보았어요.

어휘 promotion 승진 | supervisor 관리자, 감독관 | headquarters 본사, 본부

정답 공략 하기

1 키워드 잡기
부가 의문문 ➡ heard ➡ Amy's promotion

2 오답 소거하기
(A) ✗ 연상 어휘 오답(promotion – headquarters)
(B) ◎ Amy의 승진 소식을 들었냐는 질문에 Yes가 생략되고 '그녀는 승진을 할 만한 자격이 된다'고 적절한 부연설명으로 대답하고 있으므로 정답
(C) ✗ 승진 소식을 들었냐는 질문에 '그 노래를 들었다'는 대답은 동문서답형 오답, 동어 반복 오답(heard)

3 가능한 정답
I thought she was new to the company. 입사한지 얼마 안 된 줄 알았는데요.

PART 2　UNIT 05

95

Q13 Yes/No가 함정인 오답

You completed the building plan, didn't you?

(A) Yes, he put up the sign.
(B) Isn't it due tomorrow?
(C) I have plans tonight.

정답 (B)

해석 건물 설계도는 마무리하셨죠, 그렇죠?
(A) 네, 그가 안내판을 붙였어요.
(B) 내일이 마감일 아닌가요?
(C) 오늘 저녁에는 계획이 있어요.

어휘 complete 끝내다, 완성하다 | put up 내붙이다, 게시하다
| due ∼하기로 되어 있는

정답 공략 하기

1 키워드 잡기

부가 의문문 ➡ You ➡ completed ➡ building plan

2 오답 소거하기

(A) ✗ Yes(건물 설계도를 마무리했다)와 부연 설명이 불일치하므로 오답
(B) ◎ 우회적인 정답 ⋯➡ 내일이 마감일인 줄 알고 아직 끝내지 못했다.
(C) ✗ 동어 반복 함정(plan)

3 가능한 정답

I'll need at least two more days to work on it. 최소 이틀은 더 작업해야 해요.

Q14 우회적인 응답

Tyler knows how to get to the warehouse, doesn't he?

(A) He goes there regularly.
(B) Yes, it's open from 9 to 6.
(C) Items will be shipped from there.

정답 (A)

해석 Tyler가 창고에 어떻게 가는지 알죠, 그렇지 않나요?
(A) 그는 정기적으로 그곳에 가잖아요.
(B) 네, 9시부터 6시까지 열어요.
(C) 상품들이 그곳에서 배송될 거예요.

어휘 get to ∼에 도착하다 | regularly 정기적으로 | ship 배송하다

정답 공략 하기

1 키워드 잡기

부가 의문문 how to ➡ get to ➡ warehouse

2 오답 소거하기

(A) ◎ 우회적인 정답 ⋯➡ 그가 그곳에 자주 가기 때문에 가는 방법을 알 것이다.
(B) ✗ 시간을 물어본 것이 아니므로 오답
(C) ✗ 연상 어휘 오답(warehouse – items, shipped)

3 가능한 정답

No, but I'm going to take him there. 아니요, 하지만 제가 그곳으로 데려가려고요.

Do동사 **부가 의문문**	**Q.** You eat a lot of sweets, don't you? 단것 많이 드시죠, 그렇지 않나요? **A.** I sure do. 그렇고 말고요. **Q.** The meeting went well, didn't it? 회의가 잘 진행됐어요, 그렇지 않았나요? **A.** It sure did. 그렇고 말고요.
Be동사 **부가 의문문**	**Q.** It's supposed to be windy this weekend, isn't it? 이번 주말에 바람이 많이 불거라던데요, 그렇지 않나요? **A.** That's what I heard. 저도 그렇게 들었어요.
조동사 **부가 의문문**	**Q.** The new line of formal wear has been selling well, hasn't it? 새 정장 제품이 잘 팔리고 있어요, 그렇지 않나요? **A.** Yes, sales figures are through the roof. 네, 매출 수치가 치솟고 있어요. **Q.** Our hotel expenses will be covered by the airline company, won't they? 항공사가 우리의 호텔 경비를 대줄 거예요, 그렇지 않나요? **A.** Yes, they will. 예, 그럴 겁니다.

🎧 P2-41 질문을 듣고 가장 알맞은 답을 고르세요.

1. Mark your answer on your answer sheet. (A) (B) (C)

2. Mark your answer on your answer sheet. (A) (B) (C)

3. Mark your answer on your answer sheet. (A) (B) (C)

4. Mark your answer on your answer sheet. (A) (B) (C)

5. Mark your answer on your answer sheet. (A) (B) (C)

6. Mark your answer on your answer sheet. (A) (B) (C)

7. Mark your answer on your answer sheet. (A) (B) (C)

8. Mark your answer on your answer sheet. (A) (B) (C)

9. Mark your answer on your answer sheet. (A) (B) (C)

10. Mark your answer on your answer sheet. (A) (B) (C)

11. Mark your answer on your answer sheet. (A) (B) (C)
고난도

12. Mark your answer on your answer sheet. (A) (B) (C)

13. Mark your answer on your answer sheet. (A) (B) (C)
고난도

14. Mark your answer on your answer sheet.　　　(A)　(B)　(C)

15. Mark your answer on your answer sheet.　　　(A)　(B)　(C)

16. Mark your answer on your answer sheet.　　　(A)　(B)　(C)

17. Mark your answer on your answer sheet.　　　(A)　(B)　(C)

18. Mark your answer on your answer sheet.　　　(A)　(B)　(C)
고난도

19. Mark your answer on your answer sheet.　　　(A)　(B)　(C)

20. Mark your answer on your answer sheet.　　　(A)　(B)　(C)

21. Mark your answer on your answer sheet.　　　(A)　(B)　(C)

22. Mark your answer on your answer sheet.　　　(A)　(B)　(C)

23. Mark your answer on your answer sheet.　　　(A)　(B)　(C)

24. Mark your answer on your answer sheet.　　　(A)　(B)　(C)

25. Mark your answer on your answer sheet.　　　(A)　(B)　(C)

제안·제공·요청문·선택 의문문·평서문

- 상대방에게 무엇을 제안, 제공, 요청하는 의문문은 매회 2문제 정도 출제된다.
- 선택 의문문은 두 개의 선택 사항을 or로 연결해서 묻는 의문문이며 매회 2문제 정도 출제된다.
- 평서문은 다양한 상황을 서술하는 문장으로 Part 2 중 가장 어려운 문제 유형이다.

⚙ 문제 풀이 전략   제안·제공·요청문

1. 제안·제공·요청의 관용 표현을 익혀둔다.

▶ 상대방에게 제안·제공·요청할 때 사용하는 표현들이 정해져 있으므로 문장 패턴을 덩어리째 암기해 둔다.

▶ 제안문은 상대방에게 '~을 하는 게 어때?'라고 말하거나 '같이 ~하자'라고 제안할 때 쓴다.

> **EX** Why don't you ~? = How about ~? ~하는 게 어때요? | **Why don't we ~?** 우리 ~하는 게 어때요? |
> Let's ~. ~합시다 | Would you like ~? ~하시겠어요? | Should we ~? ~해야 할까요? |
> Shouldn't we ~? ~해야 하지 않을까요? | What if ~? ~하면 어떨까요?

▶ 제공문은 I 나 me를 사용해 '제가 ~ 해 드릴까요?'라는 의미로 상대방에게 호의를 베풀 때 쓰는 문장 유형이다.

> **EX** Why don't I ~? 제가 ~할까요? |
> Would you like me to ~? = Do you want me to ~? 제가 ~해 드릴까요?

▶ 요청문은 상대방에게 '~을 해 주시겠어요?'라고 부탁할 때 쓰는 문장 유형이다.

> **EX** Can you ~? = Could you ~? = Will you ~? = Would you ~? ~해 주시겠어요? |
> We'd like you to~. ~해 주세요.

2. 제안·제공·요청에 대한 수락/거절 응답을 익혀둔다.

▶ 제안·제공·요청문의 빈출 수락/거절 응답을 미리 암기해 두면 정답을 빠르게 찾을 수 있다.

Q. Could you help me distribute the handouts at the meeting?
회의 때 유인물 나눠주는 것 좀 도와주시겠어요?

A. Sure, I'll meet you there soon. 물론이죠, 곧 거기에서 만나요. [수락]

A. I'm afraid I won't be able to make it. 저는 못 갈 것 같아요. [거절]

3. 반드시 구별해야 할 제안·제공·요청 표현을 익혀둔다.

▶ 생김새가 비슷해 헷갈리는 문장들이 있다. 문장이 들리는 순간 지체 없이 해석될 수 있도록 정확하게 구별해서 익혀두자.

요청 · 제안	Would you like to ~? ~해주시겠어요? / ~하시겠어요?	제안	Why don't you ~? ~하는 게 어때요?
제공	Would you like me to ~? 제가 ~해드릴까요?	이유	Why didn't you ~? 왜 ~하지 않았어요?

핵심 문제 유형

Q1 제안문에 어울리는 응답

Why don't we hold our annual sales conference next month?

(A) That's a great idea.
(B) Yes, the shirt is for sale.
(C) The proposal is very confusing.

P2-42 영국 → 미국

정답 (A)

해석 우리 연례 영업 회의를 다음 달에 여는 게 어때요?
(A) 그거 아주 좋은 생각이네요.
(B) 네, 그 셔츠는 판매용이에요.
(C) 그 제안은 정말 혼란스러워요.

어휘 hold 열다, 개최하다 | proposal 제안서 | confusing 혼란스러운

정답 공략하기

1 키워드 잡기

제안문 Why don't we ➡ hold ➡ conference ➡ next month

2 오답 소거하기

(A) ◉ 'Why don't we ~?' 제안 표현을 이용해 회의를 다음 달에 여는 게 어떨지 묻자 좋은 생각이라며 흔쾌히 동의하고 있으므로 정답
(B) ✘ 유사 발음 오답(sales 영업, 판매 – for sale 판매용의)
(C) ✘ 연상 어휘 오답(sales conference – proposal)

3 가능한 정답

Don't we need Ms. Delacroix's approval first? 우선 Ms. Delacroix의 승인을 받아야 하지 않나요?

Q2 제공문에 어울리는 응답

Would you like me to carry those books?

(A) I prefer science fiction.
(B) You should build your career.
(C) Oh, if you wouldn't mind.

P2-43 호주 → 미국

정답 (C)

해석 제가 저 책들을 옮겨 드릴까요?
(A) 저는 공상과학 소설을 선호합니다.
(B) 당신은 경력을 쌓아야 해요.
(C) 오, 괜찮으시다면요.

어휘 carry 옮기다, 나르다 | prefer 선호하다 | career 경력, 직장생활

정답 공략하기

1 키워드 잡기

제공문 Would you like me to ➡ carry ➡ books

2 오답 소거하기

(A) ✘ 연상 어휘 오답(books – science fiction)
(B) ✘ 유사 발음 오답(carry – career)
(C) ◉ 괜찮으시다면 부탁한다고 수락하고 있으므로 정답

3 가능한 정답

Are you going to the meeting room, too? 당신도 회의실에 가세요?

PART 2 UNIT 06

Q3 요청문에 어울리는 응답

Could you complete the accounting figures this week?

(A) Yes, luckily I've got some time.
(B) I took it into account.
(C) That's what I figured.

정답 (A)

해석 이번 주에 회계 수치를 작성해 주시겠어요?
(A) 네, 다행히도 시간이 좀 있어요.
(B) 그것을 고려했어요.
(C) 그것이 제가 생각한 바예요.

어휘 complete 작성하다 | accounting 회계 | figure 수치 | take ~ into account ~을 고려하다 | figure 생각하다, 판단하다

정답 공략 하기

① 키워드 잡기

요청문 Could you ➡ complete ➡ figures ➡ this week

② 오답 소거하기

(A) ◎ 회계 수치를 작성해 달라는 요청에 Yes로 답한 후 그것을 처리할 시간이 좀 있다고 부연 설명하므로 정답
(B) ✗ 유사 발음 오답(accounting – account)
(C) ✗ 동어 반복 오답(figure 숫자, 수치; 생각하다, 판단하다)

③ 가능한 정답

I thought they were due next Friday. 다음 주 금요일까지인 줄 알았어요.

Q4 우회적인 응답

Can you show me your staff ID badge?

(A) The show starts at 8.
(B) Sure, I can suggest some ideas.
(C) I'm just visiting.

정답 (C)

해석 사원증을 보여주시겠습니까?
(A) 공연은 8시에 시작해요.
(B) 물론이죠, 제가 아이디어를 제안해 드릴 수 있어요.
(C) 저는 그냥 방문객이에요.

어휘 ID badge 신분증, 사원증

정답 공략 하기

① 키워드 잡기

요청문 Can you ➡ show ➡ ID badge

② 오답 소거하기

(A) ✗ 동어 반복 오답(show 보여주다; 쇼)
(B) ✗ Can you ~? – Sure 패턴의 함정, 동문서답형 부가 설명
(C) ◎ 우회적인 정답 ⋯ 나는 그냥 방문객이라 직원 카드가 없다.

③ 가능한 정답

Of course. Here you go. 당연하죠, 여기 있어요.

제안·제공·요청문 필수 표현 **EXPRESSION**

1. 제안문과 응답

질문 형태	Would you like some assistance filling out the forms? 서식 작성하는 일을 도와드릴까요?	
	How about having a coffee break? 커피를 마시며 쉬는 게 어때요?	
	Why don't you use an identification system to increase security? 보안을 강화하기 위해 신원 확인 시스템을 이용하는 게 어때요?	
	Let's quit for the day. 오늘은 이만 끝내죠	
수락	That's a good idea! 좋은 생각이에요!	Sounds good to me! 전 좋아요!
	I really should. 그렇게 해야겠어요.	You're right! 맞아요.
	Sure. 물론이죠.	
거절	Actually, ~. 사실은, ~예요.	But, ~. 하지만 ~예요.

2. 제공문과 응답

질문 형태	Would you like me to put some ice cream on your pie? 파이 위에 아이스크림을 얹어 드릴까요?	
	Do you want me to order dinner? 저녁 식사를 주문해 드릴까요?	
수락	That would be great! 좋네요.	Thanks. 고마워요.
	I really appreciate it. 정말 감사드립니다.	
거절	Thanks, but ~. 고맙지만, ~예요.	I can handle it. 제가 할게요.
	I can take care of if. 제가 처리할 수 있어요.	

3. 요청문과 응답

질문 형태	Can you tell the difference between the two prototypes? 두 시제품의 차이점을 알려주실 수 있나요?	
	Will you help me move these files? 이 파일들을 옮기는 것을 도와주시겠어요?	
	Would you be able to finish this work by 5? 이 일을 다섯 시까지 끝마칠 수 있나요?	
수락	Sure. 물론이요	Of course 당연하죠
	No problem. 문제 없어요.	Certainly. 물론이지요, 그럼요.
	Absolutely. 그럼, 물론이죠.	I'd be glad to ~. 기꺼이 ~해 드릴게요.
	I'd be happy to ~. 기꺼이 ~해 드릴게요.	Okay. 알겠습니다.
거절	I'm afraid ~. 유감이지만 ~입니다.	I'm sorry (but) ~. 죄송합니다만 ~입니다.

1. 선택 의문문의 빈출 답변을 익혀둔다.

▶ 자주 출제되는 정답 유형은 둘 중에 하나를 선택하거나, 둘 다 선택하거나 둘 다 선택하지 않는 응답, 그리고 우회적 응답이 있다.

> **Tip!** 둘 중 하나 선택/둘 다 수락/둘 다 거절 유형 모두 정답으로 자주 나오는 표현이 어느 정도 정해져 있어.
> 빈출 정답 표현들을 암기해 두면 문제 풀이가 한결 수월해지니, 131 페이지를 참고해서 꼭 암기해!

▶ 최근에는 돌려 말하거나 되묻는 우회적 응답이 많이 출제된다.

Q. Are you going to visit **several cities or only Seoul** on your trip to Korea next month?
다음 달 서울 여행할 때 여러 도시를 방문할 거예요, 아니면 서울만 갈 거예요?

A. The itinerary hasn't been finalized yet. 아직 여행 일정표가 확정되지 않았어요.

Q. Would it be cheaper to use **a mobile phone or a land line**?
핸드폰을 이용하는 게 저렴할까요, 아니면 유선 전화가 저렴할까요?

A. Where will you be calling? 어디에 전화하실 건데요?

2. or 앞뒤의 핵심 키워드를 잡는다.

▶ 선택 의문문은 문장이 길어지는 경향이 있다. 당황하지 말고 or 앞뒤의 핵심 키워드를 빠르게 잡는 연습을 해야 한다.

Q. Did you open your account through the **website or** here at the **bank**?
계좌를 웹사이트를 통해서 개설했어요, 아니면 이곳 은행에서 하셨어요?
⋯→ [핵심 키워드] website/bank (웹사이트냐 은행이냐)

A. I did it online. 온라인으로 했어요.

Q. Can we discuss the overtime pay **now,** or should we meet **after lunch**?
초과근무수당에 관해서 지금 이야기할 수 있나요, 아니면 점심 먹고 만날까요?
⋯→ [핵심 키워드] now/after lunch (지금이냐 나중이냐)

A. Now is fine with me. 지금이 좋아요.

Q5 둘 중 하나를 선택하는 응답

Should we arrange a lunch or a dinner for the recruits?

(A) Lunch would be better.
(B) A table for four, please.
(C) Yes, the food was delicious.

정답 공략 하기

1 키워드 잡기

선택 의문문 ➡ a lunch or a dinner

2 오답 소거하기

(A) ◉ 두 가지 선택사항 중 하나를 택하는 전형적인 '택1' 형 정답
(B) ✖ 연상 어휘 오답(lunch, dinner – table)
(C) ✖ 연상 어휘 오답(lunch, dinner – food, delicious)

3 가능한 정답

You should talk to Lindsay in HR.
인사부에 Lindsay와 이야기해보세요.

────────────────────────────── 🎧 P2-46 미국 → 미국

정답 (A)

해석 신입사원을 위해 점심을 준비할까요, 아니면 저녁으로 할까요?
(A) 점심이 낫겠어요.
(B) 4인석으로 부탁해요.
(C) 네, 음식이 맛있었어요.

어휘 arrange 준비하다, 마련하다 | recruit 신입사원

Q6 둘 다 상관없다는 응답

Would you prefer a window or an aisle seat?

(A) Either is fine with me.
(B) Sorry, but this seat is taken.
(C) I travel frequently.

정답 공략 하기

1 키워드 잡기

선택 의문문 ➡ a window or an aisle seat

2 오답 소거하기

(A) ◉ 둘 다 괜찮다고 말한 둘 다 상관없다는 정답
(B) ✖ 동어 반복 오답(seat)
(C) ✖ 연상 어휘 오답(a window or an aisle seat – travel)

3 가능한 정답

Didn't I already reserve one online?
제가 이미 온라인으로 예약하지 않았나요?

────────────────────────────── 🎧 P2-47 미국 → 영국

정답 (A)

해석 창가 좌석이 좋으세요, 아니면 통로 좌석이 좋으세요?
(A) 어느 쪽이든 전 괜찮아요.
(B) 죄송하지만, 이 자리는 주인이 있어요.
(C) 저는 자주 여행해요.

어휘 window seat 창가 자리 | aisle seat 통로측 자리

Q7 둘 다 선택하지 않는 응답

Would you rather see a movie or go to a concert tonight?

(A) Thanks. I had a great time.
(B) It was much more crowded than usual.
(C) Actually, I want to go bowling.

정답 (C)

해석 오늘밤에 영화를 볼까요, 아니면 공연을 보러 갈까요?
(A) 고마워요. 즐거웠습니다.
(B) 평소보다 훨씬 붐볐어요.
(C) 사실, 저는 볼링 치러 가고 싶어요.

어휘 rather 오히려, 차라리 | crowded 붐비는 | than usual 평소보다

정답 공략 하기

1 키워드 잡기

선택 의문문 ➡ a movie or a concert

2 오답 소거하기

(A) ✘ 시제 불일치 오답
(B) ✘ 시제 불일치 오답
(C) ◎ 두 가지 선택 사항 이외의 일을 제시한 정답

3 가능한 정답

I think Ron should make the decision.
Ron이 결정을 내려야 한다고 생각해요.

Q8 우회적인 응답

Is Jason going to give a speech, or did he decide against it?

(A) He hasn't told me.
(B) Put it against the wall.
(C) It was impressive.

정답 (A)

해석 Jason이 연설을 할 건가요, 아니면 하지 않기로 결정했나요?
(A) 저에게 말해주지 않았어요.
(B) 이것을 벽에 붙이세요.
(C) 그건 인상적이었어요.

어휘 give a speech 연설하다 | impressive 인상적인

정답 공략 하기

1 키워드 잡기

선택의문문 ➡ give a speech or decide against

2 오답 소거하기

(A) ◎ 우회적인 정답 ⋯ 그가 말해주지 않아서 모르겠다.
(B) ✘ 동어 반복 오답(against ~에 반대하여; ~에 붙여)
(C) ✘ 시제 불일치 오답(연설을 아직 하지 않았는데 '인상적이었다'라고 과거로 말할 수 없음)

3 가능한 정답

He chose to do it another time. 다음 번에 하기로 했어요.

선택 의문문 필수 표현 **EXPRESSION**

1. 선택 의문문과 응답

둘 중 하나 선택	**Q.** Will Mr. Stanley prefer to meet us in his office **or** yours? Mr. Stanley는 우리를 그의 사무실에서 만나는 걸 선호할까요, 당신의 사무실에서 만나는 걸 선호할까요? **A.** His office. It's bigger. 그의 사무실에서요. 그곳이 더 크거든요. **Q.** Can you stop by tonight at seven, **or** is that too early? 일곱시쯤 잠깐 들러 주실 수 있나요, 아니면 너무 이른가요? **A.** No, I can make it then. 아뇨, 그때 갈 수 있어요.
둘 다 수락하는 응답	**Q.** Do you like the curtains **or** the blinds? 커튼이 좋아요, 블라인드가 좋아요? **A.** They both look good. 둘 다 좋아 보이네요. **Q.** Should we have Chinese food **or** pizza? 중국 음식을 먹을까요, 피자를 먹을까요? **A.** Either would be fine. 아무거나 좋아요. **Q.** Would it be better to meet tomorrow **or** on Monday? 내일 만나는 게 나을까요, 월요일에 만나는 게 나을까요? **A.** It doesn't matter. 상관없습니다.
둘 다 선택하지 않는 응답	**Q.** Do you walk home from work **or** take the train? 회사에서 집까지 걸어 다니세요, 아니면 기차를 타세요? **A.** Neither. I usually take a taxi. 둘 다 아닙니다. 보통 택시를 탑니다.
우회적 응답	**Q.** Will Diane take the job at the new company **or** stay here? Diane이 새 회사에서 일을 할까요, 아니면 여기에 남을까요? **A.** She hasn't decided yet. 아직 결정하지 않았대요. **Q.** Shall we eat here, **or** down the road a bit? 여기서 먹을까요, 아니면 조금 더 내려갈까요? **A.** Let's try the new restaurant down the street. 길 아래편에 새로 생긴 레스토랑에 한번 가 봐요

2. 주요 선택 의문문 빈출 정답 표현들

> **Tip!** 최근에는 이러한 선택 의문문의 빈출 정답 표현이 종종 오답으로 등장하기도 해! 역시 Part 2는 오답 버리기가 중요하다는 걸 다시 한 번 기억하자!

둘 중 하나 선택	better 더 좋은 best 가장 좋은	prefer 선호하다
둘 다 좋다	both 둘 다 I don't care. 상관하지 않습니다. Whatever 무엇이든지 Whenever 어디든지	either 둘 중 하나, 어느 것이든 It doesn't matter. 상관없습니다. Whichever 어느 것이든지 I don't have a preference. 특별히 선호하는 것은 없습니다.
둘 다 아니다	neither 둘 다 ~않다 Actually, 실은.	I don't like either one. 둘 다 싫습니다

3. 선택 의문문에서 Yes/No 답변 가능 여부

> **Tip!** 선택 의문문에 Yes/No로 답변 가능한 경우가 있지만, Yes/No가 정답이 되는 경우는 드물어!

가능	**Q.** 문장 or 문장? **A.** Yes/No 응답 가능
불가능	**Q.** 단어 or 단어? **A.** Yes/No 응답 불가능

⚙ 문제 풀이 전략 평서문

1. 평서문의 빈출 주제를 익혀둔다.

▶ 평서문은 주로 사실·정보 전달, 감정 표현이나 의견 제시, 충고·권유, 문제점 제시 등 일상생활에서 흔히 일어날 수 있는 다양한 상황의 서술형 문장이 제시되므로 각 상황에 알맞은 답변을 골라야 한다.

Q. We are offering a special discount on this item.
저희가 이 물건에 대해서 특별 할인을 제공하고 있어요. [사실·정보 전달]

A. When does the offer expire? 행사가 언제 끝나나요?

Q. I think we should have the windows in the reception area cleaned.
응접실에 있는 창문들을 닦아야 할 것 같아요. [의견 제시]

A. Yes, and the ones on the second floor, too. 네, 그리고 2층에 있는 것들도요.

Q. You should try out the new menu items at the restaurant.
레스토랑의 새로운 메뉴들을 드셔보세요. [충고·권유]

A. I have, and they're great. 먹어봤죠. 맛있더라고요.

Q. The parking lot seems to be closed. 주차장이 문을 닫은 것 같아요. [문제점]

A. OK, let's try the one opposite the bank. 알겠어요. 은행 건너편에 있는 곳으로 가봐요.

2. 맞장구를 치거나 되묻기형 응답이 정답으로 자주 출제된다.

Q. I just read an article about the president in the newspaper.
조금 전에 신문에서 대통령과 관련된 기사를 읽었어요.

A. Oh, what did it say? 오, 무슨 내용이었어요? [되묻기형 응답]

Q. We received a lot of applications for the new manager's position.
새로운 매니저 자리를 위한 지원서가 아주 많이 들어왔어요.

A. I know, it will be difficult to make a decision. 알아요, 결정하기가 어렵겠어요. [맞장구형 응답]

Q9 사실·정보 전달에 대한 응답

The museum on Westin Drive has been remodeled.

(A) I know. I'm planning to go there next week.
(B) I haven't decided on a design yet.
(C) Turn right on Woods Street.

P2-50 미국 → 영국

정답 (A)

해석 Westin 가에 있는 박물관이 리모델링 됐어요.
(A) 알아요. 다음 주에 가보려고요.
(B) 아직 디자인을 결정하지 않았어요.
(C) Woods 가에서 우회전하세요.

어휘 remodel 리모델링하다 | decide on ~에 대해 결정하다 | turn right 우회전하다

정답 공략 하기

1 키워드 잡기

평서문 ➡ the museum ➡ remodeled

2 오답 소거하기

(A) ⊙ 박물관이 개조되었다는 정보에 대해 적절히 응답하고 있으므로 정답
(B) ✗ 연상 어휘 오답(remodeled – design)
(C) ✗ 길을 묻지 않았으므로 동문서답형 오답

3 가능한 정답

Weren't they supposed to finish in December? 12월에 끝내기로 되어있지 않았나요?

Q10 감정 표현·의견 제시에 대한 응답

There aren't any sale signs on the store display window.

(A) We can clean it for you.
(B) That's an excellent deal.
(C) I was just about to put them up.

P2-51 호주 → 미국

정답 (C)

해석 매장 진열장에 아무 할인 안내판도 안 붙어 있네요.
(A) 저희가 치워드릴 수 있어요.
(B) 정말 탁월한 거래네요.
(C) 지금 막 붙이려던 참이었어요.

어휘 sign 안내판 | deal 거래 | put up ~을 붙이다

정답 공략 하기

1 키워드 잡기

평서문 ➡ There aren't ➡ sales signs ➡ display window

2 오답 소거하기

(A) ✗ 연상 어휘 오답(window – clean)
(B) ✗ 연상 어휘 오답(sale – deal)
(C) ⊙ 안내판이 안 붙어 있다고 지적하자 막 붙이려던 참이었다고 응답하고 있으므로 정답

3 가능한 정답

The printing shop said they will be available next week. 인쇄소가 다음 주면 준비될 거라고 했어요.

Q11 맞장구형 응답

I met a lot of people at the PBT
Networking Conference this week.

(A) Yes, the hotel is nearby.
(B) It's great you made some contacts.
(C) I'm afraid registration has ended.

정답 (B)

해석 이번 주 PBT 네트워킹 회의에서 사람들을 많이 만났어요.
(A) 네, 그 호텔은 근처에 있어요.
(B) 인맥을 좀 쌓았다니 잘됐네요.
(C) 안타깝지만 등록은 끝났어요.

어휘 nearby 인근의, 가까운 곳의 | contact 인맥, 연락 | registration 등록

정답 공략 하기

1 키워드 잡기

평서문 ➡ I met ➡ a lot of people ➡ Conference

2 오답 소기하기

(A) ❌ 질문과 무관한 동문서답형 오답
(B) ⭕ 사람들을 많이 만나 인맥을 쌓게 돼 잘됐다고 맞장구를 치고 있으므로 정답
(C) ❌ 연상 어휘 오답(Conference – registration)

3 가능한 정답

I'll be sure to attend next year. 저도 내년에 꼭 참석해야겠어요.

Q12 되묻기형 응답

This restaurant has the best view in town.

(A) They hired some new servers.
(B) A table for three.
(C) You haven't been to Max's Bistro, have
   you?

정답 (C)

해석 여기 식당 경치가 이 도시에서 최고예요.
(A) 서빙하는 사람들을 새로 고용했어요.
(B) 3인용 탁자요.
(C) Max's Bistro에 안 가봤군요, 그렇죠?

어휘 view 전망 | hire 고용하다 | server (식당의) 종업원

정답 공략 하기

1 키워드 잡기

평서문 ➡ restaurant ➡ best view

2 오답 소거하기

(A) ❌ 연상 어휘 오답(restaurant – servers)
(B) ❌ 연상 어휘 오답(restaurant – table)
(C) ⭕ 'Max's Bistro를 안 가보셨군요'라고 되물으며 거기가 더 좋다는 의미의 우회적 정답

3 가능한 정답

They also have great service. 서비스도 뛰어나요.

되묻기	**Q.** It seems like the café forgot to deliver my sandwich. 카페에서 제 샌드위치 배달하는 걸 잊은 것 같아요. **A.** Why don't you call the manager? 매니저에게 전화해보는 게 어때요? **Q.** I have just been reading the quarterly sales report. 분기별 판매 보고서를 막 읽고 있던 참이었어요. **A.** How do the figures look? 수치가 어때 보여요? **Q.** I'd like to file a complaint about my purchase. 제가 구매한 물건에 대해 항의할 게 있어서요. **A.** What was the problem? 문제가 뭐였나요?
맞장구	**Q.** The security system needs to be repaired. 보안시스템은 보수해야 해요. **A.** Yes, it's urgent. 맞아요, 그건 시급해요. **Q.** The contractors that renovated the building did an outstanding job. 건물을 개조한 하청업자들이 일을 잘했네요. **A.** They did, didn't they? 잘했어요, 그렇지 않나요?
동의	**Q.** I can't figure out this new e-mail software. 이 새로운 이메일 소프트웨어를 이해할 수가 없어요. **A.** Me, neither. 저도 그래요.

Practice

질문을 듣고 가장 알맞은 답을 고르세요.

1. Mark your answer on your answer sheet.   (A)   (B)   (C)
고난도

2. Mark your answer on your answer sheet.   (A)   (B)   (C)

3. Mark your answer on your answer sheet.   (A)   (B)   (C)

4. Mark your answer on your answer sheet.   (A)   (B)   (C)

5. Mark your answer on your answer sheet.   (A)   (B)   (C)
고난도

6. Mark your answer on your answer sheet.   (A)   (B)   (C)

7. Mark your answer on your answer sheet.   (A)   (B)   (C)

8. Mark your answer on your answer sheet.   (A)   (B)   (C)

9. Mark your answer on your answer sheet.   (A)   (B)   (C)

10. Mark your answer on your answer sheet.   (A)   (B)   (C)
고난도

11. Mark your answer on your answer sheet.   (A)   (B)   (C)

12. Mark your answer on your answer sheet.   (A)   (B)   (C)

13. Mark your answer on your answer sheet.   (A)   (B)   (C)

14. Mark your answer on your answer sheet.   (A)   (B)   (C)

15. Mark your answer on your answer sheet.   (A)   (B)   (C)

16. Mark your answer on your answer sheet.   (A)   (B)   (C)

17. Mark your answer on your answer sheet.   (A)   (B)   (C)

18. Mark your answer on your answer sheet.   (A)   (B)   (C)

19. Mark your answer on your answer sheet.   (A)   (B)   (C)

20. Mark your answer on your answer sheet.   (A)   (B)   (C)

21. Mark your answer on your answer sheet.   (A)   (B)   (C)

22. Mark your answer on your answer sheet.   (A)   (B)   (C)

23. Mark your answer on your answer sheet.   (A)   (B)   (C)
고난도

24. Mark your answer on your answer sheet.   (A)   (B)   (C)

25. Mark your answer on your answer sheet.   (A)   (B)   (C)

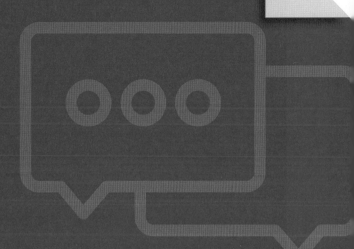

PART 3

OVERVIEW

대화를 듣고, 문제지에 주어진 사지선다형 문항 3개에 답하는 문제이다. 시험지에서 문제와 보기를 볼 수 있으므로 듣기 전에 미리 대화의 전반적인 흐름을 추측할 수 있다. 총 13개 지문과 39문항이 출제된다.

대화 주제

회사 생활 | 사내외 업무, 일정, 인사 업무, 기기·사무용품

일상생활 | 상점, 식당, 여행·여가활동, 주거·편의시설

출제 포인트

- 대화의 주제·목적을 묻는 문제보다 세부 사항을 묻는 문제의 비중이 높다.
- 짧은 대화가 빠른 속도로 진행되는 3인 이상의 대화와 주고받는 대화 수가 5턴 이상으로 늘어난 대화가 출제된다.

PART 3 이렇게 대비하자!

- 3인 이상의 화자가 등장하는 대화는 전반적인 내용은 이해하기 쉬우나 대화 중간에 말의 속도가 매우 빠른 부분들이 섞여 나오기 때문에 체감 대화 속도가 매우 빠르다. 평소 빠르게 듣는 훈련이 필요하다.
- 화자 의도 파악 문제는 화자가 말한 문장의 문자적인 해석이 아니라 대화의 전반적인 흐름 이해가 필요하다. 평소 단순 듣기에서 벗어나 대화의 전반적 흐름을 이해하는 훈련이 필요하다.
- 시각 정보 연계 문제는 지문을 듣기 전에 주어진 시각 자료를 최대한 활용해서 지문의 주제를 예측하며 들을 수 있어야 한다. 듣고, 분석하고, 문제를 푸는 멀티태스킹 훈련이 필요하다.

PART 3 공략법

1. 대화를 듣기 전에 문제를 먼저 읽는다.

문제를 미리 읽으면서 키워드에 표시해둔다.

> What are the speakers **mainly discussing**?
> 화자들은 주로 무엇을 논의하고 있는가? → 주제를 찾는 문제임을 미리 파악한다.
>
> What is **special** about the **product**?
> 그 제품에 대해 특별한 점은 무엇인가? → 어떤 제품에 대해 특별한 점을 들을 준비를 한다.
>
> What will the **woman do next**?
> 여자는 다음에 무엇을 할 것인가? → 대화가 끝난 후 여자가 어떤 행동을 할지 들을 준비를 한다.

2. 대화를 듣기 전에 핵심내용을 추측한다.

문제와 짧은 보기를 미리 읽음으로써 어떤 내용이 나올지 추측할 수 있다.

> What do the men **imply about the company**?
> 남자는 그 회사에 관하여 무엇을 암시하고 있는가?
>
> (A) It has launched **new merchandise**. 신제품을 출시했다.
> (B) It is planning to **relocate** soon. 곧 이전할 계획이다.
> (C) It has clients in **several countries**. 다른 나라에 고객이 있다.
> (D) **It is having financial** difficulties. 재정적 어려움을 겪고 있다.
>
> → 문제와 보기를 미리 읽고 어떤 회사가 현재 어떤 상태인지에 관한 대화라는 걸 추측할 수 있다.

3. 문제의 순서와 문제에 대한 힌트가 나오는 순서는 대개 일치한다.

대화 전반부 ↓	→	**첫 번째 문제 힌트** (보기를 보고 있다가 힌트가 들리면 바로 정답 체크!) ↓
대화 중반부 ↓	→	**두 번째 문제 힌트** (보기를 보고 있다가 힌트가 들리면 바로 정답 체크!) ↓
대화 후반부	→	**마지막 문제 힌트** (보기를 보고 있다가 힌트가 들리면 바로 정답 체크!)
세 문제를 읽어주고 정답 고를 시간을 준다. (각 문제 간격 8초)		★ 대화가 끝남과 동시에 정답 체크를 끝내고, 남는 약 24초 동안 다음 문제를 미리 읽기 시작한다.

4. 질문에 언급된 남자 또는 여자의 말에 정답이 나올 확률이 높다.

질문의 동사가 수동태일 때는 질문에 제시된 화자가 아닌 그 상대방의 말에서 정답의 단서를 찾아야 한다.

> What does **the man ask** the woman to do?
> 남자가 요청하는 것은? → 남자의 말 속에 정답이 있다.
>
> What **is the man asked** to do?
> 남자가 요청받은 것은? → 남자의 상대방인 여자의 말 속에 정답이 나온다.

5. 질문의 순서는 바로 대화 내용 순서와 같다.

첫 번째 문제	주제·목적, 장소·인물(직업·신분), 문제점을 묻는 문제 등 대화의 전체 내용과 관련된 문제는 대개 첫 번째 문제로 출제되며 대화의 도입부에서 정답의 단서가 언급된다.
두 번째 문제	원인, 수단, 수량, 일정, 시간 등을 묻는 문제들이 두 번째 문제로 출제되며 대화의 중반부에 정답의 단서가 언급된다.
세 번째 문제	앞으로의 계획이나 할 일을 묻는 문제, 제안·요청 사항 등을 묻는 문제가 세 번째로 출제되며 대화의 마지막 부분에서 정답의 단서를 찾아야 한다.

6. 패러프레이징이 된 정답에 익숙해진다.

대화 내용에서 들렸던 표현이 보기에 그대로 정답이 되는 난이도가 낮은 문제도 많이 출제되지만, 대화 속 표현이나 어구를 그대로 사용하지 않고 결국 같은 의미이지만 다른 표현으로 바꿔서 답이 나오는 경우가 대부분이다. 이렇게 바꿔 말하는 것을 패러프레이징 (paraphrasing)이라고 한다.

(1) 정답이 그대로 나오는 경우

> W: How are we doing with **the expansion of our store's produce section**?
> 우리 매장의 농산물 구역 확장은 어떻게 되고 있나요?
>
> Q: What is the conversation mainly about? 대화는 주로 무엇에 대한 것인가?
>
> A: Expanding a section of a store 매장의 한 구역 확장
>
> ★ 정답 표현
>
> the **expansion** of our **store**'s produce **section** 매장의 농산물 구역 확장
>
> → **Expanding** a **section** of a store 매장의 한 구역 확장

(2) 정답이 패러프레이징되어 나오는 경우

M: We're **holding a celebration banquet** for our Sales Department during the first week of February.
저희는 2월 첫째 주에 영업팀을 위한 축하연회를 열 예정이에요.

Q. What will happen during the first week of February?
2월 첫째 주에 어떤 일이 있을 것인가?

A: A **company gathering** will **take place**. 회사 모임이 개최될 것이다.

★ 패러프레이징된 표현

hold 개최하다 → take place 개최되다

a celebration banquet 축하연회 → company gathering 회사 모임

(3) 패러프레이징 표현 연습

- This is our company cafeteria, which needs to **be** completely **remodeled**.
  이곳이 우리 회사 구내식당인데요, 완전히 개보수해야 해요.
  → **Renovating** a cafeteria 구내식당 개조 보수

- Can you **get in touch** with our food supplier?
  식품 공급업체에 연락 좀 해주시겠어요?
  → **Contact** a supplier 공급업체에 연락하다

- I should prepare some materials for my **presentation**.
  발표를 위해서 자료를 좀 준비해야 해요.
  → **Prepare for a talk** 발표를 준비하다

- Could you **fill out** this form? We keep a record of all our visitors.
  이 양식을 좀 작성해 주시겠어요? 우리는 모든 방문객의 기록을 보관해요.
  → **Complete** a visitor form 양식을 작성하다

- We should probably **take the subway**.
  아마 지하철을 타야 할 거예요.
  → **Using a public transit service** 대중교통을 이용하다

- It will accurately **measure** the pressure levels of your tanks.
  탱크들의 압력 레벨을 정확히 측정할 거예요.
  → It **monitors** pressure levels. 압력 레벨을 관찰한다.

- Water from the ceiling has been dripping onto my desk.
  천장에서 물이 제 책상 위로 떨어지고 있어요.
  → **To report a leak** 누수를 보고하기 위해

일반 정보 문제 유형

- Part 3의 대화는 대개 일정한 구조로 전개되기 때문에 대화의 초반·중반·후반부에서 언급될 내용과 관련 문제 유형을 예상할 수 있다.
- 대화의 전체 내용과 관련된 일반 정보 문제 유형은 대화의 주제나 목적, 화자의 정체, 대화가 이루어지는 장소를 묻는 문제 유형이 출제된다.
- 일반 정보 문제 유형은 세 문제 중 첫 번째나 두 번째 문제로 출제되며, 주로 대화의 초반부에서 정답의 단서가 언급된다.

🔍 문제 유형 확인하기 주제·목적

▶ 대화의 주제·목적 문제는 매회 3문제 이상 출제된다.

▶ 대부분 첫 화자의 말에서 정답의 단서가 등장하지만, 3인 대화에서는 주고 받는 대화수가 늘어나면서 한 화자가 말하는 문장이 짧아져 두 번째 화자의 말에서도 정답의 단서가 언급되기도 한다.

▶ 듣기 전 보기에서 주제·목적에 관한 키워드를 파악하고, 지문에서 첫 화자가 키워드와 관련된 정답의 단서를 언급하면 빠르게 답을 고른다.

> **Tip!**
> 패러프레이징이 될 가능성이 낮은 명사 위주로 키워드를 잡는 게 유리해! 단, 보기에 an order, a delivery, equipment, facility 같은 명사가 등장하면 지문에서 더 구체적인 단어들로 언급될 거야. 이때는 동사를 키워드로 잡자!

What are the speakers **mainly discussing**? 화자들은 무엇에 대해 이야기하는가?

What is the **topic** of the conversation? 대화의 주제는 무엇인가?

What is the conversation **mainly about**? 대화는 주로 무엇에 관한 것인가?

What product are the speakers **discussing**? 어떤 제품에 대해 화자들은 이야기를 나누는가?

What event are the speakers **discussing**? 어떤 행사에 대해 화자들은 이야기를 나누는가?

시그널로 정답 찾기

> Part 3&4에서는 문제 유형에 따라 지문에서 정답의 단서를 알려주는 빈출 시그널 표현들이 나와. 이 표현들을 익히고 정답을 찾는 연습을 하면 점수도 쑥쑥 올라가겠지?

문제 키워드 잡기 ➡	시그널 표현 ➡	지문 듣기 ➡	정답 찾기
What is the conversation <u>mainly about?</u> 무엇에 관한 대화?	• I'd like to • I want to • I hope to • I'm planning to • I'm going to • I'm here to • I came to	M **I came to** invite all of our distributors to the grand opening of our recently upgraded factory on July 7. 공장 개장식에 초대합니다.	A factory opening 공장 개장

Q1 What is the conversation mainly about?

(A) Product brochures
(B) An event calendar
(C) Shipping fees
(D) A business opening

Question 1 refers to the following conversation.

M ❶ Karen, do you know how the pamphlets for our new line of shoes are coming along?

W Yes, actually, the vendor stopped by today with a sample. It's a good thing, too, because they left out details about store locations. He was very relieved that he checked before completing the order. He said the revised pamphlets will be here by next Monday afternoon.

M That's going to be a problem. Some clients are coming in that afternoon, and I'd like to show them our pamphlets. Would you mind contacting the print center and requesting that they arrive no later than Monday morning?

Q1 이 대화의 주제는 무엇인가?

(A) 제품 안내 책자   (B) 행사 일정표   (C) 배송비   (D) 회사 개업

정답 공략 하기

❶ 듣기 전 키워드 잡기

What is the conversation |mainly about|?

···▸ 대화의 주제를 묻는 문제: 첫 화자의 말에서 정답 단서가 나올 것을 예상

(A) Product |brochures| (B) An event |calendar|

(C) |Shipping fees| (D) A business |opening|

> **Tip!** 듣기 전에 먼저 문제와 보기의 키워드를 잡고, 대화의 핵심에 먼저 내용이나 흐름을 추측해야 해. 그러면 정답에 해당하는 키워드가 지문에서 그대로 나오는 경우가 많으니까 정답률도 올라갈거야!

❷ 들으며 정답 찾기

첫 화자인 남자의 첫 대사 'Karen, do you know how the pamphlets for our new line of shoes are coming along? (Karen, 우리 신상품 신발 라인에 대한 팜플렛이 어떻게 진행되고 있는지 아세요?)'에서 the pamphlets가 보기 (A) Product |brochures|의 키워드로 패러프레이징되었으므로 (A)가 정답이다.

패러프레이징 지문 pamphlets → 보기 brochures

1번은 다음 대화에 관한 문제입니다.

남 ❶ Karen, 우리 신상품 신발 라인에 대한 팜플렛이 어떻게 진행되고 있는지 아세요?

여 네, 사실, 오늘 판매업체에서 샘플을 가지고 왔어요. 덕분에 그쪽에서 점포들 위치에 대한 세부 사항을 빠뜨렸다는 걸 알게 돼서 정말 다행이었어요. 주문을 완료하기 전에 확인하게 돼서 아주 안도했거든요. 수정된 팜플렛은 다음 주 월요일 오후까지 받을 수 있을 거라고 했어요.

남 그럼 문제가 되겠는데요. 일부 고객들이 그날 오후에 올 건데, 그때 저희 팜플렛을 보여주고 싶거든요. 인쇄소에 연락해서 늦어도 월요일 아침까지 받아볼 수 있도록 요청해 주실 수 있나요?

VOCA ....

come along (원하는 대로) 되어 가다 I vendor (특정한 제품) 판매 회사 I leave out ~을 빼다[배제시키다] I relieve 안도하게 하다 I no later than 늦어도 ~까지는

▶ 화자 신원 문제는 매회 4문제 이상 출제된다.

▶ 성별과 상관 없이 첫 화자의 말에서 정답의 단서가 등장한다. 문제가 남자의 직업을 물을 경우, 남자의 말에서 정답이 나올 것이라 생각할 수 있지만 첫 화자가 여자라면 여자의 말에서 정답의 단서가 나올 것임을 기억하자.

▶ 3인 대화 지문에서는 두 번째 화자에서 정답이 확인되기도 한다.

▶ 화자 정체에 대한 패러프레이징 표현을 익힌다. 문제의 보기에서는 화자의 직업이나 일하는 장소가 명사 형태로 나오고 지문에서는 이 명사를 풀어서 설명한다. 이를 위해 정답 보기들이 지문에서 어떻게 패러프레이징되는지 확인하고 정리해두면 좋다.

Tip!
Part 3의 빈출 패러프레이징 표현은 267 페이지를 참고해!

Where do the speakers most likely **work**? 화자들은 어디에서 일하겠는가?

What type of business do the speakers **work at**? 어떤 종류의 업체에서 화자들은 일하는가?

Who (most likely) is the man[woman]? 남자[여자]는 누구인가?

What is the man's[woman's] **job**? 남자의[여자의] 직업은 무엇인가?

Where most likely does the man[woman] **work**? 어디에서 남자[여자]는 일하겠는가?

What kind[type] of business does the man[woman] (most likely) **work for**?
어떤 종류의 업체에서 남자[여자]는 일하는가?

시그널로 정답 찾기

문제 키워드 잡기 ➡	시그널 표현 ➡	지문 듣기 ➡	정답 찾기
Who✓ most likely is the man? 남자는 누구?	· **This is + 이름 + from**	M Hi, **this is** Mike **from** Hanlon Auto Repair. 자동차 수리점입니다.	A car mechanic 자동차 정비사
What✓ most likely is the woman's job✓? 여자의 직업은?	· **I'm + 정체** · 회사 이름 언급	W Hello, **I'm** an employee at Lee & Jones Accounting Firm. 회계법인 직원입니다.	An accountant 회계사
Where✓ does the man probably work✓? 남자가 일하는 곳?	· **My name is + 부연 설명**	W Hi, **My name is** Lisa Doan. I ordered a dozen roses from your online store yesterday. 온라인으로 장미를 주문했어요.	At a flower shop 꽃집

핵심 문제 유형

Q2 Where does the woman most likely work?

(A) At a concert hall
(B) At a radio station
(C) At a construction company
(D) At an electronics store

Question 2 refers to the following conversation.

Ⓜ ❷ Hi, I've come in today because of these speakers that I purchased here a couple days ago. The sound on the left side is louder than the right side every time I play music.

Ⓦ Have you tried checking the audio settings on the device? You might need to adjust the left side to match the right.

Ⓜ I already tried that. Both sides are at equal levels, but one side is still quieter. I think it would be best if I just got my money back.

Q2 여자는 어디에서 일하겠는가?

(A) 공연장에서 　　　(B) 라디오 방송국에서 　　　(C) 건설 회사에서 　　　(D) 전자제품 매장에서

정답 공략 하기

❶ 듣기 전 키워드 잡기

 does the woman most likely work?

⋯ 화자가 일하는 장소를 묻는 문제: 첫 화자의 말에서 정답 단서가 나올 것을 예상

(A) At a concert hall 　　　　　　　(B) At a radio station
(C) At a construction company 　　　**(D) At an electronics store**

❷ 들으며 정답 찾기

여자가 일하는 장소를 묻는 문제이지만 성별에 관계 없이 첫 화자의 말에서 정답의 단서가 나온다는 데 유의한다. 첫 화자인 남자의 첫 대사 'Hi, I've come in today because of these speakers that I purchased here a couple days ago. (안녕하세요. 며칠 전에 여기에서 구입한 이 스피커들 때문에 왔어요.)'에서 남자가 스피커를 구입했다고 언급하므로 여자는 스피커를 판매하는 곳에서 일한다는 것을 알 수 있다. 그러므로 (D) At an electronics store가 정답이다.

정답은 다음 대화에 관한 문제입니다.

남 ❷ 안녕하세요. 며칠 전에 여기에서 구입한 이 스피커들 때문에 왔어요. 제가 음악을 재생할 때마다 오른쪽보다 왼쪽에서 나오는 소리가 더 크네요.

여 장치의 오디오 설정을 확인해 보셨나요? 왼쪽 스피커를 오른쪽에 맞춰서 조정하실 필요가 있을 것 같은데요.

남 이미 해봤습니다. 양쪽이 같은 레벨인데, 한쪽이 여전히 훨씬 더 소리가 작아요. 그냥 제 돈을 돌려 받는 게 최선일 것 같네요.

VOCA ⋯⋯⋯

setting 설정 | **device** 장치 | **adjust** 조정하다, 조절하다 | **equal** 동일한

▶ 대화 장소 문제는 매회 3문제 이상 출제된다.

▶ 첫 화자의 말에서 정답의 단서가 등장하지만, 3인 대화에서는 주고 받는 대화 수가 늘어나 각 화자가 말하는 문장이 짧아지면서 두 번째 화자의 말에서도 정답의 단서가 제시되기도 한다.

▶ 보기가 명사 형태로 등장하고 지문에서는 이 명사를 풀어서 설명하므로 보기 정답들이 지문에서 어떻게 패러프레이징되는지 확인하고 대화 장소 관련 패러프레이징 표현을 익혀두어야 한다.

Where most likely **are the speakers**? 화자들은 어디에 있는가?
Where most likely does the conversation **take place**? 대화가 이루어지는 곳은 어디겠는가?
Where is the conversation **taking place**? 대화는 어디에서 이루어지고 있는가?

시그널로 정답 찾기

문제 키워드 잡기 ➡	시그널 표현 ➡	지문 듣기 ➡	정답 찾기
Where is the conversation taking place? 대화 장소는?	특정 대화 장소와 관련된 단어·표현을 통해 유추	M Hi, I'm looking for a place to live near City Hall. I just saw some ads posted on the window outside your agency, and it seems like there are some apartments available in that area. 살 집을 찾고 있어요. 밖에 광고를 봤는데 아파트 있을까요?	At a real estate agency 부동산 중개업체
Where most likely does the conversation take place? 대화 장소는?		M Excuse me. I printed out this coupon from an e-mail I received a while ago. It says that two people can dine for the price of one. 두 명이 한 사람 가격으로 식사할 수 있어요.	In a restaurant 식당
Where mostly likely are the speakers? 화자는 어디에?		W Hi, I want to send this box of clothes to Bumar City. Can you tell me how long it will take and how much it will cost? 이 박스를 보내고 싶은데 얼마나 걸리고 얼마인가요?	At a post office 우체국

핵심 문제 유형

Q3 Where most likely does the conversation take place?

(A) In a movie theater
(B) In a staff cafeteria
(C) At a cooking demonstration
(D) At a marketing conference

Question 3 refers to the following conversation with three speakers.

M ❸ Kate, do you mind if I join you?

W1 ❸ Of course not. Have a seat! What are you having for lunch today?

M I'm trying the pasta. I love the new menu!

W1 I agree. Everything has gotten better around here since the company started making more money.

M That's true. Hey, here comes Tina. She just finished putting together the annual workshop yesterday.

W2 Yes, and I am exhausted!

W1 You must be. Any changes from last year?

W2 Well, the budget is bigger, so the venue is nicer.

M Oh, wonderful! I can't wait to hear more.

Q3 대화가 이루어지는 곳은 어디겠는가?

(A) 영화관에서　　　　　(B) 직원 식당에서　　　　　(C) 요리 시연회에서　　　　　(D) 마케팅 컨퍼런스에서

정답 공략 하기

① 듣기 전 키워드 잡기

Where most likely does the conversation take place?

⋯→ 대화 장소를 묻는 문제: 첫 화자의 말에서 정답 단서가 나올 것을 예상

(A) In a movie theater　　　　　　　　**(B) In a staff cafeteria**

(C) At a cooking demonstration　　　　(D) At a marketing conference

Tip! 대화 장소를 묻는 문제는 주로 첫 번째 화자의 말에서 정답이 출제되지만, 3인 대화에서는 화자들이 말하는 문장이 짧아져 두 번째 화자 대사에서도 정답이 나오기도 한다는 점 기억해!

② 들으며 정답 찾기

두 번째 화자인 여자의 말 'Have a seat! What are you having for lunch today? (앉으세요! 오늘 점심은 무엇을 드실 건가요?)' 를 통해 점심 식사를 할 수 있는 장소인 (B) In a staff cafeteria가 정답임을 알 수 있다.

3번은 다음 3인 대화에 관한 문제입니다.

남 ❸ Kate, 같이 앉아도 될까요?

여1 ❸ 물론이죠. 앉으세요! 오늘 점심은 무엇을 드실 건가요?

남 파스타를 먹어보려고요. 새로운 메뉴가 너무 마음에 드네요!

여1 맞아요. 회사가 돈을 더 벌고부터 여기 모든 것들이 좋아지기 시작했어요.

남 맞는 것 같아요. 어, 저기 Tina가 오네요. 어제 막 연례 워크샵 준비를 끝냈다고 하더라고요.

여2 네, 그래서 너무 피곤하네요!

여1 그러시겠어요. 작년과 변화는 좀 있나요?

여2 음, 예산이 더 많아져서요, 장소가 훨씬 더 좋아졌어요.

남 오, 좋네요! 이야기를 더 듣고 싶어요.

VOCA ⋯⋯⋯⋯⋯⋯⋯⋯⋯⋯⋯⋯⋯⋯⋯⋯⋯⋯⋯⋯⋯⋯⋯⋯⋯⋯⋯⋯⋯⋯⋯⋯⋯⋯⋯⋯

put together (이것저것을 모아) 만들다 I **annual** 연례의 I **exhausted** 지친, 피곤한 I **budget** 예산, 비용 I **venue** 장소

Practice

1. Why is the man calling?

(A) To book a flight
(B) To inquire about business hours
(C) To confirm an order
(D) To reschedule an appointment

2. Who most likely is the woman?

고난도
(A) A receptionist
(B) A travel agent
(C) A salesperson
(D) A pharmacist

3. What does the woman offer to do for the man?

(A) Send him a document
(B) Put him on a waiting list
(C) Check a price for him
(D) Contact another location for him

4. What kind of business do the speakers probably work at?

(A) A manufacturing company
(B) A retail store
(C) A hiring agency
(D) A construction contractor

5. Why is the man concerned?

(A) A budget cut may affect business.
(B) An important date might be missed.
(C) Some equipment cannot be repaired.
(D) Customer complaints have risen.

6. What does the woman say they can do?

고난도
(A) Purchase new machines
(B) Reduce certain expenses
(C) Delay launching a product
(D) Assign more employees to a job

7. Where does the conversation most likely take place?

(A) At a conference center
(B) At a factory
(C) At an electronics store
(D) At a library

8. Why does the woman have to present an ID?

(A) To reserve an item
(B) To confirm an address
(C) To check an order
(D) To get a discount

9. What will the woman probably do next?

(A) Submit a fee
(B) Fill out some documents
(C) Visit a different facility
(D) Contact a supervisor

10. Where does the conversation most likely take place?

(A) At a post office
(B) At a clothing retailer
(C) At a stationery store
(D) At a computer repair shop

11. What does the man imply when he says, "I'm about to head over to the checkout counter now"?

(A) He is not interested in having a discussion.
(B) He is going to submit an application form.
(C) He is planning to exchange an item.
(D) He is not sure how to pay for some merchandise.

12. What does the man say about some merchandise?

(A) They are not very popular.
(B) They are not affordable.
(C) He has not used them before.
(D) He is unable to locate them.

Fingerprint Reader Error Code Chart

Code	Description
11	Fingerprint not recognized
12	Fingerprint sensor not working
13	Device update required
14	Device low on power

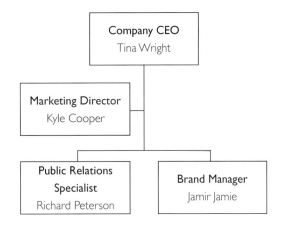

13. Where does the man most likely work?

(A) In the maintenance team
(B) In the Human Resources Department
(C) In the parking garage
(D) In the dining room

14. Look at the graphic. What problem is the woman experiencing?

(A) Fingerprint not recognized
(B) Fingerprint sensor not working
(C) Device update required
(D) Device low on power

15. Why is the woman in a rush?

(A) She is waiting for a delivery.
(B) She must catch a flight soon.
(C) She has to submit a report.
(D) She is scheduled to meet a client.

16. Who most likely are the speakers?

(A) Hotel workers
(B) Restaurant servers
(C) Travel agents
(D) Medical professionals

17. Look at the graphic. Which position is being discussed?

(A) Company CEO
(B) Marketing Director
(C) Public Relations Specialist
(D) Brand Manager

18. What does the woman say she will do?

(A) Conduct some interviews
(B) Meet with the executive board
(C) Prepare a job description
(D) Schedule an orientation session

UNIT 08 세부 정보 문제 유형

- 세부 정보 문제 유형은 대화의 세부적인 내용 즉, 대화 속 한 문장만 잘 들어도 정답을 파악할 수 있는 문제로 출제된다.
- 화자가 말한 문제점을 묻는 문제, 제안·요청 사항을 묻는 문제, 전화를 건 이유를 묻는 문제, 대화 다음에 일어날 일에 대해 묻는 문제, 이유·방법·시점·장소 등 그 밖의 세부 사항을 묻는 문제들이 출제된다.
- 세부 정보 문제 유형은 세 문제 어디에도 나올 수 있지만 주로 두 번째나 세 번째로 출제되며, 대화의 중·후반부에서 정답의 단서가 언급된다.

🔍 문제 유형 확인하기 제안·제공·요청

▶ 대화에서 화자의 제안·요청·권고·문의 사항을 묻는 문제 유형으로, 매회 3문제 이상 출제된다.

▶ 문제에 언급된 남자나 여자 중 누구의 말에서 정답이 나올지 반드시 예상해야 한다.

EX What does the woman ask the man to do? ⋯ 여자가 남자에게 요청한 것: 여자의 말에서 정답을 확인한다.
　　What does the man suggest the woman do? ⋯ 남자가 여자에게 제안하는 것: 남자의 말에서 정답을 확인한다.

주의 What is the woman asked to do? ⋯ 여자가 요청받은 것: 여자가 요청받은 것을 묻고 있으므로 남자의 말에서 정답을 확인해야 한다.

▶ 제안·제공·요청할 때 쓰이는 표현이 답을 알려주는 단서가 된다.

제안	Why don't you[we] ~? ~하는 게 어때요?	You should ~. ~해야 해요.	We can[could] ~. 우리는 ~할 수 있어요.
	You might want to ~. ~하고 싶어할 거예요.	It would be better ~. ~하는 게 더 좋겠어요.
제공	Why don't I ~? 제가 ~할게요.	Let me ~. 제가 ~할게요.	I'll ~. ~하겠습니다.	I can ~. 제가 ~해줄 수 있어요.
	I'd like to ~. ~하고 싶어요.	I'd be glad[happy] to ~. 기꺼이 ~해드릴게요.
요청	Can[Could] you ~? ~해 주시겠어요?	Would you mind ~? ~해도 괜찮을까요?
	I'd like you to ~. 당신이 ~해주시면 좋겠어요.	I'd really appreciate it if you ~. ~해 주시면 정말 감사하겠어요.
	I was wondering if you ~. ~해 주실 수 있는지 궁금하네요.	Would it be possible ~? ~해 주시는 게 가능할까요?

What does the woman **offer to do**? 여자는 무엇을 해주겠다고 제안하는가?

What does the man **recommend**? 남자가 추천하는 것은 무엇인가?

What does the man **suggest** the woman **do**? 남자가 여자에게 제안하는 것은 무엇인가?

What does the woman **suggest**? 여자가 제안하는 것은 무엇인가?

What does the man **ask** about? 남자는 무엇에 대해 묻는가?

What does the woman **ask** the man **to do**? 여자가 남자에게 요청하는 것은 무엇인가?

What is the woman **asked to do**? 여자는 무엇을 요청받았는가?

What does the woman **inquire** about? 여자는 무엇에 대해 문의하는가?

What information does the man **request**? 남자는 어떤 정보에 대해 요청하는가?

시그널로 정답 찾기

문제 키워드 잡기 ➡	시그널 표현 ➡	지문 듣기 ➡	정답 찾기
What does the man ask the woman to do? 남자가 여자에게 요청한 것?	• Can[Could] you • Would you mind • I'd like you to	M **Could you** send me a list of the employees who need to get recertified? Then we can organize a session for them. 직원 리스트 좀 보내줄래요?	Provide names of employees 직원들 이름을 제공한다

🎧 P3-05 │호주 ↔ 영국│

Q1 What does the woman ask the man about?

(A) A purchase date
(B) The name of a brand
(C) A delivery policy
(D) The status of an order

Question 1 refers to the following conversation.

Ⓜ Good morning. I'm calling regarding a camera I bought at your store. It hasn't been that long since I got it, and it's already malfunctioning. I thought it would last a lot longer.

Ⓦ I'm really sorry about that. Our products are covered under warranty for one year. ❶ Could you tell me when you purchased it?

Ⓜ A little more than a year ago. I guess that means the warranty has already expired.

Ⓦ Hmm… Well, here's what I can do for you. Unfortunately, we can't exchange the product, but as you have been a loyal customer, we can provide you with a voucher for 30 percent off any item in our store.

PART 3 UNIT 08

Q1 여자는 남자에게 무엇에 대해 질문하는가?

(A) 구입 날짜   (B) 브랜드 이름   (C) 배송 정책   (D) 주문 처리 상태

정답 공략 하기

❶ 듣기 전 키워드 잡기

What does the woman ask the man about?

┉▶ 여자가 요청한 것을 묻는 문제: 여자의 말에서 요청할 때 쓰이는 표현과 함께 정답의 단서가 나올 것을 예상

(A) A purchase date   (B) The name of a brand
(C) A delivery policy   (D) The status of an order

❷ 들으며 정답 찾기

요청할 때 쓰이는 표현인 'Could you ~?' 의문문을 사용하여 대화 중반부에서 여자가 'Could you tell me when you purchased it? (언제 제품을 구입하셨는지 알려주시겠어요?)'이라고 묻고 있으므로 (A) A purchase date가 정답이다.

패러프레이징   지문 when you purchased it → 보기 A purchase date

1번은 다음 대화에 관한 문제입니다.
ᅡ 안녕하세요. 거기서 구매한 카메라 때문에 전화드리는데요. 산 지 얼마 되지도 않았는데 벌써 고장이 났어요. 저는 훨씬 더 오래갈 줄 알았는데요.
ᅧ 정말 죄송합니다. 저희 제품은 1년간 무상 보증이 됩니다. ❶ 언제 제품을 구입하셨는지 알려주시겠어요?
ᅡ 일 년 좀 전에요. 그럼 보증기간은 벌써 끝이 난 거겠군요.
ᅧ 흠… 글쎄요. 제가 해 드릴 수 있는 건 이렇습니다. 유감스럽게도 상품을 교환해 드릴 수는 없지만, 단골이시니까 저희 매장 제품을 구매할 때 30퍼센트를 할인받을 수 있는 쿠폰을 제공해 드리겠습니다.

VOCA ···

malfunction 고장, 오작동, 고장 나다 | **under warranty** 보증기간 중인 | **expire** 만료되다 | **exchange** 교환하다 | **loyal customer** 단골 고객
| **voucher** 할인권

▶ 대화에서 제시된 문제점이나 화자가 걱정하고 있는 것을 묻는 문제 유형이다.

▶ 문제점·걱정거리 문제는 매회 2문제 이상 출제되므로 세 문제 중 어디에도 나올 수 있지만, 주로 첫 번째나 두 번째 문제로 출제된다.

▶ 문제가 발생하거나 걱정할 때 쓰이는 표현이 답을 알려주는 결정적 단서가 된다.

> **EX** but 그러나 | however 그러나 | unfortunately 유감스럽게도 | I'm afraid = It's a shame = It's regret 유감이지만 ~이다 | I'm sorry ~하게 되어 유감입니다 | I worried = I concerned ~일까 봐 걱정입니다 | Oh, no! | Hmm | problem = trouble 문제점 | damage 손상, 파손 | broken 손상된 | missing 빠진, 누락된 | bad 안 좋은 | difficulty 어려움 | never 한 번도[절대로] ~아니다

▶ 듣기 전 보기에서 키워드를 잡고, 어떤 문제점들이 언급될 것인지 빠르게 예상해본다.

What is the **problem**? 무엇이 문제인가?
What is the **man's[woman's] problem**? 남자[여자]의 문제는 무엇인가?
Why are the speakers **concerned**? 화자들은 왜 걱정하고 있는가?
What is the man[woman] **concerned** about? 남자[여자]는 무엇에 대해 걱정하고 있는가?
What problem does the man[woman] mention? 남자[여자]는 어떤 문제에 대해 언급하는가?

시그널로 정답 찾기

문제 키워드 잡기 ➡	시그널 표현 ➡	지문 듣기 ➡	정답 찾기
According to the woman, what is the problem? 문제는 무엇?	· **But**	W That'd be a good idea, **but** it would cost too much, and we couldn't afford it. 그러나 비용이 너무 많이 들어!	A construction cost 건설 비용
What concern does the man mention? 무슨 걱정?	· **However**	M We are going to be seeing the final candidates for the new positions next week. **However**, I don't have anyone to help me conduct the interviews. 그러나 도와줄 사람이 없어~	Being short on staff 인력 부족
What is the woman concerned about? 무슨 걱정?	· **Unfortunately**	W **Unfortunately**, I'm not sure if I can put in that many hours because I manage a store. 유감스럽게도 그렇게 많은 시간을 들일 수 있을지!	The number of hours 시간

핵심 문제 유형

Q2 **What problem does the woman mention?**

(A) An office is closing soon.
(B) An employee is unavailable.
(C) A time slot is too short.
(D) A presentation has errors.

Question 2 refers to the following conversation.

M Hi, Nicole. I'm looking over the agenda for next Monday's meeting with the city council. ❷ And it looks like we're set to present from 3:30 to 4:00 P.M.

W ❷ Only 30 minutes? But that's not enough time to go over everything in our presentation. We should let them know.

M Alright, I'll get in touch with one of the council members today.

Q2 여자가 말하는 문제는 무엇인가?

(A) 사무실이 곧 문을 닫는다.
(C) 시간대가 너무 짧다.
(B) 어떤 직원이 시간이 안 된다.
(D) 프레젠테이션에 오류가 있다.

정답 공략 하기

❶ 듣기 전 키워드 잡기

What problem does the woman mention?

··› 문제점을 묻는 문제: 문제가 발생하거나 걱정할 때 쓰이는 표현과 함께 정답 단서가 나올 것을 예상

(A) An office is closing soon.
(B) An employee is unavailable.
(C) A time slot is too short.
(D) A presentation has errors.

❷ 들으며 정답 찾기

대화의 중반부에 나온 여자의 말에서 문제점을 제시할 때 쓰이는 시그널 표현인 'But'이 단서로 등장한다. 'Only 30 minutes? But that's not enough time to go over everything in our presentation. (30분밖에 안 돼요? 하지만 그럼 우리 프레젠테이션을 모두 살펴보기에는 시간이 충분치 않은데요.)'라고 말했으므로 여자는 발표할 시간이 더 필요하다는 뜻을 전달하고 있다. 따라서 정답은 (C)이다.

패러프레이징 지문 not enough time → 보기 A time slot ~ too short

2번은 다음 대화에 관한 문제입니다.

남 Nicole, 안녕하세요. 제가 다음주 월요일에 시의회와의 회의를 위해 안건을 검토하고 있어요. ❷ 그리고 우리는 3시 반에서 4시까지 발표할 예정인 것 같네요.

여 ❷ 30분밖에 안 돼요? 하지만 그럼 우리 프레젠테이션을 모두 살펴보기에는 시간이 충분치 않은데요. 그들에게 알려줘야겠어요.

남 알겠어요. 제가 오늘 시의회 의원 중 한 분과 연락해볼게요.

VOCA

look over 살펴보다 | **agenda** 안건 | **city council** 시의회 | **set to** 시작하다, 착수하다 | **get in touch** 연락을 취하다

▸ 전화를 한 이유·목적 문제는 매회 1~2문제가 출제된다.

▸ 화자가 전화를 한 이유·목적을 묻는 문제는 주로 대화 초반부에 정답의 단서가 나온다.

▸ 문제에서 남자나 여자 중 누구의 말에서 답이 나올지 반드시 예상해야 한다. 정확히 어느 화자가 전화를 했는지 확인하지 않고 들으면 함정에 빠질 수 있으니 유의해야 한다.

> **EX** Why is the man calling? ⋯ 남자는 왜 전화를 걸었는가: 남자의 말에서 정답을 확인한다.
> What is the purpose of the woman's call? ⋯ 여자 전화 통화의 목적: 여자의 말에서 정답을 확인한다.

▸ 대화에서 전화를 건 이유나 목적을 말할 때 쓰이는 표현이 지문에서 답을 알려주는 단서가 된다.

> **EX** I'm calling ~. ~하려고 전화했습니다. | I was wondering if ~. ~인지 궁금했어요. | Please ~. ~해 주세요. | I'd like to ~. ~하고 싶습니다. | I'd like you to ~. 당신이 ~해 주셨으면 좋겠습니다.

▸ 주로 어떤 문제가 발생하여 해결책이나 대안을 요청하기 위해 전화를 거는 내용이 출제된다.

Why is the man[woman] **calling**? 남자[여자]가 전화를 건 이유는?

What is the man[woman] **calling about**? 남자[여자]는 무엇에 대해 전화를 걸었는가?

What is the **purpose** of the man's[woman's] **call**? 남자[여자]가 전화를 한 목적은 무엇인가?

Why is the man[woman] **contacting** the woman[man]? 남자[여자]가 여자[남자]에게 연락을 한 이유는 무엇인가?

시그널로 정답 찾기

문제 키워드 잡기 ⇒	시그널 표현 ⇒	지문 듣기 ⇒	정답 찾기
What is the purpose of the woman's call? 전화를 건 목적?	· I'm calling to · I'm calling about[in regard to] · I was wondering if · Please · I'd like (you) to	**W** This is April Norton. I have an appointment for an X-ray this Friday at noon, but I need to reschedule. 예약을 했는데 변경해야 돼요.	To rearrange an appointment 일정을 변경하기 위해
Why is the man calling? 남자는 왜 전화했어?		**M** **I'm calling in regard to** your company's job advertisement in the local newspaper. Is the customer service position still open? 구인광고를 봤는데요, 그 자리가 아직도 있나요?	To apply for a job 일자리에 지원하기 위해

🎧 P3-07 영국 ↔ 미국

Q3 Why is the woman contacting the man?

(A) To book some flights
(B) To submit a job application
(C) To upgrade some hotel rooms
(D) To sign up for a convention

Question 3 refers to the following conversation.

W Hello, ❸ I'd like to arrange flights for our staff to attend an event at the 76 Hotel in Los Angeles. We are flying in over 50 employees from all around the country.

M OK, we specialize in getting the most affordable prices for tickets from multiple locations. When will they need to arrive?

W The party is on June 24. Do you offer some kind of package deal for large groups?

M We do, but I would need to know exactly how many staff members are flying in. Could you please email the details to me at timg@mactravel.com?

Q3 여자는 왜 남자에게 연락을 하고 있는가?

(A) 비행기 예약을 하기 위해
(B) 입사 지원서를 제출하기 위해
(C) 호텔 방을 업그레이드하기 위해
(D) 컨벤션 신청을 하기 위해

정답
공략
하기

1 듣기 전 키워드 잡기

Why is the woman contacting the man?

⋯➤ 전화 건 목적을 묻는 문제: 대화 초반부 여자의 말에서 전화 건 목적을 말할 때 쓰이는 표현과 함께 정답 단서가 나올 것을 예상

(A) To book some flights
(B) To submit a job application
(C) To upgrade some hotel rooms
(D) To sign up for a convention

2 들으며 정답 찾기

여자의 첫 번째 대사에서 전화 건 이유·목적을 말할 때 쓰이는 표현인 'I'd like to ~.'가 답을 알려주는 시그널로 등장한다. 여자가 'I'd like to arrange flights (비행편을 준비하려고요)'라고 말하므로 flights가 보기 그대로 나온 (A) To book some flights가 정답이다.

패러프레이징 지문 arrange flights → 보기 book ~ flights

3번은 다음 대화에 관한 문제입니다.

여 안녕하세요, 저희 직원이 로스앤젤레스의 76 호텔에서 열리는 행사에 참석해야 해서 ❸ 비행편을 준비하려고요. 전국 각지에서 50명이 넘는 직원들이 비행기를 탈 거예요.

남 알겠습니다. 저희는 여러 지역에서 오는 티켓을 가장 알맞은 가격으로 구해드리는 일을 전문으로 하고 있습니다. 직원분들께서 언제 도착하셔야 하나요?

여 파티가 6월 24일에 있어요. 단체로 예약할 때 패키지 상품 같은 것도 제공하시나요?

남 있습니다만, 정확히 몇 명의 직원들이 탑승하실지 알아야 합니다. 제 이메일 주소인 timg@mactravel.com으로 세부 사항을 보내주시겠어요?

VOCA ⋯⋯

arrange 준비하다, 마련하다 I **attend** 참석하다 I **specialize in** ~을 전문으로 하다 I **affordable** (가격이) 알맞은

▶ 화자가 대화가 끝나고 다음에 할 일 또는 대화 다음에 일어날 일을 묻는 문제는 매회 1문제 이상이 출제된다

▶ 다음에 할 일, 다음에 일어날 일을 묻는 문제는 세 문제 중 세 번째 문제로 출제된다.

▶ 대화 전체 내용을 이해하고 다음에 일어날 일을 예상해야 하는 문제 유형이지만, 성별과 상관 없이 마지막 화자의 말에서 정답이 출제된다.

▶ 3인 대화에서는 주고 받는 대화 수가 늘어나 한 화자가 말하는 문장이 짧아지면서 마지막 화자 바로 전 화자의 대사에서 정답이 제시되기도 한다.

What will the speakers **probably[most likely] do next**? 화자들은 다음에 무엇을 하겠는가?

What will the man[woman] **probably[most likely] do next**? 남새[여자]는 다음에 무엇을 하겠는가?

What is the man **going[planning] to do**? 남자가 계획하고 있는 일은 무엇인가?

What will **happen next**? 다음에 어떤 일이 일어나겠는가?

시그널로 정답 찾기

문제 키워드 잡기 ➡	시그널 표현 ➡	지문 듣기 ➡	정답 찾기
What does the man say he is going to do next? 다음에 무엇을 할지?	대화 마지막 부분의 '미래 시제' 표현 • I'll • I'm going to • I have to	Ⓜ **I'll** contact a few contractors right away and get some estimates. 연락해서 견적서를 받겠어!	Obtain some estimates 견적서를 받는다
What is the woman planning to do next? 다음에 할 일?		Ⓦ You'll have to give me a few minutes. **I have to** run downstairs and hand in a file to the Accounting Department. 아래층에 가서 회계팀에 파일을 제출해야지!	Visit a department 부서를 방문한다

Q4 What will the man do next?

(A) Fill out an application
(B) Submit a report
(C) Talk to a coworker
(D) Interview a candidate

Question 4 refers to the following conversation.

W Hello, this is Kathy Gordon. I'm calling to verify that you received my résumé for the job that you posted online two weeks ago.

M Were you applying for the reporter or the lighting engineer position? We currently have several openings for the television station.

W The reporter position. I have worked in television in the past, and I'd love to join your station.

M OK, I'll look for it now, Ms. Gordon… Hmm, I can't seem to find your résumé in our system. If you don't mind holding, ❹ I'll speak with the Personnel Director right now.

Q4 남자는 다음에 무엇을 할 것인가?

(A) 지원서를 작성한다 (B) 보고서를 제출한다 (C) 동료에게 이야기한다 (D) 후보자를 인터뷰한다

정답 공략 하기

① 듣기 전 키워드 잡기

What will the man do next ?

⋯→ 남자가 다음으로 할 일을 묻는 문제: 대화 마지막 화자의 말에서 정답의 단서가 나올 것을 예상

(A) Fill out an application (B) Submit a report
(C) Talk to a coworker (D) Interview a candidate

② 들으며 정답 찾기

마지막 화자인 남자의 대사 'I'll speak with the Personnel Director right now. (제가 지금 바로 인사부장님과 얘기해 보겠습니다)'에서 speak가 보기 (C) Talk to a coworker 키워드로 패러프레이징되었으므로 (C)가 정답이다.

패러프레이징 지문 speak with the Personnel Director → 보기 Talk to a coworker

4번은 다음 대화에 관한 문제입니다.
여 안녕하세요, 저는 Kathy Gordon입니다. 2주 전에 게시된 온라인 채용 공고에 대한 제 이력서를 받으셨는지 확인하기 위해 전화 드립니다.
남 기자직에 지원하셨나요, 아니면 조명기사직에 지원하셨나요? 저희가 지금 TV 방송국에 몇 개의 공석이 있어서요.
여 기자직이요, 저는 과거에 TV쪽에서 일을 했고, 귀사와 꼭 함께하고 싶습니다.
남 좋아요, 제가 지금 찾아볼게요, Ms. Gordon…. 음, 저희 시스템에서 당신 이력서를 못 찾겠네요. 기다릴 수 있으시면 ❹ 제가 지금 바로 인사부장님과 얘기해 보겠습니다.

VOCA
verify 확인하다 | lighting engineer 조명기사 | opening 공석 | personnel 인사부

▶ 이유·방법·시점·장소 등을 묻는 키워드 문제는 매회 10문제 이상 출제된다.

▶ 화자의 제안·요청 사항, 문제점, 전화를 건 이유·목적, 다음에 일어날 일을 묻는 문제 유형 이외의 모든 문제들로, 구체적인 이유·방법·시점·장소 등을 묻는 문제가 대부분을 차지한다.

▶ 문제에서 남자 또는 여자 중 어느 화자의 말에서 답이 나올지 반드시 예상해야 한다. 다양한 주제로 대화가 이루어지므로 문제에서 정확히 어느 화자가 정답의 단서를 말할지 미리 예상한다면 문제를 풀 때 도움이 된다.

> **EX** What will the woman include in her e-mail? ⋯ 여자가 이메일에 포함할 것: 여자의 말에서 정답을 확인한다.
> What does the man say about the other hotel guests? ⋯ 남자가 다른 투숙객에 관해 이야기하는 것: 남자의 말에서 정답을 확인한다.

▶ 문제와 보기에서 키워드를 잡고, 보기의 키워드 중 하나가 문제의 키워드와 함께 들리는 것을 정답으로 선택한다.

> **Tip!**
> 지문에서 패러프레이징이 될 가능성이 낮은 단어들을 문제와 보기의 키워드로 잡는 것이 핵심이야. 주로 명사가 동사보다 패러프레이징될 가능성이 낮으니 키워드를 명사 위주로 잡고, 그 명사가 지문에 그대로 나온다면 정답으로 고르도록 해!

Where will the man most likely **go next month**? 남자는 다음 달에 어디에 가겠는가?

Why does the woman need to **go to Austin**? 여자는 왜 오스틴에 가야 하는가?

According to the man, **why** are so many people **travelling today**?
남자에 의하면, 왜 이렇게 많은 사람들이 오늘 이동하는가?

Why should the man **visit a website**? 남자는 왜 웹사이트를 방문해야만 하는가?

What does the man **remind** the woman about? 남자는 여자에게 무엇을 상기시키는가?

What can visitors **do at the laboratory**? 방문객들은 실험실에서 무엇을 할 수 있는가?

According to the woman , **what** can the man **pick up at the front desk**?
여자에 의하면, 남자는 안내 데스크에서 무엇을 가져갈 수 있는가?

시그널로 정답 찾기

문제 키워드 잡기 ➡	시그널 표현 ➡	지문 듣기 ➡	정답 찾기
이유 What caused a delay? 지연의 원인?	• because • due to • to 부정사 • for	Ⓜ The project was delayed **due to** heavy rains in summer. 심한 비 때문에	Bad weather 악천후
방법 How will the man offer compensation? 어떻게 보상해 줄지?	문제의 키워드와 함께 등장하는 표현	Ⓜ To **compensate** you for any inconvenience, we will remove the shipping fee from the bill. 보상해 드리기 위해 배송비를 빼드릴게요!	By canceling a fee 수수료를 빼줌으로써
시점 What is the company planning to do by the end of the year? 연말까지 회사가 계획하는 것?	문제에 언급된 시점 키워드와 함께 등장하는 표현	Ⓦ We're planning to allow employees to work from their homes **by the end of this year**. 직원들이 집에서 일하도록 허용할 계획!	Allow employees to work from home 직원들이 집에서 일하도록 허용한다

🎧 P3-09 | 미국 ↔ 영국 |

Q5 According to the woman, what happened at noon?

(A) Some devices were replaced.
(B) A contract was signed.
(C) Some packages were delivered.
(D) A computer system was reset.

Question 5 refers to the following conversation.

Ⓜ Jackie, do you mind if I use your security card to unlock the door? For some reason, mine stopped working after lunch.

Ⓦ Of course. ❺ The Maintenance Department installed new card readers at 12 o'clock, so, maybe that's the reason.

Ⓜ Perhaps. I'll call Maintenance. Who is assigned to our building from that team?

Ⓦ I'm not sure. You should check our website. There should be a list of names there.

Q5 여자에 따르면, 정오에 무슨 일이 있었는가?

(A) 장비가 교체되었다.　　　　　(B) 계약이 체결되었다.
(C) 소포가 배달되었다.　　　　　(D) 컴퓨터 시스템이 개편되었다.

정답
공략
하기

❶ **듣기 전 키워드 잡기** According to the woman, what happened at noon?
⋯→ **키워드 – 시점을 묻는 문제:** 여자의 말에서 문제에 언급된 키워드와 함께 정답의 단서가 나올 것을 예상

(A) Some devices were replaced.　　　(B) A contract was signed.

(C) Some packages were delivered.　　(D) A computer system was reset.

❷ **들으며 정답 찾기**

문제의 at noon을 키워드로 잡아 대화 중반부의 여자의 대사 'The maintenance department installed new card readers at 12 o'clock. (관리부에서 12시에 새로운 카드 리더기를 설치했어요.)'를 확인한다. 새로운 카드 리더기를 설치했다는 말은 기존의 카드 리더기가 교체되었다는 말로 패러프레이징 가능하므로 정답은 (A) Some devices were replaced.이다.

패러프레이징　문제 at noon → 지문 at 12 o'clock
　　　　　　　　지문 Maintenance installed new card readers → 보기 devices were replaced

5번은 다음 대화에 관한 문제입니다.
남　Jackie, 제가 문을 열기 위해 당신의 보안카드를 사용해도 될까요? 무슨 이유에서인지, 제 보안카드가 점심 시간 지나서 작동을 멈췄어요.
여　물론이죠. ❺ 관리부에서 12시에 새로운 카드 리더기를 설치했어요. 그래서, 아마 그것 때문일 수도 있겠네요.
남　아마도요. 관리부에 전화해볼게요. 그 팀에서 우리 빌딩 담당이 누구죠?
여　글쎄요. 저희 웹사이트를 확인해 보세요. 거기에 명단이 있을 거예요.

VOCA ⋯⋯⋯⋯⋯⋯⋯⋯⋯⋯⋯⋯⋯⋯⋯⋯⋯⋯⋯⋯⋯⋯⋯⋯⋯⋯⋯⋯⋯⋯⋯

unlock 열다 | Maintenance Department 관리부 | install 설치하다 | assign (임무·일 등을) 맡기다

Practice

1. What is the man invited to do?

(A) Invest in a company
(B) Get coffee with coworkers
(C) Attend a banquet
(D) Participate in a workshop

2. What does the man say he is concerned about?

(A) Taking on a new task
(B) Losing money
(C) Being late for a meeting
(D) Finding a building

3. What will the man probably do next?

(A) Revise a presentation
(B) Call a store
(C) Make a reservation
(D) Talk to a supervisor

4. Why is the man calling?

고난도 (A) To get directions to a store
(B) To ask about new business hours
(C) To request a change in his work schedule
(D) To reserve some items

5. What does the woman say about her store?

(A) It is moving to a new location.
(B) It is about to close.
(C) It is out of a product.
(D) It is short on staff.

6. What does the woman suggest that the man do?

(A) Refer to a map
(B) Send one of his employees
(C) Switch shifts
(D) Visit a business tomorrow

7. What is the main topic of the conversation?

(A) Creating some new content
(B) Organizing a company event
(C) Meeting with some clients
(D) Teaching a class

8. What does Kenneth want to change?

(A) A price
(B) A deadline
(C) A script
(D) A venue

9. What does the woman say she will do?

(A) Submit a report
(B) Attend a training
(C) Contact an executive
(D) Check a schedule

10. What has the woman just finished doing?

(A) Editing an article
(B) Producing a commercial
(C) Reviewing a proposal
(D) Giving a presentation

11. What does the man imply when he says, "Gina has extensive experience in television"?

(A) Gina will be the man's supervisor.
(B) Gina can help with a task.
(C) Gina is working on her résumé.
(D) Gina used to be a news reporter.

12. What does the woman say she is concerned about?

(A) Locating a missing document
(B) Reducing an annual budget
(C) Impressing a client
(D) Negotiating a contract

SPONSOR LEVELS

(GREEN)	€500
(BLUE)	€1,000
(WHITE)	€2,500
(PURPLE)	€5,000

Room Capacity	Price Per Person
50 people	$38
75 people	$40
80 people	$45
95 people	$53

13. Why is the woman waiting to finish an event brochure?

(A) A manager must approve a design.
(B) She is creating a new front cover.
(C) She needs more information.
(D) A printer is not working.

14. Look at the graphic. How much will the Willow Designs contribute?

(A) €500
(B) €1,000
(C) €2,500
(D) €5,000

15. Why is the man going to the convention center?

(A) To prepare a presentation
(B) To check on some items
(C) To meet with event staff
(D) To set up a booth

16. What is the woman asked to do?

고난도 (A) Meet with a supplier
(B) Plan an event
(C) Submit a report
(D) Make a reservation

17. What problem does the woman mention?

(A) An employee is unavailable.
(B) A venue is under construction.
(C) A service costs too much.
(D) A meeting has been canceled.

18. Look at the graphic. What capacity room will the woman choose?

(A) 50 people
(B) 75 people
(C) 80 people
(D) 95 people

전방위 문제 유형

• 전방위 문제 유형은 대화의 전반적인 맥락을 이해해야 하는 화자 의도 파악 문제와 일정표, 차트, 주문서, 지도 등의 시각 정보를 이해하고 풀어야 하는 문제로, 세 문제 중 어디에도 출제될 수 있다.

🔍 문제 유형 확인하기 화자 의도 파악 문제

▶ 대화 지문 속에서 화자가 특정 문장을 말한 의도를 묻는 문제 유형으로, 매회 2문제가 고정적으로 출제된다.

▶ 사전적인 의미가 아닌, 대화 내에서의 뉘앙스를 인지하고 화자 의도를 파악해야 한다.

▶ 문제의 "⬛⬛⬛⬛⬛⬛⬛⬛⬛⬛⬛⬛⬛⬛⬛⬛⬛⬛⬛⬛⬛⬛"는 지문에서 그대로 들려주기 때문에 굳이 해석을 할 필요가 없다.

▶ 화자의 의도를 확인할 때는 대화의 "⬛⬛⬛⬛⬛⬛⬛⬛⬛⬛⬛⬛⬛⬛⬛⬛⬛⬛⬛" 앞뒤에서 정답의 단서를 찾아야 한다. 주로 인용문의 바로 전 문장에서 정답의 단서가 언급될 것을 예상하고 전체 흐름을 놓치지 않도록 주의한다.

▶ 보기의 키워드가 지문에서 패러프레이징되어 언급되는 경우가 많다.

▶ 화자의 강세와 어조 등이 답을 찾는 데 단서가 된다.

Why does the man say, "I'll probably have to work late tonight"?
남자는 왜 "오늘 밤 야근을 해야 할 거예요"라고 말하는가?

Why does the woman say, "We have a bigger budget this year"?
여자는 왜 "우리는 올해 더 많은 예산을 확보했어요"라고 말하는가?

What does the woman mean when she says, "It's just one small bag"?
여자는 "작은 가방 하나뿐이에요"라고 말할 때 무엇을 의도하는가?

What does the man mean when he says, "the request came directly from the client"?
남자는 "요청이 고객에게서 직접 들어왔어요"라고 말할 때 무엇을 의도하는가?

What does the woman imply when she says, "I have a client meeting at 2 o' clock"?
여자는 "제가 2시에 고객과 회의가 있어요"라고 말할 때 무엇을 의도하는가?

What does David imply when he says, "I have a conference call with them in 30 minutes"?
David는 "제가 30분 후에 그들과 전화 회의가 있어서요"라고 말할 때 무엇을 의도하는가?

🎧 P3-11 [호주 ↔ 영국]

Q1 What does the woman mean when she says, "we'll probably get short-handed in the stockroom"?

(A) There are not enough tourists in her area.

(B) Several employees are quitting their jobs.

(C) She might have a job for the man.

(D) The store needs to attract more customers.

Question 1 refers to the following conversation.

M Hi—my name is Carl Shepherd. I'm in New York for the summer to see my parents, and I'd like to make some money while I'm back home. ❶ Does your store need any seasonal workers right now?

W Come to think of it, we'll probably get short-handed in the stockroom, as we get more merchandise during the summer. ❶ Do you have any experience taking inventory?

M I've actually worked for three years in the backroom of a clothing store in Los Angeles.

W Great. Give me just a minute. I'll go to the back and have the stockroom manager come out to talk about this in more detail with you.

Q1 여자가 "창고 쪽에 일손이 부족할 거예요"라고 말했을 때 의미한 바는 무엇인가?

(A) 그녀의 지역에 관광객이 많지 않다.　　　(B) 몇몇 직원들이 일을 그만둘 것이다.

(C) 남자를 위해 일을 줄 수 있다.　　　　　(D) 점포에 더 많은 고객을 끌어들일 필요가 있다.

정답
공략
하기

❶ 듣기 전 키워드 잡기

What does the woman mean when she says, "we'll probably get short-handed in the stockroom"?

⋯ **화자 의도 파악 문제**: 인용문 주변에서 정답의 단서가 나올 것을 예상

(A) There are not enough tourists in her area.　　(B) Several employees are quitting their jobs.

(C) She might have a job for the man.　　(D) The store needs to attract more customers.

❷ 들으며 정답 찾기

Seasonal workers가 보기 (C)의 키워드인 might have a job과 연관이 있음을 파악하고 대화를 끝까지 듣는다. 임시 직원이 필요하지 않냐는 남자의 질문에 여자가 'we'll probably get short-handed in the stockroom (창고 쪽에 일손이 부족할 거예요)'라고 우회적으로 말하고 'Do you have any experience taking inventory? (재고 관리를 해본 경험이 있으신가요?)'라고 말하며 남자에게 일을 줄 수 있음을 암시하므로 (C)가 정답이다.

1번은 다음 대화에 관한 문제입니다.

남 안녕하세요. 제 이름은 Carl Shepherd인데요. 부모님을 뵈려고 여름에 뉴욕에 와 있는데, 집에 있는 동안 용돈을 좀 벌고 싶어서요. ❶ 매장에 지금 임시로 일할 직원이 필요하지 않으신가요?

여 생각해 보니 여름에 상품이 더 입고되면 **창고 쪽에 일손이 부족할 거예요.** ❶ 재고 관리를 해본 경험이 있으신가요?

남 로스앤젤레스에서 옷 가게 재고 관리 직원으로 3년간 일한 적이 있어요.

여 좋아요. 잠시만요. 뒤에 가서 재고 관리 매니저를 부를 테니 이에 대해 좀 더 자세히 이야기하도록 하죠.

VOCA ·······

seasonal 특정 기간의 | **short-handed** 일손이 부족한 | **merchandise** 상품 | **take inventory** 재고 관리를 하다

PART 3　UNIT 09

▶ "Look at the graphic."과 함께 일정표, 도표, 지도 등의 시각 정보와 대화 내용을 연계하여 묻는 문제 유형이다.

▶ 매회 62~70번으로 3문제가 고정적으로 출제된다.

▶ 주어진 시각 정보와 대화 내용을 연결해야 한다. 이때, 문제를 먼저 읽고 키워드를 확인한 후 시각 정보와의 연계성을 파악한다.

▶ 주어진 시각 정보를 분석할 때는 보기의 키워드 이외의 세부 사항들을 확인한 후 지문을 들으며 정답을 확인한다.

✓ 시각 정보 자료 유형

1. 목록·표 (List, Table)

도착·출발 시간, 탑승구, 일정표나 행사 날짜, 연설자 이름, 주문한 물건의 양 또는 가격 등의 내용·숫자를 가로, 세로로 나열한 목록이나 표

Employee Orientation		
Date	Wednesday, April 16	
Schedule	09:00-09:30	Speech of Encouragement – Lisa Kim
	09:30-10:20	Paperwork – Human Resources
	10:20-11:00	Break
	11:00-12:30	Individual Meetings
	12:30-13:30	Lunch

Tip! 대화가 나오는 동안 목록/표를 보고 있다가 특정 정보가 언급되자마자 집중해서 문제를 풀어! 특히 일정 순서 변화를 공지하는 내용의 문제가 자주 출제 돼!

2. 도표 (Graph, Chart)

주문한 물건의 양 또는 가격, 월별 판매 수치, 시장 점유율 등을 막대, 선, 원 등으로 제시

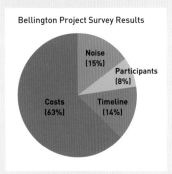

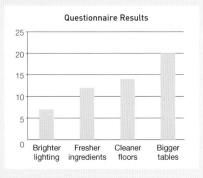

Tip! 높낮이나 양의 많고 적음을 나타내는 시각 정보 유형이야. 가장 높거나 많은 항목, 가장 낮거나 적은 항목, 두 번째로 높거나 많은 항목을 찾아내는 문제가 자주 등장해. 따라서 최상급 표현이 힌트로 제시되는 경우가 많아.

3. 지도·평면도 (Map, Plan)

지도, 층 안내도 및 평면도, 좌석 배치도, 교통 안내 지도, 티켓, 쿠폰, 날씨 예보 등 다양한 그림

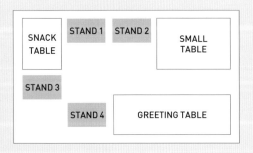

Tip! 위치를 나타내는 시각 정보이기 때문에 지문에서 방향을 나타내는 단어를 집중해서 들어야 해!

Q2

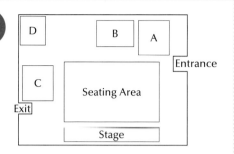

Look at the graphic. Which table will the man place the refreshments on?

(A) Table A
(B) Table B
(C) Table C
(D) Table D

Question 2 refers to the following conversation and diagram.

W Jordan, can you give me a hand? I'm trying to get everything ready for the orientation at 3 P.M.

M Of course. It's for the new employees, right?

W Yes. Could you place the name tags on the table right next to the entrance? After that, place the refreshments on the table right beside it.

M Alright, but may I suggest something?

W Of course.

M ❷ It might be better to place the refreshments on the table right near the exit. We don't want it to be crowded when the employees are picking up their tags.

W ❷ Good point. Let's do that then. I have to drop by the office for a moment to get my laptop.

PART 3

UNIT 09

Q2

시각 자료를 보시오. 남자는 간식을 어느 탁자에 놓겠는가?

(A) A 탁자
(B) B 탁자
(C) C 탁자
(D) D 탁자

정답
공략
하기

① 듣기 전 키워드 잡기

Look at the graphic. Which table will the man place the refreshments on?

⋯→ **시각 정보 연계 문제:** table과 refreshments가 언급되는 대사에서 정답의 단서가 나올 것을 예상

(A) Table A   (B) Table B   **(C) Table C**   (D) Table D

> **Tip!**
> 지문을 듣는 동시에 시각 정보를 보면서 정답을 찾자.

② 들으며 정답 찾기

대화 후반부에서 남자가 'It might be better to place the refreshments on the table right near the exit. (간식을 출구 옆 탁자에 놓는 게 좋을 것 같아요.)'라고 하자, 여자가 'Good point. Let's do that then. (좋은 지적이에요. 그럼 그렇게 하죠.)' 라고 대답했고, 시각 정보에서 출구 바로 옆에 있는 탁자는 C이므로 (C)가 정답이다.

2번은 다음 대화와 도표에 관한 문제입니다.

여 Jordan, 저를 도와주실 수 있나요? 3시에 있는 오리엔테이션을 위해 모든 것을 준비해 놓으려고 해요.

남 물론이죠. 신입 직원들을 위한 거죠, 그렇죠?

여 맞아요. 입구 바로 옆에 있는 탁자에 명찰들을 놔주시겠어요? 그 다음에는 간식을 그 옆에 있는 탁자에 놔주세요.

남 알겠어요. 하지만 제가 하나 제안해도 될까요?

여 물론이죠.

남 ❷ 간식을 출구 옆 탁자에 놓는 게 좋을 것 같아요. 직원들이 명찰을 가져가는데 주변이 붐벼서는 안 되니까요.

여 ❷ 좋은 지적이에요. 그럼 그렇게 하죠. 저는 노트북을 가지러 잠깐 사무실에 다녀와야 해요.

VOCA ·······

give one a hand 누군가를 돕다 ǀ **name tag** 명찰 ǀ **entrance** 입구 ǀ **refreshment** 간식 ǀ **crowded** 사람이 많은, 붐비는

Practice

1. What field does Dr. Vivian Cadet work in?

(A) Physics
(B) Chemistry
(C) Biology
(D) Geology

2. What does the woman mean when she says, "I'll be in Bristol on Saturday"?

(A) She needs to make travel arrangements.
(B) She will not be able to go to an event.
(C) She will cancel her current plans.
(D) She is excited about going on a trip.

3. What does the man say he will do at 1:00?

(A) Send an e-mail
(B) Grab some lunch
(C) Attend a talk
(D) Visit the woman's office

4. What most likely is the woman's profession?

(A) Fitness trainer
(B) Sales associate
(C) Computer repairperson
(D) Eye doctor

5. Why does the man say, "I use the computer a lot at work"?

(A) To provide the reason for a problem
(B) To request better equipment
(C) To express dissatisfaction with a program
(D) To explain his specialty

6. What does the woman suggest the man do?

(A) Submit a work order form
(B) Take frequent breaks
(C) Review a user guide
(D) Organize his desk area

7. What does the woman want to do?

(A) Submit a request for a transfer
(B) Participate in a workshop
(C) Check her recent pay stub
(D) Recommend a colleague for a position

8. Why does the man say, "Ciara's been working here for a while"?

(A) To see if Ciara can address an inquiry
(B) To organize a retirement party for Ciara
(C) To congratulate Ciara for getting promoted
(D) To show frustration over Ciara's mistake

9. What does Ciara suggest doing?

(A) Reading a company manual
(B) Filling out some paperwork
(C) Contacting a department manager
(D) Downloading some software

10. What did the woman forget to do?

(A) Install an update
(B) Pick up an item
(C) Turn in a report
(D) Contact a manager

11. What does the man mean when he says, "Oh, that's it"?

(A) He is not worried about an issue.
(B) He thought a project would take longer.
(C) He is not satisfied with some work.
(D) He thought a cost would be higher.

12. Why should the woman access a program?

(A) To place an order
(B) To record work hours
(C) To scan receipts
(D) To track a package

Bruxton Café
Dessert Menu

1. Strawberry Banana Cake	2. Peach Cherry Cobbler
3. Peach Banana Smoothie	4. Blueberry Peach pie

Salens Community Center
Special Auction
Location: Banquet Room

(Normal Center Hours: 10:00 A.M. to 7:00 P.M.)

Banquet Room Opens: 2:00 P.M.
Auction: 3:00 P.M.
Reception: 5:00 P.M.

13. Why is the man surprised?

(A) The woman does not like a new dessert item.

(B) Some customers have complained.

(C) The woman came to work on a weekend.

(D) Some menu suggestions were not accepted.

14. Look at the graphic. Which item number will likely be taken off today's menu?

(A) 1
(B) 2
(C) 3
(D) 4

15. What will the woman most likely do next?

(A) Unload some packages
(B) Contact a business
(C) Print some receipts
(D) Talk to a chef

16. Look at the graphic. When do the speakers plan to arrive?

(A) At 10:00 A.M.
(B) At 2:00 P.M.
(C) At 3:00 P.M.
(D) At 5:00 P.M.

17. According to the woman, why are many people interested in the auction?

(A) It will feature historical items.
(B) It is hosted by a local celebrity.
(C) It will offer complimentary gifts.
(D) It is free to attend.

18. What does the woman recommend they do before the auction?

(A) Print a map
(B) Review some guidelines
(C) Book a room
(D) Purchase some beverages

LC

PART
4

OVERVIEW

담화를 듣고, 문제지에 주어진 4지선다형 문항 3개에 답하는 문제이다. 지문의 길이는 Part 3과 거의 비슷하지만 절, 구, 접속사를 더 많이 사용하고 구조가 복잡해 이해하기 다소 어려운 장문도 등장하며 관용 표현을 사용한 문장도 많다. 담화 지문과 문항 수는 각각 10개 지문, 30 문항이 출제된다.

담화 유형

공지·안내방송(Announcement)

전화·녹음 메시지(Telephone·Recorded message)

방송·뉴스·보도(Broadcast·News report)

광고(Advertisement)

인물 소개(Introduction)

출제 포인트

- 담화의 주제·목적을 묻는 문제보다 세부 사항을 묻는 문제의 비중이 높다.
- 직접적인 질문보다는 정답을 추론해야 하는 문제가 증가하고 있다.
- 지문에 등장하는 정답의 단서가 질문이나 정답에는 다른 표현으로 제시되는 Paraphrasing의 빈도와 수준이 높아지고 있다.

PART 4 이렇게 대비하자!

- Part 4 화자 의도 파악 문제는 담화문의 주요 흐름을 파악하면서 화자가 한 말의 앞뒤 문장을 집중해서 듣고, 문맥상 그 말의 실제 의미 또는 의도를 찾아야 한다. 평소 단순 듣기에서 벗어나 담화의 전반적인 흐름을 이해하는 훈련이 필요하다.
- 시각 정보 연계 문제는 지문을 듣기 전에 주어진 시각 자료를 최대한 활용해서 지문의 주제를 예측하며 들을 수 있어야 한다. 듣고, 분석하고, 문제를 푸는 멀티태스킹 훈련이 필요하다.

PART 4 공략법

1. 담화를 듣기 전에 문제를 먼저 읽는다.

문제를 미리 읽으면서 키워드에 표시를 해둔다.

> **Why** is the speaker **contacting** the listener?
> 화자는 청자에게 왜 연락하고 있는가? → 연락하는 목적을 고르는 문제임을 미리 파악한다.
>
> **What** is the speaker doing **tomorrow afternoon**?
> 화자는 내일 오후에 무엇을 할 것인가? → 내일 오후에 무엇을 할 것인지 들을 준비를 한다.
>
> **What** does the speaker **recommend** that the listener do?
> 화자는 청자에게 무엇을 하도록 추천하고 있는가? → 화자가 청자에게 추천하는 사항을 들을 준비를 한다.

2. 담화를 듣기 전에 핵심 내용을 추측한다.

문제와 짧은 보기를 미리 읽음으로써 어떤 내용이 나올지 추측할 수 있다.

> According to the speaker, what is an **advantage** of a **location**?
> 화자에 따르면, 그 위치의 이점은 무엇인가?
>
> (A) The area is **quiet**. 주변이 조용하다.
> (B) A **fitness facility** is nearby. 운동시설이 인근에 있다.
> (C) There are many **parking spaces**. 주차 공간이 많다.
> (D) The scenery is **beautiful**. 풍경이 아름답다.
>
> → 문제와 보기를 미리 읽고 어떤 장소의 입지조건에 관한 내용이 나올 거라는 것을 미리 예측할 수 있다.

3. 문제의 순서와 문제에 대한 힌트가 나오는 순서는 대개 일치한다.

담화 전반부 ↓	→	**첫 번째 문제 힌트** (보기를 보고 있다가 힌트가 들리면 바로 정답 체크!)
		↓
담화 중반부 ↓	→	**두 번째 문제 힌트** (보기를 보고 있다가 힌트가 들리면 바로 정답 체크!)
		↓
담화 후반부	→	**마지막 문제 힌트** (보기를 보고 있다가 힌트가 들리면 바로 정답 체크!)
세 문제를 읽어주고 정답 고를 시간을 준다. (각 문제 간격 8초)		★ 담화가 끝남과 동시에 정답체크는 끝나고, 남는 약 24초 동안 다음 문제를 미리 읽기 시작한다.

4. 문제에서 speaker인지 listener인지를 반드시 구분해야 한다.

Part 4는 Part 3와 다르게 한 명이 말하는 담화이므로 그 문제가 speaker(화자)와 관련된 문제인지, listener(청자)와 관련된 문제인지 명확히 구분해야 한다.

> Who most likely is the **speaker**?
> **화자**는 누구이겠는가? → 화자의 신분을 묻고 있다.
>
> Who most likely is the **listener**?
> **청자**는 누구이겠는가? → 청자의 신분을 묻고 있다.
>
> Why should the **listeners** visit a website?
> **청자들**은 왜 웹사이트를 방문해야 하는가? → 청자가 웹사이트를 방문하는 것임을 명심하고 듣는다.

5. 질문의 순서는 바로 대화 내용 순서와 같다.

첫 번째 문제	주제·목적, 장소·인물(직업, 신분), 문제점을 묻는 문제 등 담화의 전체 내용과 관련된 문제는 대개 첫 번째 문제로 출제되며 담화의 도입부에서 정답의 단서가 언급된다.
두 번째 문제	원인, 수단, 수량, 일정, 시간 등의 세부 사항을 묻는 문제들은 두 번째 문제로 출제되며 정답의 단서는 담화의 중반부에 언급된다. Part 3보다 세부 사항을 묻는 문제가 더 많이 출제된다.
세 번째 문제	앞으로의 계획이나 할 일, 제안·요청 사항 등을 묻는 문제가 세 번째로 출제된다. 정답의 단서는 담화의 후반부(마지막 문장)에 언급된다.

6. 패러프레이징이 된 정답에 익숙해진다.

담화 내용에서 들렸던 표현이 보기에 그대로 정답이 되는 난이도가 낮은 문제도 많이 출제되지만, 담화 속 표현이나 어구를 그대로 사용하지 않고 결국 같은 의미이지만 다른 표현으로 바꿔서 답이 나오는 경우가 대부분이다. 이렇게 바꿔 말하는 것을 패러프레이징(paraphrasing)이라고 한다.

(1) 정답이 그대로 나오는 경우

> M: I'm sure you all agree that **careful planning** is crucial to maintaining financial stability. To learn more, let's welcome Mr. Griffin.
> 세심한 계획이 재정 안정을 유지하는 데 결정적이라는 데에 동의하실 거라고 믿습니다. Mr. Griffin을 모셔서 더 알아봅시다.
>
> Q: What will Mr. Griffin discuss? Mr. Griffin는 무엇을 논의할 것인가?
> A: Careful planning 세심한 계획
>
> ★ 정답 표현
> **careful planning** is crucial 세심한 계획이 중요합니다
> → **Careful planning** 세심한 계획

(2) 정답이 패러프레이징되어 나오는 경우

M: I'm sorry that we weren't able to begin on time. I **missed my train and had to wait for the next one.**
제시간에 시작 못해서 미안합니다. 기차를 놓쳐서 다음 걸 기다려야만 했어요.

Q. Why was the event delayed? 행사가 왜 지연되었는가?

A: The speaker **arrived late.** 화자가 늦게 도착했다.

★ 패러프레이징된 표현

missed my train and had to wait for the next one 기차를 놓쳐서 기다려야만 했다
→ arrived late 늦게 도착했다

(3) 패러프레이징 표현 연습

- Thanks again for letting me visit your construction **company.**
  당신 **건축회사**를 방문하게 해 주셔서 다시 한번 감사 드립니다.
  → At a construction **firm** 건축회사에서

- We're going to be providing complimentary **exercise classes.**
  우리는 무료 **운동 수업**을 제공할 예정입니다.
  → A **fitness program** 운동 프로그램

- Participating employees will get **complimentary healthy snacks and drinks.**
  참가하는 직원들은 **무료로 건강에 좋은 간식과 음료**를 받게 됩니다.
  → **Free refreshments** 무료 다과

- Hello, it's Nicolas Damira calling from Oakwood Avenue **Realtors.**
  안녕하세요. Oakwood Avenue **부동산**에서 전화 드리는 Nicolas Damira입니다.
  → **A real estate agent** 부동산 중개업체

- I'll pass out **scanners** to everyone so that you can try **scanning some packages** yourself.
  직접 소포들을 스캔해 볼 수 있도록 모든 분께 스캐너를 나눠드리겠습니다.
  Use some devices 장비를 사용한다

- Here's a brochure that provides **some information** about each of the **cars.** 각 **자동차**들에 관한 **정보**가 있는 책자가 여기 있습니다.
  → Provide **details** about some **vehicle** 차량에 관한 자세한 사항을 제공한다

일반 정보 문제 유형

- Part 4 담화는 대개 일정한 흐름으로 전개되기 때문에 담화의 초반부, 중반부, 후반부에 언급되는 내용이나 관련 문제 유형이 어느 정도 정해져 있다.
- 문제 유형에 따라 정답 단서가 지문의 어디쯤 언급될지 미리 예측하면서 듣는 연습을 하면 문제 풀이가 훨씬 쉬워진다.
- 주제·목적·화자/청자의 신원·담화 장소 등 지문의 전체 내용과 관련된 일반 정보 문제 유형은 주로 담화 전반부에서 정답의 단서가 제시된다.

🔍 문제 유형 확인하기 주제·목적

▶ 주제·목적 문제는 매회 3문제 이상 출제된다.

▶ 주제·목적의 정답 단서는 담화 전반부에 등장한다. 따라서 화자의 첫 1~2 문장을 절대로 놓쳐선 안 된다.

▶ 담화 전반부에서 주제·목적에 관한 정답의 단서를 놓쳤다면 망설이지 말고 다음 문제를 먼저 풀도록 한다. 다른 문제들을 먼저 풀고 나서 다시 주제·목적 문제로 돌아와 담화의 전체 맥락을 토대로 정답을 찾을 수 있다.

주제

What is **mainly being discussed**? 주로 무엇이 논의되고 있는가?

What is the news report **mainly about**? 뉴스 보도는 주로 무엇에 관한 것인가?

What is **being announced**? 무엇이 발표되고 있는가?

What event is **taking place**? 어떤 행사가 개최되고 있는가?

목적

What is the **purpose** of the message? 메시지의 목적은 무엇인가?

What is the **main purpose** of the speech? 연설의 주 목적은 무엇인가?

What is the **purpose** of the talk? 담화의 목적은 무엇인가?

Why is this **announcement being made**? 공지는 왜 발표되고 있는가?

시그널로 정답 찾기

문제 키워드 잡기 ➡	시그널 표현 ➡	지문 듣기 ➡	정답 찾기
What is mainly being discussed? 논의되고 있는 것?	• I'd like to • I'd like to announce • I'm calling to [about] • I was wondering if	Ⓜ **We'd like to** offer you a special discount on new arrivals to our store. 할인을 제공하겠다.	A discount 할인
What is the purpose of the message? 메시지의 목적?		Ⓦ **I'm calling to** follow up on some information we mailed you about a special promotion for next month. 다음 달에 있을 특별 홍보행사에 대한 정보를 추가로 전달하기 위해	To confirm a promotion schedule 홍보행사 일정 확인

핵심 문제 유형

Q1 What is the purpose of the message?

(A) To postpone a lunch
(B) To compliment a coworker
(C) To recommend a business
(D) To plan a party

Question 1 refers to the following telephone message.

W Hi Yolanda, it's Allison. ❶ I have to put off our lunch meeting until next week. I completely forgot that I had a dentist appointment this Thursday, so I can't meet with you on that day like we had planned. Thursday is the only day my dentist is available this week. Why don't we meet next Wednesday? I'll treat you to Jack's Bistro. You'll love it there. They have the best lunch specials in town. Call me back and let me know what you think.

Q1 메시지의 목적은 무엇인가?

(A) 점심 식사를 연기하기 위해
(B) 동료를 칭찬하기 위해
(C) 업체를 추천하기 위해
(D) 파티를 계획하기 위해

정답 공략 하기

❶ 듣기 전 키워드 잡기

What is the ⌇purpose⌇ of the message?

⋯› 담화의 목적을 묻는 문제: 정답 단서가 초반에 나올 것을 예상

(A) To ⌇postpone⌇ a lunch　　(B) To ⌇compliment⌇ a coworker

(C) To ⌇recommend⌇ a business　(D) To ⌇plan⌇ a party ⋯› 핵심 동사 위주로 빠르게 키워드를 훑고 지나간다.

❷ 들으며 정답 찾기

담화 도입부의 'I have to put off our lunch meeting until next week. (저희 점심 약속을 다음 주로 미뤄야 될 것 같아요.)'에서 put off가 보기 (A) To ⌇postpone⌇ a lunch의 키워드로 패러프레이징되었으므로 (A)가 정답이다.

패러프레이징　지문 put off → 보기 postpone

1번은 다음 전화 메시지에 관한 문제입니다.

여 안녕하세요 Yolanda, 저 Allison이에요. ❶ 저희 점심 약속을 다음 주로 미뤄야 될 것 같아요. 제가 이번 주 목요일에 치과 예약이 있다는 걸 깜박해서. 저희가 계획했던 그날 만날 수가 없어요. 목요일이 이번 주에 제 치과 의사가 시간이 되는 유일한 날이에요. 다음 주 수요일에 만나는 게 어때요? 제가 Jack's 식당에서 한턱 낼게요. 거길 정말 좋아하실 거예요. 시내 최고의 점심 특선이 있거든요. 다시 전화 주셔서 어떻게 생각하시는지 알려 주세요.

VOCA

put off 미루다, 연기하다 | **completely** 완전히 | **available** 시간이 있는 | **treat** 한턱 내다, 대접하다 | **bistro** 작은 식당 | **special** 특별 상품

▶ 화자/청자의 정체, 담화 장소를 묻는 문제는 매회 3~4문제가 출제된다.

▶ 정체 및 장소 문제의 정답 단서는 담화의 초반부에 등장하므로 초반부에 집중한다.

▶ 정체의 정답 단서로는 담화의 초반에 언급되는 직업이나 직책 등을 나타내는 단어를 주의 깊게 들어준다.

▶ 장소의 정답 단서로는 here, welcome to + 장소, Attention ~, Thank you for coming to ~ 등이 있다.

화자의 신원

Who most likely is **the speaker**? 화자는 누구이겠는가?

What industry does the speaker **work in**? 화자는 어느 분야에서 일하는가?

Where does the **speaker work**? 화자가 일하는 곳은 어디인가?

청자의 신원

Who most likely are **the listeners**? 청자들은 누구이겠는가?

Who is the message **intended for**? 메시지는 누구를 위해 의도되었는가?

Who is the **speaker calling**? 화자가 전화하고 있는 사람은 누구인가?

Who most likely is the **speaker addressing**? 화자는 누구에게 말하고 있는가?

> **Tip!**
> 이 질문을 Who, speaker만 보고 말하는 사람의 정체를 묻는다고 착각하는 경우가 많아! Who, speaker, addressing이 나오면 누구에게 말하는지, 듣는 사람(청자)의 정체를 묻는 질문이라는 걸 꼭 기억해!

담화 장소

Where is the **announcement being made**? 안내방송이 이루어지고 있는 장소는 어디인가?

Where are the **listeners**? 청자들은 어디에 있는가?

Where most likely is the **talk taking place**? 담화는 어디에서 진행되고 있겠는가?

시그널로 정답 찾기

문제 키워드 잡기 ⇒	시그널 표현 ⇒	지문 듣기 ⇒	정답 찾기
Who most likely is the speaker? 화자는 누구?	신원을 암시하는 어휘 언급	Ⓜ **I'm calling** about the event that we are organizing. 우리가 준비하고 있는 행사에 관해 전화 드려요!	An event planner 행사 기획자
Where does the speaker work? 어디에서 근무?	• 회사 이름 • **This is** 이름 from	Ⓜ **This is** Kevin **from** Star Carpet. Star Carpet에서 전화 드려요!	A carpet manufacturer 카펫 제조사
Where is the announcement being made? 공지가 되는 장소?	here + 장소	Ⓦ I hope your time **here** as interns at our art gallery has been a good experience for you so far. 여기, 우리 미술관 인턴으로써!	At an art gallery 미술관
	Attention + 장소[사람]	Ⓦ **Attention** SuperValue Grocery shoppers. SuperValue 식료품 고객님들 주목해 주세요!	At grocery store 식료품점
		Ⓜ **Attention** travelers. The 3 P.M. Korea Airlines flight to Madrid has been canceled. Korea 항공 승객 여러분들 주목해 주세요!	At an airport 공항
Where most likely is the talk taking place? 담화 장소?	• **Thank you for coming to** + 장소 • 회사 이름 언급	Ⓦ **Thanks for coming to** CareerXchange Staffing Agency today. CareerXchange 채용 대행사에 오신 걸 환영!	At an employment agency 채용 대행사

핵심 문제 유형

P4-02 호주

Q2 Where most likely does the introduction take place?

(A) In a restaurant
(B) In an art gallery
(C) In a bookstore
(D) In a classroom

Question 2 refers to the following introduction.

Ⓜ ❷ I'd like to welcome everyone to the Stanhope Art Gallery for the opening of a very special exhibit. This evening, you'll see the complete collection of Jonathan Middleton's oil paintings, and you will also get to hear him speak. In a moment, he will talk briefly about how he became an artist. After that, the rest of the evening will be yours to mingle, enjoy your refreshments, and view Jonathan's beautiful works of art.

Q2 소개는 어디에서 이루어지겠는가?

(A) 레스토랑에서　　　(B) 미술관에서　　　(C) 서점에서　　　(D) 교실에서

정답 공략 하기

❶ 듣기 전 키워드 잡기

Where most likely does the introduction take place?

⋯→ 담화 장소를 묻는 문제: 정답 단서가 초반에 나올 것을 예상

(A) In a restaurant　　　(B) In an art gallery
(C) In a bookstore　　　(D) In a classroom

Tip! Part 3&4의 꽤 많은 문제들이 단순히 들리는 단어가 정답으로 나오는 경우가 많아! 일단 귀를 믿고 들리는 키워드를 빠르게 캐치할 수 있는 순발력과 자신감을 가져!

❷ 들으며 정답 찾기

담화 초반부에 특정 장소와 관련된 단어나 표현을 빠르게 포착한다. 화자의 첫 번째 말 'I'd like to welcome everyone to the Stanhope Art Gallery for the opening of a very special exhibit. (Stanhope 미술관의 매우 특별한 전시회 개막식에 와 주신 모든 분들을 환영합니다.)'에서 보기 (B) In an art gallery의 키워드가 그대로 언급되었다. 따라서 (B)가 정답이다.

2번은 다음 소개에 관한 문제입니다.

남 ❷ Stanhope 미술관의 매우 특별한 전시회 개막식에 와 주신 모든 분들을 환영합니다. 오늘 저녁, 여러분은 Jonathan Middleton의 유화 전 소장품을 보실 것이며, 그의 연설 또한 듣게 되실 겁니다. 곧 그는 그가 어떻게 예술가가 되었는지에 대해 간략히 말씀드릴 겁니다. 그 후, 나머지 저녁 시간은 여러분들이 함께 어울리고, 다과를 즐기며, Jonathan의 아름다운 예술 작품을 보시는 시간이 될 것입니다.

VOCA

exhibit 전시(회) | **collection** 소장품, 수집품 | **oil painting** 유화 | **in a moment** 곧, 바로 | **briefly** 간략히 | **rest** (~의) 나머지 | **mingle** (특히 사교 행사에서 사람들과) 어울리다 | **refreshments** 다과

Practice

🎧 P4-03

1. Where does the speaker probably work?

(A) At a local college

(B) At a newspaper office

(C) At a book publisher

(D) At an advertisement firm

2. What does the speaker suggest the listener do?

(A) Renew his subscription

(B) Complete a form online

(C) Call another company

(D) Apply for a different job

3. What does the speaker say is required?

(A) Writing samples

(B) An article suggestion

(C) An updated résumé

(D) Job references

4. According to the speaker, what has the company changed?

(A) A product design

(B) An annual budget

(C) A shipping service

(D) A refund policy

5. What information is the speaker presenting?

(A) Some problems with a delivery

(B) Feedback from sample groups

(C) Changes to a schedule

(D) The cost of a project

6. What will the listeners most likely do next?

(A) Prepare a presentation

(B) Contact some customers

(C) Submit an application

(D) Suggest some ideas

7. What project is the speaker discussing?

(A) Repairing a heating system

(B) Installing a garage door

(C) Building a fence

(D) Remodeling a room

8. What problem does the speaker mention?

(A) The weather will be inclement.

(B) Some materials are not available.

(C) A deadline cannot be met.

(D) A permit has not been issued.

9. What does the speaker offer to do?

고난도

(A) Begin a part of a project

(B) Hire more workers

(C) Refer another company

(D) Give a price reduction

10. What kind of business is being discussed?

(A) A museum

(B) A hotel chain

(C) A restaurant

(D) A department store

11. What will customers be given this evening?

(A) Tickets for a concert

(B) Free drinks

(C) A computer game

(D) A cookbook

12. Why does the speaker say, "the event has already been going on for two hours"?

(A) To clarify the hours of operation

(B) To describe the rules of a contest

(C) To suggest coming on another day

(D) To point out that there is limited time

13. Where is the talk being held?

(A) At a mobile phone manufacturer
(B) At a home appliance store
(C) At a vehicle rental agency
(D) At an auto repair shop

14. What will the listeners do this morning?

(A) Meet a technician
(B) Read a manual
(C) Sign a contract
(D) Visit a warehouse

15. Why does the speaker say, "all of the workers here were once trainees, too"?

(A) To provide some reassurance
(B) To describe a process
(C) To welcome some visitors
(D) To clarify a misunderstanding

Sales by Season

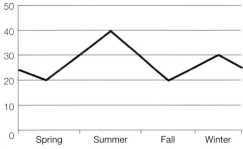

16. Where most likely is the talk taking place?

(A) At a travel agency
(B) At a sporting goods store
(C) At an accounting firm
(D) At a fitness center

17. Look at the graphic. When was the promotional offer held?

(A) In spring
(B) In summer
(C) In fall
(D) In winter

18. According to the speaker, what does the business plan to do next year?

(A) Upgrade a website
(B) Hire fewer employees
(C) Remodel a facility
(D) Move to a new location

세부 정보 문제 유형

- 담화의 세부 내용과 관련된 문제는 담화의 중반부와 후반부에서 정답 단서가 등장한다.
- 담화 중반부에서는 주로 원인, 수단, 수량, 일정, 시간과 관련된 문제가 출제되며, 담화 후반부에서는 다음 할 일이나 제안, 제공, 요청 등을 묻는 문제가 출제된다.

🔍 문제 유형 확인하기 문제점·걱정거리

▶ 문제점·걱정거리를 묻는 문제는 매회 1~2문제가 출제된다.

▶ 문제점이나 걱정거리를 묻는 문제의 정답 단서는 대개 담화의 초·중반에 나온다.

▶ 지문에서 자주 나오는 빈출 문제 상황이 정해져 있으므로 알아두는 것이 좋다.

> **EX** 빈출 문제점: 예산 부족, 기계 고장, 직원 부족, 배송 관련 문제점(배송 지연, 상품 파손 등), 보고서에 빠진 정보나 오류, 궂은 날씨 혹은 기계적 결함으로 인한 기차/비행기 연착·취소, 주문 관련 문제점 (재고 부족, 과다 청구 등)

▶ 문제점이나 걱정거리를 언급할 때는 but, however, unfortunately, I'm sorry, I'm afraid, problem, concerned, worried와 같은 시그널 표현이 나온 후에 정답의 단서가 등장할 확률이 높다.

What is the speaker's **problem**? 화자의 문제점은 무엇인가?

What problem does the speaker mention? 화자는 어떤 문제점을 언급하는가?

What problem does the caller mention? 전화를 건 사람은 어떤 문제점을 언급하는가?

What concern does the speaker mention? 화자는 어떤 걱정거리를 언급하는가?

What is the speaker **worried about**? 화자가 걱정하고 있는 것은 무엇인가?

시그널로 정답 찾기

문제 키워드 잡기 ⇒	시그널 표현 ⇒	지문 듣기	⇒	정답 찾기
문제점 What is the speaker's problem? 화자의 문제점?	• but	M **But** I think there's an accounting error. 그러나 회계상의 오류가 있는 것 같다!		The report has incorrect data. 보고서의 데이터가 잘못됐다
	• however	W **However**, the main conveyor belt is out of order. 그러나 컨베이어벨트가 고장 났다!		Some equipment is not working. 장비가 작동하지 않는다
	• unfortunately	M We are renovating our office, and **unfortunately**, it's taking longer than expected. 안타깝지만 보수작업이 예상보다 더 걸리고 있다!		A renovation is not finished yet. 보수작업이 아직 안 끝났다
	• I'm sorry	W **I'm** very **sorry** that we delivered material that was torn. 배달된 재료가 찢어졌다!		Some material is damaged. 재료가 손상되었다
걱정거리 What is the speaker worried about? 화자의 걱정은?	• I'm worried [concerned]	M **I'm concerned** about the recent decline in sales of some of our best-selling products. 매출 감소가 걱정이다!		Decrease in sales 매출 감소

🎧 P4-04 미국

Q1 What problem does the speaker mention?

(A) A building is being repaired.
(B) A trip has been postponed.
(C) A meeting room is not available.
(D) An incorrect amount has been charged.

Question 1 refers to the following telephone message.

M Hello, it's Ahmed Patel calling from Oakland Hotel. I understand that you called this morning to reserve our conference room for your meeting on Thursday, May 24. ❶ I'm sorry to inform you that the employee who took your call wasn't aware that another company had already booked it for that day. However, it is available for use the following day. Would it be okay if you held your event on that day instead? Please give me a call back to let me know.

Q1 화자는 어떤 문제점을 언급하는가?

(A) 건물이 수리되고 있다. (B) 여행이 연기되었다. (C) 회의실을 이용할 수 없다. (D) 잘못된 액수가 청구되었다.

PART 4

UNIT 11

정답 공략 하기

❶ 듣기 전 키워드 잡기

⬇

What problem does the speaker mention?

⋯▸ 문제점을 묻는 문제: 부정적인 표현이 언급될 때 정답 단서가 나올 것을 예상

(A) A building is being repaired. (B) A trip has been postponed.

(C) A meeting room is not available. (D) An incorrect amount has been charged.

❷ 들으며 정답 찾기

부정적인 시그널 표현과 함께 문제점을 언급하는 부분에 집중한다. 'I'm sorry to inform you that ~ (~를 알려드리게 되어 유감입니다.)'이 단서 표현으로 등장하여 'another company had already booked it for that day. (다른 회사가 이미 그날 그 회의실 예약을 했어요.)'라고 말하는 부분에서 회의실 이용이 불가능하다는 보기를 빠르게 연결한다. 따라서 (C) A meeting room is not available.이 정답이다.

패러프레이징 지문 another company had already booked it → 보기 not available

1번은 다음 전화 메시지에 관한 문제입니다.

남 안녕하세요, Oakland 호텔에서 전화 드리는 Ahmed Patel입니다. 고객님께서 5월 24일 목요일에 있을 회의를 위해 저희 회의실을 예약하려고 오늘 아침 전화하셨다고 알고 있습니다. ❶ 고객님 전화를 받은 직원이 다른 회사가 이미 그날 그 회의실 예약을 한 걸 몰랐다는 것을 알려드리게 되어 유감입니다. 하지만, 그 다음 날에는 사용이 가능합니다. 대신 그날 행사를 하셔도 괜찮겠습니까? 제게 다시 전화 주셔서 알려 주십시오.

VOCA ·····

reserve 예약하다 I inform 알리다 I aware ~을 알고 있는 I available 이용 가능한 I following (시간상으로) 그 다음의 I instead 대신에 I postpone 연기하다 I incorrect 부정확한

▶ 이유·방법·시점 등의 세부 정보를 묻는 문제는 매회 8문제 이상 출제된다.

▶ 세부 정보를 묻는 문제에서는 문제와 보기에서 키워드를 잡는 것이 가장 중요하다.

▶ 지문에서 문제와 보기의 키워드 중 하나가 언급되며 정답 단서가 나오는 경우가 많다.

▶ 정답 단서를 통해 정답을 고를 수 있으려면 패러프레이징에 익숙해져야 한다. 지문에 나온 단어나 문구가 그대로 보기에 나오는 경우도 있지만 같은 의미를 다른 단어로 바꾸어서 표현한 패러프레이징에 익숙해져야 고득점이 가능하다.

이유

According to the speaker, **why** should the listeners **visit a website**?

화자에 의하면, 청자들은 웹사이트를 왜 방문해야 하는가?

Why does the speaker **postpone a deadline**? 화자는 마감일을 왜 연기했는가?

Why are the customers being asked to **fill in a form**? 고객들은 왜 서식을 작성하도록 요청받았는가?

What caused a **delay in repairs**? 수리가 지연된 원인은 무엇인가?

방법

How can listeners **get the product for free**? 청자들은 어떻게 무료로 상품을 받을 수 있는가?

How can listeners **receive a discount**? 청자들은 어떻게 할인을 받을 수 있는가?

How should the listeners **sign up**? 청자들은 어떻게 신청해야 하는가?

How can listeners **get more information**? 청자들은 어떻게 정보를 더 얻을 수 있는가?

시점

What is expected to happen **by the evening**? 저녁에 무엇이 일어날 것으로 예상되는가?

What will happen **after the morning session**? 오전 세션 다음에 무슨 일이 일어날 것인가?

What will happen on **Wednesday**? 수요일에 무슨 일이 일어날 것인가?

What will some customers receive **this morning**? 오전에 몇몇 고객들이 무엇을 받을 것인가?

시그널로 정답 찾기

문제 키워드 잡기 ➡	시그널 표현 ➡	지문 듣기 ➡	정답 찾기
이유 Why should listeners go to the website? 웹사이트에 가는 이유?	• because • due to • to 부정사 • for	M **For** a list of the bands on the schedule, visit the website at ~. 밴드 스케줄 리스트를 위해!	To see a list of performers 공연자 리스트를 보기 위해
방법 How can listeners get more information? 정보를 얻는 방법?	문제 키워드와 함께 등장하는 표현	W For **more details**, please visit our website at www.pagoda21.com. 세부사항은 웹사이트에!	By visiting a website 웹사이트를 방문함으로써
시점 What will happen on Saturday? 토요일에 있을 일?	문제에 언급된 특정 시점 키워드와 함께 등장하는 표현	M And this **Saturday** only, we'll stay open late for your shopping convenience. 토요일에만 늦게까지 문을 엽니다!	Shopping hours will be extended. 쇼핑 시간이 연장된다

P4-05 영국

Q2 Why should the listeners email Sandra Pearson?

(A) To take part in a program
(B) To submit a proposal
(C) To arrange an interview
(D) To pay parking fees

Question 2 refers to the following excerpt from a meeting.

W Before we conclude today's meeting, there is one last matter I would like to discuss. Starting next Monday, all parking spaces in the front row of the main parking area will be reserved for employees that carpool. By riding with colleagues, you will not only help to reduce pollution, but also to support the company's environmental protection efforts. ❷ If you would like to participate in this initiative, send an e-mail to our transportation planner, Sandra Pearson, at spearson@tcorp.ca.

Q2 청자들은 왜 Sandra Pearson에게 이메일을 보내야 하는가?

(A) 프로그램에 참여하기 위해   (B) 제안서를 제출하기 위해
(C) 면접일정을 잡기 위해   (D) 주차 요금을 내기 위해

정답 공략 하기

❶ 듣기 전 키워드 잡기

Why should the listeners email Sandra Pearson?

⋯→ 키워드 – 이유를 묻는 문제: 문제의 키워드와 함께 언급되는 보기 키워드가 정답이 될 것을 예상

(A) To take part in a program   (B) To submit a proposal
(C) To arrange an interview   (D) To pay parking fees

❷ 들으며 정답 찾기

email, Sandra Pearson을 키워드로 삼아 해당 내용을 포착한다. 후반부의 'If you would like to participate in this initiative, send an e-mail to ~ Sandra Pearson. (이 계획에 동참하고 싶으시다면, Sandra Pearson에게 이메일을 보내 주세요.)' 에서 participate가 보기 (A) To take part in a program의 키워드로 패러프레이징되었으므로 (A)가 정답이다.

패러프레이징 지문 participate in this initiative → 보기 take part in a program

2번은 다음 회의 발췌록에 관한 문제입니다.

여 오늘 회의를 끝내기 전에, 논의하고 싶은 마지막 사안이 있습니다. 다음 주 월요일부터, 중앙 주차 구역 앞줄에 있는 모든 주차 공간은 카풀을 하는 직원들을 위해 남겨둘 것입니다. 동료들과 자동차를 함께 탐으로써, 여러분은 공해를 줄이는 데 도움을 줄 뿐만 아니라 회사의 환경 보호 노력을 지원하게 될 것입니다. ❷ 이 계획에 동참하고 싶으시다면, 저희 교통 기획자인 Sandra Pearson에게 spearson@tcorp.ca로 이메일을 보내 주세요.

VOCA ⋯⋯⋯⋯⋯⋯⋯⋯⋯⋯⋯⋯⋯⋯⋯⋯⋯⋯⋯

conclude 끝내다 I row 줄, 열 I reserve (자리 등을) 따로 잡아 두다 I carpool (승용차 함께 타기)를 하다 I pollution 오염, 공해 I protection 부호 I participate in ~에 참여하다 I initiative (문제 해결·목적 달성을 위한 새로운) 계획

PART 4

UNIT 11

161

🔍 문제 유형 확인하기   제안·제공·요청

▸ 제안·제공·요청 관련 문제는 매회 3~4문제가 출제되며 주로 두 번째나 세 번째 문제로 출제된다.

▸ 정답 단서는 주로 담화의 중·후반부에 나온다.

▸ 정답 단서가 나오기 직전 언급되는 제안·제공·요청 표현을 놓치지 말자.

▸ 지문 흐름상 문제점에 대한 대안책을 제안·제공·요청하는 경우가 많다.

What is[are] the listener[listeners] **asked to do**? 청자는[청자들은] 무엇을 요청받는가?

What does the speaker **ask** the listener[listeners] **to do**? 화자는 청자[청자들]에게 무엇을 요청하는가?

What does the speaker **request**? 화자는 무엇을 요청하는가?

What are the listeners **told to do**? 청자들은 무엇을 하라는 말을 들었는가?

What does the speaker **suggest[recommend]**? 화자는 무엇을 제안[권장]하는가?

What does the speaker **offer the listeners**? 화자는 청자들에게 무엇을 제공하는가?

시그널로 정답 찾기

문제 키워드 잡기 ➡	시그널 표현 ➡	지문 듣기 ➡	정답 찾기
제안 What does the speaker suggest the listener do? 화자가 제안하는 것?	• **Why don't you [we]** • **You should** • **It might be a good idea**	Ⓜ **Why don't you** ask Adam to help you out? Adam한테 도와달라고 하는 게 어때!	Consult with a coworker 동료와 상의한다
제공 What does the speaker offer? 화자가 제안하는 것?	• **Why don't I** • **Do you want me to** • **Would you like me to** • **I'll** • **I can**	Ⓦ **Why don't I** lend you a car to use until your car is fixed? 차를 빌려줄게요!	Use of a vehicle 차량의 사용
요청 What are the listeners encouraged to do? 화자가 권장하는 것?	• **Please** • **Can you** • **Could you** • **Would[Do] you mind**	Ⓜ **Would you mind** going on our website to fill out a short volunteer application form? 웹사이트에 가서 신청서 좀 작성해 주세요!	Complete an online form 온라인 양식을 작성

🎧 P4-06 | 미국 |

Q3 What are the visitors asked to do?

(A) Stay in their seats
(B) Turn off their phones
(C) Remain with the group
(D) Fill out a questionnaire

Question 3 refers to the following talk.

Ⓜ Welcome to the Jolly Sweets factory. Jolly is known for starting the first candy manufacturing operations in Orlinda County, and production still continues in the same plant which was built 40 years ago. As it is very loud inside, an audio recording will be used to provide information during the tour. Also, ❸ you are asked to stay with the group throughout the whole tour and refrain from wandering off. Okay, does anyone have any questions before we begin?

Q3 방문객들은 무엇을 해 달라고 요청받는가?

(A) 자리에 있는다
(B) 전화기를 끈다
(C) 그룹과 함께 있는다
(D) 질문지를 작성한다

정답 공략 하기

❶ 듣기 전 키워드 잡기

What are the visitors asked to do?

⋯⟩ 화자가 요청한 것을 묻는 문제: 화자의 말에서 요청할 때 쓰이는 표현과 함께 정답 단서가 나올 것을 예상

(A) Stay in their seats
(B) Turn off their phones
(C) Remain with the group
(D) Fill out a questionnaire

❷ 들으며 정답 찾기

담화 후반부에서 요청할 때 쓰는 표현인 'you are asked to ~'를 확인한다. 'you are asked to stay with the group ~ and refrain from wandering off. (그룹과 함께 계시고 이탈하는 일은 삼가주시길 당부 드립니다.)'에서 stay와 보기 (C) Remain with the group의 키워드를 연결한다. 따라서 정답은 (C)이다.

패러프레이징 지문 stay with the group → 보기 Remain with the group

 Tip!
반쪽짜리 오답 함정에 빠지지 않기!
stay만 듣고 (A)같은 오답 함정에 빠지지 마!
앞, 뒤가 다 나오는 완벽한 보기로 가자!

3번은 다음 담화에 관한 문제입니다.

🗣 Jolly 사탕 공장에 오신 것을 환영합니다. Jolly는 Orlinda 카운티에서 처음으로 사탕 제조 회사를 시작한 걸로 알려져 있고, 생산은 40년 전 지어진 같은 공장에서 여전히 계속되고 있습니다. 내부가 매우 시끄러우니, 견학 중에 정보를 제공하기 위한 음성 녹음물이 사용될 것입니다. 또한, ❸ 견학 내내 그룹과 함께 계시고 이탈하는 일은 삼가주시길 당부 드립니다. 자, 시작하기 전에 질문 있으신 분 계십니까?

VOCA ⋯⋯⋯⋯⋯⋯⋯⋯⋯⋯⋯⋯⋯⋯⋯⋯⋯⋯⋯⋯⋯⋯⋯⋯⋯⋯⋯⋯⋯⋯⋯⋯⋯⋯⋯

sweet 사탕류, 단 것 | **manufacturing** 제조업 | **operation** 기업, 사업체 | **production** 생산 | **throughout** ~동안 내내 | **refrain** 삼가다 | **wander off** (길·장소·친구들 등을) 벗어나다 | **remain** (떠나지 않고) 남다 | **questionnaire** 설문지

PART 4

UNIT 11

다음으로 할 일·일어날 일

▶ 다음으로 할 일이나 담화 후에 일어날 일을 묻는 문제는 매회 2~3문제가 출제된다.

▶ 주로 담화의 후반부에서 정답의 단서가 등장한다.

▶ 질문 형태는 ~do next?/~will do?/~hear next? 등으로 끝나며, 주로 세 문제 중 마지막 문제로 출제된다.

▶ I'll/We'll/be going to 등과 같은 미래를 나타내는 표현들이 답을 알려주는 단서이므로 이러한 시그널 표현이 나오는 문장을 주의 깊게 듣는다.

What does the speaker say he **will do**? 화자는 무엇을 할 것이라고 말하는가?

What does the speaker say she **will be doing this afternoon**? 화자는 오늘 오후에 무엇을 할 것이라고 말하는가?

What are the listeners invited to **do after the presentation**? 청자들은 프레젠테이션이 끝난 후에 무엇을 하도록 요청받았는가?

What is scheduled **at the end of the talk**? 담화 마지막에 무엇이 예정되어 있는가?

What will the speaker **most likely do next**? 화자는 다음으로 무엇을 하겠는가?

What will the listeners **most likely hear next**? 청자들은 무엇을 다음에 들을 것인가?

What are the listeners **going to do next**? 청자들은 무엇을 다음에 할 것인가?

시그널로 정답 찾기

문제 키워드 잡기 ➡	시그널 표현 ➡	지문 듣기 ➡	정답 찾기
What does the speaker say that she will do next? 화자가 다음에 할 일?	담화 후반의 미래 시제 표현 • I'll • I'm going to • We'll	W **I'm going to** give you your tickets now. 티켓을 드릴게요!	Hand out some tickets 티켓을 나눠준다
What does the speaker say he is doing next month? 화자가 다음 달에 할 일?		M **I'll** be leaving on a business trip next month. 다음 달에 출장 갈 예정!	Leaving on a trip 출장 간다
What does the speaker say she will do later? 추후에 할 일?		W **We'll** give you an opportunity to win two free concert tickets. 무료 티켓을 받을 수 있는 기회를 주겠다!	Give away tickets 티켓을 준다
What will listeners do next? 청자들이 다음에 할 일?		M **I'm going to** demonstrate some simple exercises you can do at your desk. 간단한 운동을 보여줄게요!	Watch a demonstration 시연을 본다

Q4 What will the speaker most likely do next?

(A) Give a demonstration
(B) Hand out some fruit
(C) Collect some money
(D) Explain a report

Question 4 refers to the following introduction.

🅦 I'd like to explain how we do things here at the Smallwood Organic Farm. The strawberries are in season at the moment, and are available for picking. If you require any help while harvesting, just ask one of the farm workers in the field. You can easily identify them by their bright green shirts. Picking strawberries is slightly different from other fruits as they grow on the ground. ❹ Now, I'm going to show you the correct way to harvest the strawberries.

Q4 화자는 다음으로 무엇을 하겠는가?

(A) 시연을 한다   (B) 과일을 나누어 준다   (C) 돈을 걷는다   (D) 보고서를 설명한다

PART 4 UNIT 11

정답 공략 하기

① 듣기 전 키워드 잡기

What will the speaker most likely do next?
┈➔ 화자가 다음에 할 일을 묻는 문제: 마지막 화자가 말한 미래 표현에서 정답 단서가 나올 것을 예상

(A) Give a demonstration   (B) Hand out some fruit
(C) Collect some money   (D) Explain a report

② 들으며 정답 찾기

화자가 미래 표현 'be going to'를 사용한 마지막 문장에서 'Now, I'm going to show you the correct way to harvest the strawberries. (이제, 딸기를 수확하는 올바른 방법을 보여 드리겠습니다.)'에서 show가 보기 (A) Give a demonstration으로 패러프레이징되었으므로 (A)가 정답이다.

패러프레이징 지문 show you the correct way → 보기 Give a demonstration

4번은 다음 소개에 관한 문제입니다.
🅦 이곳 Smallwood 유기농 농장에서 저희가 어떻게 일을 하는지를 설명해 드리겠습니다. 딸기가 지금 제철이어서 수확이 가능합니다. 수확하는 도중 도움이 필요하시면, 밭에 있는 저희 농장 일꾼들 중 한 명에게 요청하십시오. 밝은 녹색 셔츠로 그들을 쉽게 알아볼 수 있습니다. 딸기는 땅 위에서 자라기 때문에 딸기를 따는 것은 다른 과일을 따는 것과 약간 다릅니다. ❹ 이제, 딸기를 수확하는 올바른 방법을 보여 드리겠습니다.

VOCA

organic 유기농의 | **in season** 제철인 | **at the moment** 지금 | **harvest** 수확하다 | **identify** (신원 등을) 확인하다 | **slightly** 약간 | **demonstration** 시연

Practice

1. What are the listeners being asked to decide?

   (A) What kind of equipment to purchase
   (B) How to change a process
   (C) Where to obtain some equipment
   (D) When to hold an event

2. What does the speaker say about the budget?

   (A) It has yet to be finalized.
   (B) There is money remaining in it.
   (C) There will be a new policy.
   (D) It will be reduced next quarter.

3. What are the listeners requested to do after the meeting?

   (A) Prepare for a presentation
   (B) Meet with a department manager
   (C) Register for a session
   (D) Indicate a preferred product

4. Why have residents complained recently?

   (A) The schools are inconveniently located.
   (B) The streets are not well-maintained.
   (C) The public transportation system is confusing.
   (D) The air quality is poor.

5. What does the speaker say has changed about a meeting?

   (A) The attendees
   (B) The venue
   (C) The content
   (D) The time

6. Why are the listeners asked to call?

   (A) To order a ticket
   (B) To enter a contest
   (C) To express an opinion
   (D) To make a donation

7. Why did Mr. Abrams meet with the speaker?

   (A) To finalize a schedule
   (B) To negotiate a price
   (C) To give an update
   (D) To apply for a job

8. What does the speaker offer Mr. Abrams?

   (A) A full-time position
   (B) Express delivery
   (C) A discounted service
   (D) Free product samples

9. According to the speaker, what must Mr. Abrams do before next Monday?

   (A) Upload a file
   (B) Reach a decision
   (C) Create an account
   (D) Fill out a survey

10. What problem is mentioned?

    (A) Sales targets will not be met.
    (B) Parking will not be available.
    (C) Some machinery requires repairs.
    (D) A team has too many projects.

11. What does the speaker mean when he says, "you'd better try to find a different way to get here"?

    (A) A different route will be available to commuters.
    (B) The entrance to an office will be temporarily closed.
    (C) Employees should consider other transportation options.
    (D) Staff members are expected to come in on the weekend.

12. What does the speaker say he will do?

    (A) Email some information
    (B) Work on the weekend
    (C) Visit a construction site
    (D) Speak to a supervisor

13. What does the speaker mean when she says, "I majored in business in university"?

(A) She thinks people should earn a business degree.
(B) She plans to apply for a management position.
(C) She will be teaching some classes.
(D) She was confident about a choice.

14. What type of business does the speaker most likely own?

(A) A restaurant
(B) A kitchen appliance store
(C) A farm
(D) A supermarket chain

15. What does the speaker say will happen later this month?

(A) A new employee will be trained.
(B) An advertisement campaign will begin.
(C) A customer survey will be distributed.
(D) A product will go on sale.

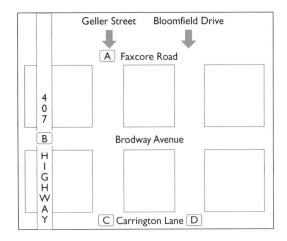

16. What is the cause of a problem?

(A) A staff shortage
(B) Inclement weather
(C) A system error
(D) Building construction

17. Look at the graphic. Which area is the speaker describing?

(A) Area A
(B) Area B
(C) Area C
(D) Area D

18. According to the speaker, what will be held tomorrow?

(A) A city parade
(B) A business conference
(C) A sales event
(D) An athletic competition

전방위 문제 유형

UNIT 12

- Part 4의 화자 의도 파악 문제와 시각 정보 연계 문제는 매회 총 5문제가 나온다.
- 시각 정보 문제는 질문과 함께 시각 정보에 시선을 고정하고 풀어야 하며, 화자 의도 파악 문제는 전체적인 지문의 흐름을 파악하는 것이 핵심이다.

⊕ 문제 유형 확인하기 | 화자 의도 파악

▶ 담화 중 화자가 특정 문장을 말한 의도를 묻는 화자 의도 파악 문제는 매회 3문제가 고정적으로 출제된다.

▶ 문제에 제시된 "⬛⬛⬛⬛⬛⬛⬛⬛⬛⬛⬛"의 사전적 의미가 아닌 문맥상의 뉘앙스를 파악하여 화자의 숨은 의도를 파악해야 한다.

▶ 인용 구문 "⬛⬛⬛⬛⬛⬛⬛⬛⬛⬛⬛" 자체의 의미를 해석하지 못해도 크게 상관은 없다. "⬛⬛⬛⬛⬛⬛⬛⬛⬛⬛⬛"의 바로 앞뒤에 정답의 단서가 등장하므로 문맥의 흐름을 놓치지 않는 것이 중요하다.

Why does the speaker say, "Christine has worked here for over 10 years"?
화자는 왜 "Christine이 여기서 10년 이상 일해왔어요"라고 말하는가?

What does the speaker mean when he says, "Mr. Simpson will assign us a dedicated manager"?
화자는 "Mr. Simpson이 우리에게 헌신적인 매니저를 배정해 줄 거예요"라고 말할 때 무엇을 의미하는가?

What does the speaker mean when she says, "Maya's phone number is 555-0391, right"?
화자는 "Maya의 전화번호가 555-0391 맞죠?"라고 말할 때 무엇을 의미하는가?

What does the speaker imply when he says, "I don't want to call a different supplier"?
화자는 "저는 다른 공급업체에 연락하고 싶지 않아요"라고 말할 때 무엇을 의미하는가?

What does the speaker imply when she says, "The store's opening in a few minutes"?
화자는 "상점이 몇 분 후에 열어요"라고 말할 때 무엇을 의미하는가?

인용 구문의 사전적인 의미 그대로를 나타내는 보기는 오답인 경우가 많아!

핵심 문제 유형

Q1 Why does the speaker say, "the party is just a few weeks from now"?

(A) A decision needs to be made soon.

(B) A budget proposal must be approved quickly.

(C) He is going to prepare a guest list.

(D) He would like the listener to find another venue.

Question 1 refers to the following telephone message.

M Hey, Carlos, this is Dave. Could you meet with me around 9 A.M. tomorrow? ❶ We need to discuss selecting a theme for our annual company celebration. I mean, the party is just a few weeks from now. I've got quite a few ideas, so I'll go ahead and email you my top suggestions right away. When we talk tomorrow, feel free to add your own suggestions as well. Looking forward to hearing from you.

Q1 화자는 왜 "파티가 이제 몇 주밖에 남지 않았어요"라고 말하는가?

(A) 결정이 곧 나야 한다.

(B) 예산안이 빨리 승인되어야 한다.

(C) 남자는 초대 손님 명단을 준비할 것이다.

(D) 남자는 청자가 다른 장소를 찾기를 원한다.

정답 공략 하기

❶ **듣기 전 키워드 잡기**

Why does the speaker say, "the party is just a few weeks from now"?

⋯→ **화자 의도 파악 문제:** 인용구 주변에서 정답 단서가 나올 것 예상

(A) A decision needs to be made soon. (B) A budget proposal must be approved quickly.

(C) He is going to prepare a guest list. (D) He would like the listener to find another venue.

❷ **들으며 정답 찾기**

인용구 앞뒤의 내용을 반드시 이해해야 한다. 인용 문장을 언급하기 전에 'We need to discuss selecting a theme for our annual company celebration. (우리 회사의 연례 행사를 위한 주제를 정해야 하거든요.)'이라고 말하며 'the party is just a few weeks from now. (파티가 이제 몇 주밖에 남지 않았어요.)'라고 했으므로 파티의 주제에 대한 결정이 빨리 이루어져야 한다는 것을 알 수 있다. 따라서 (A) A decision needs to be made soon.이 정답이다.

패러프레이징 지문 we need to discuss selecting a theme → 보기 A decision needs to be made

해석은 다음 선와 메시시에 관한 문제입니다.

남 Carlos, 저예요 Dave. 내일 아침 9시쯤 만날 수 있어요? ❶ 우리 회사의 연례 행사를 위한 주제를 정해야 하거든요. 그게, **파티가 이제 몇 주밖에 남지 않았어요.** 제게 아이디어가 몇 가지 있는데, 그중 우선적 제안 사항들을 당신께 지금 바로 이메일로 보내드릴게요. 내일 이야기할 때, 당신의 제안 사항도 자유롭게 추가해 주세요. 그럼 답변 기다리겠습니다.

VOCA

select 선택하다 | theme 주제, 테마 | annual 매년의, 연례의 | celebration 기념 (축하) 행사 | look forward to ~을 고대하다 | budget proposal 예산안 | venue 장소

▶ 매회 95~100번으로 2문제가 고정적으로 출제된다.

▶ "Look at the graphic."과 함께 일정표, 도표, 지도 등의 시각 정보와 담화 내용을 연계하여 묻는 문제 유형이다.

▶ 주어진 시각 정보와 담화 내용을 연결지어야 한다. 이때, 문제를 먼저 읽고 키워드를 확인한 후 시각 정보와의 연계성을 파악한다.

▶ 시각 정보 연계 문제는 보기보다 어렵지 않다. 따라서 지문을 듣는 동시에 시각 정보를 보면서 문제를 푸는 훈련을 반복하면 생각보다 쉽게 풀 수 있다.

✅ 시각 정보 자료 유형

1. 목록·표 (List, Table)

경비 보고서(날짜·비용·비고), 일정표, 두 회사의 특징을 비교하는 표, 설문조사 결과, 주문서 등의 내용·숫자 등을 가로·세로로 순서대로 나열한 목록·표

Expense Report		
DATE	AMOUNT	DETAILS
May 2	$300	Accommodation
May 5	$200	Transportation
May 9	$150	Food
May 10	$100	Entertainment

2. 도표 (Graph, Chart)

분기별 판매량, 설문조사 결과 등의 선 그래프, 막대 그래프, 파이 차트, 순서 등

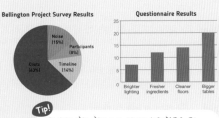

Tip! 도표에서는 최고·최저나 두 번째로 높은 항목을 묻는 문제가 많이 나와!

3. 지도, 도면, 평면도 (Map)

약도, 도면, 지도, 비행기 혹은 공연장의 좌석 배치도

Tip! 지도 유형의 시각 정보는 위치를 묘사하는 표현(앞, 뒤, 옆, 건너편 등)을 집중해서 들으면 돼! 그리고 주로 보기에 주어진 4개 장소를 제외한 나머지 장소에서 단서가 제시될 거야.

4. 쿠폰 (Coupon)

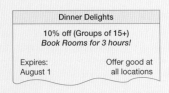

Tip! 쿠폰이 제시될 때는 쿠폰을 이용할 수 없는 이유가 문제로 자주 출제돼. 지문이 나오기 전에 쿠폰이 만료되는 날짜, 사용 조건 등 세부 사항을 빠르게 확인해 두면 쉽게 문제를 풀 수 있어!

5. 영수증 (Receipt)

Order Form	
Item	Quantity
T-shirts	100
Postcards	150
Coffee cups	500
Candy bars	700

Tip! 영수증은 요금이 과다 청구되거나 주문한 물건을 다 받지 못했다는 등 문제점 관련 문제에서 자주 출제돼!

6. 일기예보 (Weather forecast)

Monday	Tuesday	Wednesday	Thursday

Tip! 일기 예보는 행사 취소·연기 등의 지문에 등장하는 경우가 많아. 날씨와 관련된 기본적인 표현들을 알아두자!

Q2

Reseda Appliances Promotion	
Item	Discount
Washing machines	20%
Air conditioners	15%
Microwaves	30%
Vacuum cleaners	25%

Look at the graphic. What is the discount on the featured item?

(A) 20 percent
(B) 15 percent
(C) 30 percent
(D) 25 percent

Question 2 refers to the following announcement and flyer.

W Attention Reseda Appliances shoppers! Sunday is our 10th anniversary. To celebrate, we're holding a massive, week-long sale! Prices on everything from vacuum cleaners to washing machines will be reduced. ❷ Be sure to head over to our kitchen appliance section to check out our featured product of the week: Zertz's energy-saving microwave ovens. Supplies are limited, so don't delay! For more detailed information on our discounts, ask one of our workers for a flyer. Happy shopping!

PART 4 · UNIT 12

Q2

Reseda 가전제품 프로모션	
품목	할인
세탁기	20%
에어컨	15%
전자레인지 ──▶	30% ✓
진공청소기	25%

시각 정보를 보시오. 특별 품목의 할인액은 얼마인가?

(A) 20퍼센트
(B) 15퍼센트
(C) 30퍼센트
(D) 25퍼센트

정답 공략 하기

❶ 듣기 전 키워드 잡기

Look at the graphic. What is the [discount]✓ on the [featured item]✓?

···▶ **시각 정보 연계 문제:** 빠르게 질문의 키워드를 잡고 시각 정보로 시선을 옮긴다.

(A) 20 percent　　(B) 15 percent　　**(C) 30 percent**　　(D) 25 percent

> **Tip!** 시각 정보 연계 문제는 (A), (B), (C), (D) 보기와 반대되는 내용에 시선을 고정하고 문제를 풀어줘야 해!

❷ 들으며 정답 찾기

문제의 키워드인 discount와 featured item에서 특별 품목의 할인액이 얼마나 되는지 확인해야 한다. 지문 중반부의 화자가 'Be sure to head over to our kitchen appliance section to check out our featured product of the week: Zertz's energy-saving microwave ovens. (주방 용품 코너로 가셔서 금주의 특별 품목인 Zertz 사의 에너지 절약형 전자레인지를 확인하세요.)'에서 특별 품목으로 지정된 제품이 전자레인지라는 단서를 포착한다. 시각 정보에서 전자레인지의 할인액은 30%이므로 (C)가 정답이다.

2번은 다음 안내방송과 전단에 관한 문제입니다.

여 Reseda 가전제품 손님 여러분 주목해 주세요! 일요일은 저희 매장의 10주년 기념일입니다. 이를 기념하고자, 저희는 일주일 동안 엄청난 세일을 진행할 것입니다! 진공청소기에서 세탁기에 이르는 모든 품목의 가격이 할인될 것입니다. ❷ 주방 용품 코너로 가셔서 금주의 특별 품목인 Zertz 사의 에너지 절약형 전자레인지를 확인하세요. 수량이 한정되어 있으니 늦지 마세요! 할인에 대한 더 자세한 정보를 원하시면, 저희 직원들에게 전단을 요청하세요. 행복한 쇼핑하세요!

VOCA

anniversary 기념일 | **celebrate** 기념하다, 축하하다 | **massive** 거대한, 엄청난 | **vacuum cleaner** 진공 청소기 | **washing machine** 세탁기 | **head over** ~로 향하다 | **kitchen appliance** 주방 용품 | **featured** 특색을 이룬; 특별히 포함된 | **microwave oven** 전자레인지 | **flyer** 전단지

🎧 P4-11

1. What event is being discussed?

(A) A hotel opening
(B) A company workshop
(C) An anniversary celebration
(D) A retirement party

2. What does the speaker request?

(A) A menu
(B) Some furniture
(C) A laptop
(D) Some microphones

3. Why does the speaker say, "we'll just use a rental vehicle"?

(A) To turn down an offer
(B) To ask for a refund
(C) To request a discount
(D) To make a reservation

4. What event is being discussed?

(A) A product launch celebration
(B) A fundraising party
(C) A business opening
(D) An employee welcome dinner

5. What does the speaker instruct the listeners to do?

(A) Get in touch with possible sponsors
(B) Distribute some brochures
(C) Arrange transportation for guests
(D) Look over some menu items

6. What does the speaker imply when he says, "I'm still in the process of learning"?

(A) He is unable to answer some questions.
(B) He will attend a training session.
(C) He does not understand some instructions.
(D) He is not happy with his assignment.

7. In what industry does the speaker most likely work?

(A) Finance
(B) Food
(C) Construction
(D) Technology

8. According to the speaker, what can the smart tablets be used for?

(A) Tracking packages
(B) Planning a route
(C) Listening to music
(D) Designing presentations

9. Why does the speaker say, "I think the brochures are in your bag"?

(A) To postpone a meeting
(B) To point out an error
(C) To request some help
(D) To express frustration

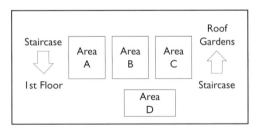

10. What did listeners just see on the tour?

(A) Flowers
(B) Trees
(C) Ponds
(D) Fountains

11. What does the speaker suggest listeners do to find out more about the exhibition?

(A) Pick up a free book
(B) Watch a video
(C) Read an online article
(D) Speak to a guide

12. Look at the graphic. In which area can listeners view tropical trees?

(A) Area A
(B) Area B
(C) Area C
(D) Area D

Hydro-Five Water Heater
Installation Instruction Guide

Table of Contents

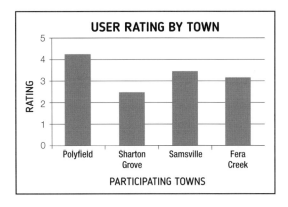

USER RATING BY TOWN

13. What does the speaker thank the listeners for?

(A) Selling many products
(B) Providing some feedback
(C) Purchasing some guides
(D) Wearing safety gear

14. Look at the graphic. Which section will the speaker discuss today?

(A) Overview
(B) Steps
(C) Support
(D) Contact

15. What does the speaker mention about the afternoon session?

(A) It will feature a famous speaker.
(B) It will include snacks and beverages.
(C) It will be moved to a different date.
(D) It will be held in another location.

16. What does the speaker say he is surprised about?

(A) The change in a project deadline
(B) The sudden decrease in sales
(C) The price of a new item
(D) The easy use of a program

17. What feature of the application does the speaker say is popular?

(A) Its payment platform
(B) Its high-quality music
(C) Its search engine
(D) Its user reviews

18. Look at the graphic. What town does the speaker ask Jenna to investigate?

(A) Polyfield
(B) Sharton Grove
(C) Samsville
(D) Fera Creek

PART 4

UNIT 12

RC

PART
5·6·7

OVERVIEW

PART 5는 빈칸이 있는 문장이 하나 나오고, 4개의 선택지 중 빈칸에 가장
적합한 단어나 구를 고르는 문제로서 총 30문항이 출제된다.

문제 유형

어형 문제 | 빈칸의 자리를 파악하여 선택지 중 알맞은 품사나 형태를 고르는 문제
어휘 문제 | 같은 품사의 네 개 어휘 중 정확한 용례를 파악하여 알맞은 단어를 고르는 문제
문법 문제 | 문장의 구조 파악과 구와 절을 구분하여 접속사나 전치사, 부사를 고르는 문제

출제 포인트

• 문법적 지식과 어휘력을 동시에 묻는 문제들이 증가하고 있다.
⋯➜ 명사 자리인데 선택지에 비슷하게 생긴 명사가 두 개 이상 나오는 문제가 출제된다.

• 두 가지 이상의 문법 포인트를 묻는 문제들이 출제되고 있다.
⋯➜ 동사의 문장 형식을 이해하고 태를 결정하는 문제가 출제된다.

• 다양한 품사의 선택지로 구성된 문제들이 출제되고 있다.
⋯➜ 부사 문제이지만 전치사, 접속사, 관용 표현 등으로 선택지가 구성된다.

PART 5 이렇게 대비하자!

• 무조건 해석부터 하지 말고 선택지를 보고 [어형 문제/어휘 문제/문법 문제] 중 어떤 문제인
지부터 파악한다. 어형 문제는 해석 없이도 답이 나오는 문제가 대부분이므로 최대한 시간을
절약할 수 있는 방법으로 풀어나가야 한다.

• 고득점을 얻기 위해서는 한 단어를 외우더라도 품사, 파생어, 용법을 함께 암기해야 한다.
예를 들어, announce와 notify를 똑같이 '알리다'라고 외워두면 두 단어가 같이 선택지로 나
오는 어휘 문제는 풀 수 없다. notify 뒤에는 사람만이 목적어로 나온다는 사실을 꼭 알아 두어
야 한다.

단계별 문법 학습 전략
(1) 문장의 구조를 결정하는 5형식 동사와 품사별 문장 성분 역할과 문법을 학습한다.
(2) 구와 절을 연결하여 문장을 확장시켜주는 전치사와 접속사의 역할을 학습한다.
(3) 동사의 시제와 태, 가정법, 분사 구문 등의 다소 까다로운 문법 지식을 습득한다.

PART 5 문제 유형별 문제 풀이 접근법

1. 어형 문제

아래 문제처럼 한 단어의 네 가지 형태가 선택지로 나오는 문제를 어형 문제 또는 자리 찾기 문제라고 한다. 어형 문제는 빈칸이 [주어, 동사, 목적어, 보어, 수식어] 중에 어떤 자리인지를 파악해서 선택지 중 알맞은 품사나 형태를 고르는 문제이다.

Billy's Auto Repair has ------- with 15 different parts suppliers.

(A) contracting   (B) contracts

(C) contractor   (D) contract

빈칸은 이 문장의 목적어 자리로 명사가 들어갈 자리인데 명사가 보기에 (B), (C), (D) 이렇게 세개나 나와 있다. 이런 문제들은 자리만 찾는 것으로 끝나지 않고 한 단계 더 나아가 명사의 특성을 알고 있어야 풀 수 있는 문제이다. 한정사 없이 가산 단수 명사는 쓸 수 없으므로 복수명사 (B)가 답이 되는 문제이다.

2. 어휘 문제

아래 문제처럼 같은 품사의 네 가지 다른 단어가 선택지로 나오는 문제를 어휘 문제라고 한다. 한 어휘 문제는 최소한 빈칸 주변을 해석해야만 풀 수 있고, 어려운 문제의 경우에는 가산/불가산 명사의 구분, 자/타동사의 구분과 같은 문법 사항까지 같이 포함되어 출제되기도 한다.

I have enclosed a copy of my résumé for your ------- and look forward to hearing from you soon.

(A) explanation   (B) participation

(C) reference   (D) consideration

빈칸은 전치사 for의 목적어 자리에 어떤 명사 어휘를 넣으면 가장 자연스러운지를 고르는 문제인데 '당신의 고려를 위해 제 이력서를 첨부합니다' 정도는 해석해야만 정답 (D)를 고를 수 있는 문제로 어형 문제보다는 훨씬 난이도가 높다.

3. 문법 문제

아래 문제처럼 종속접속사, 등위접속사, 전치사, 부사 등이 선택지에 같이 나오는 문제를 문법 문제라고 한다. 문법 문제는 그 문장의 구조를 파악하여 구와 절을 구분하고 절이라면 여러 가지 절 중 어떤 절인지를 파악해야 하는 어려운 문제들로 대부분 해석까지도 필요하다.

We need more employees on the production line ------- production has increased by 60 percent.

(A) although   (B) since

(C) because of   (D) so

빈칸은 전치사 두 개의 절을 연결하는 종속 접속사자리이다. 전치사인 (C)와 등위접속사인 (D)는 답이 될 수 없고, 접속사 (A)와 (B) 중에서 '생산이 증가했기 때문에 추가직원을 고용해야 한다' 는 의미에 맞는 (B)를 답으로 고르는 문제이다.

OVERVIEW

PART 6은 4문항의 문제가 있는 4개의 지문이 나와 총 16문항이 출제된다. 각각의 빈칸에 가장 적합한 단어나 구, 그리고 문장을 고르는 문제로 PART 5와 PART 7을 접목한 형태로 볼 수 있다.

문제 유형

어형 문제 | 빈칸의 자리를 파악하여 선택지 중 알맞은 품사나 형태를 고르는 문제
어휘 문제 | 같은 품사의 네 개 어휘 중 정확한 용례를 파악하여 알맞은 단어를 고르는 문제
문법 문제 | 문장의 구조를 파악하여 구와 절을 구분하여 접속사나 전치사, 부사를 고르는 문제
문장 고르기 문제 | 앞뒤 문맥을 파악하여 네 개의 문장 중에 알맞은 문장을 고르는 문제

지문 유형

편지·이메일/기사/공지/지시문/광고/회람/설명서/발표문/정보문 등

출제 포인트

- 앞뒤 문맥을 통해 시제를 결정하는 문제의 출제 비중이 높다. 시제를 묻는 문제는 Part 5에서는 시간 부사구로 결정하지만, Part 6에서는 맥락으로 파악해야 한다.
- 두 문장을 자연스럽게 이어주는 접속부사를 선택하는 문제가 많이 출제된다.
- 맥락상으로 파악해야 하는 대명사의 인칭 일치 문제, 수 일치 문제가 출제된다.
- 어휘는 그 문장만 보고는 문제를 풀 수 없고 앞뒤 문맥을 파악하여 고르는 문제가 출제된다.

PART 6 이렇게 대비하자!

- Part 5처럼 단순히 어형이나 문법을 묻는 문제도 출제되지만, 전체적인 내용이나 앞뒤 문장 내용과 연결되는 어휘나 시제, 접속부사를 묻는 문제들이 주로 출제된다는 것에 유의한다.
- 문맥상 적절한 문장 고르기는 문제는 빈칸 앞뒤 문장의 대명사나 연결어 등을 확인하고 상관관계를 파악한다.
- 지문의 길이가 짧기 때문에 전체 내용을 파악하는 데 많은 시간이 걸리지 않으므로 정독해서 읽으면 오히려 더 쉽게 해결할 수 있다.

PART 6 문제 유형별 문제 풀이 접근법

Questions 143-146 refer to the following article.

Jakarta, INDONESIA (5 June) - An Indonesian steelmaker, Irwan Steel Company, announced that it had named Maghfirah Baldraf its new Chief Operating Officer of the Java Division effective 1 September. His 30 years of experience in the ------- made him the obvious choice for the position.
143.
Baldraf majored in metal engineering at the National University of Indonesia. After graduation, he then ------- his career in the quality control department at Putirai Metal. 15 years ago, he joined
144.
Irwan Steel Company. -------. Baldraf will go to Java to oversee the daily operations of Irwan Steel
145.
Company ------- its inauguration on September 1.
146.

1. 어휘 문제

Part 5 어휘 문제와는 달리 그 한 문장만 봐서는 여러 개가 답이 될 수 있을 것 같은 선택지들이 나온다. 따라서 Part 6의 어휘 문제는 앞뒤 문맥을 정확히 파악하여 답을 골라야 한다.

143.	(A) license	(B) industry	(C) outset	(D) program

이 문제에서는 '그 산업 분야에서의 30년 경력 때문에 그가 그 자리에 확실한 선택이었다'라는 의미를 파악해서 (B)를 골라야 한다

2. 어형 문제

한 단어의 네 가지 형태가 나오는 문제를 어형 문제 또는 자리 찾기 문제라고 한다. Part 5와 마찬가지 방법으로 풀면 되지만, 동사 시제 문제는 문맥을 파악하는 까다로운 문제로 출제된다.

144.	(A) started	(B) had started	(C) was starting	(D) will start

이 문제는 동사의 시제를 고르는 문제로 문맥상 이 사람이 처음으로 직장 생활을 시작한 것을 이야기하고 있으므로 과거시제인 (A)가 답이 되며, then도 힌트가 될 수 있다.

3. 문장 고르기 문제

Part 6에서 가장 어려운 문제로 전체적인 문맥을 파악하고, 접속부사나, 시제 등을 종합적으로 봐야 답을 고를 수 있다.

145.	(A) The company also has a division in Singapore.
	(B) He has been interested in engineering since he was young.
	(C) Most recently, he has served as Vice President of Development of Irwan Steel Company.
	(D) As soon as Baldraf is appointed, the company will go through a major restructuring.

이 문제에서는 대학교 졸업 후부터 이 사람의 경력을 나열하고 있으므로 (C)가 답이 된다.

4. 문법 문제

문법 문제는 보통 문장의 구조를 파악하여 구와 절을 구분하는 문제이다.

146.	(A) by the time	(B) as soon as	(C) when	(D) after

이 문제에서는 빈칸 뒤에 명사구가 있으므로 명사를 목적어로 취하는 전치사가 답이 되어야 하는데 보기 중에 전치사로 쓰일 수 있는 것이 (D)뿐이다.

OVERVIEW

지문을 읽고 그에 해당하는 질문에 알맞은 답을 고르는 문제이다. 지문은 문자 메시지와 온라인 채팅과 같은 문자 대화문부터 신문 기사나 웹사이트 페이지까지 그 종류가 다양하며, 그 형태도 1개의 지문으로 된 단일 지문, 2개의 지문으로 된 이중 지문, 3개의 지문으로 이루어진 삼중 지문 문제로 구분할 수 있다. 단일 지문 29문항, 이중 지문 10문항, 삼중 지문 15문항씩 총 54문항이 출제된다.

문제 유형

단일 지문(10개) | 이메일, 편지, 문자 메시지, 온라인 채팅, 광고, 기사,
양식, 회람, 공지, 웹페이지 등

이중 지문(2개) | 이메일–이메일, 기사–이메일, 웹페이지–이메일,
웹페이지(광고)–웹페이지(사용 후기)

삼중 지문(3개) | 다양한 세 지문들의 조합

출제 포인트

- 지문과 문제의 길이가 점점 길어지고 있다. 지문과 선택지를 일일이 대조할 필요가 있는 사실 확인 문제 유형의 비중을 늘려서 난이도를 조절하기도 한다.
- 유추 문제의 비중이 증가하고 있다. 지문에 나와 있는 정보를 토대로 알 수 있는 사실 확인 및 유추 문제가 많이 등장하고 있다.
- 동의어 문제가 매회 1~4문제의 출제 비율을 유지하고 있다.

PART 7 이렇게 대비하자!

- Part 7은 지문과 문항 수가 증가했고, 글의 흐름 파악이 더 중요해졌기 때문에 빠르고 정확한 독해력이 필요하다. 어휘력을 쌓고 문장의 구조를 파악하는 훈련을 통해 독해력을 뒷받침하는 기본기를 다져야 한다.
- 문자 메시지나 온라인 채팅은 난이도가 비교적 높지 않다. 그러나 구어체적 표현이 많이 나오고 문자 그대로의 사전적인 의미가 아닌 문맥상 그 안에 담겨 있는 숨은 뜻을 찾는 화자 의도 파악 문제가 꼭 출제되기 때문에 평소 구어체 표현을 숙지하고 대화의 흐름을 파악하는 연습을 한다.
- 질문의 키워드를 찾고 질문이 요구하는 핵심 정보를 본문에서 신속하게 찾아내는 연습이 필요하다.
- 본문에서 찾아낸 정답 정보는 선택지에서 다른 표현으로 제시되므로 같은 의미를 여러 가지 다른 표현들(paraphrased expressions)로 전달하는 연습이 필요하다.

PART 7 문제 풀이 접근법

1. 지문 순서대로 풀지 말자.

Part 7은 처음부터 또는 마지막부터 순서대로 풀지 않아도 된다. 15개의 지문 중에서 당연히 쉬운 것부터 먼저 풀고 어려운 문제는 시간이 남으면 푼다는 마음으로 풀어야 한다. 다음과 같은 순서로 문제를 풀어 보도록 한다.

첫 3개 지문 (147번~152번)

▼

광고, 온라인 채팅, 양식(청구서, 주문서, 초대장 등), 웹페이지

▼

이메일, 편지, 회람, 공지

▼

첫 번째 이중 지문, 첫 번째 삼중 지문,

▼

기사, 두 번째 이중 지문, 나머지 삼중 지문

2. 패러프레이징(Paraphrasing)된 정답을 찾는 것이 핵심이다.

같은 어휘는 절대 반복되지 않는다. 정답은 지문에 나온 표현을 다른 말로 바꿔 나온다.

> • **지문에서 나오는 표현** National Museum is located just minutes from Oxford Street Station in Richmont's shopping district. 국립 박물관은 Richmont의 쇼핑가에 있는 Oxford Street 역에서 단 몇 분 거리에 있다.
>
> • **문제** What is suggested about the Morlen Museum? 국립 박물관에 관하여 암시되는 것은?
>
> • **정답** It is conveniently located. 편리한 곳에 위치해 있다.

3. 지문 내용에 기반하여 정답을 찾는다.

정답은 반드시 지문 내용에 기반하여 사실인 것만 고른다. 절대 '그럴 것 같다, 그렇겠지'라고 상상하여 답을 고르면 안된다. Part 7 문제 유형 중에는 추론해야 하는 문제들이 많이 나오기는 하지만 아무리 추론 문제이더라도 지문에 있는 근거 문장을 패러프레이징한 보기를 찾는 문제일 뿐이다. 추론 이상의 상상은 금물이다.

4. 문제를 먼저 읽고 키워드를 파악하자!

지문 유형 확인 ▶ 문제의 핵심어 확인 ▶ 지문 읽기 ▶ 문제 풀이

• 주제나 목적, 대상을 묻는 문제는 대개 지문의 첫머리에 단서가 제시되므로 도입부 내용을 잘 확인하여 이 내용을 포괄할 수 있는 선택지를 고른다.

• 세부 사항, 사실 확인 문제의 경우 핵심 단어 및 표현에 집중하여 질문에서 키워드를 파악하고 관련 내용이 언급된 부분을 지문에서 찾아 문제를 해결한다.

• 동의어 문제에서는 해당 단어의 대표적인 의미를 무작정 선택하는 것이 아니라 반드시 문맥상 어떤 의미로 쓰였는지 확인하여 정답을 찾는다.

명사

• 동사는 그 의미에 따라 완전한 내용을 전달하기 위해 목적어나 보어를 취한다. 문장의 형식은 목적어나 보어에 따라 결정되며, 명사는 주어, 타동사나 전치사의 목적어, 보어 역할을 한다.

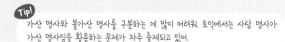

Tip!
가산 명사와 불가산 명사를 구분하는 게 많이 어려워. 토익에서는 사람 명사가 가산 명사임을 활용하는 문제가 자주 출제되고 있어.

기본 개념 이해하기

1. 문장의 형식과 명사의 자리

1형식: 주어(명사) + 동사

The company's **profits** have been declining recently. 그 회사의 수익이 최근 들어 하락하는 중이다.

2형식: 주어(명사) + 동사 + 주격 보어(명사)

Mr. Lee became the new Chief Executive **Officer** of the company. Mr. Lee는 그 회사의 새로운 최고경영자가 되었다.

3형식: 주어(명사) + 동사 + 목적어(명사)

The manager made a **presentation** on the safety regulations. 매니저는 안전규정에 대한 발표를 했다.

4형식: 주어(명사) + 동사 + 간접목적어(명사) + 직접목적어(명사)

The new advertisement will bring the **company** better **results**. 새 광고는 회사에게 더 좋은 결과를 가져다 줄 것이다.

5형식: 주어(명사) + 동사 + 목적어(명사) + 목적격 보어(명사)

A special lunch menu made our **restaurant** a famous **attraction**. 특별 점심 메뉴는 우리 식당을 명소로 만들어 주었다.

• **4형식 동사:** give, hand, lend, offer, bring, grant, award, send 등 '무엇을 주다'라는 기본 의미를 가진 4형식 동사 뒤에는 간접목적어('누구에게')와 직접목적어('무엇을')에 해당하는 명사가 온다.

• **5형식 동사:** 4형식 문장의 간접목적어와 직접목적어는 서로 다른 대상을 나타내지만, 5형식의 목적어와 목적격 보어는 동일한 대상을 나타내며 목적격 보어 자리에는 명사 또는 형용사가 올 수 있다.

2. 명사의 종류와 한정어

명사는 보통 관사 등의 한정사나 형용사 등의 수식어와 결합된 구 형태로 쓰인다.

	가산 명사 단수형	가산 명사 복수형	불가산 명사
불특정 명사	an employee	(무관사) employees	(무관사) information
	one employee	some / any employees	some / any information
특정 명사	the / this / your employee	the / these / your employees	the / this / your information

• **명사의 특정성과 수:** 명사는 특정 대상 지칭 여부나 단수/복수에 따라 관사, 소유격, 수량형용사와 같은 한정사를 통해 표시한다.

• **불특정 명사:** 정해지지 않은 '새로운' 대상을 가리킬 때 가산 명사 단수형 앞에 a/an을 쓴다.

가산 명사 복수형과 불가산 명사는 앞에 a/an을 쓸 수 없고, 관사 없이 단독으로 쓰거나 some, any 등의 수량형용사와 함께 자주 쓰인다.

• **특정 명사:** '서로 알고 있는' 정해진(definite) 대상은 가산 명사의 단수형이나 복수형, 불가산 명사 앞에 the를 쓴다. 지시형용사(this, these)나 소유격(your, his, her) 등도 명사의 대상을 구체화시킨다.

 **핵심 문제 유형**

문장의 구조상 빈칸이 명사 자리일 때, 선택지에 하나 또는 두 개 이상의 명사가 제시된다. 주어, 목적어, 보어 역할을 하는 명사 자리를 파악한 후 명사의 종류(가산 명사/불가산 명사)를 고려해서 문맥상 알맞은 명사를 선택해야 하는 문제가 출제된다.

1. 명사의 형태와 역할

Q1 관사·소유격 + (형용사) + [명사 vs. 다른 품사]

BRT, Inc. has shown an unwavering **[commitment / committed]** to its product quality. [1]

Hex-Corp's high sales resulted from its recent **[initiative / initialize]** to improve customer service. [2]

>> 출제 포인트 ❶ 명사는 그 앞에 의미를 한정시켜 주는 관사, 소유격, 형용사의 수식을 받는다.

❷ 명사형 어미: -tion, -sion, -ness, -ity, -ance, -ence, -ment, -sis, -th, -sm 등으로 끝나는 단어는 대부분 명사이다.

addition	추가	extension	연장	competitiveness	경쟁력
productivity	생산성	preference	선호	payment	납부
analysis	분석	growth	성장	enthusiasm	열의

❸ -al, -ive 등과 같이 형용사형 어미를 지닌 명사나 -ing로 끝나는 명사 등에 주의해야 한다.

-al	approval	승인	appraisal	평가
	disposal	처분	proposal	제안
	removal	제거	rental	대여 휑 대여의
	renewal	갱신	original	원본 휑 원본의
	withdrawal	인출	potential	잠재력 휑 잠재적인
	referral	추천	individual	개인 휑 개인적인
	arrival	도착	professional	전문가 휑 전문적인
-tive	initiative	계획	objective	목적 휑 객관적인
	perspective	관점	executive	중역 휑 중역의
	alternative	대안(책) 휑 대안의	adhesive	접착제 휑 접착성의
	representative	대표자 휑 대표하는		
-ing	planning	계획 수립	marketing	마케팅
	accounting	회계	spending	지출
	funding	자금[재정] 지원	understanding	이해
	dining	식사	boarding	탑승
	opening	공석, 개막, 개업	housing	주택
	training	훈련	widening	확장
기타	remainder	나머지	characteristic	특성
	architect	건축가	assembly	조립
	critic	비평가	delegate	대표자

check

1. Mr. Yang will review my **[proposal / proposed]** carefully before making a decision.

2. We would like to express our appreciation for your **[understand / understanding]** during the construction.

Q2 [형용사 vs. 부사] + 명사와 동사의 형태가 동일한 단어

The owner of the Blue Oak Restaurant was pleased to receive **[positive / positively]** reviews in the local newspaper. [1]

Please make sure you **[thorough / thoroughly]** check the inventory list. [2]

>> **출제 포인트** ❶ 명사와 동사의 형태가 동일한 단어들이 문장에서 어떤 품사로 쓰였는지 파악할 수 있어야 이와 관련된 문법(형용사나 부사 선택, 대명사나 관계대명사의 격 선택 등) 문제를 해결할 수 있다.

access	접근, 이용; 접근하다, 이용하다	manufacture	제조; 제조하다
check	점검; 점검하다	order	주문; 주문하다
contract	계약; 계약하다	purchase	구매; 구매하다
delegate	대표자; 위임하다	research	연구; 연구하다
document	문서; 기록하다	stay	체류; 머물다
feature	특징; 특징으로 하다	volunteer	자원봉사자, 자원자; 지원하다
increase	증가; 증가하다	charge	요금; 청구하다
offer	제안; 제안하다	decline	감소; 감소하다
plan	계획; 계획하다	discount	할인; 할인하다
refund	환불; 환불하다	experience	경험; 겪다
review	검토; 검토하다	gain	증가; 얻다
visit	방문; 방문하다	need	필요, 요구; 필요로 하다
work	일; 일하다	outline	개요; 개요를 설명하다
change	변경; 변경하다	record	기록; 기록하다
damage	손상; 손상시키다	request	요청; 요청하다
demand	수요, 요구; 요구하다	support	지원; 지원하다
estimate	견적서; 추정하다	wish	바람, 의도; 원하다, 바라다
function	기능, 행사; 기능하다		

Q3 주어 역할: [명사 vs. 다른 품사] + 동사

[Entries / Enter] for the art contest must be submitted by the end of the month. [1]

목적어 역할: 타동사 + [명사 vs. 다른 품사]

There is an instruction manual that describes the **[operation / operational]** of the plant's assembly machine. [2]

>> 출제 포인트 ❶ 명사는 주어, 타동사나 전치사의 목적어, 보어 역할을 한다.

❷ 명사는 타동사와 전치사의 목적어 역할을 한다. 또한, 타동사 to부정사나 동명사의 뒤에서 목적어로 사용된다.

- **전치사의 목적어**

  Delivery was delayed as a result **of confusion** about the recipient's address.
  수취인의 주소에 관한 혼동으로 인해 배송이 늦어졌다.

- **to부정사의 목적어**

  The interviewers expect you **to give** details of your work experience.
  면접관들은 당신이 업무 경력의 상세 정보를 주기를 기대한다.

- **동명사의 목적어**

  The lecturers can be contacted directly by **calling the numbers** provided.
  제공된 번호로 전화하면 강사들에게 직접 연락을 취할 수 있다.

+check

1. [Construct/ Construction] of the new Pinewood train station will begin in early December.

2. In [respond / response] to your teller job posting, I have sent a résumé to HR.

3. By placing a heavy [emphasis / emphasize] on fast delivery, Poco has become an industry leader.

2. 가산 명사와 불가산 명사

Q4 a/an + [가산 명사 단수형 vs. 복수형]

The management at Redmond Chemicals attributed a 20 percent **[increase / increases]** in productivity to the newly installed equipment. [1]

무관사 + [가산 명사 단수형 vs. 복수형]

[Applicant / Applicants] for the researcher position should apply in person. [2]

>> 출제 포인트 ❶ 가산 명사는 셀 수 있는 명사이므로 앞에 부정관사 a/an, 소유격, 수량형용사 등의 한정사와 함께 쓰거나 복수형으로 써야 한다. 따라서 선택지에 가산 명사의 단수와 복수가 제시되고 그 앞에 한정사가 없다면, 반드시 복수형이 답이 되어야 한다는 점에 유의한다.

☑ **명사의 종류와 관사**

- a/an + 가산 명사 단수형
- 무관사 + 가산 명사 복수형/불가산 명사
- the + 가산 명사 단수형/가산 명사 복수형/불가산 명사

☑ **빈출 가산 명사**

사람	representative	대표자, 대리인	official	공무원
	applicant	지원자	attendant	참석자
	employee	직원	critic	비평가
금융·돈	discount	할인	bonus	보너스
	sale	할인	salary	급여
	refund	환불	account	계좌
	price	가격	cost	비용
	rate	요금	profit	이익
주로 복수형	specifics	세부사항	standards	기준
	proceeds	수익	procedures	절차
	funds	기금	measures	조치
	regulations	규정	belongings	소지품
	precautions	예방 조치	goods	상품
	instructions	지시 사항	valuables	귀중품
	guidelines	지침	earnings	수익
기타	increase	증가	decision	결정
	reduction	감소	benefit	혜택
	change	변화	reservation	예약
	place	장소	arrangement	준비(계획)
	request	요청(사항)	resource	자원
	complaint	불만(사항)		

❷ 불가산 명사는 셀 수 없는 명사이므로 그 앞에 단수를 나타내는 부정관사 a/an이 올 수 없고, 뒤에 -(e)s를 붙여 복수형으로도 쓸 수 없다.

☑ 빈출 불가산 명사

information	정보	knowledge	지식	news	뉴스
advice	충고	access	접근	money	돈
cash	현금	approval	승인	consent	허가
assistance	보조	potential	잠재력	equipment	장비
merchandise	상품	baggage	수하물	luggage	수하물
clothing	의류	furniture	가구	stationery	문구류

+ check

1. [Refund / Refunds] for defective products will be processed within three business days.

2. The interviewers will ask for [detail / information] about your work experience to see if you are eligible for the position.

3. 명사 어휘

Q5 [사람 명사 vs. 사물 명사]

Of the 12 candidates Mr. Hopkins interviewed last week, Julia Sarawati is the most qualified [applicant / application] for the sales management position. [1]

무관사 + [사람 명사 단수형 vs. 사물 명사]

The annual career fair will offer numerous resources for people seeking [employee / employment]. [2]

>> 출제 포인트 ❶ 명사 자리 문제에 한 어근에서 파생된 사람 명사와 사물 명사가 보기로 제시되면, 해석을 통해 문맥에 어울리는 명사를 선택해야 한다.

❷ 해석상 사람 명사와 사물 명사의 구분이 어려운 경우, 사람 명사는 가산 명사이지만, 사물 명사는 가산 명사도 있고 불가산 명사도 있다는 점에 유의한다. 즉, 사람 명사는 가산 명사이므로 단수일 때 반드시 관사와 함께 쓰거나 복수형으로 써야 한다는 점에 착안하여 문제를 푼다.

✅ 동일 어근 사람 명사와 사물·추상 명사

사람 명사		사물·추상 명사	
accountant	회계사	accounting	회계
		account	계좌
assistant	보조자	assistance	도움
applicant	지원자	application	지원(서)
architect	건축가	architecture	건축학
attendee	참석자	attendance	참석(자 수)
authority	권위자, 당국	authority	권한
		authorization	승인
commuter	통근자	commuting	통근
consultant	자문위원	consulting	자문
contributor	공헌자, 기고지	contribution	공헌, 기고
competitor	경쟁자, 경쟁 업체	competition	경쟁
correspondent	통신원, 기자	correspondence	서신, 왕래
delegate	대표자	delegation	대표단, 위임
distributor	배급 업자	distribution	분배
employee	직원	employment	고용
employer	고용주		
facilitator	협력자	facilitation	편리화
financier	자본가	finance	재정
founder	설립자	foundation	설립
investigator	조사관	investigation	조사
instructor	강사	instruction	지시사항
investor	투자자	investment	투자
journalist	언론인	journal	학술지, 신문
manufacturer	제조업자, 제조사	manufacture	제조
producer	생산자, 생산 업체	productivity	생산성
		production	제작
		product	제품
		produce	농산물
professional	전문가	professionalism	전문성
		profession	직업
resident	거주자	residence	주거, 주택
retailer	소매상인[업체]	retail	소매
rival	경쟁자	rivalry	경쟁
sponsor	후원자, 후원 업체	sponsoring	협찬
successor	후임자	success	성공
		succession	계승
supervisor	상사	supervision	감독
supplier	공급자, 공급 회사	supply	공급

+ check

1. Workers must report to their immediate [**supervision / supervisors**] after completing a task.

2. All of our tax specialists have graduate degrees in [**accountant / accounting**].

Q6 의미가 비슷한 [가산 명사 vs. 불가산 명사]

The CEO has approved a **[plan / planning]** to offer free professional development courses. [1]

>> 출제 포인트　비슷한 의미의 명사들이 함께 제시되어 해석으로 판단하기 어려운 경우, 한정어의 유무나 종류를 통해 가산 명사 자리인지 불가산 명사 자리인지를 파악한다.

✓ 의미가 비슷한 가산 명사와 불가산 명사

가산 명사		불가산 명사	
alternative	대안(책)	alternation	교대
approach	접근 방식	access	접근, 이용
certificate	증명서, 자격증	certification	증명
description	설명	information	정보
detail	세부 사항		
estimate	견적서	estimation	견적
guide	안내인[서]	guidance	안내
permit	허가증	permission	허가
potentiality	잠재력	potential	잠재력
product	상품	merchandise	상품
survey	조사	research	연구

✓ 의미에 따라 달라지는 가산 명사와 불가산 명사

가산 명사		불가산 명사	
business	회사	business	사업
room	방	room	공간
work	작품	work	일
purchase	구매품	purchase	구매 행위
establishment	설립한 회사	establishment	설립 행위

✓ 동일 어근 가산 명사와 불가산 명사

가산 명사		-ing형 불가산 명사	
account	계좌	accounting	회계
advertisement	광고	advertising	광고업
clothes	옷, 의류	clothing	옷, 의류
diner	식사하는 사람, 간이식당	dining	식사
fund	자금	funding	자금[재정]지원
house	집	housing	주택
market	시장	marketing	마케팅
plan	계획	planning	계획 수립
process	과정, 절차	processing	처리
ticket	티켓	ticketing	티켓 발급
trainer	훈련시키는 사람	training	훈련
screen	스크린	screening	검열
seat	좌석	seating	좌석 배치
writer	작가	writing	글쓰기

189

✅ 빈출 -ing형 명사

가산 명사		불가산 명사	
opening	공석, 개막, 개업	boarding	탑승
		restructuring	구조 조정
		spending	지출
		understanding	이해
		catering	음식 납품
		pricing	가격 책정
		staffing	직원 채용

+ check

1. [Approach / Access] to this facility is not permitted unless you hold an authorized pass.

2. A recent [survey / research] has shown that the number of employees using the company's fitness center has decreased dramatically over the past six months.

3. The advertising conference will recognize those who have demonstrated innovation in [market / marketing] and design.

4. Any questions about obtaining a [certificate / certification] to be a welder should be directed to Cindy Wong.

Q7 복합 명사: 명사 + [분사 vs. 명사]

Since the new manager started working, employee [producing / productivity] has significantly increased. [1]

>> 출제 포인트 ❶ 두 개 이상의 명사가 「명사 + 명사」 형태로 하나의 단어처럼 쓰이는 것을 복합 명사라 한다. 복합 명사의 가산/불가산, 단수/복수 여부는 마지막 명사에 따라 결정된다. 따라서 복합 명사의 복수형은 마지막 명사가 가산 명사인 경우 그 명사에 -(e)s를 붙여 표현한다.

❷ 복합 명사의 첫 번째나 두 번째 자리에 명사의 수식어인 형용사나 분사가 아닌 명사를 넣어 복합 명사를 완성하는 문제가 출제된다. 따라서 시험에 자주 출제되는 복합 명사들을 하나의 단어처럼 익혀 두어야 한다.

✅ 기출 복합 명사

account information/number	계좌 정보/번호
application form	신청 양식
attendance record	출석 기록
awards ceremony	시상식
boarding pass	탑승권
business expansion strategy/plan	사업 확장 전략/계획
clearance sale	재고 정리 할인 판매
contingency plan	비상 대책
customer service/satisfaction/complaint	고객 서비스/만족/불평
earnings growth	수익 성장
electronics company	전자 회사
employee productivity/performance	직원 생산성/실적
enrollment/entrance fee	등록비/입장료
expiration date	만기일
information packet	자료집
growth/interest/exchange rate	성장률/이자율/환율
job opening/performance/description/fair	공석/업무 성과/업무 설명/취업 박람회
keynote speaker/address	기조 연사/연설
maintenance work	정비 작업
meal/food/hiring preference	식사/음식/고용 선호
office supplies	사무용품
parking structure	주차 건물
performance evaluation	직무 평가
product availability/description/manual	제품 입수 가능성/설명/설명서
production schedule/facility/plant/line	생산 일정/시설/공장/라인
reference[recommendation] letter	추천서
replacement product	대체품
retirement celebration	은퇴식
safety regulations/standards/guidelines/ precautions/procedures/equipment	안전 수칙/기준/지침/예방책/절차/장비
sales division/promotion/figure	판매 부서/촉진/매출액
savings account	예금 계좌
submission deadline	제출 마감일
training session	교육 시간
tourist attraction	관광 명소
travel arrangement/expenses	여행 준비/경비
water usage	물 사용(량)

+ check

1. For complete details on the [**trainable** / **training**] session, check our website.

2. Please complete the questionnaire about our customer [**served** / **service**] to receive a free gift.

Practice

1. A careful ------- of the consumer survey data suggests that customers are reducing their spending following the recent economic crisis.

(A) evaluative
(B) evaluate
(C) evaluated
(D) evaluation

2. ------- of the HR Department Include recruiting new employees and communicating the organization's goals.

(A) Priority
(B) Prioritizing
(C) Priorities
(D) Prioritized

3. The customers who received damaged products must contact the ------- directly to get a product replacement or a refund.

(A) manufacture
(B) manufactured
(C) manufacturer
(D) manufactures

4. ------- will receive a convention schedule and two meal vouchers.

(A) Participant
(B) Participation
(C) Participate
(D) Participants

5. Inbound and outbound flights at the Roseville Airport are often delayed as a result of ------- on its runways.

(A) congests
(B) congested
(C) congestion
(D) congestive

6. When sending an -------, you should enclose a detailed cover letter and two letters of reference.

(A) applying
(B) applicant
(C) application
(D) apply

7. The new design of the car model under development was shown to only a few executives of Verman Motors in order to ensure -------.

(A) confide
(B) confident
(C) confidential
(D) confidentiality

8. Recognized for his extensive research in the field, Dr. Henry Park is the world's leading ------- in genetic engineering.

(A) authorization
(B) authorized
(C) authority
(D) authoritatively

9. 고난도 Marlinson Solution has been experiencing considerable growth in the online marketplace, and is seeking additional ------- in this field.

(A) assistant
(B) assist
(C) assisted
(D) assistance

10. According to the new policy, all interoffice ------- will be delivered to each department's mail box rather than to each employee.

(A) correspondent
(B) corresponds
(C) correspondence
(D) corresponding

11. Sales representatives of Tyler Medical Equipment are encouraged to subscribe to multiple clinical ------- to become knowledgeable about new medical appliances.

(A) journals
(B) journalism
(C) journalists
(D) journaling

12. Parents who have children under the age 고난도 of six are advised to use ------- when they allow their children to watch TV.

(A) cautious
(B) cautiously
(C) cautioned
(D) caution

13. The Sales Department still has several outstanding ------- related to the Enco project, whose profits have been decreasing consistently.

(A) expends
(B) expense
(C) expended
(D) expenses

14. The official ------- of the new airport at South Port will take place in the presence of the city mayor.

(A) open
(B) openness
(C) opened
(D) opening

15. The ------- of Colonial Drive from two lanes 고난도 to four lanes will take six months.

(A) width
(B) wide
(C) widest
(D) widening

16. Please visit the Ministry of Transportation website to review the requirements before applying for a ------- or license.

(A) permit
(B) permission
(C) permitted
(D) permitting

17. As part of its business expansion -------, ST Apparel will begin selling men's and women's formal clothing.

(A) strategize
(B) strategic
(C) strategy
(D) strategically

18. It is very unfortunate that there have been 고난도 ------- about the inappropriate behavior of our sales representatives.

(A) complaining
(B) complained
(C) complaint
(D) complaints

19. If the package has already been opened or has been damaged by the carrier, refuse ------- of the package and the item will be sent back for exchange.

(A) receive
(B) receiving
(C) receipt
(D) recipient

20. It is our company's policy to offer ------- 고난도 of up to 10 percent to every new customer when they visit a new branch.

(A) discount
(B) discounted
(C) discounter
(D) discounts

Questions 21-24 refer to the following memo.

To: Zenetech employees
From: The security team
Date: September 12
Subject: New system

All employees should be aware of a change to the security policy regarding entry to the office.

-------, your ID badges allowed access to our building. However, starting September 20,
   21.

fingerprint scanners ------- at every entrance. Therefore, staff members will no longer be able
                        22.

to use their badges to enter the building. Next week, you will be asked to come to the security

office to get your fingerprints scanned. Once the department managers have sent their staff's

available hours, a ------- of the scheduled times will be sent to employees. -------. If you have
                   23.   **24.**

any questions regarding the policy, please call one of our security officers.

21. (A) Finally
(B) Accordingly
(C) Previously
(D) Consequently

22. (A) installed
(B) will be installed
(C) installs
(D) have been installed

23. (A) notify
(B) notification
(C) notified
(D) notifying

24. (A) There is a fee to replace your ID
badges.
(B) This project must still be approved by
the board.
(C) The scanning process should not take
more than five minutes.
(D) This maintenance work is performed
once a week.

Questions 25-26 refer to the following text message chain.

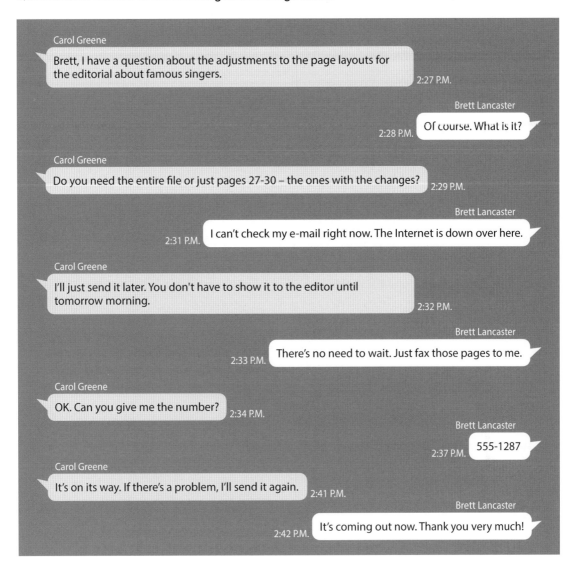

Carol Greene
Brett, I have a question about the adjustments to the page layouts for the editorial about famous singers.
2:27 P.M.

Brett Lancaster
2:28 P.M. Of course. What is it?

Carol Greene
Do you need the entire file or just pages 27-30 – the ones with the changes?
2:29 P.M.

Brett Lancaster
2:31 P.M. I can't check my e-mail right now. The Internet is down over here.

Carol Greene
I'll just send it later. You don't have to show it to the editor until tomorrow morning.
2:32 P.M.

Brett Lancaster
2:33 P.M. There's no need to wait. Just fax those pages to me.

Carol Greene
OK. Can you give me the number?
2:34 P.M.

Brett Lancaster
2:37 P.M. 555-1287

Carol Greene
It's on its way. If there's a problem, I'll send it again.
2:41 P.M.

Brett Lancaster
2:42 P.M. It's coming out now. Thank you very much!

PART 5·6·7 UNIT 01

25. Who most likely is Ms. Greene?

(A) A concert organizer
(B) A computer programmer
(C) A real estate agent
(D) A graphic designer

26. At 2:33 P.M., what does Mr. Lancaster mean when he writes, "There's no need to wait"?

(A) He prefers not to postpone a meeting.
(B) He does not want to wait for a phone call.
(C) He would like to get a document right away.
(D) He wants to know about a schedule change.

To: Alan Turner <aturner@variant.com>
From: Juliet Miao <julietm@variant.com>
Date: May 17
Subject: Brief note

Dear Mr. Turner,

I am pleased that you selected me to participate in this summer's leadership training retreat for management positions at Variant Electric. Working as an on-site engineer has been a fantastic experience, and I hope that I will be chosen for a management role when the training is complete.

However, I do have one issue: I am taking a five-week evening class entitled *Organizational Responsibility through Teamwork*, which concludes on Tuesday, June 21. Since the retreat begins on Monday, June 20, I would have to miss the first two days. Is it okay for me to arrive at the retreat on Wednesday morning? I feel that this class will help me become a more effective manager, and I sincerely hope that I can still take part in the training.

Thank you for your time.

Sincerely,

Juliet Miao

To: Juliet Miao <julietm@variant.com>
From: Alan Turner <aturner@variant.com>
Date: May 17
Subject: Re: Brief Note

Dear Ms. Miao,

I appreciate you reaching out to me. Your class certainly sounds like it will be helpful in upper-level positions. I'm happy to report that due to our current staffing needs, Human Resources has scheduled two week-long training sessions instead of just one. The June 21 training will be followed by one beginning June 28. This should resolve any scheduling issue you might have had.

Once both training retreats have concluded, we will determine which candidates will move forward into the formal interview stage for leadership positions. Those decisions will be made by July 31 and selected candidates will be promoted on August 15.

Please contact my assistant at extension 512 to finalize your schedule.

Sincerely,

Alan Turner

27. What is a purpose of the first e-mail?

(A) To announce the completion of a management class
(B) To ask for scheduling flexibility from a university
(C) To accept an invitation for a training session
(D) To confirm that a certification has been received

28. What is indicated about the *Organizational Responsibility through Teamwork* class?

(A) It is related to the job of a manager.
(B) It is offered online for full-time employees.
(C) It is instructed by Mr. Turner.
(D) It is required for obtaining a diploma.

29. How long is a single training period?

(A) One week
(B) Two weeks
(C) One month
(D) Two months

30. When will Ms. Miao most likely participate in a Variant Electric gathering?

(A) On June 20
(B) On June 21
(C) On June 28
(D) On July 31

31. According to the second e-mail, what will happen on August 15?

(A) Some employees will have new roles.
(B) Managers will attend a business conference.
(C) A new leadership class will begin.
(D) A training workshop will end.

대명사

• 대명사는 앞에 나온 명사의 반복을 피하기 위해 대신 쓰는 품사로 명사와 마찬가지로 주어, 목적어, 보어 역할을 한다. 가리키는 대상에 따라 인칭대명사, 재귀대명사, 지시대명사, 부정대명사가 있다.

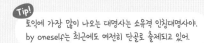

Tip!
토익에 가장 많이 나오는 대명사는 소유격 인칭대명사야.
by oneself는 최근에도 여전히 단골로 출제되고 있어.

🧠 기본 개념 이해하기

1. 인칭대명사의 격과 수

앞에 나온 사람·사물 명사를 대신하여 쓰는 인칭대명사는 문장에서 어떠한 성분으로 쓰이는지에 따라 격을 결정한 후, 대신하는 명사의 수나 성과 일치시켜야 한다.

2. 소유격과 소유대명사

소유격	my	your	his	her	its	our	your	their
소유대명사	mine	yours	his	hers	없음	ours	yours	theirs

• 소유격은 '~의'라는 뜻이고, 소유대명사는 '~의 것(= 소유격 + 명사)'이라는 의미이다. it은 소유대명사가 없다.

3. 목적격과 재귀대명사

목적격	me	you	him	her	it	us	you	them
재귀대명사	myself	yourself	himself	herself	itself	ourselves	yourselves	themselves

• 「목적격 인칭대명사 + -self/-selves」 형태로, 목적어가 주어와 의미상으로 동일한 대상을 나타낼 때 '~자신'이라는 의미를 가진 재귀대명사를 쓴다. 목적어가 주어와 동일하지 않은 대상을 의미할 때는 목적격 인칭대명사를 쓴다.

4. 지시대명사

특정 사람이나 사물을 지칭하는 대명사인 지시대명사에는 this, that, these, those가 있으며 that과 those는 뒤에 수식어(전치사 of + 명사/관계대명사)를 동반할 수 있다.

5. 부정대명사

수량을 나타내는 형용사 one, some/any, many/much, all, most, each 등은 뒤에 「of the 명사」를 수반하여 불특정한 사람이나 사물 전체 중 일부('하나', '일부', '다수·다량', '모두', '대부분', '각각')를 가리킨다.

인칭대명사의 소유격과 목적어 자리에 올 수 있는 목적격, 재귀대명사, 소유대명사의 구분에 대한 출제 비중이 가장 높다. 수식 어구의 수식을 받는 지시대명사 those와 다양한 부정대명사 관련 문제가 고난도 문제로 출제된다.

1. 인칭대명사

Q1 [주격 vs. 재귀대명사] + 동사

Once Ms. Lane booked Mr. Kim's flight, **[she / herself]** sent him the travel itinerary. [1]

[소유격 vs. 목적격] + (부사) + (형용사) + 명사

James Lennon decided to stay in Europe to collaborate with a famous writer for **[his / him]** next novel. [2]

[소유격 vs. 재귀대명사] + own + 명사

With 20 years' experience in an Italian restaurant, Jason has finally opened **[his / himself]** own restaurant. [3]

[주격 vs. 소유격] + 동사와 명사 형태가 동일한 단어

Mr. Lin asked when the design would be ready for **[he / his]** review. [4]

>> **출제 포인트** **❶** 주격은 주어 자리에 온다.

❷ 소유격('~의')은 명사 앞에 오며, 그 앞에 관사나 한정사가 올 수 없다. 소유격과 함께 쓰는 own은 형용사('자신의')와, 대명사('~의 것')로 소유격을 강조한다.

one's own + 명사 = 명사 + of one's own	~자신의 명사
on one's own = by oneself	혼자서

❸ 소유대명사('~의 것')는 「소유격 + 명사」를 대신하므로, 뒤에 명사가 올 수 없다는 점에서 소유격과 구별된다.

❹ 빈칸 뒤에 동사와 명사 형태가 동일한 단어가 제시된 후, 인칭대명사의 주격과 소유격을 선택하는 유형의 문제가 자주 출제된다. 따라서 인칭대명사의 격을 선택할 때는 빈칸 뒤의 단어가 문장 내에서 어떤 품사로 쓰였는지에 특히 유의해야 한다.

Q2　타동사 + [목적격 vs. 소유격]

If your order is defective, you can send **[us / our]** the product within a week of receiving it. [1]

전치사 + [목적격 vs. 소유격]

Ms. Schmitt and her colleagues requested the deadline to be extended, but the manager wants to talk with **[them / their]** first. [2]

[소유대명사 vs. 목적격]

Although Ben submitted his proposal much later than Jane, the manager chose his idea instead of **[hers / her]**. [3]

>> 출제 포인트　❶ 목적격은 타동사나 전치사의 목적어 자리에 온다.

　　　　　　　❷ 소유대명사는 격변화 없이 주어, 목적어, 보어 자리에 모두 올 수 있다.

2. 재귀대명사

Q3　재귀 용법: [재귀대명사 vs. 목적격 대명사]

During the presentation, Mr. Brown proved **[himself / him]** to be knowledgeable. [1]

강조 용법: 타동사 + 목적어 + [재귀대명사 vs. 목적격 대명사]

The architect oversaw the construction of the building **[himself / him]** to make sure that it would be completed by the end of July. [2]

관용 용법 - 혼자서: by [재귀대명사 vs. 목적격 대명사]

Ms. Anais will be attending the senior management workshop by **[herself / her]** as Mr. Conrad is currently on vacation. [3]

>> 출제 포인트　❶ 재귀 용법('자기 자신'): 주어와 목적어가 동일한 대상을 의미할 때 목적어 자리에 재귀대명사를 쓰며, 이때 재귀대명사는 생략할 수 없다. 목적어 자리에 쓰이는 목적격과 재귀대명사의 구분에 유의해야 한다.

> 의미상 주어 = 목적어 ⋯▸ 재귀대명사
> 의미상 주어 ≠ 목적어 ⋯▸ 목적격 대명사

❷ 강조 용법('~가 직접'): 주어나 목적어를 강조하기 위해, 강조하는 말 바로 뒤나 문장 끝에 재귀대명사를 쓴다. 이때 재귀대명사는 문장 성립의 필수 요소가 아니므로 부사처럼 생략할 수 있다.

❸ 관용 표현

| by oneself(= on one's own) | 혼자서 | of itself | 저절로 |
| for oneself | 혼자 힘으로 | in itself | 그 자체로 |

3. 지시대명사

Q4

[that vs. those] of

TPR, Inc.'s current sales figures are remarkably similar to [that / those] of last year.[1]

[anyone vs. those] who + 복수 동사

Once all applications are reviewed, [anyone / those] who are qualified will be contacted for an interview.[2]

>> **출제 포인트**　❶ **that / those**: 주로 비교하는 문장에서, 뒤에 수식어구를 동반하여 앞에 나온 명사를 대신할 때 지시대명사 that / those를 쓴다. 이때, 앞에 나온 단수 명사를 대신하면 that('~의 것'), 복수 명사를 대신하면 those('~의 것들')를 쓴다.

❷ 지시대명사 those가 사람들(people)의 의미로 쓰일 때 관계대명사 who, 분사구, 전치사구 등의 수식을 받는다. 이때 those는 복수 동사로, anyone / everyone은 단수 동사로 수를 일치시키는 점에 유의한다.

that of / those of 참고 it / them / this of ✘	~의 것 / 것들
those who + 복수 동사 those + V-ing / p.p. / 전치사구	~한 사람들
anyone / everyone who + 단수 동사 anyone / everyone + V-ing / p.p. / 전치사구 참고 they / them / themselves / these + who / V-ing / p.p. / 전치사구 ✘	~한 사람은 어느 누구나

➕ Check

1. We at Istanbul Dissiz Hospital make our best effort to meet with patients at [they / their] booked times.

2. Library members are requested not to shelve items [theirs / themselves].

3. We need help contacting artists and arranging for [themselves / them] to donate work.

4. Ms. Park has proven [her / herself] to be a loyal and innovative member of the R&D team.

PART 5·6·7 UNIT 02

4. 부정대명사

Q5 [many vs. every] + of the + 복수 명사

[Many / Every] of the managers found your suggestion very useful and decided to implement it next month. [1]

[neither vs. most] + of the + 가산 복수 명사 + 단수 동사

Unfortunately, **[neither / most]** of the two venues has the capacity to hold the anniversary party. [2]

[few vs. little] + 동사

Of the interns who worked during summer, **[few / little]** received better evaluations than Mr. Lee in the Accounting Department. [3]

[any vs. none]

We cannot order more strawberries because our local supplier has **[any / none]** in stock. [4]

>> **출제 포인트** ❶ 「부정대명사 + of + the/소유격 + 명사」 형태로 특정 명사의 일부나 전체를 나타낸다. 이때, of 뒤에 오는 명사는 이미 정해져 있는 대상에 해당하므로, 그 앞에 the나 소유격 등의 한정사가 반드시 있어야 한다.

부정대명사	of the/소유격 + 명사의 종류와 수	동사의 수
both 둘 다	few 거의 없음	fewer 더 적음	a few 약간	several 여럿	many 많음	of the/소유격 + 가산 명사 복수	복수 동사
little 거의 없음	a little 약간	much 많음	of the/소유격 + 불가산 명사	단수 동사
one 하나	each 각각	either (둘 중) 하나	neither (둘 중) 어느 것도 아니다	of the/소유격 + 가산 명사 복수	단수 동사
half 반	some 몇몇	any 몇몇	most 대부분	all 모두	none 어느 것(누구)도 아니다	of the/소유격 + 가산 명사 복수	복수 동사
	of the/소유격 + 불가산 명사	단수 동사

참고 every/everyone/everybody/everything of the + 명사 ✕

❷ 부정대명사가 단독으로 주어, 목적어로 쓰일 수 있다. 알맞은 부정대명사 선택 문제는 문맥과 가리키는 명사의 단수/복수를 고려하여 결정한다.

☑ 부정대명사의 종류

단수 또는 복수	all	most	some	any	none	
항상 복수	both	many	(a) few	ones	others	several
항상 단수	each either	much neither	(a) little	one	the other	another

- 부정대명사는 복수 명사를 대신하면 복수, 단수 명사나 불가산 명사를 대신하면 단수 취급한다.
- all, most, some, any, none은 복수 명사 또는 불가산 명사를 대신한다. no one은 단수 명사를 대신한다.

Q6 [other vs. the others] + 동사

Of the conference attendees, some preferred morning classes, but **[other / the others]** preferred evening classes. [1]

[other vs. one another]

Employees should work collaboratively with **[other / one another]** in the office. [2]

>> **출제 포인트**

부정형용사		부정대명사	
another + 가산 명사 단수	또 다른 하나의	another	(이미 언급한 것 이외의) 또 다른 하나
other + 가산 명사 복수/불가산 명사	다른	the other	(정해진 수 중에서) 나머지 하나
		the others	(정해진 수 중에서) 나머지 전부
		others	(특정되지 않은 막연한) 다른 것들/사람들
		each other	(둘 사이에) 서로
		one another	(셋 이상에서) 서로

❶ 부정대명사 another 와 the other는 단수, the others 와 others는 복수를 의미한다.

❷ other는 부정형용사이므로 반드시 뒤에 가산 명사 복수나 불가산 명사와 함께 써야 한다. 즉, 부정형용사 other는 뒤에 명사 없이 단독으로 주어나 목적어 자리에 쓸 수 없다.

❸ 부정대명사 each other / one another는 타동사나 전치사의 목적어로 쓰이며, 주어로는 쓰지 못한다.

1. Langan's has been voted the best Latin American restaurant, and its chef has been praised for ------- unique recipes.

   (A) himself
   (B) his
   (C) him
   (D) he

2. ------- who is interested in joining the biochemistry study should email Ms. Hall at Glen Medical Hospital.

   (A) Anyone
   (B) Yourself
   (C) One another
   (D) Those

3. Before taking the highway, please make sure that ------- of the passengers fasten their seatbelts.

   (A) every
   (B) all
   (C) each
   (D) one

4. After Mr. Marshall completes the annual earnings report next week, ------- will be sent to Mr. Byeon for the meeting.

   (A) itself
   (B) other
   (C) it
   (D) them

5. Visa applicants can complete the form by ------- without depending on travel agents or others to perform this task.

   (A) they
   (B) them
   (C) themselves
   (D) their

6. Discover for ------- why London's reputation as a theater town is known all over the world.

   (A) yourself
   (B) myself
   (C) itself
   (D) themselves

7. The new accounting program will allow ------- to process payroll much faster and more efficiently.

   (A) yourself
   (B) your
   (C) yours
   (D) you

8. ------- who have worked for more than five years in the International Trade Department are eligible for positions abroad.

   (A) Anyone
   (B) They
   (C) Every
   (D) Those

9. Although many tourists who come to Hasselhoff Point go on guided tours of the town, ------- simply want to relax at the beach.

   (A) another
   (B) anyone
   (C) other
   (D) some

10. New employees are encouraged to refer to ------- company manuals to learn about the company regulations.

    (A) theirs
    (B) their
    (C) them
    (D) they

11. Most senior managers approved of the plan for the head office's relocation, although ------- expressed concerns about the expenses.

(A) one
(B) one another
(C) each other
(D) other

12. If you are interested in this position, please call us to get directions to ------- conveniently located office.

(A) our
(B) ourselves
(C) ours
(D) us

13. Klamore Tech employees should seek assistance from the maintenance manager instead of removing items from the equipment closet -------.

(A) themselves
(B) their own
(C) them
(D) their

14. Since its acquisition of Gallagher Autos, Mando Automobile has become ------- of the largest auto-component manufacturers in the world.

(A) some
(B) one
(C) this
(D) more

15. Through his hard work and dedication to 고난도 his research, Mr. Trilby has shown ------- to be a valuable asset to SLS Biotex.

(A) he
(B) him
(C) himself
(D) his

16. Invitations to the fundraising party were 고난도 sent to all 20 city council members, but ------- will be able to attend.

(A) little
(B) few
(C) whoever
(D) so

17. After ------- review the performance evaluations of all the interns, managers of each department will decide who will be offered the permanent position.

(A) their
(B) themselves
(C) they
(D) them

18. Although the initial cost of installing them 고난도 on the roof was large, the solar panels have already paid for -------.

(A) its
(B) itself
(C) their
(D) themselves

19. For ------- with dietary restrictions, 고난도 Aringston Airline provides special in-flight meals if requests are made in advance.

(A) those
(B) them
(C) whose
(D) which

20. ------- of the conference participants was 고난도 given an information packet that provides schedules and summaries of each presentation.

(A) Most
(B) All
(C) Every
(D) Each

Questions 21-24 refer to the following e-mail.

From: bradhouser@ellieassociates.com
To: s_davis@tcshsecurity.com
Date: April 27
Subject: Appreciation

Dear Ms. Davis,

I am writing to thank you for ------- our office on Tuesday. Your security presentation -------.
                              21.   **22.**
Our management, in particular, appreciated the time you took to carefully explain how the new

servers work and how to keep our network safe.

In July, some employees from another branch will be relocating here. Would ------- be open to
                                                                          23.
returning to give another demonstration then? -------. I look forward to hearing from you soon.
                                              24.

Best regards,

Brad Houser

---

21. (A) calling
    (B) moving
    (C) opening
    (D) visiting

22. (A) informs
    (B) will be informative
    (C) had informed
    (D) was informative

23. (A) theirs
    (B) you
    (C) they
    (D) yours

24. (A) Your feedback in the recent survey was
고난도   much appreciated.
    (B) We invite all managers to attend the
        opening of the new branch.
    (C) The staff here follows all security rules
        strictly.
    (D) Our new members would definitely find
        it useful.

June 28

John Mansfield
Greenway Marching Band
3143 Witmer Road
Brooklyn, New York 11201

Dear Mr. Mansfield,

Congratulations! The Organizing Committee has selected your marching band to perform in the Brooklyn Winter Parade. The festivities will start at 3:00 P.M. on Sunday, January 13. Please inform your musicians to come to the convention center by 2:00 P.M. Performers will first meet near the north entrance of the convention center and then proceed east on Main Street, past City Square, and toward the Jonas Bridge. The celebrations will conclude at Norwood Park, where there will be a shuttle service available to go back to the convention center.

We are all excited to see you perform at the parade!

Sincerely,

Joe Simmons

Joe Simmons
Event Coordinator

PART 5·6·7 UNIT 02

25. Who most likely is Mr. Mansfield?

(A) A shuttle bus driver
(B) A parade organizer
(C) A band leader
(D) A convention center worker

26. Where will the parade begin?

(A) At the convention center
(B) In Norwood Park
(C) At the City Square
(D) Under the Jonas Bridge

Teich Arena to Hold Final CSF Event

Teich Arena has been closed for remodeling, but it will be done in time to hold the final round of the CSF Hockey Championship in Wien this December. While this renovation has been planned for several years, the chance to bring the championship here was a big motivation for finally getting it underway. Government officials confirm that construction is going according to plan, and they anticipate everything will be done well before the championship event.

Although Teich Arena is a regional landmark, it has never hosted a CSF event before and the arena's directors are pleased to host the final competition this year. The momentous event will be the public's first chance to see the completed renovations. Planners anticipate that the event will pull in thousands of hockey fans, and that Teich Arena will meet everybody's expectations. Teich Arena will comfortably hold 23,500 people, three times as many as before.

CSF Hockey Championship Quarterfinal Rounds			
England vs. Germany 4 December, 5 P.M., Toplitzbach Stadium, Salzburg	Austria vs. Italy 4 December, 8:30 P.M., Kulm Center, Graz	Sweden vs. France 5 December, 5 P.M., Haslach Center, Linz	Netherlands vs. Spain 5 December, 8:30 P.M., Oberalm Stadium, Wien
CSF Hockey Championship Semifinal Rounds			
Winning teams of 4 December games 8 December, 5:00 P.M., Kulm Center, Graz		Winning teams of December 5 games 8 December, 8:30 P.M., Haslach Center, Linz	

Final Round
Winning teams from 8 December
11 December, 5:30 P.M., Teich Arena, Wien
IMPORTANT: Be aware that seats for the final round will sell out quickly, so reserve yours before the semifinal rounds are decided. Only ticketholders will be permitted entry. No refunds.

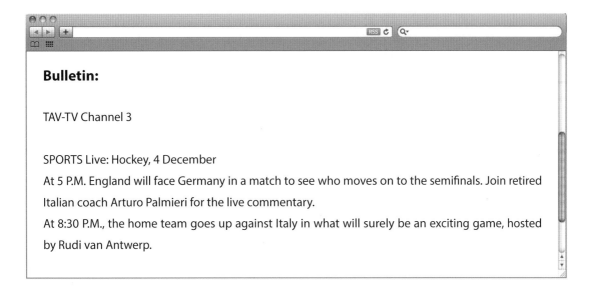

Bulletin:

TAV-TV Channel 3

SPORTS Live: Hockey, 4 December

At 5 P.M. England will face Germany in a match to see who moves on to the semifinals. Join retired Italian coach Arturo Palmieri for the live commentary.

At 8:30 P.M., the home team goes up against Italy in what will surely be an exciting game, hosted by Rudi van Antwerp.

27. In the article, the word "meet" in paragraph 2, line 10, is closest in meaning to

(A) contact
(B) greet
(C) satisfy
(D) join

28. What will be changed about Teich Arena?

(A) The seating capacity
(B) The parking availability
(C) The directors
(D) The admission fees

29. When will the first game be held at a new host venue?

(A) On December 4
(B) On December 5
(C) On December 8
(D) On December11

30. In the schedule, what are people advised to do?

(A) Arrive at a venue early
(B) Reserve seats right after the semifinal rounds end
(C) Ask for a refund before an event
(D) Purchase seats for a certain game as early as possible

31. Where will Mr. Palmieri report from?

(A) Salzburg
(B) Graz
(C) Linz
(D) Wien

형용사

- 형용사는 명사 앞에서 대상이나 수, 특성 등을 나타내는 수식어 역할을 하거나 2형식 동사 뒤나 5형식의 목적어 뒤에서 주어나 목적어의 상태를 설명해 주는 보어 역할을 한다.

토익은 뒤에 오는 명사의 단수 / 복수를 결정하는 형용사 each, every, various 문제를 좋아해.
목적격 보어 자리에 오는 형용사를 고르는 고난도 문제도 자주 등장하고 있어!

기본 개념 이해하기

1. [관사/소유격/지시형용사/수량형용사] + [특성 및 상태 형용사] + 명사

a, an, the, your, this, these, etc. ···› 관사/소유격/지시형용사	
some, any, many, much, a few, a little, one, two, etc. ···› 수량형용사	+ 명사
informative, spacious, etc. ···› 특성 및 상태를 나타내는 형용사	

- 형용사들이 나열될 때 특성이나 상태를 나타내는 형용사는 한정사 뒤에 위치한다.

  Authorized managers have access to this information. [형용사 + 명사]
  인가를 받은 매니저들은 이 정보에 접근할 수 있다.

  A few authorized managers have access to this information. [수량형용사 + 형용사 + 명사]
  인가를 받은 몇몇 매니저들은 이 정보에 접근할 수 있다.

  The authorized managers have access to this information. [관사 + 형용사 + 명사]
  인가를 받은 그 매니저들은 이 정보에 접근할 수 있다.

2. 2형식 동사 + 주격 보어

be, become, look, remain, stay, seem, appear, prove	+ 형용사(주격 보어)

- 주어를 설명하는 역할을 하는 주격 보어 자리에 형용사가 온다.

  Most items in this catalog are **available** at no additional cost.
  이 카탈로그에 있는 대부분의 물품들은 추가 비용을 들이지 않고 이용할 수 있다.

  cf be, become + 명사(주어=주격 보어): be, become 뒷부분이 주어와 동일한 의미를 나타내는 경우 명사가 주격 보어로 올 수 있다. 그러나 토익 시험에서는 거의 형용사 보어를 고르는 문제만 출제된다.

  The firm has quickly become **a threat** to its competitors.
  그 회사는 금세 경쟁사들에게 위협이 되었다.

3. 5형식 동사 + 목적어 + 목적격 보어

make, find, leave, consider, keep	+ 명사(목적어) + 형용사(목적격 보어)

- 목적어를 설명하는 역할을 하는 목적격 보어 자리에 형용사가 온다.

  Many customers found the new website **user-friendly**.
  많은 고객들이 새로운 웹사이트가 사용하기 쉽다고 생각했다.

  cf consider, name, call, elect + 목적어 + 명사(목적어=목적격 보어): 5형식 동사의 목적어 뒷부분이 목적어와 동일한 의미를 나타내는 경우 명사가 목적격 보어로 올 수 있다.

  They elected him to be **the temporary captain** of their company.
  그들은 그를 회사의 임시 수장으로 선출했다.

명사 수식이나 보어 역할을 하는 형용사 자리를 묻는 문제와 명사의 수를 한정하는 수량형용사 관련 고난도 문제가 출제된다.

1. 형용사의 형태와 역할

Q1 **[형용사 vs. 다른 품사] + 명사**

The award is intended to recognize workers who provide **[exceptional / exceptionally]** service to customers. [1]

According to Tersla's **[recent / recently]** announcement, it will release a new product. [2]

This handbook was written to help new employees resolve technical problems in a **[timely / time]** fashion. [3]

명사 + [형용사 vs. 명사]

Ms. Leman is the technician **[responsible / responsibility]** for upgrading the company server. [4]

>> **출제 포인트** ❶ 형용사의 형태

☑ **-al, -ive, -ant(-ent), -able, -ful, -less, -ous, -ic로 끝나는 단어는 대개 형용사**

exceptional	뛰어난	managerial	관리의
innovative	혁신적인	significant	중요한, 상당한
sufficient	충분한	affordable	(가격이) 알맞은, 저렴한
successful	성공적인	useless	쓸모없는
previous	사전의	strategic	전략적인

☑ **분사형 형용사**

-ing로 끝나는 형용사		-ed로 끝나는 형용사	
challenging	어려운	accomplished	뛰어난
demanding	힘든	complicated	복잡한
existing	기존의	customized	맞춤형의
leading	선도적인	detailed	상세한
outstanding	두드러진	experienced	노련한
rewarding	보람 있는	qualified	자격을 갖춘

☑ **유의해야 할 형태의 형용사 「명사 + -ly」**

hourly	매시간의	weekly	매주의	monthly	매달의
quarterly	매 분기마다의	yearly	매년의	timely	시기적절한
costly	비싼	orderly	질서 정연한	friendly	친절한

❷ 형용사가 명사 앞에서 수식할 때 「관사/소유격 + (부사) + 형용사 + 명사」의 어순을 취한다.

Prices on all FOS cameras were lowered in response to a sales promotion by **a leading competitor**.
한 주요 경쟁업체의 판촉 활동에 대한 대응으로 모든 FOS 카메라의 가격이 인하되었다.

❸ 주로 -able/-ible로 끝나는 형용사가 전치사구나 to부정사 등의 수식어구와 함께 쓰여 길어질 때, 명사를 뒤에서 수식한다.

The abundance of quality electronics **available in stores or online** makes it difficult to make quick purchase decisions.
상점이나 온라인에서 양질의 전자제품이 넘쳐나는 것이 빠른 구입 결정을 어렵게 만든다.

Q2 **2형식 동사 + [형용사 vs. 명사]**

The market for slim laptops has recently become very **[competitive / competition]**.[1]

5형식 동사 + 명사 + [형용사 vs. 부사]

Many users have found the new software quite **[beneficial / beneficially]**.[2]

>> 출제 포인트 형용사는 주어의 상태를 설명하는 주격 보어와 목적어의 상태를 설명하는 목적격 보어로 쓰인다.

❶ 2형식 동사의 주격 보어로 주어의 성격이나 상태를 나타내는 형용사가 주로 출제된다. 하지만, 주어와 동일한 인물이나 사물을 나타낼 경우에는 주격 보어로 명사를 쓴다.

☑ **주격 보어를 취하는 2형식 동사**

be ~이다	seem, appear ~인 듯하다	+ 주격 보어(주로 형용사)
become ~되다	look ~처럼 보이다	
remain, stay 여전히 ~이다	prove ~임이 판명되다	

❷ 5형식 동사의 목적격 보어로 목적어의 성격이나 상태를 나타내는 형용사가 주로 출제된다. 하지만, 목적어와 동일한 인물이나 사물을 나타낼 경우엔 목적격 보어로 명사를 쓴다.

☑ **목적격 보어를 취하는 5형식 동사**

make ~하게 하다	consider ~라고 여기다	+ 목적어 + 목적격 보어(주로 형용사)
find ~라고 여기다, 생각하다	keep 계속 ~하게 하다, 유지하다	
leave ~인 채로 두다		

➕ check

1. The exhibit will be **[available / availability]** to the public on August 15.

2. These frames are designed to keep interior temperatures **[comfortably / comfortable]**.

2. 수량형용사

Q3 [every vs. all] + 가산 명사 단수

Once a month, managers from **[every / all]** branch meet at the head office. [1]

various + [가산 명사 단수 vs. 가산 명사 복수]

In order to minimize risk, investors should maintain a diverse portfolio by putting their money in various industry **[investment / investments]**. [2]

[many vs. much] + 불가산 명사

Campaigns to reduce fuel consumption have not had **[many / much]** impact on the public. [3]

[another vs. other] + 가산 명사 복수

The exceptional service at Cape Motors sets the company apart from **[another / other]** competitors. [4]

[another vs. other] + 불가산 명사

[Another / Other] information, including store driving directions, can be found online. [5]

≫ 출제 포인트 ❶ 수량형용사는 수식하는 명사의 종류와 수를 결정한다.

☑ 수량형용사 뒤에 오는 명사의 종류와 수

a(n), one, a single 하나의 either 둘 중 하나의	each 각각의 neither 둘 중 하나도 아닌	every 모든 another 또 하나의	+ 가산 명사 단수
a few, several 몇몇의 many, numerous 많은 a (wide) variety of 다양한 each of the ~중 각각	fewer 더 적은 a number of 많은 a range[selection] of 다양한 one of the ~중 하나	few 거의 없는 both 둘 다의 various 다양한	+ 가산 명사 복수
a little 약간의 a large amount of 많은	less 더 적은 a great deal of 많은	little 거의 없는 much 많은	+ 불가산 명사
some 몇몇의 a lot of, lots of 많은	most 대부분의 plenty of 많은	other 다른	+ 가산 명사 복수 + 불가산 명사
any 어느 ~든지, 모두	no 어떤 ~도 없는		+ 가산 명사 단수/복수 + 불가산 명사

❷ every와 another는 뒤에 둘 이상의 수와 함께 하면 복수 명사와 쓰인다.

every + 둘 이상의 수 + 복수 명사	~마다	every two years 2년마다
another + 둘 이상의 수 + 복수 명사	~더	another four books 책 4권 더

Q4 [all vs. whole] + the + 가산 명사 복수

To avoid more issues, we need to keep **[all / whole]** the sales representatives regularly informed of customer feedback. [1]

[all vs. any] + 가산 명사 단수

The warranty states that the manufacturer will repair **[all / any]** product that is defective. [2]

>> 출제 포인트 ❶ single/entire/whole은 한정사와 함께 쓰여야 하며, 가산 명사 단수를 동반한다. all은 한정사 앞에 위치할 수 있으며, 가산 명사의 복수나 불가산 명사와 쓰인다.

> • 한정사 + single/entire/whole + 가산 명사 단수
> • all/both/half + 한정사 + 가산 명사 복수/불가산 명사

❷ any/the/소유격/no 뒤에 오는 명사는 수의 제약을 받지 않으므로, 그 뒤에는 가산 명사 단수, 가산 명사 복수, 불가산 명사가 모두 올 수 있다.

1. The committee consists of staff from various **[departments / department]** of the company.

2. **[All / Whole]** business suites are fully furnished and have wireless internet.

3. 혼동하기 쉬운 형용사

Q5 Please be **[considerate / considerable]** of others, and dispose of all garbage in marked trash bins. [1]

Our customers' personal details are kept strictly **[confidential / confident]**. [2]

>> 출제 포인트

형태가 유사하나 의미가 완전히 다른 형용사들이 보기에 제시된 후, 문맥상 알맞은 형용사를 선택하는 문제가 출제된다.

✔ 유사한 형태의 형용사

Tip!
'완료된'의 의미인 형용사 complete은 명사 앞에 사용 안 해!

argumentative	논쟁을 좋아하는	arguable	논란의 여지가 있는
considerate	사려 깊은	considerable	상당한
confident	확신하는	confidential	기밀의
complete	완전한, 완료된	completed	완료된, 작성된
complimentary	무료의, 칭찬하는	complementary	보충의
comprehensive	종합적인, 포괄적인	comprehensible	이해할 수 있는
extensive	광범위한	extended	연장된
favorite	가장 좋아하는	favorable	우호적인
forgetful	잘 잊어버리는	forgettable	쉽게 잊혀지는
impressive	인상적인	impressed	감명받은
informative	유익한	informed	잘 아는
managerial	관리의	manageable	처리하기 쉬운
persuasive	(주장이) 설득력 있는	persuadable	(사람이) 설득되는
reliable	신뢰할 만한	reliant	의존하는
respective	각각의	respectful	공손한
responsible	책임 있는	responsive	반응하는
sensitive	민감한	sensible	분별 있는
successful	성공적인, 합격한	successive	연속적인
various	다양한	variable	변동이 심한
weekly	매주의	weeklong	일주일간 지속되는

 check

1. No one could predict how **[successful / successive]** the restaurant would become.

2. Successful candidates for this job must have **[reliable / reliant]** transportation and a driver's license.

Practice

1. Next month, Ms. Reston will release the ------- findings from her research on employee productivity.
   (A) initial
   (B) initially
   (C) initiative
   (D) initiate

2. ------- participant found the two-day workshop very informative despite its hectic schedule.
   (A) Several
   (B) Every
   (C) Single
   (D) All

3. Before construction of the facility can start, the ------- permit applications must be approved.
   (A) relevant
   (B) relevantly
   (C) relevance
   (D) relevancies

4. Overseas travel is likely to become more ------- as many airlines are planning to increase fares by up to 15 percent.
   (A) expensive
   (B) expense
   (C) expenses
   (D) expensively

5. The Barkin Brands quarterly meeting went smoothly thanks to the collaboration of the ------- departments involved.
   (A) various
   (B) variety
   (C) variation
   (D) variable

6. 고난도 The president called a special meeting to discuss Sargon Motors' ------- need to recall its XW2000 models due to their engine defects.
   (A) urgency
   (B) urgent
   (C) urgently
   (D) urgencies

7. Keep in mind that discounted items are not ------- under any circumstances.
   (A) refund
   (B) refunding
   (C) refundable
   (D) refunds

8. All the team members are required to brief their supervisors on the progress of their work ------- three weeks.
   (A) some
   (B) several
   (C) every
   (D) most

9. Hotels in Grandview must abide by all ------- health guidelines.
   (A) local
   (B) locals
   (C) locally
   (D) localize

10. The crowd took a break during the intermission and came back to their seats in an ------- manner.
    (A) order
    (B) orders
    (C) ordering
    (D) orderly

11. Human Resources plans to provide a revised employee handbook which will be especially ------- for recently hired employees.

(A) using
(B) use
(C) user
(D) useful

12. During the performance, the audience is not allowed to use ------- electronic recording equipment.

(A) any
(B) another
(C) one
(D) many

13. Of all the interviewees, Mr. Hernandez has the most ------- background in telecommunications business operations.

(A) impressive
(B) impressed
(C) impresses
(D) impressively

14. Mr. Jacob will be ------- to attend the 고난도 supervisor meeting tomorrow morning due to a flight cancellation.

(A) doubtful
(B) impossible
(C) unable
(D) remote

15. The recently implemented software made it ------- to process the large amount of customer information in a relatively short time.

(A) possible
(B) possibility
(C) possibly
(D) possibilities

16. ------- employee working late in the office 고난도 must remember to lock the door before leaving.

(A) Several
(B) Others
(C) Any
(D) Few

17. The editor-in-chief revised the article as the language in it was too -------.

(A) repetitive
(B) repeating
(C) repetition
(D) repetitively

18. The advertising consultant suggested hiring local celebrities since it has turned out to be an ------- marketing strategy.

(A) effectively
(B) effectiveness
(C) effect
(D) effective

19. If you have any ideas during the 고난도 brainstorming session, do not be afraid to shout them out, no matter how ------- they may seem.

(A) ridicule
(B) ridiculous
(C) ridiculously
(D) to ridicule

20. South Palm Hospital has a ------- range of 고난도 positions available for volunteers to match their skills and working hours.

(A) various
(B) several
(C) wide
(D) prolonged

Questions 21-24 refer to the following letter.

Ms. Stephanie Marx
Washington Industries
598 Central Avenue NW
Montreal, QC H3Z 2Y1

Dear Ms. Marx,

We are happy to hear of your interest in Fast Step Flooring. Our flooring products are simply the

best, and we are certain you will be pleased with what we have to offer.

In busy offices such as yours, floors take a beating. Given such ------- abuse, your flooring has
                   21.

to be tough enough to last for several years and still look good.

To ------- these needs, Fast Step Flooring has created our patented Ten-Year line of flooring. In
  22.

fact, the Ten-Year line is built to be the strongest flooring possible. And as the name tells you,

this line ------- to last at least 10 years and still look as good as it did on day one. -------.
    23.   **24.**

To obtain a free estimate, call us today at 514-639-1000!

Sincerely,

Stanley Friedman
Fast Step Flooring

21. (A) constant
 (B) constantly
 (C) constable
 (D) constancy

22. (A) prevent
고난도 (B) address
 (C) improve
 (D) research

23. (A) will be guaranteeing
고난도 (B) will guarantee
 (C) is guaranteed
 (D) was guaranteed

24. (A) This flooring will easily last half a
   decade or more.
 (B) Let us send someone to look at your
   home for a small fee.
 (C) Thank you for installing our special line
   of flooring in your kitchen.
 (D) If you're unsatisfied for any reason,
   we'll refund your money.

Questions 25-27 refer to the following advertisement.

For Sale
Silver Tepco Pride Van

Fuel economy: 9 litres/100km on the highway. 15 litres/100 km in city streets. 30 percent more efficient than its market competitors, according to www.yearlycarsummary.co.uk. 35,000 kilometers (mostly highway)

Features: Built-in surround sound speakers, remote entry system, GPS navigation, power windows, tire pressure indicator, accident avoidance system, convertible roof, and heated seats.

Ask price: £13,000 or best offer

Other details: 1 year left on the manufacturer's warranty. Went through regular maintenance at a local auto shop. Has always been owned by the same person. Used regularly as a taxi. Must be sold within this month due to owner's move abroad.

If you are interested in seeing or test driving the van, please email Ronald Floyd at ronfloyd@vizmail.co.uk to arrange a meeting.

25. What is indicated about the Tepco Pride Van?

(A) It uses more fuel than its competition.
(B) It is the fastest of its kind.
(C) Its price is negotiable.
(D) Its warranty is no longer valid.

26. Which is NOT mentioned as a feature of the Tepco Pride Van?

(A) A signal that monitors tire pressure
(B) A system that warms seats
(C) A rearview camera
(D) An audio system

27. What is true about Mr. Floyd?

(A) He has only used the van as a personal vehicle.
(B) He works as an auto-mechanic.
(C) He will be out of the country until this month.
(D) He purchased his van new.

To	Song Myung <msong@himail.co.uk>
From	Peter Barlow <pbarlow@harzok.co.uk>
Date	20 February
Subject	Open house
Attachment	schedule.doc

Good morning Mr. Myung,

I received your e-mail about next month's recruitment session. The registration, which is done through our website, unfortunately closed on 10 February. However, when I emailed the schedule to the registered participants last week, one of them replied saying that he would not be able to attend. This means that I can add you to our list of participants.

Please find attached the schedule for Thursday. You stated in your e-mail that you cannot arrive until 9:30 A.M. That should be fine. I will leave your visitor badge at the reception desk, along with a meal voucher for lunch. After picking them up, please go to room 221.

You indicated that you already have experience in Harzok's line of work, which is great. Please confirm your attendance by replying to this e-mail. Thank you.

Regards,

Peter Barlow
Director of Human Resources

Recruitment Information Session
Harzok Medical Insurance Headquarters
2244 Blackdown Road, London
8:30 A.M. - 11:30 A.M., Thursday, 1 March

8:30-9:30 A.M. (Room 212)
Introduction to Harzok - First, there will be a short presentation about our company, and you will learn about the various career opportunities we offer. Then, we will give you a tour of the headquarters' offices so that you get an idea of the work environment here.

9:30-10:30 A.M. (Room 221)
Meet the Team - Talk to members of the Harzok family in a casual, relaxed setting. Experienced staff including senior management will be available to address any questions or comments you may have.

10:30-11:30 A.M. (Room 222)
Application Process – If you think Harzok is a good match for you, complete an application form. Should there be a suitable position, we will contact you within one week to arrange a face-to-face interview with the director of human resources.

28. What is indicated about the people who received the schedule last week?

(A) They plan to arrive at 9:30 A.M.
(B) They registered for the event online.
(C) They all made errors on their applications.
(D) They are staff members of Harzok.

29. What does Mr. Barlow plan to do?

(A) Book a flight
(B) Welcome visitors at the reception desk
(C) Arrange entry authorization for Mr. Myung
(D) Add information to a website

30. In the e-mail, the word "fine" in paragraph 2, line 2, is closest in meaning to

(A) delicate
(B) overdue
(C) acceptable
(D) correct

31. In what field does Mr. Myung most likely 고난도 work?

(A) Health insurance
(B) Online marketing
(C) International relations
(D) Human resources

32. What part of the open house will Mr. Myung miss?

(A) Lunch with other attendees
(B) The meeting with senior managers
(C) The office building tour
(D) Individual interviews

부사

- 부사는 명사를 제외한 형용사, 동사, 부사, 구, 절, 문장 전체를 수식할 수 있다.

Tip!
동사를 수식하는 부사와 숫자 앞에 오는 부사 문제가 가장 많이 나와! since는 보통 전치사나 접속사로 쓰이지만, 현재 완료 사이에 위치해서 '(앞에 언급된 특정 시점) 이후에'라는 뜻의 부사로도 출제돼.

 기본 개념 이해하기

1. 동사 앞뒤에 오는 부사

동사 + 부사	She quit **unexpectedly**. 그녀는 갑자기 그만두었다.
동사 + 목적어 + 부사	She quit her job **unexpectedly**. 그녀는 갑자기 일을 그만두었다.
부사 + 동사 + 목적어	She **probably** failed the test. 그녀는 아마도 시험에 떨어졌을 것이다.
조동사 + 부사 + 본동사 + 목적어	She has **unexpectedly** quit her job. = She has quit her job **unexpectedly**. 그녀는 갑자기 일을 그만두었다.
be동사 + 부사 + 현재분사: 현재진행형	They are **patiently** waiting for the announcement. = They are waiting for the announcement **patiently**. 그들은 참을성 있게 발표를 기다리고 있다.
be동사 + 부사 + 과거분사: 수동태	Ms. Bradley's talk show is **nationally** broadcast. = Ms. Bradley's talk show is broadcast **nationally**. Ms. Bradley의 토크쇼는 전국적으로 방송된다.

2. 부사 + 형용사/부사/전치사구

한정사 + 부사 + 형용사 + 명사	Ms. Lee is an **exceptionally** valuable client of our hotel. Ms. Lee는 우리 호텔의 굉장히 귀중한 고객이다.
2형식 동사 + 부사 + 형용사	He was **largely** responsible for the increase in expenses. 그는 비용 증가에 대한 주된 책임이 있다. They looked **hugely** impressed by the chef's superb cuisine. 그들은 주방장의 훌륭한 요리에 크게 감명받은 듯 보였다.
부사 + 부사	You should compare all the benefits **extremely** carefully. 당신은 그 모든 혜택들을 굉장히 신중하게 비교해봐야 합니다.
부사 + 전치사구	Some of the equipment broke down, **reportedly** due to poor maintenance. 전하는 바에 따르면 정비 불량으로 인해 일부 장비가 고장 났다고 한다.

3. 문장 앞에 오는 부사

문장 앞	**Unfortunately**, the model is no longer manufactured. 유감스럽게도, 그 모델은 더 이상 제작되지 않는다.

부사의 역할 중 동사를 수식하는 부사의 다양한 위치를 파악하는 문제의 출제 비중이 가장 높다. 명사구를 강조하는 부사와 문법적으로 고유한 특성을 가진 개별 부사들과 관련된 고난도 문제가 자주 출제된다.

1. 부사의 역할

Q1 **주어 + 타동사 + 목적어 + [형용사 vs. 부사]**

All candidates should email their job applications **[direct / directly]** to hr@elvira.com. [1]

주어 + 자동사 + [형용사 vs. 부사]

The printing job proceeded **[slow / slowly]** due to technical issues. [2]

be동사 + [형용사 vs. 부사] + 현재분사 / 과거분사

Bex Construction is **[aggressive / aggressively]** trying to acquire Herman Architecture. [3]

be동사 + 과거분사 + [형용사 vs. 부사]

The budget proposal must be reviewed extremely **[careful / carefully]** before it is approved. [4]

조동사 + [형용사 vs. 부사] + 본동사

Based on their performance appraisals, the interns will **[short / shortly]** be assigned to suitable positions. [5]

>> **출제 포인트** ❶ 부사가 동사를 수식하는 경우 다양한 자리에 위치한다.

- 동사 앞: 부사 + 자동사/타동사
- 동사 사이: 조동사 + 부사 + 동사원형 ㅣ have + 부사 + p.p. ㅣ be + 부사 + V-ing/p.p.
- 동사 뒤: be + p.p. + 부사 ㅣ 자동사 + 부사 ㅣ 타동사 + 목적어 + 부사

+ check

1. Hankens Oil Company is confident that high prices of crude oil will not **[adverse / adversely]** affect its net profit in any case.

2. Since Hidy Norman was appointed CEO, productivity at Cordin Manufacturing has **[signification / significantly]** improved.

3. The basketball championship games will be broadcast **[nation / nationally]**.

Q2 [형용사 vs. 부사] + 동명사

Management emphasized the need to increase productivity by **[efficient / efficiently]** redistributing workloads. [1]

to + [형용사 vs. 부사] + 동사원형

It is important to **[thorough / thoroughly]** review all the terms of the contract before you sign it. [2]

>> 출제 포인트   부사는 동사의 성질을 가지는 준동사(동명사, to부정사, 분사)를 수식한다.

• to + 부사 + 동사원형	• to 동사원형 + 목적어 + 부사
• 부사 + 동명사	• 동명사 + 목적어 + 부사

+ check

1. If you cannot attend a client-hosted event, make sure to decline the invitation **[polite / politely]** in advance.

2. The company succeeded in increasing productivity by **[efficient / efficiently]** managing employees.

Q3 관사 + [명사 vs. 부사] + 형용사 + 명사

Mr. Kong started work as an accountant, but now he is a **[nation / nationally]** renowned financial analyst. [1]

[형용사 vs. 부사] + 전치사구

As of today, a music streaming service is provided **[exclusive / exclusively]** to our subscribers at no cost. [2]

[형용사 vs. 부사], 문장

[Unfortunate / Unfortunately], the marketing director will not be present at the meeting due to a scheduling conflict. [3]

>> **출제 포인트** ❶ 부사는 형용사, 부사, 전치사구, 절, 문장 전체를 수식하며, 동사를 수식하는 경우를 제외하고는 수식하는 어구 앞에 위치한다.

❷ 전치사구 앞에 자주 나오는 부사

largely, primarily, mainly	주로	particularly, especially	특히
exclusively	오로지, 오직	currently	현재
immediately, promptly	즉시		

largely due to its low price 주로 낮은 가격 때문에
currently out of stock 현재 재고가 없는
promptly at 10 A.M. 오전 10시 정각에

❸ after 앞에 관용적으로 붙는 부사

immediately, promptly 즉시	
soon, shortly 곧	+ after ~한 직후에
just, right, directly 바로, 즉시	

immediately[right, just, shortly, directly] after a job interview 면접 직후에

2. 유의해야 할 부사

Q4 형태가 비슷하나 다른 의미의 부사

Although the analyst worked incredibly **[hard / hardly]**, his application for a pay raise was not granted. [1]

숫자와 양을 수식하는 부사

It takes **[approximately / somewhat]** five business days to receive your order. [2]

be + [former vs. formerly] + 명사구

Five office complexes recently opened in the Greenwood district, which was **[former / formerly]** a residential area. [3]

[still vs. yet] + have not p.p.

The work request was sent, but maintenance **[still / yet]** has not responded. [4]

unless + [otherwise vs. 다른 부사] + p.p.

Unless **[otherwise / however]** stated, all content on this website is the exclusive property of Nomukon Pharmacy. [5]

수식에 제한이 있는 부사

Although the movie is educational, the director thinks viewers will **[still / quite]** find it entertaining. [6]

>> 출제 포인트 ❶ 형태가 비슷하나 다른 의미의 부사

hard	형 근면한	부 열심히	hardly	부 거의 ~않다
near	형 가까운	부 가까이	nearly (= almost)	부 거의
high	형 높은	부 높게	highly (= very)	부 매우
late	형 늦은	부 늦게	lately (= recently)	부 최근에
close	형 가까운	부 가깝게	closely	부 면밀하게, 밀접하게

❷ 숫자와 양을 수식하는 부사

nearly, almost	거의	approximately, about, around, roughly	대략
more than, over	이상	less than, under	미만
up to	~까지	at least	최소한, 적어도
just	딱	only	오직

❸ 「a/the + 명사」형태의 명사구 앞에 위치하여 명사구를 수식하는 부사

formerly, previously once originally	이전에 한때 원래	clearly arguably mainly, largely only, simply, just	분명히 (주로 최상급 앞에서) 아마도, 틀림없이 주로 단지

❹ already, yet, still

- already: 벌써, 이미(긍정문); 혹시라도(부정문)
- still: 아직도, 여전히, 그런데도(긍정문, 부정문, 의문문 구분 없이 사용 가능)
- yet: 아직(부정문); 이미(의문문)
  ⋯▶ 긍정문에서는 have[be] yet to부정사(아직도 ～하지 못하다) 형태로만 쓰임
  참고 부정문에 쓰일 때 yet은 부정어 뒤에(not yet), still은 부정어 앞에(still not) 쓰인다.

❺ otherwise

- 일반부사
  (1) 그와는 다르게, 달리: unless + otherwise + p.p. 그와 다르게 p.p.되지 않는다면
  (2) (앞의 내용) 외에는
  Visitors check out the Espen House, one of the few historic buildings in the **otherwise** modern town of Sprava.
  방문객들은 몇 안 되는 역사적 가치가 있는 건물들을 빼고는 현대적인 도시인 Sprava에서 그 중 하나인 Espen House를 구경한다.

- 접속부사
  (1) 그렇지 않으면: 주어 + 동사 ; otherwise, 주어 + 동사
  In order to complete the transaction by phone banking, customers should enter their password within 30 seconds; **otherwise**, they will have to try it again.
  폰뱅킹에 의한 거래를 완료하기 위해 고객들은 30초 이내에 비밀번호를 입력해야 하며, 그렇지 않으면 다시 시도해야 할 것이다.

❻ well

- 잘, 만족스럽게(동사 수식)
- 훨씬, 아주(전치사구 수식)
  well below[above] the price 그 가격 훨씬 아래로[위로] | **well** ahead of time 예정보다 매우 빨리
  This year's sales figures for Talos Corporation are **well** below the industry average.
  Talos 사의 올해 매출액은 업계 평균보다 훨씬 낮다.

❼ 수식에 제한이 있는 부사

✓ 형용사나 부사만 수식하는 부사 (동사 수식 불가)

so, very, fairly, quite extremely, exceptionally, incredibly, overly relatively	꽤 몹시, 극도로 비교적

✓ 동사만 수식하는 부사 (형용사나 부사 수식 불가)

well	잘	further	(정도가) 더

227

Practice

1. Much time and effort has been invested in developing the new product line, and the company expects it to be launched ------- next month.

   (A) succession
   (B) succeed
   (C) successful
   (D) successfully

2. Although the global economy has begun to recover from the 2008 financial crisis, the housing market has ------- to recover.

   (A) often
   (B) already
   (C) afterwards
   (D) yet

3. Monday's client meeting was ------- cancelled because some of our consultants had to deal with other urgent cases.

   (A) abrupt
   (B) abruptness
   (C) abruption
   (D) abruptly

4. All department managers were required to work ------- on the task to ensure a smooth transition to the new system.

   (A) collaboration
   (B) collaborate
   (C) collaborative
   (D) collaboratively

5. After confirming how many employees will attend the company dinner, the event coordinator will determine the menu -------.

   (A) accordance
   (B) accordingly
   (C) according
   (D) accord

6. Many consumers expect a new hybrid electric vehicle to be available soon, even though a recent news report indicates -------.

   (A) somehow
   (B) otherwise
   (C) below
   (D) else

7. The sales director was very pleased that the profit for the last quarter was ------- higher than originally forecast.

   (A) signified
   (B) significance
   (C) significant
   (D) significantly

8. Employees of Newport Electronics are 고난도 ------- in favor of the new vacation policy.

   (A) overwhelming
   (B) overwhelms
   (C) overwhelm
   (D) overwhelmingly

9. The Customer Service Department used to get ------- 60 letters of complaint every month, but the number has been decreasing.

   (A) roughness
   (B) rough
   (C) roughen
   (D) roughly

10. Sales staff are asked to respond ------- to requests from vendors for product catalogues.

    (A) promptly
    (B) prompting
    (C) prompted
    (D) prompt

11. Everyday Tour introduced ------- priced tour packages to promote tourism in Woodstock beyond the peak season.

(A) competitively
(B) competitive
(C) competed
(D) competition

12. ------- opened as a small local theater 50 years ago, Tretiak Hall is now a world-famous performing arts center.

(A) Originally
(B) Original
(C) Originality
(D) Originals

13. Applicants will be interviewed ------- following a short test to assess their basic knowledge of computer science technologies.

(A) immediately
(B) immediate
(C) immediateness
(D) immediacy

14. Airline passengers must observe the regulation that ------- limits their baggage by weight.

(A) strictness
(B) strictly
(C) stricter
(D) strict

15. All the applicants for the senior accountant position are instructed to read the guidelines for the interview -------.

(A) meticulousness
(B) meticulous
(C) meticulously
(D) meticulosity

16. The organic vegetables you wish to order are ------- out of stock, but we will notify you as soon as we get a new shipment.

(A) temporary
(B) temporize
(C) temporal
(D) temporarily

17. The news that consumers are dissatisfied with our product's packaging is ------- the most valuable finding of the study.

(A) arguable
(B) arguing
(C) argument
(D) arguably

18. Companies can have their monthly utility bill ------- charged directly to their corporate account.

(A) automatically
(B) automatic
(C) automates
(D) automate

19. Customers were surprised to learn how ------- the software lets them find and store all the information they need.

(A) effortful
(B) effortless
(C) effortlessly
(D) efforts

20. Mr. Tal began working in the Research and Development Team ten years ago and has ------- become the manager.

(A) ever
(B) yet
(C) so
(D) since

PART 5·6·7 UNIT 04

Questions 21-24 refer to the following article.

Manufacturers' Conference, November 11 — This year's World Manufacturers' Conference was held in Miami this past week. -------. Just like last year, U.S. and Canadian corporations were
                                                  21.
------- represented. -------, participants noticed that there were a significant number of European
 22.   23.
attendees this time. Noticeable was the fact that food packaging plants had a stronger presence at the ------- this year.
         24.

---

21. (A) A similar convention also took place a
고난도   week before.
     (B) Miami residents helped coordinate
        the tours.
     (C) The conference invited companies
        from across the globe to attend.
     (D) Registration fees were waived for
        those who volunteered.

22. (A) heavy
     (B) heavily
     (C) heavier
     (D) heaviness

23. (A) Moreover
     (B) Therefore
     (C) Instead
     (D) Rather

24. (A) luncheon
     (B) demonstration
     (C) event
     (D) class

Questions 25-27 refer to the following notice.

Blenhaim Bus Company
February 1

To all passengers:

Due to growing operating costs, Blenhaim Bus Company will increase passenger fares starting on May 1. The cost of a ride for adults, seniors, and university students will increase by 10 percent. The fare will continue to be free for children under the age of eight.

We apologize to our passengers for any inconvenience this may cause. We would also like to draw attention to the fact that this is our first fare increase in five years. Revenue from the fares is used for general vehicle maintenance and employee salaries.

We will continue providing you with the high level of service that you have come to expect from us.

Thank you for choosing Blenhaim Bus Company.

---

25. What is indicated about Blenhaim Bus Company?

(A) It is introducing new routes.
(B) It responded to customer complaints.
(C) It raised its fares five years ago.
(D) It is experiencing a decline in passenger numbers.

26. What is suggested about university students?

(A) Their fares will increase by the same percentage as the fare for seniors.
(B) They are able to purchase discounted monthly bus passes.
(C) Their school identification card must be renewed by May 1.
(D) They ride on Blenhaim Buses for free.

27. According to the notice, what is one way that revenue collected from fares is spent?

(A) To increase advertising
(B) To expand bus routes
(C) To renovate stations
(D) To pay employees

Bayside Tower

Construction on Bayside Tower is nearing completion.
There are still residential, business, and commercial spaces available for purchase or rent.
Bayside Tower is expected to open its doors on May 1.

Bayside Tower will be the city of Piedmont's biggest building upon opening. Located downtown on the waterfront and across from the Westside Mall, Bayside Tower is ideally located for your business and personal needs.

Apartments (Floors 10-25) Residences have one, two, or three bedrooms, each of which comes with a kitchen, a living room, and one or two bathrooms. Furnished and unfurnished apartments are available.

Offices (Floors 2-9, Floors 26-40) Office spaces for small, medium, and large companies. A wide variety of layouts are available.

Retail Stores (Floor 1) Spaces for several small and medium shops. Some spots are available for restaurants.

Call 508-4444 for more information. Prices available upon request.

To	Jacob Nelson <jnelson@wilmington.com>
From	Karen Hester <karenh@baysideproperties.com>
Subject	Bayside Tower
Date	April 18

Dear Mr. Nelson,

Thank you for your inquiry regarding the apartments available at Bayside Tower. We still have several units available that would be perfect for you and your family. You indicated you are interested in a three-bedroom apartment since you and your wife have two children. The price to purchase one of these apartments is $350,000 while you can rent one for $2,500 a month. Should you decide to rent, you must sign a contract for a minimum of two years.

Since you work at the Westside Mall, it should be easy to meet for us to take a tour of an apartment. Just let me know when you have time to visit Bayside Tower, and I can meet you at the front entrance. My office is in Bayside Tower, so I am available all throughout the day. Feel free to call me at 481-0498 during regular business hours.

Sincerely,

Karen Hester
Bayside Properties

Piedmont (May 2) – The long-awaited opening of Bayside Tower happened yesterday on May 1. There were a large number of festivities, including a ribbon-cutting ceremony attended by Mayor Chip Taylor and other prominent individuals.

Construction on Bayside Tower took more than five years. Many in the community believed it would never be completed due to a variety of issues concerning the tower. Its original owner, Marge Hamel, had to sell the property due to financial difficulties. Then, there were several construction accidents during which the building was repeatedly damaged. The bad luck continued even on the opening day, when a water pipe burst at one of the building's restaurants.

Nevertheless, the building is now complete and open for business. More than 95 percent of its apartments have been sold or rented, and 99 percent of its office space is occupied. This means more than 2,000 individuals either live or work in the tower, which makes it one of the busiest buildings in the city.

28. What is indicated about Bayside Tower?

(A) It has 25 floors.
(B) It has three floors of retail stores.
(C) It is near a shopping center.
(D) It has its own security team.

29. According to the advertisement, what is NOT available for rent?

(A) Space for a restaurant
(B) Office space
(C) Residential space
(D) Space for a school

30. Why did Ms. Hester write to Mr. Nelson?

(A) To explain how to rent an office in Bayside Tower
(B) To confirm an appointment to see an apartment
(C) To ask about signing a contract for a lease
(D) To respond to a customer's question

31. What is suggested about Mr. Nelson's workplace?

(A) It is located in Bayside Tower.
(B) It is in a suburb of Piedmont.
(C) It is across the street from Bayside Tower.
(D) It has recently moved to Piedmont.

32. According to the article, which floor encountered a problem?

(A) The basement floor
(B) The first floor
(C) The second floor
(D) The tenth floor

UNIT 05 전치사

• 전치사는 절(주어 + 동사)을 이끄는 접속사와 달리 명사 앞에 쓰여 시간, 장소, 이유, 목적, 양보 등을 나타낸다. 전치사구(전치사 + 명사)는 형용사나 부사와 같은 수식어 역할을 한다.

> **Tip!**
> 전치사 문제는 매회 많게는 6문제나 나오기도 해. given은 전치사와 접속사가 모두 가능한데, 최근 들어 전치사로 2회 연속 출제되었어. 주제를 나타내는 regarding, concerning, pertaining to 등은 토익이 여전히 좋아하는 표현이야.

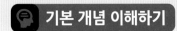

기본 개념 이해하기

1. 전치사구의 형태

전치사 + (관사, 형용사) + 명사	전치사 + 대명사(목적격)	전치사 + 동명사
in the nearby area	about them	by visiting the website
가까운 곳에	그들에 대해	웹사이트를 방문해서

• 절(주어+동사)이 아닌 명사 상당어구(명사, 대명사, 동명사, 명사구) 앞에는 전치사를 쓴다.

2. 전치사구의 역할

동사 수식의 부사 역할	The meeting is scheduled to begin **at 3 o'clock** this afternoon. 회의는 오늘 오후 3시에 시작될 예정이다. [시간]
	The company banquet will take place **in the grand ballroom** of the Midas Hotel. 회사 연회는 Midas 호텔의 대연회장에서 열릴 것이다. [장소]
	There were several car accidents **due to its faulty brakes**. 브레이크 결함으로 인한 자동차 사고가 몇 건 있었다. [이유]
명사 수식의 형용사 역할	Detailed explanations **of the courses** are available online. 과정에 대한 자세한 설명은 온라인에서 확인할 수 있다.

• 전치사구는 '언제, 어디서, 어떻게, 왜' 등 동사의 의미를 구체화하는 부사 역할과 명사를 수식하는 형용사 역할을 한다.

3. 관용 표현

자동사 + 전치사	University students **account for** 15 percent of our customer base. 대학생들이 우리 고객층의 15%를 차지한다.
명사 + 전치사	Sunflowers Industries announced an **increase in** net profits to $400 million. Sunflowers 산업은 순이익이 4억 달러로 증가했다고 발표했다.
형용사 + 전치사	Customers will be **subject to** fines for any lost, overdue, or damaged materials. 고객들은 모든 분실, 연체 또는 파손된 물품에 대해 벌금을 물어야 한다.
전치사구	**In addition to** occasional overtime hours, the team will sometimes work on the weekend. 가끔씩의 초과 근무 외에, 그 팀은 때때로 주말 근무를 할 것이다.

핵심 문제 유형

시간, 시점, 기간, 장소, 위치, 방향 등 전치사의 기본적인 의미와 용법을 묻는 문제와 특정 동사, 명사, 형용사와 함께 쓰이는 전치사 관용 표현을 묻는 문제가 출제된다.

1. 시간 전치사

Q1 [in vs. on] + 특정한 날

The conference attendees are advised to arrive early at the venue **[in / on]** Saturday evening. [1]

>> **출제 포인트**   시간(때)를 나타내는 전치사

at + 시각/구체적인 때	at 4 P.M., at midnight, at the end of this fiscal year 오후 4시에, 자정에, 이번 회계연도 말에
in + 아침/점심/저녁/월/계절/연도	in the morning, in August, in summer, in 2017 아침에, 8월에, 여름에, 2017년에
on + 날짜/요일/특정한 날	on May 10, on Friday, on Christmas Day 5월 10일에, 금요일에, 크리스마스에

Q2 동작 완료 동사 + [by vs. until] + 시점

The construction of our headquarters building is scheduled to finish **[by / until]** the end of this year. [1]

현재완료 + [since vs. after] + 시점

Mr. Kensmore has worked abroad **[since / after]** his graduation from university. [2]

[prior to vs. within] + 시점

Cristal Sky Airlines advises that passengers arrive at the airport at least one hour **[prior to / within]** their scheduled departure time. [3]

PART 5·6·7 UNIT 05

by + 시점	~까지	완료 의미 동사(finish, submit, return, deliver 등) + by five o'clock 5시까지
until + 시점	~까지	계속 의미 동사(postpone, last, continue, remain, stay 등) + until five o'clock 5시까지
from[as of, effective, starting] + 시점	~부터	from May to August 5월부터 8월까지 as of July 1 7월 1일부로
since + 과거 시점	~이후로	since last Friday 지난주 금요일 이후로
past + 시점	~지나서	past midnight 자정이 지나서 past retirement age 정년을 지나서
before[prior to] + 시점	~전에	before delivery 배달 전에 prior to the scheduled departure time 예정된 출발 시간 전에
after[following] + 시점	~후에	after the expiration date 만료일 이후에 following a coffee break 커피 마시는 휴식시간 후에
참고 after는 기간 명사와도 쓰일 수 있다.		after a six month trial period 6개월간의 시험기간 후에

Q3 **[for vs. during] + 특정 사건 기간**

Mr. Lane was asked to call back **[for / during]** normal business hours. [1]

[for vs. since] + 기간

The management at Lukas Corporation has shown commitment to improving employee productivity **[for / since]** the last 10 years. [2]

[within vs. into] + 기간

We will deliver your order **[within / into]** three days of the purchase date. [3]

[throughout vs. since] + 기간

Except for one minor setback, sales have steadily increased **[throughout / since]** the year. [4]

>> 출제 포인트   ❶ **for vs. during**: 「for + 소요 시간」은 '얼마 동안'을 나타내고, 「during + 특정 사건 기간」은 '어떤 사건이 진행되는 동안'을 의미한다.

❷ 기간을 나타내는 전치사

during + 기간	~동안에(사건 기간)	during the conference, during business hours 회의[학회] 동안, 영업 시간 동안
for + 기간	~동안에(소요 시간)	for three years 3년 동안
throughout + 기간	~내내	throughout the year 일년 내내

in + 기간	~후에[이내에]	in two weeks 2주 후에[이내에]
within + 기간	~이내에	within 24 hours 24시간 이내에

참고 over[for, during, in] the last[past] 3 years 지난 3년 동안

2. 장소 전치사

Q4 [along vs. between] + 장소 명사

The city offers scenic boat rides **[along / between]** the Ran River. [1]

[throughout vs. among] + 장소 명사

After years of research, we have finally developed a new innovative product that is becoming popular **[throughout / among]** the world. [2]

[past vs. over] + 장소 명사

The community center is located slightly **[past / over]** the movie theater on West Street. [3]

>> **출제 포인트** ❶ 장소를 나타내는 전치사

at + 지점	~에	비교적 좁고 구체적인 장소	at the corner, at a restaurant, at the party
in + 공간의 안	~안에	비교적 넓은 장소나 장소의 내부	in Seoul, in Asia, in the theatre, in the kitchen
on + 접촉하는 표면	~위에	도로, 교통수단 등	on the table, on Main Street, on the bus / train / plane

❷ 방향 / 위치를 나타내는 전치사

to	~로(도착점)	from	~로부터(출발점)
through	~을 통해	along	~을 따라
into	~의 속으로	out of	~밖으로
across	~을 건너, ~곳곳에	past	~을 지나서
above	~위쪽에	below	~아래쪽에
over	~바로 위에	under	~바로 밑에
near	~가까이에	opposite	~의 맞은편에
beside / by / next to	~옆에	around	~주위에
between	둘 사이에	among	셋 이상 사이에
within	(장소, 범위) ~이내에, 안에	throughout	~곳곳에
in front of	~앞에	behind	~뒤에

1. Tourists can join a guided tour [between / along] 9 A.M. and 6 P.M.

2. We have enclosed the application form [in / on] the return envelope for your convenience.

3. Ms. Park is often late for meetings although she lives [between / within] walking distance of the office.

4. Kenneth Motors's market research team conducted a customer satisfaction survey on their new model [onto / through] interviews and questionnaires.

3. 기타 빈출 전치사

Q5 의미에 유의해야 할 전치사

Ashai Kitchen has been voted the best restaurant in Boston five years in a row [as to / due to] its excellent customer service. [1]

Please contact Technical Support for any problems [regarding / regarded] your software program. [2]

[Instead of / Except for] selecting outside applicants, the CEO has appointed Mr. Roman to Operations Director. [3]

Please contact Customer Support [for / as] a refund within 30 days of your order date. [4]

Please remember that you should send the original receipt [along with / between] the defective item. [5]

>> 출제 포인트 ❶ 비슷한 의미의 전치사

due to, because of, owing to, on account of, thanks to	~때문에, ~덕분에 [이유]
despite, in spite of, notwithstanding	~에도 불구하고 [양보]
without, except (for), aside from, apart from	~을 제외하고 [제외]
in addition to, besides, plus, on top of	~뿐만 아니라 [부가]
along with, together with	~와 함께, ~와 더불어
considering, given	~을 고려(감안)할 때
regarding, concerning, as to, as for, with regard[respect] to, on, over, about, pertaining to	~에 관하여

❷ 의미에 유의해야 할 빈출 전치사

for	~을 위해서	the training program for new sales staff 신입 영업 사원을 위한 연수 프로그램
with	~와 함께, ~을 가지고 있는, ~인 채로	a designer with at least three years of experience 적어도 3년 이상의 경력을 지닌 디자이너
of	~의	effectiveness of work procedures 업무 절차의 효과
as	~로서	work as a financial advisor 재정 고문으로 일하다
alongside	~의 옆을 따라, ~와 함께	run alongside the road, work alongside one another 길을 따라 달리다, 서로 함께 일하다
according to	~에 따르자면	according to the meeting agenda 회의 의제에 따르면
like unlike	~처럼 ~와 달리	like/unlike other banks 다른 은행들과 같이/달리
such as	예를 들어 ~와 같은	sports games such as soccer and baseball 축구와 야구 같은 스포츠 경기들
including excluding	~을 포함하여 ~을 제외하고	all merchandise including/excluding shoes 신발을 포함/제외한 모든 상품
regardless of	~와 관계없이	regardless of price changes 가격 변동을 막론하고
on, upon	~하자마자	upon receipt of the books 책을 수령하자마자
under	~중인, ~의 영향 하에 있는	under construction, under the direction/ supervision/guidance of 공사 중인, ~의 감독/지도 하에
without, barring	~없이	without permission[approval] 허가 없이
instead of	~대신에	instead of the service 서비스 대신에
beyond, above	~를 넘어서는	beyond[above] one's expectation 기대를 넘어서는

＋check

1. WRB Industries has maintained its incentive program **[in spite of / except for]** the recent decline in profits.

2. **[Such as / In addition to]** good writing skills, fluency in Korean is required for the editor position.

3. Garrix Financial will offer more benefits **[according to / such as]** bonuses and longer vacations.

4. Our company selects applicants for interviews **[regardless of / such as]** their educational backgrounds.

5. They announced yesterday that they would make every effort to reorganize the company **[without / during]** laying off employees.

4. 전치사 관용 표현

Q6 동사 + [전치사]

To comply [to / with] new safety regulations, the company will replace some old equipment. [1]

명사 + [전치사]

The position requires a university degree and experience [in / about] a retail environment. [2]

be + 형용사 + [전치사]

The assistant manager was absent [at / from] yesterday's meeting. [3]

>> **출제 포인트** 기출 전치사 관용 표현

❶ 「동사 + 전치사」

account for	~을 설명하다	dispose of	~을 처리하다
agree to[with]	~에 동의하다	enroll in, register for	~에 등록하다
allow for	참작하다, 고려하다	fill in[out]	~을 작성하다
apologize for	~에 대해 사과하다	interfere with	~을 방해하다
apply for/to	~에 지원하다/적용되다	keep track of	~을 기록하다
benefit from	~로부터 혜택을 입다	lag behind	~에 뒤쳐지다
check A for B	B에 대해 A를 점검하다	make up for	~을 보상하다
collaborate[cooperate] with/on	~와/~에 관해 협력하다	participate in	~에 참여하다
		prevent A from B	A가 B를 못하도록 하다
come into effect	효력이 발생하다	proceed with	~을 진행하다
comment on	~에 대해 언급하다	protect A from B	A를 B로부터 보호하다
compensate for	~에 대해 보상하다	put up with	~을 참다
complain about	~대해 불평하다	refrain from	~을 삼가다
comply with, adhere to	(규정, 법) 등을 준수하다	respond[reply, react] to	~에 응답하다
concentrate[focus] on	~에 집중하다		
consist of	~로 구성되다	sign up[put in] for	~을 신청하다
contribute to	~에 공헌하다	subscribe to	~을 구독하다
correspond with	~와 부합하다	succeed in/to	~에 성공하다/계승하다
deal with	~을 다루다	take advantage of	~을 이용하다
depart from	~에서 출발하다	talk about/with/to	~에 관하여/함께/ ~에게 이야기하다
depend[rely] (up)on	~에 의존하다		

❷ 「명사 + 전치사」

access to	~에 접근, 이용	approach to	~에 대한 접근법
advances in	~의 진보	business with	~와의 거래
advantage over	~이상의 장점	concern over[about]	~에 관한 우려
agreement with	~에 대한 합의	contribution to	~에 대한 기여

damage to	~에 대한 손상	problems with	~의 문제
decrease[drop] in	~의 감소	question about	~에 대한 질문
demand for	~에 대한 수요	reaction to	~에 대한 반응
dispute over	~에 관한 토론	reason[cause] for	~의 이유
experience in	~에 대한 경험	request for	~에 대한 요구
increase[rise] in	~의 증가	respect for	~에 대한 존경
influence[effect, impact] on	~에 대한 영향력	solution to	~의 해결책
information on	~에 대한 정보	standard for	~에 대한 기준
interest in	~에 대한 관심	tax on	~에 부과되는 세금
lack of	~의 부족		

❸ 「be + 형용사 + 전치사」

be absent from	~에 결석하다	be equal to	~와 동등하다
be affiliated with	~와 제휴되다	be equipped with	~을 갖추고 있다
be appreciative of	~을 감사하다	be faced with	~에 직면하다
be associated with	~와 연관되다	be familiar with	~에 정통하다
be aware[conscious] of	~을 인식하다	be famous for	~으로 유명하다
be capable of	~을 할 수 있다	be ideal for	~에 적합하다
be compared with[to]	~과 비교되다	be involved in	~에 연관되다
be concerned about	~을 염려하다	be relevant to	~와 관련되다,
be concerned with	~와 관계되다		~에 적절하다
be consistent with	~에 일관되다	be responsible for	~을 책임지다
be dedicated[devoted, committed] to	~하는 데 헌신하다	be satisfied[contented] with	~에 만족하다
		be similar to	~와 유사하다
be different from	~와 다르다	be subject to	~하기 쉽다
be eligible for	~에 대한 자격이 있다	be superior to	~보다 뛰어나다
be entitled to	~에 대한 자격이 있다	be used[accustomed] to	~에 익숙하다

❹ 구전치사

according to	~에 의하면	in excess of	~을 초과하여
ahead of	~에 앞서	in exchange for	~의 대신으로
as of, effective, starting, beginning	~부로	in favor of	~을 찬성하여
		in honor of	~을 기념하여
as part of	~의 일환으로	in light of	~을 고려하여
at one's convenience	~이 편리할 때에	in recognition of	~을 인정하여
at the conclusion of	~이 끝날 때에	in reference to	~에 관하여
by means of	~의 방법에 의하여, 통하여	in regard to	~에 관하여
contrary to	~와 반대로	in response to	~에 응답하여
depending on	~에 따라	in terms of	~의 관점으로
for use	사용을 위한	in the event of	만약 ~이 경우에
in accordance[keeping] with	~에 따라서	in use	사용 중인
		on account of	~때문에
in advance of	~에 앞서서	on behalf of	~대신에
in celebration of	~을 축하하여	prior to	~이전에
in charge of	~을 책임지고 있는	regardless of	~와 관계 없이
in comparison with	~와 비교하여	until further notice	추후 공지가 있을 때까지
in cooperation with	~와 협력하여	with the exception of	~을 제외하면
in detail	상세하게		

1. Extra equipment will be available to the development team at Hung Motor's Shanghai plant ------- the duration of the project.

   (A) between
   (B) behind
   (C) upon
   (D) throughout

2. ------- most other comparable systems from its competitors, Hisakawa's recording system can be easily installed.

   (A) Along
   (B) Unlike
   (C) Moreover
   (D) Unless

3. Kitt National Park offers daily ferry tours ------- the city's scenic waterfront.

   (A) between
   (B) along
   (C) below
   (D) apart

4. Personal information should not be shared ------- customers' approval.

   (A) except
   (B) besides
   (C) among
   (D) without

5. In order to guarantee that you receive this promotional discount for the advertised items, please place your order ------- 24 hours.

   (A) within
   (B) into
   (C) since
   (D) about

6. The majority of participants who completed Walmont Employment Center's questionnaire stated that they plan to continue working ------- retirement age.

   (A) still
   (B) past
   (C) pertaining to
   (D) at last

7. Rojanho project team members are invited to a dinner ------- the company president on September 10th to celebrate their success.

   (A) off
   (B) with
   (C) throughout
   (D) among

8. The president will be out of the office ------- Thursday, as he is currently attending the international business conference in Singapore.

   (A) since
   (B) along
   (C) between
   (D) until

9. ------- the completion of one year of employment, employees at Finnerman Technologies are eligible for a one-week paid vacation.

   (A) Following
   (B) Because
   (C) Moreover
   (D) Except

10. Any employees who enter new customers' data should contact Ms. Ahn in the Customer Service Department ------- further instructions.

    (A) onto
    (B) within
    (C) along
    (D) for

11. The KD Beverage Company has issued a statement to address concerns ------- the ingredients in its drinks.

(A) excluding
(B) during
(C) following
(D) regarding

12. Questions ------- to paychecks should be directed to Ms. Avilia of the Accounting Department, who is in charge of payroll duties.

(A) regarding
(B) receiving
(C) similar
(D) pertaining

13. The remodeling of the reception area should be completed by Thursday if everything goes ------- plan.

(A) in addition to
(B) agreeing with
(C) relating to
(D) according to

14. The representatives from Volgasy Solutions and Xerman Chemicals reached an agreement to work ------- one another.

(A) jointly
(B) collaborating
(C) together
(D) alongside

15. Walton Technologies is ------- the leading manufacturers of automobile seats in Asia with more than 10 production plants in China and Vietnam.

(A) around
(B) along
(C) toward
(D) among

16. The applicants are required to submit their résumés ------- letters of recommendation to Ms. Lynn no later than this Friday.

(A) along with
(B) except for
(C) additionally
(D) on behalf of

17. Bektal Construction is planning to open branch offices in Europe in an effort to broaden its market ------- the Asia-Pacific region.

(A) before
(B) between
(C) beyond
(D) behind

18. Many of the photographs ------- Alma Roberto's new book help the readers to understand the changes in fashion trends.

(A) among
(B) throughout
(C) during
(D) toward

19. ------- 25 years in the tourist industry, Always Loving Tour is widely recognized as the leading company in this field.

(A) Ahead of
(B) Until now
(C) With
(D) Past

20. ------- the popularity of the annual music festival, those interested in attending should purchase tickets well in advance.

(A) Since
(B) About
(C) Given
(D) Upon

Questions 21-24 refer to the following advertisement.

Do you work at night and sleep during the day? Then visit AdenaPoly's website today.

This December, AdenaPoly is conducting a special study on behalf of HN Pharmaceutical. That is why we are ------- late-night workers between the ages of 18 and 45. Participants must have

21.
worked a full-time night shift for at least one year ------- the start of the experiment. -------.

22. 23.

Those who would like more information are asked to fill out some questions on our website.

To show our thanks, all participants ------- $75 for taking part in the study.

24.

21. (A) promoting
(B) seeking
(C) informing
(D) insuring

22. (A) except for
고난도 (B) due to
(C) at
(D) as

23. (A) We ask that you provide contact
고난도 information for your current workplace.
(B) We think that the cost of the program is worth it.
(C) We will send you an information packet about how to apply for a job here.
(D) We want our patients to know about the changes to the original schedule.

24. (A) will receive
(B) had received
(C) to receive
(D) to be received

Questions 25-28 refer to the following article.

After receiving many letters from citizens upset about recent trends in the real estate market, the Dartmouth City Council carried out a study to assess the situation. They released their findings today, and they will meet tomorrow to decide what measures should be taken, if any.

—[1]—. At even a cursory glance, it is apparent that there has been a marked increase in the rent for residential apartments across the board. While occupancy rates across the city rose by about 0.6 percent, slightly less than last year's 0.71 percent, rents climbed an average 4.6 percent to an average of $823 per month. —[2]—. It should be stressed that these are average amounts, and that the increases in some neighborhoods were far more significant. The Riverside area, which was once an important business district, has seen an explosion in apartment construction. The old factories and warehouses have been torn down, and developers are taking advantage of the opportunity to build luxury apartments. The two major complexes, Dartmouth Rapids and Streamside Apartments, average about $1,457 per month, or $634 above the regional average.

— [3] —. This has resulted in the construction of an additional station in the Bamoral Heights area, which has raised the average rent there to $982 per month.

— [4] —. A few areas, however, have actually seen a decrease in value. Elsey Ridge, which is the farthest-outlying area of the city, saw an average decrease of 1.5 percent, making the average monthly rent there just $635 per month.

---

25. What is the main purpose of this article?

(A) To analyze past occupancy rates
(B) To announce public transportation projects
(C) To summarize real estate trends in the city
(D) To describe population growth in different areas

26. According to the article, why are 고난도 developers interested in Riverside?

(A) It is a popular tourist destination.
(B) Higher rents can be charged there.
(C) The area has many important factories.
(D) It is conveniently located near a shopping center.

27. What is indicated about the Dartmouth 고난도 Rapids and Streamside Apartments?

(A) They have attracted many potential tenants already.
(B) They are the first luxury apartments to be constructed in Dartmouth.
(C) They are situated far from the city center.
(D) They were built in place of old manufacturing plants.

28. In which of the positions marked [1], [2], [3], and [4] does the following sentence best belong?

"One other development project that has had a significant impact is the extension of Subway Line 3 to Deerfallow Station."

(A) [1]
(B) [2]
(C) [3]
(D) [4]

HOLDING EVENTS AT KINGSTON LIBRARY

The Jefferson Room at the Kingston Library is mainly used for library programs, but it may also be used for private meetings and company events on any day with the exception of Sundays. Please complete a request form in order to reserve the room.

Overview of Fees for Using the Jefferson Room
The fees below are determined by the user type and the number of expected attendees.

	1-40 Attendees	41-80 Attendees	81-120 Attendees
Library card holders (private meetings and social gatherings)	$20 per individual	$40 per individual	$80 per individual
Nonmembers (private meetings and social gatherings)	$40 per individual	$80 per individual	$160 per individual
Company groups	$80 per individual	$120 per individual	$240 per individual

Important Details
- Selling or advertising products is not allowed in the Jefferson Room.
- The library is open daily from 8 A.M. to 6 P.M. Events held after hours require a security guard to be on site. This arrangement can be made through the library for an extra fee. Alternatively, individuals are also welcome to hire a security guard on their own.

KINGSTON LIBRARY

Reservation Request Form for the Jefferson Room

Individual/Group name: Hermes Architecture Firm
Contact representative: Penelope Sack
Phone: 555-4930
E-mail: p_sack@hermesarchitect.com

Event description: Our architecture firm is in the process of making preliminary plans for a new shopping mall that will be constructed in the city of Kingston. Before finalizing the designs, we would like to show our plans to the residents of Kingston and receive their input. Participants will consist of the design team, our client, and Kingston residents who want to attend.
Expected number of attendees: 120
Do you own a library card? No
Date and time of event: Friday, April 20, 6:30 P.M. – 8:30 P.M.

I have read and consent to all room policies. I understand that it is my responsibility to leave the room in its original state and to return all extra chairs and folding tables to the storage closet.

Signature: *Penelope Sack* **Date:** March 25

29. What does the information indicate about Kingston Library?

(A) The library closes earlier on weekends.
(B) The library allows events to take place after its business hours.
(C) A fee is charged for all library programs.
(D) Discounts are provided to Kingston residents for library room rentals.

30. Why will Penelope Sack hold a meeting?

(A) To plan a fundraiser for a project
(B) To celebrate the opening of a building
(C) To get feedback from people in the community
(D) To nominate individuals for an award

31. How much will Hermes Architecture be charged per person if Ms. Sack's request is approved?

(A) $80
(B) $120
(C) $160
(D) $240

32. What is implied about the Jefferson Room?

(A) It can be reserved for any day of the week.
(B) Additional furniture can be set up to accommodate large parties.
(C) It is open only to companies on Wednesdays.
(D) Library card holders may use the room free of charge.

33. What would Ms. Sack be required to do before her event?

(A) Arrange for a security guard to be present
(B) Get permission from city officials
(C) Extend her library membership period
(D) Send a list of attendees

동사

- 동사는 크게 태와 시제 문제로 구별할 수 있다. 대부분의 태 문제는 목적어로 쓰이는 명사의 유무에 따라 태를 구분할 수 있는 3형식 동사가 출제되지만 뒤에 명사가 있더라도 수동태를 쓸 수 있는 4/5형식 동사도 출제되므로 정확한 해석을 기반으로 문제에 접근해야 한다. 시제 문제는 제일 먼저 시간을 나타내는 부사구를 파악하는 것이 관건이다. 부사구가 등장하지 않는다면 시간 접속사에 의해 연결된 동사의 시제를 활용하여 시제를 일치시켜 주면 된다.

기본 개념 이해하기

Tip! 동사의 태는 해석을 통해 의미상으로 능동/수동을 결정해야 해. 하지만 토익의 태 문제로 출제되는 동사가 대부분 타동사니까 해석으로 애매하다면 목적어가 있으면 능동, 없으면 수동을 선택하면 돼.

1. 능동태와 수동태의 개념

능동태	The flight attendant **discouraged** the use of electronic devices. 승무원은 전자 기기를 사용하지 못하게 했다. 주어 = 행위의 주체 ㅣ 목적어 = 행위의 영향을 받는 대상
수동태	The use of electronic devices **was discouraged** by the flight attendant. 전자 기기 사용은 승무원에 의해 저지당했다. 주어 = 행위의 영향을 받는 대상 ㅣ by + 목적격 = 행위의 주체

- 행위의 주체가 문장의 주어이면 능동태를, 행위의 영향을 받는 대상이 주어이면 수동태를 쓴다.

2. 수동태의 형태: be동사 + 과거분사 ~ (by 행위자)

단순 시제 수동태	The Eiffel Tower **is visited** by a large number of tourists. 많은 관광객들이 에펠탑을 방문한다. ··· 현재형 「am/are/is + 과거분사」 The Eiffel Tower **was designed** by Gustave Eiffel. 에펠탑은 Gustave Eiffel에 의해 고안되었다. ··· 과거형 「was/were + 과거분사」 The Eiffel Tower **will be given** a new coat of paint next month. 에펠탑은 다음 달에 새롭게 페인트칠이 될 것이다. ··· 미래형 「will(조동사) + be + 과거분사」
진행 시제 수동태	The bread **is being baked**. 빵이 구워지고 있다. ··· 진행형 「be동사 + being + 과거분사」
완료 시제 수동태	A room **has been booked** for you. 당신을 위해 방이 하나 예약되어 있습니다. ··· 완료형 「have + been + 과거분사」

by + 행위자	The safety regulations will be revised. 안전 수칙이 개정될 것이다. ··· by them 생략 We were advised **by the analyst** that property prices might increase next quarter. 분석가는 우리에게 다음 분기에 부동산 가격이 오를지도 모른다고 조언했다. ··· 수동태의 행위자는 주로 생략되지만, 필요한 경우 「by + 행위자(목적격)」 형태로 나타냄

3. 단순 시제

과거 시제	The accounts manager **submitted** next year's budget proposal yesterday. 회계 담당자가 어제 내년도 예산안을 제출했다.
현재 시제	Ms. Kim **attends** the staff meeting every Monday. Ms. Kim은 매주 월요일마다 직원 회의에 참석한다.
미래 시제	Mr. Jones **will be** transferred to the headquarters in London next month. Mr. Jones는 다음 달에 런던에 있는 본사로 전근 갈 것이다.

- 단순 시제는 현재, 과거, 미래 시점이 상태나 동작을 나타낸다.
  (1) **과거 시제:** 이미 끝난 일 또는 과거의 사실이나 습관
  (2) **현재 시제:** 반복적인 일이나 현재의 일반적인 사실
  (3) **미래 시제:** 아직 일어나지 않은 앞으로의 일의 예상하거나 앞으로 할 일

4. 진행 시제

과거 진행 (was / were + V-ing)	The accounts manager **was preparing** next year's budget proposal last week. 회계 담당자는 지난 주에 내년도 예산안을 준비하고 있었다.
현재 진행 (am / are / is + V-ing)	Mr. Jones **is attending** the staff meeting this week. Mr. Jones는 이번 주 직원 회의에 참석한다.
미래 진행 (will be + V-ing)	Ms. Pollock **will be working** as a sales manager in London next month. Ms. Pollock은 다음 달부터 런던에서 영업 매니저로 일하게 될 것이다.
현재 완료 진행 (have / has been + V-ing)	The marketing team **has been working** on the project for a month. 마케팅 팀은 한 달 동안 그 프로젝트 작업을 진행하고 있다.

- 진행 시제는 (현재, 과거, 미래의) 특정 시점의 한시적인 기간 동안, 일시적으로 일어나고 있는 일을 나타낸다.
  (1) **과거 진행 시제:** 과거의 특정 시점에 진행되었던 일
  (2) **현재 진행 시제:** 지금 현재 시점에 진행되고 있는 일 또는 이미 예정된 가까운 미래
  (3) **미래 진행 시제:** 미래의 특정 시점에 진행될 일
  (4) **현재 완료 진행 시제:** 과거부터 계속되어 현재 시점에도 진행되고 있는 일

5. 완료 시제

과거 완료 (had + p.p.)	Mr. Jones **had worked** here for five years before he was transferred to London. Mr. Jones는 런던으로 전근 가기 전에 이곳에서 5년 동안 일했다.
현재 완료 (have / has + p.p.)	The accounts manager **has already submitted** next year's budget proposal. 회계 담당자는 이미 내년도 예산안을 제출했다.
미래 완료 (will have + p.p.)	By that time, Ms. Keith **will have finished** setting the marketing strategies. 그때쯤이면 Ms. Keith는 마케팅 전략 개발을 완료했을 것이다.

- 동작이 발생한 특정 시점에 초점을 맞추는 단순 시제와 달리 완료 시제는 말하는 시점(현재, 과거, 미래)과의 관련성에 초점을 맞춘다.
  (1) **과거 완료 시제:** 과거시점에 발생한 어떤 일보다 먼저 일어난 일
  (2) **현재 완료 시제:** 과거에 발생해 현재에 영향을 끼치는 일
  (3) **미래 완료 시제:** 과거나 현재부터 시작된 일이 미래의 어느 시점까지 계속되어 완료되는 일

📋 핵심 문제 유형

- 목적어로 쓰이는 명사의 유무로 태를 구분하는 3형식 동사의 출제 비중이 가장 높다. 뒤에 명사가 있더라도 수동태가 정답이 될 수 있어 혼동하기 쉬운 4·5 형식 동사의 태 관련 내용이 고난도 문제로 출제된다.
- 특정 시점을 나타내는 단서 표현을 찾아 동사의 알맞은 시제를 고르는 문제와 시간·조건 부사절에서 현재 시제가 미래 시제를 대신하는 문제가 가장 많은 출제 비중을 차지한다. 두 개의 절로 구성된 문장에서 해석을 통해 시제를 파악하는 문제와 현재/미래 시제를 주고 해당 시제와 어울리는 부사를 선택하는 문제가 최근에 자주 출제되고 있다.

1. 능동태와 수동태 구분

Q1 [주어(행위의 주체)가 ~하다 vs. 주어(행위의 대상)가 ~되다, 당하다]

The bank will contact you in writing as soon as your loan application is **[approving / approved]** by a manager. [1]

>> 출제 포인트 **해석에 의한 태 구분:** 주어가 행위의 주체가 되어 행위를 '~하면' 능동태를, 주어가 행위의 대상으로서 행위를 '~당하면' 수동태를 쓴다. 수동태는 「be + 과거분사」의 형태를 취한다.

Q2 3형식 동사의 [능동태 vs. 수동태] + 명사

The Marketing Department **[has conducted / has been conducted]** a thorough survey to develop new marketing strategies. [1]

3형식 동사의 [능동태 vs. 수동태] + 전치사

Safety regulations for the assembly line **[had revised / will be revised]** in response to the inspection. [2]

>> 출제 포인트 **목적어 유무에 의한 태 구분:** 대부분 3형식 타동사가 출제되기 때문에 동사 뒤에 목적어(명사)가 있으면 능동태, 목적어(명사) 없이 전치사나 부사가 오면 수동태를 쓴다.

☑ **3형식 동사의 수동태**

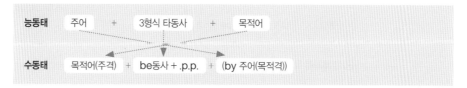

능동태	주어	+	3형식 타동사	+	목적어
수동태	목적어(주격)	+	be동사 + .p.p.	+	(by 주어(목적격))

➕ check ....

1. Tripfolio **[was provided / provides]** an easy way to track all your business vehicle expenses.

2. A change will be **[made / making]** to our subscription package prices beginning next year.

Q3 4형식 동사의 [능동태 vs. 수동태] + 명사

Candidates with sales experience will **[give / be given]** the chance to interview for the job. [1]

>> 출제 포인트   목적어를 2개 취하는 4형식 동사는 수동태 뒤에도 명사가 올 수 있기 때문에, 4형식 동사의 태를 결정할 때는 우선적으로 해석에 의해 판단한다.

☑ **4형식 동사(give, offer, award, send, issue, charge 등)의 수동태**

능동태	주어 + 수여동사 + 간접목적어(명사 1) + 직접목적어(명사 2)
수동태	명사 1 + be + 수여동사의 과거분사 + 명사 2 + (by 주어(목적격))

Q4 5형식 동사의 [능동태 vs. 수동태] + 명사

Wheelers Corporation, a medical consulting company, has **[named / been named]** Boston's Best Workplace by Best Biz, a business research organization. [1]

5형식 동사의 수동태 + [형용사 vs. 부사]

Emergency fire doors are located on every floor of the building and must be kept **[clearly / clear]** of any obstacles. [2]

5형식 동사의 [능동태 vs. 수동태] + to부정사

Commuters are strongly **[advising / advised]** to take public transit today. [3]

>> 출제 포인트   5형식 동사는 명사나 to부정사를 목적격 보어로 취하기 때문에 수동태로 바뀌면 뒤에 명사나 to부정사가 남는다.

☑ **명사를 목적격 보어로 취하는 5형식 동사(appoint, name, call, elect 등)의 수동태**

능동태	주어 + 5형식 동사 + 목적어 + 목적격 보어(명사)
수동태	목적어(주격) + be + 5형식 동사의 p.p. + 목적격 보어(명사) + (by 주어(목적격))

☑ **형용사를 목적격 보어로 취하는 5형식 동사(make, consider, keep, leave, find 등)의 수동태**

능동태	주어 + 5형식 동사 + 목적어 + 목적격 보어(형용사)
수동태	목적어(주격) + be + 5형식 동사의 p.p. + 목적격 보어(형용사) + (by 주어(목적격))

✅ to부정사를 목적격 보어로 취하는 5형식 동사의 수동태

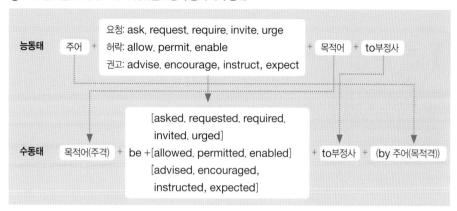

✅ to부정사를 목적격 보어로 취하는 5형식 동사들과 수동태

- **ask** A to do: A가 ~하도록 요청하다
  → be **asked** to do ~하도록 요구받다

- **request** A to do: A가 ~하도록 요청하다
  → be **requested** to do ~하도록 요청받다

- **require** A to do: A가 ~하도록 요구하다
  → be **required** to do ~하도록 요구받다

- **invite** A to do: A가 ~하도록 요청[초대]하다
  → be **invited** to do ~하도록 요청[초대]받다

- **urge** A to do: A가 ~하도록 권고하다
  → be **urged** to do ~하도록 권고되다

- **allow** A to do: A가 ~하도록 허용하다
  → be **allowed** to do ~하도록 허용되다

- **permit** A to do: A가 ~하도록 허락하다
  → be **permitted** to do ~하도록 허락받다

- **enable** A to do: A가 ~하는 것을 가능하게 하다
  → be **enabled** to do ~하도록 가능하게 되다

- **advise** A to do: A가 ~하도록 권고하다
  → be **advised** to do ~하도록 권고되다

- **encourage** A to do: A가 ~하도록 권장하다
  → be **encouraged** to do ~하도록 권장되다

- **instruct** A to do: A가 ~하도록 지시하다
  → be **instructed** to do ~하도록 지시받다

- **expect** A to do: A가 ~할 것으로 기대[예상]하다
  → be **expected** to do ~할 것으로 기대[예상]되다

+ check

1. Your personal information is kept **[confidentially / confidential]** by Farisys.

2. All staff members are **[expecting / expected]** to maintain an appropriate level of professionalism when interacting with clients.

2. 유의해야 할 수동태

Q5 목적어를 취하지 않는 자동사의 태

Ms. Kovac has requested your presence at the regional meeting that will **[take place / be taken place]** on Thursday. [1]

>> 출제 포인트 ❶ take place는 행위의 대상인 목적어를 취하지 않는 자동사이므로 수동태로 쓰이지 않는다.

☑ 수동태로 잘못 쓰기 쉬운 자동사

remain	남아있다	arrive	도착하다
seem	~인 것 같다	exist	존재하다
take place	개최되다	occur, happen	발생하다
rise	오르다	proceed	진행되다
last	지속되다	expire	만료되다

❷ 「자동사 + 전치사」 형태의 구동사는 타동사처럼 뒤에 목적어를 취하기 때문에 수동태로 표현할 수 있다.

Normally this training would **be carried out** by your supervisor, Ms. Elly Park.
평소대로라면 이 교육은 당신의 상사, Ms. Elly Park이 진행했을 것입니다.

☑ 자동사 + 전치사

account for	~을 설명하다	deal with	~을 다루다
refer to	~을 참고하다	carry out	~을 실행하다
rely on	~에 의존하다	take care of	돌보다
interfere with	방해하다		

> **cf** '구성되다'의 consist of는 「자동사 + 전치사」 형태이나 구성된 상태를 표현하므로 수동으로 쓰지 않으며, be made up of, be composed of와 같은 수동 표현으로 '구성되다'라는 동일한 의미를 표현한다.
>
> A special task force team which consists of[= is made up of/is composed of] representatives from relevant divisions will be organized.
> 관련 부서에서 대표자들로 구성된 특별 대책반이 조직될 것이다.

+ check

1. All orders placed online will be **[arrived / shipped]** from our Busan warehouse within 48 hours.

2. Please remember that your Terryvale Children's Zoo membership **[will expire / has been expired]** on July 31.

Q6 수동태 + by 이외의 전치사

The store manager was pleased **[in / with]** the positive responses to the sales event. [1]

>> 출제 포인트   ❶ 감정을 나타내는 동사는 주어가 감정을 느끼는 사람이나 단체일 때 수동태를 쓴다.

❷ 행위의 주체를 나타낼 때 수동태 뒤에 「by + 명사」를 쓰는 게 일반적이지만, by 이외의 다른 전치사를 쓰는 표현에 유의해야 한다.

☑ **by가 아닌 다른 전치사를 쓰는 수동태**

be concerned about	~에 대해 걱정하다
be disappointed with	~에 실망하다
be frightened[alarmed, surprised, astonished, shocked] at	~에 놀라다
be interested in	~에 관심 있다
be satisfied[pleased] with	~에 만족하다
be accustomed[used] to	~에 익숙하다
be acquainted with	~을 알고 있다
be assigned to	~에 배정되다
be associated with	~와 관련되다
be based on[upon]	~에 기초하다
be committed[dedicated, devoted] to	~에 전념하다
be composed of	~로 구성되어 있다
be divided into	~로 나눠지다
be engaged in	~에 종사하다
be equipped with	~을 갖추다
be exposed to	~에 노출되다
be faced with	~에 직면하다
be involved in	~에 관련되다
be known as	~로 알려져 있다(자격)
be known for	~때문에 알려져 있다(이유)
be limited to	~로 제한되다
be related to	~와 관계가 있다

3. 단서로 파악하는 시제

Q7 단순 시제[과거·현재·미래 시제]와 시간 부사어구

Management **[implemented / would implement]** a policy to conserve energy yesterday. [1]

The manager **[holds / held]** a regular staff meeting every Friday morning. [2]

The director of finance **[has attended / will attend]** a conference in London next week. [3]

Safety inspections at the manufacturing facility are **[shortly / normally]** conducted by city officials. [4]

>> **출제 포인트** ❶ **과거 시제:** 과거 특정 시점에 일어난 일을 나타낸다.

☑ **과거 시제와 어울리는 부사(구)**

시간 + ago	~전에	last + 시점	지난 ~에
yesterday	어제	recently, lately	최근에

❷ **현재 시제:** 일반적인 사실이나 반복되는 일을 나타낸다.

☑ **현재 시제와 어울리는 부사(구)**

normally, typically, usually, ordinarily, generally, commonly	보통, 일반적으로
regularly, routinely, periodically	정기적으로
every / each + 시간	~마다
often, frequently	자주
currently	현재 (현재 진행형과 자주 쓰임)

특히, 현재 시제를 나타내는 단서가 없더라도, 공연 일정, 대중교통 시간표, 계약서, 품질 보증서, 할인 등 이미 정해 놓은 일이 미래까지 일정기간 지속적으로 적용되는 경우 현재 시제를 사용한다는 점에 유의한다.

The contract with our current vendor for bottled water delivery **expires** in 90 days.
생수 배달을 위한 현재의 판매상과의 계약은 90일 후 만료된다.

The promotional discount offer **ends** on November 10.
판촉 할인 제공은 11월 10일에 끝난다.

❸ **미래 시제:** 미래에 일어날 사건이나 상황에 대한 예상·추측을 나타낸다. 「will/may/can + 동사원형」, 「be going to + 동사원형」, 「be to + 동사원형」, 명령문 모두 미래를 의미하는 표현이다.

✓ **미래 시제와 어울리는 부사(구)**

next + 시점	다음 ~에
tomorrow	내일
soon, shortly	곧, 머지 않아
in + 미래연도	~후에
starting/beginning/as of + 미래 시점	~부터, ~부로

❹ **보기에 제시되는 동사의 시제 파악:** 앞으로 일어날 미래의 내용을 나타내는 「조동사 + 동사원형」과 과거의 일에 대한 추측을 나타내는 「조동사 + have p.p.」가 보기에 자주 제시되므로, 각각의 의미와 시제의 차이를 정확히 구별할 수 있어야 한다.

조동사 + 동사원형		조동사 + have p.p.	
would + 동사원형	~할 것이다	would + have p.p.	~했을 텐데
should/must + 동사원형	~해야 한다	should + have p.p.	~했어야 했는데
could + 동사원형	~할 수 있을 것이다	must + have p.p.	~했음에 틀림없다
might + 동사원형	~일지도 모른다	could + have p.p.	~할 수 있었을 텐데
		might + have p.p.	~였을 수도 있는데

┌→ 미래에 일어날 일에 대한 내용
The innovative advertising campaign <u>would contribute</u> to the success of our new books.
혁신적인 광고가 우리 신간도서의 성공에 기여할 것이다.

┌→ 과거에 일어난 일에 대한 내용
The Westfield project <u>must have been cancelled</u> due to a shortage of funds.
자금 부족으로 Westfield 프로젝트가 취소되었음에 틀림없다.

Q8 **현재 완료 시제와 시간 부사어구**

The company **[will expand / has expanded]** its business over the past two years. [1]

Employee productivity **[has improved / improved]** significantly since the factory purchased some new equipment last year. [2]

>> 출제 포인트 「have/has + p.p.」 형태의 현재 완료 시제는 과거부터 지금까지 계속되거나 최근에 완료된 일을 나타낸다

✓ **현재 완료 시제와 어울리는 부사(구)**

for[during, over, in] the past[last] + 기간	지난 ~동안
since + 과거 시점 명사 (since가 전치사) since + 주어 + 과거 동사 (since가 접속사)	~이래로
up to now, so far	현재까지
recently, lately	최근에 참고 recently는 과거 시제와도 쓰임

4. 문맥으로 파악하는 시제

Q9 두 개의 절로 구성된 문장의 동사 시제

Lucky Mart **[had conducted / will have conducted]** a survey before they decided to open another location. [1]

The results of the clinical trials were made public after the head of the research center **[approves / had approved]** the release. [2]

By the time the merger was announced, Roxy Co. **[will suffer / had suffered]** from profit loss for a long time. [3]

>> 출제 포인트

❶ 두 개 이상의 절이 접속사로 연결된 문장의 동사들은 서로 시제 일치를 이룬다. 특히, 시간 접속사 (before, after, when, while, as soon as, by the time)가 두 개의 절을 연결한 문장에서 동사의 시제를 묻는 문제가 자주 출제되는데, 이 경우 문제에서 제시된 시간 부사절의 동사의 시제를 기준으로, 해석을 통해 주절 동사의 시제를 파악한다.

❷ 과거에 발생한 두 사건이 선후 관계가 있을 때, 그 중 먼저 완료된 일을 과거완료 시제(had + p.p.)로 표현한다. 따라서, 과거의 어느 시점보다 먼저 일어난 일을 나타내는 과거 완료가 쓰인 문장에는, 항상 비교되는 과거 시점이 언급된다.

         ┌→ 비교되는 과거 시점   ┌→ 앞에 언급된 과거보다 먼저 일어난 일
Before participants of the conference **left** the hotel, they **had completed** the evaluation forms.
학회 참가자들은 호텔에서 나가기 전 평가 양식을 작성했다.

❸ By the time이 이끄는 부사절의 동사가 과거 시제면 주절에는 과거 완료가, 현재 시제면 주절에는 미래완료가 쓰인다.

> • **By the time** + 주어 + **과거**, 주어 + **과거완료(had p.p.)**: ~했을때, (이미) ~했었다
> • **By the time** + 주어 + **현재**, 주어 + **미래완료(will have p.p.)**: ~할때쯤, (이미) ~했을 것이다

        ┌→ 기준이 되는 과거   ┌→ 기준이 되는 과거 전에 완료된 일
By the time the interns **arrived** at the hotel, some of their rooms **had been assigned** to other guests.
인턴사원들이 호텔에 도착했을 때쯤 그들의 방 중 일부는 다른 투숙객들에게 배정되어 있었다.

        ┌→ 기준이 되는 미래 대신 쓰인 현재   ┌→ 기준이 되는 미래 전에 완료될 일
By the time you **get** approval from the manager, she **will have finished** setting the marketing strategies.
당신이 매니저의 승인을 받을 때쯤이면 그분이 마케팅 전략의 수립을 끝내놓았을 것입니다.

Q10 시간·조건 부사절의 시제 일치 예외

After all résumés **[will be / are]** reviewed, the two-stage interview process will start. [1]

If you are hired, you **[have helped / will help]** me develop marketing campaigns. [2]

Once the speech ends, guests **[will be / were]** able to enjoy snacks in the lobby. [3]

>> **출제 포인트** ❶ 시간·조건의 접속사가 이끄는 부사절이 미래를 나타낼 때는 미래 시제 대신 현재 시제를 쓴다.

> • 시간 부사절을 이끄는 접속사: when ~할 때 ┃ while ~하는 동안 ┃ as soon as ~하자마자 ┃
> before ~하기 전에 ┃ after ~한 후에 ┃ until ~할 때까지 ┃ by the time ~할 때쯤
> • 조건 부사절을 이끄는 접속사: if ~라면 ┃ once 일단 ~하면 ┃ unless ~아니라면

❷ 시간, 조건의 접속사가 이끄는 부사절의 현재 시제 동사는 주절 동사의 시제가 미래임을 파악하는 단서가 된다.

┌→ 시간 부사절 접속사   ┌→ 시간 부사절에서 미래(will find) 대신 쓰인 현재 시제 ···→ 주절의 시제가 미래임을 알려주는 단서
As soon as we **find** a suitable place for the workshop, further details **will be** provided.
적절한 워크숍 장소를 찾는 대로 더 자세한 세부사항을 알려드리겠습니다.

┌→ 조건 부사절에서 미래(will be made) 대신 쓰인 현재 시제
···→ 주절의 시제가 미래임을 알려주는 단서   ┌→ 조건 부사절 접속사
The lease with The Hawthorn Group **will be continued** **if** modifications to the existing offices **are** made.
기존 사무실에 대한 변경이 이루어진다면 Hawthorn 사와의 임대 계약이 지속될 것이다.

❸ 시간·조건 부사절이 미래 시점을 의미하면 미래 대신 현재 시제를 쓰나, 과거 시점을 의미하면 원래대로 과거 시제를 쓴다.

When the supervisor **attempted** to install the new software, she **encountered** a small problem.
감독관은 새 소프트웨어의 설치를 시도했을 때 작은 문제에 맞닥뜨렸다.

Practice

1. Next year, a refined version of GKM Motors' bestselling car model ------- in its spring advertising campaign.

(A) will introduce
(B) has been introduced
(C) will be introduced
(D) introduces

2. Production at Nelson Manufacturing was suspended while safety inspections -------.

(A) were being conducted
(B) to conduct
(C) will be conducted
(D) have conducted

3. Last year, Harington Computers' Quality Control Department ------- several new policies to improve production efficiency.

(A) implementation
(B) implements
(C) implemented
(D) implementing

4. If the construction director ------- the building plans, construction will begin on the new library next week.

(A) will approve
(B) approve
(C) will have approved
(D) approves

5. Once the decision on hiring new sales representatives -------, the Personnel Department will place an advertisement.

(A) approve
(B) has been approved
(C) approved
(D) will approve

6. Funds from Bowson Tech's budget surplus ------- primarily for improving its company website and updating office equipment.

(A) allocated
(B) has been allocating
(C) allocation
(D) are allocated

7. The court hearing on the ownership of the property ------- now that the parties have reached a settlement.

(A) to cancel
(B) cancel
(C) has canceled
(D) will be canceled

8. We are confident that your test drive of Beuve's new TXL 430 model next week ------- your expectations.

(A) has exceeded
(B) exceeding
(C) will exceed
(D) exceeded

9. Timberlake Golf Club ------- among the best golf clubs in New Zealand over the last five years.

(A) has ranked
(B) is ranking
(C) had ranked
(D) would rank

10. All the residents who are ------- about the proposed water rate increase will be invited to a public hearing next month.

(A) concerns
(B) concerned
(C) concerning
(D) concern

11. Accidents at the Gonyang Apartment construction site have been substantially reduced since the revised safety regulation procedures -------.

(A) have been implemented
(B) were implemented
(C) had implemented
(D) will be implementing

12. Mega Construction ------- gives free estimates for commercial renovation projects.

(A) routinely
(B) previously
(C) recently
(D) formerly

13. Those who are looking for jobs are ------- to bring at least 10 résumés to the job fair and to be prepared for short interviews.

(A) advised
(B) criticized
(C) monitored
(D) excused

14. By the time the Purchasing Department is ready to place another order, Startrack Office Supplies ------- a new price list.

(A) published
(B) publishing
(C) had published
(D) will have published

15. Jefferson Company announced that its 고난도 annual operating expenses ------- steady compared to those of last year.

(A) is remaining
(B) have remained
(C) to remain
(D) were remained

16. This is to remind everyone that our building ------- major construction work starting next week.

(A) to undergo
(B) will be undergoing
(C) undergoing
(D) would have undergone

17. At last night's retirement party, Charles Choi ------- for his 30 years of hard work and dedication to the company.

(A) honored
(B) had honored
(C) to be honored
(D) was honored

18. The researchers at the Davies Laboratory have ------- developed a medicine plaster comparable in quality to the best-selling brand in Europe.

(A) usually
(B) recently
(C) soon
(D) highly

19. Shanghai International Airlines ------- a 고난도 press conference once the management has decided whether or not to merge with Hong Kong Air.

(A) is held
(B) hold
(C) will hold
(D) has held

20. The company is very pleased to announce 고난도 that sales have significantly increased ------- the launch of its new model last April.

(A) after
(B) since
(C) for
(D) during

To: Matthew Lee <mlee@datazerox.net>
From: Hollis Anderson <hollisa2@gu.edu>
Date: January 21
Subject: Parking permit

We appreciate you contacting us about your ------- parking permit for Lot 49. Your license plate
                                                        21.

is still in our system, and you will not receive any additional tickets for parking there for the next

week. Your current fine comes to $22.50.

I contacted the parking lot attendant to see if anyone had found and ------- the permit. -------.
                                                         22.   **23.**

If you cannot locate your permit by next week, go on our website, where you can ------- a new
                                                                  24.

one. Please note that the replacement permit will cost $15.

Sincerely,

Hollis Anderson
Gervano University Parking Services

---

21. (A) missing
(B) misses
(C) to miss
(D) missed

22. (A) return
(B) are returning
(C) returned
(D) will return

23. (A) A new ticket will be issued next week.
고난도 (B) As of yet, no one has come forward.
(C) Also, parking hours will be extended.
(D) Parking permits should be hung in a
visible location.

24. (A) approve
(B) design
(C) order
(D) remove

Questions 25-26 refer to the following Web page.

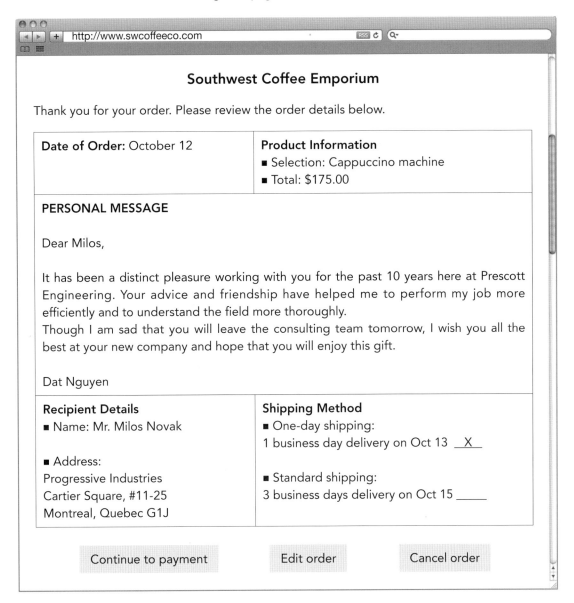

Southwest Coffee Emporium

Thank you for your order. Please review the order details below.

Date of Order: October 12	**Product Information** ■ Selection: Cappuccino machine ■ Total: $175.00

PERSONAL MESSAGE

Dear Milos,

It has been a distinct pleasure working with you for the past 10 years here at Prescott Engineering. Your advice and friendship have helped me to perform my job more efficiently and to understand the field more thoroughly.
Though I am sad that you will leave the consulting team tomorrow, I wish you all the best at your new company and hope that you will enjoy this gift.

Dat Nguyen

Recipient Details ■ Name: Mr. Milos Novak ■ Address: Progressive Industries Cartier Square, #11-25 Montreal, Quebec G1J	**Shipping Method** ■ One-day shipping: 1 business day delivery on Oct 13 __X__ ■ Standard shipping: 3 business days delivery on Oct 15 _____

Continue to payment	Edit order	Cancel order

25. What is indicated about the company Mr. Nguyen works for?

(A) It has employed him for at least 12 years.
(B) It manufactures baskets.
(C) It will move to a new location soon.
(D) It has its own consulting team.

26. What will most likely happen on October 13?

(A) Mr. Nguyen will make a payment for a gift.
(B) Mr. Novak will leave Southwest Coffee Emporium.
(C) Mr. Nguyen will cancel an order.
(D) Mr. Novak will receive a package.

Questions 27-31 refer to the following list, schedule, and e-mail.

Documentary Films of the Year Awards

The Distant Pebble
Is there a way to save the Earth? Daniel Sankh tracks the progress of wildlife conservationists for a decade looking for clues in the data.

The Longest Way
Helen Linden captures the amazing story of Susan Peters, a biology graduate student, at her home in Whitehorse, Canada. Covering the 25 months after beginning school together, the film shows the real story of how Ms. Peters made a revolutionary discovery.

A Day for Ben Markette
A film following the two-year-long campaign trail of a local professor who became a governor to save the environment. Ben Markette narrates his experiences on the road to becoming head of his state.

The Mystery at Carob Creek
Filmmakers Theresa Meyer and Mary Naff capture a series of strange summers, while trying to protect the forests.

---

http://www.lesdocsfestival.org

Awards Schedule
Main Event Speakers
Sarkowitz Hall, April 7

9:00 — Opening and Keynote Lecture
Speaker and award winner Daniel Sankh talks about a recent documentary; its styles, themes, and how it influenced his own work. He will interview its director Helen Linden about the film, as she is here to get an award for it.

10:30 — The Documentary Awards Ceremony
Host Bryan Forrest presents this year's Documentary Film Awards after playing a short interview with Matt MacKenzie, a contestant who sadly cannot attend the event. Theresa Meyer will join Mr. Forrest in presenting this year's awards.

1:30 — Beyond Documentaries
Theresa Meyer presents a panel discussion with this year's winners focused on film funding. They will talk about ways to get funding and how they paid for their own films.

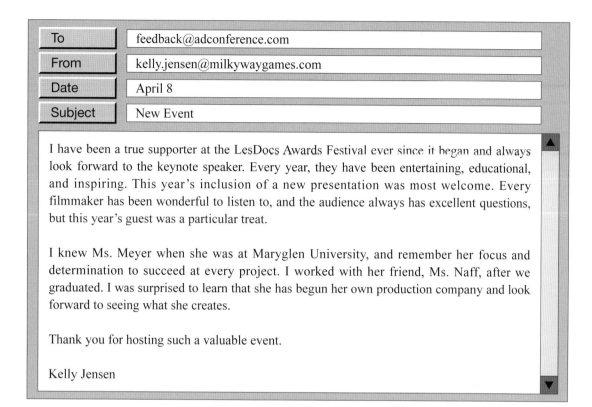

To	feedback@adconference.com
From	kelly.jensen@milkywaygames.com
Date	April 8
Subject	New Event

I have been a true supporter at the LesDocs Awards Festival ever since it began and always look forward to the keynote speaker. Every year, they have been entertaining, educational, and inspiring. This year's inclusion of a new presentation was most welcome. Every filmmaker has been wonderful to listen to, and the audience always has excellent questions, but this year's guest was a particular treat.

I knew Ms. Meyer when she was at Maryglen University, and remember her focus and determination to succeed at every project. I worked with her friend, Ms. Naff, after we graduated. I was surprised to learn that she has begun her own production company and look forward to seeing what she creates.

Thank you for hosting such a valuable event.

Kelly Jensen

27. What is one common feature in all of the documentaries?

(A) They are dedicated to famous conservationists.
(B) They took several years to make.
(C) They concentrate on wild animals.
(D) They were filmed in Canadian cities.

28. What documentary did Daniel Sankh discuss during his speech?

(A) *The Distant Pebble*
(B) *The Longest Way*
(C) *A Day for Ben Markette*
(D) *The Mystery at Carob Creek*

29. What is indicated about Beyond Documentaries?

(A) It was moved to a different time slot.
(B) It used to be hosted by Helen Linden.
(C) It was just added to an event schedule.
(D) It originally was presented at 10:30.

30. In the e-mail, the word "true" in paragraph 1, line 1, is closest in meaning to

(A) loyal
(B) correct
(C) accurate
(D) honest

31. What is probably true of Kelly Jensen?

(A) She has presented a keynote speech.
(B) She organized an awards ceremony.
(C) She has worked in the film industry.
(D) She was a speaker at Beyond Documentaries.

동명사

- 「동사 + -ing」형태로 문장에서 명사처럼 쓰이는 것을 동명사라 한다. 명사 역할을 하지만 본래 동사에서 비롯되었으므로 명사와 달리 목적어나 보어를 동반할 수 있으며, 부사의 수식을 받는다.

Tip!
토익에서는 동명사와 명사 중 하나를 선택하는 문제가 많이 나와. 전치사 중에 동명사와 함께 잘 쓰이는 「by / before / after + 동명사」구조도 자주 등장하니 기억해 둬.

기본 개념 이해하기

1. 동명사의 명사 역할

주어	**Finding** a job isn't easy for many young people. 많은 젊은이들에게 직장을 구하는 일은 쉽지 않다.
타동사의 목적어	Ms. Meller is considering **buying** one of Goldwave's products. Ms. Meller는 Goldwave 제품 중 하나를 사는 것을 고려하고 있다.
전치사의 목적어	Jim will be responsible for **arranging** shifts for employees. Jim은 직원들의 교대 근무 일정을 짜는 일을 맡게 될 것이다.
보어	Byte Tech's main objective is **helping** you to grow your business. Byte 전자의 주된 목표는 당신이 사업을 성장시키는 일을 돕는 것입니다.

- 동명사는 명사 역할을 하여, 문장에서 주어, 목적어, 보어로 쓰일 수 있다.

2. 동명사의 동사 성격: 동명사의 의미상 주어

Aeroi Corp's scientists have been working on **developing** a vaccine for the disease.
Aeroi 사의 과학자들은 이 질병에 대한 백신을 개발하기 위해 노력해 왔다.
⋯➔ 의미상의 주어: 문장의 주어와 일치해서 생략

The editors really appreciate **your informing** us of the errors. ⋯➔ 의미상의 주어: 동명사 앞의 소유격
편집자들은 당신이 오류에 관해 알려주신 데 대해 정말 감사하고 있습니다.

- 동명사의 의미상 주어가 문장의 주어와 일치하거나 문맥 속에서 파악할 수 있는 경우, 별도로 표시하지 않는다. 동명사의 의미상 주어를 밝혀야 할 경우, 동명사 앞에 소유격의 형태로 의미상의 주어를 나타낸다.

3. 동명사의 동사 성격: 동명사의 태와 시제

능동형 (V-ing)	The company increased sales by **expanding** its market globally. 그 회사는 시장을 전 세계적으로 확대하여 매출을 상승시켰다.
수동형 (being p.p.)	Mr. Hampton has a good chance of **being promoted**. Mr. Hampton은 승진할 가능성이 크다.
완료형 (having p.p.)	Catherine got a reward for **having developed** a multifunctional printing process. Catherine은 다기능 인쇄 공정을 개발한 것에 대해 포상을 받았다.

- 문장의 본동사보다 이전에 일어난 일임을 밝히기 위해 동명사의 완료 형태를 쓰고, 의미상 주어와 수동 관계일 경우 동명사의 수동 형태를 쓴다.

전치사의 목적어 자리에 동명사를 선택하는 문제와 명사와 동명사를 구분하는 문제의 출제 비중이 가장 높다. 타동사의 목적어나 주어 자리에 사용되는 동명사와 동명사 관용 표현을 묻는 문제가 출제된다.

1. 동명사의 명사 역할과 동사 성격

Q1 주어 역할

[Assisting / Assist] customers promptly is how we keep them satisfied. [1]

타동사의 목적어 역할

The sales team recommends [enhancement / enhancing] service quality to attract more customers. [2]

전치사의 목적어 역할

The city set a goal of [reducing / reduction] the number of unemployed residents. [3]

보어 역할

The purpose of offering extra vacation days is [improvement / improving] productivity while reducing stress. [4]

>> **출제 포인트**　❶ 「동사 + -ing」 형태의 동명사는 명사 역할을 하며, 문장의 주어, 동사나 전치사의 목적어, 보어로 쓰이며 '~하는 것'으로 해석한다.

　　　　　　　　❷ 「동사 + -ing」 형태로 동명사와 동일한 형태인 현재분사는 형용사 역할을 하며 '~하는'으로 해석된다는 점에서 동명사와 다르다.

　　　　　　　　❸ 동명사가 주어로 쓰일 경우 단수 취급하며 단수 동사를 쓴다.

Q2 동명사의 동사 성격: 의미상의 주어

[You inform / Your informing] an associate of your hotel experience will help us improve our services. [1]

>> **출제 포인트**　동명사는 동사의 성격이 남아 있어 주어를 표현할 수 있다. 문장의 주어와 동명사의 주어가 다른 경우, 동명사의 의미상 주어(행위의 주체)는 동명사 앞에 소유격으로 나타낸다. 하지만, 문맥상 의미상 주어가 누구인지 분명하거나 일반인인 경우는 따로 표시하지 않는다.

Q3 동명사의 동사 성격: 태와 시제

Mr. Walker was given a bonus after **[having sold / being sold]** 11 cars in just one week. ¹

>> 출제 포인트 동명사는 동사의 성격이 남아 있어 태와 시제를 반영하여 나타낼 수 있다.

❶ 동명사의 태: 동명사와 의미상 주어가 수동 관계일 경우 수동형(being + p.p.)을 쓴다.

❷ 동명사의 시제: 동명사의 시제가 본동사보다 더 과거(이전)에 일어난 일을 나타낼 때 완료형(having + p.p.)을 쓴다.

The managing director proposed a newly designed environmental policy shortly after **being appointed** last month. ⋯→ '임명된 후에' 라는 의미의 수동 동명사
상무 이사는 지난달 임명된 직후 새롭게 짜여진 환경 정책을 제안했다.

The installation of security updates will prevent employees' computers from **being accessed** by unauthorized parties. ⋯→ '직원 컴퓨터들이 접속되는 것'이라는 의미의 수동 동명사
보안 업데이트의 설치는 직원들의 컴퓨터가 권한 없는 자들에 의해 접속되는 것을 예방해줄 것이다.

2. 동명사와 명사 구분

Q4 [동명사 vs. 명사] + 목적어 / 보어

The security department is in the process of **[establishing / establishment]** a new set of safety guidelines for the office. ¹

According to a recent report, **[demanding / demand]** for portable fans has increased by 50 percent this year. ²

>> 출제 포인트 동명사는 동사의 성질이 남아 있기 때문에 뒤에 목적어나 보어를 취할 수 있으나, 명사는 목적어나 보어를 취할 수 없다. 즉, 동명사 뒤에 오는 구조는 자동사, 타동사와 같이 동사의 종류에 따라 목적어나 보어를 수반하는 동사 뒤의 구조와 동일하다.

⊕ check

1. Thank you for **[renewing / renewal]** your membership for another year.

2. A personal identification number is necessary for **[access / accessing]** to your account information.

Q5 [부사 vs. 형용사] + 동명사

Install the program after **[carefully / careful]** reviewing the instructions. [1]

[형용사 vs. 부사] + 명사

All employees must receive **[adequate / adequately]** training in the use of delicate equipment. [2]

관사 + 형용사 + [동명사 vs. 명사]

The contract will not be signed without the final **[approving / approval]** from the CEO. [3]

>> **출제 포인트** ❶ 명사는 형용사의 수식을 받고, 동명사는 부사의 수식을 받는다.

❷ 명사 앞에는 관사(a/an/the)가 올 수 있으나, 동명사 앞에는 관사가 올 수 없다.

❸ 「동사 + -ing」 형태로 되어 있어 얼핏 보기엔 동명사처럼 보이지만 관사나 형용사의 수식을 받을 수 있는 -ing 형태의 명사들에 유의해야 한다.

✓ **-ing로 끝나는 명사**

accounting	회계	boarding	탑승
advertising	광고업	catering	출장 연회 서비스
cleaning	청소	clothing	의류
dining	식사	funding	자금[재정]지원
housing	주택	mailing	우편물 발송
marketing	마케팅	writing	글쓰기
planning	계획 수립	processing	처리
restructuring	구조조정	screening	검열
seating	좌석 배치	spending	지출
staffing	직원 채용	ticketing	티켓 발급
training	훈련	understanding	이해
opening	공석, 개막, 개장		

➕ **check**

1. Legislators were able to reach **[unanimous / unanimously]** agreement on the new policy.

2. Thanks to **[careful / carefully]** planning, the construction project will be finished under budget.

3. 동명사와 함께 쓰이는 표현

Q6

타동사 + [동명사 vs. to부정사]

Some board members suggested **[honoring / to honor]** the founder of the company at the annual reception. [1]

타동사 + [동명사 vs. 명사]

A pharmacist's duties include **[confirming / confirmation]** a patient's prescription with a doctor. [2]

>> **출제 포인트** ❶ 동명사를 목적어로 취하는 타동사

고려·제안	consider	고려하다	suggest	제안하다
	recommend	추천하다	include	포함하다
	enjoy	즐기다		
중단	stop	멈추다	quit	그만두다
	discontinue	중단하다	finish	마치다
회피	avoid	회피하다	mind	꺼려하다
	dislike	싫어하다	give up	포기하다
	postpone, delay	미루다	deny	부인하다

❷ 의미 변화 없이 to부정사와 동명사를 모두 목적어로 취하는 동사

begin, start	시작하다	prefer	선호하다
continue	지속하다	like, love	좋아하다

Q7

전치사 to + [동명사 vs. 동사원형]

Nex Innovation is committed to **[lowering / lower]** your monthly utility bills. [1]

The firm is looking forward to **[hiring / hire]** accountants with extensive experience. [2]

Guests should register at the front desk prior to **[attending / attend]** the lecture. [3]

명사나 동명사를 취하는 전치사 to와 동사원형을 취하는 to부정사의 to를 구분해야 한다.

☑ be + 형용사 + 전치사 to

be accustomed[used] to	~에 익숙하다
be committed[devoted, dedicated] to	~에 전념하다
be entitled to	~할 자격이 있다
be opposed to	~에 반대하다
be related to	~에 관련되다
be subject to	~에 영향받기 쉽다, ~에 달려 있다

☑ 동사 + 전치사 to

consent to	~에 동의하다	look forward to	~을 고대하다
contribute to	~에 기여하다	object to	~에 반대하다
lead to	~을 초래하다	respond/reply to	~에 대응하다

☑ 구 전치사

according to	~에 따라	prior to	~ 전에
in addition to	게다가		

Q8 동명사의 관용 표현

The company is having difficulty [to attract / attracting] overseas clients. [1]

The construction manager spent weeks [to design / designing] a plan to renovate the building. [2]

Should you experience any problems upon [receiving / to receive] your purchase, please call our customer service center at 555-3000. [3]

>> 출제 포인트   동명사의 관용 표현

be busy (in) -ing	~하느라 바쁘다
be capable of -ing	~할 수 있다
cannot help -ing	~하지 않을 수 없다
be worth -ing	~할 가치가 있다
feel like -ing	~하고 싶다
go -ing	~하러 가다
have difficulty[a hard time] -ing	~하는 데 어려움을 겪다
keep (on) -ing	계속해서 ~하다
on[upon] -ing	~하자마자
prevent[prohibit] A from -ing	A가 ~하는 것을 막다
refrain from -ing	~하는 것을 삼가다
spend 시간/돈 (in) -ing	~하는 데 시간/돈을 쓰다

1. Because the estimated cost was reasonable, the department decided to have the printer repaired instead of ------- a new one.

   (A) purchase
   (B) purchased
   (C) purchasing
   (D) purchases

2. Our president has considered ------- Ms. Myer as chief editor to succeed Mr. Jason, who is retiring next month.

   (A) appointment
   (B) to appoint
   (C) appointed
   (D) appointing

3. Employees must submit a vacation request form to receive official ------- for their time off.

   (A) approval
   (B) approved
   (C) approve
   (D) approving

4. By ------- displaying cultural artifacts in a modern setting, the curator of the Lenningrad Museum created a special exhibit.

   (A) innovated
   (B) innovational
   (C) innovative
   (D) innovatively

5. ------- shifts for employees is one of a manager's most important responsibilities.

   (A) Arranges
   (B) Arranging
   (C) Arrangement
   (D) Arrange

6. It would be better for Stylish Footwear to discontinue ------- running shoes and focus on hiking boots instead.

   (A) produce
   (B) would produce
   (C) producing
   (D) to produce

7. Extreme Sportswear's R&D team has been working on ------- a new fabric which can withstand extreme temperatures.

   (A) development
   (B) developed
   (C) developing
   (D) to develop

8. High Point Ferry management reserves the legal right to change departure times without ------- passengers in advance.

   (A) notifies
   (B) notified
   (C) notifying
   (D) notification

9. The largest bus company in Manila has decided to reduce its fares as a way of ------- customers.

   (A) attractive
   (B) attraction
   (C) attracts
   (D) attracting

10. Daily Stock Exchange Broadcasting is dedicated to ------- accurate investment information.

    (A) providing
    (B) provide
    (C) provided
    (D) provision

11. Please keep in mind that all outdoor activities are subject to ------- without notice. 고난도

(A) cancellation
(B) canceling
(C) canceled
(D) cancel

12. Indigo Technologies offers innovative software that is ------- of maximizing an organization's efficiency.

(A) able
(B) capable
(C) possible
(D) responsible

13. The Daubert Center can be most quickly reached ------- taking subway line 5. 고난도

(A) into
(B) to
(C) by
(D) at

14. Upon ------- the notebook, the expert found that the protective seal had been broken.

(A) examining
(B) examination
(C) examine
(D) examined

15. ------- company policies has been the Legal Department's main responsibility for the last two months.

(A) Updates
(B) Updated
(C) Updating
(D) Update

16. Speed Lending Services has provisionally approved your loan application, but we await ------- of the items listed in this document. 고난도

(A) receiving
(B) to receive
(C) receipt
(D) recipient

17. Staff members at Greenbaum General Hospital are ------- to satisfying their patients' needs.

(A) expressed
(B) scheduled
(C) committed
(D) designed

18. The consultant offered some suggestions for ------- introducing change in the office.

(A) succeeding
(B) successful
(C) successfully
(D) succeed

19. Jane's Books has a good reputation for being very ------- to its customers, so it has been named the best bookstore in Boston. 고난도

(A) attention
(B) attentive
(C) attentively
(D) attentiveness

20. Before ------- to rent an apartment in Greenville, Mr. Weber asked his coworkers about the area. 고난도

(A) decide
(B) decision
(C) decides
(D) deciding

Questions 21-24 refer to the following notice.

To Sales Employees,

In the office, we try to maintain the maximum possible security for our electronic files. The same should be true when you travel to meet clients. It is ------- that you keep all work-related files
         21.
on your notebook computers protected. If you are transporting files on a memory stick, keep it in your possession at all times to protect the data on it. -------. Lastly, when you are having
         22.
business discussions over the phone, avoid discussing detailed information about our company as much as possible. By ------- these simple rules, you can help ------- our security even when
         23.   **24.**
outside the office. Thank you.

Nikita Bayul
Director of Information Technology

---

21. (A) probable
(B) essential
(C) traditional
(D) conclusive

22. (A) It would be best if you encrypted the
  고난도   files as well.
(B) Be careful not to talk about business
    on the phone, either.
(C) Employees are not allowed to copy
    any files at the office.
(D) Do not remove any work-related files
    from office computers.

23. (A) observed
(B) observation
(C) to observe
(D) observing

24. (A) ensuring
(B) ensured
(C) ensure
(D) is ensured

Questions 25-28 refer to the following online chat discussion.

Cynthia Brown [2:23 P.M.]
Do you have a minute, Dianna? I can't seem to find the expense report forms for this month. Can you locate them?

Dianna Jones [2:25 P.M.]
They're not showing up on my computer, either. When did you notice this?

Cynthia Brown [2:26 P.M.]
I just got off the phone with Alice who was trying to log receipts for the promotional posters her team purchased last week. She saw that they weren't there. Can you message tech support?

Dianna Jones [2:27 P.M.]
Hey Clark, I think some of our accounting files might have been deleted. Can you check it out?

Clark Williams [2:29 P.M.]
How odd. I remember them being there yesterday.

Dianna Jones [2:30 P.M.]
Those documents are also saved somewhere else, right?

Clark Williams [2:31 P.M.]
We back them up daily. I'll put them up right now.

Dianna Jones [2:32 P.M.]
Thanks. We should email all the departments to let them know the issue has been resolved.

Cynthia Brown [2:33 P.M.]
I can do that right now.

---

25. What problem does Ms. Brown mention?

 (A) An expense report was not submitted on time.
 (B) Some financial forms cannot be accessed.
 (C) A computer is not turning on.
 (D) Some receipts are missing.

26. From which department did Ms. Brown most likely learn about the issue?

 (A) Human Resources
 (B) Accounting
 (C) Technical Support
 (D) Advertising

27. At 2:30 P.M., what does Ms. Jones most likely mean when she writes, "Those documents are also saved somewhere else, right"?

 (A) She wants some documents to be uploaded again.
 (B) She is worried about a travel budget.
 (C) She asks that an employee order some supplies.
 (D) She would like access to the company system.

28. What will Ms. Brown most likely do next?

 (A) Install a program
 (B) Call technical support
 (C) Send an e-mail
 (D) Hold a department meeting

Questions 29-33 refer to the following e-mail and advertisement.

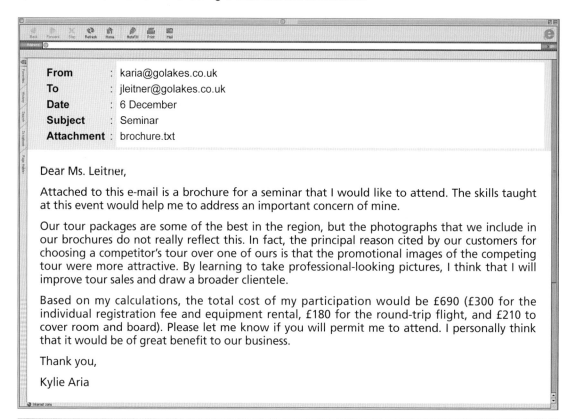

From	:	karia@golakes.co.uk
To	:	jleitner@golakes.co.uk
Date	:	6 December
Subject	:	Seminar
Attachment	:	brochure.txt

Dear Ms. Leitner,

Attached to this e-mail is a brochure for a seminar that I would like to attend. The skills taught at this event would help me to address an important concern of mine.

Our tour packages are some of the best in the region, but the photographs that we include in our brochures do not really reflect this. In fact, the principal reason cited by our customers for choosing a competitor's tour over one of ours is that the promotional images of the competing tour were more attractive. By learning to take professional-looking pictures, I think that I will improve tour sales and draw a broader clientele.

Based on my calculations, the total cost of my participation would be £690 (£300 for the individual registration fee and equipment rental, £180 for the round-trip flight, and £210 to cover room and board). Please let me know if you will permit me to attend. I personally think that it would be of great benefit to our business.

Thank you,

Kylie Aria

Skills Course: Guide to Being a Great Photographer

Wood Green Studio
79 Morlee St.
Wood Green, London

31 January -2 February
10 A.M. - 5 P.M.

This seminar is intended to instruct participants in beginner—and intermediate—level photography skills in a fun, supportive classroom environment. Whether you want to learn photography skills to improve your business's existing image portfolio or simply to become a better photographer, this seminar will prove useful.

This course will be led by Lyle Pershings, a professional with over 15 years' experience in landscape and studio photography. He has taken portraits of celebrities, done work with major advertisers, and even had a Westshore Gallery show here in London.

At Wood Green Studio, every participant in our courses receives personal guidance and feedback from our qualified instructors, high-quality textbooks, and additional exercises which may be completed at any time online.

A fee of £370 for registration and the necessary supplies will be charged for an individual applicant. Groups of more than three, however, are eligible for a £35-per-person discount. Visit www.woodgreenstudio.co.uk for more information.

29. What is the purpose of the e-mail?

   (A) To promote a class
   (B) To address a travel problem
   (C) To ask for funding
   (D) To suggest a new service

30. In the e-mail, the word "principal" in paragraph 2, line 2, is closest in meaning to

   (A) basic
   (B) top
   (C) initial
   (D) necessary

31. What is indicated about Ms. Aria?

   (A) She would like to visit London.
   (B) She recently designed a brochure.
   (C) She will lead a tour in December.
   (D) She teaches courses at a university.

32. What has Ms. Aria misunderstood about the course?

   (A) The venue
   (B) The topic
   (C) The time
   (D) The cost

33. What is suggested about Mr. Pershings?

   (A) He teaches seminar attendees.
   (B) He owns Wood Green Studio.
   (C) He provides images to travel agencies.
   (D) He currently works at Westshore Gallery.

UNIT 08 to부정사

• 「to + 동사원형」 형태로 쓰이는 to부정사는 동사를 명사, 형용사, 부사로 전환하여 문장에서 다양하게 쓰인다.

Tip!
to부정사 문제 중 가장 많이 출제되는 유형은 바로 목적을 나타내는 「(in order) to부정사」야. 꼭 기억해두자!

기본 개념 이해하기

1. to부정사의 명사, 형용사, 부사 역할

명사 역할	**To maintain** positive relations with Heron Spa's guests is essential for the position. ···→ 주어 Heron Spa의 손님들과 긍정적인 관계를 유지하는 것은 이 직책에 필수적이다. We sincerely hope **to hear** from you in the near future. ···→ 타동사의 목적어 가까운 시일 내에 당신으로부터 소식을 듣기를 진심으로 바랍니다. Her job is **to supervise** manufacturing and packaging. ···→ 주격 보어 그녀의 일은 제조와 포장을 감독하는 것이다. Team members asked the director **to extend** the deadline. ···→ 목적격 보어 팀원들은 부장에게 마감일을 연장해 달라고 요청했다.
형용사 역할	Mr. Brown has the authority **to choose** the raw material supplier. ···→ 명사 수식 Mr. Brown은 원자재 공급처를 선택할 권한이 있다.
부사 역할	Please send us a deposit of $50 by Friday **to secure** your reservation. ···→ 동사 수식 예약을 확보하기 위해 금요일까지 50달러의 보증금을 보내 주십시오. We are happy **to provide** you with a replacement at no cost. ···→ 형용사 수식 우리는 당신에게 무료로 대체품을 제공해드리게 되어 기쁩니다.

2. to부정사의 동사 성격: 의미상 주어

Ms. Davis would love **to visit** our branch in Paris next time. ···→ 의미상의 주어: 문장의 주어와 일치해서 생략
Ms. Davis는 다음에 파리에 있는 우리 지점을 방문하고 싶어할 것이다.

It is necessary **(for people) to exercise** regularly. ···→ 의미상의 주어: 일반인이므로 생략
(사람들은) 규칙적으로 운동할 필요가 있다.

It is necessary **for her to exercise** regularly. ···→ 의미상의 주어: for her
그녀는 규칙적으로 운동할 필요가 있다.

• to부정사의 의미상 주어가 문장의 주어와 일치하거나, 일반인인 경우 별도로 표시하지 않는다.
• to부정사의 의미상 주어를 밝혀야 할 경우, to부정사 앞에 「for + 목적격」 형태로 의미상의 주어를 나타낸다.

3. to부정사의 동사 성격: 태와 시제

능동형 (to 동사원형)	It is necessary **to decline** the invitation respectfully in advance. 미리 초대를 정중하게 거절할 필요가 있다.
수동형 (to be + p.p.)	The schedule for the seminar is **to be distributed**. 세미나 일정이 배포될 예정이다.
완료형 (to have + p.p.)	It was inconvenient for the passengers **to have waited** for so long. 승객들은 그렇게 오래 기다리는 것이 불편했다.

• 문장의 본동사보다 이전에 일어난 일임을 밝히기 위해 to부정사의 완료 형태를 쓰고, 의미상 주어와 수동 관계일 경우 to부정사의 수동 형태를 쓴다.

 **핵심 문제 유형**

목적을 나타내는 부사적 용법의 to부정사 관련 문제의 출제 비중이 가장 높다. 타동사의 목적어나 목적격 보어 자리에 사용되는 to부정사, 의미상의 주어, 부정사 관용 표현을 묻는 문제가 출제된다.

1. to부정사의 특징

> ### Q1 2형식 자동사의 to부정사 + [형용사 vs. 부사]
>
> Mr. McConnell suggested focusing on developing additional products to remain **[competitive / competitively]**. [1]
>
> ### 3형식 타동사의 to부정사 + [명사 vs. 부사]
>
> The new laptop prototype was only shown to senior management to ensure **[confidentiality / confidentially]**. [2]

>> 출제 포인트 자동사의 to부정사 뒤에는 보어나 부사가 올 수 있으며, 타동사의 능동형 to부정사 뒤에는 목적어가 온다. 즉, to부정사 뒤에 오는 문장 구조는 자동사, 타동사와 같이 동사의 종류에 따라 목적어나 보어를 수반하는 동사 뒤의 구조와 동일하다.

> ### Q2 to부정사의 동사 성격: 의미상의 주어
>
> It is important **[for / that]** employees to respond promptly to customer complaints. [1]

>> 출제 포인트 to부정사는 동사의 성격이 남아 있어 주어를 표현할 수 있다. 문장의 주어와 to부정사의 주어가 다른 경우, to부정사의 의미상 주어(행위의 주체)는 to부정사 앞에 「for + 명사」나 「for + 대명사의 목적격」으로 나타낸다. 하지만, to부정사의 의미상 주어가 문장의 주어와 일치하거나, 일반인인 경우는 따로 표시하지 않는다.

Q3 to부정사의 동사 성격: 태와 시제

The articles for the magazine need **[to have reviewed / to be reviewed]** by Friday. [1]

In order for the new flooring to **[install / be installed]**, the office will close on Tuesday. [2]

>> 출제 포인트 동사의 성격이 남아 있는 to부정사는 태와 시제를 반영하여 표현할 수 있다.

❶ to부정사의 태: to부정사가 의미상 주어와 수동의 의미를 나타낼 때, 수동태 「to be + p.p.」로 표현한다.

❷ to부정사의 시제: to부정사가 주절보다 한 시제 앞선 일을 나타낼 때, 완료형 「to have + p.p.」로 표현한다.

2. to부정사의 명사 역할

Q4 주어 자리: [동사원형 vs. to부정사] ~ + 동사

[Submit / To submit] a marketing proposal by tomorrow is impossible. [1]

가주어 it ~ 진주어 to부정사 구문: [it / there] + be + 형용사 + to부정사

[It / There] is necessary to work collaboratively with colleagues in order to increase productivity. [2]

>> 출제 포인트 ❶ to부정사가 명사적 용법으로 쓰일 때는 '~하는 것'으로 해석되고, 문장의 주어, 목적어, 보어 역할을 한다.

❷ 가주어 it / 진주어 to부정사: to부정사가 주어 역할을 할 때 가주어 it을 쓰고, 진주어인 to부정사를 뒤로 보내는 경우가 일반적이다.

❸ 가목적어 it / 진목적어 to부정사: to부정사가 5형식 동사[consider, make, find, think 등]의 목적어 역할을 할 때는 가목적어 it을 쓰고 진목적어인 to부정사를 뒤로 보낸다.

       ┌→ 가목적어 it   ┌→ 의미상의 주어   ┌→ 진목적어 to부정사

The sales manager considers **it** important **for** employees **to learn** to treat customers with respect.
영업부장은 직원들이 고객들을 공손히 대하는 법을 배우는 것이 중요하다고 생각한다.

Q5 보어 자리: be동사 + [과거분사 vs. to부정사]

The goal of the Customer Service Department is **[resolved / to resolve]** all customer complaints in a timely manner. [1]

>> 출제 포인트   be동사 뒤에 to부정사가 오는 경우 다양한 의미를 갖는다.

- **~하는 것이다**

  The purpose of this training **is to help** employees learn company regulations.
  이 교육의 목적은 직원 여러분이 회사 규정을 알도록 도와드리는 것입니다.

- **~할 것이다 (예정)**

  The construction **is to begin** on April 1 and **to be** finished by August 1.
  공사는 4월 1일에 시작해서 8월 1일에 마무리될 예정이다.

- **~해야 한다 (의무)**

  The total amount of the bill **is to be** paid by the end of this month.
  청구서의 총액은 월말까지 지불되어야 합니다.

Q6 목적어 자리: 타동사 + [to부정사 vs. 동명사]

Should your client wish **[revising / to revise]** their order, let me know before the end of the day. [1]

The design team has been working overtime since the supervisor **[avoided / refused]** to extend the deadline. [2]

>> 출제 포인트   to부정사를 목적어로 취하는 동사

희망	want, wish, hope	바라다	would like	~하고 싶다
의지	intend	의도하다	try	~하려고 노력하다
	aim	목표로 하다	promise, pledge	약속하다
	plan	계획하다		
결정	decide	결정하다	choose	선택하다
	refuse	거절하다		
부정	hesitate	망설이다	fail	하지 못하다
기타	need	필요로 하다	afford	여유가 있다
	manage	그럭저럭 ~하다		

Q7 5형식 동사 + 목적어 + [to부정사 vs. 동명사]

The urgent project deadline will not allow Ms. Liou to **[attending / attend]** the conference. [1]

Employees are reminded **[to turn off / turning off]** their desktop computers before leaving the office. [2]

help + 목적어 + [동사원형 vs. 동사]

Company workshops help employees **[strengthen / would strengthen]** working relationships. [3]

>> **출제 포인트** ❶ to부정사를 목적격 보어로 취하는 동사의 능동태: '누가 ~하도록 ...하다'라는 의미를 갖는 5형식 동사가 능동태로 쓰일 때, 목적격 보어로 to부정사를 취한다.

☑ **to부정사를 목적격 보어로 취하는 동사**

요청	ask	요청하다	invite	요청하다	
	request	요청하다	require	요구하다	
권장·제안	encourage	권장하다	urge	촉구하다	**목적어 + to부정사**
	persuade	설득시키다	advise	충고하다	~가 ~하도록
	convince	납득시키다	remind	상기시키다	
지시·강요	instruct	지시하다	force	강요하다	
	obligate	강요하다			
기타	enable	가능하게 하다	expect	기대하다	
	allow	허락하다	cause	야기하다	

❷ 위에 열거한 to부정사를 목적격 보어로 취하는 동사가 뒤에 목적어 없이 to부정사를 바로 취하면, '목적어 + be p.p. + to부정사'의 수동태로 파악한다.

All staff members **are encouraged to** get in touch with the personnel office whenever they have problems with their coworkers.
모든 직원들은 동료간에 문제가 생길 때는 언제든지 인사과에 연락하도록 권장된다.

❸ 「help + 목적어 + (to)부정사」: '누가 ~하는 것을 돕다'라는 의미를 갖는 help는 목적격보어 자리에 원형부정사와 to부정사를 모두 쓸 수 있다.

This course will **help** you **(to) develop** the skills to negotiate successfully.
이 수업은 여러분이 성공적인 협상의 기술을 개발하도록 도와드릴 것입니다.

cf 「help + (to) 동사원형」: help는 '~하는 것을 돕다'는 의미로 목적어 없이 원형부정사나 to부정사를 바로 취하는 구조로도 자주 쓰인다.

Flexible work hours will **help (to) reduce** traffic congestion, particularly in metropolitan areas.
탄력근무제는 특히 대도시 지역에서 교통혼잡을 감소시키는 데 도움이 될 것이다.

1. The government urged the National Lottery **[withdraw / to withdraw]** their exaggerated advertisement.

2. Mr. Pak asked his assistant **[to type / was typing]** the meeting minutes.

3. All employees working in the assembly area will be required **[to take / taking]** a course on machine operation.

3. to부정사의 형용사 역할

Q8 특정 명사 + to부정사: the right / effort + **[to부정사 vs. 분사]**

Pinnacle Airlines reserves the right **[to refuse / refusing]** boarding of any passenger without valid identification. [1]

Sales associates will make an effort **[to respond / responding]** to customers' inquiries within 24 hours. [2]

>> 출제 포인트

to부정사는 특정 명사 뒤에서 '(~해야) 할, ~할 수 있는, ~하기 위한"의 의미로 명사를 수식하는 형용사 역할을 한다. to부정사의 수식을 받는 특정 명사에 유의해야 한다.

☑ to부정사의 수식을 받는 명사

effort	노력	right	권리
opportunity, chance	기회	ability	능력
time	시간	authority	권한
way	방법	means	수단
plan	계획	need	필요
decision	결정	attempt	시도
failure	~하지 못함	proposal	제안서

4. to부정사의 부사 역할

Q9 목적을 나타내는 to부정사

To + [동사원형 vs. 동명사]~, 주어 + 동사

To **[accommodate / accommodating]** a wide range of schedules, we offer a variety of times and dates for the workshop. [1]

[For vs. To] + 동사원형~, 주어 + 동사

[For / To] update your contact information, log on to your account. [2]

[분사구문 vs. to부정사] ~, 주어 + 동사

[Being / To be] eligible for the sales manager position, candidates must have a university degree in marketing. [3]

>> 출제 포인트 ❶ to부정사의 부사 역할 중 '~하기 위해서'라는 의미의 목적을 나타내는 to부정사는 문장 맨 앞, 중간, 맨 뒤 등 다양한 위치에 올 수 있다. 목적의 의미를 강조할 때 「in order to부정사」나 「so as to부정사」 형태로 쓸 수 있다.

☑ **목적을 나타내는 to부정사**

in order[so as] to 동사원형 ~, S + V	~하기 위하여, S가 V한다

❷ 분사구문도 목적을 나타내는 to부정사와 동일하게 문장 앞에 위치할 수 있다. 따라서, 문맥을 통해 시간, 조건, 양보, 이유 등의 의미를 나타내는 분사구문인지, 목적의 의미를 나타내는 to부정사인지 구분할 수 있어야 한다.

☑ **분사구문**

V-ing/p.p. ~, S + V	~하는 때에/~이라면/~임에도 불구하고/~때문에, S가 V한다

+ check

1. **[To apply / Apply]** for this opening, applicants should have more than three years of experience.

2. **[In order to / As to]** complete construction of the new shopping center on time, the project director decided to hire 10 additional workers.

3. All proceeds from the charity event will be used **[for / to]** the renovation of the local medical center.

4. **[Being / To be]** a general manager, Mr. Simpson is in charge of the overall branch operations.

Q10 형용사 + [to부정사 vs. 동사]

Leisure Bistro is pleased **[announce / to announce]** the opening of a new location. [1]

to부정사의 관용 표현

During its tour of Chicago, the delegation from the Ministry of Education is **[likable / likely]** to visit the city's distinguished educational centers. [2]

It is too costly **[to store / store]** old files in off-site warehouses. [3]

The new hiking shoes are durable **[enough / well]** to withstand harsh weather conditions. [4]

>> 출제 포인트   형용사와 함께 쓰이는 to부정사의 관용 표현은 형용사 뒤의 동사 형태를 묻거나 어휘 문제로 출제된다.

☑ **be + 형용사 + to부정사**

be able/unable to부정사	~할 수 있다/없다 **cf** be capable of ~을 할 수 있다
be about to부정사	막 ~하려고 하다
be designed[intended] to부정사	~하도록 의도되다
be eager to부정사	~하기를 열망하다
be eligible to부정사	~할 자격이 있다 **cf** be eligible for + 명사 ~에 대해 자격이 있다
be expected to부정사	~할 것이 예상되다
be hesitant to부정사	~하는 것을 망설이다
be likely[liable, apt] to부정사	~할 가능성이 있다(할 것 같다)
be pleased[delighted] to부정사	~하게 되어 기쁘다
be ready to부정사	~할 준비가 되다
be reluctant to부정사	~하기를 꺼리다
be scheduled[due] to부정사	~할 예정이다 **cf** be scheduled for + 시점 ~로 예정되어 있다
be sure[certain] to부정사	반드시 ~하다
be supposed to부정사	~하기로 예정되어 있다
be willing to부정사	기꺼이 ~하다
feel free to부정사	편하게[마음껏] ~하다

☑ **too / enough와 함께 쓰이는 to부정사**

too + 형용사/부사 + to부정사	너무 ~해서 …할 수 없다
형용사/부사 + enough + to부정사	~하기에 충분히 …하다

Practice

1. ------- moving expenses, you will need certain information on how to get packing boxes and cushioning materials to prevent breakage.

(A) Reduces
(B) To be reduced
(C) To reduce
(D) Has reduced

2. Anchor Apparel is offering 30 to 50 percent discounts on all winter clothing to ------- room for the new spring stock.

(A) making
(B) make
(C) makes
(D) be made

3. The Peachtree Community Center has an auditorium which is large enough ------- 200 people.

(A) seat
(B) to seat
(C) seated
(D) seating

4. Dongyang Bank is adopting a new online banking system ------- its customer satisfaction.

(A) improve
(B) will improve
(C) is improving
(D) to improve

5. The purpose of the board meeting ------- a successor to retiring president Rio Hong.

(A) had chosen
(B) is to choose
(C) choosing
(D) choose

6. 고난도 Once the employees have completed the company's largest project successfully, they will be offered an opportunity ------- for a promotion.

(A) considering
(B) to consider
(C) to be considered
(D) considers

7. In compliance with the new regulations, website administrators are unable ------- photos of members without their consent.

(A) post
(B) posted
(C) posting
(D) to post

8. 고난도 Walters Commercial Bank's security software has been updated ------- address security concerns.

(A) when
(B) in order to
(C) during
(D) in front of

9. ------- better serve our customers, Bali Cleaning Service will relocate to a larger retail space.

(A) In order to
(B) Due to
(C) With regard to
(D) Owing to

10. 고난도 In order ------- the motor to function properly, all settings must be reset after a loss of power.

(A) to
(B) of
(C) with
(D) for

11. The ferry service in Bangkok is a convenient way for people ------- since the city experiences serious traffic congestion.

(A) commute
(B) commuted
(C) to commute
(D) commutes

12. Proceeds will help finance the construction of the new library, which is scheduled ------- on April 28.

(A) beginning
(B) to begin
(C) begin
(D) begun

13. Ashwood Hotel invites everyone who has joined the fitness center ------- tomorrow's new-member orientation.

(A) to attend
(B) attended
(C) to be attended
(D) be attending

14. Technicians are advised ------- with all of the laboratory's safety regulations.

(A) compliances
(B) complies
(C) to comply
(D) complying

15. Many economists predict that Free Trade Agreements will help Korean automakers ------- their market share in Europe and America.

(A) expand
(B) expanded
(C) expands
(D) expansion

16. Mr. Hansen said he was about ------- when his friend telephoned him.

(A) to leave
(B) leaving
(C) leave
(D) left

17. Even though all drivers are ------- to obey the rules of the road, many drivers ignore them and cause accidents.

(A) obligated
(B) insisted
(C) provided
(D) allowed

18. 고난도 Tenants who ------- to vacate the property before the lease expires must provide written notification of their plans.

(A) consider
(B) suggest
(C) plan
(D) preview

19. 고난도 ------- change your mailing address, click the personal information button at the top of the screen.

(A) For
(B) Across
(C) With
(D) To

20. 고난도 ------- awareness of environmental issues, Jack Milton is leading a nationwide campaign.

(A) To promote
(B) For the promotion
(C) By promoting
(D) As a promotion

Questions 21-24 refer to the following e-mail.

To: Hugh Grant <hgrant@andefitnesscenter.ca>
From: Mark Dion <mdion@andefitnesscenter.ca>
Re: Exceptional Reviews
Date: October 3

Dear Hugh,

All of the managers were delighted about the excellent reviews of our fitness center in the recent

issues of *Zoom Health Magazine* and *Exercise Weekly*. Your contributions to the A and E Fitness

Center have been -------. For that reason, we are pleased ------- you a bonus with your paycheck
　　　　　　　　　　　　21.　　　　　　　　　　　　　　　　　　　22.

on October 10. -------, we are giving you a salary raise starting next month. Since you became a
　　　　　　　　23.

personal trainer here at the beginning of the year, membership at our fitness center has increased

by more than 50 percent. -------. Such positive trends are largely due to your performance.
　　　　　　　　　　　　24.

We'd like to extend a sincere thank you from the management team.

Mark

---

21. (A) withdrawn
(B) equaled
(C) outstanding
(D) affordable

22. (A) an award
(B) to award
(C) which awards
(D) it awarded

23. (A) On the other hand
(B) Even so
(C) For example
(D) In addition

24. (A) We will be extending our fitness
고난도　center's business hours soon.
(B) Our fitness center's ratings in other
similar publications have also risen.
(C) A new manager will oversee the
operations of our fitness center.
(D) This is the most popular event that
takes place at our fitness center.

Questions 25-28 refer to the following e-mail.

From	Martin Dekker <martind@bre.org>
To	Pin Tran Hyun <pintranh@ausmail.com>
Sent	April 11
Subject	Exhibition

Dear Mr. Hyun,

The next Barrier Reef Exhibition for Local Artists will be held from July 10 through August 20. We understand that you declined to attend last year's exhibition due to a family event overseas. We completely understood your situation, but we want you to know that you were greatly missed, particularly by the guests. —[1]—. Your works are very popular here in Australia, and we would be honored if you would rejoin us this year.

In addition to the items you sell at your booth, you would be required to submit three works to be included in an auction on the final night of the event. —[2]—. We will use this information on our website to advertise the auction. We will also be including a new lecture series as a part of the exhibition. —[3]—. We plan to have 10 artists give lectures in the afternoons during the event. Those who do will be exempt from the normal $300 participant fee.

—[4]—. If you would like to reserve a booth for this event, please contact me via e-mail at your earliest convenience. Thank you.

Sincerely,

Martin Dekker
Executive Director
Barrier Reef Artisans' Association

25. What is the main purpose of this e-mail?

(A) To advertise an upcoming event
(B) To extend an invitation
(C) To explain recent changes
(D) To place an order

26. What is indicated about Mr. Hyun?

고난도 (A) He is a local artist.
(B) He was invited to participate last year.
(C) He will be overseas during the event.
(D) He currently has works displayed in Australia.

27. The word "exempt" in paragraph 2, line 5 is closest in meaning to

고난도

(A) excused
(B) expected
(C) extended
(D) exceeded

28. In which of the positions marked [1], [2], [3], and [4] does the following sentence best belong?

"Once you have selected the pieces you wish to include, please send us photographs with a short description of each item."

(A) [1]
(B) [2]
(C) [3]
(D) [4]

Questions 29-33 refer to the following Web pages.

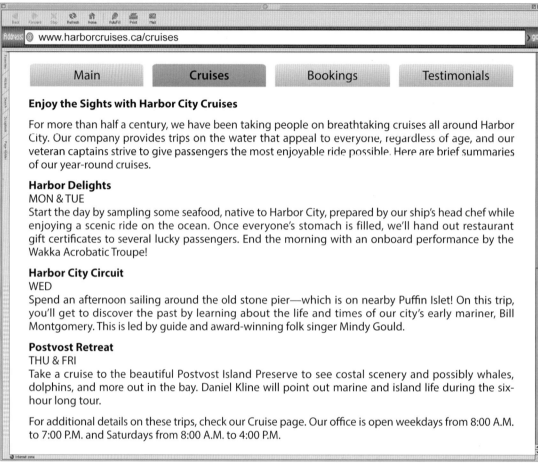

| Main | Cruises | Bookings | Testimonials |

Enjoy the Sights with Harbor City Cruises

For more than half a century, we have been taking people on breathtaking cruises all around Harbor City. Our company provides trips on the water that appeal to everyone, regardless of age, and our veteran captains strive to give passengers the most enjoyable ride possible. Here are brief summaries of our year-round cruises.

Harbor Delights
MON & TUE
Start the day by sampling some seafood, native to Harbor City, prepared by our ship's head chef while enjoying a scenic ride on the ocean. Once everyone's stomach is filled, we'll hand out restaurant gift certificates to several lucky passengers. End the morning with an onboard performance by the Wakka Acrobatic Troupe!

Harbor City Circuit
WED
Spend an afternoon sailing around the old stone pier—which is on nearby Puffin Islet! On this trip, you'll get to discover the past by learning about the life and times of our city's early mariner, Bill Montgomery. This is led by guide and award-winning folk singer Mindy Gould.

Postvost Retreat
THU & FRI
Take a cruise to the beautiful Postvost Island Preserve to see costal scenery and possibly whales, dolphins, and more out in the bay. Daniel Kline will point out marine and island life during the six-hour long tour.

For additional details on these trips, check our Cruise page. Our office is open weekdays from 8:00 A.M. to 7:00 P.M. and Saturdays from 8:00 A.M. to 4:00 P.M.

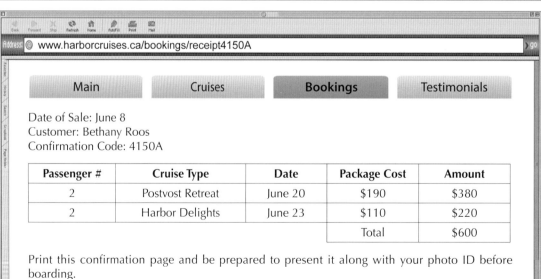

| Main | Cruises | Bookings | Testimonials |

Date of Sale: June 8
Customer: Bethany Roos
Confirmation Code: 4150A

Passenger #	Cruise Type	Date	Package Cost	Amount
2	Postvost Retreat	June 20	$190	$380
2	Harbor Delights	June 23	$110	$220
			Total	$600

Print this confirmation page and be prepared to present it along with your photo ID before boarding.

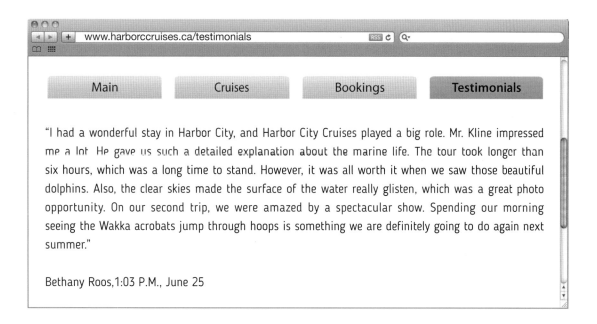

www.harborccruises.ca/testimonials

| Main | Cruises | Bookings | **Testimonials** |

"I had a wonderful stay in Harbor City, and Harbor City Cruises played a big role. Mr. Kline impressed me a lot. He gave us such a detailed explanation about the marine life. The tour took longer than six hours, which was a long time to stand. However, it was all worth it when we saw those beautiful dolphins. Also, the clear skies made the surface of the water really glisten, which was a great photo opportunity. On our second trip, we were amazed by a spectacular show. Spending our morning seeing the Wakka acrobats jump through hoops is something we are definitely going to do again next summer."

Bethany Roos, 1:03 P.M., June 25

29. What is NOT implied about Harbor City 고난도 Cruises?

(A) It has been operating for over five decades.
(B) It employs experienced guides.
(C) Senior citizens are welcome to join its activities.
(D) It is an award-winning company.

30. When can passengers learn about local history?

(A) On Mondays and Tuesdays
(B) On Wednesdays
(C) On Thursdays and Fridays
(D) On Saturdays

31. What was part of Ms. Roos' June 23 trip?
고난도 (A) Seeing a concert
(B) Going to a farm
(C) Completing a customer survey
(D) Trying local dishes

32. What does Ms. Roos imply in the 고난도 testimonial?

(A) The Postvost Retreat cruise had no photo opportunities.
(B) The Harbor Delights cruise carried many passengers.
(C) The Postvost Retreat cruise ended late.
(D) The Harbor Delights cruise had a knowledgeable guide.

33. According to the testimonial, what will Ms. Roos most likely do next year?

(A) Enroll in a cooking class
(B) Visit an aquarium
(C) Tour an island preserve
(D) Watch a performance

분사

- 분사에는 「동사 + -ing」 형태의 현재분사와 「동사 + -ed」 형태의 과거분사가 있다. 분사는 동사를 형용사로 변형시킨 것으로, 형용사와 마찬가지로 명사를 수식하거나 주어나 목적어를 보충 설명하는 보어 역할을 한다.

Tip!
명사를 수식하는 분사는 명사의 앞뒤에 모두 올 수 있어. 분사가 수식하는 명사를 정확히 파악해서 해석을 통해 정답을 고르는 것이 좋아.

기본 개념 이해하기

1. 분사의 형태: 현재분사와 과거분사

	형태	의미
현재분사 (V-ing)	동사 + -ing	능동: '~하는', '~하고 있는'
과거분사 (p.p.)	동사 + -ed	수동: '~된', '~되는'

- 「동사 + -ing」 형태의 현재분사는 '~하는 것'이란 의미를 갖는 동명사와 형태가 동일하다.

2. 감정을 나타내는 동사의 분사

감정 동사의 현재분사 '(사람을) ~하게 만드는'	amazing news	놀라게 만드는 소식
	boring movie	지루하게 만드는 영화
	exciting game	흥미로운 경기
	embarrassing result	당황스러운 결과
감정 동사의 과거분사 '~하게 된(사람들)'	amazed woman	놀란 여성
	bored student	지루해진 학생
	excited spectator	흥분한 관객
	embarrassed counselor	당황한 상담사

3. 분사구문

능동 분사구문	Missing her flight, she went to the ticketing counter to rebook it. 비행기를 놓치자, 그녀는 다시 예약하러 발권 카운터로 갔다.
수동 분사구문	Submitted too late, the proposal could not be accepted. 너무 늦게 제출된 탓에, 그 제안은 받아들여질 수 없었다.

- 「접속사 + 주어 + 동사」 형태의 부사절에서, 「접속사 + 주어」를 생략한 후 동사를 분사로 전환하여 간결하게 표현한 것을 분사구문이라 한다. 이때 현재분사는 능동·진행의 의미를, 과거분사는 수동의 의미를 갖는다.

명사의 앞이나 뒤에서 명사를 수식하는 형용사 자리에 알맞은 분사의 형태를 선택하는 문제의 출제 비중이 가장 높다. 난이도가 높은 문장 전체를 수식하는 분사구문은 상대적으로 출제 비중이 떨어지므로 기본적인 형태에 집중한다.

1. 분사의 종류와 역할

Q1

명사 앞에서 수식하는 분사: 관사/소유격 + [현재분사 vs. 과거분사] + 명사

Please submit a **[revising / revised]** copy of the report by tomorrow. [1]

명사 뒤에서 수식하는 분사: 명사 + [현재분사 vs. 과거분사]

A consumer survey **[performing / performed]** by Best Reviews shows that customers care about energy efficiency when they choose home appliances. [2]

Please submit documentation **[verifies / verifying]** your eligibility for the position. [3]

>> 출제 포인트   **❶ 분사의 종류와 구별:** 동사-ing(현재분사)와 동사-ed(과거분사)가 분사의 기본 형태이다. 분사와 수식받는 명사의 의미상 관계가 능동이나 진행('~하는')의 의미이면 현재분사를, 수동이나 완료('~된')의 의미이면 과거분사를 쓴다.

❷ 분사의 역할: 형용사 역할을 하는 분사는 명사의 앞뒤에서 명사를 수식하거나, 주격/목적격 보어로 쓰인다.

① check

1. Every summer, Roller Air sells travel packages at **[reduce / reduced]** rates.

2. Both firms must approve all **[proposing / proposed]** changes to the merger agreement.

3. Paylessforit.co.uk, a renowned website **[helping / helped]** people make hotel reservations, has attracted more than two million members.

4. All employees must attend the seminar **[scheduling / scheduled]** for March 1.

Q2

주격 보어로 쓰이는 분사: 주어 + 2형식 동사 + [현재분사 vs. 과거분사]

The proposal to renovate the cafeteria remains **[unchanging / unchanged]**. [1]

목적격 보어로 쓰이는 분사: 5형식 동사 + 목적어 + [현재분사 vs. 과거분사]

We need to keep our customers **[informing / informed]** of new products. [2]

≫ 출제 포인트 분사는 주어나 목적어로 쓰인 명사를 서술하는 주격/목적격 보어로 쓰인다.

❶ **주격 보어로 쓰이는 분사:** 주어와 주격 보어의 의미상 관계가 능동이면 현재분사, 수동이면 과거분사를 쓴다.

주어 + 2형식 동사 [be, become, remain, seem, appear, prove] + -ing('~하는')/p.p.('~된')

❷ **목적격 보어로 쓰이는 분사:** 목적어와 목적격 보어의 의미상 관계가 능동이면 현재분사, 수동이면 과거분사를 쓴다.

주어 + 5형식 동사 [keep, make, find, leave] + 목적어 + -ing('~하는')/p.p.('~된')

2. 유의해야 할 분사

Q3

특정 형태의 분사형 형용사

Due to the **[grown / growing]** concerns about financial difficulties in Europe, the Dow Jones Index fell 300 points yesterday. [1]

We need to recruit more **[experiencing / experienced]** employees for this project. [2]

≫ 출제 포인트 분사와 수식받는 명사의 의미상 관계에 따라 현재분사와 과거분사를 구별해야 하나, 현재분사나 과거분사 중 하나의 형태만을 취하여 형용사로 굳어진 특정 분사형 형용사들에 유의해야 한다.

❶ 현재분사형 형용사

challenging task	힘든 과제
promising candidate	유망한 후보자
demanding supervisor / test	까다로운 상사 / 부담이 큰[힘든] 시험
leading supplier	선도적인 납품 업체
lasting impression	지속되는 인상
missing luggage	분실된 짐
existing facility	기존 시설
opposing point of view	대립되는 견해
remaining paperwork	남아 있는 서류 작업
growing[increasing] demand	증가하는 수요
outstanding medical professional	뛰어난 의학 전문가
mounting pressure	증가하는 압력
rewarding career	보람 있는 직업
preceding / following year	지난 / 다음 해
upcoming merger	다가오는[곧 있을] 합병
surrounding area	주변 지역
ongoing maintenance	진행 중인 유지 보수
on a rotating basis	돌아가며
opening remarks	개회사
presiding officer	사회자
closing speech	폐회사
entertaining film	재미있는 영화

❷ 과거분사형 형용사

qualified / motivated / skilled / talented / experienced / dedicated[devoted] employee	자격을 갖춘 / 동기가 부여된 / 숙련된 / 재능이 있는 / 경험이 있는 / 헌신적인 직원
accomplished / renowned / distinguished sculptor	기량이 뛰어난 / 유명한 / 저명한 조각가
complicated instructions	복잡한 설명서
sophisticated new equipment	정교한[세련된] 새로운 장비
detailed information	상세한 정보
customized program	맞춤형 프로그램
preferred means	선호되는 수단
limited period	제한된 기간
enclosed brochure	동봉된 안내 책자
attached document	첨부된 문서
written permission / consent	서면 허가 / 동의
completed form	작성된 양식
damaged goods	파손된 제품
informed decision	심사숙고핸[현명한] 결정
authorized service provider	인증[허가]받은 서비스 제공업체

1. Customers have said that our user manuals are overly **[complicating / complicated]**.

2. Although this year's sales at Best Choice have decreased dramatically, it is still a **[leading / led]** company in the industry.

3. Employees complained that the current workload is too **[demanding / demanded]** for them.

4. The employees at Mason, Inc. are asked to organize staff meetings on a **[rotating / rotated]** basis.

5. The gallery will feature paintings by the **[accomplishing / accomplished]** artist, Olivia Chang.

 Q4 감정 동사의 [현재분사 vs. 과거분사]

Based on the **[overwhelming / overwhelmed]** number of early registrations, we anticipate a record number of conference attendees. [1]

The CEO found the presentation rather **[disappointing / disappointed]**, contrary to expectations. [2]

>> 출제 포인트 감정을 유발하는 의미를 가진 타동사가 형용사로 전환되어 분사로 쓰일 경우, 감정을 일으키는 원인(주로 사물 명사)을 수식하면 현재분사를, 감정을 경험하고 느끼는 대상(주로 사람 명사)을 수식하면 과거분사를 쓴다.

☑ 감정 유발 타동사

interest	흥미를 끌다	excite	흥미진진하게 만들다
thrill	열광시키다	please	기쁘게 하다
fascinate	매혹시키다	attract	매료시키다
impress	깊은 인상을 주다	satisfy	만족시키다
overwhelm	압도하다	encourage	격려하다
exhaust, tire	지치게 하다	distract	산만하게 하다
disappoint	실망시키다	annoy	짜증나게 하다
worry	걱정시키다	disturb	불안하게 하다
alarm, amaze, surprise	놀라게 하다	frustrate, discourage, depress	좌절시키다
embarrass, bewilder, confuse	당황하게 하다		

1. After 10 years as a market researcher at Vectra Motorcycles, Ms. Seiko will be leaving her position to pursue an **[exciting / excited]** career in consulting.

2. The members of the Marketing Department were **[disappointing / disappointed]** with the first-quarter sales.

3. 분사구문

Q5 [현재분사 vs. 과거분사], S + V

[Preferring / Preferred] by young customers, our products have considerable market share. [1]

[Considered / Having considered] every proposal, the CEO decided to hire Arch-Shoes. [2]

S + V, [현재분사 vs. 과거분사]

Bexter, Inc. announced that it would acquire Max Co. next year, **[confirming / confirmed]** rumors of its overseas expansion plans. [3]

>> 출제 포인트

❶ **분사구문의 개념:** 「접속사 + 주어 + 동사」로 되어 있는 부사절을 「접속사 + 주어(주절의 주어와 같을 경우)」를 생략한 후, 동사를 분사로 전환하여 간결하게 표현한 것을 분사구문이라 한다. 분사구문은 주절의 앞 또는 뒤에 위치한다.

❷ **분사구문의 태:** 분사구문에서 분사는 주절의 주어와 의미상 관계가 능동이면 현재분사를, 수동이면 과거분사를 쓴다.

❸ **분사구문의 시제:** 주절의 시제보다 분사구문의 내용이 먼저 일어난 경우, 능동은 「having p.p.」 수동은 「having been p.p.」를 쓴다.

✓ 분사구문의 형태

V-ing ~	주절의 주어와 능동 관계: '~하는' 주어	
p.p. ~	주절의 주어와 수동 관계: '~된' 주어	
Having p.p. ~	주절의 주어와 능동 관계이며 주절의 시제보다 먼저 일어난 경우: '~하고 난 후에'	, S + V
Having been p.p. ~	주절의 주어와 수동 관계이며 주절의 시제보다 먼저 일어난 경우: '~된 후에'	

❹ 주절 뒤에 분사구문이 위치하는 경우, 주절의 주어와 의미상 능동관계인 현재분사 형태의 분사구문이 일반적이며 이때 현재분사는 '그래서 ~하다, ~하면서'로 해석한다.

S + V ~, V-ing	그래서 ~하다, ~하면서

1. **[Employing / Employed]** more than 3,000 people worldwide, Clarina, Inc. is a leader in the cosmetics industry.

2. We now offer more options, **[allowing / allowed]** users to customize their phone plans.

PART 5·6·7 UNIT 09

1. ------- most Latin American regions, Suncor Natural Gas announced on Wednesday that it had sold some of its northern branches.

(A) Serving
(B) Will be serving
(C) May have serving
(D) Serves

2. The mobile phone is the ------- means of communication for sales representatives who travel extensively.

(A) prefer
(B) preference
(C) preferred
(D) preferring

3. The enclosed brochure specifies the services ------- by Rapid Shipping, and I have highlighted in green those which you inquired about.

(A) provide
(B) providing
(C) provided
(D) are provided

4. In his keynote speech, Mr. Bernson described his ------- path to becoming a scholar.

(A) challenges
(B) challenging
(C) challenge
(D) challenger

5. The magazine's editor in chief, Mr. Barnett, regularly meets with writers to provide ------- feedback on their articles.

(A) detailed
(B) detail
(C) to detail
(D) details

6. In a ------- interview, renowned violinist Hanna Jang spoke about her musical training during her childhood.

(A) fascinating
(B) fascinate
(C) fascination
(D) fascinated

7. Anyone ------- to volunteer to give rides to coworkers will be reimbursed for overtime and fuel expenses.

(A) wishes
(B) wishing
(C) wished
(D) wish

8. ------- in the early 19th century, the old warehouses were converted into apartment buildings when the port closed.

(A) Built
(B) Building
(C) Been built
(D) Having built

9. The airport's food court is open around the clock, ------- that travelers have the dining service no matter when their flight arrives.

(A) ensure
(B) ensuring
(C) ensured
(D) was ensured

10. Information about mandatory employee training sessions is located on page three of the ------- contract.

(A) enclose
(B) enclosing
(C) enclosed
(D) encloses

11. Mike Ritter has starred in several of the most ------- adventure films of the past twenty years.

(A) thrilling
(B) thrilled
(C) thrill
(D) thriller

12. SF University is granting an ------- deadline to those applicants experiencing technical difficulties with the online application system.

(A) extend
(B) extends
(C) extensive
(D) extended

13. Parking spaces ------- with yellow crosses
고난도 are reserved for patients who are visiting the clinic.

(A) marking
(B) marked
(C) that mark
(D) are marked

14. The Ferguson Health Foundation yesterday
고난도 celebrated its 25th anniversary with a ceremony ------- its founder, Jeremy Ferguson.

(A) honor
(B) honors
(C) honored
(D) honoring

15. The board of directors approved the revised plans, ------- the first of three construction phases for the sports complex to begin in August.

(A) allowing
(B) allow
(C) were allowed
(D) allowed

16. The Human Resources Department of Intec Combo has interviewed more than 100 applicants ------- in the advertised position.

(A) interested
(B) interest
(C) interesting
(D) interests

17. Zhang Education Group, an ------- Taiwan-based company, provides its foreign employees with housing assistance.

(A) establishes
(B) establish
(C) establishing
(D) established

18. The Mino Corporation's finance committee
고난도 has released a formal memo ------- its goals for the next fiscal year.

(A) outline
(B) outlines
(C) outlining
(D) outlined

19. ------- the company's yearly goals for
고난도 productivity, all employees in Hasian Corporation's manufacturing division received a bonus.

(A) Having exceeded
(B) To exceed
(C) Exceeded
(D) Being exceeded

20. A common problem local inhabitants face
고난도 is that the amount of unwanted mail they receive has become -------.

(A) overwhelmingly
(B) overwhelming
(C) overwhelmed
(D) overwhelms

Questions 21-24 refer to the following e-mail.

To: Masha@mauvais.com
From: Ashraf@crazycloud.pk
Date: May 22
Subject: Product inquiry
Attachment: cc.doc

Dear Masha,

I am pleased to hear of your interest in our CrazyCloud software. This unique program allows remote storage of data, ------- efficiency and productivity. Please ------- the brochure attached to
               21.   **22.**
this e-mail.

It contains CrazyCloud user testimonials. You will see that all of them particularly enjoyed the ability to easily back up files. -------, the program can store and save an important video you
                           23.
recorded as long as you have an internet connection. Also, CrazyCloud offers a large amount of file space, so users do not have to worry about storing big files. -------.
                           24.

Please contact me with any other questions you might have.

Ashraf Kodur
CrazyCloud Sales Director

---

21. (A) enhancing
(B) enhancement
(C) enhances
(D) enhanced

22. (A) submit
고난도 (B) copy
(C) review
(D) discard

23. (A) Even so
(B) As long as
(C) Previously
(D) For example

24. (A) Security is a very important
고난도 consideration for many users.
(B) Additional data storage options can be purchased for a fee.
(C) Only some of our videos can be downloaded.
(D) The server problem will be fixed within the week.

Questions 25-27 refer to the following advertisement.

For Sale
Silver Tepco Pride Van

Fuel economy: 9 litres/100km on the highway. 15 litres/100 km in city streets. 30 percent more efficient than its market competitors, according to www.yearlycarsummary.co.uk. 35,000 kilometers (mostly highway)

Features: Built-in surround sound speakers, remote entry system, GPS navigation, power windows, tire pressure indicator, accident avoidance system, convertible roof, and heated seats.

Ask price: £13,000 or best offer

Other details: 1 year left on the manufacturer's warranty. Went through regular maintenance at a local auto shop. Has always been owned by the same person. Used regularly as a taxi. Must be sold within this month due to owner's move abroad.

If you are interested in seeing or test driving the van, please email Ronald Floyd at ronfloyd@vizmail.co.uk to arrange a meeting.

25. What is indicated about the Tepco Pride Van?

(A) It uses more fuel than its competition.
(B) It is the fastest of its kind.
(C) Its price is negotiable.
(D) Its warranty is no longer valid.

26. Which is NOT mentioned as a feature of the Tepco Pride Van?

(A) A signal that monitors tire pressure
(B) A system that warms seats
(C) A rearview camera
(D) An audio system

27. What is true about Mr. Floyd?

고난도 (A) He has only used the van as a personal vehicle.
(B) He works as an auto-mechanic.
(C) He will be out of the country until this month.
(D) He purchased his van new.

Questions 28-32 refer to the following form and e-mail.

SECURITY ACCESS CODE (SAC) APPLICATION FORM

Send the completed form to Ms. Andrea Delgadillo, fax number 555-1924, or email a_delgadillo@ntel.gov.

SAC Recipient's Information:

Name: Victoria Sherman   **Department:** Accounting   **Employee ID Number:** 7745

__ **Daily Access:** Monday through Friday, 7:00 A.M. – 7:00 P.M.
X **Extended Access:** Monday through Friday, 7:00 A.M. – 10:00 P.M.
X **Special Access** (Please fill in relevant days and time): Saturdays, 10:00 A.M. – 7:00 P.M.
Building(s): __ Newport   X Danes
Start Date: October 7   **End Date:** November 2

Requestor's Information (requestor must be either a manager or director of the recipient's department):

Name: Christopher Rosovich   **E-mail:** c_rosovich@ntel.gov

Signature and Date: *Christopher Rosovich* / September 29
Note:
Once we receive your SAC request, it will take approximately three working days to process. When access has been granted, an e-mail containing a 6-digit SAC will be sent to the recipient.

To	Victoria Sherman <v_sherman@ntel.gov>
From	Andrea Delgadillo <a_delgadillo@ntel.gov>
Date	October 2
Subject	SAC

Dear Ms. Sherman,

Your request for special and extended access to the Danes Building and its facilities has been approved. To gain entry, you must use the provided security access code (SAC) along with your company employee card. Your SAC is 938233. In order to access the building after normal business hours, please follow these steps:

• Place your card close to the card reader. An orange light on the reader will begin to flash.
• Next, enter your SAC on the number pad.
• The flashing orange light will then turn green, allowing you to enter the building.

If you input your SAC incorrectly, the light will turn red, and you will hear a loud beep for five seconds. Afterwards, you will have three more chances to input the correct code before you are completely locked out. Please go to the security management office and present your employee card if you wish to reset your code.

If you have any concerns or issues while you are here in the building, please call the phone number on the back of your card. Finally, please note that your SAC will expire at 10:00 P.M. on the final day of your particular project. Your employee card will still work during normal office hours until December 31.

Sincerely,

Andrea Delgadillo, Security Management

28. What is suggested about Mr. Rosovich?

(A) He has a leadership role in the Accounting Department.
(B) He submitted the application form in October.
(C) He works in a different office than Ms. Sherman.
(D) He will have a meeting with Ms. Sherman regarding her project.

29. What is true about the SAC application form?

(A) It must be submitted in person to the security management office.
(B) It must provide a reason for the access request.
(C) It must include a copy of the employee's card.
(D) It must be filed at least three days in advance of the code being used.

30. How will Ms. Sherman know that the SAC she enters is valid?

(A) The color of a light will change.
(B) A sound will ring for five seconds.
(C) A light will repeatedly flash.
(D) The volume of a sound will increase.

31. What is NOT indicated about the security management office?

(A) It has a fax machine.
(B) It provides after-hours access.
(C) It issues access codes to employees.
(D) It has introduced new security policies.

32. When is Ms. Sherman expected to complete her project?

(A) On September 29
(B) On October 7
(C) On November 2
(D) On December 31

부사절 접속사

- 두 개의 단어, 구, 절을 연결해주는 역할을 하는 품사를 접속사라 한다. 접속사의 종류에는 등위접속사, 상관접속사, 부사절 접속사, 명사절 접속사, 형용사절 접속사(관계사)가 있다.

토익에서 가장 많이 출제되는 접속사는 양보를 의미하는 although, even though, even if야. 하지만 다양한 의미의 접속사가 골고루 출제되니 교재에 정리된 여러 접속사의 의미를 꼼꼼히 암기하자! 최근에는 접속사 as soon as가 새롭게 부각되고 있고 「unless / otherwise / p.p.」표현이 2회 연속 출제되기도 했으니 잘 알아둬~

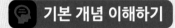

1. 등위접속사

종류	의미	예문
and	그리고	Lunch will be catered by Alameda Cafe **and** Star Kitchen. 점심은 Alameda Cafe와 Star Kitchen에 의해 제공될 것이다.
but	그러나	Our official check-in time is 3:00 P.M., **but** Mr. Fisher's room will be ready when he arrives from the airport. 공식 체크인 시간은 오후 3시이지만, Mr. Fisher가 공항으로부터 도착하셨을 때쯤이면 방이 준비될 겁니다.
or	또는	For more information on this event **or** the center, please feel free to visit www.laneway.com. 이 행사나 센터에 대한 추가 정보를 원하시면 www.laneway.com을 참조하십시오.

- 같은 표현 요소(단어, 구, 절)를 이어주어 병렬 구조를 만드는 접속사를 등위접속사라 한다.

2. 상관접속사

종류	의미	예문
both A and B	A와 B 둘 다	Mr. Cruise will provide support to **both** the Marketing Department **and** the Accounting Department. Mr. Cruise는 마케팅 부서와 회계 부서 모두를 지원하게 될 것이다.
either A or B	A와 B 둘 중 하나	Please contact the customer service center at this e-mail address **either** to request a replacement **or** to confirm your order cancellation. 교환을 요청하거나 주문 취소를 확정하려면 이 이메일 주소로 고객 서비스 센터에 연락하십시오.
neither A nor B	A와 B 둘 다 아닌	**Neither** refunds **nor** exchanges will be granted after opening the packages. 포장 상자를 연 후에는 환불이나 교환이 불가능해질 것이다.
not only A but (also) B = B as well as A	A뿐만 아니라 B도	The workshop is intended **not only** for hotel employees **but also** for those who wish to renew their food and beverage licenses. 이 워크숍은 호텔 직원뿐만 아니라 식음료 면허를 갱신하고자 하는 직원들을 위한 것이기도 하다.

- 두 단어가 짝을 이루어 쓰이는 접속사를 상관접속사라 한다.

3. 부사절 접속사

종류	의미	접속사	예문
양보	비록 ~일지라도	though, although, even though, even if	**Even though** Ms. Chow is not here to help with the task right now, she will be able to assist us next week. 비록 Ms. Chow가 지금 당장 일을 돕기 위해 여기 와 있지는 않지만, 다음 주에 우리를 도울 수 있을 것이다.
이유	때문에	because, now that, since	**Because** some features did not meet his needs, the customer asked for a refund. 일부 기능이 만족스럽지 못했기 때문에, 그 고객은 환불을 요청했다.
시간	~할 때	when	**When** museum members make a purchase at the gift shop, they are offered a discount. 박물관 회원이 선물가게에서 물건을 구매했을 경우 할인 혜택이 주어진다.
	~하자마자	as soon as	
	~하는 동안에	while	**While** the systems are being installed, the manufacturing operations will be shut down. 시스템을 설치하는 동안 제조 작업이 중단될 것이다.
	~하기 전에/후에	before/after	All products must be inspected by a trained safety technician **before** we package them. 모든 제품은 포장되기 전에 숙련된 안전 기술자로부터 검사를 받아야 한다.
	~할 때까지	until	
	~이래	since	
조건	만약 ~라면	if, provided that	**If** any information is omitted, the delivery date will be changed. 누락된 정보가 있으면 배송 날짜가 변경될 것이다.
	만약 ~하지 않는다면	unless	**Unless** measures are devised, the current drop in sales will continue. 대책이 마련되지 않는 이상, 지금의 매출 하락은 계속될 것이다.
	일단 ~하면	once	
목적	~하기 위해서	so that, in order that	Please check a few details **so that** our hotel can finalize the renovations. 저희 호텔이 보수공사를 마무리할 수 있도록 몇 가지 세부 사항을 확인해 주십시오.

- 부사절은 「부사절 접속사 + 주어 + 동사」 형태의 완전한 문장의 형태를 취한다는 점에서 「전치사 + 명사」 형태의 부사구와 구별된다.
- 문장에서 부사 역할을 하는 부사절은 주절 앞이나 뒤에 위치하며, 생략되어도 전체 문장에 영향을 주지 않는다.

문법적으로 접속사, 전치사, 접속부사의 자리를 구분한 후, 해석상 알맞은 부사절 접속사를 선택하는 문제의 출제 비중이 가장 높다. 부사절의 축약 구조와 관련된 고난도 문제도 최근에 자주 출제된다.

1. 부사절 접속사의 종류와 의미

Q1 양보·이유 부사절 접속사

[Even though / Because] his crew's work is behind schedule, the supervisor of the project is confident that it will be completed on time. [1]

[While / Now that] Mr. Won appreciated the promotion opportunity, he chose to take another job. [2]

William Smith was hired as assistant manager **[although / because]** he proved himself to be the most qualified candidate. [3]

>> 출제 포인트 부사절은 「부사절 접속사 + 주어 + 동사」 형태로 양보, 이유, 시간, 조건 등을 의미한다. 부사절은 주절의 앞이나 뒤에 위치할 수 있으며, 생략되어도 전체 문장에 영향을 주지 않는다.

✅ 양보·이유를 나타내는 부사절 접속사

양보	although, though, even though, even if	비록 ~일지라도
	while, whereas	~인 반면에
이유	because, now that, since, as	~때문에

Q2 시간·조건·목적 부사절 접속사

Construction will start **[while / as soon as]** the building permit is secured. [1]

Use the stairs **[while / as soon as]** the elevator is being fixed. [2]

[Once / Whereas] Mr. Hidings has organized a special task force team, the deadline for the Altoona project will be decided. [3]

[Unless / Because] our supplier can provide flour to us at a discount, we should raise the price of our baked goods. [4]

Jennifer Chang has been appointed senior engineer **[so that / if]** she can concentrate on the development of new products. [5]

>> **출제 포인트** ✓ 시간·조건·목적 등을 나타내는 부사절 접속사

시간	while	~하는 동안
	as soon as	~하자마자
	before	~전에
	until	~할 때까지
	when, as	~할 때
	by the time	~할 때쯤에
	after	~이후에
	since	~한 이래로
조건	if, provided (that), providing (that)	만약 ~라면
	once	일단~하면(한 후에)
	as long as	~하기만 한다면, ~이기만 하다면
	only if	~하는 경우에만
	assuming (that), supposing (that)	~라고 가정하면
	in case (that), in the event (that)	~할 경우에 대비하여
	unless	~하지 않는다면
기타	so (that), in order that	~하기 위해서 [목적]
	so ~ that, such ~ that	너무 ~해서 …하다 [결과]
	as if, as though	마치 ~인 것 처럼
	given that, considering (that)	~라는 점을 고려했을 때
	whether ~or (not)	~이든 아니든

2. 부사절 접속사와 구별해야 하는 전치사와 접속부사

Q3 **[부사절 접속사 vs. 전치사]**

[Although / Despite] the NRT laptop is expensive, it is the fastest model available. [1]

[Even though / Notwithstanding] the tax auditor requested information about Georgetown Finance Accounting a month ago, it still has not arrived. [2]

[While / During] the security system is being upgraded, please check in at the front desk. [3]

[Given that / Owing to] Mauer Consulting has recently secured a lot more orders compared to last year, it needs to hire more research assistants. [4]

▶▶ 출제 포인트 접속사 뒤에는 「주어 + 동사」가 포함된 절이 오고, 전치사 뒤에는 명사(구)가 와야 한다. 특히, 동일한 의미를 갖는 접속사, 전치사, (접속)부사가 보기에 함께 제시되는 문제가 많이 출제되므로, 다음에 정리된 어구의 품사와 의미를 정확히 학습해 두어야 한다.

	부사절 접속사 + 주어 + 동사		전치사 + 명사(구)	
양보	although, though, even though, even if	비록 ~일지라도	despite, in spite of, notwithstanding	~에도 불구하고
이유	because, now that, since	~때문에	because of, due to, owing to, on account of, thanks to	~때문에[덕분에]
시간	while	~동안에	during	~동안에
조건	in case (that), in the event (that)	~할 경우에 대비하여	in case of, in the event of	~할 경우에 대비하여
	unless	~하지 않는다면	without	~없이
목적	so that, in order that	~하기 위해서	for the purpose of **cf** so as to + 동사원형 in order to + 동사원형	~의 목적으로 ~하기 위해서
	except that / when	~라는 점/~할 때를 제외하고	except (for), excluding, barring	~을 제외하고
기타	as if, as though assuming that, supposing that	마치~인 것 처럼 ~라고 가정하면	in addition to, plus, besides instead of regardless of unlike ahead of	~외에도 ~대신에 ~와 관계없이 ~와 달리 ~보다 앞서

Q4 [부사절 접속사 vs. 전치사 vs. 접속부사]

[If / In spite of / Therefore] visitors to Sonna Graphics do not have a valid pass, they should present a form of photo identification at the security office. [1]

[Except that / Furthermore / In addition to] commission, sales associates will receive quarterly bonuses. [2]

[While / Regardless of / Instead] Mr. Tal was giving the demonstration, Ms. Locke distributed the product flyers. [3]

We will purchase new equipment [once / thanks to / afterwards] the director approves the order. [4]

>> 출제 포인트

접속부사는 마침표로 끝난 앞 문장의 내용을 부가 설명하는 부사로, 한 문장 안에서 두 문장을 하나로 연결할 수 없다. 따라서, 두 문장을 연결할 때는 접속사 and나 세미콜론(;)과 함께 쓰인다. 이러한 접속부사의 문법적 특성을 묻는 문제는 Part 5에 출제되며, 문맥에 알맞은 접속부사를 선택하는 문제는 Part 6에서 출제된다.

however	그러나	nevertheless, nonetheless	그럼에도 불구하고
as a result, consequently	결과적으로	therefore, thus	그러므로
moreover, furthermore, besides, in addition, also	게다가	likewise	마찬가지로
if so	만약 그렇다면	otherwise	그렇지 않다면
then, thereafter	그리고 나서	afterward(s)	이후에
meantime, meanwhile	반면에, 동시에	rather	오히려
instead	대신에	on the contrary	대조적으로

> **cf** 접속사 and와 함께 자주 쓰이는 접속부사: and then '그리고 나서' ㅣ and therefore '그러므로' ㅣ and also '또한'
> * otherwise는 '그와 달리'라는 의미의 일반부사로도 쓰인다.
>   Unless **otherwise** noted, all daytime workshops for new employees last five hours.
>   별다른 공지가 없는 한 신입직원들을 위한 모든 주간 워크숍은 5시간 동안 진행한다.
> * however는 뒤에 형용사/부사를 수반하는 경우, '아무리 ~할지라도'라는 의미를 갖는 접속사로도 쓰인다.
>   **However** proficient they are in English, candidates are required to take a language exam when applying for the position.
>   지원자들은 아무리 영어에 능통하다 해도 그 직책에 지원할 때 어학 시험을 치러야 한다.

PART 5·6·7 UNIT 10

Q5 접속사와 전치사로 쓰이는 어구

Those who want to rent an apartment in a foreign country should review the contract carefully **[before / prior to]** they sign it. [1]

[With / Until] this scanner is repaired, use the photocopier on the third floor. [2]

Payroll systems will be offline from 6 A.M. to 7 A.M. next Thursday **[due to / since]** routine maintenance. [3]

>> **출제 포인트** ❶ 접속사와 전치사로 둘 다 쓰이는 어구들 중에, since와 as는 접속사로 쓰일 때와 전치사로 쓰일 때 의미가 날라진다는 점에 유의해야 한다.

✔ **접속사와 전치사 둘 다 쓰이는 어구**

부사절 접속사 + 주어 + 동사		전치사 + 명사(구)	
before	~전에	before, prior to	~전에
after	~후에	after, following	~후에
until	~까지	until	~까지
considering (that)	~라는 점을 고려했을 때	considering	~라는 점을 고려했을 때
since	~이래로, ~때문에	since	~이래로
as	~때문에, ~할 때, ~대로	as	~로서(자격)

❷ 의미에 따른 since의 품사

(1) 이유 ('~때문에'): since가 이유나 원인을 의미할 때는 부사절 접속사로만 쓰인다. 따라서, 전치사나 부사로 쓰인 since는 이유가 아닌 시간의 의미만을 갖는다는 점에 유의해야 한다.
The prices on the list may not be accurate **since** manufacturers often change their prices. [부사절 접속사]
제조업체들이 자주 가격을 변경하기 때문에 목록에 나와있는 가격은 정확하지 않을 수도 있습니다

(2) 시간 ('~한 이래로'): since가 과거의 특정 시점부터 현재까지를 의미할 때는 부사절 접속사와 전치사 둘 다 쓰인다. 이 때, since 뒤에는 과거 시점이 오고, 주절에는 현재 완료 시제가 함께 한다는 점에 유의해야 한다. 또한, since는 '그때 이후로'의 의미를 갖는 부사로도 쓰인다.
William's grades **have been** showing signs of improvement **since** he **began** taking private lessons. [부사절 접속사]
William의 점수는 개인 수업을 받기 시작한 이후 향상될 기미를 보여왔다.

Our operating expenses **have declined** by 10 percent **since last year**. [전치사]
운영 비용은 작년 이후 10퍼센트 감소했다.

3. 부사절 축약

Q6

when + [동사 vs. 분사]

When **[making / make]** a purchase online, be sure to use a secure network. [1]

[while vs. during] + V-ing

Technicians are required to adhere to all safety guidelines **[while / during]** working in the lab. [2]

>> **출제 포인트** ❶ 시간을 나타내는 부사절 접속사 when, while, before, after는 주절과 동일한 주어를 생략하고 동사를 분사로 바꿔 축약 형태로 쓸 수 있다. 이때 분사는 주절의 주어와 의미상 능동관계이면 현재분사(V-ing)를, 수동관계이면 과거분사(p.p.)를 쓴다. 따라서, 부사절 접속사 뒤에 주어가 없고 빈칸이 나올 경우, 동사의 능동/수동을 확인하여, 능동이면 현재분사를, 수동이면 과거분사를 정답으로 선택한다.

❷ 축약구조와 연계하여 동일한 의미의 while과 during을 구별하는 문제가 출제된다. 접속사 while은 축약 구조로 뒤에 분사나 전치사구가 바로 올 수 있으나, 전치사 during은 분사나 전치사구를 뒤에 바로 취하지 못한다. during은 뒤에 목적어로 동명사도 올 수 없고, 오로지 명사만을 목적으로 취한다.

while + 주어 + 동사	while[~~during~~] the concert is in progress 콘서트가 진행되는 동안에
during + 명사	during[~~while~~] the concert 콘서트 동안에
while + V-ing / p.p. / 전치사구	while[~~during~~] staying at the hotel 호텔에 머무르는 동안에 while[~~during~~] on duty 근무하는 동안에 while[~~during~~] in a foreign country 해외에 있는 동안에

Q7

as + [동사 vs. 과거분사]

Despite mechanical issues, the train departed as originally **[has scheduled / scheduled]**. [1]

unless + otherwise + [현재분사 vs. 과거분사]

All ingredients in our products are organic unless otherwise **[specifying / specified]**. [2]

>> **출제 포인트**   접속사 as나 unless는 뒤에 과거분사만 올 수 있고, 관용적인 표현으로 많이 출제된다.

✓ as + p.p. 관용 표현

as **discussed**	논의되었듯이	as **noted**	언급되어 있듯이
as **indicated**	표시되어 있듯이	as **mentioned**	언급되어 있듯이
as **detailed**	설명되어 있듯이	as **stated**	명시되어 있듯이
as **projected**	예상되었듯이		

✓ unless otherwise p.p. / unless p.p. otherwise 관용 표현

unless otherwise noted	달리 언급되어 있지 않으면
unless otherwise instructed	달리 지시받지 않는다면
unless otherwise indicated	달리 표시되어 있지 않으면

4. 등위접속사와 상관접속사

Q8 [등위접속사 vs. 부사절 접속사] + 주어 + 동사, 주어 + 동사

[**But / Although**] Ms. Sherman is on vacation, she can respond to important e-mails. [1]

[Either vs. Neither] A or B

[**Either / Neither**] complete an application online or submit one in person. [2]

》출제 포인트 ❶ 등위접속사는 같은 품사나 구조를 연결하여, 병렬구조를 이룬다. 등위 접속사가 두 문장을 연결할 때, 두 문장의 가운데에 위치하며, 첫 번째 문장의 앞에 쓰일 수 없다.

and	그리고	but, yet	그러나	or	또는	so	그래서

┌→ 명사구   ┌→ 명사구
Please turn off your phone **and** other electronic devices.
고객님의 전화기와 그 밖의 다른 전자 기기를 꺼 주시기 바랍니다.

┌→ But ⋯→ 등위접속사는 문장 맨 앞에 올 수 없다.
Although gas prices have risen, KM Logistics did not increase its delivery fees.
연료비가 오르긴 했지만, KM 택배는 배송비를 올리지 않았다.

❷ 상관 접속사는 두 단어 이상이 짝을 이루어 쓰인다.

both A and B	A와 B 둘 다
either A or B	A와 B 둘 중 하나
neither A nor B	A와 B 둘 다 아닌
not only A but (also) B	A뿐만 아니라 B도 (= B as well as A)
not A but B	A가 아니라 B (= B, but not A)

After discussing the new benefits package, **both** management **and** employees reached an agreement.
새 복리후생제도에 대해 논의하고 나서, 경영진과 직원들 모두 합의를 보았다.

5. 복합관계부사

Q9 [복합관계부사 vs. 복합관계대명사] + 완전한 문장

Please call us **[whatever / whenever]** you have a technical issue. [1]

[however vs. whenever] + 형용사/부사 + 주어 + 동사

[However / Whenever] often public speakers may stand in front of large audiences, most of them still experience some stage fright. [2]

no matter how + [형용사 vs. to부정사]

All employees should report any incident, no matter how **[trivial / to trivialize]** it is. [3]

>> 출제 포인트 ❶ 「관계부사 + -ever」 형태의 복합관계부사 wherever, whenever, however는 양보(~든지)의 의미로, 각각 no matter where, no matter when, no matter how로 바꿔 쓸 수 있다.

❷ 복합관계부사는 관계부사와 마찬가지로 완전한 구조의 문장과 함께하며, 부사절 접속사 역할을 한다.

❸ 복합관계부사 however (= no matter how)는 바로 뒤에 형용사나 부사가 온다는 점에 유의한다.

복합관계부사	의미	이어지는 구조
wherever	어디에서든지 (= no matter where)	+ 완전한 문장
whenever	언제든지 (= no matter when = every time)	+ 완전한 문장
however	아무리 ~할지라도 (= no matter how)	+ 형용사/부사 + 주어 + 동사

1. ------- their previous model was quite popular among teens, few expect the next one to be as attractive.

(A) In spite of
(B) Even though
(C) Regardless of
(D) But

2. ------- Mr. Hong has received excellent performance appraisals for three consecutive years, he will certainly be promoted this spring.

(A) So that
(B) As
(C) Although
(D) As a result of

3. Some employees still tend to keep a daily work log ------- there is no longer a mandated requirement.

(A) as if
(B) so that
(C) in case
(D) although

4. ------- the delayed arrival of his flight, Mr. James made it on time to the conference.

(A) Otherwise
(B) While
(C) Despite
(D) In spite

5. Client requests for DNA tests cannot proceed ------- a deposit of $100 is received.

(A) despite
(B) even
(C) until
(D) prior to

6. ------- the marketing staff has completed the three-week intensive training, the manager will ask them to submit a report.

(A) Once
(B) Next
(C) Afterwards
(D) Then

7. Novizan Publishing installed new illustration software on its computers ------- book cover designers could work more effectively.

(A) so that
(B) as if
(C) so as
(D) due to

8. Greenychi Safety Shipping assures you that all shipments will be delivered on time ------- remote their destinations might be.

(A) no matter how
(B) insofar as
(C) nevertheless
(D) in order that

9. Parking in the building's basement garage will be prohibited this weekend ------- emergency repairs to the electrical system.

(A) so that
(B) as a result
(C) in order to
(D) because of

10. Lexington Museum is seeking a new curator not only to organize new exhibits ------- to give tours on special occasions.

(A) but also
(B) only if
(C) or
(D) and

11. Please review the article thoroughly ------- it has been received from the writer.

(A) then
(B) while
(C) despite
(D) as soon as

12. ------- Novana Industry's overall revenue has decreased for the last two years, some departments have seen slight increases in sales.

(A) While
(B) Since
(C) Instead
(D) However

13. 고난도 Alsacienne's restaurant has seen a dramatic increase in sales ------- it relocated to the downtown area.

(A) when
(B) after
(C) whereas
(D) since

14. Ms. Norman, the accounting manager of the company, wishes to review the fourth-quarter revenue ------- the annual financial report is compiled.

(A) prior
(B) ahead
(C) before
(D) earlier

15. ------- more people are connected through social media, it has become much easier for consumers to share product reviews.

(A) Instead of
(B) Now that
(C) Because of
(D) As if

16. 고난도 ------- signing the contract, Samwha Biotech agreed to start a collaborative research project with Midward Pharmaceutical Company.

(A) During
(B) To
(C) When
(D) Since

17. 고난도 The former CEO, Kate Hatfield, had no choice but to resign when ------- with stiff resistance from both inside and outside the company.

(A) face
(B) faced
(C) facing
(D) faces

18. 고난도 ------- the January company newsletter is published, the final decision on the outsourcing contract will have been made.

(A) By the time
(B) In order to
(C) Following
(D) Now that

19. Over 2,000 people attended last Sunday's International Food Fair, ------- the heavy rains that swamped parts of the area.

(A) while
(B) whereas
(C) notwithstanding
(D) moreover

20. 고난도 ------- the budget allocated for this project is strictly limited, it is important to consider cost-efficiency at each phase of the project.

(A) Even if
(B) Because of
(C) Unless
(D) Given

Questions 21-24 refer to the following press release.

Dr. Bill Sumpter, president of Willsbourough University, has announced that the main library

------- to accommodate more students. Over the last several years, enrollment at the university
21.

has nearly doubled. This is likely due to the increasing number of reputable professors joining

the university's faculty. The construction project is expected to take two years. -------. Library
22.

materials can be accessed in the basement of the building ------- the expansion of the first and
23.

second floors. This may result in some inconvenience as the space in the basement is smaller

than the other floors. "However, ------- this project is completed, students will have a lot more
24.

room to study," said Dr. Sumpter.

21. (A) will renovate
(B) will be renovated
(C) has renovated
(D) has been renovating

22. (A) Dr. Sumpter is very proud of the
고난도 achievements of the faculty.
(B) This is the result of an increase in
student tuition fees.
(C) The initial timeline of sixteen months
had to be revised after further review.
(D) The university is currently seeking
funding from various companies.

23. (A) even
(B) while
(C) in order to
(D) during

24. (A) whether
(B) since
(C) unless
(D) once

May Pannara Novelty Contest

Do you have a great idea to improve everyday life? If so, enter them into the May Pannara Novelty Contest.

What is the May Pannara Novelty Contest?

The contest was started by Thai inventor May Pannara, who also founded the Bangkok Center for Research and Development (BCRD). The aim of the contest is to find solutions to everyday problems. The winner will receive 10,000 baht to implement their solutions. Last year's winner designed a universal remote compatible with most electronic entertainment devices. The winner will be announced October 30 during a ceremony in the Bhumibol Auditorium at Trang University.

Am I eligible?

This contest is open to people of all ages, professions, and interests. Experts, amateurs, and students are encouraged to enter. Entries submitted to previous contests are not permitted.

How do I apply?

Entries must be received by June 20 through either postal mail or e-mail. To download application forms and other documents, please visit our website at www.bcrd.co.th/ mpnc/entries. For inquiries regarding contest rules, please contact Pat Wattana at (02)-555-4354. Those who are interested in being a part of the judging should contact our evaluations supervisor, Robin Montri, at (02)-555-4359.

PART 5·6·7 UNIT 10

25. What is the purpose of the notice?

(A) To outline guidelines for a university course
(B) To attract sponsors for an event
(C) To announce a competition
(D) To promote a business conference

26. What is stated about the BCRD?

(A) It was started by May Pannara.
(B) It has an office on Trang University's campus.
(C) It produces electronic devices.
(D) It owns the Bhumibol Auditorium.

27. 고난도 According to the notice, why would an individual contact Mr. Montri?

(A) To confirm eligibility of students
(B) To extend a deadline for a project
(C) To inquire about implementing a new policy
(D) To volunteer to help determine a contest winner

Questions 28-32 refer to the following e-mail, review, and article.

To	Roberta Moss
From	Jared Smith
Date	Monday, April 5
Subject	New Machine

Dear Roberta,

There are a couple of things we need to consider before we buy a machine for our startup company. Our business plan involves supplying 3D printed materials to classrooms without requiring minimum orders. We're going to need an affordable printer that can easily travel with us when we give demo presentations to show potential clients how our technology works. Check out the reviews on educatech. com to see if you can find a product that meets our needs. Let me know what you learn, and we can work it into our budget.

Jared

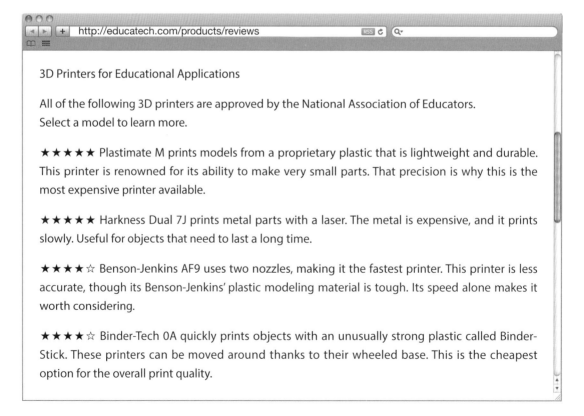

http://educatech.com/products/reviews

3D Printers for Educational Applications

All of the following 3D printers are approved by the National Association of Educators.
Select a model to learn more.

★★★★★ Plastimate M prints models from a proprietary plastic that is lightweight and durable. This printer is renowned for its ability to make very small parts. That precision is why this is the most expensive printer available.

★★★★★ Harkness Dual 7J prints metal parts with a laser. The metal is expensive, and it prints slowly. Useful for objects that need to last a long time.

★★★★☆ Benson-Jenkins AF9 uses two nozzles, making it the fastest printer. This printer is less accurate, though its Benson-Jenkins' plastic modeling material is tough. Its speed alone makes it worth considering.

★★★★☆ Binder-Tech 0A quickly prints objects with an unusually strong plastic called Binder-Stick. These printers can be moved around thanks to their wheeled base. This is the cheapest option for the overall print quality.

Educational Startup "Hand Outs"

By Carol Hernandez

November 2 — Scan any recent educational catalog, and you'll see them: companies advertising educational materials made with 3D printers. These businesses transform classrooms into miniature factories. They allow students to dream up, design, and deliver (the 3 "D"s) their projects. Educational projects and lesson plans themselves are usually provided for free; however, companies then charge for special parts and 3D printer usage. Some, like ProEd 3D focus on large deals, often with entire school districts, of more than 150 kits per order. Another is Grab-itate, which makes high-end supplies in batches of as few as 10. Finally, Fun-D-Mental and Beta-ED, which have been around for seven months and three years respectively, will make classroom materials for even one student if need be.

---

28. What is mentioned about the Plastimate M?

(A) It is capable of creating fine details.
(B) It is popular for its classic design.
(C) It is smaller than most printers.
(D) It is made of many complicated parts.

29. What do all of the printers listed on the Web page have in common?
고난도

(A) They can be easily carried.
(B) They are very fast.
(C) They produce durable items.
(D) They are quite affordable.

30. What 3D printer did Ms. Moss most likely recommend to Mr. Smith?
고난도

(A) The Plastimate M
(B) The Harkness Dual 7J
(C) The Benson-Jenkins AF9
(D) The Binder-Tech 0A

31. In the article, the word "scan" in paragraph 1, line 1, is closest in meaning to

(A) browse
(B) mark
(C) focus on
(D) pass over

32. What business do Ms. Moss and Mr. Smith most likely work for?
고난도

(A) ProEd 3D
(B) Grab-itate
(C) Fun-D-Mental
(D) Beta-ED

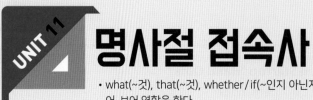

UNIT 11 명사절 접속사

- what(~것), that(~것), whether/if(~인지 아닌지), 의문사 등이 이끄는 명사절은 문장에서 주어, 목적어, 보어 역할을 한다.

> **Tip!**
> 명사절 접속사 whether와 다양한 의문사의 쓰임에 유의해야 해. 복합관계사 중에서는 선행사 없이 뒤에 동사가 바로 오는 whoever가 가장 많이 출제돼.

 **기본 개념 이해하기**

1. that, whether/if, what 절

that	~것	It is certain **that** he will come. ⋯▸ 진주어 역할 그가 올 것이 확실하다. I think **(that)** she is smart. ⋯▸ 목적어 역할 나는 그녀가 똑똑하다고 생각한다. The reason is **that** he can't speak at all. ⋯▸ 보어 역할 그 이유는 그가 말을 전혀 못하기 때문이다.
if / whether	~인지 아닌지	**Whether** she comes or not is unimportant to me. ⋯▸ 주어 그녀가 오든 안 오든 나에게는 중요하지 않다. I don't care **whether[if]** your car broke down or not. ⋯▸ 목적어 당신 차가 고장 났든 말든 저와는 상관 없습니다. The problem is **whether** the machine is cheap. ⋯▸ 보어 문제는 그 기계가 저렴하냐는 것이다.
what	~것	The workshop will explain **what** new employees should do. ⋯▸ 목적어 워크숍에서 신입 사원들이 해야 하는 일에 대해 설명할 것이다.

2. 명사절을 이끄는 의문사

의문대명사 who, what, which	He couldn't guess **what** was inside the box. 그는 상자 안에 무엇이 있는지 추측할 수 없었다.
의문형용사 which, whose, what	Ken is choosing **which** fabric he wants for the sofa. Ken은 소파에 놓을 천을 고르고 있다.
의문부사 when, where, how, why	These are the instructions on **how** we can use the equipment. 이것은 장비를 어떻게 사용할 수 있는지에 대한 지침이다.

3. 명사절을 이끄는 복합관계대명사

Whoever	~하는 사람은 누구나	**Whoever** the manager hires will start on Monday. 지배인이 고용하는 사람이 누구든 월요일부터 일을 시작할 것이다.
Whatever	~하는 것은 무엇이나	The President emphasized the ability to cope with **whatever** happens. 대통령은 무슨 일이 있어도 대처할 수 있는 능력을 강조했다.
Whichever	~하는 것은 어느 것이나	You can buy **whichever** you want. 원하는 것은 무엇이든지 살 수 있다.

문법적으로 명사절 접속사, 관계대명사, 부사절 접속사의 자리를 구분한 후, 해석상 알맞은 명사절 접속사를 선택하는 복합적인 문제가 출제되므로 고득점 학생들도 어렵게 느끼는 부분이다. 명사절 접속사가 위치하는 자리를 파악하기 위한 전체 문장의 구조 분석 연습과 더불어 that, whether, 의문사, 복합관계대명사의 정확한 의미에 유의하며 학습해야 한다.

1. 명사절 접속사 that

Q1

명사절 접속사 [that vs. what] + 완전한 문장

Our annual financial report indicates **[that / what]** we should reduce the overall operating costs. [1]

명사절 접속사 [that vs. what] + 불완전한 문장

[That / What] Mr. Wyatt proposed at the meeting impressed the board of directors. [2]

>> 출제 포인트

❶ 「접속사 + 주어 + 동사」의 명사절은 명사처럼 주어, 목적어, 보어 역할을 한다. 명사절은 명사 역할을 하므로, 부사 역할을 하는 부사절이나 명사를 뒤에서 꾸며주는 형용사 역할의 관계절과 구별된다.

주어	Whether the company will open a branch office will be discussed during the meeting. 회사가 지사를 열 것인지는 회의 동안 논의될 것이다.
목적어	The participants reported that the seminar had been a huge success. 참가자들은 세미나가 큰 성공을 거두었다고 알려왔다.
보어	The belief of the chairman of the board is that more foreign investment is needed. 이사회 의장의 믿음은 더 많은 해외투자가 필요하다는 것이다.

❷ 명사절 접속사 that 뒤에는 완전한 구조의 절이, 명사절 접속사 what 뒤에는 불완전한 구조의 절이 온다.

The record shows **that** Mr. Scott paid an additional fee for express shipping.
주어와 타동사 pay의 목적어가 모두 있는 완전한 구조

기록에 따르면 Mr. Scott은 빠른 배송을 위해 추가요금을 지불했다.

The business section is **what** most readers of the daily newspaper read first.
주어는 있으나 타동사 read의 목적어가 없는 불완전한 구조

비즈니스 섹션은 대부분의 일간지 독자들이 가장 먼저 읽는 부분이다.

❸ 선행 명사를 뒤에서 수식하는 관계대명사 that은 뒤에 불완전한 구조의 절이 온다는 점에서 명사절 접속사 that과 구분된다.

┌→ 타동사 + 명사절 접속사('~것')   ┌→ 선행사(명사) + 관계대명사('~한')
The company insists **that** they use only ingredients **that** have been classified as environmentally safe.
회사는 환경적으로 안전하다고 분류된 재료만을 쓴다고 주장한다.

1. It is crucial for marketers to understand **[that / what]** potential clients need.

2. Both CEOs announced **[that / what]** the new management would expect employees to work cooperatively after the upcoming merger.

Q2 명사절 접속사 that과 함께 쓰이는 표현

Please be aware **[that / what]** the changed regulations for vehicle inspection will take effect on December 1. [1]

It is important **[that / what]** employees regularly attend safety workshops. [2]

>> 출제 포인트 ❶ 특정 형용사 뒤에 that 명사절이 와서 하나의 관용 표현으로 쓰인다.

「be + 형용사 + that 절」	
be aware[conscious] that	~인 것을 인식하다
be certain[sure, confident] that	~인 것을 확신하다
be concerned[worried] afraid that	~인 것을 걱정[우려]하다
be pleased[happy, glad] that	~인 것에 대해 기뻐하다
be disappointed that	~인 것에 대해 실망하다
be sorry that	~인 것에 대해 유감스러워하다

❷ 명사절 접속사 that이 이끄는 절이 주어일 경우, 그 자리에 가주어 it을 쓰고 that절을 뒤로 보내는 「가주어 it ~ 진주어 that」 구문으로 흔히 쓴다.

⊘ It(가주어) is + 형용사 + that 절(진주어)

It is +	likely ~일 것 같다 I impossible ~인 것은 불가능하다 I important ~인 것은 중요하다 I necessary[essential] ~인 것은 필수다	+ that ~

2. 명사절 접속사 whether

Q3

whether vs. if

We have not determined **[whether / if]** the annual company picnic will be on company grounds or in Jackson Park. [1]

The office manager will decide **[whether / if]** to order paper from Light-Office or Gartol. [2]

The company will hire employees regardless of **[whether / if]** applicants have university diplomas. [3]

>> 출제 포인트 ❶ 명사절 접속사 whether와 if는 둘 다 '~인지 아닌지'라는 의미이며, 결정이나 불확실성을 나타내는 표현과 함께 쓰인다.

주어 +	determine ~인지 아닌지 결정하다	decide 결심하다	choose 선택하다	ask 묻다	inquire 문의하다	consider 고려하다	wonder 궁금해 하다	doubt 의심하다	be not sure ~ 확실하지 않다	+ whether / if ~

❷ 명사절 접속사 whether와 if의 차이

(1) 명사절 접속사 whether는 주어, 동사나 전치사의 목적어, 보어 등 명사 역할을 하는 자리에 모두 쓰일 수 있으나, 명사절 접속사 if는 타동사의 목적어로만 쓰인다.

(2) 명사절 접속사 if는 or not과 함께 쓰이지 못하나, 명사절 접속사 whether는 다양한 형태로 쓸 수 있다.

whether (or not) + 완전문장	whether + 완전문장 + (or not)	~인지 아닌지
whether A or B	A든지 B든지
whether to 동사원형	~할지 말지

(3) 명사절 접속사 if는 전치사 뒤에 올 수 없으나 명사절 접속사 whether는 전치사 뒤에 올 수 있다.

⊕ check

1. Canterra employees can choose **[whether / if]** to work from home or at the office.

2. Mr. Romano called to ask **[if / that]** the upcoming seminar on September 10 could be postponed until next week.

3. 명사절 접속사로 쓰이는 의문사

Q4 명사절을 이끄는 의문사

The ongoing legal dispute has delayed the launching of Home Skin Care because it was unclear **[who / which]** had invented it. [1]

Before making a decision, we will review **[how / whose]** idea is the most creative. [2]

The event organizer has decided **[where / what]** to hold the party. [3]

>> **출제 포인트** ❶ 의문사는 명사절을 이끌며, 토익에 출제되는 명사절을 이끄는 의문사의 선택 문제는 대부분 해석을 통해 문맥에 적합한 것을 고르는 유형이다.

❷ why를 제외하고 의문사가 명사절을 이끄는 접속사로 쓰이는 경우, 뒤에 문장뿐만 아니라 「의문사 + to부정사」 형태로도 쓸 수 있다. which와 whose는 to부정사가 바로 올 수 없고 「which / whose + 명사 + to부정사」 형태로 쓸 수 있다.

✅ 명사절을 이끄는 의문사

의문대명사	who	누가 ~하는지
	what	무엇이(을) ~하는지
	which	어떤 것이(을) ~하는지
의문형용사 + 명사	which + 명사	어떤 + 명사
	whose + 명사	누구의 + 명사
	what + 명사	무슨 + 명사
의문부사 + 완전한 구조의 절	when	언제 ~하는지
	where	어디서 ~하는지
	how	어떻게 ~하는지
	why	왜 ~하는지

4. 복합관계대명사

> **Q5** [복합관계대명사 vs. 대명사] + 동사 + 동사
>
> **[Whoever / Anyone]** is interested in reserving an exhibition booth should fill out the enclosed registration form. [1]
>
> [복합관계대명사 vs. 복합관계부사] + 불완전한 문장
>
> You can bring **[whatever / wherever]** you need for the vacation in this suitcase. [2]
>
> [복합관계대명사 vs. 의문사]
>
> **[Whoever / Who]** gets the best evaluation will be promoted to Branch Manager. [3]

》 출제 포인트　**❶**「관계대명사 + -ever」의 형태의 복합관계대명사 who(m)ever, whatever, whichever는 '~든지'의 의미로 명사절(주어와 목적어 자리에서)과 부사절을 모두 이끌 수 있다.

　　　　　　　　❷ 복합관계대명사는 「선행사 + 관계대명사」로 자체에 선행사를 포함하고 있기 때문에, 관계대명사와 달리 그 앞에 선행사가 필요 없으나, 관계대명사와 마찬가지로 불완전 구조의 문장을 동반한다. 하지만, 복합관계부사 wherever, whenever, however는 관계부사와 마찬가지로 완전한 구조의 문장을 이끈다.

　　　　　　　　❸ 복합관계대명사와 의문사의 구분은 해석을 통해 문맥에 따라 결정한다.

복합관계대명사	명사절	부사절
whoever	~하는 사람은 누구든지 = anyone who	누가 ~하든지 = no matter who
whatever	~하는 것은 무엇이든지 = anything that	무엇을 ~하든지 = no matter what
whichever	~하는 것은 어느 것이든지 = anything that	어떤 것을 ~하든지 = no matter which

1. ------- manager you should report to depends on the project that you are assigned.

(A) Which
(B) Each
(C) Either
(D) Something

2. 고난도 The city council considered ------- the citizens suggested at the public hearIng about the subway expansion project.

(A) what
(B) that
(C) about
(D) after

3. The talk by Laura Stevenson on her latest book, *Why I Sing*, is open to ------- is interested.

(A) whoever
(B) wherever
(C) whatever
(D) however

4. 고난도 The Fabolia Dance School will hold an information session on April 7 for ------- interested in signing up for summer classes.

(A) whoever
(B) they
(C) anyone
(D) them

5. It is necessary ------- managers give their staff equal opportunities to prove themselves capable of their responsibilities.

(A) should
(B) that
(C) upon
(D) to

6. Visitors invited to tour Lowell Auto can see ------- our products are made from the design room to the assembly line.

(A) during
(B) about
(C) how
(D) while

7. Please contact Gina before 5 P.M. on November 10 to let her know ------- you will be attending or not.

(A) unless
(B) whether
(C) whenever
(D) as if

8. ------- needs an income verification form should ask Ms. Roh in the Accounting Department.

(A) Some
(B) Who
(C) Whoever
(D) Anyone

9. The survey indicated ------- almost all of the product reviewers found Everyday Bath shampoo's scent appealing.

(A) that
(B) what
(C) those
(D) even if

10. The board of directors is meeting this afternoon to decide ------- research projects to fund.

(A) which
(B) who
(C) where
(D) when

11. The board of directors has to decide ------- will be appointed as Vice President at next Monday's meeting.

(A) that
(B) whatever
(C) who
(D) when

12. Supervisors ------- have technical difficulties with the online employee evaluation form should contact the Tech Team for assistance.

(A) who
(B) when
(C) what
(D) whose

13. Participants are allowed to ask about ------- they would like to know during the question and answer session.

(A) wherever
(B) however
(C) anyone
(D) whatever

14 Ms. Hwang must decide ------- to submit the proposal to the city council by the end of the week.

(A) whether
(B) whereas
(C) if
(D) unless

15. We need to learn ------- to overcome the 고난도 financial crisis or at least minimize its effects on our business.

(A) next
(B) whether
(C) how
(D) as

16. ------- I need you to understand is that we must complete the Epsontech project within a limited time and budget.

(A) That
(B) What
(C) Whether
(D) Which

17. ------- the year-end profit shares will be 고난도 half of last year's is disappointing news to the entire staff.

(A) What
(B) Although
(C) That
(D) Because

18. As soon as the management of Extell 고난도 Trading has reviewed the documents, they will determine ------- proposal will be chosen.

(A) who
(B) whom
(C) whoever
(D) whose

19. The budget committee is still having a discussion about ------- it is necessary to allocate funds for monthly staff training.

(A) which
(B) whether
(C) what
(D) while

20. Due to the availability of online video streaming services, it is not common for people nowadays to just watch ------- appears on television.

(A) anyone
(B) whatever
(C) unless
(D) however

Questions 21-24 refer to the following e-mail.

To: Harriet Watkins <hwatkins@mymail.co.ca>
From: Customer Inquiries <inquiries@lextech.com>
Date: Monday 5, May 3:41 P.M.
Subject: Information requested

We appreciate the time you took to contact us regarding the user guide for your Sonic Q tablet PC. We agree with you ------- the steps showing how to connect to a wireless network are a

21.

bit complex. -------. Our technical team has ------- simplified those instructions so that they are

22.   23.

much more easy to follow. The ------- guide can be found by visiting our website and clicking

24.

on the Online Manuals tab. To thank you for your input, we will mail a discount coupon for 10

percent off your next LexTech purchase.

21. (A) regarding
(B) that
(C) what
(D) for

22. (A) We hope you take a few minutes to fill
out the survey.
(B) The Sonic Q tablet PC is our most
popular product.
(C) Our helpful staff is always ready to
hear from you.
(D) Other users have brought up the
same issues.

23. (A) similarly
(B) nonetheless
(C) instead
(D) therefore

24. (A) rough
(B) original
(C) updated
(D) detailed

Euston, London (July 28) – Milway Pharmaceuticals will move its headquarters from the current Oxford Street site to a 1,500-square meter office space in the Prader Building on September 3, the company announced this morning.

"This is good news for Euston," said Will Matthews, the director of Bentley Loans, an organization that offers low-interest start-up loans to new companies. "Milway Pharmaceuticals has 120 employees who will become valuable patrons of local businesses and support the local community in many different ways." Mr. Matthews noted that the loan company assisted Milway Pharmaceuticals in covering the cost of the relocation.

Milway Pharmaceuticals, which develops and markets medicines, recently acquired several new clients and intends to employ additional pharmacists, explained Ella Milway, a senior partner of Milway Pharmaceuticals. "We needed extra room, and we were attracted by the excellent rental terms offered by the Prader Building," she said. "The financial assistance from Bentley Loans was another big motivation."

The Prader Building, which is on the east side of Euston, was developed by Comcord Real Estate. Among its tenants are the Smith Legal Society, CRI Accountants, Lullington Table Tennis Club, and Pulford's Sporting Goods. Now that Milway Pharmaceuticals will move in, the building is fully occupied.

25. Why was the article written?

(A) To announce a company's move to a new location
(B) To notify of salary increases in a company
(C) To give information about updates to a business' services
(D) To describe renovations done to a building

26. What is NOT suggested about Milway Pharmaceuticals?

(A) The number of employees
(B) The size of an office
(C) The expected salary range
(D) The company's new location

27. The word "terms" in paragraph 3, line 4, is closest in meaning to

(A) expansions
(B) directions
(C) conditions
(D) expressions

28. What type of business does NOT occupy space in the Prader Building?
고난도

(A) A financial services company
(B) A property management firm
(C) A retail store
(D) A sports club

To	r_sanger@mbwhiteinsurance.com
From	orders@stewartstationerysupplies.com
Date	November 5, 9:12 A.M.
Subject	Your order number 21987QT2

Dear Mr. Sanger,

Thank you for ordering from Stewart Stationery Supplies' online store. Your order has just been processed and will ship from our Billington warehouse today at 2:00 P.M.

Qty	Product	Cost
1	Large brown envelopes (3,000 pieces per box)	$60.00
1	Stewart T2 white mailing labels (6,000 pieces per box)	$20.50
1	Stewart S1 printing paper (6,000 sheets per box) FINAL SALE	$95.50
1	Fine Print 13B color ink printer cartridge (4 packs per box)	$270.00
3-Day Shipping		$20.00
Total paid by Stewart gift card TR541G		$466.00
Amount remaining on gift card TR541G		$10.50

Please be advised that used or opened products marked 'FINAL SALE' cannot be returned. To view our full return policy, visit http://www.stewartstationerysupplies.com/returns.

To ensure that we always provide you with the best customer service and highest quality products, please complete our online customer satisfaction survey at http://www. stewartstationerysupplies.com/survey. If you fill out the survey by November 20, we will send you a thank-you gift!

Stewart Stationery Supplies Customer Support Team
Tel: (800) 555-2135, 9 A.M. - 9 P.M., Monday-Friday

Customer Satisfaction Survey

Once you have completed this survey, we will email you a printable voucher for 15 percent off your next purchase. Please include your e-mail address:

Part 1
How did you find out about Stewart Stationery Supplies?
☐ A newspaper ad ☐ A flyer sent out by mail ☐ Other magazine advertisement

Part 2
If you purchased items at one of our store branches, please indicate the location. (If you ordered online, please leave this part blank.)
☐ Romford City ☐ Mountfield ☐ Ashridge

How would you rate our services?
☐ Excellent ☐ Average ☐ Unsatisfactory

Part 3
If you purchased items at our website, was it easy for you to navigate?
(If you purchased your item at a retail store, please leave this part blank.)
☐ Yes ☐ Somewhat ☐ No

If you required technical assistance with our website, how was the level of service?
☐ Excellent ☐ Good ☐ Unsatisfactory

Part 4
Please rate the quality of the items you bought from us.
☐ Excellent ☐ Good ☐ Unsatisfactory

---

29. What product has Mr. Sanger ordered that cannot be returned?

(A) Printer cartridges
(B) Printing paper
(C) Mailing labels
(D) Envelopes

30. What is indicated about the order that Mr. Sanger placed?

(A) He has requested a change in quantities.
(B) It has been scheduled for delivery on November 5.
(C) It will be shipped to his office in Billington.
(D) He used a gift card for payment.

31. What benefit is being offered to customers who complete the survey?

(A) Packs of free ink cartridges
(B) An invitation to a sales event on November 20
(C) Free shipping on a future order
(D) A reduction in price on their next purchase

32. What part of the survey should Mr. Sanger NOT complete?

(A) Part 1
(B) Part 2
(C) Part 3
(D) Part 4

33. What is suggested on the survey about Stewart Stationery Supplies?

(A) It has 24-hour customer support available.
(B) It advertises its products through television.
(C) It has at least three retail stores.
(D) It recently updated its website.

형용사절 접속사

UNIT 12

- 관계사가 「접속사 + 대명사」의 역할을 하면 '관계대명사'이고, 「접속사 + 부사」의 역할을 하면 '관계부사'라 부른다.

토익에서 가장 많이 출제되는 관계대명사는 주격 who와 소유격 whose야.
관계부사 where가 보기에 있으면 뒤에 완전한 문장이 온다는 점을 잊지 말자!

기본 개념 이해하기

1. 관계대명사절

선행사	격		관계대명사 = 「접속사 + 선행사」를 받아주는 대명사
사람	주격 [+ 동사]	who[that]	The chef **who[that] won the contest** studied in Paris. 그 대회에서 우승한 요리사는 파리에서 공부했다.
사물		which[that]	I can see the cat **which[that] is lying on the chair**. 의자에 누워있는 고양이가 보인다.
사람	목적격 [+ 주어 + 동사]	whom[that]	Is that the man **whom[that] you invited**? 저 남자가 당신이 초대한 사람인가요?
사물		which[that]	The shirt **which[that] you bought me** fits well. 당신이 제게 사준 셔츠가 잘 맞아요.
사람	소유격 [+ 명사]	whose	The man **whose leg was broken** is my uncle. 다리가 부러진 그 남자는 우리 삼촌이다.
사물		whose	She bought a book **whose price is amazing**. 그녀는 가격이 놀라운 책을 샀다.

- 관계사는 문장을 연결하는 접속사 기능을 하므로 그 뒤에 동사를 추가로 하나 더 가진다.
- **관계대명사의 계속적 용법:** 관계대명사 앞에 쉼표(,)가 있으며 앞 내용을 추가적으로 설명해준다. 관계대명사 that은 계속적 용법으로 쓰일 수 없다.

  ┌─ ~~that~~
  There are parking lots, **which** are only for bank customers. 주차장이 있는데, 은행 고객들 전용이다.

2. 관계부사절

선행사		관계부사 = 「접속사 + 부사」 = 「전치사 + 관계대명사」
시간 (time)	when	The time **when[at which]** the fire truck came was 9 P.M. 소방차가 온 시간은 오후 9시였다.
장소 (place)	where	I know the hotel **where[at which]** he's staying. 나는 그가 묵고 있는 호텔을 안다.
이유 (the reason)	why	The reason **why** he didn't come is unknown. 그가 오지 않은 이유는 알려지지 않았다.
방법 (the way)	how	This is **how** I memorized a lot of English words. 이것이 내가 많은 영어 단어를 외운 방법이다.

- 방법을 나타낼 때는 관계부사 how나 선행사 the way 중 하나만 써야 한다.
- 관계대명사와 마찬가지로 관계부사는 뒤에 쉼표(,)를 써서 계속 용법으로 쓰일 수 있다.

  I went to Texas, **where** I stayed for a week. 나는 텍사스에 가서 한 주 동안 있었다.

핵심 문제 유형

선행사와 격에 따른 알맞은 관계대명사 선택, 관계대명사와 관계부사의 구분, 관계사와 다른 접속사와의 구분 문제가 주로 출제된다. 관계대명사 중에 주격의 출제 비중이 가장 높으나, 소유격과 전치사 뒤의 목적격을 묻는 문제가 최근에 증가하고 있으며, 관계사 생략구조가 고난도 문제로 출제된다.

1. 관계대명사의 종류와 선택

Q1 사물 선행사 + [who vs. which] + 동사 (주어가 없는 불완전한 문장)

There has been unusually heavy snow, [who / which] has caused many flight cancelations.¹

사람 선행사 + [who vs. which] + 동사 (주어가 없는 불완전한 문장)

The manager [who / which] is currently in charge of the project will resign next month.²

>> 출제 포인트

❶ 접속사와 대명사의 역할을 겸하여, 앞의 명사를 수식하는 관계대명사와 달리 대명사는 문장과 문장을 연결하지 못하며, 앞의 명사를 수식하지 못한다.

❷ 선행사의 종류와 관계대명사 뒤에 빠진 문장 성분에 따라 관계대명사의 격이 결정된다.

선행사	주격 [+ 동사]	소유격 [+ 무관사 명사]	목적격 [+ 주어 + 동사]
사람 명사	who/that	whose	whom/that
사물 명사	which/that	whose	which/that
선행사 없음	what		what

❸ 관계대명사 자리 뒤에 주어가 없고 동사가 바로 오면, 관계사절에서 주어 역할을 하는 주격 관계대명사를 쓴다. 주격 관계대명사 뒤에 오는 동사의 수와 태는 선행사에 따라 결정된다.

> **주격 관계대명사 + 주어가 없는 불완전한 문장**: 선행사 + 주격 관계대명사(who/which/that) + 동사

❹ 주격 및 목적격 관계대명사를 대신할 수 있는 관계대명사 that은, 콤마 뒤나 전치사 뒤에 쓰일 수 없다.

→ that

As a further token of our appreciation, please accept a full season pass, **which** will allow you and one guest to enter at no charge.

감사의 표시로, 귀하와 동반 1인이 무료 입장할 수 있는 자유 이용권을 받아 주시기 바랍니다.

Q2 선행사 + [which vs. whose] + 관사나 소유격 없는 명사 주어 + 동사 (완전한 문장)

The famous author is scheduled to give a speech at the conference **[which / whose]** attendees are mostly college students. [1]

>> 출제 포인트 관계대명사 자리 뒤에 관사나 소유격이 없는 명사가 오면, 관계사절에서 소유격 역할을 하는 소유격 관계대명사를 쓴다. 해석은 두 명사를 연결하는 소유격 의미를 살려 '(선행사)의 (명사)' 라고 한다.

> **관계대명사 + 완전한 문장**: 선행사 + 소유격 관계대명사(whose) + 관새[소유격] 없는 명사

Q3 선행사 + [which vs. whose] + 주어 + 타동사 (목적어가 없는 불완전한 문장)

The sports festival **[which / whose]** the HR team has organized will take place on Saturday. [1]

>> 출제 포인트 관계대명사 자리 뒤에 목적어가 없는 「주어 + 타동사」의 불완전한 문장이 오면, 관계사절에서 목적어 역할을 하는 목적격 관계대명사를 쓴다. 목적격 관계대명사는 생략이 가능하다.

> **관계대명사 + 목적어가 없는 불완전한 문장**
> : 선행사 + (목적격 관계대명사(whom / which / that)) + 주어 + 타동사[자동사 + 전치사]

Q4 [관계대명사 what vs. 접속사 that] + 불완전한 문장

[That / What] is important to us is that customers are satisfied with our services. [1]

>> 출제 포인트 ❶ '~하는 것(=the thing which)'이라는 의미의 관계대명사 what은 스스로 선행사를 포함하고 있기 때문에 형용사절을 이끄는 다른 관계대명사들과 달리 선행사 없이 명사절을 이끈다. 주격이나 목적격 관계대명사로 쓰이는 관계대명사 what은 뒤에 주어나 목적어가 없는 불완전한 문장이 온다.

❷ 관계대명사 who, which를 대신하여 선행사를 수식하는 관계대명사 that은 뒤에 불완전한 문장이 오고, 명사절을 이끄는 접속사 that(~하는 것) 뒤에는 완전한 문장이 온다.

✅ **관계대명사 what, 관계대명사 that, 명사절 접속사 that의 비교**

> The instructions show **what** passengers should do in case of an emergency landing.
> 설명서에는 승객들이 비상착륙 시 해야 하는 일이 나와 있다.
> → 선행 명사 없이 앞에 타동사(show)가 있고 뒤에 타동사 do의 목적어가 없는 불완전한 문장이 오므로 what은 목적격 관계대명사
>
> The director reviewed the proposal **that** Mr. Leighton submitted.
> 이사는 Mr. Leighton이 제출한 기획안을 검토했다.
> → 선행 명사(proposal)가 있고 뒤에 타동사 submit의 목적어가 없는 불완전한 문장이 오므로 that은 목적격 관계대명사
>
> The company is conducting a study **that** assesses the effectiveness of last year's advertising campaign. 회사는 작년도 광고 캠페인의 효과를 평가하는 연구를 실시하고 있다.
> → 선행 명사(study)가 있고 뒤에 동사(assess)의 주어가 없는 불완전한 문장이 오므로 that은 주격 관계대명사
>
> West Airlines announced **that** it will increase its nonstop flights to Los Angeles.
> West 항공은 로스앤젤레스로 가는 직항 노선을 증편할 것이라고 발표했다.
> → 선행 명사 없이 앞에 타동사(announce)가 있고 뒤에 완전한 문장이 오므로 that은 명사절 접속사

2. 관계부사

Q5 선행사 + [which vs. where] + 완전한 문장

The company **[which / where]** she is currently conducting an investigation has been blamed for causing air pollution. [1]

>> **출제 포인트** ❶ 「접속사 + 부사」 역할을 하는 관계부사는 「전치사 + 관계대명사」로 바꿔 쓸 수 있다.

선행사	관계부사		전치사 + 관계대명사
장소 (the place, the company 등)	where	~하는 장소	장소 전치사(in, on, at, to 등) + which
시간 (the time, the period 등)	when	~하는 때	시간 전치사(in, on, at, during 등) + which
이유 (the reason)	why	~하는 이유	for which
방법 (the way)	how	~하는 방법	in which

❷ 관계부사는 뒤에 완전한 문장이 온다.

❸ 선행사 the way와 관계부사 how는 함께 쓰이지 못하므로, 둘 중 하나만 써야 한다.

The substantial organizational restructuring has resulted in a number of adjustments to how we work. 대대적인 구조조정은 우리가 일하는 방식에 많은 조정을 야기했다.
└→ the way how

3. 전치사와 관계대명사

Q6

전치사 + [관계대명사 vs. 관계부사] + 완전한 문장

The community center offers a facility in **[which / where]** residents can enjoy fitness activities. [1]

선행사 + [전치사] + 목적격 관계대명사

The city will provide the land **[on / from]** which the theater is to be built. [2]

사물 선행사, + 부정대명사 + of + [whom vs. which]

E-logics, Inc. carries a wide range of computer accessories, all of **[whom / which]** can be purchased online. [3]

>> 출제 포인트

❶ 전치사 뒤에는 관계부사가 올 수 없고, 전치사 앞의 선행사에 따른 목적격 관계대명사를 쓴다. 목적격 관계대명사 앞에 전치사가 있다면 완전한 문장이 온다.

> 선행사(사람/사물) + 전치사 + 목적격 관계대명사(whom/which) + 완전한 문장

❷ 목적격 관계대명사 앞에 오는 전치사는 관계대명사 절의 동사나 선행사에 의해 결정된다.

The date **from** which members may purchase tickets for the new exhibition has been pushed back. 회원들이 새 전시회 입장권의 구매를 시작할 수 있는 날짜가 미루어졌다.

⋯→ which는 the date를 받아주는 대명사이므로 which 대신 the date를 넣고 문맥에 맞는 전치사를 선택한다. '입장권은 그 날짜부터 구매할 수 있다'는 의미가 되므로 전치사 from이 쓰였다.

❸ 선행사의 일부나 전체를 나타낼 때는 「선행사, + 수량 표현 + of + 목적격 대명사」 형태로 쓴다.

> 선행사(사람), + [all/many/most/several/some/both/half/none] + of + whom
> 선행사(사물), + [all/many/most/several/some/both/half/none] + of + which

~~whom~~

There is a \$5 admission fee to the seminar, **half of which** goes to the guest authors.
세미나에는 5달러의 입장료가 있으며, 그 중 절반은 초청 저자들에게 주어진다.

~~whom them~~

Blimp Co. sells various office supplies, **all of which** can be delivered anywhere in the country within five business days for a small fee.
Blimp 사는 다양한 사무용품들을 판매하며, 그 모든 제품들은 국내 전 지역에 소정의 비용으로 5일 내에 배송될 수 있다.

4. 관계대명사의 생략

Q7 주격 관계대명사의 생략

Employees **[interest / interested]** in attending the workshop should contact Ms. Lim. [1]

To be reimbursed for used ink cartridges, take them to any store **[sell / selling]** our Clean Ink products. [2]

>> **출제 포인트** ❶ 주격 관계대명사 뒤에 be동사가 오는 경우 「주격 관계대명사 + be동사」를 함께 생략할 수 있다. 생략된 뒤에는 분사가 선행사인 명사를 뒤에서 수식하는 구조가 된다.

> 선행사 + who/which + be동사 + V-ing/p.p. ⋯⋯ 선행사 + **V-ing/p.p.**

❷ 관계대명사 뒤에 일반동사가 오는 경우는 주격 관계대명사를 생략하고 일반동사를 분사(V-ing/p.p.)로 전환한다.

> 선행사 + who/which + 일반동사 ⋯⋯ 선행사 + **일반동사의 -ing/p.p.**

Q8 목적격 관계대명사의 생략

Please use the copier sparingly, since the toner cartridges it requires **[are / being]** temporarily unavailable. [1]

I will put into practice all I **[have learned / was learned]** under Dr. Wayne's guidance. [2]

>> **출제 포인트** 전치사 뒤에 위치한 목적격 관계대명사를 제외하고, 목적격 관계대명사 whom, which, that은 생략 가능하다. 따라서, 「명사 + 주어 + 동사」 형태로 관계대명사 없이 명사를 뒤에서 수식할 수 있다.

> 선행사 + [whom/which/that] + 주어 + 동사 ⋯⋯ 선행사 + 주어 + 동사

The cafeteria **(which)** Max Ltd. has been renovating will open to employees next week.
Max 사가 개조 중인 구내식당은 다음 주에 직원들에게 개방된다.
⋯⋯ renovate의 목적어 역할을 하는 목적격 관계대명사 which는 생략 가능

Many of the customers have praised the superior quality of the beef **(that)** Lazy Ranch produces. 고객들 중 상당수가 Lazy 농장이 생산하는 소고기의 우수한 품질을 칭찬했다.
⋯⋯ produce의 목적어 역할을 하는 목적격 관계대명사 that은 생략 가능

Applicants are required to provide the date on **which** they are available.
지원자들은 시간이 있는 날짜를 알려주셔야 합니다.
⋯⋯ 전치사 뒤의 목적격 관계대명사는 생략 불가

Practice

1. Employees ------- have problems with their computers should call the company's IT support team during regular working hours.
   - (A) those
   - (B) who
   - (C) they
   - (D) some

2. Royal Tableware, Inc., ------- specializes in traditional dish making techniques, expanded its market into Latin America last year.
   - (A) what
   - (B) which
   - (C) that
   - (D) where

3. A free copy of Mr. Murphy's latest book will be given to someone that ------- in the contest.
   - (A) participating
   - (B) participates
   - (C) will be participated
   - (D) participation

4. Carol MacMillan, a world-famous author, ------- work has been translated into many languages, used to be an English teacher.
   - (A) who
   - (B) her
   - (C) whose
   - (D) that

5. Hamasaki Autos has just announced the merger with Liberty Motors, ------- will make the company the third largest vehicle manufacturer in the world.
   - (A) which
   - (B) what
   - (C) who
   - (D) whose

6. The recent increase in electricity prices has affected businesses ------- energy consumption is usually high.
   - (A) whose
   - (B) which
   - (C) who
   - (D) their

7. Please refer to the purchase order sheet, ------- you can find in the envelope, to learn when you can expect to receive your order.
   - (A) whose
   - (B) where
   - (C) that
   - (D) which

8. Every spring semester, the university holds a job fair ------- local companies interview students for job openings.
   - (A) where
   - (B) there
   - (C) it
   - (D) which

9. To visit the headquarters of Harington Corporation, please take Highway 11 south to Exit 3, ------- is next to the Eliot Building.
   - (A) which
   - (B) where
   - (C) that
   - (D) who

10. The internationally renowned architect ------- designed the Sydney Art Center will be the team leader of the project.
    - (A) who
    - (B) which
    - (C) she
    - (D) what

11. A professor of philosophy, ------- latest book was published last month, will hold a book signing event at Alpha bookstore.

(A) what
(B) his
(C) whoever
(D) whose

12. The Hill Bank offers all loan applicants one-on-one consultations during ------- details of each applicant's financial history are discussed.

(A) which
(B) where
(C) while
(D) whose

13. The Center One Building, ------- which DGN Industries has resided since it was founded, needs a lot of updating and repair.

(A) in
(B) from
(C) until
(D) down

14. Thomas Wyatt's sculptures are purchased by customers ------- tastes in art are sophisticated.

(A) who
(B) each
(C) whose
(D) what

15. Authorities will reward local manufacturers ------- decrease carbon emissions.

(A) will
(B) when
(C) that
(D) if

16. Groove Construction won this year's Building Award for its environmentally-friendly project that ------- by Ms. Schmidt.

(A) is overseeing
(B) has overseen
(C) was overseen
(D) overseen

17. The PR manager could not start the presentation because the reference material ------- requested was not ready.

(A) she
(B) that
(C) was
(D) whose

18. The Community Heritage Pride Award honors residents ------- volunteer their time to assist in restoring Grant City's historic buildings.

(A) for
(B) whose
(C) as
(D) who

19. Many customers participated in the product survey conducted by Hrudy Furniture, ------- advertisements appear in magazines and newspapers.

(A) whose
(B) its
(C) which
(D) what

20. Miles Shipping first began using larger trucks for prompt delivery, all of ------- were imprinted with the company's unique logo.

(A) them
(B) it
(C) whom
(D) which

Questions 21-24 refer to the following article.

Desert Business Times

Palm Desert (April 25) — Janell Cantu has been selected as the new CEO of Forrest Financial Services. The board of directors ------- the appointment yesterday. -------. As CEO, Ms. Cantu
                  21.   **22.**

will be responsible for creating a new business model to adapt to the challenge of low-cost alternatives. -------, she will be in charge of Forrest's newly-designed internet banking services.
                     23.

Her former employer is the company ------- the online financial services currently rated highest in
                                 24.

consumer surveys.

---

21. (A) postponed
(B) confirmed
(C) reversed
(D) considered

22. (A) The company will continue to look for
고난도   a new CEO.
(B) Forrest Financial Services will continue with its current successful strategy.
(C) Ms. Cantu previously led the Marketing Department at Forrest's largest competitor.
(D) *Desert Business Times* has just launched its newly designed online edition.

23. (A) Nonetheless
(B) Consequently
(C) Otherwise
(D) Furthermore

24. (A) that developed
(B) which will develop
(C) develops
(D) whose development

Questions 25-28 refer to the following form.

GIOVANNI LEATHER

Giovanni Leather fully guarantees the quality of every product it manufactures. As such, we provide an unconditional guarantee against any product defects for up to one year of use. If you encounter any defects within this period, you may receive a full refund or exchange the defective item for one of equal or lesser value.

You can activate your guarantee by registering your product. Just fill out this pre-paid postage card and mail it back to us.

Name: *Kevin Troust*
E-mail: *ktroust@zotmail.com*
Address: *100 Windsor Ave, Jamestown, VA 10923*
Product Number: *BF302ZXU992*
Product Description: *Brown document case with combination lock*
How many Giovanni Leather products do you own? *1*
Was this product a gift? *No*
What other makes of leather products do you own? *Good Old Texan, Westwing, Falco*
Please provide us with any comments regarding Giovanni Leather:
Your website was convenient to navigate and I easily found the product I was looking for. I am very satisfied with my purchase and the only suggestion I have is it would be great if you had a larger selection of men's items to choose from (such as pants and boots). It seems like Giovanni mainly carries women's accessories, like wallets and purses.

---

25. Why did Mr. Troust fill out the form?

(A) To complain about an item with a defect
(B) To apply for a program that provides discounts to members
(C) To allow himself to return a product in the future
(D) To request a set of instructions from a store

26. What did Mr. Troust buy?

(A) A bag for papers
(B) A purse
(C) A pair of boots
(D) A wallet

27. What is indicated about Mr. Troust?

(A) He received a Giovanni Leather product as a gift.
(B) He owns many Giovanni Leather products.
(C) He shops exclusively at Giovanni Leather.
(D) He purchased a Giovanni Leather product online.

28. In Mr. Troust's opinion, how could Giovanni Leather improve?

(A) By offering more types of products
(B) By extending its product guarantee period
(C) By offering more product discounts
(D) By selling better quality products

Questions 29-33 refer to the following Web page, e-mail, and survey.

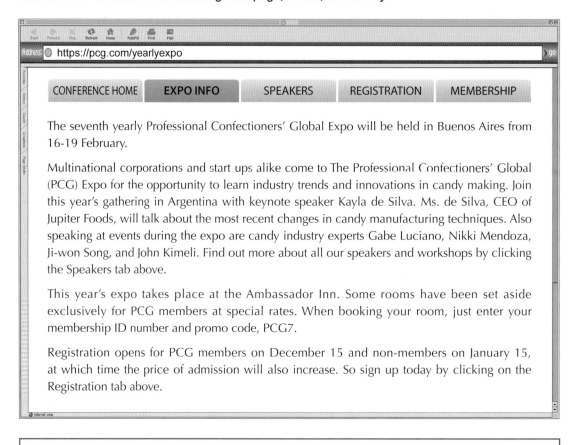

The seventh yearly Professional Confectioners' Global Expo will be held in Buenos Aires from 16-19 February.

Multinational corporations and start ups alike come to The Professional Confectioners' Global (PCG) Expo for the opportunity to learn industry trends and innovations in candy making. Join this year's gathering in Argentina with keynote speaker Kayla de Silva. Ms. de Silva, CEO of Jupiter Foods, will talk about the most recent changes in candy manufacturing techniques. Also speaking at events during the expo are candy industry experts Gabe Luciano, Nikki Mendoza, Ji-won Song, and John Kimeli. Find out more about all our speakers and workshops by clicking the Speakers tab above.

This year's expo takes place at the Ambassador Inn. Some rooms have been set aside exclusively for PCG members at special rates. When booking your room, just enter your membership ID number and promo code, PCG7.

Registration opens for PCG members on December 15 and non-members on January 15, at which time the price of admission will also increase. So sign up today by clicking on the Registration tab above.

To: Nikki Mendoza <nmendoza@prochocolatier.co.ca>
From: Milo d'Antoni <mdantoni@pcg.com>
Subject: Info
Date: 22 Feb
Attachment: Response.doc

Dear Ms. Mendoza,

Thank you for flying all the way to Argentina to present at the PCG Expo. It was an honor to meet you in person, and I would like to thank you again for your wonderful presentation on making hard candies. Everyone in attendance left with an appreciation for how easy it can be to make new and interesting tastes. Included with this e-mail is a response form given by Mr. Randy Fischer, and is representative of the attendees' reviews of your session.

Regards,

Milo d'Antoni
Chair, PCG Event Committee

Professional Confectioners' Global Expo Participant Survey

	★★★★	★★★	★★	★
Presentations	X			
Organization			X	
Location	X			
Meals	X			

Other comments:

Getting to the expo was quite hectic. Although I registered in early December, I received my travel information at the last minute, causing confusion about how to get from the airport to the venue. I was unable to attend the first morning's keynote speech and events because of this. However, the other presentations I was able to see were excellent. In particular, I liked the presentation given by the owner of Tutti's Hard Candy. I plan to use the techniques I learned in my own store.

Randy Fischer

29. What is indicated about the expo?

(A) Some participants will pay a reduced rate for accommodations.
(B) PCG members must register before January 15.
(C) It is only open to candy manufacturers.
(D) It has been held in Buenos Aires before.

30. What is the purpose of the e-mail?

(A) To submit a presentation proposal
(B) To inquire about a venue's location
(C) To give input on a session
(D) To request survey responses

31. In the e-mail, paragraph 1, line 3, the word "appreciation" is the closest in meaning to

(A) sympathy
(B) increase
(C) gratitude
(D) understanding

32. What is suggested about Mr. Fischer?

(A) He thought that the hotel was expensive.
(B) He was unable to attend the afternoon events.
(C) He could not listen to Ms. de Silva's talk.
(D) He did not complete his registration in time.

33. Which speaker did Mr. Fischer particularly like?

(A) Gabe Luciano
(B) Nikki Mendoza
(C) Ji won Song
(D) John Kimeli

MEMO

입문서

파고다교육그룹 언어교육연구소 정진영 | 저

토익 개념&실전 종합서

실력
완성

PAGODA Books

파고다의

토익 개념&실전 종합서

실력완성

PAGODA Books

Listening

PART 1

UNIT 01. 인물 사진

Practice

1. (A)	2. (A)	3. (C)	4. (B)	5. (B)	6. (D)
7. (C)	8. (B)	9. (B)	10. (B)	11. (D)	12. (A)

1. 미국

(A) They're working outdoors.
(B) They're hanging their hard hats on a rack.
(C) They're operating a machine.
(D) They're standing on a ladder.

(A) 사람들이 야외에서 작업하고 있다.
(B) 사람들이 걸이에 안전모를 걸고 있다.
(C) 사람들이 기계를 작동시키고 있다.
(D) 사람들이 사다리에 올라가 서 있다.

해설 (A) 야외에서 작업하고 있으므로 정답이다.
(B) 걸이가 보이지 않으므로 오답이다.
(C) 기계가 보이지 않으므로 오답이다.
(D) 사다리가 보이지 않으므로 오답이다.

어휘 hard hat 안전모 I rack 선반, 걸이 I operate 작동시키다 I ladder 사다리

2. 영국
고난도

(A) They're greeting each other.
(B) They're boarding an airplane.
(C) They're walking up the staircase.
(D) They're carrying their briefcases.

(A) 사람들이 인사를 나누고 있다.
(B) 사람들이 비행기에 탑승하고 있다.
(C) 사람들이 계단을 오르고 있다.
(D) 사람들이 서류가방을 들고 가고 있다.

해설 (A) 악수를 하며 인사를 나누고 있으므로 정답이다.
(B) 비행기에 탑승하고 있지 않으므로 오답이다.
(C) 계단을 오르고 있지 않으므로 오답이다.
(D) 서류가방이 보이지 않으므로 오답이다.

어휘 greet 인사하다 I board 탑승하다 I staircase 계단 I briefcase 서류가방

3. 호주

(A) A woman is pouring water into a glass.
(B) Utensils are being washed in a sink.
(C) Some plates have been placed on the table.
(D) They are examining a menu.

(A) 여자가 유리잔에 물을 따르고 있다.
(B) 조리용 기구들이 싱크대에서 닦여지고 있다.
(C) 접시 몇 개가 식탁 위에 놓여 있다.
(D) 사람들이 메뉴판을 보고 있다.

해설 (A) 물을 따르고 있는 여자가 없으므로 오답이다.
(B) 싱크대가 보이지 않으므로 오답이다.
(C) 식탁 위에 접시들이 놓여 있으므로 정답이다.
(D) 메뉴판이 보이지 않으므로 오답이다.

어휘 pour 따르다 I utensil 기구

4. 미국

(A) He's putting a tool in a bag.
(B) He's building a brick wall.
(C) He's leaving a construction site.
(D) He's removing his hat.

(A) 남자가 공구를 가방에 넣고 있다.
(B) 남자가 벽돌담을 쌓고 있다.
(C) 남자가 공사 현장을 떠나고 있다.
(D) 남자가 모자를 벗고 있다.

해설 (A) 가방이 보이지 않으므로 오답이다.
(B) 벽돌로 담을 쌓고 있으므로 정답이다.
(C) 공사 현장을 떠나는 모습이 아니므로 오답이다.
(D) 모자를 벗고 있지 않으므로 오답이다.

어휘 brick wall 벽돌 벽 I lay out ~을 배치하다, 펼치다

5. 고난도　영국

(A) A man is holding onto a railing.
(B) A woman is carrying a bag.
(C) They are waiting at a crosswalk.
(D) They are walking down some steps.

(A) 남자가 난간을 붙잡고 있다.
(B) 여자가 가방을 들고 있다.
(C) 사람들이 횡단보도에서 기다리고 있다.
(D) 사람들이 계단을 내려가고 있다.

해설 (A) 난간이 보이지 않으므로 오답이다.
(B) 여자가 가방을 들고 있으므로 정답이다.
(C) 횡단보도가 보이지 않으므로 오답이다.
(D) 사람들이 계단을 올라가고 있으므로 오답이다.

어휘 hold onto ~을 꼭 잡다 | railing 난간, 철책 | carry 가지고 다니다 | crosswalk 횡단보도 | step 계단

7.　미국

(A) A customer is studying a menu.
(B) The woman is cooking some food in a kitchen.
(C) The woman is alone in a dining area.
(D) A waiter is taking an order.

(A) 고객이 메뉴를 살펴보고 있다.
(B) 여자가 부엌에서 음식을 만들고 있다.
(C) 여자가 식사 공간에 혼자 있다.
(D) 종업원이 주문을 받고 있다.

해설 (A) 메뉴판이 보이지 않으므로 오답이다.
(B) 여자가 부엌에서 음식을 만들고 있지 않으므로 오답이다.
(C) 여자가 식사 공간에 혼자 있으므로 정답이다.
(D) 주문을 받는 동작이 아니므로 오답이다.

어휘 study 살펴보다 | dining area 식사 공간 | take an order 주문을 받다

6.　호주

(A) Some papers are piled up on the table.
(B) A laptop computer is being turned on.
(C) Some people are seated around a conference table.
(D) Some people are looking at a monitor.

(A) 종이가 탁자 위에 쌓여 있다.
(B) 노트북 컴퓨터가 켜지고 있다.
(C) 몇몇 사람들이 회의용 탁자에 둘러앉아 있다.
(D) 몇몇 사람들이 모니터를 보고 있다.

해설 (A) 종이가 쌓여 있지 않으므로 오답이다.
(B) 컴퓨터를 켜는 사람이 보이지 않으므로 오답이다.
(C) 사람들이 모두 서 있으므로 오답이다.
(D) 사람들이 화면을 보고 있으므로 정답이다.

어휘 type (컴퓨터로) 타자를 치다, 입력하다 | point at ~를 (손으로) 가리키다 | conference table 회의용 탁자

8.　미국

(A) Some passengers are exiting a train.
(B) Some people are waiting on a platform.
(C) Some customers are purchasing tickets.
(D) Some luggage has been placed beside the railing.

(A) 몇몇 승객들이 기차에서 내리고 있다.
(B) 몇몇 사람들이 승강장에서 기다리고 있다.
(C) 몇몇 고객들이 표를 구매하고 있다.
(D) 몇몇 수하물이 난간 옆에 놓여 있다.

해설 (A) 승객들이 기차에서 내리고 있지 않으므로 오답이다.
(B) 사람들이 승강장에서 기다리고 있으므로 정답이다.
(C) 고객들이 표를 구매하고 있지 않으므로 오답이다.
(D) 수하물이 난간 옆에 놓여 있지 않으므로 오답이다.

어휘 exit 나가다 | platform 승강장 | purchase 구매하다 | place 놓다 | beside ~ 옆에 | railing 난간

9.  영국

(A) A woman is framing a painting.
(B) An artist is working on a drawing.
(C) Some artwork is being mounted on the wall.
(D) A canvas has been set on a table.

(A) 여자가 그림을 액자에 넣고 있다.
(B) 화가가 그림 작업을 하고 있다.
(C) 미술품이 벽에 고정되고 있다.
(D) 캔버스가 탁자 위에 놓여 있다.

해설 (A) 여자가 그림을 액자에 넣고 있지 않으므로 오답이다.
(B) 화가가 그림 작업을 하고 있으므로 정답이다.
(C) 미술품을 벽에 고정하는 사람이 없으므로 오답이다.
(D) 탁자가 없으므로 오답이다.

어휘 frame 액자(틀)에 넣다 I work on 작업하다 I artwork 미술품 I
mount 고정시키다

10.  호주

(A) Some crops are being harvested.
(B) Some produce has been sorted into baskets.
(C) A man is putting on an apron.
(D) A man is selling apples at a stand.

(A) 농작물들이 수확되고 있다.
(B) 농산물들이 바구니 안에 분류되어 있다.
(C) 남자가 앞치마를 입고 있다.
(D) 남자가 가판대에서 사과를 팔고 있다.

해설 (A) 농작물들이 수확되는 중이 아니므로 오답이다.
(B) 농산물들이 바구니 안에 분류되어 있으므로 정답이다.
(C) 앞치마를 입는 동작이 아니므로 오답이다.
(D) 남자가 가판대에서 사과를 팔고 있지 않으므로 오답이다.

어휘 crop (농)작물 I harvest 수확하다 I sort 분류하다 I crate (물품
운송용) 대형 나무 상자 I weigh 무게를 달다 I produce 농산물 I
stand 가판대

11.  영국

(A) A man is walking across the courtyard.
(B) A man is balanced on a ladder.
(C) Two men are shoveling snow.
(D) Both of the men are using tools.

(A) 남자가 마당을 가로질러 걷고 있다.
(B) 남자가 사다리에서 균형을 잡고 있다.
(C) 남자 두 명이 삽으로 눈을 치우고 있다.
(D) 남자 둘 다 도구들을 사용하고 있다.

해설 (A) 남자가 마당을 가로질러 걷고 있지 않으므로 오답이다.
(B) 남자가 사다리에 올라가 있지 않으므로 오답이다.
(C) 눈을 치우는 동작이 아니므로 오답이다.
(D) 남자 둘 다 도구를 사용하고 있으므로 정답이다.

어휘 walk across ~을 가로질러 건너다 I courtyard 마당, 뜰 I
balance 균형을 유지하다 I shovel 삽으로 파다

12. 미국

(A) A tool is being used to clean the window.
(B) A worker is sweeping the pavement.
(C) The man is walking through a doorway.
(D) A window pane is being installed.

(A) 창문을 청소하기 위해서 도구가 사용되고 있다.
(B) 작업자가 보도를 쓸고 있다.
(C) 남자가 출입구를 통해서 걷고 있다.
(D) 창유리가 설치되고 있다.

해설 (A) 창문을 청소하기 위해서 도구가 사용되고 있으므로 정답이다.
(B) 인부가 인도를 쓸고 있지 않으므로 오답이다.
(C) 남자가 걷고 있지 않으므로 오답이다.
(D) 창유리가 설치되고 있지 않으므로 오답이다.

어휘 sweep 쓸다 I pavement 인도 I walk through ~을 통해서 걷다
I doorway 출입구 I window pane 창유리 I install 설치하다

UNIT 02. 사물·풍경 사진

Practice

1. (B)	2. (C)	3. (C)	4. (A)	5. (C)	6. (B)
7. (D)	8. (D)	9. (A)	10. (A)	11. (D)	12. (B)

1.

영국

(A) A rug has been rolled against the wall.
(B) A table has been situated between the sofas.
(C) A cushion has fallen on the floor.
(D) A lamp is being placed on a table.

(A) 양탄자가 벽에 기대어 말려 있다.
(B) 탁자가 소파들 사이에 놓여 있다.
(C) 쿠션이 바닥에 떨어져 있다.
(D) 전등이 식탁 위에 놓이고 있다.

해설 (A) 동그랗게 말려 있는 양탄자가 없으므로 오답이다.
(B) 소파들 사이에 탁자가 놓여 있으므로 정답이다.
(C) 바닥에 쿠션이 없으므로 오답이다.
(D) 전등을 식탁 위에 놓는 사람이 없으므로 오답이다.

어휘 rug 양탄자 | roll (둥글게) 말다 | situate 놓다, 두다

2.

미국

(A) There is a water dispenser in front of a window.
(B) There are potted plants hanging from the ceiling.
(C) Some cups have been stacked next to a machine.
(D) Some drawers have been left open.

(A) 창문 앞에 정수기가 있다.
(B) 천장에 매달려 있는 화분들이 있다.
(C) 컵 몇 개가 기계 옆에 쌓여 있다.
(D) 몇몇 서랍들이 열려 있다.

해설 (A) 창문이 보이지 않으므로 오답이다.
(B) 화분들이 카운터 위에 놓여 있으므로 오답이다.
(C) 정수기 옆에 컵이 포개져 있으므로 정답이다.
(D) 서랍이 모두 닫혀 있으므로 오답이다.

어휘 water dispenser 정수기 | in front of ~앞에 | potted plant 화분 | hang from ~에 매달리다 | ceiling 천장 | stack 쌓다, 포개다 | next to ~옆에 | drawer 서랍 | leave open 열린 채로 두다

3.

고난도

호주

(A) A trail is bordered by a fence.
(B) Umbrellas are being opened.
(C) A building overlooks the water.
(D) Some steps are being cleaned.

(A) 울타리가 길의 경계를 이루고 있다.
(B) 파라솔이 펼쳐지고 있다.
(C) 건물에서 물이 내려다 보인다.
(D) 계단이 청소되고 있다.

해설 (A) 길이 없으므로 오답이다.
(B) 파라솔을 펼치는 사람이 없으므로 오답이다.
(C) 건물에서 물이 내려다 보이므로 정답이다.
(D) 계단을 닦고 있는 사람이 없으므로 오답이다.

어휘 trail 좁은 길 | border 경계를 이루다 | umbrella 우산, 파라솔 | overlook 내려다 보다 | step 계단

4.

미국

(A) Reading materials are placed on top of a table.
(B) Library patrons are heading toward an entrance.
(C) Some bookshelves are being assembled.
(D) Some of the chairs are occupied.

(A) 읽을거리들이 탁자 위에 놓여 있다.
(B) 도서관 이용자들이 입구 쪽으로 향하고 있다.
(C) 몇몇 책장이 조립되고 있다.
(D) 일부 의자가 사용 중이다.

해설 (A) 테이블 위에 책들이 놓여 있으므로 정답이다.
(B) 사람이 보이지 않으므로 오답이다.
(C) 책장을 조립하는 사람이 보이지 않으므로 오답이다.
(D) 의자에 앉은 사람이 보이지 않으므로 오답이다.

어휘 reading material 읽을거리 | place 놓다, 두다 | on top of ~ 위에 | patron 고객 | head toward ~쪽으로 향하다 | entrance 입구 | bookshelf 책장 | assemble 조립하다 | occupied 사용 중인, (자리가) 차 있는

5. 고난도

 미국

(A) The building is being repaired.
(B) Some plants are being arranged.
(C) An awning has been attached to the building.
(D) A railing separates the staircase.

(A) 건물이 수리되고 있다.
(B) 식물들이 정리되고 있다.
(C) 차양이 건물에 붙어 있다.
(D) 난간이 계단을 가르고 있다.

해설 (A) 건물을 수리하고 있는 인물이 없으므로 오답이다.
(B) 식물들을 정리하고 있는 인물이 없으므로 오답이다.
(C) 건물에 차양이 있으므로 정답이다.
(D) 계단이 없으므로 오답이다.

어휘 awning (창이나 문 위의) 차양 l railing 난간 l staircase 계단

6.

 영국

(A) Fruits are being picked in a garden.
(B) Containers have been filled for a display.
(C) A sign is being hung on the wall.
(D) Shelves are being stocked with products.

(A) 과일들이 정원에서 수확되고 있다.
(B) 상자들이 진열을 위해 가득 차 있다.
(C) 간판이 벽에 걸리고 있다.
(D) 선반들이 상품으로 채워지고 있다.

해설 (A) 정원이 아니므로 오답이다.
(B) 상자들이 채워져 있으므로 정답이다.
(C) 간판을 거는 사람이 없으므로 오답이다.
(D) 선반을 채우는 사람이 없으므로 오답이다.

어휘 pick 따다 l fill 가득 채우다 l sign 간판 l stock (물건을) 채우다

7.

 호주

(A) Bricks are being unloaded on the ground.
(B) A car is parked near a column.
(C) A walkway is blocked for maintenance work.
(D) Wheelbarrows have been left by some plants.

(A) 벽돌들이 땅바닥에 내려지고 있다.
(B) 차량이 기둥 근처에 주차되어 있다.
(C) 보도가 보수 작업을 위해 차단되어 있다.
(D) 손수레들이 몇몇 식물들 옆에 놓여 있다.

해설 (A) 벽돌들을 땅바닥에 내려 놓는 사람이 없으므로 오답이다.
(B) 차량이 보이지 않으므로 오답이다.
(C) 보도가 보이지 않으므로 오답이다.
(D) 손수레들이 몇몇 식물들 옆에 놓여 있으므로 정답이다.

어휘 unload (짐을) 내리다 l column 기둥 l walkway 보도 l block 차단하나, 막나 l maintenance 보수, 정비 l wheelbarrow (외바퀴) 손수레

8.

 미국

(A) People are walking past outdoor shops.
(B) People are playing sports in a group.
(C) An arena is surrounded by mountains.
(D) Trees are casting some shadows on a path.

(A) 사람들이 야외 상점들을 지나쳐 걷고 있다.
(B) 사람들이 무리 지어 운동을 하고 있다.
(C) 경기장이 산들로 둘러싸여 있다.
(D) 나무들이 길 위에 그림자를 드리우고 있다.

해설 (A) 야외 상점들이 보이지 않으므로 오답이다.
(B) 운동을 하고 있는 사람이 없으므로 오답이다.
(C) 경기장과 산이 없으므로 오답이다.
(D) 나무들이 길 위에 그림자를 드리우고 있으므로 정답이다.

어휘 past ~을 지나서 l outdoor 야외의 l arena 경기장 l surround 둘러싸다, 에워싸다 l cast a shadow 그림자를 드리우다

9.

 영국

(A) Tables have been covered with cloths.
(B) Some chairs have been stacked on top of each other.
(C) All of the seats in the café are occupied.

6

(D) The corridor has been decorated with some potted plants.

(A) 탁자들이 천으로 덮여 있다.
(B) 의자들이 차곡차곡 쌓여 있다.
(C) 카페의 모든 자리들이 다 차 있다.
(D) 복도가 화분들로 장식되어 있다.

해설 (A) 탁자들이 천으로 덮여 있으므로 정답이다.
(B) 의자들이 차곡차곡 쌓여 있지 않으므로 오답이다.
(C) 의자에 앉아 있는 사람들이 보이지 않으므로 오답이다.
(D) 복도와 화분이 보이지 않으므로 오답이다.

어휘 cloth 천ㅣstack 쌓다, 포개다ㅣon top of each other 차곡차곡ㅣoccupied 사용 중인ㅣcorridor 복도ㅣdecorate 장식하다ㅣpotted plant 화분

---

10. 미국

(A) Mountains can be seen from an outdoor pool.
(B) Some boats are passing under a bridge.
(C) Loungers are being set up near the water.
(D) Some trees line a swimming pool.

(A) 야외 수영장에서 산들이 보인다.
(B) 보트들이 다리 밑을 지나가고 있다.
(C) 일광욕 의자들이 물 가까이에 놓이고 있다.
(D) 나무 몇 그루가 수영장을 따라 늘어서 있다.

해설 (A) 야외 수영장에서 산들이 보이므로 정답이다.
(B) 보트가 보이지 않으므로 오답이다.
(C) 일광욕 의자들을 물 가까이에 놓고 있는 사람이 없으므로 오답이다.
(D) 나무들이 수영장을 따라 줄지어 있지 않으므로 오답이다.

어휘 lounger 일광욕 의자ㅣline ~을 따라 늘어서다

---

11. 미국
고난도

(A) A patio is being constructed.
(B) Some sculptures are standing near arched openings.
(C) The entrance to a house has been blocked.
(D) A tree is growing against the building.

(A) 테라스가 지어지고 있다.
(B) 조각상 몇 개가 아치형 입구 근처에 세워져 있다.

(C) 집으로의 출입구가 막혀 있다.
(D) 나무가 건물에 맞닿아서 자라고 있다.

해설 (A) 테라스를 건설하고 있는 인물이 없으므로 오답이다.
(B) 조각상들이 없으므로 오답이다.
(C) 집 출입구가 막혀 있지 않으므로 오답이다.
(D) 나무 한 그루가 건물에 맞닿아서 자라고 있으므로 정답이다.

어휘 patio 테라스ㅣconstruct 건설하다, 짓다ㅣsculpture 조각상ㅣarched opening 아치형 입구ㅣentrance (출)입구ㅣblock 막다, 폐쇄하다ㅣagainst ~가까이, ~에 붙여

---

12. 호주

(A) A server is taking orders.
(B) The table has been set for a meal.
(C) Some of the chairs are occupied.
(D) Food is being served to customers.

(A) 종업원이 주문을 받고 있다.
(B) 식탁이 식사를 위해 차려져 있다.
(C) 몇몇 의자들이 사용 중이다.
(D) 손님들에게 음식이 제공되고 있다.

해설 (A) 종업원이 없으므로 오답이다.
(B) 식사를 위해 식탁이 차려져 있으므로 정답이다.
(C) 의자를 사용 중인 사람이 아무도 없으므로 오답이다.
(D) 음식을 제공하는 사람이 없으므로 오답이다.

어휘 take an order 주문을 받다ㅣset 놓다, 차리다ㅣserve (음식 등을) 제공하다

PART 2

UNIT 03. Who · When · Where 의문문

Practice

1. (C)	2. (C)	3. (B)	4. (B)	5. (B)	6. (C)
7. (A)	8. (A)	9. (A)	10. (C)	11. (C)	12. (B)
13. (C)	14. (C)	15. (B)	16. (A)	17. (C)	18. (A)
19. (A)	20. (C)	21. (B)	22. (B)	23. (A)	24. (B)
25. (C)					

영국 → 미국

1. Who's going to be speaking at Monday's seminar?
(A) Fifty minutes.

(B) The projector is being repaired.

(C) I'll be out of the office then.

월요일 세미나에서 누가 발표하게 될까요?

(A) 50분이요.

(B) 프로젝터가 수리되고 있어요.

(C) 저는 그때 자리에 없을 거예요.

해설 세미나의 발표자를 묻는 Who 의문문 ⋯ 의문사 Who를 키워드로 잡고 어울리지 않는 보기들을 소거한다.

(A) How long 의문문에 어울리는 응답이다.

(B) 연상 어휘(seminar – projector) 오답이다.

(C) 발표자가 자신은 아님을 우회적으로 말한 것이므로 정답이다.

어휘 speak 발표하다, 연설하다 ｜ repair 수리하다

미국 → 호주

2. Where can I find the nearest vending machine?

(A) Yes, we have them.

(B) A bottle of juice.

(C) There's one down the hall.

가장 가까운 자판기가 어디에 있을까요?

(A) 네, 저희가 가지고 있어요.

(B) 주스 한 병이요.

(C) 복도로 쭉 가시면 하나 있어요.

해설 가까운 자판기의 위치를 묻는 Where 의문문 ⋯ 의문사와 주어, 동사(Where, find, vending machine)에 집중하면 문제를 해결할 수 있다.

(A) 의문사 의문문에 Yes/No로 답할 수 없다.

(B) 연상 어휘(vending machine – juice) 오답이다.

(C) 장소로 대답했으므로 '어디서 찾을 수 있죠?'에 대한 자연스러운 대답이다.

어휘 near (거리상으로) 가까운 ｜ vending machine 자판기

미국 → 영국

3. When did the studio shut down?

(A) To another branch.

(B) After the lead designer resigned.

(C) It's across the street from my office.

스튜디오가 언제 문을 닫았나요?

(A) 다른 지점으로요.

(B) 책임 디자이너가 그만둔 후에요.

(C) 제 사무실 길 건너에 있어요.

해설 스튜디오가 닫은 시점을 묻는 When 의문문 ⋯ 'When did ~'로 시작하고 있으므로 When을 키워드로 잡고 보기들의 시제를 고려하여 오답을 소거한다.

(A) Where 의문문에 어울리는 응답이다.

(B) 시간표현으로 답하고 있으므로 정답이다. When 의문문에서는 after(~후에), before(~전에), not until(~가 되어서야), for(~동안) 등으로 시작하는 응답이 자주 등장하므로 이러한 시간 표현으로 시작하는 응답은 바로 정답으로 선택할 수 있도록 하자.

(C) Where 의문문에 어울리는 응답이다.

어휘 shut down 문을 닫다, (기계가) 멈추다 ｜ resign 사직하다

영국 → 미국

4. Who will be informing management of the system upgrade?

(A) Quite a lot to upgrade.

(B) The technical support team.

(C) For the management system.

시스템 업그레이드에 관해서 누가 경영진에게 알릴 건가요?

(A) 업그레이드 할 게 꽤 많네요.

(B) 기술지원팀이요.

(C) 관리 시스템을 위해서요.

해설 시스템 업그레이드에 관해 경영진에게 알려줄 사람을 묻는 Who 의문문 ⋯ Who 의문문의 정답으로 사람 이름 이외에 부서, 회사 등이 등장할 수 있으므로 유의하자.

(A) 동어 반복(upgrade) 오답이다.

(B) Who 의문문에 부서(technical support team)를 알려주고 있으므로 정답이다.

(C) 동어 반복(management, system) 오답이다.

어휘 inform 알리다, 통지하다 ｜ management 경영진 ｜ technical 기술적인 ｜ support 지원, 도움

호주 → 영국

5. When will the interview time be confirmed?

(A) It's a bit early for me.

(B) Probably sometime next week.

(C) An online job application.

면접시간은 언제 확정될까요?

(A) 그건 저에게는 조금 이르군요.

(B) 아마도 다음 주 중이 될 겁니다.

(C) 온라인 입사지원서요.

해설 면접시간이 확정될 시점을 묻는 When 의문문 ⋯ 'When will ~'을 키워드로 잡고 오답을 소거하자.

(A) 연상 어휘(interview time – a bit early) 오답이다.

(B) 시간으로 적절하게 대답하고 있으므로 정답이다. When 의문문에서는 「in[next] + 시간」, 「some[any] + 시간」과 같은 패턴의 대답이 정답으로 많이 출제된다.

(C) 연상 어휘(interview – job application) 오답이다.

어휘 confirm 확정하다 ｜ a bit early 조금 일찍 ｜ probably 아마 ｜ job application 입사지원서

영국 → 미국

6. Where is the bus schedule posted?

(A) I need to stop by the post office.

(B) 8 o'clock this evening.

(C) On the website.

버스 운행 시간표가 어디에 게시되어 있나요?

(A) 우체국에 들러야 해요.

(B) 오늘 저녁 8시요.

(C) 웹사이트에요.

해설 버스 운행 시간표가 게시된 특정 장소나 위치를 물어보는 Where 의문문 ⋯ Where를 키워드로 잡고 연관된 위치나 장소와 관련한 답을 듣는 즉시 정답으로 체크한다.
(A) 유사 발음(posted – post office) 오답이다.
(B) When 의문문에 어울리는 응답이며, 연상 어휘(schedule – 8 o'clock this evening) 오답이다.
(C) 일정표가 게시된 위치를 적절히 알려주고 있으므로 정답이다.

어휘 post 게시하다 | stop by ~에 잠시 들르다

영국 → 호주

7. When can I pick up the package?
(A) No sooner than Tuesday.
(B) In the baggage area.
(C) Did you pick it?

소포를 언제 가지러 갈 수 있죠?
(A) 화요일 이후에요.
(B) 짐 찾는 곳이요.
(C) 그걸 고르셨어요?

해설 소포 수령 시점을 묻는 When 의문문 ⋯ 의문사 의문문은 의문사만 알아들어도 문제가 해결되는 경우가 많다.
(A) 시간 표현으로 대답하고 있으므로 정답이다.
(B) Where 의문문에 어울리는 응답이다. 만약 의문사 When을 듣지 못했다면 선택하기 쉬운 오답이므로 절대 의문사를 놓쳐서는 안 된다.
(C) 동어 반복(pick) 오답이다.

어휘 pick up ~을 찾다[찾아오다] | package 소포, 짐 | no sooner than ~이후에 | baggage (claim) area 짐 찾는 곳 | pick 고르다, 선택하다

미국 → 영국

8. Who's on the new compensation committee?
(A) Tim is, for now.
(B) Here's the commission form.
(C) That's great news.

새로운 보상 위원회에는 누가 있어요?
(A) 현재는 Tim이요.
(B) 여기 수수료 양식이 있어요.
(C) 좋은 소식이군요.

해설 새로운 보상 위원회에 속한 특정 인물을 묻는 Who 의문문 ⋯ Who를 키워드로 잡고 사람과 관련된 표현이 들리는 즉시 정답으로 체크하자.
(A) 현재 있는 사람(Tim)을 알려주고 있으므로 정답이다.
(B) 유사 발음(committee – commission) 오답이다.
(C) 유사 발음(new – news) 오답이다.

어휘 compensation committee 보상 위원회 | commission form 수수료 양식

호주 → 미국

9. Where's the closest subway station?

(A) I'm on my way there now.
(B) They live near each other.
(C) She walks to work.

가장 가까운 지하철역은 어디인가요?
(A) 제가 지금 그리로 가는 길이에요.
(B) 그들은 서로 가까이 살아요.
(C) 그녀는 회사까지 걸어 다녀요.

해설 가장 가까운 지하철역을 묻는 Where 의문문 ⋯ 의문사 Where를 키워드로 잡고 어울리지 않는 보기들을 소거한다.
(A) 자신을 따라오면 된다는 우회적 응답이므로 정답이다.
(B) 연상 어휘(Where – live) 오답이다.
(C) How 의문문에 어울리는 응답이다.

어휘 on one's way ~로 가는 중인

영국 → 미국

10. When will the product launch be held?
(A) Her talk was informative.
(B) At least three product samples.
(C) It's on the program.

제품 출시 행사가 언제 열리나요?
(A) 그녀의 이야기가 유익했어요.
(B) 적어도 세 개의 제품 샘플이요.
(C) 프로그램에 나와 있어요.

해설 제품 출시 행사가 열릴 시점을 묻는 When 의문문 ⋯ 'When will ~'을 키워드로 삼아 소거법으로 정답을 찾는다.
(A) 주어 불일치(product launch – she) 오답이다.
(B) 동어 반복(product) 오답이다.
(C) 프로그램에 나와 있으니 확인해 보라는 '난 몰라'의 의미를 전달한 우회적 정답이다.

어휘 launch 출시(회) | informative 유용한

미국 → 미국

11. Who will be transferred to the Miami office next month?
(A) Last month, with Mr. Spencer.
(B) It's in San Francisco.
(C) No one is certain yet.

누가 다음 달에 마이애미 사무실로 전근을 갈 건가요?
(A) 지난달, Mr. Spencer와 함께요.
(B) 샌프란시스코에 있어요.
(C) 아직 누구도 확실히 몰라요.

해설 다른 사무실로 전근 갈 사람이 누구인지 묻고 있는 Who 의문문 ⋯ 'Who will ~'을 키워드로 잡고 시제와 사람을 나타내는 표현에 유의하며 오답을 소거하자.
(A) 연상 어휘(next month – last month) 오답이다.
(B) Where 의문문에 어울리는 응답이다.
(C) 잘 모르겠다는 우회적인 정답 유형이다. 의문사 의문문에 정답으로 자주 등장하는 No one, Nobody, Nowhere, No later than, No more than을 반드시 기억하자.

PART 2   UNIT 03

---

12. Where is the package I received from the McLean Company?
(A) The room was packed.
(B) Anita probably knows.
(C) About 200 employees.

제가 McLean 사에서 받은 소포가 어디 있나요?
(A) 방이 사람들로 가득 차 있었어요.
(B) Anita가 아마 알 거예요.
(C) 약 200명의 직원들이요.

해설 받은 소포가 어디 있는지 묻고 있는 Where 의문문 ⋯ 간혹 위치를 묻는 질문에 우회적인 정답을 말하는 경우가 있으므로 오답을 소거하는 방법으로 정답을 고른다.
(A) 유사 발음(package – packed) 오답이다.
(B) 'Anita가 알 것이다'라고 말한 '난 몰라'라는 뜻의 우회적 정답이다.
(C) 연상 어휘(company – employees) 오답이다.

어휘 **package** 소포 I **pack** (사람이나 물건으로) 가득 채우다 I **employee** 직원

---

13. When is the painting collection scheduled to open?
(A) Hang it on the wall, please.
(B) They're collected on Saturdays.
(C) Hasn't it been canceled?

그림 모음전이 언제 열릴 예정인가요?
(A) 벽에 걸어주세요.
(B) 그것들은 토요일에 수거돼요.
(C) 취소되지 않았어요?

해설 그림 모음전이 열리는 시점을 묻는 When 의문문 ⋯ When을 키워드로 잡고 오답을 소거한다.
(A) 연상 어휘(painting – Hang it on the wall) 오답이다.
(B) 유사 발음(collection – collected) 오답이다.
(C) '취소되지 않았냐'고 되묻고 있어 모음전이 열리지 않을 것을 암시한 우회적 정답이다. 이렇듯 되묻는 답변이 나올 경우에 대비하여 정답 찾기가 아닌 오답 소거 전략으로 접근하면 정답을 빠르게 찾을 수 있다.

어휘 **collection** 모음전 I **schedule** 일정을 잡다 I **collect** 모으다, 수거하다

---

14. Who should I send these revised slides to?
(A) Only on one side.
(B) I received it just now.
(C) Didn't your manager tell you?

수정된 이 슬라이드를 누구한테 보내야 하나요?
(A) 한쪽 면에만요.
(B) 제가 그것을 방금 받았어요.
(C) 당신 매니저가 말해주지 않았나요?

해설 슬라이드를 누구한테 보내야 하는지 묻고 있는 Who 의문문 ⋯ 'Who should I send ~'를 키워드로 잡아 정답을 고른다.
(A) 유사 발음(slides – side) 오답이다.
(B) 연상 어휘(send – receive) 오답이다.
(C) 누구한테 보내야 하는지 매니저가 말해주지 않았냐고 묻는 우회적 정답이다. 소거법으로 확실한 오답을 제거하여 정답만 남기면 이해하지 못해도 정답에 손이 간다.

어휘 **revised** 수정된 I **slide** (발표용) 슬라이드 I **receive** 받다, 수신하다

---

15. When are the representatives from Nomar Incorporated scheduled to arrive?
고난도
(A) A direct flight from Spain.
(B) Didn't Roger make those arrangements?
(C) At gate 2.

Nomar 주식회사의 직원들이 언제 도착할 예정인가요?
(A) 스페인 직항 편이요.
(B) Roger가 그것을 준비하지 않았나요?
(C) 2번 탑승구에서요.

해설 직원들이 언제 도착하는지 묻는 When 의문문 ⋯ When을 키워드로 잡고 오답을 소거한다.
(A) 연상 어휘(arrive – direct flight) 오답이다.
(B) Roger가 그것을 준비했기 때문에 잘 모르겠다는 우회적인 정답이다.
(C) Where 의문문에 어울리는 응답이다.

어휘 **representative** 대표, 담당자 I **direct flight** 직행 항공편 I **arrangement** 준비

---

16. Who did you see to get the travel expense report form?
(A) Actually, it was on the company website.
(B) I heard it's a formal dinner.
(C) It was less expensive than I thought.

여행 경비 보고 서식을 받으러 누구에게 갔나요?
(A) 사실, 그건 회사 웹사이트에 있었어요.
(B) 격식을 차린 저녁 식사 자리라고 들었어요.
(C) 제가 생각했던 것보다 덜 비쌌어요.

해설 여행 경비 보고 서식을 받으러 누구에게 갔었는지 묻는 Who 의문문 ⋯ Who 의문문에 위치나 장소를 알리는 답변이 간혹 등장하므로 반드시 소거법으로 문제를 풀도록 한다.
(A) 보고 서식을 받았던 장소로 답했으므로 정답이다. 위치, 장소 표현도 Who 의문문의 답이 될 수 있음을 꼭 알아두자.
(B) 유사 발음(form – formal) 오답이다.
(C) 유사 발음(expense – expensive) 오답이다.

어휘 **travel expense report form** 여행 경비 보고 서식 I **formal** 격식을 차린

---

17. Where's a good place to buy a used computer?

(A) Wireless Internet access.

(B) Under 600 dollars.

(C) Ms. Thompson just got one.

중고 컴퓨터를 사기 좋은 곳이 어디인가요?

(A) 무선 인터넷 접속이요.

(B) 600달러 이하요.

(C) Ms. Thompson이 최근 한 대 사셨던데요.

해설 중고 컴퓨터를 구매하기 좋은 장소를 묻는 Where 의문문 ⋯ 'Where ~ place to buy'를 키워드로 잡고 오답을 소거해 가며 정답을 고른다.

(A) 연상 어휘(computer – Internet) 오답이다.

(B) How much에 어울리는 응답이다.

(C) Ms. Thompson이 최근 한 대 샀으니 그녀에게 물어보라는 의미의 우회적인 정답이다.

어휘 used 중고의 I access 접속, 이용

18. When should we leave for the airport?

(A) How about in two hours?

(B) In front of gate 3.

(C) We're closed for the holiday.

우리는 언제 공항으로 떠나야 할까요?

(A) 2시간 후는 어때요?

(B) 3번 게이트 앞에서요.

(C) 우리는 휴일에는 문을 닫아요.

해설 공항으로 출발할 시점을 묻는 When 의문문 ⋯ 'When should we leave ~'를 키워드로 잡고 정답을 찾는다.

(A) 공항으로 떠날 시점에 대해 2시간 후가 어떠냐고 되묻는 우회적 정답이다.

(B) Where 의문문에 어울리는 응답이며, 연상 어휘(airport – gate 3) 오답이다.

(C) 연상 어휘(leave, airport – holiday) 오답이다.

어휘 leave for ~로 떠나다 I holiday 휴일, 공휴일

19. Who's invited to the speech today?

(A) It's open to the public.

(B) Yes, they have received the invitations.

(C) It was an excellent speech.

오늘 연설에 누가 초대되었나요?

(A) 일반인들에게 개방되어 있어요.

(B) 네, 그들은 초대장을 받았어요.

(C) 훌륭한 연설이었어요.

해설 누가 초대되었는지 묻는 Who 의문문 ⋯ Who를 키워드로 잡고 이후의 동사만 정확히 포착해도 오답 소거가 쉬워진다.

(A) 초대 대상이 특정되지 않고, 일반인들에게 공개되었다고 말한 우회적인 정답이다.

(B) 의문사 의문문에 Yes/No로 답할 수 없다.

(C) 아직 연설이 시작되지 않았는데 '훌륭한 연설이었다'라고 과거 시제로 말할 수 없으므로 시제 불일치 오답이다.

어휘 invite 초대하다 I speech 연설 I the public 일반인, 대중 I invitation 초대장

20. Where can I rent an apartment downtown?

(A) The cost is reasonable.

(B) You can borrow it tomorrow.

(C) Why don't you try Star Realty?

시내 어디에서 아파트를 임대할 수 있을까요?

(A) 가격이 적당합니다.

(B) 내일 빌리실 수 있어요.

(C) Star 부동산에 가보는 게 어때요?

해설 아파트를 임대할 수 있는 장소를 묻는 Where 의문문 ⋯ Where를 키워드로 잡고 위치와 관련 없는 오답들을 소거한다.

(A) 연상 어휘(rent – cost, reasonable) 오답이다.

(B) When 의문문에 어울리는 응답이며, 연상 어휘(rent – borrow) 오답이다.

(C) 아파트를 임대하러 부동산에 가 보기를 제안하고 있으므로, 의미상 어울리는 우회적인 정답이다.

어휘 downtown 시내에(로) I reasonable 가격이 적정한 I borrow 빌리다 I realty 부동산

21. When will we be replacing the discontinued items?

(A) How about on the top shelf?

(B) Once the new stock comes in.

(C) Because it's going to expire soon.

단종된 그 상품들을 언제 교체할 건가요?

(A) 맨 위 선반은 어때요?

(B) 새 재고가 입고되면요.

(C) 곧 만기될 거라서요.

해설 물건의 교체 시점을 묻는 When 의문문 ⋯ 'When will ~'을 키워드로 잡고 오답을 소거해 가며 정답을 고른다.

(A) 연상 어휘(items – top shelf) 오답이다.

(B) 시간 표현(Once: 일단 ~하고 나면, ~하자마자)으로 답하고 있으므로 정답이다.

(C) Why 의문문에 어울리는 응답이다.

어휘 replace 대체하다 I discontinued 단종된

22. Who should I talk to about my lost luggage?

(A) I just packed it.

(B) What flight were you on?

(C) In Cecilia's office.

잃어버린 제 짐에 관해서 누구한테 이야기하면 되나요?

(A) 저는 방금 그것을 쌌어요.

(B) 어느 비행기로 오셨죠?

(C) Cecilia의 사무실에서요.

해설 잃어버린 짐에 관해 누구랑 이야기하면 되는지 묻는 Who 의문문 ⋯
우회적인 답변이 나올 수 있으므로 반드시 소거법으로 접근하자.
    (A) 연상 어휘(luggage – packed) 오답이다.
    (B) 잃어버린 짐과 관련한 비행편을 물어보고 있으므로 의미상 가장 어
       울리는 우회적인 정답이다. 우회적인 응답을 오답으로 간주하지 않
       도록 반드시 소거법을 활용하자.
    (C) Where 의문문에 어울리는 응답이다.

어휘 luggage (여행용) 짐, 수하물 I pack (짐을) 싸다, 꾸리다

영국 → 호주

23. Where did you get your suit fitted?
    (A) I wouldn't go there if I were you.
    (B) That's not a suitable time for me.
    (C) Here is your outfit.

정장을 어디서 맞추셨어요?
    (A) 제가 당신이라면 그 가게엔 안 가겠어요.
    (B) 그건 저에게 적합한 시간이 아니에요.
    (C) 여기 당신 옷이요.

해설 정장을 맞춘 장소를 묻는 Where 의문문 ⋯ 'Where ~ get your suit
fitted'을 키워드로 잡고 오답을 소거해 가며 정답을 고른다.
    (A) 자신이라면 거기에 가지 않겠다고 말하며, 추천할 만한 곳이 아니
       라는 의미를 나타낸 우회적인 정답이다.
    (B) 유사 발음(suit – suitable) 오답이다.
    (C) 유사 발음(fitted – outfit) 오답이다.

어휘 suit 정장 I fit (옷을) 맞추다, 가봉하다, 수선하다 I suitable 적합한, 적
절한 I outfit 옷, 복장

영국 → 미국

24. Who wants to lead the new employee orientation
this weekend?
    (A) They'll be leaving early.
    (B) I have a wedding to attend.
    (C) Around 30 interns.

이번 주말에 있는 신입 직원 오리엔테이션을 누가 진행하길 원하나요?
    (A) 그들은 일찍 떠날 거예요.
    (B) 저는 참석할 결혼식이 있어요.
    (C) 약 30명의 인턴들이요.

해설 주말에 오리엔테이션을 이끌 사람을 묻는 Who 의문문 ⋯ 의문사
Who를 키워드로 잡고 어울리지 않는 보기들을 소거한다.
    (A) 유사 발음(lead – leaving) 오답이다.
    (B) 자신은 그날 이끌 수 없다는 우회적 응답이므로 정답이다.
    (C) 연상 어휘(orientation – interns) 오답이다.

어휘 lead 진행하다 I wedding 결혼식 I around 약, 대략 I intern 인턴
사원

호주 → 미국

25. When will the IT Department fix the Internet?
    (A) No, it broke last night.

    (B) Did you meet the new intern?
    (C) It's been working for me.

IT 부서가 언제 인터넷을 고칠까요?
    (A) 아니요, 그건 어젯밤에 고장 났어요.
    (B) 새로 온 인턴을 만났나요?
    (C) 제 건 잘 되는데요.

해설 인터넷을 고칠 시점을 묻는 When 의문문 ⋯ 'When will ~'을 키워
드로 삼아 소거법으로 정답을 찾는다.
    (A) 의문사 의문문에 Yes/No로 답할 수 없다.
    (B) 유사 발음(Internet – intern) 오답이다.
    (C) 내 인터넷은 되니 수리할 필요가 없다는 의미를 전달한 우회적 정
       답이다.

어휘 fix 고치다, 수리하다 I break 고장 나다

UNIT 04. Why·What·Which·How 의문문

Practice

1. (C)	2. (A)	3. (B)	4. (A)	5. (C)	6. (C)
7. (B)	8. (A)	9. (C)	10. (A)	11. (C)	12. (C)
13. (A)	14. (B)	15. (A)	16. (C)	17. (A)	18. (C)
19. (B)	20. (B)	21. (A)	22. (B)	23. (C)	24. (A)
25. (B)					

미국 → 미국

1. What is the phone number for the bank?
    (A) Approximately 20.
    (B) A large deposit.
    (C) It's in the directory.

그 은행 전화번호가 뭐예요?
    (A) 대략 20이요.
    (B) 예금이 커요.
    (C) 주소록에 있어요.

해설 은행 전화번호를 직접 언급하거나 전화번호를 알 수 있는 방법, 경로
등을 물어보는 What 의문문 ⋯ What, phone number를 키워드로
잡고 소거법을 이용하여 정답을 찾도록 한다.
    (A) 연상 어휘(number – 20) 오답이다.
    (B) 연상 어휘(bank – deposit) 오답이다.
    (C) 은행 전화번호가 있는 위치를 적절히 알려주고 있으므로 정답이다.
       우회적인 답변이 자주 등장하므로 소거법을 적극 활용하자.

어휘 approximately 대략, 약 I deposit 예(치)금 I directory 주소록,
인명부

호주 → 영국

2. Which contract are we going to discuss at Monday's

---

board meeting?
(A) The one for Hadeem International.
(B) The notice board in the office.
(C) Just a few days ago.

월요일 이사회 회의에서 우리가 어느 계약에 대해 논의할 건가요?
(A) Hadeem International에 대한 것이요.
(B) 사무실에 있는 게시판이요.
(C) 불과 며칠 전이요.

해설 월요일 이사회에서 논의할 계약이 무엇인지 묻는 Which 의문문 ⋯
Which 의문문에서는 Which 뒤의 키워드를 잡아야 문제가 풀린다.
(A) Which 의문문에 적절한 the one으로 받는 응답이다. The one은
Which 의문문에서 가장 대표적으로 나오는 정답이므로 반드시 기
억해두자.
(B) 동어 반복(board) 오답이다.
(C) 유사 발음(Monday's – days) 오답이다.

어휘 board meeting 이사회 (회의) I notice board 게시판

미국 → 영국

3. How long will the library extension take to
complete?
(A) Next to the non-fiction section.
(B) I'm reading the plans now.
(C) They'll take it for you.

도서관 증축 건물이 완성되는 데 얼마나 걸릴까요?
(A) 논픽션 섹션 옆이요.
(B) 제가 지금 설계도를 보고 있어요.
(C) 그들이 당신을 위해 그걸 받아줄 거예요.

해설 건물이 완성되는 데 걸리는 기간을 묻는 How 의문문 ⋯ How 뒤에
오는 형용사/부사를 잘 듣고 그 의미에 어울리는 정답을 선택한다.
(A) 연상 어휘(library – non-fiction section) 오답이다.
(B) 설계도를 보고 얘기해주겠다는 우회적 응답이므로 정답이다.
(C) 동어 반복(take) 오답이다.

어휘 extension 증축 건물 I next to ~옆에 I plan 설계도, 도면

미국 → 호주

4. Why do I have to pay an additional fee for this
service?
(A) I'll speak with my supervisor.
(B) The server is down again.
(C) Thanks for the bill.

왜 제가 이 서비스를 위해 추가 요금을 내야 하죠?
(A) 제 상사와 이야기해 보겠습니다.
(B) 서버가 다시 다운됐어요.
(C) 청구서 감사합니다.

해설 추가 요금을 내야 하는 이유를 묻는 Why 의문문 ⋯ 돌려 말하거나 되
묻는 식의 우회적인 응답에 주의한다.
(A) 상사와 얘기해 보겠다고 말하며 자기는 잘 모른다는 의미를 나타낸
우회적인 정답이다.
(B) 유사 발음(service – server) 오답이다.

(C) 연상 어휘(fee – bill) 오답이다.

어휘 additional 추가의 I fee 수수료, 요금 I bill 청구서

영국 → 미국

5. Which menu item do you recommend?
(A) Right after lunch.
(B) He likes this restaurant.
(C) I've never been here before.

어떤 메뉴를 추천하세요?
(A) 점심 식사 직후예요.
(B) 그가 이 레스토랑을 좋아해요.
(C) 저는 여기 한 번도 와 본 적 없어요.

해설 어느 메뉴를 추천하는지 묻는 Which 의문문 ⋯ 'Which menu ~?'
를 키워드로 잡고 오답을 소거해가며 정답을 고른다.
(A) When 의문문에 어울리는 응답이다.
(B) 연상 어휘(menu – restaurant) 오답이다.
(C) 여기 와 본 적이 없다며 추천할 수 없다는 의미를 전달한 우회적인
정답이다.

어휘 recommend 추천하다 I right after ~한 직후에

미국 → 미국

6. How long have you worked at this organization?
(A) Over 50 miles away.
(B) Yes, they are very organized.
(C) Since it was established.

당신은 얼마나 이 회사에서 일해 왔나요?
(A) 50마일 이상 떨어져 있어요.
(B) 네, 그들은 매우 체계적이에요.
(C) 설립되었을 때부터요.

해설 해당 기업에서 근무한 기간이나 일을 시작한 시점을 묻는 How 의문문
⋯ How long을 키워드로 잡고 기간과 관련된 표현이 등장하는 즉시
정답으로 연결하자.
(A) 연상 어휘(How long – 50 miles) 오답이다.
(B) 의문사 의문문에 Yes/No로 답할 수 없고 유사 발음(organization
– organized) 오답이다.
(C) Since (~부터)를 사용하여 시점을 언급하고 있으므로 정답이다.

어휘 organization 조직 I away (어떤 장소에서) 떨어져 I organized
체계적인, 정리된 I since ~부터 I establish 설립하다, 세우다

호주 → 미국

7. What subway will take me to the theater?
(A) About 30 minutes.
(B) Look at the map behind you.
(C) It will be a great performance.

극장에 가려면 어느 지하철을 타야 하죠?
(A) 약 30분이요.
(B) 뒤에 있는 지도를 보세요.
(C) 훌륭한 공연이 될 거예요.

해설 어느 지하철을 타야 하는지 묻는 What 의문문 ⋯ What 의문문은 질문 앞부분 'What subway ~' (어느 지하철?)에 집중하면 정확하게 문제를 해결할 수 있다.

(A) 기간을 표현하는 대답은 'How long ~?' 질문에 대한 정답으로 알맞다.

(B) 어느 지하철을 타야 하는지 바로 말해주지 않고 우회적으로 지도에서 확인하라고 답하고 있으므로 정답이다.

(C) 연상 어휘(theater – performance) 오답이다.

어휘 theater 극장 | performance 공연

....

영국 → 미국

8. Which copier are you going to get?
(A) We don't want anything expensive.
(B) Since we need more ink.
(C) The printing center on Griffith Street.

어느 복사기를 사실 건가요?
(A) 저희는 비싼 것을 원하지 않아요.
(B) 잉크가 더 필요하기 때문에요.
(C) Griffith 가에 있는 인쇄소요.

해설 어느 복사기를 살지 물어보는 Which 의문문 ⋯ 'Which copier ~?'을 키워드로 잡아야 정답에 손이 간다.

(A) 비싼 건 원하지 않는다고 하여 저렴한 걸 사겠다는 의미의 우회적인 정답이다.

(B) 연상 어휘(copier – ink) 오답이다.

(C) 연상 어휘(copier – printing center) 오답이다.

어휘 copier 복사기 | since ~때문에 | printing center 인쇄소

....

호주 → 미국

9. Why was the Harrison proposal rejected?
(A) No, it's about a new product.
(B) Not until the next quarter.
(C) Some materials were missing.

Harrison 제안서는 왜 거절됐나요?
(A) 아니요, 신제품에 관한 거예요.
(B) 다음 분기나 되어야 할걸요.
(C) 자료가 일부 빠져 있었어요.

해설 Harrison 제안서가 거절된 이유를 묻는 Why 의문문 ⋯ Why 의문문에서는 Because / To 부정사 / Since / So (that)으로 응답할 수 있지만, because가 생략되고 부연 설명만 하는 패턴이 자주 등장하므로 휘둘리지 말자.

(A) 의문사 의문문에 Yes/No로 답할 수 없다.

(B) not until은 when의 빈출 응답이다.

(C) 자료가 일부 빠져 있다는 말은 제안서가 거절된 이유로 적절한 설명이므로 정답이다.

어휘 proposal 제안(서) | reject 거절하다 | not until ~가 되어서야 | material 자료 | missing 없어진, 빠진

....

미국 → 호주

10. Why didn't we hire any of the applicants?
(A) They weren't experienced enough.
(B) At the employment agency.
(C) Probably next week.

우리는 왜 지원자들을 아무도 채용하지 않았나요?
(A) 그들은 경력이 충분치 않았어요.
(B) 직업 소개소에서요.
(C) 다음주일 거예요.

해설 지원자들을 채용하지 않은 이유를 묻는 Why 의문문 ⋯ 의문사 Why를 키워드로 잡고 어울리지 않는 보기들을 소거한다.

(A) 채용하지 않은 이유를 적절히 알려주고 있으므로 정답이다.

(B) 연상 어휘(hire, applicants – employment agency)

(C) When 의문문에 어울리는 응답이나.

어휘 applicant 지원자 | experienced 경험이 많은, 숙련된 | employment agency 직업 소개소

....

미국 → 영국

11. Why did our expenses go over the budget this month?
(A) Perhaps a less expensive option.
(B) Maybe the one from January.
(C) We had unexpected operating costs.

이번 달에는 왜 지출이 예산을 초과했나요?
(A) 아마도 덜 비싼 옵션일 거예요.
(B) 아마도 1월 거요.
(C) 예상치 못한 운영비가 들었어요.

해설 이번 달에 비용이 예산을 초과한 이유에 대해 묻는 Why 의문문 ⋯ Because 등 이유를 설명하는 표현들이 생략되고 부연 설명만 나올 수 있다는 것을 유념하자.

(A) 유사 발음(expenses – expensive) 오답이자, 연상 어휘(budget – expensive) 오답이다.

(B) 연상 어휘(month – January) 오답이다.

(C) 예상하지 못한 운영비로 예산을 초과했다고 적절히 이유를 언급하고 있으므로 정답이다.

어휘 expense 지출, 비용 | go over budget 예산을 초과하다 | unexpected 예상치 못한, 뜻밖의 | operating cost 운영비

....

미국 → 미국

12. How did the marketing director like the new advertisement campaign?
(A) On social media.
(B) Thanks for the directions.
(C) She spoke to Sheryl about it.

마케팅 이사님이 새 광고 캠페인을 어떻게 생각하셨나요?
(A) 소셜 미디어에서요.
(B) 길 안내 감사합니다.
(C) Sheryl에게 그것에 대해 말씀해 주셨어요.

해설 새 광고에 대해 마케팅 이사가 어떻게 생각하는지 묻는 How 의문문 ⋯ How, marketing director, like, advertisement를 키워드로 잡

고 오답을 소거해 가며 정답을 고른다.

(A) 연상 어휘(marketing – social media) 오답이다.

(B) 유사 발음(director – directions) 오답이다.

(C) Sheryl에게 말해줬기 때문에 나는 모른다고 말하는 우회적인 정답이다.

어휘 advertisement campaign 광고 캠페인 I direction 안내, 지휘

영국 → 호주

13. Why don't you ask Chavez about the heating problem?

(A) It's already been taken care of.

(B) I think he's wrong.

(C) Yes, I turned it down.

Chavez에게 난방 문제에 대해 물어보는 게 어때요?

(A) 벌써 처리됐어요.

(B) 저는 그가 틀렸다고 생각해요.

(C) 네, 제가 그걸 낮췄어요.

해설 난방 문제를 물어보라는 'Why don't you ~?' 제안문 ···› 제안하는 질문이므로 제안의 응답과 관련한 표현을 듣는 즉시 정답으로 체크한다.

(A) (난방 문제가) 이미 처리되었다고 응답하고 있으므로 정답이다.

(B) 연상 어휘(problem – wrong) 오답이다.

(C) 연상 어휘(heating – turned it down) 오답이다.

어휘 heating 난방 I take care of ~을 처리하다 I wrong 틀린, 잘못된 I turn down (소리, 온도 등을) 낮추다

미국 → 호주

14. What time does your train leave?

고난도 (A) Move to the left lane.

(B) I'm taking a bus today.

(C) At the downtown station.

당신 기차는 몇 시에 떠나죠?

(A) 왼쪽 차선으로 옮기세요.

(B) 저는 오늘 버스를 탈 거예요.

(C) 시내에 있는 역에서요.

해설 기차가 떠나는 시간을 묻는 What 의문문 ···› 'What time ~?'을 키워드로 잡고 시점과 관련된 표현에 집중하면서, 오답을 소거하여 정답을 남기자!

(A) 동어 반복(leave v. 떠나다(과거형 left) – left adj. 왼쪽의) 오답이다.

(B) 오늘은 버스를 타기 때문에, 기차가 떠나는 시각을 모른다는 우회적인 응답이므로 정답이다.

(C) 연상 어휘(train – station) 오답이다.

어휘 lane 차선, 길 I downtown 시내의

미국 → 영국

15. Why is the museum so crowded this morning?

(A) Have you seen today's list of events?

(B) I can't. Too many people signed up.

(C) She started working for an art gallery.

오늘 오전에 박물관이 왜 그렇게 붐볐나요?

(A) 오늘의 행사 명단을 보셨나요?

(B) 안 돼요. 너무 많은 사람들이 등록했어요.

(C) 그녀는 미술관에서 일하기 시작했어요.

해설 박물관이 붐빈 이유를 묻는 Why 의문문 ···› 의문사 Why를 키워드로 잡고 어울리지 않는 보기들을 소거한다.

(A) 행사 명단을 보면 알 거라는 의미의 우회적 응답이므로 정답이다.

(B) 연상 어휘(crowded – too many people) 오답이다.

(C) 연상 어휘(museum – art gallery) 오답이다.

어휘 crowded 붐비는 I sign up 등록하다, 신청하다 I art gallery 미술관, 화랑

호주 → 미국

16. What's the best way to contact the accountant?

(A) Yes, I will open my account.

(B) The contract is not finished.

(C) Send her an e-mail.

회계사와 연락하기에 가장 좋은 방법은 뭐죠?

(A) 네, 제 계좌를 개설할 거예요.

(B) 계약이 끝나지 않았어요.

(C) 그녀에게 이메일을 보내세요.

해설 회계사에게 연락할 때 가장 좋은 방법을 묻는 What 의문문 ···› 'What's the best way ~?'를 키워드로 잡고 문제를 풀면 정답이 보인다.

(A) 의문사 의문문에 Yes/No로 응답할 수 없고 유사 발음(accountant – account) 오답이다.

(B) 유사 발음(contact – contract) 오답이다.

(C) 이메일을 보내라는 연락 방법을 알려주었으므로 정답이다.

어휘 contact 연락하다, 접촉하다 I accountant 회계사 I account 계좌 I contract 계약(서)

영국 → 호주

17. How is Kathy getting to Paris?

(A) She's flying there.

(B) Sure, I'll get it for you.

(C) It was fantastic.

Kathy는 어떻게 파리에 갈 건가요?

(A) 비행기를 타고 거기 갈 거예요.

(B) 물론이죠, 제가 갖다 드릴게요.

(C) 환상적이었어요.

해설 파리까지의 이동 방법을 묻는 How 의문문 ···› 방법을 묻는 표현이므로 이동과 관련한 표현을 포착하는 즉시 정답으로 체크한다.

(A) '비행기를 타고 거기 갈 거예요'라며 Kathy가 이용할 교통편을 적절히 알려주고 있으므로 정답이다.

(B) 의문사 의문문에 Yes[Sure]/No로 응답할 수 없고, 유사 발음(getting – get) 오답이다.

(C) 연상 어휘(paris – fantastic) 오답이다.

어휘 get to ~에 도착하다 I fantastic 기막히게 좋은, 환상적인

PART 2 UNIT 04

18. How are we promoting our new athletic shoes to younger customers?
(A) Just some pens and folders, please.
(B) Could I try these in a smaller size?
(C) Stacey was assigned to that project.

더 젊은 고객들에게 우리의 새 운동화를 어떻게 홍보할 건가요?
(A) 펜이랑 폴더 몇 개만 주세요.
(B) 더 작은 사이즈로 신어봐도 될까요?
(C) Stacey가 그 프로젝트에 배정되었어요.

해설 새 운동화를 젊은 고객층에 홍보하는 방법을 묻는 How 의문문 ⋯ 방법의 How 의문문에 '사람'이 정답으로 등장할 수 있으니 주의하자.
　(A) 질문과 무관한 응답이다.
　(B) 연상 어휘(shoes – try, in a smaller size) 오답이다.
　(C) Stacey에게 물어보면 알 거라는 의미의 우회적 응답이므로 정답이다.

어휘 promote 홍보하다 I athletic shoes 운동화 I try 착용해보다 I assign 배정하다

19. What will the new rent be?
(A) A two-bedroom apartment.
(B) Three hundred dollars a month.
(C) You knew about it.

새 임대료는 얼마가 될까요?
(A) 침실이 2개인 아파트요.
(B) 한 달에 300달러요.
(C) 알고 계셨군요.

해설 새 임대료를 물어본 What 의문문 ⋯ 집세(rent)와 관련한 표현을 듣는 순간 정답으로 선택하면 된다.
　(A) 연상 어휘(rent – A two-bedroom apartment) 오답이다.
　(B) '한 달에 300 달러요'라고 액수를 언급했으므로 정답이다.
　(C) 유사 발음(new – knew) 오답이다.

어휘 rent 임대료, 집세, 방세

20. Which design should we show our clients first?
(A) Not a problem, thanks.
(B) I thought we decided on the Vex model.
(C) At our second meeting.

고객들에게 어느 디자인을 먼저 보여줘야 할까요?
(A) 문제없어요, 고마워요.
(B) Vex 모델로 결정한 줄 알았는데요.
(C) 두 번째 회의에서요.

해설 어느 디자인을 먼저 보여줘야 하는지 묻는 Which 의문문 ⋯ 'Which design, we, show, clients'를 키워드로 잡고 오답을 소거해 가며 정답을 고른다.
　(A) 질문과 무관한 동문서답형 오답이다.

(B) Vex 모델로 이미 정해진 줄 알았다고 대답하고 있으므로 정답이다.
　(C) 연상 어휘(show, clients – meeting) 오답이다.

어휘 client 고객 I not a problem 문제없다

21. How did you find out about the vacancy at Economy Online?
(A) I saw it in a classified ad.
(B) No, I didn't apply for it.
(C) She didn't tell me.

Economy Online의 공석에 대해서 어떻게 알았어요?
(A) 안내광고에서 봤어요.
(B) 아니요, 지원하지 않았어요.
(C) 그녀는 저에게 말해 주지 않았어요.

해설 결원 소식을 알게 된 방법을 묻는 How 의문문 ⋯ 회사 공석에 관해 알게 된 방법에 대해 가장 어울리는 보기를 고른다.
　(A) Economy Online의 공석에 대해 광고를 보고 알았다고 대답했으므로 정답이다.
　(B) 의문사 How 의문문에 Yes/No로 답할 수 없다.
　(C) 주어 불일치 오답으로 질문에 she가 언급되지 않았다.

어휘 vacancy 결원, 공석 I classified ad (항목별로 분류되어 있는) 광고 I apply for ~에 지원하다, ~을 신청하다

22. How often should the system be updated?
(A) Please check it.
(B) Whenever necessary.
(C) Friday, September 2.

그 시스템이 얼마나 자주 업데이트되어야 하나요?
(A) 확인해 주세요.
(B) 필요할 때마다요.
(C) 9월 2일 금요일이요.

해설 시스템이 업데이트되어야 하는 빈도를 묻는 How 의문문 ⋯ 빈도를 묻는 How 질문에 대표적으로 등장하는 응답들(once[twice] a year[week], biweekly, whenever)을 알아두고 관련 표현이 등장하면 바로 정답으로 연결시키자.
　(A) 연상 어휘(system – check) 오답이다.
　(B) '필요할 때마다(업데이트되어야 한다)'라는 의미로 Whenever(~할 때마다)를 이용하여 빈도를 나타내고 있으므로 정답이다.
　(C) 질문과 무관한 응답이므로 오답이다. system be updated만 듣고 시스템이 업데이트 된 시기를 묻는 문제로 잘못 이해할 수 있으므로 How 뒤에 나오는 질문에 집중하자.

어휘 whenever ~할 때마다 I necessary 필요한

23. Why is Greg going back to London?
(A) Let's go on Thursday.
(B) It was returned last week.

(C) He has to follow up with a client.

Greg는 왜 런던으로 돌아가는 건가요?

(A) 목요일에 갑시다.

(B) 지난주에 반송되었어요.

(C) 고객에게 후속 조치를 해야 해서요.

해설 Greg가 런던으로 돌아가는 이유를 묻는 Why 의문문 ⋯→ 이유를 설명하는 표현 Because/To 부정사/Since/So (that) 등이 나오는 경우보다 부연 설명만 하는 패턴이 자주 등장하므로 소거법을 이용하여 오답을 버리도록 한다.

(A) 유사 발음(going - go) 오답이며, 질문의 Why를 듣지 못했다면 Greg가 런던으로 돌아가는 시점을 묻는 문제로 잘못 이해할 수 있으므로 의문사에 집중하자.

(B) 연상 어휘(going back - returned) 오답이다.

(C) 그가 고객에게 후속 조치를 취하기 위해 돌아간다고 적절한 이유를 언급하고 있으므로 정답이다.

어휘 return 반품하다 I follow up 후속 조치를 취하다

---

24. Why can't I reach your company's technical support hotline?

(A) Sorry, we're getting too many calls today.

(B) A skilled computer technician.

(C) I can't reach the shelf either.

왜 귀사의 기술지원 고객상담센터에 연결이 안 되는 거죠?

(A) 죄송해요. 오늘 전화가 너무 많이 와서요.

(B) 숙련된 컴퓨터 기술자요.

(C) 저도 선반에 손이 닿지 않아요.

해설 고객상담센터에 연결되지 않는 이유를 묻는 Why 의문문 ⋯→ 'Why, can't I reach, hotline'을 키워드로 잡고 오답을 소거해 가며 정답을 고른다.

(A) 미안하다며 연결할 수 없는 이유를 설명하고 있으므로 정답이다.

(B) 유사 발음(technical - technician) 오답이다.

(C) 동어 반복(reach) 오답이다.

어휘 reach (전화로) 연락하다. (손이) 닿다 I technical support 기술 지원 I skilled 숙련된 I technician 기술자

호주 → 미국

25. How much does this backpack cost?

(A) It's also available in red.

(B) Is the price tag missing?

(C) Credit cards are also accepted.

이 배낭은 얼마인가요?

(A) 빨간색으로도 있어요.

(B) 가격표가 없나요?

(C) 신용카드도 받아요.

해설 배낭의 가격을 묻는 How 의문문 ⋯→ 가격과 관련한 표현이 들리는 즉시 정답으로 체크한다.

(A) 가격을 묻는 질문에 어울리지 않는 대답이므로 오답이다.

(B) 가격표가 붙어있지 않는지 되묻고 있으므로 질문에 적절한 정답이다.

(C) 연상 어휘(cost - credit cards) 오답이다.

어휘 backpack 배낭 I available 이용할 수 있는 I tag 정가표, 꼬리표 I accept 받아주다

UNIT 05. 일반·간접·부정·부가 의문문

Practice

1. (C)	2. (B)	3. (C)	4. (A)	5. (A)	6. (B)
7. (C)	8. (C)	9. (A)	10. (C)	11. (C)	12. (A)
13. (A)	14. (C)	15. (B)	16. (B)	17. (A)	18. (B)
19. (C)	20. (A)	21. (C)	22. (C)	23. (B)	24. (C)
25. (A)					

미국 → 미국

1. Is Ms. Jackson's train scheduled to arrive on time this evening?

(A) I took the express train.

(B) For the press conference.

(C) It was delayed for 30 minutes in Seoul.

Ms. Jackson이 탈 기차가 오늘 저녁에 제시간에 도착할 예정인가요?

(A) 저는 급행을 탔어요.

(B) 기자 회견을 위해서요.

(C) 서울에서 30분 지연됐어요.

해설 기차가 제시간에 오는지 묻는 Be동사 일반 의문문 ⋯→ Yes/No 응답이 일반적이지만 생략될 수 있다는 데 유의한다.

(A) 동어 반복(train) 오답이다.

(B) Why 의문문에 어울리는 응답이다.

(C) No(제시간에 도착하지 않는다)가 생략된 대답이므로 정답이다.

어휘 express train 급행 열차 I press conference 기자 회견 I delay 미루다. 연기하다

호주 → 영국

2. Our travel budget was reduced this year, wasn't it?

(A) It is a financial workshop.

(B) Yes, by 20 percent.

(C) Every Tuesday morning.

우리 여행 예산이 올해에 축소되었죠, 그렇지 않나요?

(A) 그것은 금융 워크숍이에요.

(B) 네, 20퍼센트요.

(C) 매주 화요일 아침이요.

해설 예산의 축소 여부에 대해 묻는 부가 의문문 ⋯→ 부가 의문문을 제외한 앞부분의 'budget was reduced ~'를 키워드로 잡으면 정답이 보인다.

(A) 연상 어휘(budget - financial) 오답이다.

PART 2   UNIT 05

17

(B) 축소 여부에 그렇다고 하며 20퍼센트가 감소되었다고 응답하므로 정답이다. 부가의 문문에서는 not을 무시한 채, 긍정이면 Yes, 부정이면 No라고 답하므로 유의하자.

(C) 질문에 어울리지 않는 오답이다.

어휘 budget 예산 I reduce 줄이다, 축소하다 I financial 금융의, 재정의

미국 → 호주

3. Didn't we spend over a hundred dollars on flyers?
(A) Sure. I'll throw in a few more of them.
(B) Well, you'll have to submit the pricing list.
(C) Yes, but it was a necessary expense.

저희는 전단지에 100달러 이상 쓰지 않았나요?
(A) 물론이죠, 제가 몇 개 더 드릴게요.
(B) 음, 가격표를 제출하셔야만 할 거예요.
(C) 네, 하지만 꼭 필요한 비용이었어요.

해설 전단에 100달러 이상을 썼는지 물어보는 부정 의문문 ⟶ not을 무시하고 답변이 긍정이면 Yes, 그렇지 않으면 No로 대답해야 함을 기억하자.
(A) 연상 어휘(over a hundred dollars – a few more)오답이다.
(B) 연상 어휘(spend – pricing list) 오답이다.
(C) 100달러 이상을 썼다는 데에 긍정의 의미로 Yes를 사용하였고, 꼭 필요한 비용이었다는 부연설명을 하고 있으므로 정답이다.

어휘 spend 쓰다, 소비하다 I flyer (광고용) 전단지 I throw in ~을 덤으로 주다 I submit 제출하다 I pricing list 가격표 I expense 비용, 경비

미국 → 영국

4. You remembered to turn off the lights in the office, right?
(A) Yes, and I also locked the door.
(B) Turn on the air conditioner.
(C) It's free for members.

사무실 불 끄는 거 기억하셨죠, 그렇죠?
(A) 네, 그리고 문도 잠갔어요.
(B) 에어컨을 켜세요.
(C) 회원들에게는 무료예요.

해설 사무실 소등을 기억하고 있었는지 확인하는 부가 의문문 ⟶ '동사+목적어'인 'remembered to turn off the lights'를 키워드로 잡고 소거법을 활용한다.
(A) Yes(기억하고 있다)라고 하며, 문도 잠갔다고 부연 설명했으므로 정답이다.
(B) 연상 어휘(turn off – turn on) 오답이다.
(C) 유사 발음(remembered – members) 오답이다.

어휘 turn off (전원을) 끄다 I lock 잠그다 I free 무료인

미국 → 영국

5. Did they lock the door to the supply room?
(A) I'll get you the key.
(B) There isn't enough time.

(C) I'll order more paper clips.

그 사람들이 비품실 문을 잠갔나요?
(A) 제가 열쇠를 갖다 드릴게요.
(B) 시간이 충분하지 않아요.
(C) 클립을 더 주문할게요.

해설 비품실 문을 잠갔는지 묻는 Do동사 일반 의문문 ⟶ Yes/No로 응답하거나 생략될 수 있으며, 우회적 표현에 주의한다.
(A) 문이 잠겼음을 우회적으로 말했으므로 정답이다.
(B) 질문과 무관한 동문서답형 오답이다.
(C) 연상 어휘(supply room – order, paper clips) 오답이다.

어휘 lock 잠그다 I supply room 비품실

미국 → 미국

6. Didn't you have a job interview yesterday?
(A) That's a nice view.
(B) I had to move it to tomorrow.
(C) It's on Rodeo Street.

당신은 어제 입사 면접이 있지 않았나요?
(A) 전망이 멋지네요.
(B) 내일로 옮겨야 했어요.
(C) Rodeo 가에 있어요.

해설 어제 입사 면접 응시 여부를 물어보는 부정 의문문 ⟶ 'Didn't you ~?'로 물어보았으므로 시제 일치 여부도 함께 확인해야 한다.
(A) 유사 발음(interview – view) 오답이다.
(B) No가 생략되었으며, 내일로 옮겨야 했다고 부연 설명한 정답이다.
(C) 장소를 묻지 않았으므로 오답이다.

어휘 view 전망 I move 옮기다

영국 → 호주

7. Aren't you going to the farewell dinner party for Mike tonight?
(A) For the company's 30th anniversary.
(B) Just some salad, please.
(C) I thought it was next Friday.

오늘 저녁에 Mike를 위한 송별 파티 안 가세요?
(A) 회사의 30주년을 위해서요.
(B) 샐러드로 주세요.
(C) 다음 주 금요일인 줄 알았어요.

해설 송별 파티에 참석할 것인지를 묻는 부정 의문문 ⟶ not을 무시하고 답변이 긍정이면 Yes, 그렇지 않으면 No로 대답한다는 것을 기억하고, 우회적인 응답에 주의한다.
(A) 연상 어휘(party – anniversary) 오답이다.
(B) 연상 어휘(dinner – salad) 오답이다.
(C) 다음 주 금요일인 줄 알았다며 참석하지 못할 것임을 우회적으로 말했으므로 정답이다.

어휘 farewell 작별 I anniversary 기념일

---

8. The performance begins at three, doesn't it?

(A) It took much longer than I'd expected, too.

(B) They weren't able to attend this time.

(C) Yes, but we should arrive half an hour earlier.

공연은 3시에 시작하죠, 그렇죠?

(A) 그것 역시 제가 기대했던 것보다 훨씬 오래 걸렸어요.

(B) 그들은 이번에는 참가하지 못했어요.

(C) 네, 하지만 우리는 30분 일찍 도착해야 해요.

해설 공연이 3시에 시작하는지 묻는 부가 의문문 → 부가 의문문도 긍정 의문문(Does the performance begin at three?)과 마찬가지이므로 답변이 긍정이면 Yes, 부정이면 No라는 점을 반드시 기억하자.

(A) 시제 불일치 오답이다. 공연이 아직 시작하지도 않았는데 '오래 걸렸다'라고 과거로 답변하므로 어색하다.

(B) 연상 어휘(performance – attend) 오답이다.

(C) Yes와 부연 설명으로 3시에 시작하지만, 30분 일찍 도착해야 한다고 말해주고 있으므로 정답이다.

어휘 performance 공연 I expect 예상하다, 기대하다 I half an hour 30분

---

9. Has the science professor's flight from London been delayed?

(A) I can check the status on my phone.

(B) He'll be able to sign it tomorrow.

(C) It's for a new research project.

런던에서 오는 과학 교수님이 탑승한 비행기가 연착되었나요?

(A) 제가 전화기로 상황을 확인해 볼 수 있어요.

(B) 그가 내일 그것에 서명을 할 수 있을 거예요.

(C) 그것은 새로운 연구를 위한 거예요.

해설 비행기의 연착 여부에 대해 묻는 Have동사 일반 의문문 → 우회적인 답변('모르겠어요', '알아볼게요') 패턴이 등장할 수 있으므로, 대표적인 우회적인 답변들에 주의하자.

(A) '알아볼게요'라고 대답하는 우회적 답변으로 정답이다. Let me check. / I'll find out. / I'll see. / I'll ask her. 등의 표현들이 우회적 답변으로 자주 등장하므로 꼭 알아두자.

(B) 유사 발음(science – sign) 오답이다.

(C) 연상 어휘(professor – research project) 오답이다.

어휘 delay 지연시키다 I status 상황, 현황 I sign 서명하다 I research 연구, 조사

---

10. Will you be attending the workshop on business planning?

(A) Yes, I will put up the tent soon.

(B) She has a restaurant business.

(C) It depends on when it is.

사업기획에 관한 워크숍에 참석할 건가요?

(A) 네, 제가 곧 텐트를 설치할게요.

(B) 그녀는 요식업을 해요.

(C) 언제인지에 따라 달라요.

해설 특정 세미나 참석 여부를 묻는 조동사 Will 의문문 → 'Will you ~?(~할 건가요?)'라고 물어보고 있으므로 시제에 유의하며 오답을 소거한다.

(A) 유사 발음(attending – tent) 오답이다.

(B) 동어 반복(business) 오답이다.

(C) 워크숍이 언제인지에 따라 달라진다고 설명하고 있으므로 정답이다.

어휘 attend 참석하다 I put up ~을 설치하다, 세우다

---

11. You're still accepting applications for the assistant cook position, right?

고난도

(A) She's a professional chef.

(B) An online application form.

(C) The deadline was yesterday.

주방 보조직의 지원서를 아직 받고 있는 중이죠, 그렇죠?

(A) 그녀는 전문 요리사예요.

(B) 온라인 지원 양식이요.

(C) 마감 기한은 어제였어요.

해설 주방 보조직의 지원서를 아직도 받고 있는지 물어보는 부가 의문문 → '동사 + 목적어'인 'accepting applications'를 키워드로 잡아야 문제가 풀린다.

(A) 연상 어휘(assistant cook – professional chef) 오답이다.

(B) 동어 반복(applications – application) 오답이다.

(C) 마감기한이 어제였다고 하여, No를 생략한 우회적인 응답의 정답이다.

어휘 application 지원서, 신청서 I assistant 보조원, 조수 I professional 전문적인 I deadline 마감 기한

---

12. We should have the windows in the reception area cleaned, shouldn't we?

(A) Yes, and the ones on the second floor, too.

(B) Oh, I think it's large enough.

(C) A number of guests attended.

로비에 있는 창문들을 청소해야 하죠, 그렇지 않나요?

(A) 네, 2층에 있는 것들도요.

(B) 오, 그건 충분히 큰 것 같아요.

(C) 많은 하객들이 참석했어요.

해설 로비 창문을 청소해야 하는지 물어보는 부가 의문문 → 수락, 거절, 보류하는 응답이 모두 가능함을 기억하고 'have the windows ~ cleaned'를 키워드로 잡아야 정답에 손이 간다.

(A) Yes(청소해야 한다)와 함께 2층에 있는 창문도 청소해야 한다고 부연 설명하고 있으므로 정답이다.

(B) 연상 어휘(windows – large) 오답이다.

(C) 연상 어휘(reception – guests) 오답이다.

어휘 reception area 로비 I a number of 많은 I attend 참석하다

13. Does this report show recent trends in traveling abroad?
고난도
(A) Yes, over the last five years.
(B) I lost my passport in Paris.
(C) No, I haven't been here recently.

이 보고서가 해외여행에 대한 최근 동향을 보여주나요?
(A) 네, 지난 5년간에 대해서요.
(B) 저는 파리에서 여권을 분실했어요.
(C) 아니요, 저는 최근에 이곳에 온 적이 없어요.

해설 보고서가 해외여행에 대한 최근 동향을 보여주는지 묻는 Do동사 일반 의문문 ⋯ 'show recent trends ∼?'의 '동사 + 목적어'를 키워드로 잡으면 정확하게 정답을 골라낼 수 있다.
(A) '네, 지난 5년간에 대해서요'라고 하여 최근 동향을 보여주고 있음을 적절히 알려주고 있으므로 정답이다.
(B) 연상 어휘(traveling – Paris) 오답이다.
(C) 유사 발음(recent – recently) 오답이다.

어휘 recent 최근의 I trend 동향 I abroad 해외로 I passport 여권 I recently 최근에

---

14. Shouldn't we hire Ms. Rimms for the position?
(A) About a week ago.
(B) It was higher.
(C) Unfortunately, she withdrew her application.

Ms. Rimms를 그 자리에 고용해야 하지 않을까요?
(A) 약 일주일 전에요.
(B) 더 높았었어요.
(C) 아쉽게도, 그녀는 지원을 취소했어요.

해설 Ms. Rimms를 그 직위로 고용해야 하지 않겠냐고 묻는 부정 의문문 ⋯ Shouldn't를 제외한 채 평서문으로 들으면 쉽게 키워드를 잡고 오답을 소거할 수 있다.
(A) When 의문문에 대한 응답이다.
(B) 유사 발음(hire – higher) 오답이다.
(C) 그녀가 지원을 취소하였다고 하며 고용할 수 없음을 나타낸 적절한 응답이다.

어휘 withdraw 취소하다 I application 지원서

---

15. The restaurant looks very crowded, doesn't it?
(A) It seems too cloudy to be out.
(B) Yes, should we try another place?
(C) A soup and sandwich.

식당이 매우 붐비는 것 같아 보여요, 그렇지 않나요?
(A) 외출하기에는 너무 흐리네요.
(B) 그렇네요, 다른 데 가볼까요?
(C) 샌드위치와 수프요.

해설 식당이 매우 붐빈다는 사실에 동의를 얻고자 하는 목적의 부가 의문문 ⋯ 부가 의문문 'doesn't it?'을 무시하고 평서문으로 생각하면 쉽다.

(A) 유사 발음(crowded – cloudy) 오답이다.
(B) 붐빈다는 사실에 동의하며 다른 곳에 가자고 제안하고 있는 적절한 정답이다.
(C) 연상 어휘(restaurant – soup, sandwich) 오답이다.

어휘 crowded 붐비는 I cloudy 구름이 낀, 흐린 I be out 외출하다 I try 시도하다

---

16. Aren't the apartments ready for viewing yet?
(A) Yes, it's a best-selling book.
(B) They're still being painted, actually.
(C) A view of the lake and the mountains.

아파트를 둘러볼 준비가 아직 되지 않았나요?
(A) 네, 그것은 베스트셀러 책이에요.
(B) 사실 아직 페인트칠을 하는 중이에요.
(C) 호수와 산이 보이는 전망이에요.

해설 아파트들을 아직 둘러볼 준비가 되지 않았는지 묻는 부정 의문문 ⋯ 부정 의문문에서는 주어를 놓쳐도 질문의 동사를 잘 포착하면 정답을 고를 수 있으므로 집중하자.
(A) 질문과 연결이 되지 않으므로 오답이다.
(B) '아직도 페인트칠을 하는 중이에요'라는 말로 아직 준비가 안되었음을 우회적으로 나타낸 정답이다.
(C) 유사 발음(viewing – view) 오답이다.

어휘 viewing 보기, 감상 I view 전망

---

17. Have you ordered more chairs for the meeting room yet?
(A) Jeff is in Purchasing.
(B) Yes, the chairperson.
(C) An invoice for the ballroom.

회의실에 쓸 의자들을 더 주문했나요?
(A) Jeff가 구매부에 있어요.
(B) 네, 의장이요.
(C) 무도회장용 청구서요.

해설 회의실용 의자를 더 주문했는지 묻는 Have동사 일반 의문문 ⋯ Yes/No 응답이 가능하며, 우회적 응답에 주의한다.
(A) 구매부의 Jeff 담당이니 그에게 물어보라는 의미의 우회적 응답이므로 정답이다.
(B) 유사 발음(chairs – chairperson) 오답이다.
(C) 연상 어휘(ordered – invoice) 오답이다.

어휘 order 주문하다 I chairperson 의장, 회장 I invoice 청구서, 송장 I ballroom 무도회장

---

18. Didn't Fredrick contribute to developing the current policy?
고난도

(A) The newly developed product boosted sales in Europe.

(B) Yes, he reviewed the final draft.

(C) It's been polished well.

Fredrick이 현재 정책을 개발하는 데 기여하지 않았나요?

(A) 새로 개발된 제품으로 유럽에서 매출이 늘었어요.

(B) 네, 그가 최종 원고를 검토했어요.

(C) 잘 닦였네요.

해설 Fredrick이 정책을 개발하는 데 기여했는지를 확인하는 부정 의문문 ⟶ 정책 개발에 기여하면 Yes, 그렇지 않으면 No임을 기억하고 질문의 not을 제기하여 휘둘리지 않도록 하자.

(A) 유사 발음(developing – developed) 오답이다.

(B) Yes라고 하면서, 그가 최종 원고를 검토했다고 덧붙이고 있으므로 정답이다.

(C) 유사 발음(policy – polished) 오답이다.

어휘 contribute 기여하다 | policy 방침 | boost 증가시키다 | review 검토하다 | draft 원고 | polish 닦다, 광을 내다

영국 → 미국

19. Didn't they already confirm the meeting agenda?

(A) They are working with an accounting firm.

(B) OK, I'll meet you at the conference center.

(C) Yes, but they want to make some changes.

그들은 이미 회의 안건을 확인하지 않았나요?

(A) 그들은 회계사무소와 협업하고 있어요.

(B) 좋아요, 회의장에서 만나요.

(C) 네, 하지만 그들이 좀 변경하고 싶어해요.

해설 그들이 회의 안건을 확인해 주지 않았는지 묻는 부정 의문문 ⟶ 동사와 목적어 'confirm the ~ agenda'를 키워드로 잡아야 정답에 손이 간다.

(A) 유사 발음(confirm – firm) 오답이다.

(B) 연상 어휘(meeting – conference) 오답이다.

(C) Yes라고 후 '(그들이 안건을 이미 확인하였으나) 안건을 변경하고 싶어한다'며 적절히 반응하고 있으므로 정답이다.

어휘 confirm 확인해 주다 | agenda 안건 | accounting firm 회계사무소

미국 → 미국

20. Should we hire more servers for the wedding reception?

(A) I'm afraid we have a tight budget.

(B) They will serve you better next time.

(C) Around 100 invitations.

결혼 피로연을 위해 종업원을 더 고용해야 할까요?

(A) 아쉽게도 우리는 예산이 빠듯해요.

(B) 그들은 다음에 더 나은 서비스를 해줄 거예요.

(C) 초대장 100장 정도요.

해설 결혼 피로연을 위해 사람들을 더 고용해야 할지 상대방의 의견을 묻는 조동사 Should 의문문 ⟶ 수락의 표현이 자주 등장하지만 간혹 거절

의 표현도 나오므로 항상 소거법을 이용하여 접근하자.

(A) 'I'm afraid ~(유감스럽게도)'라고 하며, 추가적인 채용이 어려움을 적절히 알려주고 있으므로 정답이다.

(B) 유사 발음(servers – serve) 오답이다.

(C) 연상 어휘(wedding reception – invitations) 오답이다.

어휘 hire 채용하다 | server (식당의) 종업원 | wedding reception 결혼 피로연 | tight 빠듯한 | budget 예산 | serve (음식이나 서비스를) 제공하다 | invitation 초대장

미국 → 미국

21. Shouldn't these boxes be moved to your new office today?

(A) The boxes are big enough.

(B) Yes, it's a great place to go to work.

(C) Could you lend me a hand?

이 상자들을 오늘 당신의 새 사무실로 옮겨야 하지 않나요?

(A) 그 상자들은 충분히 커요.

(B) 네, 출근하기에 아주 좋은 곳이에요.

(C) 도와주실 수 있으세요?

해설 상대방의 새 사무실로 상자를 옮겨야 하는지를 확인하는 부정 의문문 ⟶ 부정 의문문 역시 다른 의문문과 마찬가지로 수락, 거절, 회피, 되묻기 답변이 가능하기 때문에 소거법으로 정답을 찾는 것이 쉽다.

(A) 동어 반복(boxes) 오답이다.

(B) 연상 어휘(office – work) 오답이다.

(C) 상자를 옮기는 것에 대해 도움을 요청하고 있으므로 적절한 응답이다.

어휘 go to work 출근하다 | lend a hand 도움을 주다

영국 → 호주

22. Ms. Smith approved your vacation request, didn't she?

(A) Two days in Egypt.

(B) A high approval rating.

(C) I'm not on Ms. Smith's team.

Ms. Smith가 당신의 휴가 신청을 승인했죠, 그렇죠?

(A) 이집트에서 이틀이요.

(B) 높은 승인률이네요.

(C) 저는 Ms. Smith의 팀이 아니에요.

해설 Ms. Smith가 휴가 신청을 승인했는지 확인하는 부가 의문문 ⟶ '동사 + 목적어'인 'approved ~ vacation request'를 키워드로 잡고 소거법을 활용한다.

(A) 연상 어휘(vacation – Egypt) 오답이다.

(B) 유사 발음(approved – approval) 오답이다.

(C) '아니요'가 생략된 유형으로, 자신은 Ms. Smith의 팀이 아니라 그녀가 승인할 필요가 없다는 것을 우회적으로 말했으므로 정답이다.

어휘 approve 승인하다 | vacation 휴가 | request 요청

가능하므로 한국어로 해석하다가 헷갈리지 않도록 한다.

(A) 오늘 밤에 읽을 계획이라고 하여 아직 읽지 않았음을 우회적으로 말해주고 있으므로 정답이다.

(B) 연상 어휘(article – published) 오답이다.

(C) 유사 발음(read – red) 오답이다.

어휘 article 기사 | publish 출판하다, (기사 등을) 게재하다 | favorite 마음에 드는, 매우 좋아하는

UNIT 06. 제안·제공·요청문·선택 의문문·평서문

Practice

1. (A)	2. (C)	3. (A)	4. (A)	5. (C)	6. (B)
7. (B)	8. (C)	9. (A)	10. (B)	11. (B)	12. (A)
13. (B)	14. (C)	15. (B)	16. (B)	17. (C)	18. (A)
19. (C)	20. (A)	21. (A)	22. (C)	23. (C)	24. (A)
25. (C)					

미국 → 미국

1. Can we talk about it tomorrow?

고난도

(A) I'll be meeting a client in Toronto.

(B) No, every other week.

(C) You can borrow it.

우리 그것에 대해 내일 이야기할 수 있을까요?

(A) 토론토에서 고객을 만나기로 했어요.

(B) 아니요, 격주로요.

(C) 그거 빌려가셔도 돼요.

해설 그것에 대해 내일 얘기할 수 있는지 여부를 묻는 요청문 ⋯ 답변으로 수락과 거절이 모두 등장할 수 있으나, 부정으로 답할 경우 다양한 이유가 언급되므로 주의 깊게 들어야 한다.

(A) 내일 토론토에서 고객을 만나기로 해서 불가능하다는 응답을 우회적으로 표현한 정답이다.

(B) 연상 어휘(tomorrow – every other week) 오답이다.

(C) 유사 발음(tomorrow – borrow) 오답이다.

어휘 talk about ~에 대해 이야기하다 | every other week 격주로 | borrow 빌리다

호주 → 영국

2. I really want to hear this new group perform.

(A) Not there, here please.

(B) I don't know where the form is.

(C) There are no tickets left.

저는 이 새로운 그룹이 공연하는 것을 정말 듣고 싶어요.

(A) 그쪽이 아니고, 이쪽이에요.

(B) 그 서식이 어디에 있는지 모르겠네요.

23.

Are you going to volunteer for the charity event?

(A) Yes, the event was a big success.

(B) Why don't you ask Sato?

(C) We are expecting about 200 people.

자선 행사에 자원할 건가요?

(A) 네, 그 행사는 대성공이었어요.

(B) Sato에게 물어보는 게 어때요?

(C) 저희는 200명쯤 예상하고 있어요.

해설 상대방이 자선 행사에 자원할 것인지를 묻고 있는 Be동사 일반 의문문 ⋯ Yes/No 응답은 생략될 수 있으며, 뒤에 나오는 부연 설명에 집중하여 정답을 놓치지 않도록 한다. 우회적인 응답에 유의한다.

(A) 시제 불일치 오답이다. Yes만 듣고 정답이라 단정짓지 않도록 유의한다.

(B) Sato에게 물어보라며 자신은 자원할 수 없음을 우회적으로 응답한 정답이다.

(C) 연상 어휘(volunteer, event – 200 people) 오답이다.

어휘 volunteer 자원하다 | charity event 자선 행사

미국 → 미국

24.

Were you allowed to register for the training workshop with Mr. Rivers?

(A) Behind the cash register.

(B) It is departing from platform one.

(C) I couldn't find the sign-up sheet.

Mr. Rivers의 교육 워크숍을 신청할 수 있었나요?

(A) 계산대 뒤예요.

(B) 1번 플랫폼에서 출발해요.

(C) 참가 신청서를 찾을 수가 없었어요.

해설 교육 워크숍을 신청할 수 있었는지 묻는 Be동사 일반 의문문 ⋯ Yes/No로 응답하거나 생략될 수 있으며, 우회적 표현에 주의한다.

(A) 동어 반복(register) 오답이다.

(B) 질문과 무관한 동문서답형 오답이다.

(C) 신청서를 찾을 수 없어서 신청하지 못했음을 우회적으로 말했으므로 정답이다.

어휘 register 등록하다 | cash register 계산대 | sign-up sheet 참가 신청서

호주 → 영국

25.

Haven't you read Michael's article yet?

(A) I was planning to look at it tonight.

(B) To be published online.

(C) Yes, my favorite color is red.

Michael의 기사를 아직 읽지 않았나요?

(A) 오늘 밤에 살펴볼 계획이었어요.

(B) 온라인 출판을 위해서요.

(C) 네, 제가 가장 좋아하는 색깔은 빨간색이에요.

해설 상대방이 Michael의 기사를 읽었는지 확인하는 부정 의문문 ⋯ 긍정 의문문(Have you read Michael's article?)에도 동일한 답이 적용

22

(C) 남아있는 티켓이 없어요.

해설 새로운 그룹이 공연하는 것을 듣고 싶다고 말하는 평서문 ⋯ 질문에 나왔던 단어와 발음이 비슷하게 나오는 유사 발음 오답에 유의하자.
- (A) 유사 발음(hear – here) 오답이다.
- (B) 유사 발음(perform – form) 오답이다.
- (C) 공연에 남아있는 티켓이 없다고 사실을 전달하고 있으므로 정답이다.

어휘 perform 공연하다, 연주하다 I form 양식

---

3. Did the repairperson fix the conference room table or is it still broken?
   (A) I don't think anyone came by.
   (B) A conference call from Dubai.
   (C) The engineers attended the meeting.

   수리공이 회의실 탁자를 고쳤나요, 아니면 아직도 고장 나 있나요?
   (A) 아무도 안 온 것 같은데요.
   (B) 두바이에서 온 회의 전화요.
   (C) 엔지니어들이 그 회의에 참석했어요.

해설 탁자를 고쳤는지 아직 고장 나 있는지를 묻는 선택 의문문 ⋯ or 앞뒤의 키워드를 파악하고 소거법을 활용한다.
- (A) 고장 난 탁자를 고치러 아무도 안 온 것 같다며 아직 고장 나 있는 상태를 우회적으로 나타내므로 정답이다.
- (B) 동어 반복(conference) 오답이다.
- (C) 연상 어휘(repairperson – engineers, conference – attend, meeting) 오답이다.

어휘 repairperson 수리공 I fix 고치다, 수리하다 I conference call 전화 회의 I attend 참석하다

---

4. We'd like you to come up with a new advertisement.
   (A) I'll get started on it immediately.
   (B) I like the new ad, too.
   (C) By the marketing team.

   우리는 당신이 새로운 광고를 내놓기를 바라요.
   (A) 바로 시작할게요.
   (B) 저도 그 새 광고를 좋아해요.
   (C) 마케팅 팀에 의해서요.

해설 새 광고를 만들어 달라는 요청문 ⋯ 종종 수락의 표현이 생략된 채 나오므로 당황하지 말고 소거법을 이용하자.
- (A) 광고 만들기를 바로 시작하겠다는 수락 표현이므로 정답이다.
- (B) 동어 반복(new advertisement – new ad) 오답이다.
- (C) 연상 어휘(advertisement – marketing) 오답이다.

어휘 come up with ~를 내놓다, 제시하다 I get started on ~에 착수하다, 시작하다 I immediately 즉시, 곧바로

---

5. Could you drop me off at the airport tonight?

고난도

(A) Collect your baggage here.
(B) At the international departure gate.
(C) My van's still being repaired.

오늘 밤에 저를 공항에 데려다 주실 수 있나요?
(A) 짐을 여기서 찾으세요.
(B) 국제선 출발 게이트에서요.
(C) 제 밴이 아직 수리 중이에요.

해설 공항에 데려다 줄 수 있는지 묻는 요청문 ⋯ 수락 혹은 거절의 표현이 생략되고 부연 설명만 하는 경우가 있기 때문에 소거법으로 문제를 접근하는 것이 현명하다.
- (A) 연상 어휘(airport – baggage) 오답이다.
- (B) 연상 어휘(airport – international departure gate) 오답이다.
- (C) 차가 아직 수리 중이라고 이야기하며 요청을 우회적으로 거절하는 답변이다.

어휘 drop off at ~에 내려 주다 I baggage 짐, 수하물 I departure 출발 I still 아직

---

6. Should I look for an apartment downtown or in the suburbs?
   (A) She found it on the floor.
   (B) I didn't know you were moving.
   (C) The living room is fully furnished.

   시내에 있는 아파트를 찾아야 할까요, 교외에 있는 걸 찾아야 할까요?
   (A) 그녀가 바닥에서 그걸 발견했어요.
   (B) 이사 가시는 줄 몰랐어요.
   (C) 거실은 가구가 완비돼 있어요.

해설 아파트를 시내에서 구할지 교외에서 구할지를 묻는 선택 의문문 ⋯ or 앞뒤의 키워드를 파악하고 소거법을 활용한다.
- (A) 연상 어휘(look for – found) 오답이다.
- (B) 이사한다는 사실조차 몰랐다는 응답이 문맥상 가장 적절하므로 정답이다.
- (C) 연상 어휘(apartment – living room, furnished) 오답이다.

어휘 suburb 교외 I furnished 가구가 비치된

---

7. The marketing campaign is going to cost more than we thought.
   (A) He held the position abroad.
   (B) Is it still within our budget?
   (C) The advertisement team.

   그 마케팅 캠페인은 우리가 생각했던 것보다 비용이 더 많이 들 거예요.
   (A) 그는 해외에서 그 자리에 있었어요.
   (B) 그게 여전히 우리 예산 범위 안에 있나요?
   (C) 광고팀이요.

해설 마케팅 캠페인 비용에 대한 평서문 ⋯ 직청직해가 빨리 되어야 쉽게 풀리는 평서문에서 키워드를 놓쳤을 경우 유사 발음이나 질문의 단어에서 연상되는 어휘들을 소거하면 정답을 고를 확률을 높일 수 있다.

(A) 질문에 등장하지 않는 He는 주어 불일치 오답이다.

(B) 마케팅 비용이 여전히 예산 범위 내에 있는지 되묻는 표현으로 정답이다.

(C) 연상 어휘(marketing campaign – advertisement) 오답이다.

어휘 cost 비용이 들다 | hold (특정한 직장·지위에) 있다, 재직하다 | abroad 해외에서, 해외로 | budget 예산

영국 → 미국

8. Would you like to work on your presentation here or in the meeting room?

(A) No, I didn't see her.

(B) It wasn't discussed.

(C) Let's try it here.

여기서 발표 작업을 하실 건가요, 아니면 회의실에서 하실 건가요?

(A) 아니요, 그녀를 보지 못했어요.

(B) 그건 논의되지 않았어요.

(C) 여기서 해보죠.

해설 발표 작업을 할 장소에 대해 묻는 선택 의문문 ⋯ or 앞(here)/뒤(meeting room)를 키워드로 잡으면 정답이 보인다.

(A) 질문과 무관한 오답이다.

(B) 연상 어휘(meeting – discussed) 오답이다.

(C) 여기서 하자고 말하며 둘 중 하나를 선택한 정답이다.

어휘 work on ~에 대한 작업을 하다 | discuss 상의하다, 논의하다

영국 → 미국

9. Would you mind handing out brochures for the conference in the lobby?

(A) The part-time worker should be here soon.

(B) Yes, I found it very informative.

(C) Thanks, but I just got some.

로비에서 회의 책자를 나눠 주시겠어요?

(A) 아르바이트생이 곧 올 거예요.

(B) 네, 전 그것이 아주 유익하다고 생각했어요.

(C) 감사합니다만, 저는 방금 몇 개 얻었어요.

해설 회의 책자를 나누어 달라고 한 요청문 ⋯ 'Would you mind ~?'는 '~해주시겠어요?'라는 의미로 상대방에게 정중히 요청하거나 허락을 구할 때 쓰이는 표현이다.

(A) 아르바이트생이 곧 올 거라 말하며 상대방의 제안을 우회적으로 거절하고 있으므로 정답이다.

(B) 연상 어휘(conference – informative) 오답이다.

(C) 질문과 연결되지 않는 오답이다.

어휘 hand out 나눠주다, 배포하다 | brochure (안내, 광고용) 책자 | informative 유익한

영국 → 미국

10. Do you think I should drive, or should I take the subway?

고난도

(A) She's been driving for many years.

(B) How's the traffic right now?

(C) Please give me my keys.

제가 운전을 해서 가야 할까요, 아니면 지하철을 타야 할까요?

(A) 그녀는 수년간 운전해왔어요.

(B) 현재 교통 상황이 어때요?

(C) 제 열쇠들을 주세요.

해설 운전을 할지 지하철을 탈지 묻는 선택 의문문 ⋯ or 앞(drive)/뒤(subway)를 핵심 키워드로 잡아 세 가지 빈출 정답(택1, 둘 다 좋아요, 둘 다 싫어요)과 연관되지 않은 응답을 오답으로 소거한다.

(A) 동어 반복(drive – driving) 오답이다.

(B) 현재 교통상황이 어떠냐고 되물으며 결정을 보류한 정답이다. 나머지 두 선택지를 오답으로 소거하면 (B)를 정답으로 골라낼 수 있다.

(C) 연상 어휘(drive – key) 오답이다.

어휘 take the subway 지하철을 이용하다 | traffic 교통(량)

미국 → 미국

11. I'm not sure how to get to the conference center from the hotel.

(A) At the reception area.

(B) Kobe will email the directions.

(C) I already reserved our rooms.

호텔에서 회의장까지 어떻게 가는지 잘 모르겠네요.

(A) 로비에서요.

(B) Kobe가 이메일로 약도를 보내줄 거예요.

(C) 제가 이미 방을 예약했어요.

해설 호텔에서 회의장까지 가는 법을 모르겠다고 말한 평서문 ⋯ 가는 길에 대한 정보를 제공하거나 그 밖에 우회적 응답에 주의한다.

(A) 연상 어휘(conference center – reception area) 오답이다.

(B) 약도를 이메일로 보내줄 거라고 대답했으므로 정답이다.

(C) 연상 어휘(hotel – reserved, rooms) 오답이다.

어휘 get to ~에 도달하다 | reception area 로비 | directions 약도, 길 안내 | reserve 예약하다

호주 → 영국

12. I heard that Troy Moreno will be awarded Employee of the Year.

(A) I thought it was going to be Tracy Mitchell.

(B) I heard that song too.

(C) Thank you, I will.

저는 Troy Moreno가 올해의 사원상을 받게 될 거라고 들었어요.

(A) 전 Tracy Mitchell이 될 줄 알았어요.

(B) 저도 그 노래를 들었어요.

(C) 감사합니다, 제가 할게요.

해설 올해의 직원상 수상자가 Moreno라는 소식을 전하는 평서문 ⋯ 정답 찾기가 힘들다면 오답 소거하기로 정답률을 높이자.

(A) Moreno가 아닌 Mitchell이 수상할 줄 알았다고 응답하는 정답이다.

(B) 동어 반복(I heard) 오답이다.

(C) 동문서답형 오답이다.

어휘 award 수상하다 | Employee of the Year 올해의 사원상

호주 → 미국

13. Let's go to a bigger place.
(A) Yes, I'm going to the party.
(B) Room 250 is open.
(C) I've never been to that place.

조금 더 큰 곳으로 갑시다.
(A) 네, 저는 파티에 갑니다.
(B) 250호실이 이용 가능해요.
(C) 저는 거기에 가 보지 않았어요.

해설 조금 더 큰 곳으로 가자고 한 제안문 ⋯ 제안에 수락하거나 거절하는 대답이 예상된다.
(A) 파티에 가는지 여부를 묻지 않았으므로 오답이다.
(B) 250호가 더 크다는 것을 암시하면서 그리로 가자고 우회적으로 말하고 있으므로 정답이다.
(C) 동어 반복(place) 오답이다.

어휘 open 열려 있는, 이용할 수 있는

영국 → 호주

14. The next step is to have the floor plan drawn.
(A) You can find one at a furniture store.
(B) Just take the elevator.
(C) Okay, I'll contact the lead architect.

다음 단계는 평면도를 그리는 거예요.
(A) 가구점에서 찾으실 수 있어요.
(B) 그냥 엘리베이터를 타세요.
(C) 알겠어요, 수석 건축가에게 연락할게요.

해설 평면도를 그리는 단계의 업무 진행과 관련한 평서문 ⋯ 만약 'have the floor plan drawn'을 포착하지 못했을 경우, 'The next step is ~'라는 말을 키워드로 잡아 '다음 단계는 ~이다' 라고 설명하는 내용으로 가장 적절하게 어울리는 정답을 고르도록 한다.
(A) 연상 어휘(floor plan – furniture) 오답이다.
(B) 연상 어휘(next step – take / floor plan – elevator) 오답이다.
(C) 평면도를 그리는 데 필요한 사람에게 연락하겠다고 대답하였으므로 정답이다.

어휘 floor plan 평면도 | architect 건축가, 설계사

미국 → 영국

15. Would you like to watch a movie or go for a drive this weekend?
(A) About 10 minutes without traffic.
(B) I'd rather rest at home.
(C) Thanks. I'd like some.

이번 주말에 영화를 보고 싶으세요, 드라이브를 하고 싶으세요?
(A) 교통 체증이 없다면 10분 정도요.
(B) 집에서 쉬는 게 낫겠어요.
(C) 고마워요. 먹을게요.

해설 영화를 보고 싶은지 드라이브를 원하는지를 묻는 선택 의문문 ⋯ or 앞뒤의 키워드를 파악하고 소거법을 활용한다.
(A) 연상 어휘(drive – traffic) 오답이다.
(B) 집에서 쉬겠다는 제3의 선택을 하는 응답이므로 정답이다.
(C) 동어 반복(like) 오답이다.

어휘 rather 다소, 차라리

영국 → 미국

16. Can you help me install the new monitor?
(A) Yes, he's a new assistant.
(B) I'm free in the afternoon.
(C) The technical support team.

제가 새 모니터 설치하는 것 좀 도와주실래요?
(A) 네, 그는 새 비서예요.
(B) 저는 오후에 시간이 돼요.
(C) 기술 지원팀이요.

해설 'Can you ~'를 사용하여 상대방에게 모니터 설치를 도와달라고 한 요청문 ⋯ 만약 키워드를 포착하지 못했다면 질문에서 반복되거나 연상되는 어휘를 소거법으로 제거하면 정답 확률이 높아진다.
(A) 동어 반복(new), 주어 불일치 오답이다.
(B) 오후에 도와주겠다고 우회적으로 응답하고 있으므로 정답이다.
(C) 연상 어휘(install – technical support team) 오답이다.

어휘 install 설치하다 | monitor 모니터 | assistant 조수, 보조 | technical 기술적인, 기술의

영국 → 호주

17. Should we have the annual company ceremony in June or wait until July?
(A) The presentations were great.
(B) Yes, I'll accompany you.
(C) Later would be preferable.

우리는 6월에 연례 사내 행사를 해야 할까요, 아니면 7월까지 기다려야 할까요?
(A) 그 발표는 아주 좋았어요.
(B) 네, 제가 당신과 동행할게요.
(C) 나중이 더 좋아요.

해설 연간 사내 행사를 6월에 해야 할지, 7월에 해야 할지 묻는 선택 의문문 ⋯ or 앞(June)/뒤(July)를 키워드로 잡고, 둘 다(both), 둘 다 좋다(either), 또는 둘 다 부정(neither)하는 제3의 선택안이 응답으로 예상된다.
(A) 연상 어휘(company ceremony – presentations) 오답이다.
(B) 유사 발음(company – accompany) 오답이다.
(C) 후자를 선택하여 7월에 진행하자고 우회적으로 답하는 '택1' 정답이다.

어휘 ceremony 행사, 의식 | accompany 동행하다 | preferable 더 좋은, 선호하는

호주 → 미국

18. The parking lot seems to be closed.

(A) Let's try the one opposite the bank, then.

(B) They seem reasonably priced.

(C) Yes, the park is close by.

주차장이 문을 닫은 것 같아요.

(A) 그러면 은행 맞은편에 있는 곳으로 가 봐요.

(B) 그것들은 가격이 합리적인 것 같아요.

(C) 네, 공원이 근처에 있어요.

해설 주차장이 닫았다고 알리는 평서문 ⋯ 문제를 제기하는 평서문에서는 대부분 대안을 언급하는 답변들이 종종 등장한다.

(A) 주차장 문이 닫혔으니 은행 맞은 편의 주차장으로 가보자고 제안하는 정답이다.

(B) 유사 발음(seems – seem) 오답이다.

(C) 유사 발음(closed – close) 오답이다.

어휘 parking lot 주차장 | reasonably 합리적으로 | priced 가격이 매겨진

호주 → 영국

19. Can you stop by my office after lunch?

(A) It should stop soon.

(B) In the break room.

(C) I'll be away all afternoon.

점심 먹고 제 사무실에 들르실 수 있으세요?

(A) 그것은 곧 멈출 거예요.

(B) 휴게실에서요.

(C) 저는 오후 내내 외근이에요.

해설 사무실에 들를 수 있냐고 물은 요청문 ⋯ 수락/거절 표현을 염두에 두고, 우회적 응답에 주의한다.

(A) 동어 반복(stop) 오답이다.

(B) 연상 어휘(lunch – break room) 오답이다.

(C) 오후 내내 자리에 없을 거라며 우회적으로 거절했으므로 정답이다.

어휘 stop by ～에 들르다 | break room 휴게실

미국 → 호주

20. I'm wondering if I should enroll in a business accounting course.

(A) I didn't find it that useful.

(B) From March 5th to 8th.

(C) An online application form.

기업 회계 과정에 등록할까 생각 중이에요.

(A) 저한테는 그다지 유용하지 않던데요.

(B) 3월 5일에서 8일까지요.

(C) 온라인 지원서요.

해설 수업에 등록해야 할지 생각 중이라고 말한 평서문 ⋯ 등록을 권하거나 권하지 않는 응답이 예상된다.

(A) 유용하지 않았다며 권하지 않는다는 의미를 우회적으로 나타내므로 정답이다.

(B) 연상 어휘(course – From March 5th to 8th) 오답이다.

(C) 연상 어휘(enroll – application form) 오답이다.

어휘 enroll 등록하다 | business accounting 기업회계 | useful 유용한 | application form 지원 서식

미국 → 미국

21. Roger's been promoted to Plant Manager at Piedmont.

(A) He certainly deserves it.

(B) We designed the promotional event.

(C) Yes, that's my plan.

Roger가 피에몬테의 공장 관리자로 승진했어요.

(A) 그는 확실히 그럴 만해요.

(B) 우리는 홍보 행사 계획을 세웠어요.

(C) 네, 그게 저의 계획이에요.

해설 Roger가 공장 관리자로 승진했다는 사실을 전하는 평서문 ⋯ 'Roger ~ promoted ~'를 핵심 키워드로 잡으면 손쉽게 정답을 선택할 수 있다.

(A) 그가 승진할 만하다고 하여 그의 승진 소식을 축하하고 있으므로 정답이다.

(B) 유사 발음(promoted – promotional) 오답이다.

(C) 유사 발음(plant – plan) 오답이다.

어휘 promote 승진시키다 | deserve ～을 받을 만하다 | design 설계하다, 고안하다 | promotional 홍보의

호주 → 미국

22. The article should be no more than 500 words long.

(A) A newspaper column.

(B) No, I think it's a short commute.

(C) Where did you hear that?

기사는 500자 이내로 써야 해요.

(A) 신문 칼럼이요.

(B) 아니요, 통근시간이 짧은 것 같아요.

(C) 그런 말은 어디서 들었어요?

해설 기사의 길이 제한을 알려주는 평서문 ⋯ 평서문의 정답으로 자주 등장하는 되묻기와 맞장구 표현에 집중하고 오답을 소거한다.

(A) 연상 어휘(article – newspaper column) 오답이다.

(B) 연상 어휘(long – short) 오답이다.

(C) 길이 제한에 대한 소식을 어디서 들었는지 되묻는 응답으로 정답이다.

어휘 no more than ～이내로 | column (신문, 잡지의) 정기 기고란, 칼럼 | commute 통근 (거리)

미국 → 영국

23. Should we send the package to Ms. Kang or will she pick it up?

고난도

(A) Some computer parts.

(B) It's okay. I don't need it.

(C) She's dropping by later.

Ms. Kang에게 소포를 보낼까요 아니면 그분이 가지러 오시나요?

(A) 몇몇 컴퓨터 부품들이에요.

(B) 괜찮아요. 저는 그것이 필요하지 않아요.

(C) 나중에 들르시겠대요.

해설 소포를 보낼지 아니면 가지러 올 건지 묻는 선택 의문문 ⋯ or 앞/뒤의 핵심을 빠르게 잡아둔다.

(A) 질문의 맥락과 전혀 어울리지 않는 동문서답형 오답이다.

(B) Ms. Kang에 대해서 묻고 있는데, '나'에 대해서 대답한 주어 불일치 오답이다.

(C) 그녀가 나중에 가지러 올 것이라고 후자를 선택했으므로 정답이다.

어휘 package 소포 | pick ~ up ~을 찾다, 찾아오다 | parts 부품 | drop by ~에 들르다

미국 → 미국

24. Tonight's company dinner has been postponed.

(A) Let's see if anyone still wants to go out.

(B) Why was the product launch delayed?

(C) The banquet hall downtown.

오늘 회식은 연기됐어요.

(A) 그래도 가고 싶어 하는 사람이 있을지 한번 봅시다.

(B) 왜 제품 출시가 연기되었나요?

(C) 시내에 있는 연회장이요.

해설 회식이 연기되었다고 말한 평서문 ⋯ 'dinner, postponed'를 키워드로 잡고 소거법을 활용한다.

(A) 그래도 아직 가고 싶어 하는 사람이 있을지 알아보자는 응답이 문맥상 가장 적절하므로 정답이다.

(B) 연상 어휘(postponed – delayed) 오답이다.

(C) 연상 어휘(company dinner – banquet hall) 오답이다.

어휘 postpone 미루다, 연기하다 | product launch 제품 출시 | delay 지연시키다 | banquet hall 연회장

호주 → 미국

25. Would you like to receive a trial version of the software?

(A) Why don't you check out the computer store?

(B) You should try it on.

(C) I already have one, thanks.

소프트웨어의 시험 버전을 받아 보시겠어요?

(A) 컴퓨터 가게에 확인해 보는 게 어때요?

(B) 그걸 입어보세요.

(C) 이미 있어요, 고마워요.

해설 시험 버전을 받아보겠냐는 제안문 ⋯ 제안을 수락, 거절, 보류하는 응답이 기대된다.

(A) 연상 어휘(software – computer) 오답이다.

(B) 유사 발음(trial – try it on) 오답이다.

(C) 시험 버전을 받아보겠냐는 말에 이미 가지고 있으니 완곡히 거절하고 있으므로 정답이다.

어휘 trial 시험 | try on 입어보다, 신어보다

PART 3

UNIT 07. 일반 정보 문제 유형

Practice

1. (D)	2. (A)	3. (D)	4. (A)	5. (B)	6. (D)
7. (D)	8. (D)	9. (B)	10. (C)	11. (A)	12. (C)
13. (A)	14. (A)	15. (D)	16. (A)	17. (B)	18. (C)

호주 ↔ 영국

Questions 1-3 refer to the following conversation.

M Hello, my name is Tim Norton. **1** I have an appointment for an X-ray this Friday at noon, but I need to reschedule. An unexpected business trip has come up at work, so I just can't make it on that day. Is it possible for me to come in on Monday instead?

W **2** I'm afraid there won't be any openings for at least two weeks. **3** Let me call the Medical Imaging Center on Huron Street to see if they have any earlier openings.

M That would be fantastic. Could you also give me directions to that location?

1-3번은 다음 대화에 관한 문제입니다.

남 안녕하세요, Tim Norton이라고 합니다. **1** 이번 금요일 정오에 엑스레이 촬영 예약이 되어 있는데, 예약 시간을 변경해야 해요. 직장에서 예정에 없던 출장을 가게 돼서 그날 갈 수가 없습니다. 대신 월요일에 가도 될까요?

여 **2** 어쩌죠, 적어도 2주 동안은 빈 시간이 없네요. **3** Huron 가에 있는 의료 영상 센터에 전화해서 좀 더 빠른 시간에 예약할 수 있는지 알아보겠습니다.

남 그렇게 해주시면 감사하겠습니다. 그 센터로 가는 길도 좀 알려주시겠어요?

어휘 have an appointment 예약하다 | reschedule (일정을) 변경하다 | unexpected 예상치 못한, 뜻밖의 | opening 빈자리, 공석 | directions 길 안내

1. Why is the man calling?

(A) To book a flight

(B) To inquire about business hours

(C) To confirm an order

(D) To reschedule an appointment

남자는 왜 전화를 거는가?

(A) 비행기를 예약하기 위해

(B) 영업 시간을 문의하기 위해

(C) 주문을 확인하기 위해

(D) 예약 시간을 변경하기 위해

해설 남자가 전화를 건 이유를 묻고 있다. 남자가 'I have an appointment for an X-ray this Friday at noon, but I need to reschedule. (이번 금요일 정오에 엑스레이 촬영 예약이 되어 있는데, 예약 시간을 변경해야 해서요.)'이라고 했으므로 (D)가 정답이다.

---

2. Who most likely is the woman?

고난도 (A) A receptionist
(B) A travel agent
(C) A salesperson
(D) A pharmacist

여자는 누구이겠는가?
(A) 접수 직원
(B) 여행사 직원
(C) 영업사원
(D) 약사

해설 여자의 직업을 묻고 있다. 엑스레이 예약 시간을 옮기려는 남자의 전화에 응답하면서 여자가 'I'm afraid there won't be any openings for at least two weeks. (어쩌죠, 적어도 2주 동안은 빈 시간이 없네요.)'라고 했으므로 (A)가 정답이다.

---

3. What does the woman offer to do for the man?
(A) Send him a document
(B) Put him on a waiting list
(C) Check a price for him
(D) Contact another location for him

여자는 남자를 위해 무엇을 해주겠다고 제안하는가?
(A) 서류를 보내준다
(B) 대기자 명단에 올려준다
(C) 가격을 알아본다
(D) 다른 곳에 연락해본다

해설 여자가 남자에게 제시한 대안을 묻고 있다. 여자가 'Let me call the Medical Imaging Center on Huron Street to see if they have any earlier openings. (Huron 가에 있는 의료 영상 센터에 전화해서 좀 더 빠른 시간에 예약할 수 있는지 알아보겠습니다.)'라고 했으므로 (D)가 정답이다.

미국 ↔ 미국

Questions 4-6 refer to the following conversation.

Ⓜ Linda, I heard **4** there was a situation at one of our factories in Orlon. Do you know what's happening over there?

Ⓦ Yeah, one of the assembly lines malfunctioned, and production was delayed for a couple of days. But I think everything is back to normal now.

Ⓜ **5** I hope it won't affect the release date. We've got hundreds of retailers waiting to receive our new furniture at the end of the month.

Ⓦ I wouldn't worry about it too much. If we get too far behind, **6** we can always put some extra workers on the production line to speed up the process. I'm sure everything will be fine.

4-6번은 다음 대화에 관한 문제입니다.

남 Linda, Orlon에 있는 **4** 우리 공장들 중 한 곳에 심각한 사태가 발생했다고 하는군요. 그곳에서 무슨 일이 벌어지고 있는지 알고 있나요?

여 네. 조립 라인 하나가 제대로 작동하지 않아서, 생산이 하루 이틀 지연됐습니다. 하지만 지금은 모든 것이 정상화된 것 같습니다.

남 **5** 그 일로 제품 출시일에 영향이 가지 않았으면 좋겠군요. 수백 명의 소매업자들이 우리 새 가구를 월말에 받으려고 기다리고 있으니 말이에요.

여 그렇게 걱정하지 않아도 될 것 같아요. 만일 공정이 너무 늦어지면, **6** 언제라도 추가 인력을 생산 라인에 투입해서 진행 속도를 높일 수 있으니까요. 분명히 모든 게 다 잘 될 겁니다.

어휘 assembly line 조립 라인 | malfunction (장치, 기계 등이) 제대로 작동하지 않다 | affect 영향을 미치다 | release date 출시일, 발매일 | retailer 소매업자

---

4. What kind of business do the speakers probably work at?
(A) A manufacturing company
(B) A retail store
(C) A hiring agency
(D) A construction contractor

화자들은 어떤 업체에서 일하고 있는가?
(A) 제조 업체
(B) 소매 상점
(C) 채용 대행사
(D) 건설 도급업체

해설 두 사람이 일하고 있는 업종을 묻고 있다. 남자가 'there was a situation at one of our factories (우리 공장들 중 한 곳에 심각한 사태가 발생했다고 하는군요)'라고 했으므로 (A)가 정답이다.

---

5. Why is the man concerned?
(A) A budget cut may affect business.
(B) An important date might be missed.
(C) Some equipment cannot be repaired.
(D) Customer complaints have risen.

남자가 걱정하는 이유는 무엇인가?
(A) 예산 삭감이 사업에 영향을 줄 수도 있다.
(B) 중요한 날짜를 지키지 못할 수도 있다.
(C) 장비 몇 대를 수리할 수 없다.
(D) 고객 불만이 늘었다.

해설 남자가 걱정하는 이유를 묻고 있다. 남자가 'I hope it won't affect the release date. (그 일로 제품 출시일에 영향이 가지 않았으면 좋겠군요.)'라고 했으므로 (B)가 정답이다.

6. What does the woman say they can do?

고난도

(A) Purchase new machines
(B) Reduce certain expenses
(C) Delay launching a product
(D) Assign more employees to a job

여자는 그들이 무엇을 할 수 있다고 말하는가?

(A) 새 기계를 구입한다
(B) 특정 비용을 절감한다
(C) 제품 출시를 연기한다
(D) 업무에 추가 인력을 배치한다

해설 여기서 할 수 있다고 주장하는 일이 무엇인지 묻고 있다. 여자가 'we can always put some extra workers on the production line to speed up the process (언제라도 추가 인력을 생산 라인에 투입해서 진행 속도를 높일 수 있으니까요)'라고 했으므로 (D)가 정답이다.

영국 ↔ 미국 ↔ 호주

Questions 7-9 refer to the following conversation with three speakers.

W Hello, **7** I'm thinking of getting a membership at your research library. But I'd like to get more details about your services.

M1 Sure. We operate Monday to Saturday, from 9 A.M. to 8 P.M. You can access most of our research materials, and also use the facility's computers and photocopiers.

W I see. Do you give a discount to senior citizens?

M1 Umm… Let me check with my manager. Mr. Lim, do senior citizens qualify for a discount?

M2 Yes. **8** You just need to provide a valid ID, and we'll apply the discount.

W OK. I brought my driver's license, so I'll just register now. **9** Is there any paperwork I need to complete?

M1 **9** Yes, let me print that out right now.

7-9번은 다음 세 화자의 대화에 관한 문제입니다.

여 안녕하세요. **7** 학술 도서관에 회원가입을 할까 생각하고 있는데요. 서비스에 대해 좀 더 자세히 알고 싶어요.

남1 물론입니다. 저희는 월요일부터 토요일, 오전 9시부터 오후 8시까지 운영합니다. 대부분의 연구 자료를 이용할 수 있고, 또한 시설의 컴퓨터와 복사기도 사용하실 수 있습니다.

여 알겠습니다. 고령자들에게 할인을 해주시나요?

남1 흠… 매니저에게 확인해볼게요. Mr. Lim, 고령자분들이 할인 자격에 해당되나요?

남2 네. **8** 유효한 신분증만 주시면 할인을 적용해드려요.

여 알겠습니다. 운전 면허증을 가져왔으니, 지금 등록할게요. **9** 제가 작성해야 할 서류가 있을까요?

남1 **9** 네, 지금 바로 출력해드릴게요.

어휘 research library 학술 도서관, 연구 도서관 | detail 세부사항 | operate 운영하다 | access 이용하다, 접근하다 | material 자료, 자재 | senior citizen 고령자 | qualify for ~의 자격을 얻다 | valid 유효한 | apply 적용하다 | paperwork 서류작업 | complete 작성하다, 완성하다

7. Where does the conversation most likely take place?

(A) At a conference center
(B) At a factory
(C) At an electronics store
(D) At a library

대화는 어디에서 일어나겠는가?

(A) 회의장에서
(B) 공장에서
(C) 전자기기 매장에서
(D) 도서관에서

해설 대화의 장소를 묻고 있다. 여자가 'I'm thinking of getting a membership at your research library. (학술 도서관에 회원가입을 할까 생각하고 있는데요.)'라고 했으므로 (D)가 정답이다.

8. Why does the woman have to present an ID?

(A) To reserve an item
(B) To confirm an address
(C) To check an order
(D) To get a discount

여자는 왜 신분증을 제시해야만 하는가?

(A) 물건을 예약하기 위해
(B) 주소를 확인 받기 위해
(C) 주문을 확인하기 위해
(D) 할인을 받기 위해

해설 여자가 신분증을 제시해야 하는 이유를 묻고 있다. 남자가 'You just need to provide a valid ID, and we'll apply the discount. (유효한 신분증만 주시면 할인을 적용해드려요.)'라고 했으므로 (D)가 정답이다.

9. What will the woman probably do next?

(A) Submit a fee
(B) Fill out some documents
(C) Visit a different facility
(D) Contact a supervisor

여자는 다음에 무엇을 할 것인가?

(A) 수수료를 지불한다
(B) 서류를 작성한다
(C) 다른 시설을 방문한다
(D) 상사와 연락한다

해설 여자가 다음에 할 일을 묻고 있다. 여자가 'Is there any paperwork I need to complete? (제가 작성해야 할 서류가 있을까요?)'라고 묻자, 남자가 'Yes, let me print that out right now. (네, 지금 바로 출력해드릴게요.)'라고 대답했으므로 여자는 다음에 서류를 작성할 것임을 알 수 있다. 따라서 complete를 fill out으로, paperwork를 documents로 패러프레이징한 (B)가 정답이다.

Questions 10-12 refer to the following conversation.

W Hello, I'm Leslie with Kerk Market Solutions. 🔟 It looks like you're shopping for some writing supplies. 1️⃣1️⃣ Can you spare some time to go over your selection process?

M Well… 1️⃣1️⃣ I'm about to head over to the checkout counter now.

W It'll only take a minute. So when you shop, what's more important to you: the brand name or the price?

M I tend to go with the most popular brand.

W I see. 1️⃣2️⃣ Then, you have probably heard of Hempoint office products. They're sold in many stores. Have you ever used them?

M 1️⃣2️⃣ No, I haven't.

10-12번은 다음 대화에 관한 문제입니다.

여 안녕하세요, 저는 Kerk Market Solutions의 Leslie 입니다. 🔟 필기도구를 구매하시려는 것 같네요. 1️⃣1️⃣ 고객님의 물건 선택 과정을 알아보기 위한 시간 좀 내주실 수 있나요?

남 글쎄요… 1️⃣1️⃣ 지금 막 계산대로 가려던 참이었거든요.

여 잠깐이면 됩니다. 쇼핑하실 때, 브랜드 이름과 가격 중 무엇이 더 중요하십니까?

남 저는 가장 인기 있는 브랜드를 선호하는 편이에요.

여 알겠습니다. 1️⃣2️⃣ 그러면 아마 Hempoint 사무용품에 대해 들어 보셨을 겁니다. 많은 매장에서 판매 중입니다. 그걸 사용해 보신 적이 있나요?

남 1️⃣2️⃣ 아니요, 그러진 않았어요.

어휘 writing supplies 필기도구 | spare 할애하다, 내어주다 | go over 검토하다, 살피다 | selection process 선택 과정 | head over to ~로 출발하다 | checkout counter 계산대 | go with 선호하다 | tend 경향이 있다

10. Where does the conversation most likely take place?
   (A) At a post office
   (B) At a clothing retailer
   (C) At a stationery store
   (D) At a computer repair shop

대화는 어디서 일어나겠는가?
   (A) 우체국에서
   (B) 옷 가게에서
   (C) 문구점에서
   (D) 컴퓨터 수리점에서

해설 대화의 장소를 묻고 있다. 여자가 'It looks like you're shopping for some writing supplies. (필기도구를 구매하시려는 것 같네요.)'라고 한 말을 토대로 문구점에서 일어나는 대화로 유추할 수 있다. 따라서 (C)가 정답이다.

11. What does the man imply when he says, "I'm about to head over to the checkout counter now"?
   (A) He is not interested in having a discussion.
   (B) He is going to submit an application form.
   (C) He is planning to exchange an item.
   (D) He is not sure how to pay for some merchandise.

남자가 "지금 막 계산대로 가려던 참이었거든요"라고 말할 때 무엇을 의도하는가?
   (A) 이야기하는 데 관심이 없다.
   (B) 신청서를 제출할 것이다.
   (C) 제품을 교환할 계획이다.
   (D) 제품 금액을 어떻게 지불해야 할지 모른다.

해설 남자가 하는 말의 의도를 묻고 있다. 여자가 'Can you spare some time to go over your selection process? (고객님의 물건 선택 과정을 알아보기 위한 시간 좀 내주실 수 있나요?)'라고 묻자, 남자가 'I'm about to head over to the checkout counter now. (지금 막 계산대로 가려던 참이었거든요.)'라고 말한 것이므로 남자는 여자의 요청을 받아들일 생각이 별로 없다는 것을 알 수 있다. 따라서 (A)가 정답이다.

12. What does the man say about some merchandise?
   (A) They are not very popular.
   (B) They are not affordable.
   (C) He has not used them before.
   (D) He is unable to locate them.

남자가 어떤 상품에 대해 무엇을 말하는가?
   (A) 별로 인기가 없다.
   (B) 저렴하지 않다.
   (C) 전에 사용해본 적이 없다.
   (D) 제품을 찾지 못했다.

해설 어떤 상품에 관하여 화자가 말한 내용을 묻고 있다. 여자가 'Then, you have probably heard of Hempoint office products. They're sold in many stores. Have you ever used them? (그러면 아마 Hempoint 사무용품에 대해 들어 보셨을 겁니다. 많은 매장에서 판매 중입니다. 그걸 사용해 보신 적이 있나요?)'이라고 묻자, 남자가 'No, I haven't. (아니요, 그러진 않았어요.)'라고 대답했으므로 (C)가 정답이다.

Questions 13-15 refer to the following conversation and error code chart.

M 1️⃣3️⃣ Gareth Office Building Maintenance. How can I help you?

W Hello, my name is Charlize Gromme, and I recently started work at Sansor Tech. Anyway, 1️⃣4️⃣ I got my fingerprints scanned yesterday, but when I place my finger on the reader to access the office, the display screen shows "error code 11."

M Eleven? OK, give me a moment to look up that code. Hmm… It looks like I'll need to scan your fingerprints again.

시각 정보를 보시오. 여자는 어떤 문제를 겪는가?
(A) 지문이 인식되지 않음
(B) 지문 감지기가 작동하지 않음
(C) 장치 업데이트가 필요함
(D) 장비 배터리 부족

해설 여자가 겪는 문제를 묻고 있다. 여자가 'I got my fingerprints scanned yesterday, but when I place my finger on the reader to access the office, the display screen shows "error code 11." (어제 제 지문을 스캔했는데 사무실에 들어가려고 손가락을 판독기에 올리면, 디스플레이 화면에 "오류 코드 11"이 나타나요.)'라고 했으며, 시각 정보 상에서 Code 11은 'Fingerprint not recognized (지문이 인식되지 않음)'에 해당하므로 (A)가 정답이다.

W 🔟 Will it take long? I have a consultation with a client soon, and I don't want to be late.

M The process will take less than five minutes. Just come down to the maintenance room.

13-15번은 다음 대화와 오류 코드 목록에 관한 문제입니다.

M 🔟 Gareth 사옥 관리부입니다. 무엇을 도와 드릴까요?

여 안녕하세요, 제 이름은 Charlize Gromme이고 Sansor Tech사에서 최근에 일을 시작했습니다. 그런데 🔟 **어제 제 지문을 스캔했는데, 사무실에 들어가려고 손가락을 판독기에 올리면 표시 화면에 "오류 코드 11"이 나타나요.**

M 11이요? 알겠습니다. 잠시 그 코드를 찾아볼 시간을 주세요. 흠… 제가 지문을 다시 스캔해 드려야 할 것 같네요.

여 🔟 **오래 걸릴까요? 곧 고객과 상담을 하는데, 늦고 싶지 않아요.**

M 절차는 5분도 안 걸립니다. 관리부로 내려오세요.

지문 판독기 오류 코드 차트	
코드	설명
11	지문이 인식되지 않음
12	지문 감지기가 작동하지 않음
13	장치 업데이트가 필요함
14	장비 배터리 부족

어휘 office building 사무실용 건물, 사옥 I maintenance (기계, 건물 등의) 유지, 보수, 관리 I fingerprint 지문 I reader 판독기, 독자 I access 접근하다, 이용하다; 들어가다 I code 코드, 암호, 부호 I look up (정보를) 찾아보다 I consultation 상담 I description 설명, 묘사 I recognize 인식하다, 인정하다 I sensor 센서, 감지기 I device 장비, 장치 I low on ~이 부족한

15. Why is the woman in a rush?
(A) She is waiting for a delivery.
(B) She must catch a flight soon.
(C) She has to submit a report.
(D) She is scheduled to meet a client.

여자는 왜 서두르는가?
(A) 배달을 기다리고 있다.
(B) 곧 비행기를 타야 한다.
(C) 보고서를 제출해야 한다.
(D) 고객과 만나기로 예정되어 있다.

해설 여자가 서두르는 이유를 묻고 있다. 여자가 'Will it take long? (오래 걸릴까요?)'이라고 물으며, 'I have a consultation with a client soon, and I don't want to be late. (곧 고객과 상담을 하는데, 늦고 싶지 않아요.)'라고 말했으므로 (D)가 정답이다.

---

13. Where does the man most likely work?
(A) In the maintenance team
(B) In the Human Resources Department
(C) In the parking garage
(D) In the dining room

남자는 어디에서 일하겠는가?
(A) 관리부서에서
(B) 인사부서에서
(C) 주차장에서
(D) 식당에서

해설 남자가 일하는 부서, 즉 남자의 정체를 묻고 있다. 남자가 'Gareth Office Building Maintenance. (Gareth 사옥 관리부입니다.)'라며 소속을 밝히고 있으므로 (A)가 정답이다.

14. Look at the graphic. What problem is the woman experiencing?
(A) Fingerprint not recognized
(B) Fingerprint sensor not working
(C) Device update required
(D) Device low on power

호주 ↔ 미국

Questions 16-18 refer to the following conversation and diagram.

M Hello, Carol. 🔟 I had a meeting earlier with our hotel's executive board. 🔟 We decided to start looking for potential candidates to replace Kyle Cooper. He'll be retiring this summer, so we need to hire someone very soon.

W Yeah. It'll be very hard to find someone like Kyle, though. He's been with us for many years, and he has extensive experience in hospitality marketing.

M I know. For that reason, we're going to expand our pool of candidates by accepting both internal and external applications. Do you think you can get started on this right away?

W Sure. 🔟 I'll get a detailed job description ready so that we can post it on several websites.

16-18번은 다음 대화와 도표에 관한 문제입니다.

M 안녕하세요, Carol. 🔟 **우리 호텔 이사회와 앞서 회의를 했는데요.** 🔟 **Kyle Cooper를 대체할 수 있는 유력한 후보자 물색을 시작하기로 결정했어요.** 그가 이번 여름에 은퇴할 테니 사람을 곧바로 뽑아야 해요.

図 네, 그런데 Kyle 같은 사람을 찾기는 정말 어려울 거예요. 우리와 수년 동안 함께 일해왔고 고객 접객업 마케팅에 폭넓은 경험도 가지고 있어요.
図 알아요. 그런 이유로 내부와 외부 지원들을 모두 받아서 지원자 인력을 확대할 계획이에요. 이걸 지금 당장 시작할 수 있을까요?
図 물론이죠. 18 몇몇 웹사이트에 게시할 수 있도록 제가 상세한 직무 기술서를 준비해 놓을게요.

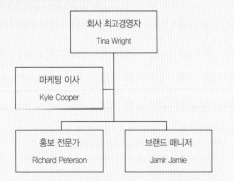

어휘 look for ~를 찾다, 구하다 | potential 잠재적인 | candidate 후보자 | replace 대체하다 | retire 은퇴하다 | extensive 폭넓은, 광범위한 | hospitality (호텔업, 식당업 등의) 접객업,환대 | pool 이용가능 인력 | internal 내부의 | external 외부의 | application 지원, 신청 | detailed 상세한 | job description 직무 기술서

16. Who most likely are the speakers?
(A) Hotel workers
(B) Restaurant servers
(C) Travel agents
(D) Medical professionals
화자들은 누구이겠는가?
(A) 호텔 직원들
(B) 레스토랑 종업원들
(C) 여행사 직원들
(D) 의료 전문가들

해설 화자들의 정체를 묻고 있다. 남자가 'I had a meeting earlier with our hotel's executive board. (우리 호텔 이사회와 앞서 회의를 했는데요.)'라고 한 말을 토대로 화자들이 호텔에서 근무하는 직원들임을 알 수 있으므로 (A)가 정답이다.

17. Look at the graphic. Which position is being discussed?
(A) Company CEO
(B) Marketing Director
(C) Public Relations Specialist
(D) Brand Manager
시각 정보를 보시오. 어떤 직책이 논의되고 있는가?
(A) 회사 최고경영자
(B) 마케팅 이사

(C) 홍보 전문가
(D) 브랜드 매니저

해설 논의되고 있는 직책을 묻고 있다. 남자가 'We decided to start looking for potential candidates to replace Kyle Cooper. (Kyle Cooper를 대체할 수 있는 유력한 후보자 물색을 시작하기로 결정했어요.)'라고 했는데, 시각 정보 상에서 Kyle Cooper의 직책이 Marketing Director(마케팅 이사)임을 알 수 있으므로 (B)가 정답이다.

18. What does the woman say she will do?
(A) Conduct some interviews
(B) Meet with the executive board
(C) Prepare a job description
(D) Schedule an orientation session
여자는 무엇을 할 거라고 말하는가?
(A) 면접을 진행한다
(B) 이사회와 만난다
(C) 직무 기술서를 준비한다
(D) 예비 교육 일정을 잡는다

해설 여자가 할 일을 묻고 있다. 여자가 'I'll get a detailed job description ready so that we can post it on several websites. (몇몇 웹사이트에 게시할 수 있도록 제가 상세한 직무 기술서를 준비해 놓을게요.)'라고 말했으므로 get ~ ready를 prepare로 패러프레이징한 (C)가 정답이다.

UNIT 08. 세부 정보 문제 유형

Practice

1. (B)	2. (C)	3. (D)	4. (D)	5. (B)	6. (D)
7. (A)	8. (C)	9. (D)	10. (B)	11. (B)	12. (C)
13. (C)	14. (B)	15. (B)	16. (D)	17. (B)	18. (C)

미국 ↔ 영국 ↔ 미국

Questions 1-3 refer to the following conversation with three speakers.
W1 1 Hi, Kevin. Tina and I are going to grab some coffee at Beans Café. Would you like to come with us?
W2 1 A couple of other people from our team are also joining us. You can get to know them better since you're new to the company.
M I'd like to, 2 but isn't that pretty far from here? We would have to walk for about 10 minutes to get there. And I'm afraid we won't get back in time for the team meeting at 2.

W1 Oh, they just opened up a new location. It's inside the Financial Building right across from our office.

W2 Yeah! And we're going to get the coffee to go, so we'll be back in time.

M Well, if that's the case, yes! **3** I'll just let the manager know that I'll be taking a quick break.

1-3번은 다음 세 화자의 대화에 관한 문제입니다.

여1 **1** 안녕하세요, Kevin. Tina와 저는 Beans 카페에서 커피를 마실 거예요. 저희와 함께 가실래요?

여2 **1** 저희 팀의 다른 사람들 몇 명도 저희와 함께 할 거예요. 회사 신입사원이시니 그분들을 더 잘 알 수 있게 될 거예요.

남 그러고 싶지만, **2** 여기서 꽤 멀지 않나요? 거기 가려면 10분 정도 걸어야 할 것 같은데요. 그리고 2시에 팀 회의에 제때 돌아오지 못할 것 같아 걱정돼요.

여1 아, 막 새 지점을 개업했어요. 우리 사무실 바로 맞은편에 있는 Financial Building 안에 있어요.

여2 네! 그리고 커피를 가져갈 거니까, 제시간에 돌아올 거예요.

남 음, 그런 경우라면, 네! **3** 그럼 제 매니저님께 잠시 쉬겠다고 알릴게요.

어휘 grab 잠깐 ~하다, 붙잡다 | get to know 알게 되다 | pretty 꽤, 상당히 | case 상황, 경우 | break 잠시의 휴식

1. What is the man invited to do?
(A) Invest in a company
(B) Get coffee with coworkers
(C) Attend a banquet
(D) Participate in a workshop

남자는 무엇을 하라고 권유받았는가?
(A) 회사에 투자한다
(B) 동료와 커피를 마신다
(C) 연회에 참석한다
(D) 워크숍에 참가한다

해설 남자가 권유 받은 것을 묻고 있다. 여자1이 'Hi, Kevin. Tina and I are going to grab some coffee at Beans Café. Would you like to come with us? (안녕하세요, Kevin. Tina 와 저는 Beans 카페에서 커피를 마실 거예요. 저희와 함께 가실래요?)'라고 제안했고, 여자2도 'A couple of other people from our team are also joining us. (저희 팀의 다른 사람들 몇 명도 저희와 함께 할 거예요.)'라고 거들며 말했으므로 (B)가 정답이다.

2. What does the man say he is concerned about?
(A) Taking on a new task
(B) Losing money
(C) Being late for a meeting
(D) Finding a building

남자는 무엇에 대해 걱정한다고 말하는가?
(A) 새 과제를 맡는 것
(B) 금전적 손해를 보는 것
(C) 회의에 늦는 것
(D) 건물을 찾는 것

해설 남자의 걱정거리를 묻고 있다. 남자가 'but isn't that pretty far from here? We would have to walk for about 10 minutes to get there. And I'm afraid we won't get back in time for the team meeting at 2. (여기서 꽤 멀지 않나요? 거기 가려면 10분 정도 걸어야 할 것 같은데요. 그리고 2시에 팀 회의에 제때 돌아오지 못할 것 같아 걱정돼요.)'라고 말했으므로 (C)가 정답이다.

3. What will the man probably do next?
(A) Revise a presentation
(B) Call a store
(C) Make a reservation
(D) Talk to a supervisor

남자는 다음에 무엇을 하겠는가?
(A) 발표 내용을 수정한다
(B) 가게에 전화한다
(C) 예약을 한다
(D) 상사와 이야기한다

해설 남자가 다음에 할 일을 묻고 있다. 남자가 'I'll just let the manager know that I'll be taking a quick break. (그럼 제 매니저님께 잠시 쉬겠다고 알릴게요.)'라고 말했으므로 let ~ manager know를 talk to a supervisor로 패러프레이징한 (D)가 정답이다.

미국 ↔ 호주

Questions 4-6 refer to the following conversation.

W Thank you for calling Lonzo Wholesalers. This is Gina speaking.

M Hi, I'm calling from Mini Convenience on Rover Street. We've run out of milk for the weekend, and **4** I was wondering if you could set aside four cases of 1-liter bottles for us. I'll come to pick them up as soon as my night shift employee gets here at 7.

W Sorry, **5** but we're going to be closing in about 10 minutes. **6** Why don't you come by first thing tomorrow morning? We open at 6.

4-6번은 다음 대화에 관한 문제입니다.

여 Lonzo 도매상에 전화 주셔서 감사합니다. 저는 Gina입니다.

남 안녕하세요, Rover 가의 Mini 편의점이에요. 주말에 판매할 우유가 다 떨어졌는데, **4** 1리터짜리 병 4박스를 저희를 위해 따로 빼두실 수 있나 해서요. 7시에 야간 근무 직원이 오는 대로 가지러 갈게요.

여 죄송합니다만, **5** 10분쯤 후에 문을 닫을 거예요. **6** 내일 아침에 제일 먼저 저희 가게에 들르시면 어떨까요? 개점 시간은 6시예요.

어휘 run out of ~가 품절되다, 다 떨어지다 | set aside ~을 비축해 두다, 챙겨 놓다 | nightshift 야간 근무 | come by ~에 들르다 | on hold 보류하여 | short on ~이 부족하여

4. Why is the man calling?
고난도 (A) To get directions to a store
(B) To ask about new business hours

33

(C) To request a change in his work schedule

(D) To reserve some items

남자는 왜 전화를 거는가?

(A) 가게까지 가는 길을 알기 위해

(B) 새 영업 시간을 물어보기 위해

(C) 근무 일정 변경을 요청하기 위해

(D) 일부 품목을 예약하기 위해

해설 남자가 전화를 건 이유를 묻고 있다. 남자가 'I was wondering if you could set aside four cases of 1-liter bottles for us (주말에 판매할 우유가 다 떨어졌는데, 1리터짜리 병 4박스를 저희를 위해 따로 빼두실 수 있나 해서요)'라고 했으므로 (D)가 정답이다.

---

5. What does the woman say about her store?

(A) It is moving to a new location.

(B) It is about to close.

(C) It is out of a product.

(D) It is short on staff.

여자는 자신의 가게에 대해 무엇이라 말하는가?

(A) 새 장소로 이전할 것이다.

(B) 곧 영업을 끝낼 것이다.

(C) 상품이 품절됐다.

(D) 직원이 부족하다.

해설 여자가 가게와 관련해서 한 말을 묻고 있다. 여자가 'but we're going to be closing in about 10 minutes (10분쯤 후에 문을 닫을 거라서요)'라고 했으므로 (B)가 정답이다.

---

6. What does the woman suggest that the man do?

(A) Refer to a map

(B) Send one of his employees

(C) Switch shifts

(D) Visit a business tomorrow

여자는 남자에게 무엇을 하라고 제안하는가?

(A) 지도를 참조한다

(B) 직원 중 한 명을 보낸다

(C) 교대 시간을 바꾼다

(D) 내일 업체에 들른다

해설 여자가 남자에게 요청한 내용을 묻고 있다. 여자가 'Why don't you come by first thing tomorrow morning? (내일 아침에 제일 먼저 저희 가게에 들르시면 어떨까요?)'이라고 했으므로 (D)가 정답이다.

영국 ↔ 미국 ↔ 호주

Questions 7-9 refer to the following conversation with three speakers.

W Shawn, Kenneth. I appreciate you two coming to this meeting. **7** I'd like to get a progress report on the creation of the new English language book.

M1 Well, my group is almost done reviewing all the text and images. **8** We just need the accompanying audio script from Kenneth's team.

M2 We're nearly finished. **8** We just have to make some adjustments to some parts of the script.

W I see. Does that mean we have to call back some of the voice actors?

M2 We just have to re-record a few of Danielle Brown's parts. It shouldn't be that bad.

W Alright, **9** I'll call her to see what her schedule is like next week.

7-9번은 다음 세 화자의 대화에 관한 문제입니다.

여 Shawn, Kenneth. 이 회의에 와주셔서 고마워요. **7** 새 영어책을 만드는 것에 대한 진행 보고를 듣고 싶어요.

남1 음, 저희 그룹은 모든 내용과 그림 검토를 거의 끝냈어요. **8** Kenneth의 팀에서 책과 동반되는 오디오 대본만 받으면 돼요.

남2 저희는 거의 끝났어요. **8** 대본의 일부를 좀 수정하기만 하면 됩니다.

여 그렇군요. 그 말은 성우 몇 명에게 다시 연락해야 한다는 뜻인가요?

남2 Danielle Brown이 맡은 부분 몇 개만 재녹음하면 됩니다. 그렇게 나쁘진 않을 거예요.

여 알겠어요. **9** 다음 주에 그분의 일정이 어떻게 되는지 전화해서 알아볼게요.

어휘 appreciate 감사하다 | progress 진전 | report 보고 | creation 제작, 창조 | review 검토하다 | accompany 동반하다 | script 대본 | adjustment 수정 | voice actor 성우

---

7. What is the main topic of the conversation?

(A) Creating some new content

(B) Organizing a company event

(C) Meeting with some clients

(D) Teaching a class

대화의 주제는 무엇인가?

(A) 새 자료 만들기

(B) 회사 행사 조직하기

(C) 고객과 만나기

(D) 수업 가르치기

해설 대화의 주제를 묻고 있다. 전반부 대사에서 단서를 찾아낸다. 여자가 'I'd like to get a progress report on the creation of the new English language book. (새 영어책을 만드는 것에 대한 진행 보고를 듣고 싶어요.)'이라고 했으므로 English language book을 content로 패러프레이징한 (A)가 정답이다.

---

8. What does Kenneth want to change?

(A) A price

(B) A deadline

(C) A script

(D) A venue

Kenneth는 무엇을 바꾸고 싶어 하는가?

(A) 가격

(B) 마감일

(C) 대본

(D) 행사장

해설 Kenneth가 바꾸고 싶어 하는 것을 묻고 있다. 남자1이 'We just need the accompanying audio script from Kenneth's team. (Kenneth의 팀에서 책과 동반되는 오디오 대본만 받으면 돼요.)'이라고 하자, Kenneth인 남자2가 'We just have to make some adjustments to some parts of the script. (대본의 일부를 좀 수정하기만 하면 됩니다.)'라고 말했으므로 (C)가 정답이다.

9. What does the woman say she will do?
(A) Submit a report
(B) Attend a training
(C) Contact an executive
(D) Check a schedule

여자는 무엇을 하겠다고 하는가?
(A) 보고서를 제출한다
(B) 트레이닝에 참석한다
(C) 임원에게 연락한다
(D) 일정을 확인한다

해설 여자가 하겠다고 말한 것을 묻고 있다. 후반부 대사에서 단서를 찾아낸다. 여자가 'I'll call her to see what her schedule is like next week (다음 주에 그분의 일정이 어떻게 되는지 전화해서 알아볼게요)'이라고 말했으므로 (D)가 정답이다.

영국 ↔ 호주

Questions 10-12 refer to the following conversation.

W Good afternoon, Joshua. ⑩ I just completed the final edits of the TV ad we're creating for Premive Systems. Would you mind taking a look at it if you have any free time? I would really appreciate your feedback.

M Hmm, that is not my area of expertise. But ⑪ Gina has extensive experience in television. She's probably at her desk now.

W ⑪ Ah, then I'll go talk to her. ⑫ We have to make a presentation to Premive Systems next Monday, and I really want them to be impressed.

10-12번은 다음 대화에 관한 문제입니다.

여 안녕하세요, Joshua. ⑩ 저희가 Premive Systems 사를 위해 제작하고 있는 TV 광고의 최종 편집을 막 끝냈습니다. 시간 있으시면 좀 봐 주실 수 있으세요? 피드백을 주시면 정말 감사하겠습니다.
남 음, 그건 제 전문 분야가 아니에요. 하지만 ⑪ Gina가 텔레비전에서 폭넓은 경험을 가지고 있어요. 그녀가 아마 지금 자리에 있을 거예요.
여 ⑪ 아, 그럼 제가 가서 그녀와 이야기해 볼게요. ⑫ 우리가 다음 주 월요일에 Premive Systems 사에 발표를 해야 하는데, 그들이 감명받으면 정말 좋겠네요.

어휘 complete 완성하다, 끝내다 | edit 편집, 수정 | appreciate 감사하다 | feedback 피드백, 의견 | area 구역, 부분, 분야 | expertise 전문성 | impressed 감명받은

10. What has the woman just finished doing?

(A) Editing an article
(B) Producing a commercial
(C) Reviewing a proposal
(D) Giving a presentation

여자는 무엇을 막 끝냈는가?
(A) 기사를 편집하는 것
(B) 상업광고를 제작하는 것
(C) 제안을 검토하는 것
(D) 발표를 하는 것

해설 여자가 막 끝낸 일을 묻고 있다. 여자가 'I just completed the final edits of the TV ad we're creating for Premive Systems. (저희가 Premive Systems 사를 위해 제작하고 있는 TV 광고의 최종 편집을 막 끝냈습니다.)'라고 했으므로 TV ad를 commercial로 패러프레이징한 (B)가 정답이다.

11. What does the man imply when he says, "Gina has extensive experience in television"?
(A) Gina will be the man's supervisor.
(B) Gina can help with a task.
(C) Gina is working on her résumé.
(D) Gina used to be a news reporter.

남자는 "Gina가 텔레비전에서 폭넓은 경험을 가지고 있어요"라고 말할 때 무엇을 의도하는가?
(A) Gina가 남자의 상사가 될 것이다.
(B) Gina가 업무를 도울 수 있다.
(C) Gina가 자신의 이력서를 작업하고 있다.
(D) Gina는 뉴스 기자였다.

해설 남자가 하는 말의 의도를 묻고 있다. 여자가 'I would really appreciate your feedback. (피드백을 주시면 정말 감사하겠습니다.)'이라며 피드백을 요청하자, 남자가 TV 광고는 자신의 전문 분야가 아니라면서, 'Gina has extensive experience in television. She's probably at her desk now. (Gina가 텔레비전에서 폭넓은 경험을 가지고 있어요. 그녀가 아마 지금 자리에 있을 거예요.)'라고 말했고, 여자가 'Ah, then I'll go talk to her. (아, 그럼 제가 가서 그녀와 이야기해 볼게요.)'라고 대답한 내용을 토대로 Gina가 자기 대신 조언을 해줄 수 있을 거라는 의미를 담고 있음을 알 수 있다. 따라서 (B)가 정답이다.

12. What does the woman say she is concerned about?
(A) Locating a missing document
(B) Reducing an annual budget
(C) Impressing a client
(D) Negotiating a contract

여자는 무엇에 대해 걱정한다고 하는가?
(A) 분실 문서를 찾는 것
(B) 연간 예산을 감축하는 것
(C) 고객에게 인상을 남기는 것
(D) 계약 협상을 하는 것

해설 여자의 걱정거리를 묻고 있다. 여자가 'We have to make a presentation to Premive Systems next Monday, and I really want them to be impressed. (우리가 다음 주 월요일에 Premive Systems 사에 발표를 해야 하는데, 그들이 감명받으면 정말 좋겠네요.)'라고 말한 내용을 토대로 발표 내용을 그들의 고객인 Premive Systems 사가 승인해주길 바라고 있으므로 (C)가 정답이다.

미국 ↔ 영국

Questions 13-15 refer to the following conversation and chart.

M Good morning, Laura. **13** Have you completed the event brochure for the global business expo yet?

W **13** Almost… I'm still waiting to hear back from one of the companies, Willow Designs. I need to know how much they are going to contribute before I can finish the sponsor section.

M Oh, **14** Willow Designs actually called me earlier and said they'd be happy to contribute at the blue level.

W Wonderful! I'll update the brochure now. It should be ready before lunch.

M OK. **15** I just received a message from the convention center that the banners have arrived. I'm going to head there right now to see if all of our other items have been delivered as well.

13-15번은 다음 대화와 차트에 관한 문제입니다.

남 안녕하세요, Laura. **13** 글로벌 사업 박람회의 행사 안내서를 완료하셨나요?

여 **13** 거의요… 아직 회사 중 하나인 Willow Designs사의 연락을 기다리고 있거든요. 후원자 부분을 마무리하기 전에 그들이 얼마를 기부할지 알아야 해요.

남 아, **14** 사실 Willow Designs 사가 초기에 저한테 전화해서 블루 레벨에 기부하고 싶다고 말했어요.

여 잘됐네요! 지금 안내서를 업데이트할게요. 점심 전에는 준비될 거예요.

남 알겠어요. **15** 방금 회의장에서 현수막들이 도착했다는 메시지를 받았어요. 우리의 다른 물품들도 전부 배달됐는지 보려고 지금 거기로 갈 거예요.

후원사 레벨	
(그린)	€500
(블루)	€1,000
(화이트)	€2,500
(퍼플)	€5,000

어휘 complete 작성하다, 완성하다 I brochure 안내서 I expo 엑스포, 박람회 I contribute 기부하다, 기여하다 I section 구역, 부문 I banner 현수막, 배너 I head 가다, 향하다

13. Why is the woman waiting to finish an event brochure?
(A) A manager must approve a design.
(B) She is creating a new front cover.
(C) She needs more information.
(D) A printer is not working.

행사 안내서를 완료하기 위해 여자는 왜 기다리고 있는가?
(A) 매니저가 디자인을 승인해야 한다.
(B) 새로운 전면 표지를 만들고 있다.
(C) 정보가 더 필요하다.
(D) 프린터기가 작동하지 않는다.

해설 여자가 기다리는 이유를 묻고 있다. 남자가 'Have you completed the event brochure for the global business expo yet? (글로벌 사업 박람회의 행사 안내서를 완료하셨나요?)'이라고 묻자, 여자가 'Almost… I'm still waiting to hear back from one of the companies, Willow Designs. I need to know how much they are going to contribute before I can finish the sponsor section. (거의요… 아직 회사 중 하나인 Willow Designs 사의 연락을 기다리고 있거든요. 후원자 부분을 마무리하기 전에 그들이 얼마를 기부할지 알아야 해요.)'이라고 말했으므로 여자는 필요한 정보를 얻기 위해 기다리는 중임을 알 수 있다. 따라서 (C)가 정답이다.

14. Look at the graphic. How much will the Willow Designs contribute?
(A) €500
(B) €1,000
(C) €2,500
(D) €5,000

시각 정보를 보시오. Willow Designs는 얼마를 기부할 것인가?
(A) 500유로
(B) 1,000유로
(C) 2,500유로
(D) 5,000유로

해설 Willow Design Groups의 기부 금액을 묻고 있다. 남자가 'Willow Designs actually called me earlier and said they'd be happy to contribute at the blue level (사실 Willow Designs 사가 초기에 저한테 전화해서 블루 레벨에 기부하고 싶다고 말했어요)'이라고 말했고, 시각 정보 상에서 블루 레벨의 기부 금액은 €1,000이므로 (B)가 정답이다.

15. Why is the man going to the convention center?
(A) To prepare a presentation
(B) To check on some items
(C) To meet with event staff
(D) To set up a booth

남자는 왜 회의장에 가고 있는가?
(A) 발표를 준비하기 위해
(B) 일부 물품들을 확인하기 위해
(C) 행사 직원들을 만나기 위해
(D) 부스를 설치하기 위해

해설 남자가 회의장에 가는 이유를 묻고 있다. 남자가 'I just received a message from the convention center that the banners have arrived. I'm going to head there right now to see if all of our other items have been delivered as well. (방금 회의장에서 현수막들이 도착했다는 메시지를 받았어요. 우리의 다른 물품들도 전부 배달됐는지 보려고 지금 거기로 갈 거예요.)'이라고 말했으므로 see if를 check on으로 패러프레이징한 (B)가 정답이다.

미국 ↔ 영국

Questions 16-18 refer to the following conversation and list.

M Betty, as you know, our quarterly sales meeting is coming up. So **16** let's make sure we get a room at the conference center before it's too late. Can you book the same one we used last time?

W **17** Actually, we'll have to find a different place this time.

M Why?

W Well, **17** that part of the center is closed for remodeling.

M Hmm, I see. **18** Then, can you look for a similar place that charges less than $50 per person that has the biggest capacity?

W Sure thing. I'll ask HR for a list of nearby locations.

16-18번은 다음 대화와 목록에 관한 문제입니다.

남 Betty, 알다시피, 분기 영업회의가 다가오고 있어요. **16** 그래서 너무 늦기 전에 컨퍼런스 센터에 회의실을 얻어야만 해요. 우리가 지난 번에 사용한 것과 같은 회의실을 예약해 줄 수 있어요?

여 **17** 사실, 이번에는 다른 장소를 찾아야 할 것 같아요.

남 왜죠?

여 음, **17** 센터의 그 부분이 리모델링 때문에 폐쇄되었어요.

남 흠, 그렇군요. **18** 그럼 일인당 50달러 이하의 비용으로 정원이 가장 큰 비슷한 장소를 찾아주겠어요?

여 물론이죠. HR에 근처에 있는 장소의 목록을 물어볼게요.

방 정원	인원당 가격
50명	$38
75명	$40
80명	$45
95명	$53

어휘 quarterly 분기별의 | look for 찾다 | charge 청구하다 | capacity 정원, 수용능력 | venue 장소

16. What is the woman asked to do?
고난도 (A) Meet with a supplier
(B) Plan an event
(C) Submit a report
(D) Make a reservation

여자는 무엇을 하라고 요청받는가?
(A) 공급업자와 만난다
(B) 행사를 기획한다
(C) 보고서를 제출한다
(D) 예약을 한다

해설 남자가 'let's make sure we get a room at the conference center before it's too late. (너무 늦기 전에 회의장에 방을 얻어야 해요.)'라고 하면서 'Can you book the same one we used last time? (우리가 지난 번에 사용한 같은 방을 예약해 줄 수 있어요?)'이라고 부탁했으므로 book the same one이라는 키워드를 통해 (D)가 정답임을 알 수 있다.

17. What problem does the woman mention?
(A) An employee is unavailable.
(B) A venue is under construction.
(C) A service costs too much.
(D) A meeting has been canceled.

여자는 어떤 문제를 언급하는가?
(A) 직원과 만날 수 없다.
(B) 장소가 공사 중이다.
(C) 서비스 가격이 너무 비싸다.
(D) 회의가 취소되었다.

해설 but, no, actually, so 뒤에는 대부분 정답의 키워드가 들어 있다. 여자의 말 'Actually, we'll have to find a different place this time. (사실, 이번에는 다른 장소를 찾아야 할 것 같아요.)'에서 남자의 요청(book the same one)을 이행하는 데 문제가 있다는 것을 알 수 있는데, 이어지는 말에서 'that part of the center is closed for remodeling (회의장의 그 부분이 리모델링 때문에 폐쇄되었어요)'이라고 설명했으므로 이 부분을 패러프레이징한 (B)가 정답이다.

18. Look at the graphic. What capacity room will the woman choose?
(A) 50 people
(B) 75 people
(C) 80 people
(D) 95 people

시각 정보를 보시오. 여자는 어떤 정원의 방을 선택할 것인가?
(A) 50명
(B) 75명
(C) 80명
(D) 95명

해설 여자는 남자의 요청 'Then, can you look for a similar place that charges less than $50 per person that has the biggest capacity? (그럼 일인당 50달러 이하의 비용으로 정원이 가장 큰 비슷한 장소를 찾아주겠어요?)'에 따라 50달러 이하의 요금으로 가장 많은 사람이 들어갈 수 있는 방을 선택해야 한다. 요금이 50달러 이하인 방은 세 개인데, 각각 50명, 75명, 80명이 들어갈 수 있으므로 이 중 80명이 들어갈 수 있는 방을 선택해야 한다. 그러므로 정답은 (C)이다.

PART 3

UNIT 08

UNIT 09. 전방위 문제 유형

Practice

1. (C)	2. (B)	3. (D)	4. (D)	5. (A)	6. (B)
7. (D)	8. (A)	9. (B)	10. (C)	11. (A)	12. (C)
13. (C)	14. (B)	15. (B)	16. (B)	17. (A)	18. (D)

미국 ↔ 미국

Questions 1-3 refer to the following conversation.

M Margaret, 1 2 you heard about the talk Dr. Vivian Cadet is giving this weekend, right?

W Of course. 1 She's a well-known Canadian biologist. 2 However, I'll be in Bristol on Saturday.

M 2 That's unfortunate. I'll let you know how it went next Monday.

W Oh, that's not necessary. 3 I recently read her paper on cellular structure in the *Science World Journal*. It was very interesting.

M Oh really? I should order a copy.

W Actually, 3 I can lend you mine since I don't need it anymore. I'll be at my desk all day.

M That sounds good. 3 I'll drop by at 1 o'clock to grab it.

1-3번은 다음 대화에 관한 문제입니다.

남 Margaret, 1 2 Vivian Cadet 박사님이 이번 주말에 하시는 강연에 대해 얘기 들으셨죠?

여 물론이죠. 1 그녀는 유명한 캐나다 생물학자예요. 2 하지만, 전 토요일에 브리스틀에 있을 거예요.

남 2 그거 안됐군요. 강연이 어땠는지 다음 주 월요일에 알려 드릴게요.

여 아, 그러실 필요 없어요. 3 최근에 제가 〈Science World Journal〉에서 세포 구조에 대한 그녀의 논문을 읽었거든요. 아주 흥미로웠어요.

남 아 그러세요? 한 부 주문해야겠네요.

여 사실, 저는 더 이상 필요하지 않으니 3 제 걸 빌려드릴 수 있어요. 저는 온 종일 사무실에 있을 거예요.

남 그게 좋겠군요. 3 그걸 가지러 한 시에 들르게요.

어휘 well-known 유명한, 잘 알려진 I biologist 생물학자 I unfortunate 운이 없는 I paper 연구 논문 I cellular structure 세포 구조 I copy (책, 신문 등의) 한 부 I lend 빌려주다 I drop by 잠깐 들르다

---

1. What field does Dr. Vivian Cadet work in?
(A) Physics
(B) Chemistry
(C) Biology
(D) Geology

Vivian Cadet 박사의 연구 분야는 무엇인가?
(A) 물리학
(B) 화학
(C) 생물학
(D) 지질학

해설 Vivian Cadet 박사의 연구 분야를 묻는 문제이다. field, Vivian Cadet을 키워드로 삼아 해당 내용이 언급된 부분을 포착한다. 남자가 'you heard about the talk Dr. Vivian Cadet is giving this weekend, right? (Vivian Cadet 박사님이 이번 주말에 강연할 거란 얘기 들으셨죠?)'라고 묻자, 여자가 '물론이죠'라며, 'She's a well-known Canadian biologist. (그녀는 유명한 캐나다 생물학자예요.)'라고 했으므로 (C)가 정답이다.

---

2. What does the woman mean when she says, "I'll be in Bristol on Saturday"?
(A) She needs to make travel arrangements.
(B) She will not be able to go to an event.
(C) She will cancel her current plans.
(D) She is excited about going on a trip.

여자가 "토요일에 브리스틀에 있을 거예요"라고 말할 때 무엇을 의도하는가?
(A) 출장 준비를 해야 한다.
(B) 행사에 갈 수 없을 것이다.
(C) 현재의 계획을 취소할 것이다.
(D) 여행가는 것에 대해 들떠있다.

해설 여자가 하는 말의 의도를 묻고 있다. 해당 표현 전후 내용을 정확히 파악할 수 있어야 한다. 남자가 'you heard about the talk Dr. Vivian Cadet is giving this weekend, right? (Vivian Cadet 박사님이 이번 주말에 강연할 거란 얘기 들으셨죠?)'라고 묻자, 여자는 그렇다고 하면서, 'However, I'll be in Bristol on Saturday. (하지만, 전 토요일에 브리스틀에 있을 거예요.)'라고 말했고, 남자가 'That's unfortunate. I'll let you know how it went next Monday. (그거 안됐군요. 강연이 어땠는지 다음 주 월요일에 알려 드릴게요.)'라고 했으므로 여자가 행사에 참석할 수 없다는 사실을 알 수 있다. 따라서 (B)가 정답이다. talk가 event로 패러프레이징되었다.

---

3. What does the man say he will do at 1:00?
(A) Send an e-mail
(B) Grab some lunch
(C) Attend a talk
(D) Visit the woman's office

남자는 1시에 무엇을 할 거라고 말하는가?
(A) 이메일을 보낸다
(B) 점심을 먹는다
(C) 강연회에 참석한다
(D) 여자의 사무실을 방문한다

해설 남자가 1시에 할 일을 묻는 문제이다. 1:00을 키워드로 삼아 단서를 포착한다. 여자가 'I recently read her paper on cellular structure in the *Science World Journal*. ~ I can lend you mine (최근에 제가 〈Science World Journal〉에서 세포 구조에 대한 그녀의 논문을 읽었거든요. ~ 제 걸 빌려드릴 수 있어요)'이라고 하자, 남자가 'I'll drop by at 1 o'clock to grab it. (그걸 가지러 한 시에 들르게요.)'라고 말했으므로 (D)가 정답이다. drop by가 visit으로 패러프레이징되었다.

Questions 4-6 refer to the following conversation.

W Good morning, Mr. Kane. **4 5** According to the form you filled out, you've been experiencing constant headaches and eye pain, right?

M Yes, **5** I use the computer a lot at work.

W **6** I recommend that you stop what you're working on every hour and close your eyes for about five minutes. This should relieve some stress and pain, and help you focus on your tasks better.

M Should I consider getting glasses?

W Not yet. Just do that for now. If the pain persists, we'll discuss the possibility of glasses at your next eye checkup.

4-6번은 다음 대화에 관한 문제입니다.

여 안녕하세요, Mr. Kane. **4 5** 작성해주신 양식에 의하면, 지속적인 두통과 눈의 통증을 겪고 계신 게 맞나요?

남 예. **5** 저는 직장에서 컴퓨터를 많이 사용해요.

여 **6** 한 시간마다 일하는 걸 멈추시고 5분 정도 눈을 감는 것을 추천해 드려요. 이게 스트레스와 통증을 덜어주고 업무에 더 집중할 수 있게 도울 거예요.

남 제가 안경을 사는 걸 고려해봐야 하나요?

여 아직은 아니에요. 당분간은 그냥 그렇게 하세요. 통증이 지속된다면, 다음 시력 검사 때 안경을 착용할지를 논의해보죠.

어휘 fill out 기입하다 | constant 지속적인, 끊임없는 | headache 두통 | pain 통증, 고통 | relieve 덜어주다, 완화하다 | task 업무 | for now 당분간, 우선은 | persist 지속하다 | possibility 가능성 | checkup 검사, 진단

---

4. What most likely is the woman's profession?
(A) Fitness trainer
(B) Sales associate
(C) Computer repairperson
(D) Eye doctor

여자의 직업은 무엇이겠는가?
(A) 피트니스 트레이너
(B) 영업 사원
(C) 컴퓨터 수리공
(D) 안과 의사

해설 여자의 직업을 묻고 있다. 여자가 'According to the form you filled out, you've been experiencing constant headaches and eye pain, right? (작성해주신 양식에 의하면, 지속적인 두통과 눈의 통증을 겪고 계신 게 맞나요?)'라고 말한 내용을 토대로 여자의 직업을 안과 의사로 유추할 수 있으므로 (D)가 정답이다.

---

5. Why does the man say, "I use the computer a lot at work"?
(A) To provide the reason for a problem
(B) To request better equipment

(C) To express dissatisfaction with a program
(D) To explain his specialty

남자는 왜 "저는 직장에서 컴퓨터를 많이 사용해요"라고 말하는가?
(A) 문제에 대한 이유를 제공하기 위해
(B) 더 나은 장비를 요청하기 위해
(C) 프로그램 불만족을 표하기 위해
(D) 전공을 설명하기 위해

해설 남자가 하는 말의 의도를 묻고 있다. 여자가 'According to the form you filled out, you've been experiencing constant headaches and eye pain, right? (작성해주신 양식에 의하면, 지속적인 두통과 눈의 통증을 겪고 계신 게 맞나요?)'라고 물었고, 이에 남자가 'I use the computer a lot at work (저는 직장에서 컴퓨터를 많이 사용해요.)'라고 대답한 것이므로 눈의 통증에 대한 이유를 설명하기 위해 한 말임을 알 수 있다. 따라서 (A)가 정답이다.

---

6. What does the woman suggest the man do?
(A) Submit a work order form
(B) Take frequent breaks
(C) Review a user guide
(D) Organize his desk area

여자는 남자에게 무엇을 하라고 제안하는가?
(A) 작업 주문서를 제출한다
(B) 잦은 휴식을 취한다
(C) 사용 설명서를 검토한다
(D) 책상 공간을 정리한다

해설 여자가 제안한 것을 묻고 있다. 여자가 'I recommend that you stop what you're working on every hour and close your eyes for about five minutes. (한 시간마다 일하는 걸 멈추시고 5분 정도 눈을 감는 것을 추천해드려요.)'라고 권하고 있으므로 이를 패러프레이징한 (B)가 정답이다.

Questions 7-9 refer to the following conversation with three speakers.

W1 Hey, Will. Do you mind if I ask you a question about the company?

M Not at all.

W1 Well, **7** an old coworker contacted me about a job opening in the Accounting Department. He has over eight years of experience, so he's definitely qualified. **7 8** Do you know if I can refer him for employment here?

M Hmm··· **8** I've never done that before, but wait–Ciara's been working here for a while.

W2 Hey, guys. Did someone just mention my name?

M I did. What is the procedure for recommending applicants here?

W2 Oh, **9** all you have to do is complete a referral form, and submit it to the Personnel Department.

7-9번은 다음 세 화자의 대화에 관한 문제입니다.

여1 안녕하세요, Will. 제가 회사에 관해 질문해도 될까요?

남 괜찮아요.

여1 음, **7** 예전 동료가 경리부의 일자리에 관해 저에게 연락을 했어요. 8년 넘는 경력이 있으니 분명히 자격은 갖추고 있어요. **7** **8** 제가 그에게 이곳 취직을 소개해도 되는지 아세요?

남 흠… **8** 전에는 그렇게 해 본 적이 없는데, 기다려보세요. Ciara가 여기서 일한 지가 꽤 됐거든요.

여2 안녕하세요. 누가 방금 제 이름을 말하지 않았나요?

남 제가 했어요. 여기서 지원자를 추천하는 절차가 어떻게 되죠?

여2 아, **9** 해야 할 일은 소개 양식을 작성해서 그걸 인사부에 제출하기만 하면 돼요.

어휘 job opening 일자리 I definitely 분명히 I qualified 적격의, 자격을 갖춘 I refer 소개하다, 참조하다 I employment 고용, 취업 I procedure 절차 I referral 소개 I form 양식

---

7. What does the woman want to do?
   (A) Submit a request for a transfer
   (B) Participate in a workshop
   (C) Check her recent pay stub
   (D) Recommend a colleague for a position

   여자는 무엇을 하기를 원하는가?
   (A) 전근 신청서를 제출한다
   (B) 워크숍에 참가한다
   (C) 최근의 급여 명세서를 확인한다
   (D) 어느 한 자리에 동료를 추천한다

해설 여자가 원하는 것을 묻고 있다. 여자1이 'an old coworker contacted me about a job opening in the Accounting Department (예전 동료가 경리부의 일자리에 관해 저에게 연락을 했어요)'라며, 'Do you know if I can refer him for employment here? (제가 그에게 이곳 취직을 소개해도 되는지 아세요?)'라고 물었으므로 (D)가 정답이다.

---

8. Why does the man say, "Ciara's been working here for a while"?
   (A) To see if Ciara can address an inquiry
   (B) To organize a retirement party for Ciara
   (C) To congratulate Ciara for getting promoted
   (D) To show frustration over Ciara's mistake

   남자는 왜 "Ciara가 여기서 일한 지가 꽤 됐거든요"라고 말하는가?
   (A) Ciara가 문의를 처리할 수 있을지 확인하기 위해
   (B) Ciara의 은퇴기념 파티를 준비하기 위해
   (C) Ciara가 승진한 것을 축하하기 위해
   (D) Ciara의 실수에 대한 불만을 나타내기 위해

해설 남자가 하는 말의 의도를 묻고 있다. 여자1이 'Do you know if I can refer him for employment here? (제가 그에게 이곳 취직을 소개해도 될지 아세요?)'라고 묻자, 남자가 'I've never done that before, but wait–Ciara's been working here for a while. (전에는 그렇게 해 본 적이 없는데, 기다려보세요. Ciara가 여기서 일한 지가 꽤 됐거든요.)'이라고 말한 것이므로 Ciara가 여기서 오래 일했으니 알지도 모른다는 의미를 내포하고 있다. 따라서 (A)가 정답이다.

---

9. What does Ciara suggest doing?
   (A) Reading a company manual
   (B) Filling out some paperwork
   (C) Contacting a department manager
   (D) Downloading some software

   Ciara는 무엇을 하라고 제안하는가?
   (A) 회사 매뉴얼을 읽는 것
   (B) 서류를 작성하는 것
   (C) 부서장에게 연락하는 것
   (D) 소프트웨어를 다운받는 것

해설 Ciara가 제안한 것을 묻고 있다. Ciara인 여자2가 'all you have to do is complete a referral form (소개 양식을 작성해야 해요)'이라고 말했으므로 complete를 filling out으로, form을 paperwork로 패러프레이징한 (B)가 정답이다.

영국 ↔ 호주

Questions 10-12 refer to the following conversation.

W Mr. Shaarma, do you have a moment?

M Of course. **11** Is something wrong?

W Well, **10** **11** I came back from an overseas conference recently, but I completely forgot to submit my travel expense report. **11** I think the deadline was last Friday.

M **11** Oh, that's it? Just send the report to my e-mail before you leave today, and I'll look it over tomorrow morning.

W I appreciate it! By the way, **12** how should I upload my receipts? It's my first time doing this.

M **12** Almost all staff members prefer to use our receipt scanning program. You can access it from our server.

10-12번은 다음 대화에 관한 문제입니다.

여 Mr. Shaarma, 시간 좀 있으세요?

남 물론이죠. **11** 뭐가 잘못됐나요?

여 음, **10** **11** 제가 최근에 해외 컨퍼런스에서 돌아왔는데, 출장 비용 보고서를 제출하는 걸 완전히 잊어버렸네요. **11** 기한이 지난 금요일이었던 것 같아요.

남 **11** 아, 그게 다예요? 오늘 퇴근하시기 전에 제 이메일로 보고서를 보내주시면 제가 내일 아침에 검토할게요.

여 감사합니다! 그런데 **12** 영수증을 어떻게 업로드해야 하나요? 이건 처음 하는 일이에요.

남 **12** 거의 모든 직원이 우리 영수증 스캔 프로그램을 사용하는 걸 선호해요. 우리 서버에서 접속할 수 있어요.

어휘 look over 훑어보다, 검토하다 I appreciate 감사하다 I by the way 그런데 I receipt 영수증 I access 접근하다, 접속하다

---

10. What did the woman forget to do?
    (A) Install an update
    (B) Pick up an item
    (C) Turn in a report

(D) Contact a manager

여자는 무엇을 하는 것을 잊었는가?
(A) 업데이트를 설치한다
(B) 물품을 찾아온다
(C) 보고서를 제출한다
(D) 매니저에게 연락한다

해설 여자가 잊은 것을 묻고 있다. 여자가 'I came back from an overseas conference recently, but I completely forgot to submit my travel expense report (제가 최근에 해외 회의에서 돌아왔는데, 출장 비용 보고서를 제출하는 걸 완전히 잊어버렸네요)'라고 밀했으므로 submit를 turn in으로 페리프레이징한 (C)가 정답이다.

---

11. What does the man mean when he says, "Oh, that's it"?
(A) He is not worried about an issue.
(B) He thought a project would take longer.
(C) He is not satisfied with some work.
(D) He thought a cost would be higher.

남자는 "아, 그게 다예요"라고 말할 때 무엇을 의도하는가?
(A) 문제에 대해 걱정하지 않는다.
(B) 프로젝트가 더 오래 걸릴 것이라고 생각했다.
(C) 어떤 일에 만족하지 못한다.
(D) 비용이 더 높을 것이라 생각했다.

해설 남자가 하는 말의 의도를 묻고 있다. 남자가 'Is something wrong? (뭐가 잘못됐어요?)'이라고 묻자, 여자가 'I came back from an overseas conference recently, but I completely forgot to submit my travel expense report. I think the deadline was last Friday. (제가 최근에 해외 컨퍼런스에서 돌아왔는데, 출장 비용 보고서를 제출하는 걸 완전히 잊어버렸네요. 기한이 지난 금요일이었던 것 같아요.)'라고 걱정하듯 말했고, 남자는 'Oh, that's it? (아, 그게 다예요?)'라고 하며, 'Just send the report to my e-mail before you leave today, and I'll look it over tomorrow morning. (오늘 퇴근하시기 전에 제 이메일로 보고서를 보내주시면 제가 내일 아침에 검토할게요.)'이라고 대답했으므로 별 문제가 되지 않는다는 의미를 내포한 것이다. 따라서 (A)가 정답이다.

---

12. Why should the woman access a program?
(A) To place an order
(B) To record work hours
(C) To scan receipts
(D) To track a package

여자는 왜 프로그램에 접속해야 하는가?
(A) 주문을 하기 위해
(B) 근무 시간을 기록하기 위해
(C) 영수증을 스캔하기 위해
(D) 소포를 배송 조회하기 위해

해설 여자가 프로그램에 접속해야 하는 이유를 묻고 있다. 여자가 'how should I upload my receipts? (영수증을 어떻게 업로드해야 하나요?)'라고 물었고, 남자가 'Almost all staff members prefer to use our receipt scanning program. You can access it from our

server. (거의 모든 직원이 우리 영수증 스캔 프로그램을 사용하는 걸 선호해요. 우리 서버에서 접속할 수 있어요.)'라고 말했으므로 (C)가 정답이다.

미국 ↔ 미국

Questions 13-15 refer to the following conversation and menu.

Ⓜ Hey, Jessica. **13** I wasn't expecting you to come in on a Saturday. I thought you only work on the weekdays.

Ⓦ Yeah, but Cameron can't make it in this week because he's sick, so I'll be covering for him until he gets better. Has today's shipment come?

Ⓜ It should arrive within the hour. But **14** one of our suppliers called and said that they can't deliver any cherries for a few days. I'll have to revise our menu so that diners are aware that they can't order some items.

Ⓦ Hmm... **15** I know of another fruit vendor. Let me contact them right now, and see if they can deliver some cherries tomorrow.

13-15번은 다음 대화와 메뉴에 관한 문제입니다.

Ⓝ 안녕하세요, Jessica. **13** 저는 당신이 토요일에 올 줄 예상 못했어요. 당신이 평일 근무만 한다고 생각했거든요.

Ⓔ 맞아요, 그런데 Cameron이 아파서 이번 주에 근무할 수가 없어서 그가 나을 때까지 제가 대신할 거예요. 오늘 배송분은 도착했나요?

Ⓝ 한 시간 안에 도착할 거예요. 그런데 **14** 공급업자 한 명에게 전화가 왔는데 며칠간 체리를 배송할 수 없다고 했어요. 손님들이 일부 항목을 주문할 수 없다는 것을 알 수 있도록 메뉴를 수정해야 할 거예요.

Ⓔ 흠… **15** 제가 또 다른 과일 판매자를 알아요. 제가 지금 바로 연락해서 내일 체리를 배송해줄 수 있는지 알아볼게요.

Bruxton 카페	
디저트 메뉴	
1. 딸기 바나나 케이크	2. 복숭아 체리 코블러
3. 복숭아 바나나 스무디	4. 블루베리 복숭아 파이

어휘 make it 가다, 참석하다 l cover for (자리 비운 사람을) 대신하다 l shipment 수송(품) l supplier 공급자, 공급회사 l revise 변경하다 l diner 식사하는 사람, 식당 l aware 알고 있는 l know of ~에 관해 간접적으로 알다 l vendor 판매자

13. Why is the man surprised?

(A) The woman does not like a new dessert item.

(B) Some customers have complained.

(C) The woman came to work on a weekend.

(D) Some menu suggestions were not accepted.

남자는 왜 놀라는가?

(A) 여자가 새로운 디저트 메뉴를 좋아하지 않는다.

(B) 일부 고객들이 불평했다.

(C) 여자가 주말에 출근했다.

(D) 일부 메뉴 제안이 받아들여지지 않았다.

해설 남자가 놀란 이유를 묻고 있다. 남자가 'I wasn't expecting you to come in on a Saturday. I thought you only work on the weekdays. (저는 당신이 토요일에 올 줄 예상 못했어요. 당신이 평일 근무만 한다고 생각했거든요.)'라고 말한 내용을 토대로 여자가 토요일에 출근한 사실에 놀랐음을 알 수 있으므로 (C)가 정답이다.

....

14. Look at the graphic. Which item number will likely be taken off today's menu?

(A) 1

(B) 2

(C) 3

(D) 4

시각 정보를 보시오. 어느 항목 번호가 오늘의 메뉴에서 빠질 수도 있겠는가?

(A) 1

(B) 2

(C) 3

(D) 4

해설 오늘의 메뉴에서 빠질 항목을 묻고 있다. 남자가 'one of our suppliers called and said that they can't deliver any cherries for a few days (공급업자 한 명에게 전화가 왔는데 며칠간 체리를 배송할 수 없다고 했어요)'라고 말했고, 시각 정보 상에서 체리가 들어간 디저트는 '2. Peach Cherry Cobbler'이므로 (B)가 정답이다.

....

15. What will the woman most likely do next?

(A) Unload some packages

(B) Contact a business

(C) Print some receipts

(D) Talk to a chef

여자는 다음에 무엇을 하겠는가?

(A) 꾸러미들을 내린다

(B) 업체에 연락한다

(C) 영수증을 출력한다

(D) 주방장에게 이야기한다

해설 여자가 다음에 할 일을 묻고 있다. 여자가 'I know of another fruit vendor. Let me contact them right now (제가 다른 과일 판매상을 알아요. 제가 지금 바로 연락할게요)'라고 말했으므로 fruit vendor를 business로 패러프레이징한 (B)가 정답이다.

Questions 16-18 refer to the following conversation and center sign.

M Hey, Mia. You're still going to the auction tomorrow, right?

W Yeah, I am. 16 It begins at 3 P.M., right? We should plan on arriving early.

M 16 I agree. Let's aim to get there when the banquet room first opens, so we can sit in the front row. Seats are available on a first-come, first-serve basis, and many guests are expected.

W Apparently, 17 the auction will showcase some historical artifacts. This is probably the reason why so many people are interested.

M Ah, I see. That makes sense.

W 18 Would you like to get some coffee before the auction?

M I know of a popular café right next door to the community center. Let's get coffee there.

16-18번은 다음 대화와 극장 표지판에 관한 문제입니다.

남 안녕하세요, Mia. 여전히 내일 경매에 갈 예정이죠?

여 네, 갈 거예요. 16 오후 3시에 시작하는 거 맞죠? 우리가 일찍 도착하도록 계획해야 해요.

남 16 맞아요. 연회장이 처음 열릴 때 그곳에 도착하는 걸 목표로 해서 맨 앞줄에 앉을 수 있도록 해요. 좌석은 선착순으로 앉을 수 있고 많은 손님들이 예상되네요.

여 듣자하니, 17 경매에서 역사적 유물들을 보여줄 거래요. 이게 아마 많은 사람들이 관심을 갖는 이유이겠죠.

남 아, 맞아요. 일리 있네요.

여 18 경매 전에 커피 한잔 하시겠어요?

남 주민센터 바로 옆에 인기 있는 카페를 알고 있어요. 거기서 커피를 사요.

┌──────────────────────────────────────┐
│   │
│   **Salens 주민센터**   │
│   *특별 경매*   │
│   장소: 연회실   │
│   │
│ *(일반 센터 영업시간: 오전 10:00–오후 7:00)* │
│   │
│   연회실 개장: 오후 2:00   │
│   경매: 오후 3:00   │
│   피로연: 오후 5:00   │
│   │
└──────────────────────────────────────┘

어휘 auction 경매 | aim 목표하다 | banquet 연회 | row 줄, 열 | on a first-come, first-served basis 선착순으로 | apparently 듣자하니 | showcase 진열하다, 보여주다 | historical 역사적인 | artifact 인공유물, 공예품 | make sense 일리가 있다, 이치에 맞다 | community center 주민센터

....

16. Look at the graphic. When do the speakers plan to arrive?

(A) At 10:00 A.M.

(B) At 2:00 P.M.

(C) At 3:00 P.M.

(D) At 5:00 P.M.

시각 정보를 보시오. 화자들은 언제 도착할 계획인가?

(A) 오전 10시에

(B) 오후 2시에

(C) 오후 3시에

(D) 오후 5시에

해설 화자들이 도착할 시점을 묻고 있다. 여자가 'It begins at 3 P.M., right? We should plan on arriving early. (오후 3시에 시작하는 거 맞죠? 우리가 일찍 도착하도록 계획해야 해요.)'라고 하자, 남자가 'I agree. Let's aim to get there when the banquet room first opens, so we can sit in the front row. (맞아요. 연회장이 처음 열릴 때 그곳에 도착하는 걸 목표로 해서 맨 앞줄에 앉을 수 있도록 해요.)'라고 대답했고, 시각 정보 상에서 연회장을 여는 시간은 오후 2시 (Banquet Room Opens: 2:00 P.M.)이므로 (B)가 정답이다.

---

17. According to the woman, why are many people interested in the auction?

(A) It will feature historical items.

(B) It is hosted by a local celebrity.

(C) It will offer complimentary gifts.

(D) It is free to attend.

여자에 따르면, 많은 사람들은 왜 경매에 관심이 있는가?

(A) 역사적 물품들이 나온다.

(B) 현지 유명인이 진행한다.

(C) 무료 선물을 제공한다.

(D) 참석이 자유롭다.

해설 많은 사람들이 경매에 관심이 있는 이유를 묻고 있다. 여자가 'the auction will showcase some historical artifacts. This is probably the reason why so many people are interested. (경매에서 역사적 유물들을 보여줄 거래요. 이게 아마 많은 사람들이 관심을 갖는 이유이겠죠.)'라고 말했으므로 (A)가 정답이다.

---

18. What does the woman recommend they do before the auction?

(A) Print a map

(B) Review some guidelines

(C) Book a room

(D) Purchase some beverages

여자는 경매 전에 무엇을 하자고 권하는가?

(A) 지도 출력하기

(B) 안내지침 검토하기

(C) 객실 예약하기

(D) 음료 구매하기

해설 여자가 경매 전에 하자고 권하는 것을 묻고 있다. 여자가 'Would you like to get some coffee before the auction? (경매 전에 커피 한 잔 하시겠어요?)'이라고 물었고, 남자가 근처에 유명한 카페가 있으니 거기서 사자고 말했으므로 (D)가 정답이다.

PART 4

UNIT 10. 일반 정보 문제 유형

Practice

1. (B)	2. (D)	3. (A)	4. (A)	5. (B)	6. (D)
7. (D)	8. (C)	9. (A)	10. (C)	11. (B)	12. (D)
13. (D)	14. (A)	15. (A)	16. (D)	17. (D)	18. (A)

미국

Questions 1-3 refer to the following telephone message.

M Hi, Mr. Davidson, **1** it's Ben Thompson calling from *Coastal Daily News* regarding your application for the sports editor position. We regret to inform you that the position has already been filled. However, your résumé was very impressive, so **2** I wanted to bring your attention to another opening for a feature writer at our newspaper. I believe you have the necessary qualifications for this job. If you are interested in applying, **3** you'll need to email us a few samples of your work, preferably something that was written within the last two months. Thank you, and I look forward to hearing from you.

1-3번은 다음 전화 메시지에 관한 문제입니다.

남 안녕하세요. **1** Mr. Davidson, 당신이 지원한 스포츠 편집자 자리에 관해 전화 드리는 〈Coastal 일간 뉴스〉의 Ben Thompson이에요. 유감스럽게도 그 자리는 이미 채워졌어요. 하지만 당신의 이력서는 매우 인상적이었고, 그래서 **2** 저는 저희 신문사의 다른 공석인 특집 기사 기자 자리로 당신의 관심을 돌리고 싶네요. 저는 당신이 이 직무에 필요한 자격을 갖추고 있다고 믿어요. 지원하는 데 관심이 있으시다면, **3** 가급적이면 최근 2개월 내에 쓴 기사의 견본 몇 개를 저희에게 이메일로 보내주셔야 합니다. 감사합니다. 그리고 소식 듣길 기다리고 있겠습니다.

어휘 regarding ~에 관하여 | application 지원서 | regret to inform that 유감스럽게도 ~입니다 | fill (일자리에 사람을) 채우다 | impressive 인상적인 | bring attention to ~에 관심을 가져오다, ~에 주의를 돌리다 | opening 공석 | feature writer 특집 기사 기자 | qualification 자격 | preferably 가급적이면

---

1. Where does the speaker probably work?

(A) At a local college

(B) At a newspaper office

(C) At a book publisher

(D) At an advertisement firm

화자는 어디에서 일하겠는가?

(A) 지역 대학에서

(B) 신문사에서

(C) 도서 출판사에서

(D) 광고 회사에서

해설 화자의 근무지에 대해 묻는 질문이므로 대부분 정답 단서가 도입부에 등장한다. 인사 후에 바로 등장하는 문장 'it's Ben Thompson calling from *Coastal Daily News* regarding your application for the sports editor position (당신이 지원한 스포츠 편집자 자리에 관해 전화드리는 〈Coastal 일간 뉴스〉의 Ben Thompson이에요)'을 들으면 *Costal Daily News*, 즉 (B)가 정답임을 알 수 있다.

---

2. What does the speaker suggest the listener do?

(A) Renew his subscription

(B) Complete a form online

(C) Call another company

(D) Apply for a different job

화자는 청자에게 무엇을 하라고 제안하는가?

(A) 구독을 연장한다

(B) 온라인으로 양식을 작성한다

(C) 다른 회사에 전화한다

(D) 다른 직무에 지원한다

해설 청자에게 제안하는 사항을 물어보는 질문으로, 제안과 관련된 표현을 포착하는 것이 중요하다. 'I wanted to bring your attention to another opening for a feature writer at our newspaper. I believe you have the necessary qualifications for this job, (저희 신문사의 다른 공석인 특집 기사 기자 자리로 당신의 관심을 돌리고 싶네요. 저는 당신이 이 직무에 필요한 자격을 갖추고 있다고 믿어요.)'에서 'I wanted to bring your attention to ~'로 시작되는 제안과 연관된 표현 바로 뒤에 another opening(다른 공석)을 언급하며 청자가 다른 공석에 필요한 자격을 가지고 있다고 부연 설명하고 있다. 선택지에는 another opening이 a different job(다른 직무)으로 패러프레이징되었으므로 정답은 (D)이다.

---

3. What does the speaker say is required?

(A) Writing samples

(B) An article suggestion

(C) An updated résumé

(D) Job references

화자는 무엇이 요구된다고 말하는가?

(A) 원고 견본

(B) 기사 제안

(C) 최신 이력서

(D) 취업 추천서

해설 화자가 요구하는 사항을 묻는 질문으로, 요구와 관련한 표현을 포착해야 한다. 담화의 마지막 부분에 'you'll need to email us a few samples of your work, preferably something that was written within the last two months (가급적이면 최근 2개월 내에 쓴 기사의 견본 몇 개를 저희에게 이메일로 보내주셔야 합니다)'라는 내용이 언급되고 있으므로 청자가 전송해야 할 것은 a few samples(견본 몇 개)이며 부연 설명으로 최근 2개월 이내에 쓰여진 기사 견본임을 알 수 있어, 정답은 (A)이다.

Questions 4-6 refer to the following excerpt from a meeting.

W Good morning everyone. 4 I've asked all of you to attend this meeting to go over the recent survey results regarding the company's newly designed hiking boots. 5 In order to find out how consumers may respond to our new product, we had various sample groups try on some prototypes. The majority of the people said they liked the slimmer, redesigned boots better than our existing boots. So we'll have to come up with a marketing campaign for the new boots. 6 What I would like everyone to do now is share some ideas for possible advertising strategies.

4-6번은 다음 회의 발췌록에 관한 문제입니다.

여 안녕하세요 여러분. 4 우리 회사의 새로 디자인된 하이킹 부츠에 대한 최근 설문조사 결과를 살펴보려고 여러분 모두 이 회의에 참석해 달라고 요청했습니다. 5 새 제품에 소비자들이 어떻게 반응할지 알아내기 위해 우리는 다양한 샘플 그룹이 시제품 몇 개를 신어보도록 했어요. 사람들 대다수가 기존의 부츠보다 더 얇고 다시 디자인된 새 부츠를 더 좋아했습니다. 그래서 새 부츠를 위한 마케팅 캠페인을 생각해야 해요. 6 지금 여러분께서 해주셨으면 하는 것은, 가능한 광고 전략을 위해 아이디어를 공유하는 것입니다.

어휘 survey 설문조사 I consumer 소비자 I respond 반응하다 I various 다양한 I prototype 시제품 I majority 대다수 I slim 얇은 I existing 기존의 I strategy 전략

---

4. According to the speaker, what has the company changed?

(A) A product design

(B) An annual budget

(C) A shipping service

(D) A refund policy

화자에 따르면, 회사에서는 무엇을 바꾸었는가?

(A) 제품 디자인

(B) 연간 예산

(C) 배송 서비스

(D) 환불 규정

해설 회사가 변경한 것을 묻고 있다. changed를 키워드로 삼아 단서를 포착한다. 'I've asked all of you to attend this meeting to go over the recent survey results regarding the company's newly designed hiking boots. (우리 회사의 새로 디자인된 하이킹 부츠에 대한 최근 설문조사 결과를 살펴보려고 여러분 모두 이 회의에 참석해 달라고 요청했습니다.)'라고 말했으므로 (A)가 정답이다. hiking boots가 product로 패러프레이징되었다.

---

5. What information is the speaker presenting?

(A) Some problems with a delivery

(B) Feedback from sample groups

(C) Changes to a schedule

(D) The cost of a project

화자는 어떤 정보를 보여주고 있는가?

(A) 배달과 관련된 일부 문제점

(B) 샘플 그룹의 피드백

(C) 일정 변경

(D) 프로젝트 비용

해설 화자가 보여주고 있는 정보를 묻고 있다. information과 presenting 을 키워드로 삼아 단서를 포착한다. 'In order to find out how consumers may respond to our new product, we had various sample groups try on some prototypes. The majority of the people said they liked the slimmer, redesigned boots better than our existing boots. (새 제품에 소비자들이 어떻게 반응할지 알아내기 위해 우리는 다양한 샘플 그룹이 시제품 몇 개를 신어보도록 했어요. 사람들 대다수가 기존의 부츠보다 더 얇고 다시 디자인된 새 부츠를 더 좋아했습니다.)'라고 말했으므로 (B)가 정답이다.

---

6. What will the listeners most likely do next?

(A) Prepare a presentation

(B) Contact some customers

(C) Submit an application

(D) Suggest some ideas

청자들은 다음에 무엇을 하겠는가?

(A) 프레젠테이션을 준비한다

(B) 일부 고객들에게 연락한다

(C) 지원서를 제출한다

(D) 아이디어를 제시한다

해설 청자들의 다음 행동을 묻고 있다. 담화 후반부에 집중한다. 'What I would like everyone to do now is share some ideas for possible advertising strategies. (지금 여러분께서 해주셨으면 하는 것은, 가능한 광고 전략을 위해 아이디어를 공유하는 것입니다.)'라고 말했으므로 (D)가 정답이다. share가 suggest로 패러프레이징되었다.

호주

Questions 7-9 refer to the following telephone message.

M Hello, this message is for Amy Smith. This is Lee calling from Gibson Contractors. **7** I dropped by last Tuesday to take a look at your living room and gave you an estimate for remodeling it. Also, when I was there, **8** you asked me if we'd be able to finish the entire project by March 31. Well, I've talked to my partner about it, and I don't think it'll be possible to complete the whole project by the end of March. **9** However, we will definitely be able to have the flooring done by then. Let me know if you want us to get started on this part of the project.

7-9번은 다음 전화 메시지에 관한 문제입니다.

남 안녕하세요, Amy Smith께 메시지 남깁니다. Gibson 건설 회사에서

전화 드리는 Lee입니다. **7** 지난 화요일에 들러 고객님의 거실을 살펴보고 리모델링 견적을 드렸습니다. 또, 제가 거기 갔을 때, **8** 고객님이 제게 저희가 3월 31일까지 전체 프로젝트를 끝낼 수 있는지를 물어보셨죠. 음, 제 파트너에게 말해 봤는데, 전체 프로젝트를 3월 말까지 끝내는 건 가능하지 않을 것 같습니다. **9** 하지만, 바닥 공사를 끝내는 것은 확실히 그때까지 할 수 있습니다. 저희가 프로젝트의 이 부분에 착수하길 원하신다면 알려주십시오.

어휘 drop by ~에 들르다 | take a look at ~을 살펴보다 | estimate 견적서 | entire 전체의 | definitely 확실히, 틀림없이

---

7. What project is the speaker discussing?

(A) Repairing a heating system

(B) Installing a garage door

(C) Building a fence

(D) Remodeling a room

화자는 어떤 프로젝트를 이야기하는가?

(A) 난방 설비를 수리하는 것

(B) 차고 문을 설치하는 것

(C) 울타리를 세우는 것

(D) 방을 리모델링하는 것

해설 화자가 얘기하고 있는 프로젝트를 묻는 문제이다. 주요 논의 주제는 대부분 담화 초반에 등장하므로 도입부를 놓치지 않고 관련 단어나 표현을 키워드로 잡는다. 'I dropped by last Tuesday to take a look at your living room and gave you an estimate for remodeling it. (지난 화요일에 들러 고객님의 거실을 살펴보고 리모델링 견적을 드렸습니다.)'이라고 했으므로 리모델링에 대한 내용이 논의 주제임을 파악할 수 있으므로 (D)가 정답이다.

---

8. What problem does the speaker mention?

(A) The weather will be inclement.

(B) Some materials are not available.

(C) A deadline cannot be met.

(D) A permit has not been issued.

화자는 어떤 문제점을 언급하는가?

(A) 날씨가 나빠질 것이다.

(B) 자재 몇 가지를 구할 수 없다.

(C) 기한을 맞출 수 없다.

(D) 허가증이 발행되지 않았다.

해설 문제점을 묻는 문제로 부정 표현이 언급된 문장에 집중해야 한다. 'you asked me if we'd be able to finish the entire project by March 31. ~ I don't think it'll be possible to complete the whole project by the end of March, (고객님이 제게 저희가 3월 31일까지 전체 프로젝트를 끝낼 수 있는지를 물어보셨죠. 전체 프로젝트를 3월 말까지 끝내는 건 가능하지 않을 것 같습니다.)'라고 했으므로 전체 프로젝트를 청자가 요청한 기간 내에 끝내지 못한다는 의사를 표현하고 있다. 보기에서 패러프레이징된 (C)가 정답이 된다.

---

9. What does the speaker offer to do?

고난도 (A) Begin a part of a project

(B) Hire more workers

(C) Refer another company

(D) Give a price reduction

화자는 무엇을 해주겠다고 제안하는가?

(A) 작업을 일부 시작한다

(B) 더 많은 작업자들을 고용한다

(C) 다른 회사에 위탁한다

(D) 가격 인하를 제공한다

해설 청자에게 제안하는 사항을 묻는 문제로, 제안과 관련한 표현에 집중한다. 담화 후반부에 등장하는 'However, we will definitely be able to have the flooring done by then. Let me know if you want us to get started on this part of the project. (하지만, 바닥 공사를 끝내는 것은 확실히 그때까지 할 수 있습니다. 저희가 프로젝트의 이 부분에 착수하기 원하신다면 알려주십시오.)'라고 하며 프로젝트의 일부분인 바닥 까는 일을 시작하는 것이 가능하다고 알렸으므로 (A)가 정답이다.

미국

Questions 10-12 refer to the following news report.

W Good evening, this is Victoria Watkins for KPHO-5, live at Old Country Bistro. I'm down here on Fifth and Verity Avenue at the bistro's 10-year anniversary party. 10 The bistro started out right here in Murrayville and has now opened locations all over the state. To thank its customers for a decade of support, 11 today there are complimentary beverages, outdoor games, and gift certificates for a free dinner. You should know, however, 12 the gift certificates are only for the first 100 customers, and the event has already been going on for two hours. Even if you miss out on the gift certificates, come down for the free beverages and games.

10-12번은 다음 뉴스 보도에 관한 문제입니다.

여 안녕하세요, KPHO-5의 Victoria Watkins가 Old Country 식당에서 생방송으로 보내드립니다. 저는 5번가와 Verity 가에 있는 이 식당에서 10주년 행사에 참석 중입니다. 10 이 식당은 Murrayville 바로 이곳에서 시작되었고 이제 전국 각지에 지점을 갖고 있습니다. 10년간 지지해준 고객들을 위해 11 오늘 무료 음료와 야외 게임, 그리고 무료 저녁 식사를 위한 상품권을 제공 중입니다. 하지만 12 상품권은 처음 온 백 분만을 위한 것임을 알고 계세요. 그리고 행사는 이미 시작한 지 두 시간이 지났습니다. 상품권은 놓치셨더라도, 무료 음료와 게임을 위해 이곳을 방문하세요.

어휘 bistro 작은 식당 l location 지점 l decade 10년 l complimentary 공짜의 l gift certificate 상품권 l miss out 놓치다 l beverage 음료수

---

10. What kind of business is being discussed?

(A) A museum

(B) A hotel chain

(C) A restaurant

(D) A department store

어떤 사업이 논의되고 있는가?

(A) 박물관

(B) 호텔 체인점

(C) 식당

(D) 백화점

해설 화자가 소개하는 주요 사업을 묻는 질문 유형으로, 담화 도입 부분에 집중하도록 한다. 도입 부분부터 화자가 bistro라는 단어를 언급하면서, 'The bistro started out right here in Murrayville and has now opened locations all over the state. (이 식당은 Murrayville 바로 이곳에서 시작되었고 이제 전국 각지에 지점을 갖고 있습니다.)'라고 말하였으므로 현재 나루고 있는 사업의 종류가 bistro(식당)를 패러프레이징한 (C)임을 알 수 있다.

---

11. What will customers be given this evening?

(A) Tickets for a concert

(B) Free drinks

(C) A computer game

(D) A cookbook

오늘 저녁에 고객들은 무엇을 받게 되는가?

(A) 콘서트 티켓

(B) 무료 음료

(C) 컴퓨터 게임

(D) 요리책

해설 오늘 저녁 고객들에게 제공될 것에 대한 질문으로, 담화 중반부에서 언급되는 'today there are complimentary beverages, outdoor games, and gift certificates for a free dinner (오늘 무료 음료와 야외 게임, 그리고 무료 저녁 식사를 위한 상품권을 제공 중입니다)'라고 하였으므로 (B)가 정답임을 알 수 있다.

---

12. Why does the speaker say, "the event has already been going on for two hours"?

(A) To clarify the hours of operation

(B) To describe the rules of a contest

(C) To suggest coming on another day

(D) To point out that there is limited time

화자는 왜 "행사는 이미 시작한 지 두 시간이 지났습니다"라고 말하는가?

(A) 영업 시간을 명확히 하기 위해

(B) 콘테스트 규칙을 설명하기 위해

(C) 다른 날에 찾아오라고 제안하기 위해

(D) 시간이 제한되어 있다고 지적하기 위해

해설 화자가 한 말의 의도를 묻고 있다. 담화 중반부에 무료 음료와 무료 저녁식사를 위한 상품권을 고객에게 제공할 것이라는 말과 함께, 'the gift certificates are only for the first 100 customers (상품권은 처음 온 백 분만을 위한 것입니다)'라고 말하면서 'and the event has already been going on for two hours (그리고 행사는 이미 시작한 지 두 시간이 지났습니다)'라고 덧붙이고 있다. 즉, 행사가 시작한지 꽤 되었으므로 선착순 100명에게 제공되는 상품권이 곧 없어질 것이라고 암시하는 표현임을 알 수 있다. 또한, 마지막 문장에 'Even if you miss out on the gift certificates (상품권은 놓치셨더라도)'라고 단정짓는 것으로 보아 (D)가 정답이 된다.

영국

Questions 13-15 refer to the following talk.

W 🔟 As the lead mechanic at Rolling Hills Auto Repairs, I'd like to welcome all of the new trainees to our shop. Our customers entrust us with their vehicles, so it is important that you receive proper instruction. 🔟 This morning, we'll be pairing you up with a technician who will teach you about the various types of work we do here. During your training, you'll gain hands-on experience on some of the automobiles that are currently in our shop. 🔟 It may be difficult at first, but keep in mind—all of the workers here were once trainees, too. OK, now, let me show you around the facility.

13-15번은 다음 담화에 관한 문제입니다.

여 🔟 Rolling Hills 자동차 정비소의 수석 정비사로서, 우리 정비소에 온 모든 신입 실습생을 환영합니다. 고객들이 우리에게 차를 맡기기 때문에 제대로 된 설명을 듣는 것이 중요해요. 🔟 오늘 아침에는 우리가 이곳에서 하는 다양한 작업에 대해 알려줄 기술자와 한 명씩 짝을 지어줄 겁니다. 교육 동안 지금 우리 정비소에 있는 자동차들 몇 대로 실습을 하겠습니다. 🔟 처음에는 어렵겠지만 기억하세요. 이곳의 모든 직원도 한때는 실습생이었습니다. 좋아요, 여러분에게 시설을 안내해 드리겠습니다.

어휘 mechanic 정비사 | auto repair 자동차 정비소 | trainee 실습생, 교육 받는 사람 | entrust 맡기다 | proper 제대로 된, 적절한 | instruction 설명 | pair up (두 사람씩) 짝을 짓다 | technician 기술자 | various 다양한 | gain 얻다 | hands-on 실제의, 직접 해보는 | automobile 자동차

---

13. Where is the talk being held?
(A) At a mobile phone manufacturer
(B) At a home appliance store
(C) At a vehicle rental agency
(D) At an auto repair shop

담화는 어디에서 이루어지고 있는가?
(A) 핸드폰 제조사에서
(B) 가전제품 가게에서
(C) 자동차 대여점에서
(D) 자동차 정비소에서

해설 담화가 이루어지고 있는 장소를 묻는 문제이다. 특정 장소와 관련된 단어/표현을 포착하여 담화 장소를 유추한다. 담화 처음에 'As the lead mechanic at Rolling Hills Auto Repairs, I'd like to welcome all of the new trainees to our shop. (Rolling Hills 자동차 정비소의 수석 정비공으로서, 우리 정비소에 온 모든 신입 실습생들을 환영합니다.)'이라고 하여, lead mechanic(수석 정비공), Auto Repairs(자동차 정비소) 등의 단어를 토대로 담화 장소가 자동차 정비소임을 알 수 있으므로 (D)가 정답이다.

---

14. What will the listeners do this morning?
(A) Meet a technician
(B) Read a manual
(C) Sign a contract
(D) Visit a warehouse

청자들은 오늘 아침에 무엇을 하겠는가?
(A) 기술자와 만난다
(B) 매뉴얼을 읽는다
(C) 계약서에 서명한다
(D) 창고를 방문한다

해설 청자들이 오늘 아침에 할 일을 묻는 문제이다. 질문의 'this morning'을 키워드로 삼아 단서를 포착한다. 담화 중반에 'This morning, we'll be pairing you up with a technician who will teach you about the various types of work we do here. (오늘 아침에는 우리가 이곳에서 하는 다양한 작업에 대해 알려줄 기술자와 한 명씩 짝을 지어줄 겁니다.)'라고 하여 기술자와 한 명씩 짝을 지어 주겠다고 하므로 (A)가 정답이다.

---

15. Why does the speaker say, "all of the workers here were once trainees, too"?
(A) To provide some reassurance
(B) To describe a process
(C) To welcome some visitors
(D) To clarify a misunderstanding

화자는 왜 "이곳의 모든 직원도 한때는 실습생이었습니다"라고 말하는가?
(A) 안심되는 말을 해주기 위해
(B) 절차를 묘사하기 위해
(C) 방문객들을 환영하기 위해
(D) 오해를 해명하기 위해

해설 화자가 하는 말의 의도를 묻고 있다. 인용 문장 앞뒤 내용을 핵심 단서로 삼는다. 담화 후반에 'It may be difficult at first, but keep in mind (처음에는 어렵겠지만 기억하세요)'라고 하면서, 'all of the workers here were once trainees, too (이곳의 모든 직원도 한때는 실습생이었습니다)'라고 말한 것이므로 실습생인 청자들을 안심시키기 위한 목적이 담겨 있음을 알 수 있다. 따라서 (A)가 정답이다.

미국

Questions 16-18 refer to the following talk and graph.

M Hello everyone. 🔟 I'm going to be reviewing the year's membership figures here at Raleigh Total Gym, which have been strong overall. It's been a productive year: as you see here, the summer was the strongest season. This is most likely due to the fact that we installed a popular new line of equipment. It's also clear from the chart that 🔟 our second-best season coincided with the event where we offered a month of free personal training to new members. Next year, we hope to build on this success in a more efficient way. ⑱ That's why, starting January 1, we will offer online consultations through a new section of our website, instead of face-to-face sessions.

16-18번은 다음 담화와 그래프에 관한 문제입니다.

🔊 안녕하세요 여러분, ⑯ 여기 Raleigh Total 헬스클럽의 올해 회원 수치를 검토할 겁니다. 전반적으로 꽤나 좋았어요. 생산적인 한 해였습니다. 여기서 보실 수 있듯이 여름이야말로 가장 사람이 많은 계절이었죠. 이는 우리가 새로운 인기 있는 기구 라인을 설치했기 때문일 가능성이 높습니다. 그리고 ⑰ 두 번째로 성공적이었던 계절은 새로운 회원에게 한 달 무료 개인 트레이닝을 제공했던 행사 때와 맞아 떨어집니다. 내년에 우리가 이 성공을 올해보다 더 효율적인 방법으로 쌓아 나가기를 바랍니다. ⑱ 그래서 1월 1일부터 우리는 직접 얼굴을 맞대고 하는 상담 대신 우리 회사 웹사이트의 새로운 섹션을 통해 온라인 상담을 제공하기로 했습니다.

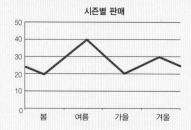

시즌별 판매

어휘 figure 수치 | overall 전반적으로 | productive 생산적인 | install 설치하다 | coincide 일치하다 | efficient 효율적인 | consultation 상담 | face-to-face 마주보는, 대면하는

16. Where most likely is the talk taking place?
(A) At a travel agency
(B) At a sporting goods store
(C) At an accounting firm
(D) At a fitness center

담화는 어디에서 이루어지고 있겠는가?
(A) 여행사에서
(B) 스포츠 용품점에서
(C) 회계법인에서
(D) 헬스장에서

해설 담화가 이루어지는 장소에 대한 문제이므로 담화의 도입 부분, 특히 인사 직후 부분을 집중한다. 초반부 문장 'I'm going to be reviewing the year's membership figures here at Raleigh Total Gym, which have been strong overall. (여기 Raleigh Total 헬스클럽의 올해 회원 수치를 검토할 겁니다. 전반적으로 꽤나 좋았어요.)'에서 here at Raleigh Total Gym이라는 단어를 포착했다면 손쉽게 (D)를 선택할 수 있다. 하지만, 뒤이어 등장하는 'installed a popular new line of equipment'라는 말만 포착했다면 (B)를 오답으로 고를 수 있으므로 주의하자.

17. Look at the graphic. When was the promotional offer held?

(A) In spring
(B) In summer
(C) In fall
(D) In winter

시각 정보를 보시오. 홍보용 할인 행사는 언제였는가?
(A) 봄에
(B) 여름에
(C) 가을에
(D) 겨울에

해설 담화 초반부에 화자는 'as you can see here, the summer was the strongest season (보시다시피, 여름이 가장 사람이 많은 계절이었어요)'이라고 언급하였다. 하지만 'due to the fact that we installed a popular new line of equipment (새로운 인기 많은 기구 라인을 설치했기 때문일 것입니다)'라고 덧붙이므로 (D)는 정답이 될 수 없다. 이어서 등장하는 'our second-best season coincided with the event where we offered a month of free personal training to new members (두 번째로 성공적이었던 계절은 새로운 회원에게 한 달 무료 개인 트레이닝을 제공했던 행사 때와 맞아 떨어집니다)'를 참고하면 두 번째로 성공적이었던 계절에 홍보 행사를 진행했다는 사실을 알 수 있다. 차트를 보면 두 번째로 성공적인 계절 (D)가 정답임을 알 수 있다.

18. According to the speaker, what does the business plan to do next year?
(A) Upgrade a website
(B) Hire fewer employees
(C) Remodel a facility
(D) Move to a new location

화자에 따르면, 내년에 할 사업 계획은 무엇인가?
(A) 웹사이트를 업그레이드한다
(B) 더 적은 수의 직원을 채용한다
(C) 시설을 리모델링한다
(D) 새 지점으로 이전한다

해설 미래 상황, 앞으로의 계획에 대해 묻는 질문이며, 미래의 계획에 대해 암시하는 표현을 키워드로 잡아야 한다. 담화의 후반부에 'That's why, starting January 1, we will offer online consultations through a new section of our website, instead of face-to-face sessions. (그래서 1월 1일부터 우리는 직접 얼굴을 맞대고 하는 상담 대신 우리 회사 웹사이트의 새로운 섹션을 통해 온라인 상담을 제공하기로 했습니다.)'라는 내용이 언급되어 웹사이트에 새로운 항목이 생길 것임을 알 수 있으므로 정답은 (A)가 된다.

UNIT 11. 세부 정보 문제 유형

영국

Questions 1-3 refer to the following excerpt from a meeting.

Ⓦ Before we close this meeting, **1** I want to remind you all to respond to my e-mail regarding the purchase of new equipment. As I stated, **1** **2** since there's money left over in the budget, we can use that to replace our old photocopiers. In the e-mail, you'll notice that **1** **3** I have attached several photos and specifications of recent models. Please carefully review them and let me know in your reply which one you think would be best for our office.

1-3번은 다음 회의 발췌록에 관한 문제입니다.

Ⓦ 회의를 마치기 전에, **1** 새로운 장비 구입에 대한 제 이메일에 회신해 주실 것을 다시 한 번 알려 드리고 싶네요. 말씀 드렸듯이, **1** **2** 예산에 남은 금액이 있기 때문에, 그 돈을 오래된 복사기를 교체하는 데 쓸 수 있습니다. 이메일에 **1** **3** 최신 모델 여러 개의 사진과 사양을 첨부해 놓은 걸 보게 될 것입니다. 신중하게 검토해 보시고 저희 사무실에 어떤 것이 가장 좋다고 생각하시는지 답장으로 알려주십시오.

어휘 remind 상기시키다 | state 말하다, 진술하다 | leave over ~을 남겨 두다 | replace 교체하다, 바꾸다 | photocopier 복사기 | specification 사양 | review 검토하다 | reply 대답, 답장

1. What are the listeners being asked to decide?
(A) What kind of equipment to purchase
(B) How to change a process
(C) Where to obtain some equipment
(D) When to hold an event

청자들은 무엇을 결정하라고 요청받는가?
(A) 구매할 장비 종류
(B) 절차 변경 방법
(C) 장비를 구할 장소
(D) 행사를 여는 시기

해설 청자들에게 요청되는 사항을 묻는 문제이다. 요청과 관련된 표현을 키워드로 잡으면 쉽게 정답을 골라낼 수 있다. 담화의 초반부에 'I want to remind you all to respond to my e-mail regarding the purchase of new equipment. ~ we can use that to replace our old photocopiers. ~ I have attached several photos and specifications of recent models. Please carefully review them and let me know in your reply which one you think would be

best (새로운 장비 구입에 대한 제 이메일에 회신해 주실 것을 다시 한 번 상기시켜 드리고 싶네요. ~ 오래된 복사기를 교체하는 데 쓸 수 있습니다. ~ 최신 모델 여러 개의 사진과 사양을 첨부해 놓았으니, 신중하게 검토해 보시고 어떤 것이 가장 좋다고 생각하시는지 알려주십시오.)'라는 내용을 언급하고 있으므로 정답은 (A)가 된다.

2. What does the speaker say about the budget?
(A) It has yet to be finalized.
(B) There is money remaining in it.
(C) There will be a new policy.
(D) It will be reduced next quarter.

화자는 예산에 대해 무엇을 말하는가?
(A) 아직 확정되지 않았다.
(B) 남은 돈이 있다.
(C) 새로운 방침이 있을 것이다.
(D) 다음 분기에는 삭감될 것이다.

해설 예산에 대한 정보, 세부 사항을 묻는 문제이다. budget을 키워드로 삼아 내용에 집중하면 된다. 초반에 청자들에게 새 장비를 구매하는 일에 대해 언급하면서 'since there's money left over in the budget(예산에 남은 금액이 있기 때문에)'이라고 하므로, 예산이 남았음을 알 수 있다. 따라서 정답은 left over가 패러프레이징되어 remaining으로 표현된 (B)가 된다.

3. What are the listeners requested to do after the meeting?
(A) Prepare for a presentation
(B) Meet with a department manager
(C) Register for a session
(D) Indicate a preferred product

청자들은 회의 후에 무엇을 하라고 요청 받는가?
(A) 발표를 준비한다
(B) 부서장을 만난다
(C) 수업에 등록한다
(D) 선호하는 제품을 알려 준다

해설 회의 후 요청 사항을 묻는 질문으로 요청과 관련된 표현을 키워드로 잡아야 문제가 풀린다. 'I have attached several photos and specifications of recent models. Please carefully review them and let me know in your reply which one you think would be best for our office. (최신 모델 여러 개의 사진과 사양을 첨부해 놓았으니 검토해 보시고 어떤 게 가장 좋다고 생각하시는지 답장으로 알려주십시오.)'라고 말했으므로 (D)가 정답이 된다.

미국

Questions 4-6 refer to the following news report.

Ⓜ I'm Pedro Alvarez with your local news brief. Today's lead story is the upcoming changes to the city's public bus system. **4** The project is in regard to residents' complaints about the recent increase in pollution in our city. To improve the air quality, the city government has proposed replacing some old vehicles with hybrid electric buses. As this is an important issue for many residents, ⑤ the meeting regarding this project will be held at the Letterman Conference Hall instead of the community center. We would like to hear from you. Do you think the city should invest in environmentally friendly buses? ⑥ Call us at 555-9428 and share your thoughts.

4-6번은 다음 뉴스 보도에 관한 문제입니다.

🔊 저는 지역 뉴스 단신을 전해드릴 Pedro Alvarez입니다. 오늘의 주요 소식은 곧 있을 시 공공버스 시스템 개편에 관한 내용입니다. ④ 이 프로젝트는 최근 시내 오염 증가에 관한 주민들의 불만과 관련 있습니다. 시 정부는 공기의 질을 개선하기 위해, 일부 오래된 차량을 하이브리드 전기 버스로 교체할 것을 제안했습니다. 이것이 많은 주민들에게 중요한 사안인 만큼, ⑤ 이 프로젝트 관련 회의는 주민센터 대신 Letterman 회의장에서 열릴 것입니다. 저희는 여러분의 의견을 듣고 싶습니다. 시에서 환경친화적 버스에 투자해야 한다고 생각하시나요? ⑥ 555-9428로 저희에게 전화 주셔서 여러분의 생각을 알려주세요.

어휘 brief 단신 | lead 선두 | upcoming 곧 있을 | in regard to ~에 관해서 | resident 주민 | complaint 불평 | pollution 오염 | quality 질 | propose 제안하다 | replace 대체하다, 대신하다 | electric 전기의 | issue 안건, 사안 | hold (회의를) 열다, 개최하다 | invest in ~에 투자하다 | environmentally friendly 환경친화적인

4. Why have residents complained recently?
(A) The schools are inconveniently located.
(B) The streets are not well-maintained.
(C) The public transportation system is confusing.
(D) The air quality is poor.

주민들은 최근 왜 불평을 했는가?
(A) 학교들이 불편한 곳에 위치해 있다.
(B) 거리가 잘 정비되어 있지 않다.
(C) 대중 교통 체계가 복잡하다.
(D) 공기 질이 나쁘다.

해설 주민들이 최근에 불평한 이유를 묻는 문제로 residents, complained, recently를 키워드로 삼아 단서를 포착한다. 담화 초반에 'The project is in regard to residents' complaints about the recent increase in pollution in our city. To improve the air quality, the city government has proposed replacing some old vehicles with hybrid electric buses. (이 프로젝트는 최근 시내 오염 증가에 관한 주민들의 불만과 관련 있습니다. 시 정부는 공기의 질을 개선하기 위해, 일부 오래된 차량을 하이브리드 전기 버스로 교체할 것을 제안했습니다.)'라고 말한 내용을 토대로 최근 공기 질 문제로 주민들의 불만이 있었음을 알 수 있으므로 (D)가 정답이다.

5. What does the speaker say has changed about a meeting?
(A) The attendees
(B) The venue

(C) The content
(D) The time

화자는 회의에 관하여 무엇이 바뀌었다고 말하는가?
(A) 참석자들
(B) 장소
(C) 내용
(D) 시간

해설 회의에서 변경된 사항을 묻는 질문으로 changed, meeting을 키워드로 삼아 단서를 포착한다. 담화 중반에 'the meeting regarding this project will be held at the Letterman Conference Hall instead of the community center (이 프로젝트 관련 회의는 주민센터 대신 Letterman 회의장에서 열릴 것입니다)'라고 말했으므로 (B)가 정답이다.

6. Why are the listeners asked to call?
(A) To order a ticket
(B) To enter a contest
(C) To express an opinion
(D) To make a donation

청자들은 왜 전화하라고 요청받는가?
(A) 티켓을 주문하기 위해
(B) 대회에 참가하기 위해
(C) 의견을 표현하기 위해
(D) 기부를 하기 위해

해설 청자들이 전화하라고 요청 받은 이유를 묻고 있다. 담화 마지막에 'Call us at 555-9428 and share your thoughts. (555-9428로 저희에게 전화 주셔서 여러분의 생각을 알려주세요.)'라고 말했으므로 share ~ thoughts를 express ~ opinion으로 패러프레이징한 (C)가 정답이다.

미국

Questions 7-9 refer to the following telephone message.

🔊 Hello, Mr. Abrams. ⑦ I wanted to follow up on our discussion this morning about your company's new online informational video. Our writers have started working on incorporating the changes you requested into the script. You had also said that you were considering making brochures. ⑧ This is something we can definitely do for you, and right now, we're taking half off the price of promotional printed materials. ⑨ Just be aware that this deal ends next Monday, so you have to let us know if you are interested by then.

7-9번은 다음 전화 메시지에 관한 문제입니다.

🔊 안녕하세요, Mr. Abrams. ⑦ 귀사의 새 온라인 정보 제공 영상에 대해 오늘 아침에 했던 이야기를 계속하려고 합니다. 저희 작가들은 귀하께서 요청하셨던 수정 사항들을 대본에 넣는 작업을 시작했습니다. 그리고 광고 책자 제작을 생각 중이라고 말씀하셨죠. ⑧ 이건 저희 쪽에서 확실히 해드릴 수 있습니다. 그리고 지금 저희 회사에서는 홍보용 인쇄물 비용을 절반으로 할인해 드리고 있습니다. ⑨ 이 할인은 다음

---

7. Why did Mr. Abrams meet with the speaker?
(A) To finalize a schedule
(B) To negotiate a price
(C) To give an update
(D) To apply for a job

Mr. Abrams는 왜 화자와 만났는가?
(A) 일정을 마무리 지으려고
(B) 가격을 협상하려고
(C) 새로운 정보를 제공하려고
(D) 일자리에 지원하려고

해설 화자와 청자가 만난 이유·목적에 대해 물어보는 질문이다. 대부분 전화, 녹음 메시지에서는 메시지를 남긴 이유나 목적이 초반부에 등장하므로 담화의 도입부를 집중해서 듣는다. 도입 부분에서 'I wanted to follow up on our discussion this morning about your company's new online informational video. Our writers have started working on incorporating the changes you requested into the script. (귀사의 새 온라인 정보 제공 영상에 대해 오늘 아침에 했던 이야기를 계속하려고 합니다. 저희 작가들은 귀하께서 요청하셨던 수정 요소들을 대본에 넣는 작업을 시작했습니다.)'라고 언급하였으므로 오늘 아침 Mr. Abrams가 화자에게 대본에 수정 요소가 있음을 알렸다는 걸 알 수 있다. 따라서 정답은 (C)가 된다.

---

8. What does the speaker offer Mr. Abrams?
(A) A full-time position
(B) Express delivery
(C) A discounted service
(D) Free product samples

화자는 Mr. Abrams에게 무엇을 제공하는가?
(A) 정규직 자리
(B) 빠른 배송
(C) 할인된 서비스
(D) 무료 샘플 제품

해설 화자가 청자에게 제공할 것을 물어보는 질문으로, 제공과 관련된 표현을 키워드로 잡아야 한다. 담화의 중반부에 'This is something we can definitely do for you, and right now, we're taking half off the price of promotional printed materials. (이건 저희 쪽에서 확실히 해드릴 수 있습니다. 그리고 지금 저희 회사에서는 홍보용 인쇄물 비용을 절반으로 할인해 드리고 있습니다.)'라고 말하며 인쇄물 비용 할인을 제공한다는 사실을 알 수 있다. 따라서 정답은 (C)임을 알 수 있다.

---

9. According to the speaker, what must Mr. Abrams do before next Monday?

(A) Upload a file
(B) Reach a decision
(C) Create an account
(D) Fill out a survey

화자에 따르면, Mr. Abrams는 다음 주 월요일까지 무엇을 해야 하는가?
(A) 파일을 업로드한다
(B) 결정을 내린다
(C) 계정을 만든다
(D) 설문을 작성한다

해설 화자가 요청하는 사항을 묻는 문제이다. 문제의 before next Monday를 키워드로 잡고 다른 요일들을 언급할 수 있으므로 키워드가 언급되는 문장에 집중해야 한다. 후반부에 'Just be aware that this deal ends next Monday, so you have to let us know if you are interested by then. (이 할인은 다음 주 월요일에 끝난다는 것을 기억해 주세요. 그러므로 관심이 있으시다면 그때까지 알려주셔야 합니다.)'이라는 말을 언급하므로, 인쇄물 비용 할인 행사가 월요일에 끝나기 때문에 그 전까지 의사를 밝혀야 함을 알 수 있다. 정답은 (B)임을 알 수 있다.

호주

Questions 10-12 refer to the following announcement.

M Hello, all. As you know, the parking lot will be under construction. It is expected to be done by Monday morning. **10** So, um, there will be no place to park if you come in on the weekend. **11** If you have to work in the office, you'd better try to find a different way to get here. And you might all like to know which bus or subway to take to come to the office. So, **12** I will email everyone the information after I get back to my office.

10-12번은 다음 공지에 관한 문제입니다.

남 안녕하십니까, 여러분. 모두 아시다시피, 회사 주차장이 공사에 들어갈 것입니다. 공사는 월요일 아침에 끝날 것으로 예상됩니다. **10** 그래서, 음, 주말에 오실 경우 따로 주차를 할 공간이 없을 것입니다. **11** 만약 사무실에서 일해야 한다면, 다른 방법을 찾아 보시는 것이 좋을 것입니다. 그리고 다들 사무실까지 어떤 버스나 지하철을 타고 와야 하는지 알고 싶으시겠죠. 그래서, **12** 제가 사무실에 돌아가면 해당 정보를 여러분에게 이메일을 통해 알려드리겠습니다.

어휘 parking lot 주차장 | under construction 공사 중인 | be expected to ~할 것으로 예상되다 | had better ~하는 것이 좋을 것이다

---

10. What problem is mentioned?
(A) Sales targets will not be met.
(B) Parking will not be available.
(C) Some machinery requires repairs.
(D) A team has too many projects.

어떤 문제점이 언급되는가?

(A) 매출 목표액이 달성되지 않을 것이다.

(B) 주차장이 이용 불가능할 것이다.

(C) 일부 장비들에 수리가 필요하다.

(D) 팀이 맡고 있는 프로젝트가 너무 많다.

해설 담화에서 언급되고 있는 문제를 묻는 문제로 부정적 표현들을 키워드로 잡으면 정답이 보인다. 담화의 도입 부분에 주차장이 공사 중이라는 말과 함께 'So, um, there will be no place to park if you come in on the weekend. (그래서, 음, 주말에 오실 경우 따로 주차를 할 공간이 없을 것입니다.)'라고 이어지므로, 정답은 (B)임을 알 수 있다.

---

11. What does the speaker mean when he says, "you'd better try to find a different way to get here"?

(A) A different route will be available to commuters.

(B) The entrance to an office will be temporarily closed.

(C) Employees should consider other transportation options.

(D) Staff members are expected to come in on the weekend.

화자는 "다른 방법을 찾아 보시는 것이 좋을 것입니다"라고 말할 때 무엇을 의도하는가?

(A) 통근자들에게 다른 경로가 이용 가능해질 것이다.

(B) 사무실 입구가 잠시 폐쇄될 것이다.

(C) 직원들은 다른 교통수단을 고려해야 할 것이다.

(D) 직원들이 주말에도 출근할 것으로 예상된다.

해설 화자가 하는 말의 의도를 묻고 있다. 주어진 문장 전에 화자는 주말에는 주차장 이용이 불가함을 이야기하며, 'If you have to work in the office (만약 사무실에서 일해야 한다면)'라고 언급하고 'you'd better try to find a different way to get here (다른 방법을 찾아 보시는 것이 좋을 것입니다)'라고 덧붙인다. 즉, 주말에 출근하는 직원들은 차를 이용하는 것이 아닌 다른 출근 방법을 찾아야 하므로 정답은 (C)가 된다.

---

12. What does the speaker say he will do?

(A) Email some information

(B) Work on the weekend

(C) Visit a construction site

(D) Speak to a supervisor

화자는 무엇을 할 거라고 말하는가?

(A) 정보를 이메일로 보내 준다

(B) 주말에 일한다

(C) 공사 현장을 방문한다

(D) 상사에게 이야기한다

해설 미래에 발생할 사항에 대해 묻는 질문으로, 대표적으로 미래 시제를 키워드로 잡으면 정답 단서를 찾을 수 있다. 담화의 후반부에 'I will email everyone the information after I get back to my office (제가 사무실에 돌아가면 해당 정보를 여러분에게 이메일을 통해 알려드리겠습니다)'라고 언급하므로 다른 교통수단과 관련된 사항을 직원들에게 알릴 것임을 알 수 있다. 따라서 정답은 (A)이다.

Questions 13-15 refer to the following speech.

W I hope you all have been enjoying the convention this year. I'm here to talk about how I started my own business. I've always enjoyed cooking, and my friends often asked me to cook for them on special occasions. After a while, **13** I began thinking that this passion could transform into a career. I majored in business in university, so I decided to try it out. I was able to secure the necessary funds to rent a small building. **14** I started out with just one chef and several kitchen workers and wait staff but quickly established a loyal customer base. **15** And later this month, we'll start selling our famous pasta sauce at the local supermarket.

13-15번은 다음 연설에 관한 문제입니다.

여 여러분 모두 올해 컨벤션을 즐기고 계시길 바랍니다. 제 사업을 어떻게 시작하게 됐는지 이야기하려 이 자리에 왔습니다. 저는 항상 요리를 좋아했고, 친구들은 특별한 일이 있으면 저에게 요리를 해달라고 자주 부탁했죠. **13** 시간이 지나고 저는 이러한 열정을 경력으로 바꿀 수 있겠다고 생각하기 시작했습니다. 대학에서 경영을 전공했기에 시도해보기로 결정했어요. 작은 건물을 임대하는 데 필요한 자금을 확보할 수 있었죠. **14** 저는 단 한 명의 셰프와 몇 명의 주방 직원과 종업원을 데리고 시작했지만 충성 고객층을 금세 확보했습니다. **15** 그리고 이번 달 말 저희 가게의 유명한 파스타 소스를 지역 슈퍼마켓에서 팔기 시작할 겁니다.

어휘 occasion 때, 경우 | passion 열정 | transform 변형하다, 완전히 바꾸다 | major 전공하다 | secure 확보하다, 획득하다 | fund 자금 | wait staff 종업원 | establish 확고히 하다, 수립하다 | loyal 충실한, 충성스러운 | customer base 고객층

---

13. What does the speaker mean when she says, "I majored in business in university"?

(A) She thinks people should earn a business degree.

(B) She plans to apply for a management position.

(C) She will be teaching some classes.

(D) She was confident about a choice.

화자는 왜 "대학에서 경영을 전공했어요"라고 말하는가?

(A) 사람들이 경영 학위를 따야 한다고 생각한다.

(B) 관리직에 지원할 계획이다.

(C) 일부 수업을 가르칠 것이다.

(D) 선택에 자신이 있었다.

해설 화자가 하는 말의 의도를 묻고 있다. 인용 문장 앞뒤 내용을 핵심 단서로 삼는다. 담화 중반에 'I began thinking that this passion could transform into a career (시간이 지나고 저는 이러한 열정을 경력으로 바꿀 수 있겠다고 생각하기 시작했습니다)'라며, 'I majored in business in university, so I decided to try it out. (대학에서 경영을 전공했기에 시도해보기로 결정했어요)'이라고 말한 것이므로 대학에서 경영학을 전공했다고 한 말은 본인의 결정에 자신감을 부여하기 위한 의도임을 알 수 있다. 따라서 (D)가 정답이다.

---

14. What type of business does the speaker most likely own?

(A) A restaurant

(B) A kitchen appliance store

(C) A farm

(D) A supermarket chain

화자는 어떤 종류의 업체를 소유하고 있겠는가?

(A) 식당

(B) 주방 용품 가게

(C) 농장

(D) 슈퍼마켓 체인

해설 화자가 소유하고 있는 업종을 묻는 문제로, 특정 업종과 관련된 단어/표현을 포착한다. 담화 중반에 'I started out with just one chef and several kitchen workers and wait staff but quickly established a loyal customer base. (저는 단 한 명의 셰프와 몇 명의 주방 직원과 종업원을 데리고 시작했지만 충성 고객층을 금세 확보했습니다.)'라고 하여 chef, kitchen workers 등을 토대로 화자가 레스토랑 소유주임을 알 수 있으므로 (A)가 정답이다.

---

15. What does the speaker say will happen later this month?

(A) A new employee will be trained.

(B) An advertisement campaign will begin.

(C) A customer survey will be distributed.

(D) A product will go on sale.

화자는 이달 말에 무슨 일이 있을 거라고 하는가?

(A) 신입 직원이 교육을 받는다.

(B) 광고 캠페인이 시작된다.

(C) 고객 설문조사가 배포된다.

(D) 한 제품이 판매될 것이다.

해설 이달 말에 일어날 일을 묻는 문제이다. later this month를 키워드로 삼아 단서를 포착한다. 담화 후반에 'And later this month, we'll start selling our famous pasta sauce at the local supermarket. (그리고 이번 달 말 저희 가게의 유명한 파스타 소스를 지역 슈퍼마켓에서 팔기 시작할 겁니다.)'이라고 말했으므로 (D)가 정답이다.

미국

Questions 16-18 refer to the following broadcast and map.

M Thank you for tuning in to MRX's morning news report. Fortunately, the storm is finally over. **16** **17** However, the heavy rain has caused some damage to the roads, and the intersection between Bloomfield Drive and Carrington Lane is blocked off for repairs. There is a lot of debris on that corner, and maintenance workers are doing their best to clear it. The Transportation Department stated that they aim to complete the work by 3 P.M. today.

By the way, **18** this should not affect tomorrow's cycling competition through Bloomfield Drive, so don't worry. You can find more information about the competition on Haverton City's website.

16-18번은 다음 방송과 지도에 관한 문제입니다.

남 MRX의 아침 뉴스 보도를 시청해 주셔서 감사합니다. 다행히도, 태풍이 완전히 사라졌습니다. **16** **17** 하지만 강한 비로 도로가 피해를 입었고, Bloomfield 가와 Carrington 가의 교차로가 복원작업으로 통제되었습니다. 모퉁이에 잔해가 많으며, 정비 작업자들이 그것을 치우려고 최선을 다하고 있습니다. 교통부는 오늘 오후 3시까지 작업을 완료할 것이라고 말했습니다. 그러므로 **18** 이는 내일 Bloomfield 가에서 있을 사이클링 대회에 영향을 미치지 않을 것이니, 염려하지 마십시오. Haverton 시 웹사이트에서 대회에 관한 더 많은 정보를 보실 수 있습니다.

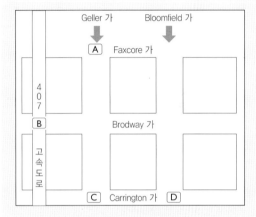

어휘 tune in 시청하다 ǀ fortunately 다행히도 ǀ storm 폭풍 ǀ cause 초래하다, 야기하다 ǀ damage 피해 ǀ intersection 교차로 ǀ block off 막다, 차단하다 ǀ repair 수리 ǀ debris 잔해 ǀ maintenance 유지(보수) ǀ clear 치우다 ǀ transportation 교통, 수송 ǀ department 부서 ǀ state 말하다, 진술하다

---

16. What is the cause of a problem?

(A) A staff shortage

(B) Inclement weather

(C) A system error

(D) Building construction

문제의 원인은 무엇인가?

(A) 직원 부족

(B) 악천후

(C) 시스템 오류

(D) 건물 공사

해설 문제의 원인을 묻는 문제로 cause, problem을 키워드로 삼아 문제점을 언급하는 시그널 표현을 포착한다. 담화 초반에 'However, the heavy rain has caused some damage to the roads, and the intersection between Bloomfield Drive and Carrington Lane is blocked off for repairs. (하지만 강한 비로 도로가 피해를 입었고,

Bloomfield 가와 Carrington 가의 교차로가 복원작업으로 통제되었습니다.)'라고 말했으므로 heavy rain이 문제의 원인임을 알 수 있다. 따라서 이를 inclement weather로 패러프레이징한 (B)가 정답이다.

---

17. Look at the graphic. Which area is the speaker describing?
(A) Area A
(B) Area B
(C) Area C
(D) Area D

시각 정보를 보시오. 화자는 어느 구역을 설명하는가?
(A) A 구역
(B) B 구역
(C) C 구역
(D) D 구역

해설 화자가 설명하는 구역을 묻는 문제이다. 담화 초반에 'However, the heavy rain has caused some damage to the roads, and the intersection between Bloomfield Drive and Carrington Lane is blocked off for repairs. (하지만 강한 비로 도로가 피해를 입었고, Bloomfield 가와 Carrington 가의 교차로가 복원작업으로 통제되었습니다.)'라고 말했고, 시각 정보 상에서 Bloomfield Drive와 Carrington Lane의 교차 지점은 'D'이므로 (D)가 정답이다.

---

18. According to the speaker, what will be held tomorrow?
(A) A city parade
(B) A business conference
(C) A sales event
(D) An athletic competition

화자에 따르면, 내일 무엇이 개최될 것인가?
(A) 도시 퍼레이드
(B) 기업 회의
(C) 판매 행사
(D) 운동 경기

해설 내일 개최될 행사를 묻는 문제로 held, tomorrow를 키워드로 삼아 단서를 포착한다. 담화 후반에 'this should not affect tomorrow's cycling competition through Bloomfield Drive (이는 내일 Bloomfield 가에서 있을 사이클링 대회에 영향을 미치지 않을 것이니)'라고 말한 부분을 토대로 내일 사이클링 대회가 열린다는 사실을 알 수 있으므로 cycling을 athletic으로 패러프레이징한 (D)가 정답이다.

UNIT 12. 전방위 문제 유형

Practice

1. (C)	**2.** (D)	**3.** (A)	**4.** (B)	**5.** (A)	**6.** (A)
7. (D)	**8.** (B)	**9.** (C)	**10.** (A)	**11.** (A)	**12.** (A)
13. (B)	**14.** (B)	**15.** (D)	**16.** (D)	**17.** (C)	**18.** (B)

미국

Questions 1-3 refer to the following telephone message.

W Hi, Carlos. It's Olivia Herkins. **1** I'm calling you back about the company anniversary party I'm holding at your hotel. During our last discussion, you said I should tell you if I require extra furniture or other equipment. The current number of chairs and tables is fine. **2** But I do need more microphones. Also, **3** you said you could arrange an airport shuttle to pick up some of our guests, but we'll just use a rental vehicle. OK, I'll talk to you soon.

1-3번은 다음 전화 메시지에 관한 문제입니다.

W Carlos, 안녕하세요. 저는 Olivia Herkins예요. **1** 귀사의 호텔에서 진행하는 회사 기념일 파티 관련 회신 전화를 드립니다. 지난번 논의 때, 여분의 가구나 다른 장비가 필요하면 말해달라고 하셨잖아요. 지금 의자와 탁자 수는 괜찮습니다. **2** 하지만 마이크가 더 필요해요. 또한, **3** 저희 손님들을 데리러 갈 공항 셔틀을 마련해 주실 수 있다고 하셨는데요, 하지만 저희는 그냥 대여 차량을 이용할 예정입니다. 그럼, 곧 전화 드리겠습니다.

어휘 anniversary 기념일 | require 요구하다 | extra 추가의, 여분의 | equipment 장비 | current 현재의 | microphone 마이크 | arrange 주선하다, 마련하다 | rental 대여, 임대료 | vehicle 차량, 탈 것

---

1. What event is being discussed?
(A) A hotel opening
(B) A company workshop
(C) An anniversary celebration
(D) A retirement party

어떤 행사가 논의되고 있는가?
(A) 호텔 개관
(B) 회사 워크숍
(C) 기념일 축하 행사
(D) 은퇴 파티

해설 논의되고 있는 행사를 묻는 문제이다. 담화 초반에 'I'm calling you back about the company anniversary party (회사 기념일 파티 관련 회신 전화를 드립니다)'로 메시지를 시작하는 것으로 보아 회사 기념일 행사에 관한 내용이 논의될 것임을 알 수 있으므로 (C)가 정답이다.

2. What does the speaker request?

(A) A menu

(B) Some furniture

(C) A laptop

(D) Some microphones

화자는 무엇을 요구하는가?

(A) 메뉴

(B) 가구

(C) 노트북 컴퓨터

(D) 마이크

해설 화자가 요구하는 것을 묻는 문제로 요구 표현을 단서로 잡아낸다. 담화 중반에 'But I do need more microphones. (하지만 마이크가 더 필요해요.)'라고 말했으므로 (D)가 정답이다.

---

3. Why does the speaker say, "we'll just use a rental vehicle"?

(A) To turn down an offer

(B) To ask for a refund

(C) To request a discount

(D) To make a reservation

화자는 왜 "저희는 그냥 대여 차량을 이용할 예정입니다"라고 말하는가?

(A) 제안을 거절하기 위해

(B) 환불을 요청하기 위해

(C) 할인을 요청하기 위해

(D) 예약을 하기 위해

해설 화자가 그렇게 말한 의도를 파악하는 문제이다. 인용 문장 앞뒤 내용을 핵심 단서로 삼는다. 담화 후반에 'you said you could arrange an airport shuttle to pick up some of our guests (저희 손님들을 데리러 갈 공항 셔틀을 마련해 주실 수 있다고 하셨는데요)'라며, 'but we'll just use a rental vehicle (하지만 저희는 그냥 대여 차량을 이용할 예정입니다)'이라고 말한 것이므로 공항 셔틀을 마련해 주겠다는 제안을 거절한 표현으로 이해할 수 있다. 따라서 (A)가 정답이다.

호주

Questions 4-6 refer to the following excerpt from a meeting.

M Welcome to today's meeting. **4** We're making good progress with the planning of our annual fundraising dinner gala, however, we are in need of additional sponsors. **5** Therefore, we'll be reaching out to businesses in the area, asking for donations. You'll each be given a list of possible local sponsors to contact. I realize that many of you don't have much experience with this type of work, and **6** I know you're going to have a lot of questions. The thing is, though, I'm still in the process of learning, which is why I've asked Jonah to come to give us some tips. He's been a part of several fundraising events.

4-6번은 다음 회의 발췌록에 관한 문제입니다.

남 오늘 회의에 잘 오셨습니다. **4** 연례 기금 모음 만찬 축제 기획은 좋은 진전을 보이고 있지만, 추가 후원자가 필요합니다. **5** 그래서 지역 사업체들에게 연락해서 기부를 요청할 겁니다. 여러분은 연락 가능한 지역 후원자들 목록을 각각 받게 될 겁니다. 여러분 다수가 이런 종류의 일을 경험해보지 못했다는 것을 알고 있고, **6** 질문이 많다는 것도 압니다. 하지만 저는 여전히 배우는 과정에 있기에 Jonah에게 부탁해 우리에게 조언을 해달라고 했습니다. 이분은 다수의 기금 모금 행사에서 일했습니다.

어휘 progress 진전, 진척 | annual 연례의, 매년의 | fundraising 모금 | additional 부가의, 추가의 | reach out ~에게 연락을 취하다 | donation 기부 | contact 연락하다 | process 과정 | tip (작은) 조언

---

4. What event is being discussed?

(A) A product launch celebration

(B) A fundraising party

(C) A business opening

(D) An employee welcome dinner

어떤 행사가 논의되고 있는가?

(A) 제품 출시 축하 행사

(B) 기금 모음 파티

(C) 회사 개업식

(D) 직원 환영 만찬

해설 논의되고 있는 행사를 묻는 문제로, 담화 초반부에서 특정 행사와 관련된 단어/표현을 포착한다. 'We're making good progress with the planning of our annual fundraising dinner gala (연례 기금 모음 만찬 축제 기획은 좋은 진전을 보이고 있습니다)'라고 말한 내용을 토대로 기금 모음 행사가 논의되고 있음을 알 수 있다. 따라서 (B)가 정답이다.

---

5. What does the speaker instruct the listeners to do?

(A) Get in touch with possible sponsors

(B) Distribute some brochures

(C) Arrange transportation for guests

(D) Look over some menu items

화자는 청자들에게 무엇을 하라고 안내하는가?

(A) 가능한 스폰서들에게 연락한다

(B) 안내책자를 나눠준다

(C) 손님들을 위해 교통수단을 마련한다

(D) 메뉴를 살펴본다

해설 화자가 청자들에게 안내하는 것을 듣는 문제이다. 담화 중반에 'Therefore, we'll be reaching out to businesses in the area, asking for donations. You'll each be given a list of possible local sponsors to contact. (그래서 지역 사업체들에게 연락해서 기부를 요청할 겁니다. 여러분은 연락 가능한 지역 스폰서들 목록을 각자 받게 될 겁니다.)'라고 말했으므로 contact를 get in touch with로 패러프레이징한 (A)가 정답이다.

6. What does the speaker imply when he says, "I'm still in the process of learning"?

(A) He is unable to answer some questions.

(B) He will attend a training session.

(C) He does not understand some instructions.

(D) He is not happy with his assignment.

화자는 "저는 여전히 배우는 과정에 있습니다"라고 말할 때 무엇을 의도하는가?

(A) 일부 질문에 답변할 수 없다.

(B) 교육 시간에 참석할 것이다.

(C) 일부 안내를 이해하지 못했다.

(D) 자신의 업무가 마음에 들지 않는다.

해설 화자가 하는 말의 의도를 묻고 있다. 인용 문장 앞뒤 내용을 핵심 단서로 삼는다. 남화 후반에 'I know you're going to have a lot of questions (질문이 많다는 것도 압니다)'라며, 'The thing is, though, I'm still in the process of learning, which is why I've asked Jonah to come to give us some tips. He's been a part of several fundraising events. (하지만 저는 여전히 배우는 과정에 있기에 Jonah에게 부탁해 우리에게 조언을 해달라고 했습니다. 이분은 다수의 기금 모금 행사에서 일했습니다.)'라고 말한 것으로 보아 자신은 아직 배우는 과정이라 다 알지 못한다는 의미를 담은 것으로 이해할 수 있다. 따라서 (A)가 정답이다.

영국

Questions 7-9 refer to the following talk.

W Good afternoon, ladies and gentlemen. My associate, Dominic, and I are very happy to be at your firm today to explain our newest product. **7** Now, the food ordering application that you've developed allows people to have meals delivered even when they are not at their home address. **7 8** Our smart tablet is perfect for your program. **8** When connected with your app, it will display the fastest delivery route. **9** We'd like to pass around some pamphlets, so you can read more about our product. Let's see... Dominic... I think the brochures are in your bag.

7-9번은 다음 담화에 관한 문제입니다.

여 신사 숙녀 여러분, 안녕하세요. 제 동료 Dominic과 저는 오늘 저희 회사의 최신 제품에 대해 귀사에서 설명하게 되어 아주 기쁩니다. **7** 귀사에서 개발하신 음식 주문 어플리케이션은 사람들이 집 주소지에 없을 때에도 식사를 배달하도록 해주죠. **7 8** 저희의 스마트 태블릿은 귀사의 프로그램에 안성맞춤입니다. **8** 귀사의 앱과 연결되면 가장 빠른 배달 경로를 보여줄 수 있습니다. **9** 여러분이 저희 제품에 대해 더 읽어보실 수 있게 팜플렛 몇 장을 돌리려고 합니다. 저기 Dominic… 제 생각에는 안내책자가 당신 가방에 있는 것 같아요.

어휘 associate (사업, 직장) 동료 I firm 회사 I meal 식사 I connect 연결하다 I display 보여주다 I route 경로, 길

---

7. In what industry does the speaker most likely work?

(A) Finance

(B) Food

(C) Construction

(D) Technology

화자는 어떤 산업에 종사하겠는가?

(A) 금융

(B) 음식

(C) 건설

(D) 기술

해설 화자의 정체를 묻는 문제로, 특정 직업과 관련된 단어/표현을 포착한다. 담화 초반에 화자가 최신 제품을 설명하게 되어 기쁘다고 하면서, 'Now, the food ordering application that you've developed allows people to have meals delivered even when they are not at their home address. Our smart tablet is perfect for your program. (귀사에서 개발하신 음식 주문 어플리케이션은 사람들이 집 주소지에 없을 때에도 식사를 배달하도록 해주죠. 저희의 스마트 태블릿은 귀사의 프로그램에 안성맞춤입니다.)'이라고 말한 내용을 토대로 화자가 스마트 태블릿을 개발하는 업종에 소속되어 있음을 알 수 있으므로 (D)가 정답이다.

---

8. According to the speaker, what can the smart tablets be used for?

(A) Tracking packages

(B) Planning a route

(C) Listening to music

(D) Designing presentations

화자에 따르면, 스마트 태블릿은 무엇에 사용될 수 있는가?

(A) 소포 배송조회를 하는 것

(B) 경로를 계획하는 것

(C) 음악을 감상하는 것

(D) 발표 내용을 디자인하는 것

해설 스마트 태블릿이 사용될 수 있는 곳을 묻는 문제로 smart tablets를 키워드로 삼아 단서를 포착한다. 담화 중반부에, 'Our smart tablet is perfect for your program. When connected with your app, it will display the fastest delivery route. (저희의 스마트 태블릿은 귀사의 프로그램에 안성맞춤입니다. 귀사의 앱과 연결되면 가장 빠른 배달 경로를 보여줄 수 있습니다.)'라고 말했으므로 (B)가 정답이다.

---

9. Why does the speaker say, "I think the brochures are in your bag"?

(A) To postpone a meeting

(B) To point out an error

(C) To request some help

(D) To express frustration

화자는 왜 "제 생각에는 안내책자가 당신 가방에 있는 것 같아요"라고 말하는가?

(A) 회의를 연기하기 위해

(B) 실수를 지적하기 위해

(C) 도움을 요청하기 위해

(D) 언짢음을 표현하기 위해

해설 화자가 그렇게 말한 의도를 파악하는 문제이다. 인용 문장 앞뒤 내용을 핵심 단서로 삼는다. 담화 후반에 'We'd like to pass around some pamphlets, so you can read more about our product. Let's see… Dominic… (여러분이 저희 제품에 대해 더 읽어보실 수 있게 팜플렛 몇 장을 돌리려고 합니다. 저기 Dominic…)'이라고 Dominic을 부르며, 'I think the brochures are in your bag (제 생각에는 안내책자가 당신 가방에 있는 것 같아요)'이라고 말한 것이므로 Dominic에게 가방에서 안내책자를 꺼내 달라는 의미로 판단할 수 있다. 따라서 (C)가 정답이다.

미국

Questions 10-12 refer to the following tour information and floor plan.

Ⓜ ⑩ We hope you've enjoyed this tour of tulips and lilies. ⑪ If you're interested in finding out more about this exhibition, you'll definitely want to drop by our main office on the first floor. There, you can grab a complimentary guidebook that will give you the information you need. Anyway, we encourage you to continue exploring the other gardens. Just follow the signs on this map. If you don't have much time, be sure to ⑫ check out the tropical tree exhibition as it won't take too long. It's right next to the stairs to the first floor. And please remember, flash photography is prohibited.

10-12번은 다음 관광 정보와 평면도에 관한 문제입니다.

Ⓝ ⑩ 여러분께서 이번 튤립과 백합 투어에서 즐거운 시간을 보내셨기를 바랍니다. ⑪ 이 전시회에 대해서 더 알고 싶은 분이 있다면, 1층에 위치한 저희 본사 사무실로 들러주시기 바랍니다. 그곳에서, 필요하신 정보를 제공하는 안내 책자를 무료로 가져가실 수 있습니다. 아무쪼록, 여러분께 계속해서 다른 정원들도 답사하시기를 권해드립니다. 이 지도에 있는 표지들만 따라가시면 됩니다. 시간이 부족하시다면 ⑫ 열대 나무 전시회는 그렇게 오래 걸리지 않을 테니 꼭 한번 보고 가시기 바랍니다. 1층 계단 바로 옆 쪽에서 진행 중입니다. 그리고 플래시 촬영은 금지된다는 점 다시 한번 명심해 주십시오.

어휘 dofinitoly 분명히, 틀림없이 I grab 잡다, 움켜잡다 I complimentary 무료의 I explore 답사[탐사]하다 I tropical 열대의 I prohibit 금하다, 금지하다 I staircase 계단 I article (신문, 잡지의) 기사

10. What did listeners just see on the tour?
(A) Flowers
(B) Trees

(C) Ponds
(D) Fountains

청자들이 투어에서 지금 막 보고 온 것은 무엇인가?
(A) 꽃
(B) 나무
(C) 연못
(D) 분수

해설 청자들이 투어에서 보고 온 것을 묻는 질문이다. 담화의 도입부에서 화자는 'We hope you've enjoyed this tour of tulips and lilies. (여러분께서 이번 튤립과 백합 투어에서 즐거운 시간을 보내셨기를 바랍니다.)'라고 언급하였으므로 청자들이 방금 막 화원 투어를 마쳤음을 알 수 있다. 따라서 정답은 (A)이다.

---

11. What does the speaker suggest listeners do to find out more about the exhibition?
(A) Pick up a free book
(B) Watch a video
(C) Read an online article
(D) Speak to a guide

화자는 청자들이 전시회에 대해 더 알아보기 위해 무엇을 하기를 권하는가?
(A) 무료 책자를 가져간다
(B) 비디오를 시청한다
(C) 온라인 기사를 읽는다
(D) 가이드와 상의한다

해설 전시회에 대해 더 알아볼 사항을 묻는 질문으로, find out more about을 키워드로 잡고 정답의 단서를 찾으면 된다. 화자가 'If you're interested in finding out more about this exhibition, you'll definitely want to drop by our main office on the first floor. There, you can grab a complimentary guidebook that will give you the information you need. (이 전시회에 대해서 더 알고 싶은 분이 계시다면, 1층에 위치한 저희 본사로 들러주시기 바랍니다. 그곳에서, 필요하신 정보를 제공하는 안내 책자를 무료로 가져가실 수 있습니다.)'라고 말하고 있으므로, 무료 안내 책자를 보면 전시회와 관련한 추가 정보를 얻을 수 있음을 알 수 있다. 따라서 정답은 (A)이다.

---

12. Look at the graphic. In which area can listeners view tropical trees?
(A) Area A
(B) Area B
(C) Area C
(D) Area D

시각 정보를 보시오. 청자들이 열대 나무를 볼 수 있는 구역은 어디인가?
(A) A 구역
(B) B 구역
(C) C 구역
(D) D 구역

해설 시각 정보 연계 문제이다. 담화의 후반부에 'check out the tropical tree exhibition as it won't take too long. It's right next to the stairs to the first floor. (열대 나무 전시회는 그렇게 오래 걸리지 않

을 테니 꼭 한번 보고 가시기 바랍니다. 1층 계단 바로 옆 쪽에서 진행 중입니다.)'라고 언급되었으므로, 시각 정보에서 1층으로 향하는 계단을 빠르게 찾으면, right next to ~가 들리는 순간 바로 (A)를 정답으로 체크할 수 있다.

미국

Questions 13-15 refer to the following excerpt from a workshop and table of contents.

W I'm glad everyone could make it to the second day of our training session on installing the Hydro-Five water heater. By the way, 13 14 I want to thank all of you for completing the survey after the overview yesterday. It was helpful to know what everyone thought about the session and what other things I should cover throughout the workshop. OK, now, 14 we'll be reviewing the next section today, please open your guides and turn to page 15. The first of today's sessions will be held here in this conference room. 15 Then, after we come back from lunch, we'll go to the event hall to practice with an actual water heater.

13-15번은 다음 워크숍 발췌록과 목차에 관한 문제입니다.

W Hydro-Five 온수기 설치에 관한 트레이닝 과정 둘째 날까지 모두들 와주셔서 기쁩니다. 그나저나, 13 14 어제의 개략적인 설명 후에 설문조사를 작성해 주신 데 대해 모든 분들께 감사를 드리고 싶습니다. 모든 분들이 과정에 대해 어떻게 생각 하는가와 워크숍 동안 제가 반드시 다루어야 할 다른 것들에 대해 알게 되는데 도움이 되었습니다. 좋습니다, 그럼 14 오늘은 다음 부분을 살펴볼 겁니다. 안내서를 열고 15페이지로 넘기세요. 오늘 첫 번째 과정은 여기 이 회의실에서 열릴 겁니다. 15 그런 다음 점심 식사에서 돌아온 후 실제 온수기로 연습할 수 있도록 이벤트 홀에 가겠습니다.

Hydro-Five 온수기
설치 안내서

목차
2쪽: 개요
15쪽: 단계
45쪽: 지원
56쪽: 연락처

어휘 make it to ~에 가다 I install 설치하다 I water heater 온수기 I overview 개요, 개관 I helpful 도움이 되는 I session (특정 활동을 위한) 시간 I cover 다루다, 포함하다 I review 검토하다 I hold 개최하다

---

13. What does the speaker thank the listeners for?
(A) Selling many products
(B) Providing some feedback
(C) Purchasing some guides
(D) Wearing safety gear

화자는 청자들에게 무엇을 고마워하는가?
(A) 많은 제품들을 판매한 것

(B) 피드백을 제공한 것
(C) 안내서를 구매한 것
(D) 안전 장비를 착용한 것

해설 화자가 청자들에게 고마워하는 것을 묻는 문제이다. 질문의 thank를 키워드로 삼아 단서를 포착한다. 담화 초반에 'I want to thank all of you for completing the survey after the overview yesterday (어제의 개략적인 설명 후에 설문조사를 작성해 주신 데 대해 모든 분들께 감사를 드리고 싶습니다)'라고 말했으므로 completing the survey를 providing some feedback으로 패러프레이징한 (B)가 정답이다.

---

14. Look at the graphic. Which section will the speaker discuss today?
(A) Overview
(B) Steps
(C) Support
(D) Contact

시각 정보를 보시오. 오늘 화자가 논의하는 것은 어느 부분인가?
(A) 개요
(B) 단계
(C) 지원
(D) 연락처

해설 오늘 논의할 섹션을 묻는 문제이다. 담화 초반의 'I want to thank all of you for completing the survey after the overview yesterday (어제의 개략적인 설명 후에 설문조사를 완료해 주신 데 대해 모든 분들께 감사를 드리고 싶습니다)'와 담화 중반의 'we'll be reviewing the next section today, please open your guides and turn to page 15 (오늘은 다음 부분을 살펴볼 겁니다. 안내서를 열고 15페이지로 넘기세요)'을 토대로 오늘은 Overview 다음 부분인 15페이지를 살펴본다고 했고 시각 정보 상에서 Page 15를 확인하면 오늘 논의할 내용이 'Steps'임을 알 수 있다. 따라서 (B)가 정답이다.

---

15. What does the speaker mention about the afternoon session?
(A) It will feature a famous speaker.
(B) It will include snacks and beverages.
(C) It will be moved to a different date.
(D) It will be held in another location.

오후 일정에 관하여 화자가 언급한 것은 무엇인가?
(A) 유명한 연사를 출연시킬 것이다.
(B) 간식과 음료를 포함할 것이다.
(C) 다른 날짜로 옮겨질 것이다.
(D) 다른 장소에서 열릴 것이다.

해설 오후 시간에 관하여 화자가 언급한 것을 묻는 문제로 afternoon session을 키워드로 삼아 단서를 포착한다. 담화 후반에 'Then, after we come back from lunch, we'll go to the event hall to practice with an actual water heater. (그런 다음 점심 식사에서 돌아온 후 실제 온수기로 연습할 수 있도록 이벤트 홀에 가겠습니다.)'라고 하여 after we come back from lunch를 듣고 afternoon session에 대한 내용이 언급될 것을 짐작하고 들으면, 실제 온수기 연습을 위해 이벤트 홀로 갈 거라고 했으므로 event hall을 another location으로 패러프레이징한 (D)가 정답이다.

Questions 16-18 refer to the following excerpt from a meeting and chart.

M Hello, everyone. The results from our recent market test are in. 16 And surprisingly, the majority of users did not find it difficult to use our music streaming application. I'm also happy to say that nearly all of them enjoyed our application's features. 17 In particular, they really liked our search engine because it let them quickly find the music they wanted to hear. There's one thing that concerns me, though. If you look at this graph, the responses of the users differ from town to town. 18 Jenna, do you mind finding out why this particular city's residents were the least satisfied with our application? Once we know the reason, we can use it to improve our program.

16-18번은 다음 회의 발췌록과 도표에 관한 문제입니다.

M 여러분, 안녕하세요. 최근의 시장성 테스트 결과가 들어왔습니다. 16 그리고 놀랍게도, 사용자의 대부분은 우리의 음악 스트리밍 애플리케이션을 사용하는 것이 어렵다고 생각하지 않았습니다. 이들 중 거의 모두가 우리 애플리케이션의 기능들을 즐겁게 사용했다고 말할 수 있게 되어 기쁩니다. 17 특히, 검색 엔진을 정말 좋아했는데, 자신들이 듣고 싶어 하는 음악을 빨리 찾을 수 있게 해주기 때문입니다. 그런데 한 가지 걱정되는 게 있습니다. 이 그래프를 보시면, 사용자들의 응답이 도시마다 다릅니다. 18 Jenna, 왜 이 특정 도시의 주민들이 우리의 애플리케이션을 가장 만족스럽지 않게 여겼는지 알아봐줄 수 있어요? 그 이유를 알게 되면, 우리 프로그램 향상을 위해 쓸 수 있을 겁니다.

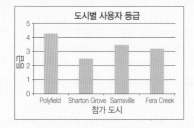

어휘 majority (특정 집단 내에서) 가장 많은 수 I music streaming application 음원 재생 애플리케이션 I in particular 특히, 특별히 I search engine 검색 엔진 I differ from town to town 도시마다 다르다 I platform 플랫폼 (사용 기반이 되는 컴퓨터 시스템, 소프트웨어) I high-quality 고품질의 I investigate 조사하다

16. What does the speaker say he is surprised about?
   (A) The change in a project deadline
   (B) The sudden decrease in sales
   (C) The price of a new item
   (D) The easy use of a program

   화자는 무엇에 대해 놀랐다고 말하는가?
   (A) 프로젝트 마감일 변경

(B) 갑작스러운 판매 감소
(C) 신제품 가격
(D) 프로그램의 쉬운 사용

해설 화자가 무엇에 대해 놀랐는지 세부사항을 묻는 질문이다. 문제에 surprised라는 키워드가 있기 때문에 surprisingly가 들리는 두 번째 문장에서 정답을 알아낼 수 있다. 'And surprisingly, the majority of users did not find it difficult to use our music streaming application. (그리고 놀랍게도, 사용자의 대부분은 우리의 음악 스트리밍 애플리케이션 사용하는 것이 어렵다 생각하지 않았습니다.)'이라고 말했으므로 이 부분을 패러프레이징한 (D)가 정답이다.

17. What feature of the application does the speaker say is popular?
   (A) Its payment platform
   (B) Its high-quality music
   (C) Its search engine
   (D) Its user reviews

   화자는 애플리케이션의 어떤 점이 인기가 많다고 말하는가?
   (A) 결제 플랫폼
   (B) 고품질 음악
   (C) 검색 엔진
   (D) 사용자 리뷰

해설 애플리케이션이 어떤 면에서 인기가 많았는지 묻는 질문이다. 질문의 popular를 키워드로 잡고 관련 어휘를 포착해야 한다. 담화의 중반부에서 화자가 'In particular, they really liked our search engine (특히, 검색 엔진을 정말 좋아했는데)'이라고 말했기 때문에 이 부분이 그대로 써 있는 (C)를 정답으로 선택하면 된다.

18. Look at the graphic. What town does the speaker ask Jenna to investigate?
   (A) Polyfield
   (B) Sharton Grove
   (C) Samsville
   (D) Fera Creek

   시각 정보를 보시오. 화자는 Jenna에게 어떤 도시를 조사하라고 요청하는가?
   (A) Polyfield
   (B) Sharton Grove
   (C) Samsville
   (D) Fera Creek

해설 화자가 청자에게 조사를 요청하는 도시를 묻는 시각 정보 연계 문제이다. 우선 화자가 Jenna에게 부탁하는 사항이 나와있는 문장 'Jenna, do you mind finding out why this particular city's residents were the least satisfied with our application? (Jenna, 왜 이 특정 도시의 주민들이 우리의 애플리케이션을 가장 만족스럽지 않게 여겼는지 알아봐줄 수 있어요?)'에서 finding out이 문제에서 investigate로 바뀌어 있다는 것을 간파한 후에 표를 보면서 애플리케이션에 대한 만족도가 가장 낮은(the least satisfied with our application) 도시를 찾아내야 한다. 표에서 등급이 가장 낮은 도시는 Sharton Grove이므로 (B)가 정답이다.

Reading

PART 5·6·7

UNIT 01. 명사

Q1 1. commitment   2. initiative

1. BRT 사는 회사의 제품 품질에 확고한 헌신을 보였다.
해설 부정관사 뒤의 명사

2. Hex-Corp의 높은 매출은 고객 서비스를 개선하려는 최근의 계획에서 나온 결과이다.
해설 형용사 뒤 '-ive'형 명사

+ check 1. proposal   2. understanding

1. Mr. Yang은 결정을 내리기 전 내 제안서를 주의 깊게 검토할 것이다.

2. 저희는 공사 동안 보여주신 귀하의 이해에 대해 감사를 표현하고자 합니다.

Q2 1. positive   2. thoroughly

1. Blue Oak 레스토랑의 소유주는 지역 신문에서 긍정적인 리뷰를 받게 되어 만족했다.
해설 명사로 쓰인 reviews 수식 형용사

2. 물품 재고 목록을 당신이 자세히 확인하도록 하세요.
해설 동사로 쓰인 check 수식 부사

Q3 1. Entries   2. operation

1. 미술 경연대회 출품작들은 이번 달 말까지 제출되어야 한다.
해설 주어 역할의 명사

2. 공장의 조립 기계 운영을 설명하는 안내 매뉴얼이 있다.
해설 정관사 the와 전치사 of 사이 명사

+ check 1. Construction   2. response   3. emphasis

1. 새 Pinewood 기차역 공사가 12월 초에 시작된다.

2. 귀하의 금전 출납 창구 직원 공고에 대한 응답으로 HR에 이력서를 보냈습니다.

3. Poco는 빠른 배달에 큰 중점을 두어 업계의 선두주자가 되었다.

Q4 1. increase   2. Applicants

1. Redmond 화학의 경영진은 생산성의 20퍼센트 증가를 새로 설치된 장비 때문으로 여겼다.

해설 부정관사 a/an 뒤의 단수 명사

2. 연구원 직책 지원자들은 직접 지원해야 한다.
해설 가산 명사는 관사와 함께 쓰거나 복수 형태로 써야 하며 한정사 없이 단수 형태로 쓸 수 없음

+ check 1. Refunds   2. information

1. 하자가 있는 제품의 환불은 3 영업일 안으로 처리될 것이다.

2. 면접관들은 당신이 직책을 맡을 자격이 되는지 보기 위하여 경력 정보를 요청할 것이다.

Q5 1. applicant   2. employment

1. 지난주 Mr. Hopkins가 면접 본 12명의 후보자들 중, Julia Sarawati가 영업 관리직에 가장 적격인 지원자이다.
해설 형용사 qualified의 꾸밈을 받기에 의미상 적합한 사람 명사 자리

2. 연례 취업 박람회는 일자리를 찾고 있는 사람들에게 많은 자원을 제공할 것이다.
해설 employee는 가산 명사이므로 한정사 없이 단독 사용 불가

+ check 1. supervisors   2. accounting

1. 직원들은 업무를 끝마친 뒤 직속 상사에게 보고해야 한다.

2. 우리 회사의 모든 세무 전문가들은 회계학 대학원 학위를 소지하고 있다.

Q6 1. plan

1. CEO는 무료 전문 개발 코스를 제공하겠다는 계획을 승인했다.
해설 planning은 불가산 명사이므로 부정관사와 사용 불가

+ check 1. Access   2. survey   3. marketing   4. certificate

1. 인가받은 출입증을 소지하고 있지 않으면 이 시설의 출입이 허용되지 않는다.

2. 최근의 한 설문조사에 따르면 지난 6개월에 걸쳐 회사 헬스클럽을 이용하는 직원의 수가 상당히 감소했다.

3. 광고 컨퍼런스는 마케팅과 디자인에서 혁신을 보여준 이들의 공로를 인정할 것이다.

4. 용접공이 되기 위한 자격증을 따는 것에 관한 질문은 Cindy Wong에게 보내야 한다.

Q7 1. productivity

1. 새 매니저가 근무를 시작한 이후 직원 생산성이 크게 향상되었다.
해설 복합 명사 employee productivity (직원 생산성)

+check   1. training   2. service

1. 교육 시간에 관한 정보를 전부 보시려면 저희 웹사이트를 확인하십시오.

2. 고객 서비스에 관한 설문지를 작성하시고 무료 선물을 받으세요.

Practice

1. (D)	2. (C)	3. (C)	4. (D)	5. (C)
6. (C)	7. (D)	8. (C)	9. (D)	10. (C)
11. (A)	12. (D)	13. (D)	14. (D)	15. (D)
16. (A)	17. (C)	18. (D)	19. (D)	20. (D)
21. (C)	22. (B)	23. (B)	24. (C)	25. (D)
26. (C)	27. (C)	28. (A)	29. (A)	30. (C)
31. (A)				

1. 고객 설문 자료의 면밀한 평가는 고객들이 최근 경제 위기 이후로 지출을 줄이고 있다는 것을 시사한다.

해설 부정관사와 형용사 뒤에는 명사를 써야 하므로 '평가'라는 의미의 명사 (D) evaluation이 정답이다.

어휘 suggest ~을 시사하다 I reduce 줄이다 I crisis 위기 I evaluative 평가하는 I evaluate ~을 평가하다 I evaluation 평가, 분석

2. 인사부의 우선 사항에는 신입직원들을 모집하는 것과 기관의 목표를 전달하는 것이 포함된다.

해설 빈칸은 문장의 주어 역할을 하는 명사 자리이므로 (A)와 (C) 중 선택해야 한다. 문장의 동사가 include이므로 복수 명사 (C) Priorities가 정답이다.

어휘 priority 우선 사항 I recruit 모집하다, 뽑다 I communicate 전달하다

3. 파손된 제품을 받은 고객들은 제품 교환이나 환불을 받기 위해 곧바로 제조사에 연락해야 한다.

해설 관사 뒤나 타동사 contact 뒤 명사 자리를 묻는 문제이다. 동사, 명사가 모두 되는 manufacture(제조)와 manufacturer(제조사) 중 문맥상 적절한 (C) manufacturer가 정답이다.

어휘 damaged 손상된 I replacement 교체, 대체, 교환

4. 참가자들은 대회 일정과 식권 2장을 받을 것이다.

해설 빈칸은 주어 자리이므로 명사가 와야 한다. 문맥상 받는 주체는 사람 명사이며, 사람 명사는 가산 명사이므로 반드시 관사와 함께 쓰거나 복수형으로 써야 한다. 따라서, 사람 명사의 복수형인 (D)가 정답이다.

어휘 meal voucher 식권 I participant 참가자 I participation 참가 I participate 참가하다

5. Roseville 공항에서 입국과 출국 비행편들은 활주로가 혼잡한 결과로 종종 지연된다.

해설 전치사의 목적어 자리에는 명사를 써야 하므로 '혼잡'이라는 의미의 명

사 (C) congestion이 정답이다.

어휘 inbound 입국하는 I outbound 출국하는 I as a result of ~의 결과로 I runway 활주로 I congest 정체시키다 I congested 혼잡해진 I congestion 혼잡 I congestive 충혈성의

6. 지원서를 보낼 때 상세한 자기소개서와 두 통의 추천서를 동봉해야 한다.

해설 부정관사 뒤의 명사 자리인데 보기에 명사가 두 개 있으므로 해석을 통해 정답을 찾는다. 문맥상 '지원서'라는 의미의 명사 (C) application이 정답이다.

어휘 enclose 동봉하다 I detailed 상세한 I letter of reference 추천서 I applicant 지원자 I application 지원서

7. 개발 중인 새로운 차 모델의 디자인은 기밀을 보장하기 위해서 Verman 자동차의 몇 중역들에게만 공개되었다.

해설 타동사 ensure에서 만들어진 to ensure도 목적어로 명사를 취해야 하므로 '기밀'이라는 의미의 명사 (D) confidentiality가 정답이다.

어휘 under development 개발 중인 I in order to 부정사 ~하기 위해서 I ensure ~을 보장하다 I confide (비밀을) 털어 놓다 I confident 자신감 있는 I confidential 기밀의 I confidentiality 기밀

8. 해당 분야에서의 광범위한 연구에 대한 인정을 받아, Dr. Henry Park은 유전 공학 분야에서 세계 최고의 권위자이다.

해설 소유격과 형용사 뒤에 명사를 써야 할 자리이므로 (A) '인가'와 (C) '권한, 권위자' 중에서 문맥에 적절한 답을 골라야 한다. Henry Park 박사에 관해서 이야기하고 있으므로 문맥상 (C) authority가 정답이다.

어휘 recognized for ~에 대해서 인정받은 I extensive 광범위한 I leading 선도적인 I genetic engineering 유전 공학 I authorize ~을 인가하다 I authoritatively 권위적으로

9. Marlinson 솔루션은 온라인 시장에서 상당한 성장을 하고 있어서, 이 분야에서 추가적인 도움을 구하고 있다.
고난도

해설 타동사 'seek(~을 찾다)'의 목적어 역할을 하면서 형용사 'additional(추가적인)'의 수식을 받을 성분이 필요하므로 명사인 (A)와 (D) 중에 해석을 통해 정답을 찾아야 하나, 해석상으로도 두 명사가 모두 가능하므로 명사의 종류를 생각해 본다. (A)는 가산 명사로 an assistant나 assistants로 써야 하고 (D)는 불가산 명사이므로 복수형이나 부정관사와 함께 쓰지 않는데, 빈칸 앞에는 부정관사도 없고 단수형으로 써야 하므로 (D) assistance가 정답이다.

어휘 considerable 상당한 I growth 성장 I seek ~을 구하다 I additional 추가적인 I assistant 조수 I assist ~을 돕다 I assistance 도움

10. 새로운 정책에 따르면, 모든 사무실 간의 서신은 각각의 직원 대신 각 부서의 우편함에 배달될 것이다.

해설 문장의 주어 자리에 쓰일 명사가 필요하므로 (A) '통신원'과 (C) '서신' 중에서 해석을 통하여 답을 골라야 하며, 배달이 되는 것은 서신일 것이므로 문맥상 (C) correspondence가 정답이다.

어휘 according to ~에 따르면 I interoffice 사무실 간의 I A

rather than B B보다는[대신에] A I correspondent 통신원 I correspond 서신을 주고 받다 I correspondence 서신

11. Tyler 의료 장비의 영업직원들은 새로운 의료 기구들에 대한 지식을 갖추기 위해서 많은 의학 잡지들을 구독하도록 권장받는다.

해설 'subscribe to (구독하다)'의 목적어 역할을 하는 명사가 필요한 자리이므로 (A) '잡지들', (B) '신문 잡지업', (C) '언론인' 중에서 문맥상 (A) journals가 가장 적절하다.

어휘 sales representative 영업직원 I subscribe to ~을 구독하다 I multiple 많은 I clinical 의학의 I be knowledgeable about ~에 대해서 잘 알다

12. 6세 미만의 어린이들이 있는 부모들은 아이들이 TV를 보도록 허락할 때 조심하도록 권고받는다.
고난도

해설 타동사 use에서 만들어진 to use도 목적어로 명사를 취해야 하므로 (D) caution이 정답이다.

어휘 be advised to부정사 ~하도록 권고받다 I allow A to부정사 A가 ~하도록 허락하다 I cautious 조심스러운 I cautiously 조심스럽게 I caution 조심

13. 영업부는 Enco 프로젝트와 관련된 미지불된 비용들이 있고 그 프로젝트의 이윤은 계속해서 감소하고 있다.

해설 수량 표시어 several과 형용사 outstanding 뒤에는 명사를 써야 하는데, expense는 가산 명사이며 앞에 한정사가 없으므로 복수 명사 (D) expenses가 정답이다.

어휘 outstanding 결제가 되지 않은, 미지불된 I consistently 꾸준하게 I expend ~을 쓰다 I expense 비용

14. South Port에 신규 공항의 공식 개장식이 시장의 참석하에 열릴 것이다.

해설 정관사 the와 형용사 official 뒤의 명사 자리를 묻는 문제이다. open, openness, opening 모두 명사로 쓰이나 공식 개막이라는 의미에 적합한 (D) opening이 정답이다.

어휘 official 공식적인 I take place 개최되다 I open 야외; 열린; 열다 I openness 솔직함 I opening 개장, 개막, 공석

15. Colonial 가의 2차선에서 4차선으로의 확장은 6개월이 걸릴 것이다.
고난도

해설 정관사 The 뒤의 주어(명사) 자리이다. 명사인 (A) width와 (D) widening 중 문맥을 통해 정답을 선택해야 하는데, width는 '폭, 너비'라는 뜻이고, widening은 '확장'이라는 뜻이므로 문맥상 (D) widening이 정답이다.

어휘 lane 차선, 길 I width 폭, 너비 I wide 넓은 I widening 확장

16. 허가증이나 면허증을 신청하기 전에 요구사항들을 확인하기 위해서 교통부 웹사이트를 방문하십시오.

해설 빈칸 앞에 부정관사 a가 있기 때문에 가산 명사인 (A) permit이 정답이다. (B)는 불가산 명사로 부정관사 a(n)와 쓰일 수 없다.

어휘 apply for ~을 신청하다 I permit 허가증 I license 면허증

17. 사업 확장 전략의 일환으로, ST 의류는 남성 및 여성 정장 의류를 판매하기 시작할 것이다.

해설 빈칸은 전치사 as part of 의 목적어 자리로, 빈칸 앞의 명사들과 복합명사를 이루는 명사 (C) strategy가 정답이다.

어휘 as part of ~의 일환으로 I business expansion strategy 사업 확장 전략 I strategize 전략을 짜다 I strategic 전략적인 I strategy 전략 I strategically 전략적으로

18. 우리 판매 사원의 부적절한 행동에 대한 불만 사항이 있다는 것은 매우 유감스러운 일이다.
고난도

해설 there be 뒤의 주어 자리에 명사가 와야 하며 복수 동사 have를 통하여 복수 명사 (D) complaints가 정답임을 알 수 있다.

어휘 inappropriate 부적절한, 부당한 I behavior 행동

19. 상자가 이미 개봉되었거나 운송사에 의해 파손되었다면 상자의 수령을 거부하세요. 그러면 그 물품은 교환을 위해 돌려보내질 것입니다.

해설 타동사의 목적어 자리이면서 뒤에 of가 이끄는 전치사구의 수식을 받는 명사가 와야 하며, 명사 (C)와 (D) 중에 문맥상 적절한 (C) receipt이 정답이다.

어휘 package 상자, 포장 I carrier 운송회사, 수송회사 I receipt 수령, 인수 I recipient 수령인

20. 새 지점을 방문하는 모든 신규 고객에게 10퍼센트까지의 할인을 제공하는 것은 우리 회사의 정책이다.
고난도

해설 타동사의 목적어 자리에 명사가 와야 하며, 문맥상 적합한 명사 discount는 가산 명사로, 부정관사 a가 없으므로 복수 형태로 쓰여야 하기 때문에 (D) discounts가 정답이다.

어휘 policy 정책

[21-24] 다음 메모에 관한 문제입니다.

수신: Zenetech 직원들
발신: 보안팀
날짜: 9월 12일
제목: 신규 시스템

전 직원들은 사무실 출입에 관한 보안 정책 변경 사항을 알고 있어야 합니다. **21** 이전에, 여러분의 신분증 배지로 건물 출입이 가능했습니다만, 9월 20일부터, 지문 인식 스캐너가 모든 출입구에 **22** 설치될 것입니다. 따라서, 직원들은 더 이상 건물 출입을 위해 배지를 이용할 수 없습니다. 다음 주, 여러분은 지문을 스캔하러 경비실로 올 것을 요청받게 될 것입니다. 부서 매니저가 직원들이 올 수 있는 시간들을 보내오는 대로, 직원들에게 예정 시간대가 **23** 고지될 것입니다. **24** 스캐닝 절차는 5분도 채 걸리지 않을 것입니다. 정책에 관한 질문이 있으면, 보안 직원들 중 한 명에게 연락 바랍니다.

어휘 aware of ~을 알고 있는 I security policy 보안 정책 I regarding ~에 관하여 I entry 출입 I access to ~로의 접근[접속] I fingerprint 지문 I no longer 더 이상 ~않는 I security office 경비실 I scan (스캐너로) 스캔하다

21. **해설** 빈칸 뒤에는 새로운 보안 정책 이전에 활용되어진 신분증 사용 방식이 나오므로 (C) Previously가 정답이다. (A) Finally '마침내', (B) Accordingly '따라서', (D) Consequently '결과적으로'

22. **해설** 보기가 모두 동사로 구성되어 있기 때문에, 「수 일치 → 태 → 시제」 순서로 정답을 확인한다. (C)는 복수 주어 fingerprint scanners와 수 일치가 안되므로 오답이며, 스캐너들은 설치되는 것이므로 능동형인 (A) 역시 오답이다. 보내는 날짜(September 12) 이후인 September 20일부터 시행되므로 미래 시제인 (B) will be installed가 정답이다.

23. **해설** 빈칸은 관사와 전치사 사이의 명사 자리이므로 명사인 (B) notification이 정답이다.

24. (A) 신분증 배지를 교체하는데 비용이 있습니다.
(B) 이 프로젝트는 아직 이사회에서 승인되어야 합니다.
(C) 스캐닝 절차는 5분도 채 걸리지 않을 것입니다.
(D) 이 유지 작업은 일주일에 한 번 실행됩니다.

[25-26] 다음 문자 대화문에 관한 문제입니다.

Carol Greene
25 Brett, 유명한 가수들에 대한 사설 페이지 레이아웃 수정에 대해 물어볼 게 있어요. 오후 2:27

Brett Lancaster
물론이죠. 뭔가요? 오후 2:28

Carol Greene
파일이 전부 다 필요한가요? 아니면 변경이 있었던 27–30페이지만 필요한가요? 오후 2:29

Brett Lancaster
지금 이메일 확인을 할 수가 없어요. 이곳 인터넷이 다운됐거든요. 오후 2:31

Carol Greene
나중에 보낼게요. 내일 아침까지는 편집자에게 보여주지 않아도 되니까요. 오후 2:32

Brett Lancaster
26 기다릴 필요 없어요. 그냥 팩스로 그 페이지들을 보내주세요. 오후 2:33

Carol Greene
알았어요. 번호 좀 주시겠어요? 오후 2:34

Brett Lancaster
555–1287이에요. 오후 2:37

Carol Greene
지금 가고 있어요. 문제가 있으면 다시 보낼게요. 오후 2:41

Brett Lancaster
지금 나오고 있네요. 정말 고마워요! 오후 2:42

어휘 adjustment 수정, 조정 I editorial 사설 I entire 전부의, 전체의 I editor 편집자 I fax 팩스를 보내다

25. Ms. Greene은 누구인가?
(A) 콘서트 기획자
(B) 컴퓨터 프로그래머
(C) 부동산 중개인
(D) 그래픽 디자이너

해설 2시 27분에 Ms. Green이 사설의 레이아웃, 즉 디자인 수정에 관한 문의를 하고 있다. 따라서 정답은 (D) A graphic designer이다.

26. 오후 2시 33분에 "기다릴 필요 없어요"라고 Mr. Lancaster가 쓴 것은 무슨 의미인가?
(A) 회의를 미루고 싶지 않다.
(B) 전화를 기다리고 싶지 않다.
(C) 서류를 당장 받고 싶어한다.
(D) 일정 변경에 대해 알고 싶어한다.

해설 "기다릴 필요 없어요."라는 언급 후, 그냥 팩스로 보내달라는 내용이 나오므로, 서류를 빨리 받고 싶다는 의미로 해석해야 한다. 따라서 정답은 (C) He would like to get a document right away. 이다.

[27-31] 다음 두 이메일에 관한 문제입니다.

수신: Alan Turner 〈aturner@variant.com〉
발신: Juliet Miao 〈julietm@variant.com〉
날짜: 5월 17일
제목: 잠깐만 읽어주세요

Mr. Turner께,

27 올 여름 Variant 전기 관리직을 위한 리더십 교육 수련회에 참가하도록 선발해주셔서 정말 기쁩니다. 현장 엔지니어로서의 근무는 멋진 경험이었으며 교육이 끝난 후에는 관리자로 채용되기를 바랍니다.

그러나 한 가지 문제가 있습니다. **28 30** 〈팀워크를 통한 조직적 책임〉이라는 제목의 5주 과정의 야간 수업을 듣고 있는데 6월 21일 화요일에 종강합니다. 수련회는 6월 20일 월요일에 시작하기 때문에 첫 이틀은 결석해야 할 것 같습니다. 수련회에 수요일 오전에 도착해도 괜찮을까요? **29** 이번 수업이 제가 더 유능한 관리자가 되도록 도울 거라고 생각하는데 교육에도 참가할 수 있기를 진심으로 바랍니다.

시간 내주셔서 고맙습니다.

진심을 담아,

Juliet Miao

수신: Juliet Miao ⟨julietm@variant.com⟩
발신: Alan Turner ⟨aturner@variant.com⟩
날짜: 5월 7일
제목: 회신: 잠깐만 읽어주세요

Ms. Miao께,

연락 주셔서 고맙습니다. **28** 당신의 수업은 확실히 상급직에서 유용
할 것 같군요. **29** 기쁜 소식이 있는데, 현재 우리의 인력 수급의 필
요 때문에 인사부가 일주일 과정외 교육 일정을 단 한번이 이닌 두
번 잡아 놓았습니다. **30** 6월 21일 교육 이후에 6월 28일에 시작하는
게 있습니다. 이것이 당신에게 있을 수도 있는 일정상의 문제를 해
결해줄 겁니다.

31 두 번의 교육 수련회가 모두 끝나고 나면 어느 지원자가 관리직
을 위한 정식 면접 단계에 진출할지 결정할 겁니다. 이 결정은 7월
31일까지 내려질 것이며 선발된 지원자는 8월 15일에 승진합니다.

내선 번호 512로 제 비서에게 연락해서 일정을 확정하세요.

진심을 담아,

Alan Turner

27. 첫 이메일의 목적은 무엇인가?
(A) 경영학 수업의 완료를 발표하는 것
(B) 대학교에 일정상의 유연성을 요구하는 것
(C) 교육 모임 초대를 수락하는 것
(D) 증명서를 받았음을 확인시켜주는 것

해설 Ms. Miao가 Mr. Turner에게 쓴 첫 번째 지문(이메일), 첫 번째 단
락에서 I am pleased that you selected me to participate in
this summer's leadership training retreat for management
positions at Variant Electric. (올 여름 Variant 전기 관리직을 위한
리더십 교육 수련회에 참가하도록 선발해주셔서 정말 기쁩니다.)라고
했으므로 (C) To accept an invitation for a training session이 정
답이다.

28. ⟨팀워크를 통한 조직적 책임⟩ 수업에 관하여 알 수 있는 것은 무엇인
가?
(A) 매니저 업무에 연관되어 있다.
(B) 정규 직원들에게 온라인으로 제공된다.
(C) Mr. Turner가 강사를 맡는다.

(D) 수료증 취득에 필수이다.

해설 Ms. Miao가 Mr. Turner에게 쓴 첫 번째 지문(이메일), 두 번
째 단락에서 I am taking a five-week evening class entitled
Organizational Responsibility through Teamwork (⟨팀워크
를 통한 조직적 책임⟩이라는 제목의 5주 과정의 야간 수업을 듣고 있
습니다), I feel that this class will help me become a more
effective manager (이번 수업이 제가 더 유능한 관리자가 되도
록 도움을 줄 것이라고 생각합니다)라고 했는데, Mr. Turner가 Ms.
Miao에게 쓴 두 번째 지문(이메일), 첫 번째 단락에서 Your class
certainly sounds like it will be helpful in upper-level positions.
(당신의 수업은 확실히 상급직에서 유용할 것 같군요.)라고 하여 Ms.
Miao가 듣고 있는 ⟨팀워크를 통한 조직적 책임⟩이 매니저를 대상
으로 한 수업임을 알 수 있으므로 (A) It is related to the job of a
manager.가 정답이다.

29. 1회의 교육 기간은 얼마인가?
(A) 1주
(B) 2주
(C) 1개월
(D) 2개월

해설 Mr. Turner가 Ms. Miao에게 쓴 두 번째 지문(이메일), 첫 번째 단
락에서 Human Resources has scheduled two week-long
training sessions instead of just one. (인사부가 일주일 과정의
교육 일정을 단 한번이 아닌 두 번 잡아 놓았습니다.)라고 했으므로
(A) One week가 정답이다.

30. Ms. Miao는 Variant 전기의 모임에 언제 참여하겠는가?
(A) 6월 20일
(B) 6월 21일
(C) 6월 28일
(D) 7월 31일

해설 Ms. Miao가 Mr. Turner에게 쓴 첫 번째 지문(이메일), 두 번
째 단락에서 I am taking a five-week evening class entitled
Organizational Responsibility through Teamwork which
concludes on Tuesday, June 21. Since the retreat begins on
Monday, June 20, I would have to miss the first two days.
(⟨팀워크를 통한 조직적 책임⟩이라는 제목의 5주 과정의 야간 수업을
듣고 있는데 6월 21일 화요일에 종강합니다. 수련회는 6월 20일 월요
일에 시작하기 때문에 첫 이틀은 결석해야 할 것 같습니다.)라고 했는
데, Mr. Turner가 Ms. Miao에게 쓴 두 번째 지문(이메일), 첫 번째 단
락에서 The June 21 training will be followed by one beginning
June 28. This should resolve any scheduling issue you might
have had. (6월 21일 교육 이후에 6월 28일에 시작하는 게 있습니다.
이것이 당신에게 있을 수도 있는 일정상의 문제를 해결해줄 겁니다.)라
고 했으므로 Ms. Miao가 참여할 날짜가 6월 28일임을 알 수 있으므
로 (C) On June 28이 정답이다.

31. 두 번째 이메일에 따르면 8월 15일에는 무슨 일이 있을 것인가?
(A) 일부 직원들이 새 역할을 부여받는다.
(B) 매니저들이 사업상 회의에 참석한다.

(C) 새 리더십 수업이 시작된다.

(D) 교육 워크숍이 끝난다.

해설 Mr. Turner가 Ms. Miao에게 쓴 두 번째 지문(이메일), 두 번째 단락에서 Once both training retreats have concluded, ~ and selected candidates will be promoted on August 15. (두 번의 교육 수련회가 모두 끝나고 나면 어느 지원자가 관리직을 위한 정식 면접 단계에 진출할지 결정할 겁니다. 이 결정은 7월 31일까지 내려질 것이며 선발된 지원자는 8월 15일에 승진합니다.)라고 했으므로 (A) Some employees will have new roles. 가 정답이다.

Paraphrasing

selected candidates will be promoted · Some employees will have new roles.

UNIT 02. 대명사

Q1 1. she 2. his 3. his 4. his

1. Ms. Lane은 Mr. Kim의 항공편을 예약한 뒤 여행 일정표를 그에게 보냈다.

해설 동사 앞의 주어 자리

2. James Lennon은 자신의 다음 소설을 위해 유명 작가와 협력하기 위하여 유럽에 머무르기로 결정했다.

해설 명사 앞의 소유격 자리

3. Jason은 이탈리아 식당에서의 20년간의 경력을 바탕으로 마침내 자신의 식당을 열었다.

해설 소유격을 강조하는 own 앞 자리

4. Mr. Lin은 그 디자인이 그의 검토를 위해 언제 준비가 될지 물었다.

해설 명사로 쓰인 review 앞의 소유격 자리

Q2 1. us 2. them 3. hers

1. 주문하신 물품에 결함이 있을 경우 수령 후 일주일 이내에 저희에게 제품을 보내시면 됩니다.

해설 문맥상 '우리에게 ~을 보내라'의 의미이므로 목적격 자리

2. Ms. Schmitt와 동료들은 마감기한 연장을 요청했지만 매니저는 우선 그들과 이야기를 나누고 싶어한다.

해설 전치사의 목적어 자리

3. Ben이 Jane보다 기획안을 훨씬 늦게 제출했음에도 불구하고 매니저는 Jane의 것 대신 Ben의 아이디어를 채택했다.

해설 뒤에 명사가 없고 '~의 것'이란 의미를 갖는 소유대명사 자리

Q3 1. himself 2. himself 3. herself

1. 발표를 하면서, Mr. Brown은 자기 자신이 박식하다는 것을 증명했다.

해설 주어와 동일한 대상의 목적어 자리

2. 건축가는 건물의 공사를 반드시 7월 말까지 완료하기 위하여 직접 감독했다.

해설 절 끝의 부사 자리에 쓰이는 강조 용법의 재귀대명사

3. Ms. Anais는 Mr. Conrad가 현재 휴가 중이기 때문에 고급 간부 워크샵에 혼자 참석할 것이다.

해설 '혼자서'의 의미를 갖는 관용적 표현

Q4 1. those 2. those

1. TPR, Inc.의 현재 매출액은 작년의 그것과 무척이나 비슷하다.

해설 복수 명사 sales figures를 대신 받는 복수 대명사 those 자리

2. 모든 지원서가 검토되면 자격이 되는 사람들은 면접과 관련해 연락을 받게 될 것이다.

해설 관계절의 복수 동사 are qualified와 수 일치되는 복수 대명사 those 자리

+ check 1. their 2. themselves 3. them 4. herself

1. 저희 Istanbul Dissiz 병원은 예약된 시간에 환자들을 만나기 위해 최선을 다합니다.

2. 도서관 회원은 자료를 직접 선반에 꽂으면 안 된다.

3. 예술가들에게 연락을 하고, 작품을 기부 받는 일에 대해 도움이 필요합니다.

4. Ms. Park은 그녀 자신이 R&D팀의 충실하고 혁신적인 구성원이라는 것을 증명했다.

Q5 1. Many 2. neither 3. few 4. none

1. 매니저들 중 다수가 당신의 제안이 매우 유용하다고 여겼으며 다음 달에 그것을 시행하기로 결정했습니다.

해설 부정대명사 자리에 Every 사용 불가

2. 안타깝게도 두 행사장 전부 창립 파티를 개최할 정도의 수용 능력을 갖고 있지 않다.

해설 neither of 복수 명사 + 단수 동사(has)

3. 여름 동안 근무할 인턴 사원들 중에는 회계부서의 Mr. Lee보다 더 좋은 평가를 받은 사람이 거의 없다.

해설 앞에 있는 복수 명사(interns)를 받으므로 복수 부정대명사

4. 지역 공급업체에 딸기 재고 물량이 아예 없어서 딸기를 더 주문할 수 없다.

해설 문맥상 '재고가 없다'는 부정의 의미를 전달할 수 있는 부정대명사 none 자리

1. the others　**2.** one another

1. 학회 참석자들 중 일부는 오전 수업을 선호했지만, 나머지는 모두 저녁 수업을 선호했다.

해설 주어 자리에 들어갈 부정대명사

2. 직원들은 사무실에서 서로 함께 힘을 합쳐 일해야 한다.

해설 목적어 자리에 들어갈 부정대명사

Practice

1. (B)	2. (A)	3. (B)	4. (C)	5. (C)
6. (A)	7. (D)	8. (D)	9. (D)	10. (R)
11. (A)	12. (A)	13. (A)	14. (B)	15. (C)
16. (B)	17. (C)	18. (D)	19. (A)	20. (D)
21. (D)	22. (D)	23. (D)	24. (D)	25. (C)
26. (A)	27. (C)	28. (A)	29. (D)	30. (D)
31. (A)				

1. Langan's는 최고의 남미 레스토랑으로 뽑혔고 그 요리사는 그의 독특한 요리법들 때문에 칭송받아 왔다.

해설 전치사 for의 목적어로 쓰인 명사 'unique recipes(독특한 요리법들)' 앞에서 명사를 수식할 소유대명사가 필요하므로 (B) his가 정답이다.

어휘 praise ~을 칭찬하다 I unique 독특한 I recipe 요리법

2. 생화학 연구에 참여하는 데 관심이 있는 사람들은 Glen 병원의 Ms. Hall에게 이메일을 보내야 한다.

해설 관계대명사 who의 수식을 받는 대명사는 (A) Anyone과 (D) Those인데 who 뒤에 동사가 단수이므로 (A)가 정답이다.

어휘 biochemistry 생화학

3. 고속도로를 타기 전에, 승객들 모두가 안전벨트를 매었는지 확인하십시오.

해설 빈칸 뒤에 「of the 복수 명사 + 복수 동사」를 썼고 복수 동사 fasten과 수가 일치해야 하므로 주어 자리에는 복수 취급을 받는 부정대명사 (B) all이 알맞다. every는 단독으로 부정대명사로 쓸 수 없고, 「each of the 복수 명사」는 단수 동사를 취한다.

어휘 fasten one's seatbelt 안전벨트를 매다

4. Mr. Marshall이 다음 주에 연간 수익 보고서를 완성한 후에, 그것은 회의를 위해 Mr. Byeon에게 보내질 것이다.

해설 동사 앞에 빈칸이 있으므로 주어 역할의 대명사를 쓸 자리이며, 단수 명사인 연간 수익 보고서를 지칭해야 하므로 (C) it이 정답이다. (B)는 복수 명사 또는 불가산 명사와 쓰는 형용사이므로 단독으로 대명사 역할을 할 수 없고, (A)는 주어 자리에 못 오며 (D)는 목적격으로 쓰는 대명사이다.

어휘 annual 연간의 I earnings 수익

5. 비자 신청자들은 이 일을 행하기 위해서 여행사 직원들이나 다른 사람들에게 의존하지 않고도 혼자서 양식을 작성할 수 있다.

해설 전치사 by 뒤에는 (B)와 (C)를 쓸 수 있는데, (B)는 '그들에 의해서', (C)는 '혼자서'라고 해석되므로 해석상 자연스러운 (C) themselves가 정답이다.

어휘 complete (서식을 빠짐없이) 작성하다 I form 양식 I depend on ~에 의존하다 I travel agent 여행사 직원 I perform ~을 행하다 I task 임무

6. 왜 극장 도시로써 런던의 명성이 세계적으로 알려져 있는지 당신이 직접 알아 보세요.

해설 재귀대명사는 동작의 주체와 반드시 일치해야 한다. 주어진 문장은 행위자 you가 생략된 명령문이므로 (A) yourself가 정답이다

어휘 reputation 명성

7. 새로운 회계 프로그램은 당신이 급여 지급 명부를 훨씬 더 빠르고 효율적으로 처리하게 해줄 것이다.

해설 타동사의 목적어 자리에는 소유대명사나 목적격을 쓸 수 있는 데, '당신의 것이(yours) 처리할 수 있게 해준다'와 '당신이(you) 처리할 수 있게 해준다'라는 해석 중 후자가 자연스러우므로 목적격 (D) you가 정답이다.

어휘 accounting 회계 I process ~을 처리하다 I payroll 급여 지급 명부 I efficiently 효율적으로

8. 국제 무역 부서에서 5년 이상 일한 사람들은 해외의 직책들에 지원할 자격이 된다.

해설 관계대명사 who의 수식을 받는 대명사는 (A) Anyone과 (D) Those인데 who 뒤에 동사가 복수이므로 정답은 (D) Those이다.

어휘 be eligible for ~에 대한 자격이 있다 I abroad 해외에서

9. Hasselhoff Point에 오는 많은 관광객들이 안내원과 함께 마을 투어를 하지만 일부는 그저 해변에서 쉬고 싶어한다.

해설 빈칸은 동사 앞의 주어 자리이므로 형용사인 (C)는 오답이며, (A) another와 (B) anyone은 단수 취급하므로 문장의 동사 want와 수의 일치를 이루지 못한다. 따라서, '일부, 몇몇'의 의미인 (D) some이 정답이다.

어휘 guided tour 안내원이 딸린 여행 I relax 휴식을 취하다

10. 신입 직원들은 자신의 회사 편람을 참조하여 회사 규정을 익히도록 요청받는다.

해설 전치사 to의 목적어인 명사 company manuals(회사 편람) 앞에서 명사를 수식해줄 소유격 대명사가 필요하므로 (B) their가 정답이다.

어휘 refer to ~을 참조하다 I company manual 회사 편람 I regulation 규정

11. 한 명의 관리자가 비용에 관하여 우려를 표명하긴 했지만, 대부분의 선임 관리자들은 본사 이전에 대한 계획에 찬성했다.

해설 주어 자리에 쓰이는 부정대명사 (A) one이 정답이다. (B), (C)는 주어 자리에 쓰이지 못하며, (D) other는 형용사이므로 명사 없이 단독으로 주어 자리에 쓸 수 없다.

어휘 approve of ~에 찬성하다 | head office 본사 | relocation 이전 | express concern 우려를 표하다

12. 만약 귀하가 이 직책에 관심이 있다면 저희의 편리하게 위치한 사무실로 오는 길 안내를 받을 수 있도록 저희에게 전화 주십시오.

해설 전치사 to의 목적어는 'conveniently located office(편리하게 위치한 사무실)'이고 그 앞에서 '우리의'라고 수식해줄 대명사가 필요하므로 소유격 (A) our가 정답이다.

어휘 be interested in ~에 관심이 있다 | directions to ~로의 길 안내 | conveniently located 편리하게 위치한

13. Klamore 전자 직원들은 장비 창고에서 그들이 직접 물건을 꺼내기보다 유지보수 관리자에게 도움을 구해야 한다.

해설 빈칸은 '타동사(remove) + 목적어(items)' 뒤의 부사 자리이므로, 문장 끝에 위치하여 강조 용법으로 쓰이는 재귀대명사 (A)가 정답이다.

어휘 seek 구하다, 찾다 | assistance 지원, 도움 | maintenance 유지보수 | instead of ~대신에 | closet 벽장

14. Gallagher 자동차의 인수 이후로, Mando 자동차는 세계에서 가장 큰 자동차 부품 제조업체 중 하나가 되었다.

해설 가장 큰 자동차 부품 제조업체들 중에 하나가 되었다는 해석이 자연스러우므로 「one of the (최상급) 복수 명사」의 형태를 만드는 (B) one이 정답이다.

어휘 acquisition 인수 | auto-component 자동차 부품 | manufacturer 제조업체

15. 연구에 대한 그의 노력과 헌신을 통하여, Mr. Trilby는 스스로가 SLS고난도 Biotex에 귀중한 자산임을 입증했다.

해설 타동사 show의 목적어 자리에는 (B), (C)가 모두 가능하지만, 열심히 노력해서 스스로가 중요한 자산임을 입증했다는 해석이 가장 자연스러우므로 재귀대명사인 (C) himself가 정답이다. 주어와 목적어가 일치할 때 재귀대명사를 사용한다.

어휘 through ~을 통해서 | dedication to ~에 대한 헌신 | valuable 귀중한 | asset 자산

16. 기금 모금 파티의 초대장이 20명의 시 위원회 위원들 모두에게 보내고난도 졌지만, 참석할 수 있는 사람들이 거의 없을 것이다.

해설 주어 역할을 할 수 있는 품사가 필요한 자리이므로 부정대명사 (A)나 (B) 중에 답을 골라야 한다. 이때 빈칸에 들어가는 부정대명사는 가산 복수 명사인 시 위원회 위원들을 지칭하는 것으로 가산 명사에 쓰는 부정대명사 (B) few가 정답이다.

어휘 invitation 초대장 | fundraising party 기금 모금 파티 | attend 참가하다

17. 모든 인턴들의 수행 평가를 검토한 후에, 각 부서의 매니저들은 누구에게 그 정규직 자리를 제안할 것인지를 결정할 것이다.

해설 동사 review 앞에는 주어가 필요하므로 주격대명사 (C) they가 정답이다. review는 명사와 동사 모두 쓰이지만 이 문제에서는 뒤에 쓰인 목적어로 보아 '~을 검토하다'라는 뜻의 타동사로 쓰였음을 파악해야 답을 고를 수 있다.

어휘 review ~을 검토하다 | performance 수행 | permanent 정규직의, 상근직의

18. 지붕에 태양열 판을 설치하는데 들어가는 초기 비용은 높지만, 그것들고난도 은 이미 제값을 한 셈이다.

해설 빈칸 뒤에 명사가 없으므로 소유격인 (A), (C)는 답이 될 수 없다. 주어인 복수 명사 solar panels와 수 일치된 재귀대명사 (D) themselves가 정답이다.

어휘 initial cost 초기 비용 | install ~을 설치하다 | pay for oneself 제값을 하다

19. 식단에 제한이 있는 사람들을 위해서, Aringston 항공사는 미리 요청고난도 하는 경우에 특별 기내식을 제공한다.

해설 빈칸 뒤에 동사가 있는 절이 아니라 전치사구만 동반하고 있으므로 대명사인 (A)와 (B) 중에 답을 골라야 하며, 특정한 그들을 지칭하는 것이 아니라 막연하게 '~하는 사람들'이라는 뜻으로 해석되므로 (A) those가 정답이다.

어휘 dietary 식단의 | restriction 제한 | in-flight meal 기내식 | in advance 미리

20. 회의 참석자들 각각은 각 발표의 일정과 요약본들을 제공하는 자료 묶고난도 음을 받았다.

해설 문장의 주어 자리에 빈칸이 있고 'of the 복수 명사' 뒤에 단수 동사가 쓰였으므로 단수 취급을 하는 부정대명사 (D) Each가 정답이다. (A)와 (B)는 of the 뒤에 쓰인 명사가 복수 명사이면 복수 취급을 하는 부정대명사이므로 동사와 수가 맞지 않는다. (C)는 부정대명사로 쓸 수 없으므로 답이 될 수 없다.

어휘 participant 참가자 | information packet 자료 묶음 | summary 요약

[21-24] 다음 이메일에 관한 문제입니다.

발신: bradhouser@ellieassociates.com
수신: s_davis@tcshsecurity.com
날짜: 4월 27일
제목: 감사

Ms. Davis께,

화요일에 저희 사무실에 **21** 방문하신 데 대해 감사드리기 위해 이메일 드립니다. 귀하의 보안 관련 발표는 **22** 유익했습니다. 특히, 저희 경영진은 새로운 서버들이 어떻게 작동하고 어떻게 우리의 네트워크가 안전하게 유지될 수 있는지를 시간을 들여 정성껏 설명해주신 데 대해 고마워했습니다.

7월에, 다른 시설에 있는 일부 직원들이 이곳으로 이동하게 됩니다. 그때 **23** 귀하께서는 한 번 더 시연을 하러 다시 오실 의향이 있으신가요? **24** 저희 새 직원들이 분명 그것이 유용하다는 것을 알게 될 것입니다. 곧 답변 듣기를 고대합니다.
안부 전하며,

Brad Houser

어휘 security 보안 | presentation 발표 | appreciate 고마워하다, 환영하다 | carefully 정성을 다해, 주의 깊게 | relocate

이전하다 I **return to** ~로 돌아오다 I **demonstration** 시연, 시범 I **look forward to** ~ing ~하기를 고대하다

21. **해설** 빈칸 뒤의 서버와 관련된 발표가 유익했다는 내용에 근거하여 사무실 방문에 감사드린다는 의미의 (D) visiting이 정답이다. (A) calling '전화하는 것', (B) moving '이동하는 것', (C) opening '여는 것'

22. **해설** 보기가 모두 동사로 구성되어 있기 때문에 「수의 일치 → 태 → 시제」 순서로 정답을 확인한다. 수의 일치에 어긋나는 보기는 없고, 주어인 your ~ presentation은 알리는(inform) 주체가 아니라 대상이므로 능동형인 (A), (C)는 오답이다. 빈칸 뒷문장에서 시간을 들여 설명해 준 데 대해 감사하다고 했으므로, 과거 시제인 (D) was informative가 정답이다.

23. **해설** 빈칸은 유익한 발표를 해준 상대편에게 다른 시연을 해줄 의향이 있는지를 묻는 문장의 주어이므로 (B) you가 정답이다.

24.
고난도 (A) 최근 설문조사에 남겨주신 피드백에 매우 감사드립니다.
(B) 저희는 새 지점 개장식에 모든 매니저들이 참석하도록 초대합니다.
(C) 이곳의 직원은 모든 보안규칙을 엄격하게 따릅니다.
(D) 저희 새 직원들이 분명 그것이 유용하다는 것을 알게 될 것입니다.

해설 앞에서 유익한 발표에 대해 고마워하며 시연을 요청한다고 했으므로 그 시연과 관련된 내용인 (D) Our new members would definitely find it useful.이 정답이다. (D)의 지시대명사 it은 정답의 주요 단서로 빈칸 앞의 another demonstration를 나타낸다. (A)의 설문에서의 의견, (B)의 신규지점 개장식 참여 권유, (C)의 보안규칙 준수는 빈칸 앞 부분의 핵심 내용인 시연 요청과 연관되지 않으므로 오답이다.

[25-26] 다음 편지에 관한 문제입니다.

6월 28일

John Mansfield
Greenway 악단
3143 Witmer 로
브루클린, 뉴욕 11201

Mr. Mansfield께,

축하합니다! **25** 브루클린 겨울 퍼레이드 공연을 위해 조직 위원회는 당신의 악단을 선택했습니다. 축제 행사는 1월 13일, 일요일 오후 3시에 시작될 것입니다. **26** 연주자들에게 오후 2시까지 컨벤션 센터로 오라고 알려주세요. 연주자들은 컨벤션 센터의 북문 근처에서 먼저 만나고, Main 가의 동쪽으로 이동한 후, 시 광장을 지나, Jonas 다리로 향할 것입니다. 축하 공연은 Norwood 공원에서 끝날 예정이며, 그곳에서 다시 컨벤션 센터로 돌아오는 셔틀 버스 서비스를 이용하실 수 있습니다.

여러분이 퍼레이드에서 행군하는 모습을 볼 것에 저희는 매우 흥분해 있습니다!

진심으로,

Joe Simmons
Joe Simmons
행사 코디네이터

어휘 **organizing committee** 조직 위원회 I **marching band** (행진하면서 연주하는) 악단 I **perform** 공연하다 I **festivity** 축제 행사 I **entrance** 출입구 I **proceed** 진행하다, 진행되다, 계속해서 ~을 하다, (특정 방향으로) 나아가다 I **past** 지나서, 통과해서 I **toward** 향하여 I **conclude** 마치다, 결론짓다

25. Mr. Mansfield는 누구이겠는가?
(A) 셔틀 버스 운전기사
(B) 퍼레이드 기획자
(C) 악단 리더
(D) 컨벤션 센터 직원

해설 Mr. Mansfield의 악단이 퍼레이드에서 연주하기로 선택됐음을 your marching band를 통하여 유추할 수 있다. 따라서 정답은 (C) A band leader이다.

26. 퍼레이드는 어디에서 시작될 것인가?
(A) 컨벤션 센터에서
(B) Norwood 공원에서
(C) 시 광장에서
(D) Jonas 다리 아래에서

해설 퍼레이드가 끝나는 곳과 혼동하지 않도록 주의해야 한다. 연주자들은 컨벤션 센터에서 오후 2시까지 집결 후에 이동한다고 하므로, 퍼레이드가 컨벤션 센터에서 시작됨을 확인할 수 있다. 따라서 정답은 (A) At the convention center이다.

[27-31] 다음 기사와 일정표, 최신 뉴스에 관한 문제입니다.

Teich 경기장, CSF 결승 개최

Teich 경기장은 개조를 위해 폐쇄되어 있지만, 올 12월 빈에서 있을 CSF 하키 선수권 대회의 결승전 개최에 맞춰 완공될 것이다. 이 개조공사가 여러 해 동안 진행되도록 계획되기는 했지만 선수권 대회를 이곳에 유치할 수 있는 기회는 마침내 일을 진행시키게 한 큰 동기부여가 되었다. 정부 관리들은 공사가 계획에 따라 진행 중임을 확인해줬으며 모든 것이 선수권 대회 훨씬 전에 완료될 것이라고 예상하고 있다.

29 Teich 경기장은 지역의 랜드마크임에도 불구하고 CSF 행사를 한 번도 주최한 적이 없기 때문에 경기장 책임자들은 올해의 결승 대회를 주최하게 된 것을 기쁘게 여기고 있다. 이 중대한 행사는 일반 대중이 완공된 개조물을 볼 수 있는 첫 기회가 될 것이다. **27** 주최측은 행사가 수천 명의 하키 팬들을 끌어 모을 것이며 Teich 경기장은 모든 이들의 기대를 충족시킬 것이라고 기대한다. **28** Teich 경기장은 전보다 세 배나 많은 23,500명을 넉넉하게 수용할 것이다.

어휘 **arena** 경기장 I **hold** 열다, 개최하다 I **in time** ~에 시간 맞춰 I **final round** 결승전 I **motivation** 동기부여 I **underway** 진행 중인 I **official** 공무원, 관리 I **confirm** 확인하다 I **well before** ~훨씬 전에 I **landmark** 명소 I director 책임자 I competition 대회 I momentous 중대한 I the public 일반인들 I meet expectations 기대를 충족시키다 I accommodate 수용하다 I comfortably 수월하게

CSF 하키 선수권 대회 8강			
31 잉글랜드vs. 독일 12월 4일 오후 5시., Toplitzbach 스타디움, 잘츠부르크	오스트리아vs. 이탈리아 12월 4일 오후 8시 30분, Kulm 센터, 그라츠	스웨덴vs. 프랑스 12월 5일 오후 5시, Haslach 센터, 린츠	네덜란드vs. 스페인 12월 5일 오후 8시 30분 Oberalm 스타디움, 빈

CSF 하키 선수권 대회 4강	
12월 4일 경기의 승리팀 12월 8일 오후 5시, Kulm 센터, 그라츠	12월 5일 경기의 승리팀 12월 8일 오후 8시 30분, Haslach 센터, 린츠
29 결승 12월 8일 경기의 승리팀 **29** 12월 11일 오후 5시 30분, Teich 경기장, 빈	
주의: **30** 결승전 좌석은 조기에 매진됨을 유의하시고 4강전 결과가 나오기 전에 예매하시기 바랍니다. 티켓 소지자만 입장이 허용됩니다. 환불 불가.	

어휘 quarterfinal round 8강전 I semifinal round 4강전 I aware 알고 있는 I sell out 매진되다

뉴스 단신:
TAV-TV 채널 3

31 스포츠 라이브: 하키, 12월 4일
오후 5시. 잉글랜드가 독일을 맞아 싸우는 경기에서 누가 4강에 진출하게 될지 지켜봅니다. 은퇴한 이탈리아 팀의 코치 Arturo Palmieri의 생중계 해설과 함께 하세요.
오후 8시 30분. 홈팀이 이탈리아를 맞아 싸우는 흥미진진할 것이 확실한 경기이며 Rudi van Antwerp가 진행합니다.

어휘 bulletin 뉴스 단신 I face 맞닥뜨리다 I commentary 해설 I host 진행하다 I venue 장소 I semifinal round 4강전 I certain 어떤

---

27. 기사에서 두 번째 단락 역 번째 줄의 단어 "meet"과 의미상 가장 가까운 것은
(A) 연락하다
(B) 인사하다
(C) 만족시키다
(D) 합류하다

해설 첫 번째 지문(기사), 두 번째 단락의 Planners anticipate that the event will pull in thousands of hockey fans, and that Teich Arena will meet everybody's expectations. (주최측은 행사가 수

천 명의 하키 팬들을 끌어 모을 것이며 Teich 경기장은 모든 이들의 기대를 충족시킬 것이라고 기대한다)에서 meet은 '~을 충족시키다'라는 의미로 쓰였으므로 보기 중 같은 의미를 갖는 (C) satisfy가 정답이다.

---

28. Teich 경기장에 관하여 무엇이 변경될 것인가?
(A) 수용 가능한 좌석 수
(B) 주차장 이용 가능 여부
(C) 책임자들
(D) 입장료

해설 첫 번째 지문(기사), 두 번째 단락에서 Teich Arena will comfortably hold 23,500 people, three times as many as before. (Teich 경기장은 전보다 세 배나 많은 23,500명을 넉넉하게 수용할 것이다.)라고 했으므로 (A) The seating capacity가 정답이다.

---

29. 새 개최지에서 첫 시합은 언제 있을 것인가?
(A) 12월 4일
(B) 12월 5일
(C) 12월 8일
(D) 12월 11일

해설 첫 번째 지문(기사), 두 번째 단락에서 Although Teich Arena is a regional landmark, it has never hosted a CSF event before, and the arena's directors are pleased to host the final competition this year. (Teich 경기장은 지역의 랜드마크임에도 불구하고 CSF 행사를 한 번도 주최한 적이 없기 때문에 경기장 책임자들은 올해의 결승 대회를 주최하게 된 것을 기쁘게 여기고 있다.)라고 했으며, 결승전 (Final competition)이 언급된 두 번째 지문(일정표)에서 Final Round, 11 December, 5:30 P.M., Teich Arena, Wien (12월 11일 오후 5시 30분, Teich 경기장, 빈)이라고 되어 있으므로 (D) On December 11이 정답이다.

---

30. 일정표에서는 사람들에게 무엇을 하라고 권하는가?
(A) 행사 장소에 일찍 도착한다
(B) 4강전이 끝난 직후에 좌석을 예약한다
(C) 행사 전에 환불을 요청한다
(D) 시합의 티켓을 되도록 빨리 구입한다

해설 두 번째 지문(일정표) 하단에서 Be aware that seats for the final round will sell out quickly, so reserve yours before the semifinal rounds are decided. (결승전 좌석은 조기에 매진됨을 유의하시고 4강전 결과가 나오기 전에 예매하시기 바랍니다.)라고 했으므로 (D) Purchase seats for a certain game as early as possible가 정답이다.

Paraphrasing
before the semifinal rounds are decided → as early as possible

---

31. Mr. Palmieri는 어디에서 보도할 것인가?
(A) 잘츠부르크
(B) 그라츠

(C) 린츠

(D) 빈

해설 Mr. Palmieri가 언급된 세 번째 지문(최신 뉴스)에서 SPORTS Live: Hockey, 4 December / At 5 P.M. England will face Germany in a match to see who moves on to the semifinals. Join retired Italian coach Arturo Palmieri for the live commentary. (스포츠 라이브: 하키, 12월 4일 / 오후 5시. 잉글랜드가 독일을 맞아 싸우는 경기에서 누가 4강에 진출하게 될지 지켜봅니다. 은퇴한 이탈리아 팀의 코치 Arturo Palmieri의 생중계 해설과 함께 하세요.) 라고 했고, 두 번째 지문(일정표)에서 잉글랜드와 독일전을 확인하면 England vs. Germany / 4 December, 5 P.M., Toplitzbach Stadium, Salzburg (잉글랜드vs. 독일 / 12월 4일 오후 5시., Toplitzbach 스타디움, 잘츠부르크)로 되어 있으므로 (A) Salzburg가 정답이다.

UNIT 03. 형용사

Q1 1. exceptional　2. recent　3. timely
4. responsible

1. 이 상의 의도는 고객들에게 특출한 서비스를 제공하는 직원들의 공로를 인정하는 것입니다.
해설 명사 수식 형용사

2. Tersla의 최근 발표에 따르면 이 회사는 새 제품을 출시할 것이라고 한다.
해설 명사 수식 형용사

3. 이 안내 책자는 신입 직원들이 시기적절하게 기술적인 문제를 해결하도록 돕기 위해 쓰여졌다.
해설 명사 수식 '-ly'형 형용사

4. Ms. Leman은 회사 서버를 업그레이드하는 책임을 맡은 기술자이다.
해설 명사 수식 '-able'형 형용사

Q2 1. competitive　2. beneficial

1. 얇은 노트북 시장은 최근 아주 경쟁이 치열해졌다.
해설 2형식 동사 become 뒤의 주격 보어 자리에 들어갈 형용사

2. 많은 사용자들이 새 소프트웨어가 상당히 유익하다고 생각했다.
해설 5형식 동사 find 뒤의 목적격 보어 자리에 들어갈 형용사

+ check 1. available　2. comfortable

1. 그 전시회는 8월 15일에 일반 대중들에게 이용 가능하게 될 것이다.

2. 이 창틀은 실내 온도를 편안하게 유지하도록 고안되었다.

Q3 1. every　2. investments　3. much　4. other
5. Other

1. 한 달에 한 번 모든 지점의 매니저들이 본사에서 만난다.
해설 every + 단수 명사(branch)

2. 위험을 최소화하려면, 투자자들은 다양한 분야의 투자 상품에 돈을 투입함으로써 다양한 포트폴리오를 유지해야 한다.
해설 various + 가산 명사 복수(investments)

3. 연료 소비를 줄이기 위한 캠페인은 대중에게 많은 영향을 끼치지 못했다.
해설 much + 불가산 명사(impact)

4. Cape 자동차의 훌륭한 서비스는 회사를 다른 경쟁업체들과 차별화 해준다.
해설 other + 복수 명사(competitors)

5. 매장으로 운전해 오시는 길을 포함한 다른 정보는 온라인에서 보실 수 있습니다.
해설 불가산 명사와 쓰이는 other

Q4 1. all　2. any

1. 더 많은 문제를 피하기 위해 우리는 고객 피드백을 모든 판매 직원들에게 정기적으로 알릴 필요가 있다.
해설 the와 같은 한정사 앞에 위치할 수 있는 all

2. 이 품질 보증서는 제조사가 손상이 있는 어떤 제품이라도 수리해줄 것이라고 말하고 있다.
해설 불특정 가산 명사 단수를 동반할 수 있는 any

+ check 1. departments　2. All

1. 그 위원회는 회사의 다양한 부서에서 온 직원들로 구성되어 있다.

2. 모든 비즈니스 스위트룸은 가구가 모두 갖춰져 있고, 무선인터넷이 연결되어 있다.

Q5 1. considerate　2. confidential

1. 타인을 배려하셔서 모든 쓰레기는 별도 표시가 있는 쓰레기통에 버려주시기 바랍니다.
해설 be considerate of은 '~에게 사려 깊게 행동하다'라는 의미

2. 우리 고객의 개인 정보는 엄격히 기밀로 유지되고 있다.
해설 be동사의 보어 자리이므로 주어(고객 개인 정보)를 수식하기에 의미상 적절한 형용사

+ check 1. successful　2. reliable

1. 식당이 얼마나 성공을 거두게 될지는 아무도 예측할 수 없다.

2. 이 직책의 합격자들에게는 확실한 교통 수단과 운전 면허가 있어야 한다.

Practice

1. (A)	2. (B)	3. (A)	4. (A)	5. (A)
6. (B)	7. (C)	8. (C)	9. (A)	10. (D)
11. (D)	12. (A)	13. (A)	14. (C)	15. (A)
16. (C)	17. (A)	18. (D)	19. (B)	20. (A)
21. (A)	22. (B)	23. (C)	24. (D)	25. (C)
26. (C)	27. (D)	28. (B)	29. (C)	30. (C)
31. (A)	32. (C)			

1. 다음 달, Ms. Reston은 직원 생산성에 관한 그녀의 연구의 첫 결과를 발표할 것이다.

해설 관사와 명사 사이의 형용사 자리이므로 (A) initial이 정답이다.

어휘 release 발표하다, 공개하다 | finding 연구 결과 | employee productivity 직원 생산성 | initial 처음의, 초기의; 첫 글자 | initiative (특정한 목적을 달성하기 위한) 새로운 계획 | initiate 착수시키다

2. 모든 참가자는 이틀간의 워크샵이 몹시 바쁜 일정에도 불구하고 매우 유익하다는 것을 알게 되었다.

해설 뒤에 단수 가산 명사가 왔기 때문에 (B) Every가 정답이다. (A), (D) 뒤에는 복수 명사가 와야 하며, (C) Single은 앞에 반드시 한정사가 있어야 하므로 오답이다.

어휘 informative 유익한 | hectic 몹시 바쁜

3. 시설물의 공사가 시작되려면 그전에 관련 허가 신청서들이 승인되어야 한다.

해설 빈칸은 복합 명사 permit applications 앞의 형용사 자리이므로 (A) relevant가 정답이다.

어휘 facility 시설(물) | permit application 허가 신청서 | approve 승인하다 | relevant 관련된 | relevantly 관련되어, 관련성 있게 | relevance 관련성

4. 많은 항공사들이 15퍼센트까지 운임을 올릴 계획을 하고 있기 때문에 해외 여행은 더 비싸질 것 같다.

해설 빈칸 앞에 to become more가 있으므로 빈칸에 들어갈 품사는 형용사인 (A) expensive이다.

어휘 be likely to ~일 것 같다 | airline 항공사 | increase 증가시키다 | fare 운임 | by up to (숫자) ~까지 | expensive 비싼 | expense 비용 | expensively 비싸게

5. Barkin Brands의 분기 회의는 관련된 다양한 부서의 협력 덕택에 매끄럽게 진행되었다.

해설 departments를 수식하는 형용사 자리이므로 (A)와 (D) 중 '다양한'을 뜻하는 (A) various가 정답이다. variable은 '변동이 심한'이라는 뜻이므로 해석상 오답이다.

어휘 collaboration 공동 협력 | variation 변화(량)

6.
고난도 사장은 Sargon 자동차의 XW2000 모델의 엔진 결함으로 인한 긴급 리콜 필요성에 대해 논의하기 위해서 특별 회의를 소집했다.

해설 소유격 Sargon Motors와 명사 사이에 빈칸이 쓰였으므로 (A)를 써서 복합 명사를 만들 것인지 (B)를 써서 수식할 것인지를 결정해야 하는데, '긴급한 필요'라고 명사를 수식하는 해석이 자연스러우므로 (B) urgent가 정답이다.

어휘 call a special meeting 특별 회의를 소집하다 | defect 결함 | urgency 긴급함 | urgent 긴급한 | urgently 긴급하게

7. 할인 받은 물건들은 어떤 상황에서도 환불될 수 없음을 유념해주세요.

해설 be동사 뒤의 주격 보어 자리에 적합한 품사를 묻는 문제이다. 주격 보어로 명사, 형용사, 분사가 모두 올 수 있기 때문에, 해석을 통해 적절한 품사를 선택해야 한다. 명사 (A), (D)는 주어인 discounted items와 동일한 것이 아니므로 오답이며, 주어인 discounted items는 환불의 대상으로 수동의 의미가 되어야 하므로, 능동의 의미를 갖는 현재분사 (B)도 오답이 된다. 따라서, 형용사 (C) refundable이 정답이다.

어휘 keep in mind ~을 명심하다 | under any circumstances 어떤 일이 있더라도

8. 모든 팀원들은 3주마다 그들의 업무 진척도에 대해서 상관에게 간단하게 보고를 하도록 요구받는다.

해설 빈칸 뒤에 three weeks가 쓰였으므로 (C) every를 써서 '3주마다'라는 뜻의 관용구를 만든다.

어휘 brief A on B A에게 B에 대해서 간단히 보고하다 | progress 진척

9. Grandview의 호텔들은 반드시 모든 지역 보건 지침을 따라야 한다.

해설 빈칸은 복합 명사 health guidelines 앞의 형용사 자리이므로, (A) local이 정답이다.

어휘 abide by ~을 따르다[준수하다] | health guideline 보건 지침 | local (특정) 지역의; (특정) 지역 주민

10. 청중들은 중간 휴식 시간에 휴식을 취하고 나서 질서 정연하게 그들의 자리로 돌아왔다.

해설 명사 앞의 형용사 자리를 묻는 문제이다. 따라서 정답은 (D) orderly이다.

어휘 intermission 중간 휴식 시간 | orderly 정돈된, 정연한

11. 인사부는 최근 채용된 직원들에게 특히 유용한, 개정된 직원 편람을 제공할 계획이다.

해설 빈칸 앞에 「be + 부사」가 있으므로 빈칸에 들어갈 단어는 부사의 수식을 받는 형용사이다. 따라서 정답은 (D) useful이다. be동사 뒤에 현재분사 (A)도 올 수 있으나 직원 안내서와 의미상 수동 관계(사용되는)이므로 능동을 나타내는 현재분사 (A)는 오답이다.

어휘 human resources 인사부 | revised 개정된 | employee handbook 직원 편람 | especially 특히 | user 사용자 | useful 유용한

12. 공연 동안, 청중들은 그 어떤 전자 녹화 장비도 사용하는 것이 허용되지 않습니다.

해설 빈칸 뒤에 불가산 명사(equipment)가 왔으므로 뒤의 명사의 수와 무관하게 쓸 수 있는 (A) any가 정답이다. (B) another와 (C) one 뒤에는 단수 가산 명사가 와야 하고 (D) many 뒤에는 복수 가산 명사가 와야 하므로 오답이다.

어휘 performance 공연, 연주회 I recording 녹음, 녹화 I equipment 장비, 기구

13. 모든 면접 대상자들 중에서, Mr. Hernandez가 전자 통신 사업 운영에서 가장 인상적인 배경을 가지고 있다.

해설 사물 명사 background를 수식하는 형용사 자리이므로, '인상적인 배경'으로 해석되는 형용사 (A) impressive가 정답이다. (B) impressed는 사람 명사를 수식하는 형용사이므로 오답이다.

어휘 telecommunications business 전자 통신 사업 I operation 운영 I impressive 인상적인 I impressed 감명 받은 I impress ~에게 감동을 주다 I impressively 인상적으로

14. Mr. Jacob은 결함으로 내일 아침 관리자 회의에 참석할 수 없을 것이다.
고난도

해설 '결함으로 회의에 참석할 수 없다'라는 의미가 되는 (C) unable이 정답이다. (B) impossible은 실현 가능성을 논할 수 있는 대상과 쓰이기 때문에 사람 주어(Mr. Jacob)와 쓰이지 못한다.

어휘 be unable to ~할 수 없다

15. 최근 실행된 소프트웨어는 비교적 짧은 시간에 많은 양의 고객정보를 처리하는 일을 가능하게 했다.

해설 5형식 동사 「make + 목적어 + 형용사」 구조의 문장이므로 정답은 (A) possible이다.

어휘 make it possible to부정사~ (it: 가목적어, to부정사: 진목적어) ~하는 것을 가능하게 하다 I implement 실행하다 I process 처리하다 I relatively 비교적 I possible 가능한 I possibility 가능성 I possibly 아마

16. 사무실에서 야근하는 직원은 누구든지 퇴근 전에 문을 잠가야 한다는 것을 기억하세요.
고난도

해설 빈칸은 명사를 수식하는 형용사 자리이므로 대명사인 (B)는 오답이다. 명사 employee는 가산 명사의 단수형이므로 뒤에 오는 명사의 수와 무관하게 쓸 수 있는 (C) Any가 정답이다. 수량형용사가 보기에 제시되어 있으므로 뒤에 있는 명사의 수를 파악해야 한다.

어휘 work late 늦게까지 일하다

17. 편집장은 그 표현이 너무 반복적이었기 때문에 기사를 수정했다.

해설 빈칸은 be동사의 보어 자리로 형용사인 (A)와 현재분사인 (B)가 모두 올 수 있다. 하지만, 주어인 the language는 반복되어지는 대상이므로 수동태 형태가 되어야 한다. 따라서 be동사 뒤에 수동 의미의 과거분사가 와야 하므로 현재분사인 (B)는 오답이며, 정답은 (A) repetitive이다.

어휘 editor-in-chief 편집장 I language 표현, 언어 I repetitive 반복적인

18. 광고 컨설턴트는 현지 유명 인사들을 고용할 것을 제안했는데 왜냐하

면 그것이 효과적인 마케팅 전략으로 밝혀졌기 때문이다.

해설 명사 marketing 앞의 형용사 자리이므로 '효과적인'을 뜻하는 (D) effective가 정답이다.

어휘 celebrity 유명인사 I turn out to be ~인 것으로 밝혀지다 I effect 효과; 어떤 결과를 가져오다

19. 브레인스토밍 회의 중에 어떤 아이디어가 있다면 아무리 그 아이디어가 말도 안 되는 것 같아도 큰 소리로 말하는 것을 두려워하지 마십시오.
고난도

해설 'no matter how[however] + 형용사/부사 + 주어 + 동사'를 묻는 문제이다. 이때, 형용사와 부사의 구분은 뒤에 오는 문장 구조에 의해 결정되는데, 뒤에 온 동사 seem은 형용사를 보어로 취하는 동사이므로 빈칸에 형용사 (B) ridiculous가 와야 한다.

어휘 brainstorming 브레인스토밍(무엇에 대해 여러 사람들이 동시에 자유롭게 자기 생각을 제시하는 방법) I shout 큰 소리로 말하다 I ridiculous 말도 안 되는

20. South Palm 병원에는 자원봉사자들이 자신의 기술과 근무 시간을 맞출 수 있는 광범위한 분야의 직종들이 있다.
고난도

해설 형용사 several, various는 복수 명사와 함께하므로 단수 range라는 명사와는 쓰일 수 없으므로 '다양한'의 의미를 갖는 (C) wide가 정답이다.

어휘 range 범위 I prolonged 장기적인

[21-24] 다음 편지에 관한 문제입니다.

Ms. Stephanie Marx
Washington 공업
Central 가 589번지 NW
몬트리올, 퀘백 H3Z 2Y1

Ms. Marx께,

고객님께서 Fast Step 바닥재에 보여주시는 관심에 대해 듣게 되어 기쁩니다. 저희 회사의 바닥재 상품은 그야말로 최고이며, 저희 회사가 제공하는 제품에 대해 고객님이 만족해하실 것을 확신합니다.
고객님의 사무실과 같은 바쁜 장소에서 사무실 바닥은 많은 손상을 입습니다. 그러한 **21** 지속적인 혹사를 고려할 때, 바닥재는 수년을 견디면서 좋은 외관을 유지할 정도로 충분히 견고해야 합니다.
이와 같은 필요에 **22** 부응하여, Fast Step 바닥재는 특허를 획득한 Ten-Year 라인 바닥재를 만들었습니다. 사실, Ten-Year 라인 바닥재는 가능한 한 가장 튼튼한 바닥재로 제작된 것입니다. 이름이 말해주듯이, 이 라인은 최소 10년간은 구매 첫날과 같은 외관이 지속될 것을 **23** 보장합니다. **24** 어떠한 이유로라도 귀하가 불만족스럽다면, 저희는 환불해 드릴 것입니다.
무료 견적을 받길 원하시면, 오늘 514-639-1000으로 전화하세요!

진심으로,

Stanley Friedman
Fast Step 바닥재

어휘 flooring 바닥, 바닥재 I simply 그야말로, 간단히 I be pleased with ~에 만족하다 I take a beating 손상을 입다, 대패하다 I abuse 혹사, 남용, 혹사시키다, 남용하다 I

tough 강한, 거친 | last 지속하다 | needs 필요성 |
patented 특허를 받은 | at least 최소한, 적어도 | estimate
견적서, 평가서 | constant 지속적인 | prevent 방지하다
| address 해결하다, 부응하다 | improve 향상시키다 |
research 연구 조사하다, 연구 조사 | guarantee 보증하다

---

21. **해설** 빈칸 뒤의 abuse는 동사와 명사 둘 다로 쓰이기 때문에 이 문제에서 어떤 품사로 쓰였는지를 판단하는 것이 중요하다. abuse는 타동사이기 때문에 그 뒤에 목적어가 수반되어야 하나, 여기에서는 뒤에 목적어가 없기 때문에 명사로 쓰였다. 따라서, 빈칸은 명사를 꾸며주는 형용사 자리이므로 (A) constant가 정답이다. (C) constable은 순경을 의미하는 명사이므로 오답이다.

22.
고난도 **해설** 빈칸 뒤의 these needs는 앞 문장의 바닥재 상품이 견고해야 한다는 내용을 받아준다. 문맥상 이러한 요구 사항들에 부응하기 위해 특허 획득 바닥재를 만들었다는 내용이 알맞으므로 '부응하다, 해결하다'의 뜻을 가진 (B) address가 정답이다. (A) prevent '예방하다', (C) improve '향상시키다', (D) research '조사하다'

23.
고난도 **해설** 수의 일치에 어긋나는 보기는 없고, 바닥재 제품은 보장되는 것이므로 능동형인 (A), (B)는 오답이다. 이미 정해놓은 일이 미래까지 일정기간 지속되는 공연 일정, 대중교통 시간표, 계약서, 품질 보증 등은 현재 시제를 사용하므로 (C) is guaranteed가 정답이다.

---

24. (A) 이 바닥재는 5년 이상 쉽게 지속됩니다.
(B) 작은 비용으로 저희가 사람을 보내 귀하의 집을 살펴보게 해주십시오.
(C) 귀하의 부엌에 저희 특별 제품 바닥재를 설치해주셔서 감사합니다.
(D) 어떠한 이유로라도 귀하가 불만족스럽다면, 저희는 환불해 드릴 것입니다.

해설 빈칸 앞 부분에 제품의 품질이 뛰어나 최소 10년간 보장한다고 했기 때문에 품질에 대한 확신을 추가적으로 나타낸 (D) If you're unsatisfied for any reason, we'll refund your money.가 흐름상 자연스럽다. (A)는 앞에서 적어도 10년간 보장된다는 내용이 제시되었으므로 연결이 자연스럽지 못하다. 사무실 바닥재 관련(In busy offices such as yours) 글이므로 집을 살펴보기 위해 사람을 보내겠다는 (B)도 본문의 내용과 일치하지 않으며, 제품 설치에 관심 있는 고객에게 제품을 소개하므로 이미 설치한 것에 대해 감사한다는 (C)도 오답이다. 을 소개하므로 이미 설치한 것에 대해 감사한다는 (C)도 오답이다.

[25-27] 다음 광고에 관한 문제입니다.

판매
은색 Tepco Pride 밴

연비: 고속도로에서 100킬로미터당 9리터, 시내에서 100킬로미터당 15리터. www.yearlycarsummary.co.uk에 따르면 시장 내 경쟁업

체들에 비해 30퍼센트 이상 더 효율적임. 35,000킬로미터 주행(대부분 고속도로)

특징: ㉖ 내장형 서라운드 사운드 스피커, 원격 입력 시스템, GPS 내비게이션, 파워 윈도우, ㉖ 타이어 공기압 표시계, 사고 예방 시스템, 개폐형 지붕, ㉖ 보온 좌석.
㉕ **호가:** 13,000파운드 또는 시가

다른 세부사항들: 제조사 보증 1년 남음. 지역 자동차 정비소에서 정기 유지 관리를 받음. ㉗ 줄곧 같은 사람이 소유해 왔음. 택시로 정기적으로 사용되었음. 소유주가 해외로 가기 때문에 이달 내로 판매되어야 함.

밴을 보고자 하시거나 시험 운전하시는 데 관심이 있으시다면, 만남 일정 정하기 위해 ronfloyd@vizmail.co.uk로 Ronald Floyd에게 이메일을 보내 주세요.

어휘 fuel economy 연료 소비율 | efficient 효율적인 | built-in 내장된 | remote entry system 원격 입력 시스템 | indicator 표시기, 계기 장치 | convertible 전환 가능한; 컨버터블(차량 지붕을 접었다 폈다 할 수 있는) | warranty 보증 | own 소유하다

25. Tepco Pride 밴에 관하여 언급된 것은 무엇인가?
(A) 경쟁업체보다 더 많은 연료를 소모한다.
(B) 해당 차종 중에서는 가장 빠르다.
(C) 가격은 협상 가능하다.
(D) 보증기간이 더 이상 유효하지 않다.

해설 세 번째 단락의 호가(ask price)나 시가(best offer)라는 표현을 통해 가격은 협상 가능함을 알 수 있다. 따라서 정답은 (C) Its price is negotiable.이다.

26. Tepco Pride 밴의 특징으로 언급되지 않은 것은 무엇인가?
(A) 타이어 공기압을 알려주는 표시
(B) 좌석을 데워주는 시스템
(C) 후방 주시 카메라
(D) 오디오 시스템

해설 (A)는 tire pressure indicator을 통해 확인할 수 있고, (B)는 heated seats를 통해 알 수 있다. (D) 또한 Built-in surround sound speakers에서 알 수 있다. 후방 주시 카메라에 대한 언급은 찾을 수 없으므로 정답은 (C) A rearview camera이다.

27. Mr. Floyd에 관하여 사실인 것은 무엇인가?
고난도 (A) 밴을 개인용 차량으로만 사용해왔다.
(B) 자동차 기계공으로 일한다.
(C) 이번 달까지 국외에 있을 것이다.
(D) 밴을 새차(인 상태)로 구입했다.

해설 Mr. Floyd가 자동차의 첫 구매자이자 계속 소유해 왔음을 확인할 수 있으므로 정답은 (D) He purchased his van new.이다. (A)는 택시로 이용이 되었던 것이지, 개인 차량으로 사용했던 것이 아니며 (C)는 해외로 가기 위해 팔아야 하는 것이므로 오답이다. Mr. Floyd는 밴의 소유주이므로 (B)는 오답이다.

PART 5·6·7 UNIT 03

수신: Song Myung 〈msong@himail.co.uk〉
발신: Peter Barlow 〈pbarlow@harzok.co.uk〉
날짜: 2월 20일
제목: 일반 공개
첨부: schedule.doc

안녕하세요 Mr. Myung,

저는 다음 달 채용 설명회에 관한 당신의 이메일을 받았습니다. **28** 우리 웹사이트를 통한 등록은 안타깝게도 2월 10일자로 마감되었습니다. 하지만 제가 지난주 **28** 등록한 참가자들에게 일정을 이메일로 보냈을 때, 그들 중 한 명이 참석할 수 없을 거라고 답변을 보내왔습니다. 이는 제가 참가자 명단에 귀하를 추가할 수 있다는 것을 의미합니다.

첨부되어 있는 목요일 일정을 봐주세요. **32** 당신은 이메일에서 오전 9시 30분까지는 올 수 없다고 말씀하셨는데, 그건 **30** 괜찮습니다. **29** 제가 당신의 방문객 배지를 점심 식권과 같이 접수처에 남겨두겠습니다. 그것들을 찾으신 후, 221호실로 가 주세요.

31 당신은 이미 Harzok 사의 업무 분야에 경험이 있다고 말씀해 주셨고, 그것은 참으로 반가운 일입니다. 당신의 참석 여부를 확인할 수 있게끔 이메일로 답변을 해주세요. 감사합니다.

안부를 전하며,

Peter Barlow
인력자원부 부장

어휘 recruitment 채용 I registration 등록 I unfortunately 안타깝게도, 불행히 I participant 참가자 I attached 첨부된 I badge 배지 I reception desk 접수처 I meal voucher 식권 I indicate 보여주다, 시사하다

채용 정보 설명회
31 Harzok 의료 보험 본부
2244 Blackdown 로, 런던
3월 1일 목요일, 오전 8시 30분 – 11시 30분

32 오전 8:30–9:30 (212호실)
Harzok 소개 – 처음에 저희 회사에 대한 짧은 발표가 있을 것이고, 여러분은 저희가 제공하는 다양한 진로 기회에 관하여 알게 될 것입니다. 그러고 나서 여러분들이 이곳 업무 환경이 어떠한지 알 수 있도록 여러분들께 **32** Harzok의 본사 구경을 시켜드릴 것입니다.

오전 9:30–10:30 (221호실)
팀원들 만나기 – 편하고, 여유로운 환경에서 Harzok 팀 직원들과 이야기하게 됩니다. 고위 관리직을 포함해 경험이 풍부한 직원들이 여러분들이 가진 어떠한 질문이나 평에도 응답해 줄 수 있을 것입니다.

오전 10:30–11:30 (222호실)
지원 절차 – 만약 Harzok이 여러분께 적합한 곳이라고 생각하신다면, 지원서 양식을 작성해주세요. 적합한 자리가 생기는 경우, 저희가 인사 부장님과의 1대 1 면접을 잡기 위해 여러분께 일주일 내로 연락을 드릴 것입니다.

어휘 casual 격식을 차리지 않는, 편한 I relaxed 느긋한, 여유 있는,

편안한 I experienced 숙련된 I suitable 적절한 I face-to-face 마주보는, 대면하는 I director 임원, 중역

28. 지난주 일정표를 받은 사람들에 관하여 언급된 것은 무엇인가?
(A) 오전 9시 30분에 도착할 계획이다.
(B) 온라인으로 행사에 등록했다.
(C) 모두가 지원서에 실수를 했다.
(D) Harzok의 직원들이다.

해설 이메일에서 등록은 웹사이트로 했음을 확인할 수 있고 등록한 사람들에게 채용 설명회에 관한 일정표를 줬음을 알 수 있다. 따라서, 일정표를 받은 사람들은 온라인으로 등록한 사람임을 알 수 있으므로 정답은 (B) They registered for the event online.이다.

---

29. Mr. Barlow는 무엇을 할 계획인가?
(A) 비행편을 예약한다
(B) 접수처에서 방문객들을 환영한다
(C) Mr. Myung을 위해 출입증을 준비한다
(D) 웹사이트에 정보를 추가한다

해설 이메일에서 Mr. Barlow는 이메일 발신인이며, 9시 30분에 Mr. Myung이 도착하지 못한다고 하자 그를 위해 방문 출입증을 접수처에 준비해두겠다고 했으므로 (C) Arrange entry authorization for Mr. Myung이 정답이다.

---

30. 이메일에서 두 번째 단락, 두 번째 줄의 단어 "fine"과 의미상 가장 가까운 것은
(A) 섬세한
(B) 기한이 지난
(C) 용인되는
(D) 옳은

해설 이메일 지문에서 제시간에 도착하지 못해도 '괜찮은'이라는 의미로 쓰였기 때문에 (C) acceptable이 가장 적합하다.

---

31. Mr. Myung은 주로 어떤 분야에서 일을 하겠는가?
고난도 (A) 건강 보험
(B) 온라인 마케팅
(C) 국제 관계
(D) 인적 자원

해설 이메일 지문에서 Myung 씨는 편지의 수신자이고, 이미 Harzok의 업무 분야에 관하여 경험이 있음을 알 수 있다. 일정표에서 Harzok Medical Insurance Headquarters에서 채용 설명회를 한다고 하고 있고, 결국 Harzok는 건강 보험 관련 회사임을 확인할 수 있다. 따라서 정답은 (A) Health insurance이다.

---

32. Mr. Myung은 일반 공개의 어떤 부분을 놓치겠는가?
(A) 다른 참석자들과의 점심
(B) 고위 간부들과의 만남
(C) 사무실 건물 구경
(D) 개인 면접

해설 이메일에서 Mr. Myung이 9시 30분까지는 도착하지 못함을 알 수 있고 일정표에서 해당 시간인 8:30 – 9:30 A.M.에는 본사 구경을 하는 것을 확인할 수 있으므로 정답은 (C) The office building tour이다.

UNIT 04. 부사

Q1 1. directly 2. slowly 3. aggressively 4. carefully 5. shortly

1. 모든 후보들은 hr@elvira.com에 직접 지원서를 이메일로 보내야 한다.
해설 타동사에 수반된 목적어 뒤의 부사 자리

2. 이 프린트 일은 기술적 문제 때문에 느리게 진행되었다.
해설 자동사 뒤의 부사 자리

3. Bex 건설은 Herman 건축을 공격적으로 매입하려 하고 있다.
해설 be동사와 현재분사 사이의 부사 자리

4. 예산 제안서는 승인되기 전 아주 주의 깊게 검토되어야 한다.
해설 be동사와 과거분사 뒤의 부사 자리

5. 인턴 사원들은 업무 수행 평가에 근거하여 적절한 자리에 곧 배정될 것이다.
해설 조동사와 동사원형 사이의 부사 자리

+ check 1. adversely 2. significantly 3. nationally

1. Hankens 정유회사는 높은 원유 가격이 어떤 경우에라도 회사의 순이익에 나쁘게 영향을 미치지 않을 것이라고 확신한다.

2. Hidy Norman이 CEO로 임명된 이후에, Cordin 제조사의 생산성은 상당히 좋아졌다.

3. 농구 챔피언십 경기는 전국적으로 방송될 것이다.

Q2 1. efficiently 2. thoroughly

1. 경영진은 업무량을 효율적으로 재편성함으로써 생산성을 늘릴 필요성에 관해 강조했다.
해설 동명사를 수식하는 부사 자리

2. 계약서에 서명하기 전 모든 계약 조건을 꼼꼼하게 검토하는 것이 중요하다.
해설 to부정사구에서 동사원형을 수식하는 부사 자리

+ check 1. politely 2. efficiently

1. 고객 주최 행사에 참가할 수 없다면 미리 그 초청을 공손히 거절하도록 하십시오.

2. 그 회사는 직원들을 효율적으로 관리함으로써 생산성을 증가시키는 데 성공했다.

Q3 1. nationally 2. exclusively 3. Unfortunately

1. Mr. Kong은 회계사로 일을 시작했으나 이제는 전국적으로 유명한 금융 분석가이다.
해설 형용사를 수식하는 부사 자리

2. 오늘부터 음악 스트리밍 서비스는 우리 회사의 구독자들에게만 무료로 제공됩니다.
해설 전치사구를 수식하는 부사 자리

3. 안타깝게도 마케팅 이사가 일정에 차질이 생겨서 회의에 참석할 수 없게 되었다.
해설 문장 전체를 수식하는 부사 자리

Q4 1. hard 2. approximately 3. formerly 4. still 5. otherwise 6. still

1. 엄청나게 열심히 일했음에도 불구하고 그 분석가의 급여 인상 신청은 승인되지 않았다.
해설 hard는 '열심히', hardly는 '거의 ~ 않는'의 의미

2. 주문하실 물품을 받으시는 데는 대략 5 영업일이 걸립니다.
해설 숫자 앞에서 '대략'의 의미를 갖는 approximately가 정답

3. 다섯 개의 사무실 단지가 이전에 주거 구역이었던 Greenwood 지역에 최근 문을 열었다.
해설 형용사 former는 관사 앞에 올 수 없음

4. 업무 요청을 보냈지만 유지 보수 쪽에서는 여전히 답을 하지 않았다.
해설 yet은 not 뒤나 문장 끝에 올 수 있음

5. 달리 언급되지 않는 한, 이 웹사이트의 모든 내용은 Nomukon 제약회사의 독점 재산이다.
해설 'unless otherwise: 달리 ~하지 않으면' 표현을 완성하는 otherwise가 정답

6. 비록 그 영화가 교육적이긴 하지만, 감독은 관람객들이 그것을 여전히 재미있어 할 거라고 생각한다.
해설 해석상으로는 still과 quite가 모두 가능해 보이지만, quite는 동사를 수식할 수 없고 주로 형용사나 다른 부사를 수식하는 부사이므로 still이 정답

Practice

1. (D)	2. (D)	3. (D)	4. (D)	5. (B)
6. (B)	7. (D)	8. (D)	9. (D)	10. (A)
11. (A)	12. (A)	13. (A)	14. (B)	15. (C)
16. (D)	17. (D)	18. (A)	19. (C)	20. (D)
21. (C)	22. (B)	23. (A)	24. (C)	25. (C)
26. (A)	27. (B)	28. (C)	29. (D)	30. (D)
31. (C)	32. (B)			

1. 새로운 제품 라인을 개발하는 데 많은 시간과 노력을 기울여서, 회사는 그것이 다음 달에 성공적으로 출시되기를 기대한다.

해설 「be동사 + 과거분사」 뒤의 부사 자리를 묻는 문제이므로 정답은 (D) successfully이다.

어휘 launch 출시하다, 시작하다 | succession 연속, 잇따름 | succeed 성공하다 | successful 성공적인 | successfully 성공적으로

2. 세계 경제가 2008년의 금융 위기로부터 회복하기 시작하긴 했어도, 주택 시장은 아직 회복하지 못했다.

해설 have와 to부정사 사이에 쓸 수 있는 부사가 필요한 자리이며 해석상 부정의 의미를 만들어야 하므로 (D) yet이 정답이다.

어휘 recover from ～에서 회복되다 | financial 금융의 | housing market 주택 시장 | have yet to부정사 아직 ～하지 않았다 | afterwards 이후에

3. 우리 컨설턴트 몇 명이 다른 긴급한 일을 처리해야 했기 때문에 월요일 고객과의 회의가 갑자기 취소되었다.

해설 be동사와 과거분사 사이에 부사를 써야 하므로 (D) abruptly가 정답이다.

어휘 client 고객 | deal with ～을 처리하다 | urgent 긴급한 | abrupt 갑작스런 | abruptness 갑작스러움 | abruption 중단, 종결 | abruptly 갑자기

4. 새로운 시스템으로의 순조로운 이행을 확실히 하기 위해 모든 부서 관리자들은 그 업무에 협력하여 일하도록 요청받았다.

해설 자동사와 전치사구 사이에 올 수 있는 품사는 부사이므로 정답은 부사인 (D) collaboratively이다.

어휘 task 업무 | smooth 순조로운 | transition 이행 | collaboration 협력 | collaborate 협력하다 | collaborative 협력하는 | collaboratively 협력적으로

5. 회사 저녁 만찬에 얼마나 많은 직원들이 참석할 것인지 확인한 후, 행사 책임자는 그에 따라 메뉴를 결정할 것이다.

해설 '타동사(determine) + 목적어(the menu)' 뒤에 쓰이는 부사 자리이므로 (B) accordingly가 정답이다.

어휘 determine ～을 결정하다 | accordance 일치 | accordingly 그에 따라서 | according 일치하는 | accord 합의

6. 최근 한 뉴스 보도가 그와 다르게 시사했음에도 불구하고, 많은 소비자들이 새 하이브리드 전기 자동차가 곧 출시될 것으로 기대하고 있다.

해설 빈칸은 앞의 동사 indicate를 수식하는 부사 자리로 문맥상 '(앞에 언급된 것과) 다르게'를 의미하는 (B) otherwise가 정답이다. (D) else는 '(앞에 언급된 것에 덧붙여) 그 밖의 다른'의 의미이므로 오답이다.

어휘 indicate 나타내다, 시사하다 | somehow 어떻게든 | otherwise (앞에 나온 내용과) 다르게, 그와 달리

7. 영업 부장은 지난 분기 수익이 원래 예상보다 상당히 더 높아서 매우 기뻐했다.

해설 be동사와 비교급 형용사 사이에 부사가 필요하므로 정답은 (D) significantly이다.

어휘 profit 수익 | forecast 예상 | significance 중요성 | significant 중요한 | significantly 상당히

8. Newport 전자의 직원들은 압도적으로 새로운 휴가 정책에 찬성하고 있다.
(고난도)

해설 be동사 뒤이므로 동사 형태인 (B)와 (C)는 오답이다. be동사 뒤에 현재분사나 과거분사가 오기에 (A)를 정답으로 오인할 수 있으나 주어인 직원들은 감정을 느끼는 대상이므로 현재분사 (A)는 올 수 없다. 또한 뒤에 온 in favor of(～을 찬성하는)가 형용사 의미의 전치사구이므로 그것을 수식하는 부사 (D) overwhelmingly가 정답이다.

어휘 in favor of ～에 찬성하는 | overwhelm ～을 압도하다 | overwhelmingly 압도적으로

9. 고객 서비스 부서는 매달 대략 60통의 항의 서한을 받았었지만, 그 숫자가 줄어들고 있다.

해설 뒤에 오는 명사구를 수식하는 부사 자리이므로 정답은 (D) roughly이다.

어휘 complaint 불평(항의) | decrease 줄어들다 | roughness 거침 | rough 거친 | roughen 거칠어지게 만들다 | roughly 대략

10. 판매원들은 제품 카탈로그에 대한 공급사로부터의 요청에 즉시 응답하도록 요구된다.

해설 자동사 respond와 전치사 to 사이의 부사 자리를 묻는 문제이므로 (A) promptly가 정답이다.

어휘 respond to ～에 응답하다 | vendor 공급사 | promptly 즉시 | prompt 즉각적인

11. Everyday 여행사는 성수기가 아닌 때에 Woodstock에서의 관광을 홍보하기 위해서 경쟁력 있게 가격이 매겨진 관광 패키지들을 소개했다.

해설 타동사의 목적어인 tour packages 앞에 명사를 수식하는 형용사 역할을 하는 과거분사 priced가 쓰였고 '경쟁력 있게 가격이 매겨진'이라고 이 형용사를 수식할 요소가 필요하므로 빈칸에는 부사인 (A) competitively를 쓴다.

어휘 priced 가격이 매겨진 | promote ～을 홍보하다 | beyond (특정 시간을) 지나 | competitively 경쟁력 있게 | competitive 경쟁력 있는 | competition 경쟁

12. 원래 50년 전 작은 지역 극장으로 문을 열었던 Tretiak 홀은 현재 세계적으로 유명한 공연 예술 센터이다.

해설 빈칸은 과거분사로 시작하는 분사 구문을 수식하는 자리이며, 빈칸이 없어도 문장에 영향을 주지 않는 부사 자리이므로 (A) Originally가 정답이다.

어휘 performing arts 공연·무대 예술

13. 지원자들은 그들의 컴퓨터 과학 기술에 대한 기본 지식을 평가하는 짧은 시험 바로 후에 면접을 보게 될 것이다.

해설 '～후에'라는 의미의 following과 after로 시작되는 부사구 앞에 부사를 써서 '바로 ～후에'라고 해석하므로 (A) immediately가 정답이다. immediately after/following은 어휘 시험에서도 자주 출제된다.

어휘 following ~후에 | assess ~을 평가하다 | immediately 즉시 | immediate 즉각적인 | immediateness 직접적임 | immediacy 직접성

14. 항공 승객들은 무게로 엄격하게 수하물을 제한하는 규정을 준수해야 한다.

해설 동사 앞에서 동사를 수식하는 부사를 묻는 문제이므로 정답은 (B) strictly이다.

어휘 observe 준수하다 | regulation 규정 | limit 제한하다 | baggage 수하물 | strictness 엄격함 | strictly 엄격하게 | stricter 더 엄격한 | strict 엄격한

15. 상급 회계사 자리에 대한 모든 지원자들은 인터뷰에 대한 지침을 꼼꼼히 읽도록 지시 받았다.

해설 '타동사(read) + 목적어(the guidelines)' 뒤에 있는 부사 자리이므로 정답은 (C) meticulously이다.

어휘 senior accountant 상급 회계사 | guideline 지침 | meticulousness 꼼꼼함 | meticulous 꼼꼼한 | meticulously 꼼꼼히 | meticulosity 소심함

16. 귀하가 주문하기를 원하시는 유기농 채소는 일시적으로 품절 상태이지만, 물건이 새로 수송되는 대로 귀하께 알려 드리겠습니다.

고난도

해설 형용사 의미를 갖는 out of stock(품절 상태인)을 수식하므로 정답은 부사 (D) temporarily이다.

어휘 organic vegetable 유기농 채소 | out of stock 품절인 | notify 알리다, 통지하다 | shipment 수송품 | temporary 일시적인 | temporize 미루다, 시간을 끌다 | temporal 일시적인 | temporarily 일시적으로

17. 소비자들이 우리 제품의 포장에 불만스러워한다는 소식은 분명히 연구의 가장 가치 있는 결과이다.

고난도

해설 빈칸을 명사를 수식하는 형용사 자리로 생각할 수 있으나, 형용사는 the와 명사 사이에 위치해야 하므로 빈칸은 형용사 자리가 아니다. 또한, 빈칸을 be동사 뒤의 보어 자리에 오는 형용사 자리로 생각할 수 있으나, 형용사 뒤에 바로 'a/the + 명사'가 올 수 없다. 「a/the + 명사」 형태의 명사구 앞에 와서 명사구 전체를 수식하는 부사인 (D) arguably가 정답이다.

어휘 dissatisfied 불만스러워하는 | packaging 포장재 | finding (조사·연구 등의) 결과, 결론 | arguably 분명히, 거의 틀림없이

18. 회사들은 그들의 월간 공과금을 그들의 법인 계좌에 직접 청구되게 할 수 있다.

해설 빈칸은 목적보어 자리에 쓰인 과거분사 charged를 수식하는 자리로, 부사 (A) automatically가 정답이다.

어휘 monthly 매월의 | utility bill 공과금 | charge 청구하다 | directly 직접 | corporate account 법인 계좌

19. 고객들은 그 소프트웨어가 그들이 필요로 하는 모든 정보를 얼마나 손쉽게 찾고 저장하도록 해 주는지에 대해 놀라워했다.

고난도

해설 의문사 how 뒤에 형용사나 부사가 올 수 있는데, 문맥상 '손쉽게 찾고 저장하다'의 의미가 되어야 하므로 정답은 부사인 (C) effortlessly이다.

어휘 effortful 노력한 | effortless 손쉬운 | effortlessly 손쉽게 | effort 노력

20. Mr. Tal은 10년 전 연구개발팀에서 근무를 시작했으며 그 후 매니저가 되었다.

고난도

해설 빈칸은 「have + p.p.」 사이의 부사 자리로, 문맥에 알맞은 부사를 선택하는 문제이다. Mr. Tal이 10년 전에 근무를 시작했고, 그 후 어느 시점에 매니저가 되었다는 의미를 나타내므로 현재완료 has become과 함께 쓰여 '그 후(어느 시점에)'를 의미하는 부사 (D) since가 정답이다. 부사 since는 과거에 있었던 일들을 이야기할 때, 과거 이후 어느 시점에 또 다른 일이 생겼을 때 현재완료와 함께 쓰인다. since가 부사뿐 아니라 '~한 이래로'의 의미의 전치사나 접속사로 쓰이는 경우에도 현재완료 시제와 함께 쓰인다는 점에 유의한다.

어휘 since [부사] 그 후(어느 시점에); [전치사/접속사] ~한 이래로; [접속사] ~때문에

[21-24] 다음 기사에 관한 문제입니다.

제조업 학회, 11월 11일 – 올해의 세계 제조업 학회가 지난주 마이애미에서 열렸다. **21** 학회는 전 세계의 업체들이 참석하도록 초대했다. 지난해와 마찬가지로, 미국과 캐나다 기업들이 **22** 크게 두각을 나타냈다. **23** 더욱이, 참가자들은 이번에 상당히 많은 유럽 참석자들이 있었다는 데 주목했다. 눈에 띈 점은 음식 포장 공장들이 올해의 **24** 행사에서 더 큰 존재감을 보여줬다는 사실이었다.

어휘 corporation 기업, 회사 | represent 대표하다, 나타내다 | notice 주목하다, 알아차리다 | significant 상당한 | attendee 참석자 | noticeable 뚜렷한 | packaging 포장 | plant 공장 | presence 입지, 존재감

21. (A) 비슷한 학회가 한 주 전에 열렸다.

고난도 (B) 마이애미 주민들이 여행을 조직하는데 도움을 주었다.

(C) 학회는 전 세계의 업체들이 참석하도록 초대했다.

(D) 자원 봉사를 했던 이들에게는 등록비가 면제되었다.

해설 빈칸 앞부분에서 학회가 지난주에 개최되었다고 했고 뒷부분에서는 참석한 여러 국가 기업들 중 미국과 캐나다 기업들이 두각을 나타냈다고 했으므로 빈칸에는 지난주 학회에 참석했던 대상과 관련된 내용이 흐름상 자연스럽다. 따라서, 그 학회가 전 세계 기업들에게 참석하도록 했다는 (C) The conference invited companies from across the globe to attend.가 정답이다. (A)의 유사한 회의, (B)의 여행, (D)의 봉사자에게 면제된 등록비는 앞뒤 문장의 핵심 내용의 조합인 '지난주 개최된 학회 + 참석 기업들'과 연결고리가 없기 때문에 오답이다. 이처럼, 문장 선택 문제는 추상적으로 연결 내용을 생각해서 정답을 선택하지 말고, 빈칸 앞, 뒤의 핵심 내용을 정확히 파악하여 그 범위를 좁혀 흐름과 어울리는 문장을 선택해야 한다는 점에 유의한다.

22. **해설** 빈칸은 「be + 과거분사」 사이의 부사 자리이므로 정답은 (B) heavily이다.

77

23. **해설** 미국과 캐나다 기업뿐만 아니라 유럽 참석자들도 많았다는 내용이므로 동일한 내용의 추가, 부연을 의미하는 (A) Moreover가 정답이다. (B) Therefore '그러므로', (C) Instead '대신에', (D) Rather '오히려'

24. **해설** 이번 학회에서 더 큰 존재감을 보였다는 의미이므로 World Manufacturers' Conference를 의미하는 (C) event가 정답이다. (A) luncheon '오찬', (B) demonstration '시연', (D) class '수업'

[25-27] 다음 공지에 관한 문제입니다.

Blenhaim 버스 회사
2월 1일

모든 승객분들께:

운영비 증가로 인해, Blenhaim 버스 회사는 5월 1일부터 승객 요금을 인상할 예정입니다. **26** 성인, 노인, 대학생들의 승차 요금이 10퍼센트 오를 것입니다. 8세 이하의 어린이들에게는 요금이 계속해서 무료일 예정입니다.

이것이 승객 여러분께 초래할 불편에 대해 사과를 드립니다. **25** 우리는 이것이 5년 만에 처음 있는 요금 인상이라는 사실도 상기시켜 드리고자 합니다. **27** 이 요금의 수익은 전반적인 차량 유지 및 직원 급여에 사용됩니다.

우리는 여러분들이 기대하셨던 높은 수준의 서비스를 계속해서 제공해 드릴 것을 약속합니다.

Blenhaim 버스 회사를 이용해 주셔서 감사합니다.

어휘 operating cost 운영비 | passenger 승객 | fare 요금 | adult 성인 | senior 연장자, 노인 | apologize 사과하다 | inconvenience 불편 | draw attention 주의를 끌다, 환기하다, 상기시키다 | revenue 수익, 수입 | maintenance 유지 | salary 급여, 봉급

25. Blenhaim 버스 회사에 관하여 언급되는 것은 무엇인가?
(A) 새로운 노선을 도입한다.
(B) 고객들의 불평에 응답했다.
(C) 5년 전에 요금을 올렸다.
(D) 승객 수 감소를 경험하고 있다.

해설 공지 두 번째 단락에서 5년 동안 한번도 요금을 올리지 않았음을 확인할 수 있으므로 정답은 (C) It raised its fares five years ago.이다.

26. 대학생들에 관하여 알 수 있는 것은 무엇인가?
(A) 요금이 노인 요금과 같은 비율로 인상될 것이다.
(B) 할인된 월간 버스 승차권을 구입할 수 있다.
(C) 학생증이 5월 1일까지 갱신되어야 한다.
(D) Blenhaim 버스를 무료로 탄다.

해설 공지 첫 번째 단락에서 성인, 노인, 대학생들의 요금은 전부 10퍼센트가 인상되는 것을 통해 버스요금 인상폭은 모두 같은 비율임을 유추할 수 있으므로 정답은 (A) Their fares will increase by the same percentage as the fare for seniors.이다.

27. 공지에 따르면, 요금에서 모인 수익이 사용되는 방법 중 하나는 무엇인가?
(A) 광고 증편을 위해
(B) 버스 노선 확장을 위해
(C) 정류장 개선을 위해
(D) 직원들 임금 지급을 위해

해설 지문 두 번째 단락 마지막 줄에서 수익이 차량 유지보수와 직원들의 급여로 사용된다고 했으므로 (D) To pay employees가 정답이다.

[28-32] 다음 광고와 이메일, 기사에 관한 문제입니다.

Bayside Tower
Bayside Tower의 공사가 거의 완공 상태입니다.
여전히 임대나 구매 가능한 거주용, 사업용, 상업용 공간이 있습니다.
Bayside Tower는 5월 1일에 개장할 것으로 예상됩니다.

Bayside Tower는 개장하자마자 Piedmont 시의 가장 큰 건물이 될 것입니다. Bayside Tower는 여러분의 사업체와 개인적인 필요에 맞는 이상적인 위치에 자리잡고 있으며, 해안가와 **28** **31** Westside 쇼핑몰의 건너편 시내에 위치해 있습니다.

29 아파트 (10-25층) 주거지에는 1개, 2개 아니면 3개의 침실이 있으며, 각각 부엌과 거실 그리고 1개나 2개의 욕실이 있습니다. 가구 비치가 된 아파트와 안 된 아파트 둘 다 가능합니다.

29 사무실 (2-9층, 26-40층) 작은 기업, 중간 규모의 기업, 대기업을 위한 사무실 공간이 있습니다. 다양한 형태의 공간 배치가 가능합니다.

29 **32** 소매점(1층) 여러 개의 작은 상점 및 중간 규모의 상점을 위한 공간이 있습니다. 몇 군데는 식당으로 사용 가능합니다.

더 많은 정보가 필요하시면 508-4444로 전화 주십시오. 가격은 요청하실 경우 알려드립니다

어휘 near ~에 근접하다, 다가오다 | completion 완성 | residential 주거의 | commercial 상업의 | available 이용 가능한 | purchase 구매 | rent 임대 | downtown 도심지에 | waterfront 해안지구 | ideally 이상적으로 | residence 주택 | living room 거실 | furnished 가구가 있는 | unfurnished 가구가 없는 | layout 배치 | upon request 신청에 의해

수신: Jacob Nelson 〈jnelson@wilmington.com〉
발신: Karen Hester 〈karenh@baysideproperties.com〉
제목: Bayside Tower
날짜: 4월 18일

Mr. Nelson 귀하,

30 저희 Bayside Tower 아파트에 대해 문의해주셔서 감사합니다. 저희는 여전히 귀하와 귀하의 가족을 위해 완벽한 여러 채의 아파트 가구들을 보유하고 있습니다. 귀하께서는 내외분이 두 자녀를 두고 계셔 침실 3개짜리 아파트에 관심이 있다고 하셨습니다. 이 아파트들 중 하나의 구매가는 35만 달러이며 월 2,500달러로 임대하실 수

도 있습니다. 만일 임차하기로 결정하신다면, 최소 2년 기간의 계약서에 서명하셔야 합니다.

31 귀하께서 Westside 쇼핑몰에서 일하시기 때문에, 저희를 만나 아파트를 둘러보시기가 편하실 것입니다. 귀하께서 언제 Bayside Tower를 방문하실 시간이 있으신지 알려주시면, 귀하를 정문에서 만나 뵐 수 있습니다. 제 사무실이 Bayside Tower 안에 있어서 저는 온종일 시간이 됩니다. 정규 근무 시간에 481-0498로 부담 없이 전화 주시기 바랍니다.

감사합니다.

Karon Hoctor
Bayside 부동산

어휘 inquiry 문의 | indicate 암시하다 | contract 계약서 | entrance 입구 | throughout ~동안 죽 | business hours 영업 시간, 근무 시간

Piedmont (5월 2일) – 오랫동안 기다려온 Bayside Tower가 어제 5월 1일에 개장했다. Chip Taylor 시장과 다른 유명인사들이 참석한 개관식을 비롯한 많은 행사가 있었다.

Bayside Tower 건설 공사는 5년 넘게 걸렸다. 많은 지역 주민들이 Bayside Tower가 산적한 관련 문제들 때문에 완공되지 못할 거라고 생각했다. 건물의 원 소유주였던 Marge Hamel은 파산으로 자산을 매각해야 했다. 이후 건설 공사 중에 몇 차례의 건설 사고가 발생해 반복적으로 건물이 손상되었다. 그 불운은 개장일에도 계속되어, **32** 건물 식당들 중 하나에서 송수관이 터졌다.

그럼에도 불구하고 건물은 현재 완공되어 운영 중이다. 95% 이상의 아파트가 팔리거나 임대되었고, 99%의 사무실 공간이 입주가 끝났다. 그러니까 2,000명 이상의 사람들이 이 건물 안에서 거주하거나 일을 하고 있어, 이제 시에서 가장 분주한 건물들 중 하나가 되었다.

어휘 long-awaited 오래 기다려왔던 | opening 개회식 | festivity (축제의) 행사 | ribbon cutting ceremony 개관식 | attend 참석하다 | prominent 저명한 | concerning ~관련된 | original 원래의 | property 자산 | construction accident 건설 (공사) 사고 | nevertheless 그럼에도 불구하고 | occupy (시간, 장소 등을) 차지하다

---

28. Bayside Tower에 대하여 암시되고 있는 것은 무엇인가?
(A) 25층까지 있다.
(B) 3개 층이 소매 점포들이다.
(C) 쇼핑 센터 가까이에 있다.
(D) 자체 경비원들이 있다.

해설 광고를 보면 Bayside Tower는 총 40층짜리 건물이므로 (A)는 오답이다. 또한 소매 점포들은 1층에만 있으므로 (B) 또한 오답이다. 경비원에 대한 언급은 아예 없었으므로 (D)도 오답이다. 광고 첫 번째 문단에서 Westside Mall의 건너편에 위치한다고 묘사되어 있으므로 (C) It is near a shopping center.가 정답이다.

---

29. 광고에 의하면, 임대가 가능하지 않은 것은 무엇인가?
(A) 식당을 위한 공간
(B) 사무실 공간
(C) 거주 공간
(D) 학교를 위한 공간

해설 광고에서 1층 소매점, 10-25층 아파트, 2-9, 26-40층은 사무실이고 전부 구매 및 임대가 가능하다고 했으므로, 언급되지 않은 (D) Space for a school이 정답이다.

---

30. Ms. Hester는 왜 Mr. Nelson에게 글을 썼는가?
(A) Dayside Tower의 시무실 임대 방법을 설명하려고
(B) 아파트를 보기 위한 약속을 확인하려고
(C) 임대 계약서 서명과 관련해 물어보려고
(D) 고객 문의에 대해 답변하려고

해설 이메일의 전체 내용은 Bayside Tower의 아파트에 대해 문의한 Mr. Nelson에 대한 답장이므로 (D) To respond to a customer's question이 정답이다.

---

31. Mr. Nelson의 직장에 대해 암시되고 있는 것은 무엇인가?
(A) Bayside Tower 안에 위치해 있다.
(B) Piedmont 근교에 있다.
(C) Bayside Tower 길 건너편에 있다.
(D) 최근 Piedmont로 이전했다.

해설 이메일의 두 번째 문단 첫 번째 줄에서 Mr. Nelson의 직장이 Westside Mall에 있다는 걸 알 수 있고, 또 광고에서 Westside Mall은 Bayside Tower의 건너편에 있다고 되어 있다. 따라서 정답은 (C) It is across the street from Bayside Tower,이다.

---

32. 어느 층에서 문제가 발생했겠는가?
(A) 지하층
(B) 1층
(C) 2층
(D) 10층

해설 두 지문을 내용적으로 연계해서 풀어야 하는 문제이다. 기사에서 두 번째 문단 끝부분에 개장일에 식당들 중 하나에서 송수관이 터졌다고 했고, 광고에서 1층 몇 지점이 식당으로 사용 가능하다고 했으므로 (B) The first floor가 정답이다.

UNIT 05. 전치사

Q1 1. on

1. 회의에 참석하실 분들은 토요일 저녁 장소에 일찍 도착하도록 권고됩니다.

해설 요일에 쓰이는 시간 전치사

Q2 **1.** by **2.** since **3.** prior to

1. 본사 건물의 공사는 올해 말까지 완료될 예정이다.
해설 동작 완료 의미의 동사와 함께하는 시점 전치사

2. Mr. Kensmore는 대학 졸업 이후로 해외에서 근무해왔다.
해설 현재완료 + since + 시점: ~이후로 …해왔다

3. Cristal Sky 항공은 승객 여러분이 예정되어 있는 출발시간 최소 한 시간 전에 공항에 도착하실 것을 권장합니다.
해설 prior to + 시점: ~전에

Q3 **1.** during **2.** for **3.** within **4.** throughout

1. Mr. Lane은 평소 업무 시간에 다시 전화하라는 요청을 받았다.
해설 during + 특정 사건이 일어나는 기간: ~하는 동안

2. Lukas 사의 경영진은 지난 10년 동안 직원 생산성의 향상에 대한 헌신적인 태도를 보여왔다.
해설 for + 특정 (숫자) 기간: ~동안

3. 귀하의 주문을 구매일 3일 내에 배달할 것입니다.
해설 within + 특정 (숫자) 기간: ~이내에

4. 한 번의 작은 퇴보를 제외하면 매출은 올해 내내 지속적으로 증가했다.
해설 throughout + 기간: ~내내

Q4 **1.** along **2.** throughout **3.** past

1. 시에서는 Ran 강을 따라 가는 경치 좋은 보트 타기를 제공한다.
해설 along + 장소: ~을 따라

2. 우리는 수년 간의 연구 끝에 마침내 새로운 혁신적인 제품을 개발했고 전 세계적으로 인기를 얻고 있다.
해설 throughout + 장소: ~ 전역에 걸쳐

3. 시민회관은 West 가에 있는 영화관을 약간 지나서 위치해 있다.
해설 past: ~을 지나서

+ check **1.** between **2.** in **3.** within **4.** through

1. 관광객들은 오전 9시에서 오후 6시 사이에 가이드가 딸린 투어에 참여할 수 있다.

2. 편의를 위해 반신용 봉투에 신청서를 동봉해드립니다.

3. Ms. Park은 사무실에서 걸어올 수 있는 거리 안에 살지만 회의에 자주 지각한다.

4. Kenneth 자동차 시장조사팀은 인터뷰와 설문지를 통해 신모델에 관한 고객만족도 설문조사를 실시했다.

Q5 **1.** due to **2.** regarding **3.** Instead of **4.** for **5.** along with

1. Ashai Kitchen은 뛰어난 고객 서비스로 5년 연속 보스턴에서 최고의 식당으로 뽑혔다.
해설 최고 식당으로 선정된 이유를 나타내는 전치사

2. 귀하의 소프트웨어 프로그램에 관하여 어떤 문제라도 발생할 경우 기술 지원팀에 연락하시기 바랍니다.
해설 명사구를 이끄는 전치사 자리

3. 외부 지원자들을 택하는 대신 CEO는 Mr. Roman을 운영 이사에 임명했다.
해설 instead of: ~대신에/except for: ~을 제외하고

4. 환불을 위해서는 주문일 30일 내로 고객 지원센터에 연락하십시오.
해설 고객들이 고객 지원센터에 연락하는 목적을 나타내는 전치사

5. 결함이 있는 제품과 함께 영수증 원본도 보내주셔야 한다는 점을 기억하시기 바랍니다.
해설 문맥상 '결함 있는 제품과 원본 영수증을 보내야 한다'라는 의미를 완성하는 '~와 함께'라는 의미 전치사. 둘의 관계를 나타내는 between은 「between + 복수 명사」, 「between A and B」 형태로 쓰임

+ check **1.** in spite of **2.** In addition to **3.** such as **4.** regardless of **5.** without

1. WRB 공업은 최근의 수익 감소에도 불구하고 인센티브 프로그램을 유지했다.

2. 편집자 직책에는 좋은 글쓰기 실력에 더해 유창한 한국어 실력이 요구된다.

3. Garrix 금융은 보너스와 더 긴 휴가 등의 더 많은 혜택을 제공할 것이다.

4. 우리 회사는 교육 배경과는 관계 없이 지원자들을 면접에 선정한다.

5. 그들은 어제 정리해고 없이 회사를 재편하기 위한 모든 노력을 다 하겠다고 발표했다.

Q6 **1.** with **2.** in **3.** from

1. 새 안전 규정을 준수하기 위해 회사에서는 일부 오래된 장비를 교체할 것이다.
해설 '준수하다'의 의미로 동사 comply와 함께하는 전치사

2. 그 직책은 학사 학위와 소매업 환경에서의 경험을 요구한다.
해설 '~에 대한 경험'의 의미로 명사 experience와 함께하는 전치사

3. 그 부매니저는 어제 회의에 불참했다.
해설 '~불참하다'의 의미로 형용사 absent와 함께하는 전치사

Practice

1. (D)	2. (B)	3. (B)	4. (D)	5. (A)
6. (B)	7. (D)	8. (D)	9. (A)	10. (D)
11. (D)	12. (D)	13. (D)	14. (D)	15. (D)
16. (A)	17. (C)	18. (B)	19. (C)	20. (C)
21. (B)	22. (C)	23. (A)	24. (A)	25. (C)
26. (B)	27. (D)	28. (C)	29. (B)	30. (C)
31. (D)	32. (B)	33. (A)		

1. 프로젝트 기간 내내 여분의 장비가 Hung 자동차 상하이 공장의 개발 팀에게 제공될 것이다.

해설 빈칸 뒤에 기간 명사 the duration of the project가 온 점에 유의하여 정답을 선택한다. 장비는 프로젝트가 시작된 시점부터 끝나는 시점까지 계속 필요할 것이므로 '내내'라는 의미의 (D) throughout이 정답이다.

어휘 extra 여분의 | plant 공장 | upon ~하자마자

2. 경쟁사들의 대부분의 다른 비슷한 시스템들과는 달리 Hisakawa의 녹음 시스템은 쉽게 설치될 수 있다.

해설 빈칸 뒤에 명사가 온 구조이므로, 전치사 인 (A) ,(B) 중 문맥에 맞는 것을 선택해야 한다. 다른 경쟁업체 제품과 차별화된 Hisakawa 녹음 시스템의 장점을 나타내는 문장으로, 문맥상 '~와 다르게'를 의미하는 (B) Unlike가 정답이다. (C)는 접속부사, (D)는 접속사이므로 전치사 자리인 빈칸에 적합하지 않다.

어휘 comparable 비슷한 | easily 쉽게 | install ~을 설치하다

3. Kitt 국립공원은 경치 좋은 도시의 해안가를 따라 매일 연락선 투어를 제공한다.

해설 빈칸 뒤의 장소 명사 waterfront와 함께 쓰여 '해안가를 따라'라는 의미의 (B) along이 정답이다.

어휘 ferry (사람·차량 등을 운반하는) 연락선 | scenic 경치가 좋은 | waterfront 해안가

4. 개인 정보는 고객들의 승인 없이 공유되어서는 안 된다.

해설 보기가 모두 전치사 이므로, 해석을 통해 적절한 전치사를 선택하는 문제이다. 문맥상 '고객들의 승인 없이'라는 의미에 적합한 (D) without이 정답이다.

어휘 share 공유하다 | approval 승인

5. 광고에 나간 상품에 대한 이 판촉 할인을 반드시 받으시려면 24시간 이내에 주문하시기 바랍니다.

해설 빈칸 뒤의 기간 명사 24 hours와 함께 쓰여 '24시간 이내에'라는 의미의 (A) within이 정답이다. '~이내에'라는 의미인 (B) into는 기간 명사와 쓰이지 못하며, (C) since는 과거 시점과 쓰이므로 오답이다.

어휘 promotional 홍보, 판촉의 | place an order 주문하다

6. Walmont 고용 센터의 설문을 작성했던 참가자들 대다수가 은퇴 연령이 지난 후에도 계속해서 일할 계획이라고 진술했다.

해설 빈칸 뒤에 명사가 온 구조이므로, 전치사인 (B), (C) 중 문맥에 맞는 것을 선택해야 한다. '은퇴 연령이 지난 후에도 계속해서 일할 계획이다'라는 문맥에 따라, (B) past가 정답이다. 전치사 past는 시점 및 장소 명사와 쓰여 '(시점이나 위치상으로) 지나서'라는 의미를 갖는다. 전치사인 (C)는 문맥상 적합하지 않으며, (A), (D)는 부사로 전치사 자리인 빈칸에 적합하지 않다.

어휘 the majority of ~의 대다수 | questionnaire 설문(지) | state 진술하다 | retirement age 은퇴 연령 | past (전)지나서, (형) 지난

7. Rojanho 프로젝트 팀원들은 그들의 성공을 축하하기 위한 9월 10일 회사 사장과의 저녁 식사에 초대 받았다.

해설 빈칸 뒤 명사 the company president와 의미상 연결되는 전치사는 (B) with이다.

어휘 celebrate ~을 축하하다 | success 성공 | off 떨어져서 | throughout 도처에 | among 사이에서

8. 사장님이 현재 싱가포르에서 국제 경영 회의에 참석하고 있기 때문에, 목요일까지 사무실에 안 계실 겁니다.

해설 빈칸 뒤의 시점 명사 Thursday에 유의하여 정답을 선택한다. 대표가 자리를 계속 비울 것이라는 문맥에 따라 지속의 의미를 나타내는 (D) until이 정답이다. (A)는 과거 시점의 명사 앞에 와서 '~한 이래로'의 의미로 현재 완료와 쓰이므로 오답이다.

어휘 out of office 사무실 자리를 비운 | currently 현재

9. 1년의 근무 완료 후에, Finnerman 전자의 직원들은 일주일 유급 휴가를 갈 자격이 있다.

해설 보기에 품사가 섞여 있으므로 먼저, 빈칸에 알맞은 품사가 무엇인지 선택해야 한다. 빈칸 뒤에 명사가 온 구조이므로, 전치사 자리이다. (B)는 접속사, (C)는 접속 부사로 문법상 오답이며, 전치사인 (A) '후에', (D) '제외하고' 중 문맥상 적합한 (A) Following이 정답이다.

어휘 completion 완성, 완료 | employment 고용 | be eligible for ~에 대한 자격이 있다 | paid vacation 유급 휴가

10. 신규 고객들의 자료를 입력하는 직원들은 추가 지시 사항에 대해서 고객 서비스 부서의 Ms. Ahn에게 연락해야 한다.

해설 문맥상 연락의 목적을 나타내는 (D) for가 정답이다.

어휘 enter data 자료를 입력하다 | further 추가의 | instruction 지시 사항들

11. KD 음료 회사는 음료수 재료에 관련한 우려에 대처하기 위해 성명을 발표했다.

해설 '~에 관한 우려'의 의미에 적합한 (D) regarding이 정답이다.

어휘 issue 발표[공표]하다 | statement 성명, 진술 | address (일·문제 따위에) 본격적으로 착수하다, 대처하다 | concerns regarding [over] ~에 관한 우려

12. 급여에 관한 질문들은 급여 업무들을 담당하는 회계부서의 Ms. Avilia에게 보내져야 한다.
고난도

해설 '~에 관한'의 의미를 갖는 표현 중 to와 함께 하는 (D) pertaining이 정답이다. (A)는 의미상으로 적합하나 뒤에 전치사 to와 쓰이지 못하므로 오답이다.

어휘 paycheck 급료, 봉급 | accounting department 회계부 | payroll 급여 대상자 명단, 급여 지불 총액

13. 모든 것이 계획에 따라 진행되면 접수처의 리모델링이 목요일까지 완료될 것이다.

해설 문맥상 '~에 따라'를 의미하는 (D) according to 가 정답이다.

어휘 remodeling 리모델링, 수리 | reception area 로비, 안내실

14. Volgasy 솔루션과 Xerman 화학에서 온 대표들은 서로 함께 일하기
고난도 로 합의했다.

해설 빈칸 뒤에 쓰인 부정대명사 one another를 복수대명사 목적어로 취할 수 있는 전치사가 필요한 자리이므로 (D) alongside가 정답이다. (A)와 (C)는 부사로 대명사 목적어를 취할 수 없고 (B)는 자동사에서 만들어진 현재분사로 역시 대명사 목적어를 취할 수 없다.

어휘 representative 대표자, 대리인 | one another (셋 이상이) 서로 | jointly 공동으로 | collaborating 협력하는 | alongside ~과 함께

15. Walton Technologies는 중국과 베트남에 10개 이상의 생산 공장을 가진 아시아에서 선두적인 자동차 시트 제조업체 중 한 곳이다.

해설 여러 선두업체 중의 하나라는 문맥에 적합한 (D) among이 정답이다.

어휘 manufacturer 제조업체 | more than ~이상

16. 지원자들은 늦어도 이번 주 금요일까지는 Ms. Lynn에게 추천서와 함
고난도 께 이력서를 제출해야 한다.

해설 빈칸 뒤에 명사가 왔으므로 부사 (C)는 오답이다. '추천서와 함께 이력서를 제출해야 한다'는 문맥에 따라 (A) along with가 정답이다.

어휘 applicant 지원자 | letter of recommendation 추천서 | no later than 늦어도 ~까지는

17. Bektal 건설사는 아시아 태평양 지역을 넘어서 시장을 확장하려는 노력으로 유럽에 지사들을 열 계획을 세우고 있다.

해설 '~지역을 넘어서 시장을 확대하다'라는 문맥이므로 (C) beyond가 정답이다.

어휘 branch office 지사 | in an effort to ~하려는 노력으로 | broaden ~을 넓히다 | region 지역

18. Alma Roberto의 새 책 여기저기에 실린 많은 사진들은 독자들이 패션 경향의 변화를 이해하는 데 도움이 된다.

해설 빈칸 뒤에 온 명사 new book과 문맥상 이어지는 (B) throughout이 정답이다. throughout은 기간을 말할 때는 '내내'라고 해석되고, 장소를 말할 때는 '도처에, 여기저기에'라고 해석된다.

어휘 photograph 사진 | trend 경향 | among ~사이에 | during ~동안 | toward ~을 향해

19. 관광 업계에서 25년 된(역사를 가진) Always Loving 여행사는 이
고난도 업계에서는 선도적인 회사로서 널리 인정받고 있다.

해설 선도적인 기업으로 널리 인정받고 있는 Always Loving 여행사가 25년 된(역사를 가진) 기업이라는 문맥에 따라, (C) With가 정답이다. (D) Past는 문맥상으로 적절하지 못할 뿐 아니라, 전치사로 쓰일 때, 시점을 나타내는 명사와 쓰이기 때문에 기간명사 '25 years'와 쓰일 수 없다. (A), (B)는 문맥상 부적절하므로 오답이다.

어휘 widely 널리 | be recognized as ~로 인정받다 | leading 선도적인 | ahead of ~에 앞서 | until now 지금까지 | past [전] (시점, 위치상으로) ~을 지나서, [형] 지난

20. 연례 음악축제의 인기를 고려해 볼 때 참석에 관심이 있는 사람들은
고난도 사전에 입장권을 구매해야 한다.

해설 문맥상 '인기를 고려해 볼 때'가 적합하므로 (C) Given이 정답이다. since가 '~때문에'라는 의미일 때는 접속사로만 쓰인다는 점에 유의해야 한다. 이 문제에선 빈칸 뒤에 명사가 온 구조이므로, 전치사 자리이다. 따라서, since는 '~한 이래로'의 의미로 오답이다.

어휘 well in advance 사전에 | since [전치사, 접속사] ~한 이래로; [접속사] ~때문에

[21-24] 다음 광고에 관한 문제입니다.

여러분은 밤에 일하고 낮에 잠을 청하시나요? 그렇다면 AdenaPoly 웹사이트를 오늘 방문하세요.
올해 12월, AdenaPoly는 HN 제약을 대신하여 특별 연구를 수행할 것입니다. 이것은 우리가 18~45세 사이의 야간 근로자들을 **21** 구하고 있는 이유입니다. 참가자들은 실험이 시작될 **22** 시점에 반드시 야간 정규 근무를 적어도 일 년간은 해왔어야 합니다. **23** 저희는 여러분의 현 직장의 연락처를 제공할 것을 요청합니다.
더 많은 정보를 원하는 분들께서는 저희 웹사이트에서 몇 가지 질문에 대한 답변을 작성하셔야 합니다.
감사를 전하기 위해, 모든 참가자들은 연구 참가에 대한 대가로 75 달러를 **24** 받을 것입니다.

어휘 conduct 수행하다 | on behalf of ~을 대신하여 | participant 참가자 | full-time 전일직의, 정규직의 | night shift 밤 교대 | experiment 실험 | fill out 작성하다 | take part in 참가하다

21. 해설 빈칸 뒤에 특별 연구 참가자들의 자격조건이 나오므로 문맥상 참가자들을 구하고 있다는 의미가 되는 (B) seeking이 정답이다. (A) promoting '홍보하는', (C) informing '알리는', (D) insuring '보험에 드는'

22. 해설 '시작할 시점(초반)에'의 의미를 갖는 at the start[beginning]
고난도 of를 묻는 문제이므로 (C) at이 정답이다. (A) except for '~을 제외하고', (B) due to '~때문에', (D) as '~할 때'

23. (A) 저희는 여러분의 현 직장의 연락처를 제공할 것을 요청합니다.
고난도 (B) 저희는 프로그램의 비용이 가치가 있다고 생각합니다.
(C) 이곳 일자리에 지원하는 방법에 관한 정보지를 보내드리겠습니다.
(D) 저희는 원래 일정의 변경에 대해 저희 환자들이 알기를 바랍니다.

해설 빈칸 앞부분에서 적어도 일 년간 야간 정규 근무를 했어야 한다고 했으므로 이 자격 조건을 확인하기 위한 직장 연락처를 요청하

는 내용인 (A) We ask that you provide contact information for your current workplace.가 정답이다. (B)의 프로그램 비용, (D)의 환자들 일정 변경은 빈칸 앞부분의 실험 참가자들의 자격과 연관되지 않으므로 오답이다. (C)의 지원 방식 관련 정보 책자를 발송할 것이라는 내용은 빈칸 뒷부분에 더 많은 정보를 얻고자 하는 사람들은 웹사이트에서 질문을 작성해야 한다는 내용보다 앞에 위치하기에 흐름상 적절하지 않으므로 오답이다.

---

24. 해설 문장에 동사가 없기 때문에 준동사인 (C), (D)는 오답이다. 특별 연구는 앞으로 시행할 예정이기 때문에 그 연구에 참가한 사람들이 75달러를 받는 시점도 미래다. 따라서, 미래 시제인 (A) will receive가 정답이다.

[25-28] 다음 기사에 관한 문제입니다.

25 부동산 시장의 최근 동향을 우려하는 시민들로부터 많은 편지를 받은 뒤 Dartmouth 시 의회는 상황을 평가해보는 조사를 실시했다. 그들은 오늘 조사 결과를 발표했고, 조치를 취해야 할 건지 그리고 취한다면 어떤 조치를 취해야 할 건지를 결정하기 위해 내일 모일 것이다.

대충 살펴보더라도 전반적으로 주거용 아파트 임대료가 눈에 띄게 오른 게 분명해졌다. 시 전체의 임대율이 작년의 0.71%보다 약간 적은 0.6% 정도 오른 데 반해, 임대료는 월 823달러로 평균 4.6%나 오른 것이다. 이것들은 평균치이며 **26** 일부 지역들에서는 그 상승세가 훨씬 더 크다는 점에 주목해야 할 것이다. 한때 중요한 상업 지역이었던 Riverside 지역에서는 아파트 건설이 폭발적으로 늘고 있다. **27** 오래된 공장들과 창고들이 헐렸으며, **26** 개발자들은 그걸 고급 아파트들을 건설할 기회로 삼고 있다. **27** 두 주요 단지인 Dartmouth Rapids와 Streamside Apartments는 월 평균 1,457달러로 지역 평균보다 634달러 더 비싸다.

28 중대한 영향을 끼친 또 다른 개발 프로젝트는 Deerfallow 역까지의 지하철 3호선 연장이다. 이는 Bamoral Height 지역까지 지하철역의 추가 건설을 초래했으며, 그곳의 평균 임대료를 월 982달러까지 올렸다.

그러나 Elsey Ridge 같은 몇몇 지역들은 실제로 그 가치가 떨어졌음을 보여주었다. 시에서 가장 멀고 외진 지역인 Elsey Ridge는 평균 임대료가 약 월 635달러가 되어 1.5%의 평균 하락세를 보였다.

어휘 upset 속상한 | carry out ~을 수행하다 | assess 평가하다 | findings 조사 결과들 | measures 방법, 조치 | cursory 대략적인 | apparent 분명한 | residential 주거하기 좋은 | across the board 전반적으로 | occupancy (건물, 방의) 사용 | significant 중요한, 의미 있는 | explosion 폭발적인 증가 | warehouse 창고 | tear down 허물다 | take advantage of ~을 이용하다, ~을 기회로 활용하다 | complex 건물 단지 | average 평균 ~이 되다 | impact 영향 | extension 연장 | decrease 감소, 하락 | farthest 가장 먼 | outlying 외진

---

25. 이 기사의 주요 목적은 무엇인가?
(A) 과거의 임대율을 분석하기 위해
(B) 대중교통 프로젝트를 발표하기 위해
(C) 시의 부동산 동향을 요약하기 위해

(D) 다른 지역들의 인구 증가를 설명하기 위해

해설 첫 번째 문장에서 최근 부동산 동향에 대해 시 의회가 상황을 평가하는 조사를 실시했다고 했고 그 조사 내용을 종합해서 기술하고 있으므로 정답은 (C) To summarize real estate trends in the city이다. 두 번째 단락에서 과거의 임대율과 현재의 임대료 인상폭을 비교하고 있지만 이는 현 부동산 동향을 설명하기 위한 수치일 뿐 글의 목적이라고 볼 수 없다.

---

26. 이 기사에 따르면, 왜 개발업자들이 Riverside 지역에 관심을 갖고 있
고난도 는가?
(A) 인기 있는 관광지이다.
(B) 그곳에서 더 높은 임대료를 부과할 수 있다.
(C) 그 지역에는 많은 중요한 공장들이 있다.
(D) 쇼핑 센터 근처에 편리하게 위치해 있다.

해설 개발업자들이 Riverside 지역에 관심을 갖는 이유가 직접 언급되어 있지 않으므로 관련 내용을 종합해 정답을 찾는다. 두 번째 단락에서 시의 몇몇 지역 임대료가 크게 오르고 있다고 했고 중요 상업 지역이었던 Riverside 지역에 고급 아파트를 짓게 되면서 개발자들은 높은 임대료를 받을 수 있을 것이라고 추론해 볼 수 있다. 따라서 정답은 (B) Higher rents can be charged there.이다.

---

27. Dartmouth Rapids와 Streamside Apartments에 대해 나타난 것
고난도 은 무엇인가?
(A) 이미 많은 잠재적 세입자들을 끌어들였다.
(B) Dartmouth에 건설될 첫 번째 아파트이다.
(C) 시의 중심에서 멀리 떨어진 곳에 있다.
(D) 오래된 제조 공장 자리에 세워졌다.

해설 두 번째 단락에서 Riverside 지역에 공장이 헐리고 그 자리에 고급 아파트가 들어섰는데 Dartmouth Rapids와 Streamside Apartments는 그 고급 아파트들의 두 주요 단지라고 언급하고 있으므로 Dartmouth Rapids와 Streamside Apartments가 건설된 부지는 이전의 공장 자리였음을 추론할 수 있다. 따라서 정답은 (D) They were built in place of old manufacturing plants.이다.

---

28. [1], [2], [3], [4]로 표시된 곳 중에서 다음 문장이 들어가기에 가장 적절한 곳은 어디인가?

"중대한 영향을 끼친 또 다른 개발 프로젝트는 Deerfallow 역까지의 지하철 3호선 연장이다."

(A) [1]
(B) [2]
(C) [3]
(D) [4]

해설 주어진 문장은 임대료 상승에 영향을 끼친 요인으로 지하철 연장을 언급하고 있으므로, 이것이 Bamoral Height 지역까지 지하철역을 추가하게 됐다는 문장 앞에 와야 한다. 정답은 (C) [3]이다.

[29-33] 다음 안내문과 양식에 관한 문제입니다.

KINGSTON 도서관에서의 행사 개최

Kingston 도서관의 Jefferson 실은 도서관 프로그램에 주로 이용되지만, 일요일을 제외한 날들에는 사적인 모임과 회사 행사를 위해 이용될 수도 있습니다. 방을 예약하려면 신청서를 작성해 주십시오.

Jefferson 실 이용 요금에 대한 개요
아래 요금은 이용자 유형과 예상 참석자 수에 따라 결정됩니다.

	참석자 1-40명	참석자 41-80명	참석자 81-120명
도서관 카드 소지자 (사적 모임 및 사교 모임)	인당 20달러	인당 40달러	인당 80달러
비회원 (사적 모임 및 사교 모임)	인당 40달러	인당 80달러	인당 160달러
31 회사 단체	인당 80달러	인당 120달러	**31** 인당 240달러

중요 세부사항
- Jefferson 실에서 제품 판매나 광고는 허용되지 않습니다.
- **29 33** 도서관은 매일 오전 8시부터 오후 6시까지 개방됩니다. 이 시간 이후의 행사들은 보안 요원의 현장 파견을 필요로 합니다. 이 것은 도서관을 통해 추가 요금을 지불한 후에 마련될 수 있습니다. 또는 그 대신 개인들이 직접 전용 보안 요원을 고용하는 것도 환영합니다.

어휘 private 사적인, 사사로운 I with the exception of ~은 제외하고 I complete 완성하다, 빠짐없이 기입하다 I reserve 예약하다 I fee 요금 I expect 기대하다, 예상하다 I attendee 참가자, 참석자 I individual 개인 I social gathering 친목회, 사교 모임 I security guard 보안 요원 I arrangement 준비, 마련, 주선 I extra fee 추가 요금 I alternatively 그렇지 않으면, 그 대신에 I hire 고용하다

KINGSTON 도서관

Jefferson 실 예약 신청서
개인/단체명: **31** Hermes 건축 회사
연락 담당자: Penelope Sack
전화번호: 555-4930
이메일: p_sack@hermesarchitect.com

행사 설명: 우리 건축 회사는 Kingston 시내에 지어질 쇼핑몰의 예비 계획들을 세우는 단계에 있습니다. **30** 디자인을 마무리하기 전에, 우리는 우리 계획을 Kingston 주민들에게 보여주고 그들의 조언을 얻고자 합니다. 참석자들은 디자인 팀과 우리 고객, 그리고 참가를 원하는 Kingston 주민들로 구성될 것입니다.
예상 참석자 수: **31** 120명
도서관 카드를 소지하고 계십니까? 아니요
행사 날짜 및 시간: **33** 4월 20일 금요일 오후 6:30 – 오후 8:30

32 저는 방 (대관) 정책을 모두 읽었으며 이에 동의합니다. 저는 방을 원래 상태로 남겨놓고 모든 의자들과 접이식 테이블 여분을 수납함에 되돌려놓는 것이 제 책임임을 이해하였습니다.

서명: *Penelope Sack* 날짜: 3월 25일

어휘 description 묘사, 설명 I preliminary 예비의 I finalize 마무리 짓다 I input 조언(의 제공) I consist of ~로 구성되다 I resident 주민 I consent to ~에 동의하다 I policy 정책 I responsibility 책임, 의무 I folding table 접이식 테이블 I storage 저장

29. 이 안내문이 Kingston 도서관에 관하여 언급하는 것은 무엇인가?
고난도
(A) 도서관은 주말에는 일찍 닫는다.
(B) 도서관은 영업 시간 이후 행사가 열리는 것을 허용한다.
(C) 요금은 모든 도서관 프로그램에 부과된다.
(D) Kingston 주민들의 도서관 열람실 대관에는 할인이 제공된다.

해설 안내문의 유의사항에서 영업 시간은 오전 8시부터 오후 6시까지이나 영업 시간 이후에도 보안 요원을 대동하면 행사 개최가 가능하다는 것을 알 수 있다. 따라서 정답은 (B) The library allows events to take place after its business hours.이다.

30. Penelope Sack은 왜 모임을 주최할 것인가?
(A) 프로젝트를 위한 모금 행사를 계획하기 위해
(B) 건물 개관을 축하하기 위해
(C) 지역 주민의 피드백을 받기 위해
(D) 사람들을 수상자로 지명하기 위해

해설 양식의 첫 번째 단락 Event description에서 Penelope Sack은 일에 대한 내용을 주민들에게 확인받기 위하여 모임을 주최하는 것을 알 수 있다. 따라서 정답은 (C) To get feedback from people in the community이다.

31. Hermes 건축 회사는 Ms. Sack의 요청이 승인될 경우 인당 얼마를 부과 받을 것인가?
고난도
(A) 80달러
(B) 120달러
(C) 160달러
(D) 240달러

해설 신청서 양식 지문에서 Hermes 건축 회사는 기업으로 참석하는 것을 볼 수 있으며, 예상 참석자 수가 120명인 것을 알 수 있다. 안내문 지문에서 120명에 해당하는 요금 항목을 확인하면 인당 240달러이므로 정답이 (D) $240임을 알 수 있다.

32. Jefferson 실에 관하여 알 수 있는 것은 무엇인가?
(A) 일주일 중 어느 날에든 예약될 수 있다.
(B) 많은 인원을 수용하기 위해 추가 가구들이 놓일 수 있다.
(C) 수요일에는 회사들에만 개방된다.
(D) 도서관 카드 소지자들은 무료로 이용할 수 있다.

해설 신청서 양식에서 Jefferson Room의 대관 옵션을 보면 방을 원래 상태로 남겨 두고 여분의 의자들과 접이식 테이블은 사용 후 수납함에 보관을 한다는 것을 확인할 수 있다. 즉 원래 있던 가구들에 추가 가구들을 배치할 수 있음을 유추할 수 있으므로 정답은 (B) Additional furniture can be set up to accommodate large parties.이다.

33. Ms. Sack은 행사 전에 무엇을 할 것을 요청받겠는가?

고난도 (A) 보안 요원을 현장에 배치한다

     (B) 시 공무원들에게서 허가를 받는다

     (C) 그녀의 도서관 회원 기간을 연장한다

     (D) 참석자들의 목록을 보낸다

해설 안내문의 유의사항 중 도서관의 영업 시간은 오전 8시부터 6시 30분까지이고, 그 이후는 보안 요원 대동 시에 행사 개최가 가능함을 확인할 수 있다. 신청서 양식 지문에서 Hermes Architecture은 영업시간 이후인 오후 여섯시 반 이후에 행사를 개최하므로 보안 요원이 필요함을 알 수 있다. 따라서 정답은 (A) Arrange for a security guard to be present이다.

UNIT 06. 동사

Q1 1. approved

1. 귀하의 대출 신청이 매니저에 의해 승인되자마자 은행에서 서면으로 연락드릴 것입니다.

해설 주어(대출 신청)가 동사 approve의 대상이며 '대출 신청이 승인되다'라는 의미이므로 수동태

Q2 1. has conducted   2. will be revised

1. 마케팅 부서는 새 마케팅 전략을 짜기 위해 철저한 조사를 실시했다.

해설 타동사 conduct 뒤에 목적어 a thorough survey가 있으므로 능동

2. 조사에 대응하여 조립 라인의 안전 규정이 수정될 것이다.

해설 타동사 revise 뒤에 목적어가 아닌 전치사구가 있으므로 수동

+ check 1. provides   2. made

1. Tripfolio는 모든 회사 차량 경비를 기록할 수 있는 쉬운 방식을 제공한다.

2. 저희 구독 가격에 대한 변경은 내년부터 있을 것입니다.

Q3 1. be given

1. 영업 경력이 있는 지원자들은 그 자리에 면접을 볼 기회를 받게 될 것이다.

해설 지원자들은 인터뷰 기회를 주는 주체가 아닌 받는 대상이므로 수동

Q4 1. been named   2. clear   3. advised

1. 의료 컨설팅 업체인 Wheelers 사는 경영 연구기관 Best Biz가 뽑은 보스턴 지역 최고의 직장으로 거명되었다.

해설 주어가 최고의 직장으로 선정된 대상이므로 수동

2. 화재 비상구는 건물 각 층에 위치해 있으며 어떠한 장애물도 없는 상태로 유지되어야 한다.

해설 빈칸은 앞에 있는 5형식 동사 keep의 목적격 보어 자리로 형용사 자리. 수동태가 되면서 목적어가 주어가 되어 앞으로 나가고, 뒤에는 형용사 목적격 보어가 남아 있는 형태

3. 통근자들은 오늘 대중교통을 이용할 것을 강하게 권유받았다.

해설 주어가 대중교통 이용을 권장받는 대상이므로 수동이며 5형식 동사 뒤에 to부정사가 바로 위치해 있다는 점도 수동태의 단서

+ check 1. confidential   2. expected

1. 귀하의 개인정보는 Farisys 사에 의해 기밀로 유지됩니다.

2. 모든 직원들은 고객들과 소통할 때 적절한 수준의 전문성을 유지할 것으로 기대된다.

Q5 1. take place

1. Ms. Kovac은 목요일에 있을 지역 회의에 당신의 참석을 요청하셨습니다.

해설 take place는 항상 능동형으로 쓰임

+ check 1. shipped   2. will expire

1. 온라인으로 넣어진 주문은 48시간 이내에 우리 부산 창고에서 출하될 것이다.

2. 당신의 Terryvale 어린이 동물원 회원권은 7월 31일에 만료된다는 것을 기억해 주세요.

Q6 1. with

1. 매장 매니저는 세일 행사에 관한 긍정적 반응에 만족했다.

해설 please는 주어가 사람인 경우 수동으로 쓰며, 뒤에 by가 아닌 전치사 with를 수반

Q7 1. implemented   2. holds   3. will attend
     4. normally

1. 경영진은 어제 에너지 절약을 위한 규정을 시행했다.

해설 yesterday는 과거 시제임을 표시하는 단서

2. 매니저는 매주 금요일 아침 정기 직원회의를 연다.

해설 every Friday morning은 현재 시제임을 표시하는 단서

3. 재무 이사는 다음 주 런던에서 회의에 참석할 것이다.

해설 Next week는 미래 시제임을 표시하는 단서

4. 제조 시설의 안전 검사는 보통 시 공무원들이 행한다.

해설 현재 시제와 어울리는 부사는 normally

Q8 1. has expanded 2. has improved

1. 회사는 지난 2년간 사업을 확장해왔다.
해설 '2년 전부터 지금까지 확장하고 있다'는 문맥을 통해 과거부터 지금까지 지속되고 있는 일을 나타내는 현재 완료

2. 작년에 공장이 몇 가지 새 장비를 구입한 이후 직원 생산성이 상당히 개선되었다.
해설 '구입한 과거 시점 이래로 지금까지 향상되었다'는 문맥을 통해 과거부터 지금까지 지속되고 있는 일을 나타내는 현재 완료

 Q9 1. had conducted 2. had approved
3. had suffered

1. Lucky Mart는 또 다른 지점을 열기로 결정하기 전 설문 조사를 진행했다.
해설 시간 접속사 before에 의해 두 개의 절이 연결된 문장에서 시제를 묻는 문제. 문제에서 제시된 기준 시제가 과거(decided)이며 그 결정이 있기 전에 설문을 시행했다는 내용이므로 과거 완료 시제

2. 임상 실험의 결과는 연구소장이 발표를 승인한 후 공개되었다.
해설 시간 접속사 after에 의해 두 개의 절이 연결된 문장에서 시제를 묻는 문제. '발표를 승인한 후에 대중에게 공개가 이루어졌다'는 문맥에 따라, 기준 시점인 과거(were made public) 전에 공개를 승인했다는 내용이므로 과거 완료 시제

3. 합병이 발표되었을 때쯤 Roxy 사는 장기간 수익 감소를 겪고 있었다.
해설 시간 접속사 by the time에 의해 두 개의 절이 연결된 문장에서 시제를 묻는 문제. 기준 시점인 과거(was announced) 전에 손실을 겪었다는 내용이므로 과거 완료 시제

 Q10 1. are 2. will help 3. will be

1. 모든 이력서들이 검토된 후, 2단계의 면접 절차가 시작될 것입니다.
해설 시간 부사절에서는 현재 시제가 미래 시제를 대신함

2. 당신이 채용된다면 제가 마케팅 캠페인을 개발하는 것을 돕게 될 거예요.
해설 조건 부사절에는 현재 시제를, 주절에는 미래 시제를 씀

3. 연설이 끝나는 대로, 손님들은 로비에서 간식을 즐길 수 있을 것이다.
해설 시간 부사절은 현재 시제가 미래 시제를 대신하며, 주절에는 미래 시제를 씀

Practice

1. (C)	2. (A)	3. (C)	4. (D)	5. (B)
6. (D)	7. (D)	8. (C)	9. (A)	10. (B)
11. (B)	12. (A)	13. (A)	14. (D)	15. (B)
16. (B)	17. (D)	18. (B)	19. (C)	20. (B)
21. (A)	22. (C)	23. (B)	24. (C)	25. (D)
26. (D)	27. (B)	28. (B)	29. (C)	30. (A)
31. (C)				

1. 다음 해 GKM 자동차의 최다 판매 자동차 모델의 개선된 버전이 봄 광고 캠페인에서 소개될 것이다.
해설 자동차가 소개되므로 능동형인 보기 (A), (D)는 오답이며, 시제를 나타내는 next year가 있으므로 미래 (C) will be introduced가 정답이다.
어휘 refined 정제된, 세련된, 개선된

2. 안전 점검이 진행되는 동안에 Nelson 제조사의 생산이 중지되었다.
해설 빈칸이 동사 자리이므로 (B)는 오답이며, 주어인 안전 점검은 실행의 대상이므로 수동인 (A), (C) 중에 답을 찾아야 한다. 생산이 중단된 시점이 과거이므로, 문맥상 그 과거 시간 동안 안전 점검이 이루어졌다는 의미가 되도록 과거시제 (A) were being conducted가 적절하다. 또한, 시간 접속사 while에 의해 연결된 두 문장의 동사는 시제 일치를 이루므로, 주절의 was suspended 와 시제 일치된 과거동사 (A)를 정답으로 선택할 수 있다.
어휘 production 생산 | suspend ~을 중지하다 | safety inspection 안전 점검

3. 작년에, Harington 컴퓨터의 품질 관리부는 생산 효율성을 향상시키기 위해서 몇 가지 새로운 정책들을 실행했다.
해설 동사가 필요한 자리이므로 (B)와 (C) 중에 답을 골라야 하며, 과거 시점을 표시하는 last year가 쓰였으므로 (C) implemented가 정답이다.
어휘 quality control department 품질 관리부 | improve ~을 향상시키다 | production efficiency 생산 효율성 | implementation 실행 | implement ~을 실행하다

4. 공사 책임자가 건축 계획들을 승인하면, 신축 도서관에 대한 공사가 다음 주에 시작될 것이다.
해설 조건의 부사절에서는 미래 시제를 대신하여 현재 시제가 쓰이므로 주어와 수의 일치를 이룬 (D) approves가 정답이다.
어휘 construction 공사, 건축 | approve 승인하다

5. 일단 새로운 영업 직원들을 고용하는 것에 대한 결정이 승인되면, 인사부는 광고를 낼 것이다.
해설 주어가 단수(decision)이므로 (A)는 오답이다. 결정은 '승인된다'는 수동의 해석이 적절하며, 빈칸 뒤에 목적어가 없으므로 현재 완료 수동태인 (B) has been approved가 정답이다.
어휘 representative 직원 | place an advertisement 광고를 내다

6. Bowson 전자의 예산 흑자에서 나온 기금들은 주로 회사 웹사이트를 개선하고 사무 기기들을 갱신하기 위해 할당된다.

해설 동사가 필요한 자리이므로 명사 (C)는 오답이며 (B)는 주어가 복수 (funds)이므로 오답이다. 기금들은 '할당된다'고 수동으로 해석되며, 빈칸 뒤에 목적어가 없기 때문에 수동태인 (D) are allocated가 정답이다. (A)는 능동태이므로 오답이다.

어휘 fund 기금 | budget surplus 예산 흑자 | primarily 주로 | office equipment 사무 용품 | allocate ~을 할당하다 | allocation 할당

7. 부동산 소유권에 대한 법원 심리가 당사자들 간에 합의되어 취소될 것이다.

해설 접속사 now that이 있기 때문에 빈칸은 동사자리이므로, to부정사 (A)는 오답이며, 주어 The court hearing이 단수명사이므로 (B) cancel은 수 일치에 적합하지 않다. 해석상 주어가 취소되는 대상에 해당하며, 문법적으로 타동사 cancel 뒤에 목적어가 없는 구조이므로, 수동태 (D) will be canceled가 정답이다. now that이 이끄는 절은 부사절이므로 타동사 cancel의 목적어가 될 수 없다.

어휘 court hearing 법원 심리 | ownership 소유권 | property 부동산 | now that ~때문에 | party 관계 당사자 | reach a settlement 합의에 이르다, 타결하다

8. 우리는 다음 주에 있을 Beuve의 신형 TXL 430 모델의 시험 주행은 당신의 기대를 넘어설 것이라고 확신합니다.

해설 접속사 that이 있으므로 동사 are 외에 하나의 동사가 더 존재해야 하므로 동사가 아닌 (B)는 오답이다. 나머지 보기 (A), (C), (D)는 모두 능동이므로 시제를 따져야 하는데 미래 시점을 표시하는 next week와 어울리는 미래 시제인 (C) will exceed가 정답이다.

어휘 confident 확신하는 | test drive 시험 주행 | exceed one's expectations ~의 기대를 넘어서다

9. Timberlake Golf Club은 지난 5년 동안 뉴질랜드에서 최고의 골프 클럽들 가운데 하나로 평가된다.

해설 'over the last five years(지난 5년 동안)'는 현재 완료 시제의 단서이므로 (A) has ranked가 정답이다.

어휘 rank (등급, 순위를) 차지하다

10. 제안된 수도 요금 인상에 대해 걱정하는 모든 주민들은 다음 달에 공개 청문회에 초대 받을 것이다.

해설 사람의 감정은 수동태로 표현하며 be concerned about은 '~에 관해 걱정하다'라는 뜻의 관용구이므로 정답은 (B) concerned이다.

어휘 resident 거주자 | be concerned about ~에 대해 걱정하다 | proposed 제안된 | hearing 청문회

11. Gonyang 아파트 건설 현장에서의 사고들은 개정된 안전 규정 절차들이 시행된 이래로 상당히 줄었다.

해설 since(~이래로 계속)가 있는 문장에서 주절에는 현재 완료를 쓰고 since절의 동사는 과거를 쓰므로 (B) were implemented가 정답이다.

어휘 construction site 건설 현장 | substantially 상당히 | reduce ~을 줄이다 | procedure 절차 | implement ~을 시행하다

12. Mega 건설은 관례적으로 상업용 개조 프로젝트에 대해 무료 견적을 내준다.

해설 시제와 연계되는 부사 어휘를 묻는 문제이다. 문장의 동사가 현재 동사이므로 일반적인 사실이나 반복되는 상황을 나타내는 현재 시제와 함께 쓰이는 부사인 (A) routinely가 정답이다. '정기적으로'의 의미를 갖는 regularly, periodically, consistently도 현재 시제와 쓰이며, (B), (D)는 과거 시제와 (C)는 현재 완료나 과거 시제와 함께 주로 쓰인다는 점에 유의한다.

어휘 estimate 견적서 | commercial 상업의 | routinely 정기적으로, 관례적으로

13. 일자리를 찾는 사람들은 취업 박람회에 적어도 10장의 이력서를 가져오고 간단한 면접을 준비해 오도록 권고받는다.

해설 해석상 (A) advised가 정답이며, 5형식 동사의 수동태 관용구인 「be advised to부정사(~하라고 권고받다)」에 유의한다.

어휘 those who ~하는 사람들 | look for ~을 찾다 | at least 적어도 | job fair 취업 박람회 | criticize 비난하다 | monitor 감시하다 | excuse 용서하다

14. 구매부가 다른 주문을 할 준비가 될 무렵에 Startrack 사무용품점은 새로운 가격표를 발행할 것이다.

해설 by the time(~할 즈음에)이 이끄는 부사절에 현재 시제를 쓰는 경우, 주절은 미래 완료 시제를 쓰기 때문에 정답은 (D) will have published이다.

어휘 by the time ~할 즈음에 | purchasing department 구매 부서 | be ready to부정사 ~할 준비가 되다 | place an order 주문하다 | price list 가격표

15. (고난도) Jefferson 사는 오늘 회사의 연간 운영 비용이 작년의 것과 비교해볼 때 고정적인 상태를 유지했다고 발표했다.

해설 announced의 목적어에 해당하는 명사절(that절)의 동사가 필요한 자리이므로 (C)는 오답이다. 복수 명사인 expenses가 주어이므로 (A)는 오답이며, remain은 '~한 상태로 남아 있다'라는 뜻의 2형식 자동사이기 때문에 수동태를 쓸 수 없으므로 능동태 (B) have remained가 정답이다.

어휘 annual 연간의 | operating expense 운영비용 | steady 변동 없는, 고정적인 | compare ~을 비교하다 | remain ~한 상태로 남아 있다

16. 이것은 모든 사람에게 우리 건물이 다음 주부터 주요 건설 공사가 있을 것임을 상기시켜 드리는 것입니다.

해설 접속사 that에 의해 연결된 문장이므로 빈칸에는 동사가 필요하다. 동사가 아닌 (A), (C)는 오답이며 미래 시제를 나타내는 next week를 단서로 (B) will be undergoing이 정답임을 알 수 있다. (D)는 실제로 일어나지 않은 과거 사실을 나타내므로 오답이다.

어휘 undergo 겪다, 경험하다 | major 주요한 | starting ~부터

17. 지난밤의 퇴직 기념 파티에서, Charles Choi는 그의 30년 동안의 노고와 회사에 대한 헌신에 대해서 상을 받았다.

해설 문장의 동사가 필요하며 문장의 주어인 Charles Choi는 상을 '받았

다'라는 수동의 해석이 되며, 빈칸 뒤에 목적어가 없기 때문에 정답은
(D) was honored이다. 보기 (A), (B)는 능동태이므로 오답이다.

어휘 retirement party 퇴직 기념 파티 I dedication to ~에 대한 헌
신 I be honored for ~으로 상을 받다

18. Davies 실험실 연구원들은 유럽에서 가장 잘 팔리는 브랜드와 질적
인 면에서 비슷한 의료 석고를 최근에 개발했다.

해설 현재 완료 시제와 함께하는 부사를 묻는 문제이므로 (B) recently가
정답이다.

어휘 researcher 연구원 I medicine plaster 의료 석고 I in quality
질적인 면에서 I comparable 비슷한, 비교할 만한

19. Shanghai International 항공은 경영진이 홍콩 항공사와 합병을 할
고난도 지에 대해 결정을 하게 되면 기사 회견을 열 것이다.

해설 해석상 합병 여부를 결정하면 기자 회견을 개최할 것이므로 미래 시제
(C) will hold가 정답이다. 또한, 주절과 부사절의 시제 일치에서 시간
이나 조건의 부사절에 현재나 현재완료를 쓰면 주절은 미래 시제를 써
야 하므로 (C)가 정답이다.

어휘 hold a press conference 기자 회견을 열다

20. 회사는 지난 4월 새로운 모델 출시 이래로 매출이 상당히 증가했음을
고난도 알리게 되어 매우 기쁘다.

해설 빈칸 뒤에 과거 시점 명사[지난 4월 새로운 모델 출시]가 나오고 주절
에 현재완료 시제가 온 구문이므로 전치사 (B) since가 정답이다.

어휘 be pleased to ~하게 되어 기쁘다 I significantly 상당히 I
launch 출시

[21-24] 다음 이메일에 관한 문제입니다.

수신: Matthew Lee 〈mlee@datazerox.net〉
발신: Hollis Anderson 〈hollisa2@gu.edu〉
제목: 주차 허가증
날짜: 1월 21일

21 분실된 49번 주차장 주차 허가증에 관련하여 저희에게 연락 주
셔서 고맙습니다. 고객님의 차량 번호가 여전히 저희 시스템에 있으
며 다음 주 동안은 그곳에서 추가로 주차위반 딱지를 받지는 않으실
겁니다. 현재 벌금은 총 22.50달러입니다.
주차장 안내원에게 연락해서 혹시 주차허가증을 발견해서 **22** 가져
다 준 사람이 있는지 알아봤습니다. **23** 아직까지는 아무도 오지 않
았다는군요.
다음 주까지 허가증을 찾지 못하실 경우 저희 웹사이트에 가시면 새
것을 **24** 주문하실 수 있습니다. 허가증 교체발급 비용은 15달러라는
점 알려드립니다.

진심을 담아,

Hollis Anderson

Gervano 대학교 주차 서비스

어휘 parking permit 주차 허가증 I lot 지역, 부지 I license
plate (자동차) 번호판 I attendant 종업원, 안내원 I as of yet
아직[그때](까지) I come forward (도움 등을 주겠다고) 나서다

21. **해설** 빈칸은 소유격과 명사 사이의 형용사 자리이므로 현재 분사형
형용사인 (A) missing이 정답이다.

22. **해설** 빈칸은 had found와 and에 의해 병렬 구조를 이루는 동사 자
리이므로 (C) returned가 정답이다.

23. (A) 다음 주에 새 딱지가 발급될 겁니다.
고난도 (B) 아직까지는 아무도 오지 않았다는군요.
(C) 또한, 주차 시간이 연장될 것입니다.
(D) 주차 허가증은 보이는 곳에 달려있어야 합니다.

해설 빈칸 앞부분에는 주차 허가증을 발견해서 가져다 준 사람이 있
는지 알아보기 위해 연락했다는 내용이고 뒷부분에는 다음 수까지
못 찾으면 웹사이트에서 주문하라는 내용이므로 분실된 주차 허가증
을 다시 찾았는지 여부와 관련된 내용인 (B) As of yet, no one has
come forward.가 흐름상 가장 잘 어울린다. (A)는 글의 앞부분에서
다음 주 동안에 추가 주차 위반 딱지를 받지 않을 것이라는 내용과 일
치하지 않으므로 오답이다. (C)의 주차 시간, (D)의 주차 허가증을 부
착하는 위치는 빈칸 앞뒤의 핵심 내용인 분실된 주차 허가증을 찾았는
지 여부와 연관되지 않으므로 오답이다.

24. **해설** 빈칸 앞에 주차 허가증을 찾지 못한다는 전제 조건이 나오고 뒤
에 교체 발급 비용을 알려주고 있으므로 새로운 주차 허가증을 주문
한다는 의미의 (C) order가 정답이다. (A) approve '승인하다', (B)
design '설계하다', (D) remove '제거하다'

[25-26] 다음 웹페이지에 관한 문제입니다.

http://www.swcoffeeco.com

Southwest Coffee Emporium
주문해 주셔서 감사합니다. 아래의 주문 상세내역을 검토해 주십시오.

주문일:10월 12일	품목 정보
	■ 선택: 카푸치노 기기
	■ 총액: 175달러
개인 메시지	
Milos 귀하,	
지난 10년 동안 이곳 Prescott 공업에서 귀하와 함께 일했던 것은 큰 즐거움이었습니다. 귀하의 조언과 우정은 제 일을 보다 능률적으로 하면서 이 분야를 더욱 철저히 이해하는 데 도움을 주었습니다.	
25 내일 귀하께서 컨설팅 팀을 떠나시게 되어 슬프지만, 새로운 회사에서 행운이 있으시길 바라고, 이 선물이 맘에 드셨으면 좋겠습니다.	
Dat Nguyen	

수취인 세부정보	배송 방식
26 ■ 이름: Mr. Milos Novak	■ 1일 배송: 영업일 1일 이내 –
■ 주소: Progressive 공업 Cartier Square, #11-25 몬트리올, 퀘벡 G1J	**26** 10월 13일 배송 X ■ 일반 배송: 영업일 3일 이내 – 10월 15일 배송 ____

88

결제 진행	주문 수정	주문 취소

어휘 emporium 상점 I distinct 뚜렷한 I consulting 자문의 I
recipient 수령인

---

25. Mr. Nguyen이 근무하는 회사에 대해 언급된 것은 무엇인가?

(A) 최소 12년 동안 그를 고용했다.

(B) 바구니를 제조한다.

(C) 곧 새로운 장소로 이전할 것이다.

(D) 자체 컨설팅 팀이 있다.

해설 Mr. Milos Novak이 Prescott 공업의 컨설팅 팀을 떠날 것이라고 했
으므로 (D) It has its own consulting team.이 정답이다.

---

26. 10월 13일에 무슨 일이 있을 것인가?

고난도

(A) Mr. Nguyen이 선물에 대해 결제를 할 것이다.

(B) Mr. Novak이 Southwest Coffee Emporium을 그만둘 것이다.

(C) Mr. Nguyen이 주문을 취소할 것이다.

(D) Mr. Novak이 소포를 받을 것이다.

해설 Recipient Name: Mr. Milos Novak과 Delivery on Oct 13의 두
가지 정보를 통해 (D) Mr. Novak will receive a package.가 정답
임을 알 수 있다.

[27-31] 다음 목록과 일정표, 이메일에 관한 문제입니다.

올해의 다큐멘터리 영화상

〈The Distant Pebble〉

지구를 살릴 방법은 있는가? Daniel Sankh는 데이터에서 실마리를
찾고자 야생생물 보호활동가의 여정을 **27** 십 년 동안 추적한다.

28 〈The Longest Way〉

28 Helen Linden은 생물학을 전공하는 대학원생 Susan Peters가
캐나다 화이트호스에 있는 자신의 집에서 보여주는 놀라운 이야기를
담아낸다. 영화는 함께 학교를 시작한 후의 **27** 25개월을 취재하면서
Ms. Peters가 혁명적인 발견을 해내는 과정의 생생한 이야기를 보
여준다.

〈The Mystery at Carob Creek〉

영화감독인 Theresa Meyer와 **31** Mary Naff는 숲을 보호하고자 고
군분투하는 동안 **27** 여러 해 연속으로 겪은 이상한 여름을 담아낸다.

어휘 track 추적하다 I conservationist 환경보호활동가 I clue
실마리 I revolutionary 혁명적인 I governor 주지사 I
narrate 이야기를 들려주다

---

http://www.lesdocsfestival.org

시상식 일정
메인 이벤트 연설자
4월 7일 Sarkowitz 홀

9시 – 개막 및 기조 강의
연설자이자 수상자인 Daniel Sankh가 최근의 한 다큐멘터리와 관

련하여 그것의 스타일과 주제, 그것이 자신의 작품에 끼친 영향 등
을 논한다. **28** 해당 작품으로 수상을 하기 위해 이곳에 온 감독
Helen Linden과는 영화에 대한 인터뷰를 진행한다.

10시 30분 – 다큐멘터리 시상식
진행자 Bryan Forrest가 안타깝게도 행사에 참석하지 못한 후보자
Matt MacKenzie와의 짧은 인터뷰 상영 후에 올해의 다큐멘터리
영화상을 수여한다. Theresa Meyer가 Mr. Forrest와 함께 올해의
상을 수여할 것이다.

1시 30분 – 다큐멘터리 너머로
29 Theresa Meyer가 올해의 수상자들과 함께 영화제작 자금에 초
점을 맞춘 공개토론회를 진행한다. 자금을 얻는 방식과 자신들의 영
화의 비용이 어떻게 됐는지에 대해 이야기할 것이다.

어휘 influence 영향을 미치다 I contestant 참가자 I present
(행사를) 진행하다

수신: feedback@adconference.com
발신: kelly.jensen@milkywaygames.com
날짜: 4월 8일
주제: 새로운 행사

저는 LesDocs 상 영화제가 시작된 이래 **30** 진정한 지지자였고 항상
기조 연설자를 기대합니다. 매년 그들은 재미있으면서 교육적이고 고
무적입니다. **29** 올해는 새로운 순서가 포함된 것이 가장 환영할 일이
었습니다. 모든 영화감독들의 말이 들을 만하게 멋졌고 청중들도 항
상 좋은 질문을 해왔지만, 올해의 게스트는 특별했습니다.

29 Ms. Meyer가 Maryglen 대학교에 있었을 때부터 알고 지냈는
데, 모든 프로젝트를 성공시키기 위한 그녀의 집중력과 결심을 기억
합니다. **31** 졸업 후에는 그녀의 친구 Ms. Naff와 일하기도 했습니
다. 그녀가 직접 제작사를 차렸다는 것을 알고 놀랐고 그녀가 만들
어 낼 작품을 보는 게 기대됩니다.

이렇게 귀중한 행사를 주최해주셔서 고맙습니다.

Kelly Jensen

어휘 supporter 지지자 I look forward to ~을 고대하다 I
inclusion 포함 I treat 특별한 것 I host 행사를 주최하다

---

27. 모든 다큐멘터리에서 한 가지 공통적인 특징은 무엇인가?

(A) 유명한 환경보호운동가에게 헌정되었다.

(B) 제작하는 데 몇 년이 걸렸다.

(C) 야생동물에 집중했다.

(D) 캐나다의 도시에서 촬영되었다.

해설 〈The Distant Pebble〉는 10년 동안의 야생생물 보호 활동을 추적
했다고 소개했고, 〈The Longest Way〉는 Susan Peters가 학교
를 시작한 후 25개월 동안의 연구를 다루었다. 또한 〈A Day for Ben
Markette〉는 2년 동안의 캠페인을 다룬 영화이며, 〈The Mystery at
Carob Creek〉은 여러 해 동안 여름마다 일어난 일들을 보여주는 작
품이다. 이상의 사항들을 종합해보면 네 개의 작품이 모두 여러 해에
걸쳐 제작되었다는 것을 알 수 있다. 따라서 정답은 (B) They took
several years to make.이다.

28. Daniel Sankh는 연설에서 어느 다큐멘터리에 대해 논하였는가?

(A) 〈The Distant Pebble〉

(B) 〈The Longest Way〉

(C) 〈A Day for Ben Markette〉

(D) 〈The Mystery at Carob Creek〉

해설 문제의 Daniel Sankh discuss가 키워드이므로 지문을 훑어봐서 이 것을 찾아내야 하는데, 일정표의 9시 행사 설명에서 Daniel Sankh talks about을 발견할 수 있다. 최근의 한 다큐멘터리에 대해 논할 것 인데, 작품의 감독이 Helen Linden이고 감독과의 인터뷰를 진행한다 고 나와 있다. 다큐멘터리 영화를 소개하는 목록에서 Helen Linden 이 감독인 작품은 〈The Longest Way〉이므로 (B) The Longest Way가 정답이다.

29. '다큐멘터리 너머로'에 대해 무엇이 나타나 있는가?

(A) 다른 시간대로 이동하였다.

(B) Helen Linden이 진행하곤 했다.

(C) 이제 막 행사 일정에 추가되었다.

(D) 원래 10시 30분에 방영되었다.

해설 일정표에서 이 순서에 해당하는 설명을 보면 Theresa Meyer가 공 개토론회를 진행한다고 나와 있다. 그리고 이메일을 읽어보면 보낸 사 람이 Ms. Meyer를 대학 시절부터 알고 지냈다고 말하고 있는데 Ms. Meyer는 앞 문장에서 말하는 올해의 초청 진행자이다. 이 부분 바로 앞 문장을 보면 초청 진행자 Ms. Meyer는 올해 신설된 순서를 진행 한 사람임을 알 수 있는데 일정표에서 Ms. Meyer는 공개토론회를 진 행한다고 했으므로 이메일에 나오는 new presentation은 일정표의 panel discussion을 가리킨다는 것을 알 수 있다. 두 지문의 내용을 종합해서 생각해보면 panel discussion은 올해 신설된 행사이므로 정답은 (C) It was just added to an event schedule.이다.

30. 이메일에서 첫 번째 단락, 첫 번째 줄의 단어 "true"와 의미상 가장 가 까운 것은

(A) 충성된

(B) 옳은

(C) 정확한

(D) 정직한

해설 Kelly Jensen이 자신을 LesDocs Awards Festival의 진정한 지지 자(true supporter)로 소개하고 있는데, 여기에는 오랫동안 이 영화제 를 즐겨왔다는 의미가 내포되어 있으므로 의미상 가장 가까운 단어는 (A) loyal이라고 봐야 한다.

31. Kelly Jensen에 대해 가장 사실일 법한 것은 무엇인가?

(A) 기조 연설을 했다.

(B) 시상식을 준비했다.

(C) 영화업계에서 일해왔다.

(D) '다큐멘터리 너머로'의 연설자였다.

해설 이메일에서 Kelly Jensen은 자신이 Ms. Naff와 함께 일했다고 말 하는데, 다큐멘터리 목록에서 Ms. Naff는 〈The Mystery at Carob Creek〉이라는 작품의 감독으로 소개되고 있다. Ms. Naff와 함께 일 했다는 것은 영화업계에 종사한 적이 있다는 뜻이므로 (C) She has worked in the film industry.가 정답이다.

UNIT 07. 동명사

Q1 1. Assisting   2. enhancing   3. reducing
4. improving

1. 고객들을 즉시 돕는 것이 우리가 그들의 만족을 유지하는 방법입 니다.

해설 is의 주어 자리이므로 명사 역할을 하는 동명사 자리

2. 영업팀은 더 많은 고객을 끌기 위해 서비스 품질을 개선할 것을 권한 다.

해설 타동사 recommends의 목적어 자리이므로 명사 역할을 하는 동명 사 자리

3. 시에서는 실업자 주민들의 수를 줄이는 것을 목표로 잡았다.

해설 전치사 of의 목적어 자리이므로 명사 역할을 하는 동명사 자리

4. 추가 휴가일을 제공하는 목적은 스트레스를 감소하는 한편 생산성을 증대하는 것이다.

해설 주어와 내용이 동일한 경우 명사가 be동사의 보어로 쓰이므로 명사 역할을 하는 동명사 자리

Q2 1. Your informing

1. 제휴사에게 귀하의 호텔 경험에 관해 알려주시는 것은 저희 서비스 를 향상하는 데 도움이 될 것입니다.

해설 동사 will help의 주어 자리로 동명사 informing 앞에 의미상 주어 를 소유격으로 표시한 형태

Q3 1. having sold

1. Mr. Walker는 일주일 만에 열한 대의 차를 판매한 뒤 보너스를 받 았다.

해설 전치사 뒤의 동명사 자리. 동명사의 의미상의 주어에 해당하는 Mr. Walker가 자동차를 판매하는 동작의 주체로 동명사와 능동관계이 며, 본동사(was given)보다 먼저 일어난 동작이므로 완료 동명사 having sold

Q4 1. establishing   2. demand

1. 보안 부서는 새로운 사무실 안전 지침을 마련하는 중이다.

해설 전치사 뒤에 명사나 동명사 모두 쓰일 수 있으나, 그 뒤에 목적어인 a new set of safety guidelines가 있으므로 목적어를 취할 수 있 는 타동사 출신의 동명사 establishing

2. 최근의 보고에 따르면 휴대용 선풍기 수요가 올해 50퍼센트 늘었다 고 한다.

해설 주어 자리에는 명사나 동명사가 모두 가능하지만, 뒤에 목적어가 아 닌 전치사 for가 왔으므로 명사 demand가 정답. 만약, 타동사 출 신의 동명사 demanding이 정답이려면 뒤에 목적어가 필요함

(demand for ~: ~에 대한 수요)

+ check   1. renewing   2. access

1. 멤버십을 1년 더 연장해주셔서 감사합니다.

2. 귀하의 계좌 정보에 접속하기 위해서는 개인 식별 번호가 필요합니다.

Q5   1. carefully   2. adequate   3. approval

1. 지시 사항을 주의 깊게 살펴본 뒤 프로그램을 설치하십시오.
해설 전치사 after 뒤의 동명사 reviewing을 수식하는 부사 자리

2. 모든 직원들은 정교한 장비를 사용하는 데 있어 적절한 교육을 받아야 한다.
해설 명사로 굳어진 -ing형태의 training을 수식하는 형용사 자리

3. 계약은 CEO의 최종 승인 없이는 체결되지 않을 것이다.
해설 관사 the와 형용사 final의 수식을 받는 명사 자리

+ check   1. unanimous   2. careful

1. 입법자들은 새 정책에 대해 만장일치로 동의에 이를 수 있었다.

2. 세심한 기획 덕분에 건설 프로젝트는 예산보다 적은 비용으로 완공될 것이다.

Q6   1. honoring   2. confirming

1. 일부 이사회 임원들은 연례 연회에서 회사 창업주를 기리자고 제안했다.
해설 suggest는 동명사를 목적어로 취하는 동사

2. 약사의 의무는 의사와 환자의 처방전을 확인하는 것을 포함한다.
해설 a patient's prescription을 목적어로 취하면서 타동사 include의 목적어 역할을 할 수 있는 동명사 자리

Q7   1. lowering   2. hiring   3. attending

1. Nex Innovation은 귀하의 월별 공과금을 낮추는 것에 헌신하고 있습니다.
해설 be committed to(~에 헌신하다)의 to는 전치사이므로 동명사 자리

2. 회사는 경험이 많은 회계사들을 채용하는 것을 기대하고 있다.
해설 look forward to(~을 고대하다)의 to는 전치사이므로 동명사 자리

3. 손님들은 강의에 참석하기 전 프론트 데스크에 등록해야 한다.
해설 prior to는 '~이전에'라는 뜻의 전치사이므로 동명사 자리

Q8   1. attracting   2. designing   3. receiving

1. 회사는 해외 고객을 끌어들이는 일에 어려움을 겪고 있다.
해설 have difficulty 뒤의 동명사 자리

2. 건설 매니저는 건물 수리 계획을 디자인하며 몇 주를 보냈다.
해설 spend 뒤의 동명사 자리

3. 구매물품을 받으신 후 어떤 문제를 겪으신다면 저희 고객서비스 센터 555-3000으로 전화 주시기 바랍니다.
해설 upon 뒤의 동명사 자리

Practice

1. (C)	2. (D)	3. (A)	4. (D)	5. (B)
6. (C)	7. (C)	8. (C)	9. (D)	10. (A)
11. (A)	12. (B)	13. (C)	14. (A)	15. (C)
16. (C)	17. (C)	18. (C)	19. (B)	20. (D)
21. (B)	22. (A)	23. (D)	24. (C)	25. (B)
26. (D)	27. (A)	28. (C)	29. (C)	30. (B)
31. (A)	32. (D)	33. (A)		

1. 예상된 비용이 적당했기 때문에 그 부서는 새 프린터를 구매하는 대신에 수리를 맡기기로 결정했다.
해설 전치사의 목적어 자리이며, 빈칸 뒤에 명사를 목적어로 취했으므로 동명사 (C) purchasing이 정답이다.
어휘 estimate 예상하다 I reasonable (가격이) 적당한 I instead of ~ 대신에

2. 우리 사장은 다음 달에 은퇴하는 Mr. Jason의 뒤를 이을 편집장으로 Ms. Myer를 임명하는 것을 고심했다.
해설 '~을 고려하다'라는 의미의 타동사 consider는 동명사를 목적어로 취하므로 (D) appointing이 정답이다.
어휘 chief editor 편집장 I succeed ~의 뒤를 잇다 I retire 은퇴하다 I appoint A (as) B A를 B로 임명하다

3. 직원들은 휴가 신청양식을 제출해서 휴가에 대한 공식 승인을 받아야 한다.
해설 타동사 receive의 목적어 자리로 명사인 (A)와 동명사인 (D)가 모두 가능하나, 형용사(official)의 수식을 받는 자리이므로 (A) approval이 정답이다.
어휘 official 공식적인 I approval 승인 I time off (활동의) 일시적 중단, 휴식, 휴가

4. 현대적인 배경에서 문화적 유물들을 획기적으로 전시함으로써, Lenningrad 박물관의 전시 책임자는 특별한 전시회를 만들었다.
해설 「by -ing (~함으로써)」 구조에서 동명사를 수식하는 품사는 부사이므로 (D) innovatively가 정답이다. 해석 또한 '혁신적으로 전시함으로

써'이므로 부사가 정답이다.

어휘　artifact 인공 유물 I curator 큐레이터, (미술관, 박물관 등의) 전시 책임자

5. 직원들의 근무 시간대를 조정하는 것이 매니저의 가장 중요한 임무들 중에 하나이다.

해설　목적어를 동반하고 단수 동사 is의 주어 역할을 하는 동명사 (B) Arranging이 정답이다. 명사 (C)도 주어 자리에 올 수 있으나 목적어를 취할 수 없으므로 오답이다.

어휘　shift 교대 근무 (시간)

6. Stylish 제화는 운동화 생산을 중단하고 대신 등산화에 중점을 두는 것이 더 나을 듯하다.

해설　'~을 그만두다'라는 뜻의 타동사 discontinue는 동명사를 목적어로 취하므로 (C) producing이 정답이다.

어휘　discontinue ~을 그만두다 I focus on ~에 중점을 두다

7. Extreme 스포츠 의류의 연구개발 팀은 극심한 온도를 견딜 수 있는 새로운 직물을 개발하는 일을 진행해 왔다.

해설　전치사의 목적어 자리이며, 빈칸 뒤에 명사를 목적어로 취하고 있으므로 동명사인 (C) developing이 정답이다. (B) 명사를 수식하는 과거분사라고 보면 '개발된 새로운 직물에 대해 작업했다'로 해석되어 어색하므로 답이 될 수 없다.

어휘　fabric 직물 I withstand ~을 견디다 I extreme 극심한

8. High Point 연락선 경영진은 승객에게 사전 통보 없이 출발 시간을 변경할 수 있는 법적인 권리를 보유하고 있다.

해설　전치사 without 뒤에 동명사 (C)와 명사 (D)가 모두 가능한데, 바로 뒤에 목적어 passengers가 오기 때문에 정답은 (C) notifying이다.

어휘　reserve the legal right 법적 권리를 보유하다 I in advance 미리, 사전에

9. 마닐라에서 가장 큰 버스 회사가 고객들을 유치할 방법으로 요금을 내리기로 결정했다.

해설　전치사의 목적어 자리이며, 빈칸 뒤에 명사를 목적어로 취하고 있으므로 동명사인 (D) attracting이 정답이다. 전치사의 목적어 자리에는 명사를 쓸 수 있지만, 명사는 목적어를 취할 수 없으므로 (B)는 오답이며, 명사 앞에 형용사가 올 수 있으나 문맥상 적합하지 않아 (A)도 오답이다.

어휘　fare 요금 I as a way of ~의 방법으로 I attraction 매력 I attractive 매력적인 I attract ~을 끌다

10. Daily 증권 거래 방송은 정확한 투자 정보를 제공하는 데 전념한다.

해설　be dedicated to의 to는 전치사 to이다. 전치사 to 뒤에 동명사인 (A)와 명사인 (D)가 모두 가능한데, 바로 뒤에 목적어 accurate investment information이 오기 때문에 (A) providing이 정답이다.

어휘　accurate 정확한 I investment 투자 I dedicated 전념하는

11. 모든 야외 활동들은 고지 없이 취소될 수 있음을 유념하기 바랍니다.
고난도

해설　be subject to의 to는 전치사이다. 전치사 to 뒤에 동명사 (B)와 명사 (A) 모두 가능한데 타동사 출신의 동명사 canceling이 정답이 되기 위해서는 바로 뒤에 목적어가 와야 하나, 대신 전치사가 왔기 때문에 명사 (A) cancellation이 정답이다.

어휘　keep in mind that ~ ~를 명심(유념)하다

12. Indigo 전자는 조직의 효율성을 극대화할 수 있는 혁신적인 소프트웨어를 제공합니다.

해설　문맥상 '~할 수 있다'라는 의미의 「be capable of -ing」를 묻는 문제이므로 정답은 (B) capable이다. 동일한 의미의 (A) able은 뒤에 to부정사와 함께 쓰이므로 오답이다.

어휘　maximize 극대화하다, 최대한 활용하다 I efficiency 효율성

13. Daubert 센터는 지하철 5호선을 이용함으로써 가장 빨리 도달할 수 있다.
고난도

해설　문맥상 '~함으로써'의 의미를 갖는 「by -ing」를 묻는 문제이므로 (C) by가 정답이다.

어휘　by ~ing ~함으로써 I reach ~에 이르다/닿다/도달하다

14. 노트북을 점검하자마자 전문가는 보호용 봉인이 파손되었다는 것을 알게 되었다.

해설　전치사 upon 다음에 빈칸이 있고, 빈칸 뒤에는 목적어인 명사가 오므로 정답은 (A) examining이다.

어휘　examine 검사하다 I expert 전문가 I protective 보호용의 I seal 밀봉 부분 I broken 고장난, 파손된

15. 회사 정책들을 갱신하는 것이 지난 두 달간 법무팀의 주요 업무였다.

해설　빈칸은 문장의 주어 자리이며 뒤에 목적어 company policies가 오기 때문에 동명사인 (C) Updating이 정답이다. company policies를 수식하는 과거분사 (B)가 올 수 있으나, 이 경우 주어가 policies가 되므로 단수 동사 has와 쓰일 수 없기 때문에 오답이다.

어휘　update ~을 최신식으로 하다, 갱신하다

16. Speed Lending Services는 이 귀하의 대출 신청을 조건부로 승인했지만, 저희는 이 문서에 열거된 항목들의 수령을 기다리고 있습니다.
고난도

해설　타동사 뒤에 목적어로 명사나 준동사가 올 수 있는데 빈칸 뒤에 전치사가 있으므로 즉, 타동사 receive의 목적어가 바로 온 구조가 아니다. 따라서 타동사 출신의 준동사 (A)나 (B)는 오답이며 명사 (C), (D) 중에 선택해야 하는데 문맥상 제품들의 수령을 기다리는 것이므로 정답은 (C) receipt이다.

어휘　provisionally 조건부로 (= conditionally, temporarily)

17. Greenbaum 종합병원의 직원들은 환자들의 요구사항을 만족시키는 데 전념한다.

해설　be committed to -ing는 '~에 전념하다'라는 뜻의 동명사 관용구로 (C) committed가 정답이다.

어휘　satisfy ~을 만족시키다 I express ~을 표현하다 I be scheduled to ~하기로 일정이 잡혀 있다 I be designed to ~하기 위해 고안되다

18. 그 컨설턴트는 사무실에 변화를 성공적으로 도입하기 위한 몇 가지 제안들을 했다.

해설 빈칸을 전치사 for의 목적어 자리로 생각하여 동명사를 선택할 수 있으나, 빈칸 뒤에 전치사 for의 목적어에 해당하는 명사가 존재하므로 동명사(A)는 오답이다. 빈칸은 전치사 for의 목적어에 해당하는 동명사 introducing 을 수식하는 자리이므로, 동명사를 수식하는 부사 (C) successfully가 정답이다.

어휘 introduce 도입하다, 소개하다

19. Jane's 서점은 고객들을 배려하는 것으로 좋은 평판을 받고 있어서, **보스톤**에서 최고의 서점으로 이름나 있다.

해설 보어를 동반하는 be동사(~이다, ~하다)에서 만들어진 동명사 being 과 함께 쓸 보어를 묻는 문제이다. (A)는 '배려', (B)는 '배려하는', (D)는 '조심성'이라고 해석되므로, 이중 해석상 가장 자연스러운 (B) attentive가 정답이다.

어휘 have a good reputation for ~해서 평판이 좋다 I attention 배려, 주의 I attentive 배려하는, 주의하는 I attentively 배려해서, 조심스럽게 I attentiveness 조심성

20. Greenville에 있는 아파트를 임대하기로 결정하기 전에, Mr. Weber 는 그의 동료들에게 그 지역에 대해서 문의했다.

해설 전치사 다음에 빈칸이 쓰였고, 빈칸 뒤에는 decide의 목적어인 to부 정사가 쓰였으므로 (D) deciding이 정답이다.

어휘 coworker 직장 동료

[21-24] 다음 공지에 관한 문제입니다.

영업 직원들에게,

사무실 내에서 저희는 전자 파일에 대한 가능한 최대한의 보안을 유지하기 위해 노력합니다. 여러분이 고객들을 만나기 위해서 이동을 할 때도 같아야 할 것입니다. 여러분의 노트북에 있는 모든 업무 관련된 파일들을 보호하는 것은 **21** 매우 중요합니다. 만약 여러분이 파일들을 USB에 옮긴다면, USB에 있는 자료들을 보호하기 위해서 USB를 항상 소지하십시오. **22** 파일을 암호화하는 것 또한 아주 좋을 것입니다. 마지막으로, 전화로 업무를 논의할 때는, 가능한 회사에 관한 자세한 정보에 대해서 논의하는 것을 피하십시오. 이러한 간단한 규칙들을 **23** 준수함으로써, 여러분은 사무실 바깥에 있을 때도 보안을 **24** 확실히 하는 것을 도울 수 있습니다. 감사합니다.

Nikita Bagul
정보기술부장

어휘 maintain ~을 유지하다 I maximum 최대한의 I security 보안 I related 관련된 I protect ~을 보호하다 I transport ~을 옮기다 I possession 소유 I at all times 항상 I lastly 마지막으로 I over the phone 전화로 I avoid ~을 피하다 I discuss ~에 대해서 논의하다 I detailed 자세한 I observe ~을 지키다 I ensure ~을 확실히 하다, 보장하다

21. **해설** 빈칸 앞에 고객들을 만날 때 전자 파일에 대한 보안을 유지해야 한다는 내용을 단서로, 노트북에 있는 업무 관련 파일들을 보호하

는 것은 매우 중요하다는 의미가 문맥상 적절하므로 (B) essential 이 정답이다. (A) probable '있음직한', (C) traditional '전통의', (D) conclusive '결정적인'

22. (A) 파일을 암호화하는 것 또한 아주 좋을 것입니다.
고난도 (B) 전화로 사업에 대해 이야기하지 않도록 또한 조심하십시오.
(C) 직원들은 사무실에서 어떠한 파일도 복사하는 것이 허락되지 않습니다.
(D) 사무실 컴퓨터에서 일과 관련된 파일들을 삭제하지 마십시오.

해설 빈칸 앞부분에 고객을 만나러 나갈 때 보안을 유지하기 위해 시 전자 피일들을 USB로 이동시키는 경우 USB를 지참하라는 내용이 나오므로 파일과 관련된 또 다른 보안 유지법인 (A)가 흐름상 가장 잘 어울린다. (A)의 as well(또한)은 파일들의 보안 관련 추가 내용을 나타내므로 앞 문장과 흐름이 자연스럽다. 빈칸 뒷부분에 사업 논의를 하되 세부 정보를 논의하지 말라 했으므로 전화상으로 사업 논의를 하지 말라는 (B)는 본문의 내용과 일치하지 않으며, (C)의 사무실에서 복사 금지, (D)의 사무실 컴퓨터에서 업무 관련 파일들 삭제 금지는 사무실 내에서 이루어지는 내용으로 고객을 만날 때와 같은 사무실 밖 보안 유지를 위한 규칙들에 대한 빈칸 앞뒤의 내용과 연관되지 않으므로 오답이다.

23. **해설** 전치사 by 뒤에 명사와 동명사 모두 올 수 있으나 빈칸 뒤에 목적어 these simple rules가 있으므로 동명사인 (D) observing이 정답이다.

24. **해설** help 뒤에 동사가 오는 경우 '(to) 동사원형' 형태이어야 하므로 to가 생략된 (C) ensure가 정답이다.

[25-28] 다음 온라인 채팅 대화문에 관한 문제입니다.

Cynthia Brown [오후 2:23]
Dianna, 잠깐 시간 좀 있으세요? **25** 이번 달 경비 보고서 양식을 찾을 수가 없네요. 그것들을 찾을 수 있으세요?

Dianna Jones [오후 2:25]
제 컴퓨터에도 안 뜨네요. 언제 이 문제를 알아차리셨어요?

Cynthia Brown [오후 2:26]
26 방금 Alice와 통화를 했거든요. Alice는 지난주 그녀의 팀이 구매한 홍보용 포스터들 영수증을 기록하려고 했어요. 그런데 그것들이 없어졌다는 걸 알게 됐죠. 기술 지원팀에 연락해주시겠어요?

Dianna Jones [오후 2:27]
안녕하세요 Clark, 우리가 가진 몇몇 회계 자료들이 지워졌을지도 모르겠어요. 확인해주실 수 있으세요?

Clark Williams [오후 2:29]
정말 이상하네요. 어제도 올라와 있던 걸 기억하는데.

Dianna Jones [오후 2:30]
27 그 서류들 다른 곳에도 저장되어 있죠, 그렇죠?

Clark Williams [오후 2:31]
27 매일 자료를 백업하죠. 지금 바로 올릴게요.

Dianna Jones [오후 2:32]
28 고마워요. 모든 부서에 이메일을 보내서 문제가 해결됐다고 알려
야겠어요.

Cynthia Brown [오후 2:33]
28 지금 바로 보낼 수 있어요.

어휘 expense report 경비 보고서 | notice 알아차리다 | log 일
지에 기록하다 | receipt 영수증 | purchase 구매하다 | tech
support 기술 지원 | accounting 회계 | delete 지우다 |
odd 이상한 | department 부서 | resolve 해결하다

---

25. Ms. Brown은 어떤 문제를 언급하는가?
고난도 (A) 경비 보고서가 제시간에 제출되지 않았다.
(B) 어떤 재무 양식이 이용 불가능하다.
(C) 컴퓨터가 켜지지 않는다.
(D) 영수증 몇 개가 없어졌다.

해설 2시23분에 Ms. Brown이 현재 경비 보고서 양식, 즉 재무 관련 양
식을 찾지 못한다고 언급하고 있으므로 정답은 (B) Some financial
forms cannot be accessed.이다.

- -

26. Ms. Brown은 어떤 부서에서 이 문제를 전해 듣게 되었겠는가?
고난도 (A) 인사팀
(B) 회계팀
(C) 기술지원팀
(D) 광고팀

해설 2시 26분에 Ms. Brown이 Alice와의 통화를 통해 문제가 있다는 것
을 알았는데, Alice의 부서는 홍보용 포스터 구매를 담당한다고 했
으므로 보기에 있는 부서들 중 이러한 업무를 담당하는 곳은 (D)
Advertising임을 알 수 있다.

- -

27. 오후 2시 30분에 Ms. Jones가 "그 서류들 다른 곳에도 저장되어 있
죠, 그렇죠?"라고 쓴 건 무슨 의미이겠는가?
(A) 일부 서류들이 다시 업로드되기를 원한다.
(B) 여행 예산이 걱정된다.
(C) 직원에게 어떤 물품을 주문해달라고 요청한다.
(D) 회사 시스템을 이용하고 싶어한다.

해설 바로 뒤의 Clark Williams의 오후 2:31 채팅에서 백업한 자료를 바
로 올린다는 것을 확인할 수 있으므로 정답은 (A) She wants some
documents to be uploaded again.이다.

- -

28. Ms. Brown이 다음에 할 행동으로 예상되는 것은 무엇인가?
(A) 프로그램을 설치한다
(B) 기술 지원팀에 전화한다
(C) 이메일을 송신한다
(D) 부서 회의를 주최한다

해설 2시32분에 Ms. Jones가 문제가 해결됐음을 모든 부서에 알려야 한다고
이야기하고 있고, 이후에 바로 Ms. Brown이 본인이 그 일을 할 수 있
음을 이야기하고 있으므로, 그녀가 모든 부서에게 문제가 해결됐음을
알리는 이메일을 보낼 것을 유추할 수 있다. 따라서 정답은 (C) Send

---

an e-mail이다.

[29-33] 다음 이메일과 광고에 관한 문제입니다.

발신: karia@golakes.co.uk
수신: jleitner@golakes.co.uk
날짜: 12월 6일
주제: 세미나
첨부파일: 안내책자.txt

Ms. Leitner께,

31 참가하고자 하는 세미나의 안내책자를 첨부했습니다. 이번 행사
에서 배우게 될 기법들은 저의 중요한 고민거리들을 해결하는 데 도
움을 줄 것입니다.

우리 회사의 관광 패키지 상품들은 지역 최고에 속하시만 안내책자
에 포함되어 있는 사진들이 반드시 이러한 점을 보여주는 것 같지는
않습니다. **30** 사실 우리 고객들이 우리의 관광 상품보다 경쟁업체의
것을 선택하는 주된 이유로 든 것이 경쟁 관광 상품의 홍보용 이미
지가 더 매력적이었다는 점입니다. **31** 제 생각에는 전문적으로 보이
는 사진을 찍는 법을 배운다면 관광 상품 판매량을 개선하고 더 넓
은 고객층을 끌어들이게 될 것입니다.

32 제 계산에 근거하여 저의 총 참가 비용은 690파운드(개인 등록
비와 장비 임대료 300파운드 및 왕복 비행편 180파운드, 식사를 포
함한 숙박 요금을 충당하기 위한 210파운드)입니다. **29** 참가를 허가
해주실 것인지 알려주시기 바랍니다. 개인적으로 저희 사업에 큰 도
움이 될 것이라고 생각합니다.

고맙습니다.

31 Kylie Aria

어휘 address (일, 문제 따위)에 본격적으로 착수하다, 대처하다 |
concern 관심사 | reflect 반영하다 | principal 주요한 |
cite (이유, 예를) 들다[끌어 대다] | competitor 경쟁업체 |
clientele (어떤 기관, 상점 등의) 모든 의뢰인들[고객들] | room
and board 식사를 포함한 숙박 요금 | be of benefit to ~
에게 도움이 되다, 유익하다

---

31 기술 강좌: 좋은 사진작가가 되기까지의 길잡이
Wood Green 스튜디오
79 Morlee 가
Wood Green, 런던

1월 31일 - 2월 2일
오전 10시 - 오후 5시

31 33 이번 세미나의 목표는 참가자들에게 초급과 중급 수준의 사
진 기법을 재미있고 따뜻한 강의실 환경에서 알려주는 것입니다. 사
진 기법을 배워 회사의 기존 이미지 포트폴리오를 향상시키고 싶어
하시든 단순히 더 좋은 사진작가가 되고 싶어 하시든 이 세미나는
유용할 것입니다.

이번 강좌는 15년 이상의 풍경 및 스튜디오 사진 경력의 프로 사진
작가 **33** Lyle Pershings가 지도합니다. 그는 유명인들의 인물 사
진을 촬영해왔으며, 주요 광고주들과 함께 작업했고, 이곳 런던에서
Westshore 미술관 전시회도 열었습니다.

Wood Green 스튜디오에서는 모든 강좌 참가자가 자격이 있는 강사로부터의 개인 지도와 피드백 및 고품질의 교과서, 온라인으로 언제든 할 수 있는 추가 연습 기회를 받습니다.

32 개인 참가자에게는 등록과 필요 용품들의 비용으로 370파운드가 부과됩니다. 그러나 3인 이상의 단체는 1인당 35파운드의 할인을 받을 수 있습니다. 추가 정보를 원하신다면 www.woodgreenstudio.co.uk를 방문해 주세요.

어휘 instruct 가르치다 I intermediate 중급의 I supportive 따뜻하게 대하는 I existing 기존의 I landscape 풍경 I portrait 인물 사진 I guidance 지도[안내] I supplies 용품 I charge (요금을) 부과하다 I eligible 자격이 있는 I address (일, 문제 따위에) 본격적으로 착수하다, 대처하다 I funding 자금 제공, 재정 지원

---

29. 이메일의 목적은 무엇인가?

(A) 수업을 홍보하려고
(B) 출장의 문제를 처리하려고
(C) 자금 지원을 요구하려고
(D) 신규 서비스를 제안하려고

해설 Ms. Aria가 Ms. Leitner에게 보낸 첫 번째 지문(이메일), 세 번째 단락에서 Based on my calculations, the total cost of my participation would be £690 (£300 for the individual registration fee and equipment rental, £180 for the round-trip flight, and £210 to cover room and board). Please let me know if you will permit me to attend. I personally think that it would be of great benefit to our business. (제 계산에 근거하여 저의 총 참가 비용은 690파운드(개인 등록비와 장비 임대료 300파운드 및 왕복 비행편 180파운드, 식사를 포함한 숙박 요금을 충당하기 위한 210파운드)입니다. 참가를 허가해주실 것인지 알려주시기 바랍니다. 개인적으로 저희 사업에 큰 도움이 될 것이라고 생각합니다.)라고 했으므로 (C) To ask for funding이 정답이다.

---

30. 이메일 두 번째 단락, 두 번째 줄의 단어 "principal"과 의미상 가장 가까운 것은

(A) 기본적인
(B) 주요한
(C) 처음의
(D) 필요한

해설 Ms. Aria가 Ms. Leitner에게 보낸 첫 번째 지문(이메일), 두 번째 단락의 In fact, the principal reason cited by our customers for choosing a competitor's tour over one of ours is that the promotional images of the competing tour were more attractive. (사실 우리 고객들이 우리의 관광 상품보다 경쟁업체의 것을 선택하는 주된 이유로 든 것이 경쟁 관광 상품의 홍보용 이미지가 더 매력적이었다는 점입니다.)에서 principal은 주요한, 주된'이라는 의미로 쓰였으므로 비슷한 의미를 갖는 (B) top이 정답이다.

---

31. Ms. Aria에 관하여 알 수 있는 것은 무엇인가?

(A) 런던을 방문하고 싶어 한다.

(B) 최근에 안내책자를 디자인했다.
(C) 12월에 투어를 인솔할 것이다.
(D) 대학교에서 수업을 가르친다.

해설 Ms. Aria가 Ms. Leitner에게 보낸 첫 번째 지문(이메일), 첫 번째 단락에서 Attached to this e-mail is a brochure for a seminar that I would like to attend. (참가하고자 하는 세미나의 안내책자를 첨부했습니다.), 세 번째 단락에서 By learning to take professional-looking pictures, I think that I will improve tour sales and draw a broader clientele. (제 생각에는 전문적으로 보이는 사진을 찍는 법을 배운다면 관광 상품 판매량을 개선하고 더 넓은 고객층을 끌어들이게 될 것입니다.)라고 했는데, 두 번째 지문[광고]의 Skills Course: Guide to Being a Great Photographer/Wood Green Studio/79 Morlee St., Wood Green, London (기술 강좌: 좋은 사진작가가 되기까지의 길잡이, Wood Green 스튜디오, 79 Morlee 가, Wood Green, 런던)과 This seminar is intended to instruct participants in beginner-and intermediate-level photography skills in a fun, supportive classroom environment. (이번 세미나의 목표는 참가자들에게 초급과 중급 수준의 사진 기법을 재미있고 따뜻한 강의실 환경에서 알려주는 것입니다.)라고 하여 강의 장소가 London임을 알 수 있으므로 (A) She would like to visit London.이 정답이다.

---

32. Ms. Aria가 수업에 관하여 오해한 것은 무엇인가?

(A) 장소
(B) 주제
(C) 시간
(D) 비용

해설 Ms. Aria가 Ms. Leitner에게 보낸 첫 번째 지문(이메일), 세 번째 단락에서 Based on my calculations, the total cost of my participation would be £690 (£300 for the individual registration fee and equipment rental, £180 for the round-trip flight, and £210 to cover room and board) (제 계산에 근거하여 저의 총 참가 비용은 690파운드(개인 등록비와 장비 임대료 300파운드와 왕복 비행편 180파운드, 식사를 포함한 숙박 요금을 충당하기 위한 210파운드)입니다)라고 했는데, 두 번째 지문(광고)에서 A fee of £370 for registration and the necessary supplies will be charged for an individual applicant. (개인 참가자에게는 등록과 필요 용품들의 비용으로 370파운드가 부과됩니다.)라고 되어 있으므로 (D) The cost가 정답이다.

Paraphrasing

equipment rental → necessary supplies

---

33. Mr. Pershingo에 관하여 알 수 있는 것은 무엇인가?

(A) 세미나 참가자들을 가르친다.
(B) Wood Green 스튜디오를 소유하고 있다.
(C) 여행사들에게 이미지를 제공한다.
(D) 현재 Westshore 미술관에서 근무한다.

해설 두 번째 지문(광고)에서 This seminar is intended to instruct participants in beginner-and intermediate-level photography skills in a fun, supportive classroom environment. (이번 세미

나의 목표는 참가자들에게 초급과 중급 수준의 사진 기법을 재미있고 따뜻한 강의실 환경에서 알려주는 것입니다.), This course will be led by Lyle Pershings, (이번 강좌는 Lyle Pershings가 지도합니다.)라고 했으므로 (A) He teaches seminar attendees.가 정답이다.

UNIT 08. to부정사

Q1 **1. competitive   2. confidentiality**

1. Mr. McConnell은 경쟁력을 유지하기 위해 추가적인 제품 개발에 집중하자고 제안했다.
해설 형용사를 주격 보어로 취하는 자동사 remain과 to remain 뒤에 오는 구조는 동일하므로 형용사 자리

2. 새 노트북 시제품은 기밀을 보장하기 위해 고위 경영진에게만 보여졌다.
해설 명사를 목적어로 취하는 타동사 ensure와 to ensure 뒤에 오는 구조는 동일하므로 명사 자리

Q2 **1. for**

1. 직원들이 고객의 불만에 즉시 대응하는 것이 중요하다.
해설 to부정사 앞에서 그 동작의 주체를 의미하는 의미상 주어를 표시하는 전치사 for

Q3 **1. to be reviewed   2. be installed**

1. 잡지 기사들은 금요일까지 검토되어야 한다.
해설 의미상 주어 articles와 to부정사 to review의 의미상 관계를 파악해야 하는 문제. 기사들은 검토의 대상으로 수동관계이므로 수동 형태의 to부정사 자리

2. 새 바닥재가 설치되기 위해 사무실은 화요일에 문을 닫을 것이다.
해설 의미상 주어 the new flooring과 to부정사 to install의 의미상 관계를 파악해야 하는 문제. 새 바닥재는 설치의 대상으로 수동관계이므로 수동 형태의 to부정사 자리

Q4 **1. To submit   2. It**

1. 내일까지 마케팅 제안서를 제출하는 것은 불가능하다.
해설 동사 is의 주어 자리이므로 명사 역할을 하는 to부정사 자리

2. 생산성을 증대하기 위해 동료 직원들과 협력하여 일하는 것은 중요하다.
해설 진주어 to work ~ 부분이 문장 뒤로 이동한 구조로 가주어 it이 필요

Q5 **1. to resolve**

1. 고객서비스 부서의 목표는 고객의 모든 불만사항을 시기 적절하게 해결하는 것이다.
해설 be동사 뒤에 주어 goal의 구체적인 내용을 나타내는 주격 보어로 쓰인 to부정사. be동사 뒤에 과거분사가 올 수 있으나 문맥상 적절하지 않아 오답

Q6 **1. to revise   2. refused**

1. 고객께서 주문을 변경하고자 하신다면 오늘 영업시간 종료 전에 알려주시기 바랍니다.
해설 목적어로 to무성사를 취하는 타동사 wish

2. 디자인 팀은 상사가 마감기한 연장을 거절했기 때문에 야근을 해오고 있다.
해설 목적어로 to부정사를 취하는 동사 refuse

Q7 **1. attend   2. to turn off   3. strengthen**

1. 긴급한 프로젝트 마감 기한은 Ms. Liou가 학회에 참석할 수 없게 할 것이다.
해설 5형식 동사 allow의 목적격 보어 자리에 쓰이는 to부정사

2. 직원들은 사무실을 떠나기 전 데스크톱 컴퓨터를 꺼야 합니다.
해설 목적격 보어로 to부정사를 취하는 5형식 동사 remind의 수동태

3. 회사 워크숍은 직원들이 업무 관계를 강화하는 것을 돕는다.
해설 help의 목적격 보어 자리에 쓰이는 to를 생략한 원형부정사

+ check **1. to withdraw   2. to type   3. to take**

1. 정부는 전국 복권단체에 과장된 광고를 내리라고 촉구했다.

2. Mr. Park은 조수에게 회의록을 타자로 치라고 요청했다.

3. 조립 구역에서 일하는 모든 직원은 기계 작동에 관한 수업을 듣도록 요구받을 것이다.

Q8 **1. to refuse   2. to respond**

1. Pinnacle 항공은 유효한 신분증을 소지하지 않은 고객의 탑승을 거부할 권리를 가진다.
해설 right은 to부정사의 수식을 받는 명사

2. 판매 직원들은 24시간 내에 고객의 문의에 답하기 위해 노력할 것이다.
해설 effort는 to부정사의 수식을 받는 명사

Q9 **1. accommodate   2. To   3. To be**

1. 폭넓은 일정을 수용하기 위해 워크숍의 날짜와 시간을 다양하게 제공합니다.

해설 「To + 동사원형 ~, 주어 + 동사」 ~하기 위해

2. 귀하의 연락 정보를 업데이트하려면 계정에 로그인하십시오.

해설 문장 앞에서 목적을 나타내는 to부정사 자리

3. 영업 매니저 직책 요건에 부합하려면 지원자들은 마케팅 학사 학위가 있어야 합니다.

해설 being으로 시작하는 분사구문과 to be로 시작하는 목적의 to부정사 모두 문장 앞에 위치할 수 있으므로 문맥을 통해 결정해야 한다. '영업 관리자 직에 대한 자격을 갖기 위해, 지원자들은 마케팅 학위가 있어야 한다'는 문맥에 따라 목적을 나타내는 to부정사 자리

+ check 1. To apply 2. In order to 3. for 4. Being

1. 이 공석에 지원하려면, 지원자는 3년 이상의 경력이 있어야 합니다.

2. 프로젝트 책임자는 새 쇼핑센터의 공사를 제때 완료하기 위하여 10명의 직원을 추가로 고용하기로 결정했다.

3. 자선행사의 수익금은 모두 지역 의료센터의 개조에 사용될 것이다.

4. Mr. Simpson은 지사장이기 때문에 전반적인 지사 운영을 담당한다.

Q10 1. to announce 2. likely 3. to store 4. enough

1. Leisure 식당은 새 지점의 개점을 발표하게 되어서 기쁩니다.

해설 감정을 나타내는 형용사 뒤에서 감정의 원인을 나타내는 부사 역할의 to부정사

2. 교육부 대표단은 시카고 투어 기간 동안 시에서 유명한 교육센터들을 방문할 가능성이 크다.

해설 '~할 것 같다'는 의미의 「be likely to부정사」 표현

3. 건물 창고에 오래된 파일들을 보관하는 것은 너무 많은 비용이 든다. (비용이 너무 많이 들어서 오래된 파일들은 건물 창고에 보관할 수 없다.)

해설 too + 형용사 + to부정사 (너무 ~해서 ...할 수 없다) 관용표현

4. 새 등산화는 가혹한 기상 조건을 견디기에 내구성이 충분히 강하다.

해설 형용사 + enough + to부정사 (~하기에 충분히 ...하다) 관용표현

Practice

1. (C)	2. (B)	3. (B)	4. (D)	5. (B)
6. (C)	7. (D)	8. (B)	9. (A)	10. (D)
11. (C)	12. (B)	13. (A)	14. (C)	15. (A)
16. (A)	17. (A)	18. (C)	19. (D)	20. (A)
21. (C)	22. (B)	23. (D)	24. (B)	25. (B)
26. (B)	27. (A)	28. (B)	29. (D)	30. (B)
31. (D)	32. (C)	33. (D)		

1. 이사 비용을 줄이기 위하여, 포장 상자 및 파손 방지 완충재를 어떻게 구하는지에 대한 특정 정보가 필요할 것이다.

해설 목적을 나타내는 to부정사를 묻는 문제이다. '이사 비용을 줄이기 위하여'라는 능동의 의미이며, 뒤에 목적어를 수반했으므로 능동형 to부정사인 (C) To reduce가 정답이다.

어휘 cushioning material 완충재 I breakage 파손

2. Anchor 의류는 봄 신상품들을 위한 공간을 만들기 위해서 모든 겨울 의류에 대해 30~50%의 할인을 제공하고 있다.

해설 목적을 나타내는 to부정사 자리이므로 to 뒤에 동사원형이 와야 하며, 문맥상 '공간을 만들기 위해서'라는 능동이 적합하므로 정답은 (B) make이다. (D)는 수동 형태이므로 오답이다.

어휘 discount on ~에 대한 할인 I clothing 의류 I room 공간

3. Peachtree 주민회관은 200명의 사람들을 앉게 할 충분히 큰 강당을 가지고 있다.

해설 '~하기에 충분히 ...하다'라는 의미의 「형용사/부사 + enough + to부정사」 구조를 묻는 문제이므로 (B) to seat이 정답이다.

어휘 auditorium 강당 I seat 앉히다, 좌석이 있다

4. Dongyang 은행은 고객 만족도를 향상시키기 위하여 새로운 온라인 뱅킹 시스템을 채택하고 있다.

해설 동사 is adopting이 존재하므로, 빈칸은 동사 자리가 아니며 '고객 만족을 향상시키기 위하여'라는 능동의 의미이며 뒤에 목적어를 수반했으므로 능동 부정사 (D) to improve가 정답이다.

어휘 adopt ~을 채택하다 I customer satisfaction 고객 만족

5. 이사회 회의의 목적은 은퇴하는 사장 Rio Hong의 후임자를 선정하는 것이다.

해설 「the purpose is to 동사원형 (목적은 ~이다)」 구문을 묻는 문제이므로 (B) is to choose가 정답이다.

어휘 purpose 목적 I successor 후임자 I retiring 은퇴하는

6. 직원들이 회사의 가장 큰 프로젝트를 성공적으로 완료한다면, 승진을 위해 고려될 기회를 제공 받을 것이다.

고난도

해설 빈칸은 opportunity를 수식하는 to부정사 자리이며, '승진을 위해 고려되어지는 기회'라는 수동의 의미이며 뒤에 목적어가 없으므로 수동 형태 to부정사 (C) to be considered가 정답이다.

어휘 complete 끝내다, 완료하다 | promotion 승진

7. 새로운 규정에 따라서, 웹사이트 관리자들은 회원들의 동의가 없으면 그들의 사진을 게시할 수 없다.

해설 「be unable to부정사」는 '~할 수 없다'라는 뜻의 to부정사 관용구이므로 (D) to post가 정답이다.

어휘 in compliance with ~에 따라서 | regulation 규제 | administrator 관리자 | post ~을 게시하다 | consent 동의

8. Walters 상업 은행의 보안 소프트웨어는 보안 문제를 처리하기 위해서 업데이트되었다.
고난도

해설 빈칸 뒤에 동사원형과 어울리는 보기는 '~하기 위해'로 해석되는 (B) in order to이다. (A)는 「주어 + 동사」의 절이나 분사와 함께 쓰이고, (C)와 (D)는 전치사이므로 동사원형을 바로 취할 수 없으므로 오답이다.

어휘 address (문제 등을) 다루다, 처리하다

9. 고객들에게 더 나은 서비스를 하기 위해, Bali Cleaning Service는 더 큰 소매점으로 이전할 것이다.

해설 빈칸 뒤의 serve는 동사원형이므로, 목적을 나타내는 to부정사 (A) In order to가 정답이다. 보기 (B), (C), (D)의 to는 전치사로, 뒤에 명사나 동명사를 수반해야 하기 때문에 오답이다.

어휘 serve (서비스를) 제공하다 | relocate 이전하다 | retail space 소매점

10. 모터가 제대로 작동하기 위해서는 전력이 나간 후에 모든 설정이 다시 맞춰져야 한다.
고난도

해설 앞에 in order를 보고 to를 고르지 않아야 한다. 만약 빈칸에 동사원형이 있으면 「in order to부정사」가 될 수 있으나 빈칸 뒤에 명사가 오고 그 뒤에 to 동사원형이 있으므로 to부정사의 의미상의 주어를 묻는 문제이다. 정답은 (D) for이다.

어휘 function 기능하다 | loss 상실

11. 방콕이 심각한 교통 혼잡을 겪고 있기 때문에 그곳의 연락선 서비스는 사람들이 통근하는 편리한 방법이다.

해설 빈칸은 명사 way를 수식하는 to부정사 자리를 묻는 문제이므로 정답은 (C) to commute이며, 빈칸 앞에 쓰인 「for + 명사」는 to부정사의 의미상의 주어이다.

어휘 convenient 편리한 | traffic congestion 교통 혼잡 | commute 통근하다

12. 수익금은 4월 28일에 시작할 예정인 신규 도서관의 건설 자금을 대는 데 도움이 될 것이다.

해설 '~하기로 예정되어 있다'라는 의미의 「be scheduled to부정사」 표현을 묻는 문제이므로 (B) to begin이 정답이다.

어휘 proceeds (물건 판매 · 행사 등을 통해 얻은) 수익금 | finance 자금을 대다

13. Ashwood 호텔은 피트니스 센터에 가입한 모든 분들을 내일 신규 회원 오리엔테이션에 참석하도록 초청한다.

해설 동사 invite는 목적 보어로 to부정사를 취하여 「invite + 목적어 + to부정사(~를(가) ~하도록 초대(초청)하다)」 형태로 쓰이므로 정답은 (A) to attend이다.

어휘 invite 초대하다

14. 기술자들은 실험실의 모든 안전 규정들을 따르도록 권고된다.

해설 to 부정사를 목적보어로 취하는 5형식 동사 advise의 수동태 구문인 'be advised to 동사원형'을 묻는 문제이다. 따라서, (C) to comply가 정답이다.

어휘 technician 기술자 | advise 권고하다 | comply with ~을 따르다[준수하다] | safety regulation 안전규정

15. 많은 경제학자들은 자유 무역 협정은 한국 자동차 회사들이 유럽과 미국에서 그들의 시장 점유율을 늘리는 것을 도울 것이라고 예측한다.

해설 help는 목적어 뒤에 목적 보어로 동사원형이나 to부정사를 취하여 「help + 목적어 + (to) 동사원형」 형태로 쓰이므로 (A) expand가 정답이다.

어휘 economist 경제학자 | predict ~을 예측하다 | market share 시장 점유율 | expand ~을 확장하다 | expansion 확장

16. Mr. Hansen은 친구가 전화했을 때 막 나가려던 참이었다고 말했다.

해설 '막 ~하려고 하다'라는 의미의 「be about to + 동사원형」 표현을 묻는 문제이므로 (A) to leave가 정답이다.

어휘 be about to부정사 ~하려던 참이다

17. 모든 운전자들이 도로 규칙을 준수할 의무가 있음에도 불구하고, 많은 운전자들이 그것들을 무시하고 사고를 일으킨다.

해설 해석상 빈칸 뒤 to obey the rules of the road(도로 규칙을 준수할 ~)에 어울리는 동사는 '의무를 지우다'라는 의미의 동사 obligate이므로, 정답은 (A) obligated이다. 수동형 뒤에 to부정사를 취하는 패턴으로 쓰이는 'be obligated to 동사원형 (~해야 한다)', 'be allowed to 동사원형 (~하도록 허락되다)'라는 표현에 유의해야 한다.

어휘 obey 따르다 | ignore 무시하다

18. 임대 계약이 만료되기 전에 건물을 비우려는 세입자들은 그들의 계획에 대해 서면 통지를 제공해야 한다.
고난도

해설 해석을 통해 알맞은 어휘를 고르는 문제이나 빈칸 뒤에 to 동사원형이 온 점에 유의하면 to부정사를 목적어로 취하는 타동사 (C) plan이 정답임을 알 수 있다.

어휘 tenant 세입자 | vacate 비우다 | property 부동산, 건물 | lease 임대 계약 | notification 통지

19. 우편 주소를 변경하기 위하여, 스크린 윗부분의 개인정보 버튼을 클릭하세요.
고난도

해설 문장의 앞쪽에 위치하여, '~하기 위하여'라는 목적을 나타내는 문장을 완성하는 문제이다. 목적은 「to + 동사원형」과 「for + 명사」 형태로 나타낼 수 있으며, 위 문장에서 change는 뒤에 목적어 your mailing address를 취한 동사로 쓰였기 때문에 「to + 동사원형」 구조로 쓰여야 하므로 (D) To가 정답이다

어휘 **personal** 개인의

20. 환경 문제에 대한 의식을 고취하기 위해서, Jack Milton은 전국적으
고난도 로 캠페인을 이끌고 있다.

해설 「------, 주어 + 동사」 구조에서 빈칸은 부사에 해당하므로, 부사적 용
법의 to부정사 (A)뿐만 아니라 전치사를 포함한 부사구 형태인 (B),
(C), (D)도 문법적으로 가능하다. 이처럼 문법적으로 가능한 보기가 두
가지 이상일 경우에는, 해석을 통해 문맥상 알맞은 것을 최종 정답으
로 선택해야 한다. 환경 문제에 대한 인식을 촉진시키고자 하는 목적
으로 전국적인 홍보를 진행하고 있다는 문맥에 따라, 빈칸에는 캠페인
진행의 목적을 의미하는 부정사 (A) to promote가 정답이다.

어휘 **awareness of** ~에 대한 의식 I **environmental** 환경의 I **lead**
~을 이끌다 I **promote** ~을 고취하다, ~을 홍보하다

[21-24] 다음 이메일에 관한 문제입니다.

수신: Hugh Grant 〈hgrant@andefitnesscenter.ca〉
발신: Mark Dion 〈mdion@andefitnesscenter.ca〉
제목: 훌륭한 후기
날짜: 10월 3일

Hugh에게,

매니저들은 모두 〈Zoom Health Magazine〉과 〈Exercise
Weekly〉 최신호에 실린 우리 헬스클럽에 관한 훌륭한 후기를 보고
기뻤습니다. A and E 헬스클럽에 대한 당신의 기여가 **21** 훌륭했어
요. 이러한 이유로 기꺼이 10월 10일 급여와 함께 보너스를 **22** 지급
하겠습니다. **23** 또한 다음 달부터는 급여도 인상해드리겠습니다. 당
신이 올 초 이곳의 개인 트레이너가 된 이후 우리 헬스클럽의 회원
수가 50퍼센트 이상 증가했습니다. **24** 다른 유사한 간행물에 나온
우리 헬스클럽에 관한 평가 또한 높아졌습니다. 이러한 긍정적인 흐
름은 대부분 당신의 성과 덕분입니다. 경영진으로부터의 진심 어린
감사를 전합니다.

Mark

어휘 **review** 논평, 비평 I **issue** (잡지·신문 같은 정기 간행물의) 호 I
paycheck 급료 I **rating** 순위, 평가 I **performance** 실적, 성과 I
extend 주다, 베풀다 I **management** 경영[운영, 관리]진 I **award**
수여하다 I **publication** 출판물

21. **해설** 빈칸 앞부분에 매니저들이 Hugh의 후기에 기뻐했고 빈칸 뒷
부분에 Hugh에게 보너스와 급여 인상을 제공한다는 내용을 근거로
그의 기여가 뛰어났다는 의미인 (C) outstanding이 정답이다. (A)
withdrawn '철회하는', (B) equaled '동등한', (D) affordable '알맞
은'

22. **해설** 'be pleased to 동사원형'을 묻는 문제이므로 (B) to award가
정답이다.

23. **해설** 뛰어난 기여에 대한 보상으로 앞 문장에 보너스 지급이 나오고
뒤에 추가적으로 급여 인상을 제공한다는 내용이 이어지므로 (D) In
addition이 정답이다. (A) On the other hand '한편', (B) Even so
'그렇기는 하나', (C) For example '예를 들어'

24. (A) 저희는 곧 헬스클럽 영업 시간을 연장할 것입니다.
고난도 (B) 다른 유사한 간행물에 나온 우리 헬스클럽에 관한 평가 또한 높아
졌습니다.
(C) 새로운 관리자가 헬스클럽의 운영을 감독할 것입니다.
(D) 이것은 저희 헬스클럽에서 열리는 가장 인기 있는 행사입니다.

해설 빈칸 앞부분에 Hugh의 뛰어난 기여 덕분에 헬스클럽의 회
원수가 증가했다는 내용이 나왔고, 빈칸 뒷문장이 such positive
trends로 시작하므로 빈칸에는 헬스클럽의 긍정적인 흐름과 관련
된 내용이 적합하다. 따라서, 다른 출판물에서도 그 헬스클럽의 평가
가 높아졌다는 (B) Our fitness center's ratings in other similar
publications have also risen.이 정답이다. (A)의 운영시간 연장,
(C)의 헬스클럽 운영을 감독하는 관리자, (D)의 가장 인기 있는 행사는
빈칸 앞뒤의 핵심 내용인 Hugh의 뛰어난 기여에 따른 헬스클럽의 긍
정적인 흐름과 관련성이 없으므로 오답이다.

[25-28] 다음 이메일에 관한 문제입니다.

발신: Martin Dekker 〈martind@bre.org〉
수신: Pin Tran Hyun 〈Pintranh@ausmail.com〉
날짜: 4월 11일
제목: 전시회

Mr. Hyun께,

다음번 지역 화가들을 위한 Barrier Reef 전시회가 7월 10일부터 8
월 20일까지 열릴 예정입니다. **25** 저희는 귀하께서 해외에서의 가
족 행사 때문에 작년의 전시회 참석을 거절하셨던 것으로 알고 있습
니다. 저희는 귀하의 상황을 전적으로 이해했었지만, 특히 관람객들
은 귀하를 많이 그리워했었다는 걸 아셨으면 합니다. 귀하의 작품들
은 여기 호주에서 매우 인기가 많으며, **26** 올해 다시 저희와 함께하
신다면 영광이겠습니다.

귀하께서는 귀하의 전시 부스에서 판매하실 작품 외에 행사 마지막
날 밤 경매에 포함시킬 작품 세 점도 제출해주셔야 합니다. **27** 포함
시킬 작품들을 선정하셨다면, 저희에게 각 작품의 짧은 설명과 함께
사진을 보내 주십시오. 저희는 이 정보를 저희 웹사이트에서 경매
홍보용으로 활용할 것입니다. 또한 전시회의 일부로 새로운 강의들
도 포함시킬 것입니다. 저희는 전시회 기간 동안 매일 오후에 아티
스트 열 명의 강의도 계획하고 있습니다. 강의하시는 분들께는 300
달러의 참가자 비용을 **28** 면제해드릴 것입니다.

이번 행사의 전시 부스를 예약하고 싶으시면, 이메일로 되도록 일찍
제게 연락 주십시오. 감사합니다.

진심으로,

Martin Dekker
사무총장

Barrier Reef 화가 협회

어휘 **exhibition** 전시회, 전시 I **decline** 거절하다 I **miss** 그리
워하다 I **rejoin** 재가입하다, 다시 참가하다 I **auction** 경매 I
description 설명, 묘사 I **lecture** 강의 I **exempt** 면제된 I
booth 부스, 점포

25. 이 이메일의 주요 목적은 무엇인가?

(A) 곧 있을 행사를 광고하려고

(B) 초대를 하려고

(C) 최근 변화를 설명하려고

(D) 주문하려고

해설 이메일의 목적을 묻는 문제이다. 지역 화가들을 위한 전시회를 열면서 Mr. Hyun에게 작년에는 가족 행사로 참여하지 못했지만 올해는 다시 참가해 줄 것을 요청하고 있으므로 정답은 (B) To extend an invitation이다. 포괄적 개념으로 행사 참석을 유도하기 위한 행사 홍보의 글로 보고 (A) 행사 광고를 정답으로 고를 수 있으나, 보기 중에 보다 구체적 내용에 해당하는 (B) 행사 참여에 대한 초대(권유)가 있기 때문에 (B)가 정답이다.

---

26. Mr. Hyun에 관하여 언급된 것은 무엇인가?

고난도

(A) 지역 화가이다.

(B) 작년에 참가하도록 초대받았다.

(C) 행사 기간 동안 해외에 있을 것이다.

(D) 현재 호주에 전시된 작품이 있다.

해설 이메일 수신인인 Mr. Hyun의 정보를 문제 보기와 비교하며 정답을 찾는다. 가족 행사 때문에 작년 전시회 참석을 거절했다는 내용을 통해 Mr. Hyun이 작년 행사에 초대받았음을 알 수 있으므로 (B)가 정답이다. 이 전시회가 지역 예술가를 위한 것이라는 내용 때문에 대표적 오답으로 (A)를 선택하는데, 전시회에 참석한 사람들이 모두 다 지역 예술가라는 언급이 없으므로 Mr. Hyun을 지역 예술가라고 한 (A)는 오답이다. 예컨대, A대학 축제 초대 가수들이 전부 A대학 가수라고 할 수 없듯이, 지역 예술가들을 위한 전시회에 초대받은 Mr. Hyun을 지역 예술가라고 단정할 수 없다.

---

27. 두 번째 단락, 다섯 번째 줄의 단어 "exempt"와 의미상 가장 가까운 것은

고난도

(A) 면제되는

(B) 기대되는

(C) 연장한

(D) 초과하는

해설 주어진 단어 exempt는 '면제되는'이라는 의미의 형용사이다. 따라서 '용납되는, 면하는, 면제되는'이란 의미의 (A) excused가 의미상 가장 적절하다.

---

28. [1], [2], [3], [4]로 표시된 곳 중에서 다음 문장이 들어가기에 가장 적절한 곳은 어디인가?

"포함시킬 작품들을 선정하셨다면, 저희에게 각 작품의 짧은 설명과 함께 사진을 보내 주십시오."

(A) [1]

(B) [2]

(C) [3]

(D) [4]

해설 주어진 문장은 경매에 내놓을 작품들이 결정되면 그 정보를 보내달라는 의미로, 경매와 관련된 내용이다. 따라서 경매에 포함시킬 작품들에 대한 문장 뒤에 위치해야 하며, 특히 그 뒷문장의 this information이

'photographs with a short description of each item'을 받는다는 점을 단서로 문제를 해결한다. 따라서 정답은 (B) [2]이다.

[29-33] 다음 웹페이지들에 관련된 문제입니다.

www.harborcruises.ca/cruises

홈	크루즈	예약	후기

Harbor City 크루즈와 함께 경관을 즐기세요

29 50년이 넘도록 우리 회사는 Harbor City 전역에서 사람들에게 아름다운 크루즈 여행을 제공해 왔습니다. 우리 회사는 **29** 나이에 상관 없이 모두에게 매력적으로 느껴질 만한 수상 여행을 제공합니다. 그리고 **29** 베테랑 선장들이 승객들에게 가장 즐거운 여행이 될 수 있도록 노력하고 있습니다. 1년 내내 계속되는 우리 회사의 크루즈 여행에 대한 간단한 요약이 여기 있습니다.

Harbor Delights
월&화
바다에서 아름다운 경관을 즐기며 우리 크루즈의 수석 요리사가 준비한 **31** Harbor City가 원산지인 해산물 요리들을 시식하며 하루를 시작하세요. 모두 배가 부른 뒤에는 레스토랑 상품권을 행운의 승객 몇 분에게 증정할 예정입니다. Wakka 아크로바틱 공연단의 배 위에서 하는 공연을 보면서 아침을 마무리합니다.

Harbor City Circuit
수
Puffin 섬 근처에 있는 오래된 석조 부두 근처에서 항해하며 오후를 보내세요! 이 여행에서는 우리 **30** 도시의 초창기 선원이었던 Bill Montgomery의 삶과 여정에 대해 배우며 과거를 발견하실 수 있습니다. 이 여행은 가이드이자 수상 경력이 있는 포크 송 가수인 Mindy Gould가 이끕니다.

Postvost Retreat
목&금
아름다운 Postvost 섬 보호 구역으로 크루즈 여행을 떠나 해안 경치와 고래, 돌고래, 그리고 바닷가에 있는 다른 것들도 즐기세요. **32** 이 여섯 시간에 걸친 관광을 하는 동안 Daniel Kline이 바다와 섬의 삶에 대해 이야기해줄 것입니다.

이 여행들의 추가 세부 사항에 대해서는 저희 크루즈 페이지를 참고하십시오. 사무실은 주중에 오전 8시부터 오후 7시까지 운영하며 토요일에는 오전 8시부터 오후 4시까지 운영합니다.

어휘 sight 장면, 광경 | century 세기, 100년 | breathtaking 숨이 멎는 듯한 | appeal 관심을 끌다 | regardless of ~와 관계없이 | veteran 전문가, 베테랑 | captain 선장 | summary 요약 | year-round 연중 계속되는 | sample 식식하다, 시음하다 | gift certificate 상품권 | onboard 승선한 | pier 부두 | islet 작은 섬 | mariner 선원, 뱃사람 | preserve 보호 구역 | coastal 해안의 | scenery 경치, 풍경

---

www.harborcruises.ca/bookings/receipt4150A

홈	크루즈	예약	후기

판매일: 6월 8일
고객명: Bethany Roos
확인코드: 4150A

승객 수	크루즈 타입	일시	패키지 가격	금액
2	Postvost Retreat	6월 20일	$190	380달러
2	**31** Harbor Delights	**31** 6월 23일	$110	220달러
			총액	600달러

이 확인 페이지를 프린드하셔서 탑승 전 신분증과 함께 제시해 주십시오.

어휘 confirmation 확인, 확정 | present 제시하다, 제출하다 | board 승선하다

---

www.harborccruises.ca/testimonials

홈	크루즈	예약	후기

"저는 Harbor City에서 정말 즐겁게 머물렀고 Harbor City 크루즈가 큰 기여를 했습니다. Mr. Kline에게 정말 깊은 인상을 받았어요. 해양 생물에 대해 정말로 자세히 설명해 주셨습니다. **32** 투어는 여섯 시간보다 더 오래 걸려서 서 있기에는 긴 시간이긴 했습니다. 하지만 우리가 아름다운 돌고래들을 봤기에 그럴 만한 가치가 있었어요. 그리고 맑은 하늘이 수면을 반짝거리며 빛나게 해서 사진을 찍기에 아주 좋은 기회가 되었습니다. **33** 두 번째 여행에서는 정말로 멋진 쇼에 감탄했습니다. Wakka 아크로바틱 공연단이 후프를 넘어 점프하는 것을 보면서 아침을 보내는 일은 내년 여름에도 우리가 정말로 다시 하고 싶은 일입니다."

Bethany Roos, 6월 25일 오후 1:03

어휘 impress 깊은 인상을 주다 | glisten 반짝이다 | spectacular 장관을 이루는, 극적인 | hoop 고리, 굴렁쇠

---

29. Harbor City 크루즈에 대해 암시되지 않은 것은 무엇인가?
고난도 (A) 50년이 넘게 운영되고 있다.
(B) 경험이 많은 가이드를 데리고 있다.
(C) 나이 많은 사람들이 활동에 참여해도 좋다.
(D) 상을 받은 회사이다.

해설 첫 번째 지문에서 (A)는 반세기가 넘은 회사임을 확인할 수 있고 (B)와 (C)는 나이에 상관없이 누구나 매력을 느낄 수상 여행을 제공하고, 베테랑 선장이 즐거운 여행이 될 수 있도록 노력하고 있다고 하는 것을 확인할 수 있다. 수상 경력이 있는 건 Mindy Gould이지 Harbor City 크루즈가 아니므로 정답은 (D) it is an award-winning company.이다.

---

30. 승객들은 지역의 역사에 대해 언제 배울 수 있는가?
(A) 월요일과 화요일에
(B) 수요일에
(C) 목요일과 금요일에
(D) 토요일에

해설 첫 번째 지문의 수요일 항목에서 초창기 선원이었던 Bill Montgomery의 삶과 여정을 배움으로써 과거를 발견할 수 있다고 하였으므로 정답은 (B) On Wednesday이다.

---

31. Ms. Roos의 6월 23일 여행의 일부는 무엇이었는가?
고난도 (A) 콘서트를 관람하는 것
(B) 농장을 방문하는 것
(C) 고객 설문 조사를 작성하는 것
(D) 지역 음식을 시식하는 것

해설 두 번째 지문의 표에서 6월 23일의 예약 크루즈는 Harbor Delights임을 확인할 수 있고, 첫 번째 지문의 Harbor Delights 항목에서 Harbor City가 원산지인 해산물 요리를 시식하는 것을 확인할 수 있으므로 정답은 (D) Trying local dishes이다. 대표적인 오답은 (A)인데, Acrobatic Troupe의 performance이기 때문에 체조단의 점프 시범 등에 해당하므로 concert라고 할 수 없다.

---

32. Ms. Roos는 후기에서 무엇을 암시하는가?
고난도 (A) Postvost Retreat에서는 사진을 찍을 기회가 없었다.
(B) Harbor Delight 크루즈는 많은 승객을 실어 날랐다.
(C) Postvost Retreat이 늦게 끝났다.
(D) Harbor Delight 크루즈에는 지식이 풍부한 가이드가 있었다.

해설 세 번째 지문에서 6시간보다 오래 걸렸고, 서 있기에는 긴 시간이었지만 아름다운 돌고래들을 봤기 때문에 그럴만한 가치가 있다고 하였으므로, Ms. Roos가 체험한 것은 첫 번째 지문의 Postvost Retreat임을 확인할 수 있다. Postvost Retreat의 원래 행사 시간은 6시간이었음을 알 수 있으므로 정답은 (C) The Postvost Retreat cruise ended late.임을 유추할 수 있다.

---

33. 후기에 따르면, Ms. Roos는 내년에 무엇을 할 것인가?
(A) 요리 수업에 등록한다
(B) 수족관을 방문한다
(C) 보존 구역 섬 관광을 한다
(D) 공연을 관람한다

해설 세 번째 지문 마지막 단락에서 Bethany Roos는 두 번째 여행의 Wakka 아크로바틱 팀 공연에서 정말 감탄하였고, 내년 여름에도 다시 하고 싶다고 희망하였으므로 정답은 (D) Watch a performance임을 유추할 수 있다.

UNIT 09. 분사

Q1 1. revised 2. performed 3. verifying

1. 수정된 보고서 복사본을 내일까지 제출하세요.
해설 '수정된 보고서 복사본'이라는 의미에 따라 수동 의미의 과거분사

2. Best Reviews에 의해 시행된 고객 설문조사는 고객들이 가전을 선택할 때 에너지 효율에 신경 쓴다는 점을 보여준다.

해설 'Best Reviews에 의해서 시행되어진 소비자 설문'이라는 의미에 따라 수동 의미의 과거분사

3. 이 직책에 대한 귀하의 자격을 증명하는 서류를 제출하십시오.
해설 '그 직책에 대한 적격성을 입증해주는 서류'라는 의미에 따라 능동 의미의 현재분사

+ check　　1. reduced　　2. proposed　　3. helping
　　　　　　　　4. scheduled

1. 매년 여름 Roller 항공은 할인된 가격으로 여행 패키지를 판매한다.

2. 두 회사 모두 합병 합의서의 제안된 수정 내용을 승인해야 한다.

3. 호텔 예약을 도와주는 유명 웹사이트 Paylessforit.co.uk는 2백만 명 이상의 회원을 유치했다.

4. 모든 직원들은 3월 1일 진행될 예정인 세미나에 참석해야 한다.

Q2　　1. unchanged　　2. informed

1. 구내 식당을 수리하는 데 대한 제안서는 바뀌지 않은 채 남아 있다.
해설 remain 뒤의 주격 보어 자리에 알맞은 분사 선택 문제. 주어인 제안서는 변경의 대상이므로 수동 의미의 과거분사

2. 우리는 고객이 새 제품을 계속 알도록 해야 한다.
해설 keep 뒤의 목적격 보어 자리에 알맞은 분사 선택 문제. 목적어인 고객들은 제품에 대한 통지의 대상이므로 수동 의미의 과거분사

Q3　　1. growing　　2. experienced

1. 유럽의 재정적 어려움에 관해 늘어나는 우려 때문에 다우존스 지수는 어제 300포인트가 하락했다.
해설 명사 앞에서 항상 현재분사형인 형용사 growing이 명사 concern을 수식하는 구조

2. 이 프로젝트를 위해 경험이 많은 직원들을 더 채용해야 한다.
해설 명사 앞에서 항상 과거분사형인 형용사 experienced가 명사 employees를 수식하는 구조

+ check　　1. complicated　　2. leading　　3. demanding
　　　　　　　　4. rotating　　5. accomplished

1. 고객들은 우리 회사의 사용자 매뉴얼이 너무 복잡하다고 말했다.

2. Best Choice는 올해 판매량이 급격히 감소했음에도 불구하고 여전히 업계를 선도하는 기업이다.

3. 직원들은 현재의 업무량이 너무 부담이 크다고 불평했다.

4. Mason 사 직원들은 돌아가면서 직원 회의를 준비하도록 요구된다.

5. 화랑은 기량이 뛰어난 예술가인 Olivia Chang의 그림을 전시할 것이다.

Q4　　1. overwhelming　　2. disappointing

1. 압도적인 조기 등록 수를 기반으로, 우리는 기록적인 학회 참석자 수를 예상한다.
해설 감정동사 overwhelm이 명사 number 앞에서 수식하는 구조. 수식받는 명사 number는 감정을 일으키는 원인에 해당하므로 감정동사 overwhelm의 현재분사

2. CEO는 기대와 달리 그 발표가 실망스럽다고 느꼈다.
해설 감정동사 disappoint가 find의 목적격 보어자리에 쓰이므로 목적어와 의미상 관계를 파악해야 한다. 목적어인 presentation은 감정을 느끼는 대상이 아닌 감정을 일으키는 원인에 해당하므로 감정동사 disappoint의 현재분사

+ check　　1. exciting　　2. disappointed

1. Vectra 오토바이에서 시장 연구원으로 10년을 보낸 Ms. Seiko는 컨설팅 분야에서 흥미 있는 일을 해 나가기 위해 자리에서 물러날 것이다.

2. 마케팅 부서의 직원들은 1분기 매출에 실망했다.

Q5　　1. Preferred　　2. Having considered
　　　　3. confirming

1. 우리 제품들은 젊은 고객들에 의해 선호되어 상당한 시장 점유율을 차지하고 있다.
해설 주절의 주어인 우리 제품들(our products)은 선호의 대상이므로 수동 의미의 과거분사

2. 모든 제안을 고려한 뒤 CEO는 Arch-Shoes를 고용하기로 결정했다.
해설 주절의 주어인 CEO가 제안을 고려했던 주체이므로 능동 의미의 현재분사. 또한, having considered는 완료형 분사구문으로 주절 동사의 시제(decided) 보다 앞서 일어난 일임을 나타냄

3. Bexter 사는 내년 Max 사를 인수할 것이라고 발표하여 해외 확장 계획에 대한 소문이 사실임을 보여주었다.
해설 완전한 문장 뒤의 현재분사로 시작하는 분사구문. '그래서 소문이 사실임을 확인해주었다'라는 능동 의미로 해석

+ check　　1. Employing　　2. allowing

1. 세계적으로 3,000명 이상의 사람들을 고용하고 있는 Clarina 사는 화장품 업계의 선두주자이다.

2. 저희는 이제 사용자들이 휴대폰 요금제를 개인 맞춤으로 구성할 수 있게 하여 더 많은 옵션을 제공합니다.

Practice

1. (A)	2. (C)	3. (C)	4. (B)	5. (A)
6. (A)	7. (B)	8. (A)	9. (B)	10. (C)
11. (A)	12. (D)	13. (B)	14. (D)	15. (A)
16. (A)	17. (D)	18. (C)	19. (A)	20. (B)
21. (A)	22. (C)	23. (D)	24. (B)	25. (C)
26. (C)	27. (D)	28. (C)	29. (D)	30. (A)
31. (D)	32. (C)			

1. 라틴 아메리카 대부분의 지역에 서비스를 제공하는 Suncor 천연가스는 수요일에 북부 지사들 중 일부를 매각했다고 발표했다.

해설 접속사나 관계사가 없고, 동사 announced가 있기 때문에, 빈칸은 동사 자리가 아니다. 따라서, 동사인 (B), (C), (D)는 오답이며, 주절의 주어를 수식하는 분사구문의 현재분사 (A) Serving이 정답이다.

어휘 region 지역 I serve (상품·서비스를) 제공하다

2. 휴대전화는 여러 곳으로 이동하는 영업 직원들에게 선호되는 연락 수단이다.

해설 관사와 명사 사이의 형용사 자리이므로 동사 prefer를 분사로 전환해야 한다. 수식받는 명사인 수단은 '선호되는' 것이므로 수동의 상태를 표시하는 과거분사 (C) preferred가 정답이다.

어휘 mobile phone 휴대전화 I means 수단 I communicate 연락하다 I extensively 널리 I prefer ~을 선호하다

3. 동봉된 책자는 Rapid 해운에 의해서 제공되는 서비스들을 명시하고 있으며, 저는 귀하께서 문의하신 것들을 녹색으로 표시해놨습니다.

해설 동사 specifies가 있으므로 빈칸은 동사 자리가 아니고, 명사 the services를 수식하는 분사 자리이다. 수식받는 명사인 서비스가 '제공된다'는 수동 의미가 되므로 과거분사 (C) provided가 정답이다.

어휘 brochure 책자 I specify ~을 명시하다 I highlight ~을 강조하다 I in + 색 ~색으로 I inquire about ~에 대해서 문의하다

4. 기조 연설에서, Mr. Bernson은 학자가 되기 위해 걸어온 자신의 힘든 여정을 설명했다.

해설 소유격과 명사 사이의 형용사 자리를 묻는 문제이다. 항상 현재분사 형태로 쓰이는 형용사 (B) challenging이 정답이다.

어휘 path 길 I describe (~이 어떠한지를) 말하다/서술하다

5. 잡지의 편집장인 Mr. Barnett은 기사에 대한 상세한 피드백을 제공하기 위하여 저자늘을 성기석으로 만난나.

해설 동사 provide의 목적어로 쓰인 명사 feedback을 수식하는 형용사 자리를 묻는 문제이다. 항상 과거분사 형태로 쓰이는 형용사 (A) detailed가 정답이다.

어휘 editor-in-chief 편집장 I regularly 정기적으로 I article 기사

6. 대단히 흥미로운 인터뷰에서 유명한 바이올린 연주자인 Hanna

Jang은 어린 시절의 음악 훈련에 대해서 이야기했다.

해설 관사와 명사 사이의 형용사 자리이므로 감정 동사 fascinate을 분사로 전환해야 한다. 감정 동사가 사물 명사를 수식하는 경우 현재분사 형태를 취하며, 수식받는 명사인 인터뷰가 '흥미를 일으키는' 것이므로, 능동의 상태를 표현한 현재분사 (A) fascinating이 정답이다.

어휘 renowned 유명한 I training 훈련 I childhood 어린 시절

7. 회사 동료들에게 차편 제공을 자원하고자 하는 사람은 누구나 초과 근무수당과 유류비를 변제받게 된다.

해설 동사 will be reimbursed가 있으며 접속사나 관계사가 문장에 없기 때문에 빈칸은 동사 자리가 아 ㅣ고, 명사 Anyone을 수식하는 분사 자리이다. 수식 받는 명사 Anyone은 희망하는 주체이므로 능동 의미의 현재분사 (B) wishing이 정답이다.

어휘 coworker 회사동료 I reimburse 변제하다. 지급하다 I fuel expense 유류비

8. 19세기 초에 지어진 오래된 창고들은 항구가 폐쇄되자 아파트 건물로 개조되었다.

해설 분사구문의 태를 선택하는 문제는 주절의 주어와 의미상 관계를 파악해야 한다. 주절의 주어 the old warehouses는 지어지는 대상으로 수동 분사구문의 과거분사 (A) Built가 정답이다. (B), (D)는 능동의 분사구문이므로 오답이며, (C)의 「been + p.p.」 구조는 존재하지 않는다.

어휘 convert 전환시키다, 개조하다 I port 항구

9. 공항 푸드코트는 24시간 내내 영업해서 여행객들이 비행편이 언제 도착하더라도 식사 서비스를 받도록 보장해준다.

해설 동사 is가 존재하며 접속사나 관계사가 없으므로 동사인 (A), (D)는 오답이다. 푸드코트가 24시간 영업되어 여행객들이 식사할 수 있도록 보장해준다는 문맥에 따라 능동의 현재분사인 (B) ensuring이 정답이다. 완전한 문장 뒤에 분사구문이 오는 경우 현재분사로 시작하는 경우가 대부분인 점에 유의한다.

어휘 around the clock 24시간 내내 I dining 식사 I no matter when 언제 ~일지라도

10. 의무 직원교육에 관한 정보는 동봉된 계약서 3페이지에 있습니다.

해설 관사와 명사 사이의 형용사 자리이므로 동사인 enclose를 분사로 전환해야 한다. 수식받는 명사인 계약서는 '동봉되는' 것이므로, 수동을 의미하는 과거분사인 (C) enclosed가 정답이다.

어휘 mandatory 의무적인 I locate (특정 위치에) 두다

11. Mike Ritter는 지난 20년 동안의 가장 스릴 넘치는 모험 영화 여러 편에서 주역을 맡았다.

해설 빈칸은 관사와 명사 사이의 형용사 자리이므로 감정동사 thrill을 분사로 전환해야 한다. 해석상 수식을 받는 명사인 모험 영화들이 감정을 일으키는 주체이므로 능동의 의미를 가지는 현재분사 (A) thrilling이 정답이다.

어휘 star (영화·연극 등에서) 주연[주역]을 맡다 I thrill 열광시키다. 스릴 넘치다

12. SF 대학은 온라인 지원 시스템에 대한 기술적 어려움을 겪은 지원자들에게 연장된 마감 시한을 승낙(허가)해 주고 있다.

해설 관사와 명사 사이의 형용사 자리를 묻는 문제이다. 선택지에 형용사와 함께 형용사로 쓰이는 과거분사가 함께 있기 때문에 해석을 통해서 정답을 선택해야 한다. extensive는 '(범위가) 광범위한'의 의미로 마감일과는 의미상 적합하지 않다. 따라서 연장된 마감일이라는 의미에 적합한 (D) extended가 정답이다.

어휘 grant (요구, 탄원 따위를) 승낙(허가)하다

13. 노란색 X표로 표시된 주차 공간들은 병원을 방문하는 환자들을 위해 예약되어 있다.

해설 본동사 are가 있고, 그 앞에 문장을 연결해주는 접속사나 관계사가 없기 때문에, 빈칸은 동사 자리가 아니다. 따라서, 동사 (D)는 오답이며, 빈칸 앞의 명사 parking spaces를 수식해주는 분사자리임을 알 수 있다. 수식 받는 명사인 '주차 공간들'이 '표시된다'는 수동의 의미가 되므로 과거분사 (B) marked가 정답이다. (C)는 관계대명사 that이 있기 때문에 동사 mark를 쓸 수 있지만, 선행사 parking spaces와 동사 mark는 의미상 수동 관계이므로 'be + p.p'의 수동태가 되어야 한다. 따라서, 능동형의 (C) that mark는 오답이다.

어휘 mark 표시하다, 나타내다 (= indicate) | cross X표, 십자 | reserve 예약하다 | patient 환자 | clinic 병원, 진료소

14. Ferguson Health 재단은 어제 설립자인 Jeremy Ferguson에게 경의를 표하는 의례로 그것의 25주년 기념일을 축하했다.

해설 문맥상 명사 ceremony를 수식할 성분이 필요하므로 분사 (C)와 (D) 중에서 답을 골라야 하며, 그것의 설립자를 '기념하는' 행사를 한 것이므로 능동의 현재분사 (D) honoring이 정답이다.

어휘 celebrate ~을 축하하다 | anniversary 기념일 | ceremony 식, 의례 | founder 설립자 | honor 예우하다

15. 이사회가 수정된 계획안들을 승인했으며, 이는 종합 운동장 건설 세 단계 중 첫 번째 단계가 8월에 시작될 수 있도록 했다.

해설 동사 approved가 존재하며 접속사나 관계사가 없으므로 동사인 (B), (C)는 오답이다. 이사회가 수정 계획들을 승인했고 그래서 건설 계획이 시작될 수 있게 되었다는 능동 의미의 현재분사로 시작하는 분사구문이므로 (A) allowing이 정답이다.

어휘 approve 승인하다 | phase 단계, 국면

16. Intec Combo의 인사부는 그 광고된 자리에 관심이 있는 100명 이상의 지원자들을 면접했다.

해설 빈칸은 관사와 명사 사이의 형용사 자리이므로 감정동사 interest를 분사로 전환해야 한다. 해석상 수식을 받는 명사인 지원자들(applicants)이 감정을 느끼는 대상이므로 수동의 의미를 가지는 과거분사 (A) interested가 정답이다.

어휘 applicant 지원자 | position 일자리

17. 대만에 본사를 둔 (자리를 잡은) 기업 Zhang 교육그룹은 외국인 직원들에게 주거지원을 제공한다.

해설 관사와 명사 사이의 형용사 자리이므로, '확실히 자리를 잡은'의 의미인 과거 분사형 형용사 (D) established가 정답이다.

어휘 established 확실히 자리를 잡은, 인정받는 | based (~에) 근거지(본사)를 둔 | housing assistance 주거지원

18. Mino 사의 재무 위원회는 내년 회계 연도에 대한 기업 목표를 요약 기술한 공식 메모를 공개했다.

해설 has released라는 동사가 있기 때문에, 빈칸은 동사 자리가 아니므로 동사 (A), (B)는 오답이며, 명사 memo를 수식하는 분사의 알맞은 형태를 찾는 문제이다. 그 기업의 목표를 기술해주는 메모이므로 능동 의미의 (C) outlining이 정답이다.

어휘 release ~을 발표[공개]하다 | outline ~의 개요(요약)를 기술하다

19. 회사의 연례 생산 목표량을 초과 달성했던 Hasian 사 생산부서의 모든 직원들은 보너스를 받았다.

해설 문장 맨 앞에 올 수 있는 대표적인 구조가 분사구문과 목적을 나타내는 to부정사이다. '목표량을 초과 달성했기 때문에 직원들이 보너스를 받았다'는 문맥에 따라 목적(~하기 위하여)을 나타내는 (B)는 오답이다. 분사구문의 태를 선택하는 문제는 주절의 주어와 의미상 관계를 파악해야 하는데, 주절의 주어 all employees는 목표량을 달성하는 주체로 능동 분사구문의 (A) Having exceeded가 정답이다. (C) p.p. 나 (D) being p.p.는 수동 분사구문 형태이므로 오답이다.

어휘 exceed 넘다, 초과하다 | productivity 생산성 | division (조직의) 부, 국

20. 지역 주민들이 직면하는 흔한 문제는 그들이 받은 원치 않는 우편물의 양이 엄청나다는 것이다.

해설 동사 become 뒤에 감정동사 overwhelm의 알맞은 형태를 고르는 문제이다. 이 문장의 구조는 unwanted letters 뒤에 목적격 관계대명사 that이 생략된 구조로 they receive가 선행사 letters를 수식하고 있으며 become의 주어는 the amount가 된다. 따라서 현재분사 (B) overwhelming이 정답이다.

어휘 overwhelm (대응할 수 없을 정도의 어떤 것으로) 당황하게[난처하게] 하다, 압도[제압]하다

[21-24] 다음 이메일에 관한 문제입니다.

수신: Masha@mauvais.com
발신: Ashraf@crazycloud.pk
날짜: 5월 22일
제목: 제품 문의
첨부파일: cc.doc

Masha께,

저희 CrazyCloud 소프트웨어에 대해 당신이 관심이 있다는 걸 듣게 되어 기쁩니다. 이 특별한 프로그램은 원격 데이터 저장을 가능하게 해주어 효율성과 생산성을 **㉑** 강화시킵니다. 이 이메일에 첨부된 책자를 **㉒** 검토해 주세요.
거기에는 CrazyCloud 사용자 추천글이 포함되어 있습니다. 그들 모두가 특히 파일을 쉽게 백업하는 기능을 좋아했다는 것을 알게 될 것입니다. **㉓** 예를 들어, 이 프로그램은 인터넷 연결만 되어 있으면 당신이 기록했던 중요한 비디오를 보관 및 저장할 수 있습니다. 또한, CrazyCloud는 많은 양의 파일 저장 공간을 제공하여, 사용자들이 대용량 파일들을 저장하는 것에 대해 걱정할 필요가 없습니다. **㉔** 추가적인 데이터 저장 옵션이 유료로 구매 가능합니다. 그 밖에 다른 어떤 질문이라도 생기면 제게 연락주세요.

Ashraf Kodur
CrazyCloud 영업 책임자

21. **해설** 동사 allows가 빈칸 앞에 존재하며, 보기의 동사 enhance를 연결해주는 접속사나 관계사가 빈칸 앞에 없으므로, 동사인 (C), (D)는 오답이다. 특별 프로그램이 원격 데이터 저장을 가능하게 해주어, 효율성과 생산성을 강화시킨다는 문맥에 따라 능동의 현재 분사인 (A) enhancing이 정답이다. 완전한 문장 뒤에 분사구문이 오는 경우 현재분사로 시작하는 경우가 대부분인 점에 유의한다.

22.
고난도 **해설** 빈칸 뒷부분에서 첨부된 책자에 담긴 CrazyCloud 제품 사용자 추천글을 통해 사용자들이 파일을 쉽게 백업하는 기능을 좋아했다는 점을 고객이 알게 될 것이라는 내용이 나온다. 따라서, 제품 문의한 고객이 이메일에 첨부된 책자를 꼼꼼히 살펴보아야 그 내용을 알게 될 것이므로, 문맥상 (C) review가 정답이다. (A) submit '제출하다', (B) copy '복사하다', (D) discard '버리다'

23. **해설** 빈칸 앞 문장에서 기존 사용자들이 파일 백업 기능을 좋아했다고 하면서 뒷문장에서는 기존 사용자들이 좋아했던 백업 기능의 구체적인 예에 해당하는 인터넷 연결을 통한 비디오 보관 및 저장에 관한 내용이 나오므로 (D) For example이 정답이다. (A) Even so '그렇다 하더라도', (B) As long as '~하는 한', (C) Previously '이전에'

24.
고난도 (A) 많은 사용자들에게 보안은 매우 중요한 고려사항이다.
(B) 추가적인 데이터 저장 옵션이 유료로 구매 가능합니다.
(C) 저희 비디오의 몇 개만 다운로드 가능합니다.
(D) 서버 문제점이 이번 주 안에 고쳐질 것입니다.

해설 빈칸 앞 부분에 CrazyCloud사가 많은 양의 파일 공간을 제공하므로, 사용자는 대용량 파일 저장에 대한 걱정을 할 필요가 없다는 내용이 나왔기 때문에, 빈칸에는 파일 저장 관련 내용이 오는 것이 흐름상 적절하다. 따라서, 데이터 추가 옵션을 유료로 구입할 수 있다는 (B) Additional data storage options can be purchased for a fee.가 정답이다. 사용자들의 보안이 가장 중요한 고려사항이라는 (A), 일부 비디오만 다운로드 가능하다는 (C), 일주일 내로 서버 문제가 고쳐질 것이라는 (D)는 빈칸 앞 부분의 핵심 내용인 '대용량 파일 저장'과 연관성이 없으므로 오답이다.

[26-27] 다음 광고에 관한 문제입니다.

판매
은색 Tepco Pride 밴

연비: 고속도로에서 100킬로미터당 9리터, 시내에서 100킬로미터당 15리터. www.yearlycarsummary.co.uk에 따르면 시장 내 경쟁업체들에 비해 30퍼센트 이상 더 효율적임. 35,000킬로미터 주행(대부분 고속도로)

특징: **26** 내장형 서라운드 사운드 스피커, 원격 입력 시스템, GPS 내비게이션, 파워 윈도우, **26** 타이어 공기압 표시계, 사고 예방 시스템, 개폐형 지붕, **26** 보온 좌석.
25 호가: 13,000파운드 또는 시가

다른 세부사항들: 제조사 보증 1년 남음. 지역 자동차 정비소에서 정기 유지 관리를 받음. **27** 줄곧 같은 사람이 소유해 왔음. 택시로 정기적으로 사용되었음. 소유주가 해외로 가기 때문에 이달 내로 판매되어야 함.

밴을 보고자 하시거나 시험 운전하시는 데 관심이 있으시다면, 만남 일정 정하기 위해 ronfloyd@vizmail.co.uk로 Ronald Floyd에게 이메일을 보내 주세요.

25. Tepco Pride 밴에 관하여 언급된 것은 무엇인가?
(A) 경쟁업체보다 더 많은 연료를 소모한다.
(B) 해당 차종 중에서는 가장 빠르다.
(C) 가격은 협상 가능하다.
(D) 보증기간이 더 이상 유효하지 않다.

해설 세 번째 단락의 호가(ask price)나 시가(best offer)라는 표현을 통해 가격은 협상 가능함을 알 수 있다. 따라서 정답은 (C) Its price is negotiable.이다.

26. Tepco Pride 밴의 특징으로 언급되지 않은 것은 무엇인가?
(A) 타이어 공기압을 알려주는 표시
(B) 좌석을 데워주는 시스템
(C) 후방 주시 카메라
(D) 오디오 시스템

해설 (A)는 tire pressure indicator을 통해 확인할 수 있고, (B)는 heated seats을 통해 알 수 있다. (D) 또한 Built-in surround sound speakers에서 알 수 있다. 후방 주시 카메라에 대한 언급은 찾을 수 없으므로 정답은 (C) A rearview camera이다.

27. Mr. Floyd에 관하여 사실인 것은 무엇인가?
고난도 (A) 밴을 개인용 차량으로만 사용해왔다.
(B) 자동차 기계공으로 일한다.
(C) 이번 달까지 국외에 있을 것이다.
(D) 밴을 새차(인 상태)로 구입했다.

해설 Mr. Floyd가 자동차의 첫 구매자이자 계속 소유해 왔음을 확인할 수 있으므로 정답은 (D) He purchased his van new.이다. (A)는 택시로 이용이 되었던 것이지, 개인 차량으로 사용했던 것이 아니며 (C)는 해외로 가기 위해 팔아야 하는 것이므로 오답이다. Mr. Floyd는 밴의 소유주이므로 (B)는 오답이다.

[28-32] 다음 양식과 이메일에 관한 문제입니다.

보안 출입 암호 (SAC) 신청서

31 Ms. Andrea Delgadillo에게 팩스 번호 555-1924 또는 이메일 a_delgadillo@ntel.gov로 작성된 양식을 보내 주세요.

SAC 수령인 정보:

이름: Victoria Sherman　　　부서: **28** 회계부

직원 ID 번호: 7745

___ 매일 출입: 월요일부터 금요일, 오전 7시 – 오후 7시

✗ 연장 출입: 월요일부터 금요일, 오전 7시 – 오후 10시

✗ 특별 출입: (해당 날짜와 시간을 기재해 주세요.):

　　　토요일, 오전 10시 ~ 오후 7시

건물(들): ___ Newport　　✗ Danes

시작일: 10월 7일　　종료일: **32** 11월 2일

신청자 정보 **28** (신청자는 수령인 부서의 매니저나 책임자이어야 함):

이름: **28** Christopher Rosovich

이메일: c_rosovich@ntel.gov

서명과 날짜: *Christopher Rosovich* / 9월 29일

주의:

29 우리가 귀하의 SAC 요청을 받으면, 이를 처리하는 데 영업일로 3일 정도가 걸릴 것입니다. **31** 출입이 허용되면, 6자리의 SAC가 담긴 이메일을 받으시게 될 것입니다.

어휘　security 보안, 경비 I access 출입 I completed 완성된 I recipient 받는 사람, 수령인 I extend 연장하다, 확장하다 I relevant 관련 있는, 적절한 I requestor 요청자 I signature 서명 I approximately 대략 I grant (특히 공식적·법적으로) 승인하다 I contain (무엇의 안에 또는 그 일부로) ~이 들어 있다

수신: Victoria Sherman ⟨v_sherman@ntel.gov⟩

발신: Andrea Delgadillo ⟨a_delgadillo@ntel.gov⟩

날짜: 10월 2일

제목: SAC

Ms. Sherman께,

31 Danes 건물과 시설물의 특별 및 연장 출입에 대한 귀하의 요청이 승인되었습니다. **31** 건물 출입 시 귀하께서는 회사 사원증과 함께 제공된 보안 출입 암호(SAC)를 사용해 주셔야 합니다. 귀하의 SAC는 938233입니다. 정상 근무 시간 이후에 건물에 출입하시려면 아래의 단계를 따라 주세요:

- 귀하의 카드를 카드 인식기 가까이에 대 주세요. 인식기의 오렌지색 불빛이 깜빡이기 시작할 것입니다.
- 다음에는, **30** 번호판에 귀하의 SAC를 입력하세요.
- **30** 깜빡이는 오렌지색 불빛이 그 다음에 초록색으로 변하면서, 건물 출입이 허락될 것입니다.

만약 귀하의 SAC를 잘못 입력하면, 불빛이 빨갛게 바뀌고, 큰 삐 소리를 5초간 듣게 됩니다. 그 뒤에, 문이 완전히 통제되기 전까지, 귀하에게는 올바른 암호를 입력할 기회가 세 번 더 주어집니다. 귀하의 암호를 재설정하고 싶으시면, 보안 관리 사무소로 가셔서 사원증을 보여 주세요.

건물 내에서 우려 사항 또는 문제가 생길 경우, 언제든 카드 뒷면에

있는 전화번호로 연락해 주세요. 마지막으로, 귀하의 SAC는 귀하의 특별 프로젝트 마지막 날 밤 10시에 만료된다는 것을 기억해 주십시오. 사원증은 12월 31일까지는 정상 근무 시간 동안 계속해서 작동할 것입니다.

진심으로,

Andrea Delgadillo, 보안 관리부

어휘　facility 시설, 기관 I approve 승인하다 I gain entry 입장하다 I employee card 사원증 I flash 비치다, 비추다 I input 입력하다 I afterwards 그 후에 I completely 완전히 I security management 보안 관리 I present 제시하다 I reset 재설정하다 I issue 문제 I expire 만기되다 I office hours 영업[근무] 시간

---

28. Mr. Rosovich에 관하여 알 수 있는 것은 무엇인가?

(A) 회계 부서의 팀장 역할을 한다.

(B) 10월에 신청서를 제출했다.

(C) Ms. Sherman과는 다른 사무실에서 일한다.

(D) Ms. Sherman과 그녀의 프로젝트에 관하여 회의를 할 것이다.

해설　양식 지문에서 Mr. Rosovich에 관하여 암시되는 부분을 찾아야 한다. Requestor's Information(신청자 정보) 항목에서 Mr. Rosovich에 대하여 찾을 수 있고, 항목에 관한 설명을 통하여 수령인 부서의 매니저나 책임자만 신청할 수 있음을 알 수 있으므로 SAC의 수령인(recipient)은 Victoria Sherman, 수령인의 부서는 Accounting이며, SAC 신청자(requestor)인 Mr. Rosovich는 회계 부서(Accounting)의 책임자임을 알 수 있다. 따라서 정답은 (A) He has a leadership role in the Accounting Department.이다.

---

29. SAC 신청 양식에 관하여 사실인 것은 무엇인가?

(A) 보안 관리 사무실로 직접 제출되어야 한다.

(B) 출입 요청의 이유를 밝혀야 한다.

(C) 사원증 사본을 포함시켜야 한다.

(D) 암호를 사용하기 최소 3일 전에 제출되어야 한다.

해설　신청 양식 지문 하단의 Note에서 신청서가 접수되면 SAC 발급은 영업일로 3일 정도 걸린다는 것을 알 수 있으므로 정답은 (D) It must be filed at least three days in advance of the code being used.이다.

---

30. Ms. Sherman이 입력한 SAC가 유효하다는 것을 어떻게 알 수 있는가?

(A) 불빛의 색깔이 변할 것이다.

(B) 소리가 5초 동안 울릴 것이다.

(C) 불빛이 반복해서 깜빡일 것이다.

(D) 소리의 음량이 올라갈 것이다.

해설　이메일 지문에서 SAC 사용법에 대한 안내를 하는 부분을 참고해야 한다. 먼저 SAC를 입력하면 다음 절차로 오렌지색 불빛이 초록색으로 변하면서 출입이 승인되었음을 확인할 수 있다. 따라서 정답은 (A) The color of a light will change.이다.

31. 보안 관리 사무소에 관하여 언급되지 않은 것은 무엇인가?
(A) 팩스기가 있다.
(B) 근무 시간 이후의 출입을 허용한다.
(C) 직원들에게 출입 암호를 발부한다.
(D) 새로운 보안 정책을 도입했다.

해설 사실 확인 문제 유형이니 보기를 하나씩 지문과 대조해서 언급이나 명시가 되어 있는지의 여부를 확인해야 한다. 신청서 양식 지문 첫머리를 통하여 Andrea Delgadillo가 보안 관리 사무소의 담당자이고 팩스기가 있는 것을 확인할 수 있으므로 (A)는 정답이다. 이메일 지문의 첫 문장에서 특별 및 연장 출입 승인에 대하여 업급하므로 (B)도 정답임을 확인할 수 있다. 또한 이어지는 문장에서 건물 출입 시 출입 암호를 사용해야 한다고 말하며, 암호 신청서 하단의 Note에서 암호가 담긴 이메일을 발송한다고 언급하고 있으므로 (C)도 정답임을 알 수 있다. new security policies에 관한 내용은 언급된 바 없으므로 정답은 (D) It has introduced new security policies.이다.

32. Ms. Sherman은 프로젝트를 언제 완료할 것으로 예상되는가?
(A) 9월 29일에
(B) 10월 7일에
(C) 11월 2일에
(D) 12월 31일에

해설 이메일 지문의 유의 사항 관련 정보에서 프로젝트 완료일 저녁에 SAC 카드 만료가 되고, 신청서 양식 지문에서 Start Date: October 7이고 End Date: November 2를 통해 11월 2일이 프로젝트 종료일임을 확인할 수 있다. 따라서 정답은 (C) On November 2이다.

UNIT 10. 부사절 접속사

Q1 1. Even though   2. While   3. because

1. 팀원들의 업무가 일정에 뒤쳐져 있어도 프로젝트 관리자는 프로젝트가 제 시간에 완료될 것이라고 자신하고 있다.
해설 팀원들의 업무가 일정상 뒤쳐져 있다는 문장과 프로젝트를 제때 완료할 거라는 문장은 문맥상 상반되므로 양보를 나타내는 부사절 접속사 자리

2. Mr. Won이 그 승진 기회를 감사히 여기긴 했지만, 그는 다른 일을 하기로 결정했다.
해설 승진 기회를 감사히 여겼다는 문장과 다른 일을 하기로 했다는 문장은 문맥상 상반되므로 양보를 나타내는 부사절 접속사 자리

3. William Smith는 자신이 가장 자격을 갖춘 후보라는 것을 증명했기 때문에 부매니저로 채용되었다.
해설 William Smith가 부매니저로 채용되었다는 문장과 자신을 가장 자격 있는 후보로 증명했다는 문장은 인과 관계가 성립하므로 이유를 나타내는 부사절 접속사 자리

Q2 1. as soon as   2. while   3. Once
4. Unless   5. so that

1. 건축 허가를 받는 대로 공사가 시작될 것이다.
해설 건축 허가를 받는 대로 공사가 시작될 거라는 문맥이므로 '~하자마자'라는 뜻의 부사절 접속사 자리

2. 엘리베이터가 수리되는 동안 계단을 이용하십시오.
해설 엘리베이터가 수리되는 기간 동안 계단을 이용하라는 문맥이므로 '~하는 동안'이라는 뜻의 부사절 접속사 자리

3. Mr. Hidings가 특별 업무팀을 조직하고 나면 Altoona 프로젝트의 마감 기한이 결정될 것이다.
해설 Mr. Hidings가 특별 팀을 조직하고 나면 마감 기한이 결정될 거라는 문맥이므로 '일단 ~하면'이라는 뜻의 부사절 접속사 자리

4. 공급사가 할인된 가격에 밀가루를 공급해주지 않는 한 우리는 제빵 제품의 가격을 올려야 한다.
해설 공급사가 밀가루를 할인가로 제공할 수 없다면 빵 가격을 올려야 한다는 문맥이므로 '~하지 않는다면'이라는 뜻의 부사절 접속사 자리

5. Jennifer Chang은 새 제품 개발에 집중할 수 있도록 선임 엔지니어로 임명되었다.
해설 Jennifer Chang이 신제품 개발에 집중할 수 있도록 하기 위해 선임 엔지니어로 임명했다는 문맥이므로 '~하기 위해'라는 뜻의 부사절 접속사 자리

Q3 1. Although   2. Even though   3. While
4. Given that

1. NRT 노트북이 비싸기는 해도 구매 가능한 것들 중 가장 빠른 모델이다.
해설 「------ + 주어 + 동사, 주어 + 동사」 구조이므로 부사절 접속사가 들어가야 할 자리

2. 세무 감사가 Georgetown 재무 회계의 정보를 한 달 전 요청했지만 자료는 아직도 도착하지 않았다.
해설 「------ + 주어 + 동사, 주어 + 동사」 구조이므로 부사절 접속사가 들어가야 할 자리

3. 보안 시스템이 업그레이드되는 동안 프론트 데스크에서 체크인 하십시오.
해설 「------ + 주어 + 동사, 명령문」 구조이므로 부사절 접속사가 들어가야 할 자리

4. Mauer 컨설팅이 작년에 비해 최근 훨씬 더 많은 주문을 확보했다는 점을 고려했을 때 회사는 더 많은 인쿠 쪼꺼를 고용해야 한다.
해설 「------ + 주어 + 동사, 주어 + 동사」 구조이므로 부사절 접속사가 들어가야 할 자리

Q4 1. If   2. In addition to   3. While   4. once

1. 만약 Sonna Graphics의 방문객들이 유효한 패스를 소지하지 않았다면 보안 사무실에서 사진이 있는 신분증을 보여야 한다.

해설 「------ + 주어 + 동사, 주어 + 동사」 구조이므로 부사절 접속사가 들어가야 할 자리

2. 커미션뿐만 아니라 판매원들은 분기별 보너스를 받게 될 것이다.
해설 「------ + 명사, 주어 + 동사」 구조이므로 전치사가 들어가야 할 자리

3. Mr. Tal이 시연을 하는 동안 Ms. Locke는 제품 전단지를 배포했다.
해설 「------ + 주어 + 동사, 주어 + 동사」 구조이므로 부사절 접속사가 들어가야 할 자리

4. 우리는 책임자가 주문을 승인하는 즉시 새 장비를 구매할 것이다.
해설 「주어 + 동사 + ------ + 주어 + 동사」 구조이므로 부사절 접속사가 들어가야 할 자리

Q5 1. before 2. Until 3. due to

1. 외국에서 아파트를 빌리고 싶은 사람들은 계약을 하기 전 계약서를 주의 깊게 검토해야 한다.
해설 「주어 + 동사 ------ 주어 + 동사」 구조이므로 부사절 접속사가 들어가야 할 자리

2. 이 스캐너가 수리되기 전까지 3층에 있는 복사기를 이용하세요.
해설 「------ + 주어 + 동사, 명령문」 구조이므로 부사절 접속사가 들어가야 할 자리

3. 급여 시스템은 정기 보수 작업 때문에 다음 주 목요일 오전 6시에서 7시까지 오프라인 상태가 될 것이다.
해설 「주어 + 동사 ------ + 명사구」 구조이므로 전치사가 들어가야 할 자리이며, 정기 보수 작업 때문에 시스템이 오프라인 상태일 거라는 문맥이므로 '~때문에'라는 뜻의 이유를 나타내는 전치사 자리

Q6 1. making 2. while

1. 온라인에서 구매할 때는 안전한 네트워크를 사용하십시오.
해설 부사절 접속사(When)와 명사구(a purchase) 사이에 주어 없이 동사를 써야 할 때는 주어가 생략된 분사구문으로 판단하고 목적어로 명사구가 있으므로 능동의 현재분사를 쓸 자리

2. 기술자들은 연구실에서 일하는 동안 모든 안전 규정을 준수해야 한다.
해설 전치사 during 뒤에는 특정 기간을 나타내는 명사나 명사 상당어구가 오며, 'working in the lab'과 같은 형태를 취하지 않으므로 주어(Technicians)가 생략된 분사구문으로 접속사를 쓸 자리로 판단

Q7 1. scheduled 2. specified

1. 기술적 문제에도 불구하고 기차는 원래 일정대로 출발했다.
해설 수동 축약구조 「as + p.p. (~된 대로)」

2. 저희 제품의 모든 재료는 다르게 명시되지 않은 한 모두 유기농입니다.
해설 수동 축약구조 「unless otherwise + p.p. (그와 다르게 ~되지 않는다면)」

Q8 1. Although 2. Either

1. Ms. Sherman이 휴가 중이긴 하지만, 그녀는 중요한 이메일들에 답변을 줄 수 있다.
해설 「------ + 주어 + 동사, 주어 + 동사」 구조이므로 부사절 접속사 자리이며, 등위접속사 But은 항상 두 문장 사이에 위치해야 하므로 오답

2. 신청서를 온라인으로 작성하시거나 직접 제출하시면 됩니다.
해설 「------ + A or B」 구조의, 상관 접속사 either 자리

Q9 1. whenever 2. However 3. trivial

1. 기술적 문제가 있을 때는 저희에게 전화 주십시오.
해설 '기술적 문제가 있을 때는 언제든지'라는 해석뿐만 아니라 뒤에 「주어 + 동사 + 목적어」의 완전한 구조의 절이 왔으므로 복합관계부사 자리

2. 대부분의 대중 연설자들은 많은 청중 앞에 서는 일이 아무리 자주 있다 하더라도 여전히 약간의 무대 공포증을 경험한다.
해설 뒤에 형용사나 부사를 수반하는 복합관계부사 however

3. 모든 직원들은 아무리 사소한 것이라 할지라도 어떤 사고든 보고해야 한다.
해설 복합관계부사 however는 no matter how로 쓸 수 있으며 뒤에 형용사나 부사가 와야 한다.

Practice

1. (B)	2. (B)	3. (D)	4. (C)	5. (C)
6. (A)	7. (A)	8. (A)	9. (D)	10. (A)
11. (D)	12. (A)	13. (D)	14. (C)	15. (B)
16. (C)	17. (B)	18. (A)	19. (C)	20. (D)
21. (B)	22. (C)	23. (D)	24. (D)	25. (C)
26. (A)	27. (D)	28. (A)	29. (C)	30. (D)
31. (A)	32. (C)			

1. 그들의 이전 모델이 10대들 사이에서 상당히 인기가 있었다 하더라도, 다음 모델도 매력적일 것이라고 기대하는 사람은 거의 없다.
해설 빈칸 뒤에 「주어 + 동사」의 절의 구조가 왔으므로 접속사 (B) Even though가 정답이다. 해석상 (A) in spite of도 가능하나 전치사구이므로 오답이다.
어휘 previous 이전에 | quite 상당히 | popular 인기 있는 | attractive 매력적인

2. Mr. Hong이 3년 연속으로 뛰어난 업적 평가를 받았기 때문에, 그는 올 봄에 분명히 승진할 것이다.
해설 빈칸 뒤에 「주어 + 동사」의 절의 구조가 왔으므로 접속사 (A) '~하기 위해', (B) '~때문에', (C) '~이긴 하지만' 중에 승진할 것이라고 말하는 이유를 나타내는 접속사 (B) As가 정답이다.

어휘 appraisal 평가 | consecutive 연이은 | promote 승진시키다

3. 일부 직원들은 법에 규정된 요구사항이 더 이상 없음에도 불구하고 여전히 업무 일지를 작성하는 경향이 있다.

해설 보기가 모두 접속사이므로 해석을 통하여 문맥상 적합한 접속사를 묻는 문제이다. 규정된 요구사항이 없지만 업무일지를 작성한다는 해석에 적합한 양보의 접속사인 (D) although가 정답이다.

어휘 tend to (~하는) 경향이 있다 | keep a daily work log 업무 일지를 작성하다 | mandated 법에 규정된

4. 비행기의 연착에도 불구하고, Mr James는 제시간에 회의에 도착했다.

해설 빈칸 뒤에 명사구가 왔으므로 전치사인 (C) Despite가 정답이다.

어휘 delay 지연시키다 | on time 정각에, 제시간에

5. 고객들의 DNA 테스트 요청은 100달러의 보증금이 지급되기 전까지는 진행될 수 없다.

해설 두 절을 연결하는 접속사가 들어갈 자리이므로 (C) until이 정답이다. 전치사 (A), (D)나 부사 (B)는 절을 연결하는 역할을 할 수 없으므로 오답이다.

어휘 request for ~에 대한 요청 | proceed 진척되다

6. 마케팅 직원들이 3주짜리 집중 교육을 이수하면, 매니저가 그들에게 보고서를 제출하라고 요청할 것이다.

해설 빈칸 뒤에 「주어 + 동사」의 절의 구조가 왔으므로 접속사인 (A) Once가 정답이다.

어휘 intensive 집중적인 | training 교육, 훈련

7. Novizan 출판사는 책 표지 디자이너들이 좀 더 효과적으로 일할 수 있도록, 컴퓨터에 새로운 삽화 소프트웨어를 설치했다.

해설 빈칸 뒤에 「주어 + 동사」의 절의 구조가 왔으므로 접속사인 (A) '~하기 위해서', (B) '마치~인 것처럼' 중에서 해석상 자연스러운 (A) so that이 정답이다. (C) so as는 존재하지 않는 표현으로 오답 보기로 자주 제시되는데 뒤에 to부정사가 연결되어야 한다.

어휘 install ~을 설치하다 | illustration 삽화 | effectively 효과적으로

8. Greenychi Safety 해운은 모든 수송품들이 목적지가 아무리 멀지라도 제때에 배달될 것임을 귀하께 보장합니다.

해설 문법적으로 빈칸 뒤에 형용사가 오고 「주어 + 동사」의 구조가 왔으므로 복합관계부사 (A) no matter how(= however)가 정답이다. 해석상으로도 'no matter how remote'가 '아무리 멀지라도'라고 해석되어 무맥상 적당하다

어휘 assure A that A에게 ~을 보장하다 | shipment 수송품 | on time 제때에 | remote 먼 | destination 목적지

9. 이번 주말 건물 지하 주차장에서는 전기 시스템의 응급수리로 인해 주차가 금지됩니다.

해설 빈칸 뒤에 명사구의 구조가 왔으므로, 전치사인 (D) because of가 정답이다. 접속사 (A)는 뒤에 「주어 + 동사」의 절이 와야 하고, 접속부사

(B)는 명사구 앞에 못 오며, (C) in order to 뒤에는 동사원형이 와야 하므로 오답이다.

어휘 basement garage 지하 주차장 | prohibit 금하다 | emergency repair 응급수리 | electrical system 전기 시스템

10. Lexington 박물관은 새 전시품들을 준비할 뿐만 아니라 특별 행사들에 투어를 시켜 줄 새 큐레이터를 구하고 있다.

해설 'A 뿐만 아니라 B도'의 의미를 갖는 상관접속사 'not only A but also B'를 묻는 문제이므로 (A) but also가 정답이다.

어휘 seek 구하다, 찾다 | organize 조직하다, 계획하다 | exhibit 전시품 | occasion 행사, 경우

11. 작가에게서 기사를 받는 대로 꼼꼼하게 검토해주세요.

해설 빈칸 뒤에 「주어 + 동사」의 절의 구조가 왔으므로, 접속사인 (B) '~동안에'와 (D) '~하자 마자' 중에서 문맥상 적절한 (D) as soon as가 정답이다. (B) while이 시간의 의미를 나타낼 때는, 주로 진행형과 함께 진행중인 동작을 나타내기 때문에 오답이다. 빈칸은 접속사 자리이므로, 부사인 (A)와 전치사인 (C)는 오답이다.

어휘 review 검토하다 | thoroughly 철저히, 완전히

12. Novana 공업의 전체 수익은 지난 2년 동안 감소했지만, 어떤 부서들은 매출이 약간 증가했다.

해설 빈칸 뒤에 「주어 + 동사」의 절이 왔으므로, 접속사 (A) '반면에'와 (B) '때문에' 중 문맥상 적절한 대조의 접속사 (A) While이 정답이다.

어휘 overall 전체의, 종합적인 | revenue 수입 | decrease 감소하다

13. Alsacienne's 레스토랑은 도심 지역으로 이전한 이래로 엄청난 매출 증가를 경험했다.
고난도

해설 빈칸 앞 현재 완료 시제와 연결해서 '~이래로 계속'이라는 의미의 (D) since가 정답이다. 접속사 since가 '~이래로 계속'의 의미를 갖는 경우 「주어 + 현재 완료 시제 ~ since + 주어 + 과거 시제」로 쓰인다는 점에 유의한다.

어휘 dramatic 극적인 | increase 증가 | relocate to ~로 이전하다

14. 회사의 경리 부장인 Ms. Norman은 연례 재무 보고서가 작성되기 전에 4분기 수익을 검토하고 싶어 한다.

해설 빈칸 뒤에 「주어 + 동사」의 절이 왔으므로, 접속사 역할을 하는 (C) before가 정답이다. (A)는 '이전에'라는 의미의 형용사, (B)는 부사, (D)는 형용사와 부사 모두로 쓰인다.

어휘 accounting manager 경리 부장 | revenue 수익 | compile 작성하다, 엮다, 편집하다

15. 점점 더 많은 사람들이 소셜미디어를 통해 연결되고 있기 때문에, 소비자들이 상품평을 공유하는 일이 훨씬 더 쉬워졌다.

해설 「------ 주어 + 동사, 주어 + 동사」 구조로 빈칸은 두 절을 이어줄 수 있는 부사절 접속사가 필요한 자리이므로 전치사인 (A)와 (C)를 소거한 후, Now that과 As if 중에서 답을 골라야 한다. 소셜미디어를 통해 많은 사람들이 연결된 것이 상품평 공유가 더 쉬워진 이유가 되므로 '~이기 때문에'를 뜻하는 (B) Now that이 정답이다.

consumer 소비자 I share 공유하다 I product review 상품평 I instead of ~대신에 I now that ~이기 때문에 I because of ~ 때문에 I as if 마치 ~인 것처럼

16. 계약서에 서명할 때, Samwha 생명공학은 Midward 제약사와 공동
고난도 연구 프로젝트를 시작하기로 합의했다.

해설 접속사 when 뒤에 주어를 생략하고 동사가 분사 형태로 올 수 있으므로 (C) When이 정답이다. 해석상 (A)도 적절하나 전치사 during 뒤에 바로 -ing가 올 수 없다는 점에 유의한다.

어휘 sign the contract 계약서에 서명하다 I collaborative 공동의, 협력적인

17. 전 대표이사 Kate Hatfield는 회사의 내외부로부터 강한 저항에 직
고난도 면했을 때 사직하지 않을 수 없었다.

해설 접속사 when 뒤에 「주어 + 동사」의 절이 오지 않은 경우, 「주어 + be 동사」가 생략된 것이다. 해석상으로 전직 대표이사가 강한 저항에 직면하므로 「when + 주어 + be faced with~」 구조이며 여기에서 「주어 + be동사」가 생략된 구조로 정답은 (B) faced이다.

어휘 have no choice but ~하지 않을 수 없다 I resign 사직하다 I stiff 심한, 힘든

18. 1월 사내 소식지가 출간될 때 즈음에, 외주 계약에 관한 최종 결정이
고난도 날 것이다.

해설 빈칸 뒤에 「주어 + 동사」의 절의 구조가 왔으므로 접속사인 (A) '~할 즈음에'와 (D) '~이기 때문에' 중에서 해석이 자연스러운 (A) By the time이 정답이다. (B) In order to를 쓰려면 빈칸 뒤에 동사원형이 와야 하므로 오답이다.

어휘 newsletter 소식지 I outsourcing contract 외주 계약

19. 일부 지역을 물에 잠기게 한 폭우에도 불구하고 2,000명 이상의 사람들이 지난 일요일의 국제 식품 박람회에 참석했다.

해설 빈칸 뒤에 명사구의 구조가 왔으므로, 전치사인 (C) notwithstanding이 정답이다.

어휘 fair 박람회 I notwithstanding ~에도 불구하고 I swamp ~을 물에 잠기게 하다

20. 이 프로젝트에 할당된 예산이 매우 한정되어 있다는 점을 고려해 볼 때,
고난도 그 프로젝트의 각 단계마다 비용 효율성을 고려하는 것이 중요하다.

해설 빈칸 뒤에 「주어 + 동사」의 절이 왔으므로 접속사 자리이며, 예산이 제한된 점을 고려할 때 비용 효율성을 고려해야 한다는 문맥에 적절한 (D) Given이 정답이다.

어휘 allocate 할당하다 I limited 제한된 I cost-efficiency 비용 효율성 I given (that) 고려하면, 고려할 때

[21-24] 다음 보도자료에 관한 문제입니다.

Willsbourough 대학 총장 Dr. Bill Sumpter는 더 많은 학생을 수용하도록 중앙 도서관이 **21** 새롭게 단장될 것이라고 발표했다. 지난 몇 년 동안 이 대학교의 등록자 수는 거의 두 배가 되었다. 이것은 점점 더 많은 수의 평판이 좋은 교수들이 교수진에 합류하고 있

기 때문인 것으로 보인다. 공사 프로젝트는 2년이 걸릴 것으로 예상된다. **22** 초기에 잡았던 16개월의 추진일정은 추가 검토 후 변경되어야만 했다. 1층과 2층을 확장하는 **23** 동안은 도서관 자료는 건물 지하에서 이용할 수 있다. 지하는 다른 층들보다 공간이 더 적기 때문에 이것이 약간의 불편을 초래할 수 있다. Sumpter 박사는 "그러나 **24** 일단 이 프로젝트가 완료되면 학생들은 공부할 공간을 훨씬 더 많이 갖게 될 것입니다."라고 말했다.

어휘 president 총장 I accommodate 수용하다 I enrollment 등록[재적]자 수 I reputable 평판이 좋은 I faculty 교수진 I material 자료 I access 이용하다 I basement 지하층 I initial 처음의, 초기의 I timeline 추진일정

21. 해설 도서관은 새롭게 단장되는 대상이므로 능동형인 (A), (D)는 오답이며, 빈칸 뒤에 공사가 2년 소요될 거라 예상된다 했으므로, 미래 시제인 (B) will be renovated가 정답이다.

---

22. (A) Dr. Sumpter는 교수진의 업적이 매우 자랑스럽다.
고난도 (B) 이것이 학생 등록금 인상의 결과이다.
(C) 초기에 잡았던 16개월의 추진일정은 추가 검토 후 변경되어야만 했다.
(D) 대학은 현재 여러 기업들로부터 자금 지원을 구하고 있다.

해설 빈칸 앞에 대학의 도서관 공사 기간을 2년으로 예상한다는 내용이 나왔기 때문에 공사 추진 기간과 관련된 내용인 (C) The initial timeline of sixteen months had to be revised after further review.가 흐름상 적절하다. (A)의 교수 업적에 대한 Dr. Sumpter의 자부심, (D)의 기업으로부터 자금 지원을 구하고 있다는 내용은 빈칸 앞의 도서관 공사 예상 기간과 연관성이 없으므로 오답이다. 또한, (B)는 대명사 this가 지시하는 내용이 빈칸 앞에 없기 때문에 오답이다.

---

23. 해설 빈칸 뒤에 명사구가 있으므로 전치사인 (D) during이 정답이다. (A) even '심지어', (B) while '~동안', (C) in order to '~하기 위해서'

---

24. 해설 빈칸 뒤의 this project는 앞으로 있을 대학 도서관 공사를 의미하므로 일단 이 공사가 완료되면(완료될 때), 학생들이 학습할 더 많은 공간을 가지게 된다는 의미에 적합한 (D) once가 정답이다. (A)의 whether가 '~이든 아니든 관계없이'의 부사절 접속사로 쓰이는 경우 whether A or B / whether ~ or not 형태로 쓰이므로 오답이다. (B) since '~이래로', (C) unless '~하지 않는다면'

[25-27] 다음 공지에 관한 문제입니다.

May Pannara 참신성 대회
매일의 삶을 향상시킬 좋은 아이디어가 있습니까? **25** 그러시다면, 그걸 May Pannara 참신성 대회에 내보세요.

25 May Pannara 참신성 대회란?
26 이 대회는 태국의 발명가 May Pannara에 의해 시작되었으며, 그녀는 또한 방콕 연구개발센터(BCRD)를 설립하였습니다. 대회의 목표는 일상의 문제에 대한 해결책을 찾아내는 것입니다. 우승자는 자신들의 해결책을 실행하기 위한 1만 바트를 받게 됩니다. 작년

의 우승자는 대부분의 전자오락기기들에 호환 가능한 보편적인 원격제어기를 고안하였습니다. 우승자는 10월 30일 Trang 대학교의 Bhumibol 강당에서 시상식 중에 발표될 예정입니다.

25 저도 참가 자격이 있나요?

이 대회는 모든 연령과 직업, 관심사를 가진 분들에게 열려 있습니다. 전문가, 아마추어, 그리고 학생들도 참가가 장려됩니다. 이전 대회에 제출된 출품작들은 허용되지 않습니다.

26 어떻게 신청하나요?

출품작들은 우편이나 이메일로 6월 20일까지 접수되어야 합니다. 신청서와 다른 서류들을 다운로드받으시려면, 저희 웹사이트 www. bcrd.co.th/mpnc/entries를 방문해 수십시오. 내회 규칙에 내한 질문을 하시려면 Pat Wattana에게 (02) 555-4354로 연락 주십시오. **27** 심사단의 일원이 되시는 데 관심이 있는 분들께서는 저희의 심사 감독관인 Robin Montri에게 (02) 555-4359로 연락 주십시오.

어휘 **novelty** 새로움, 참신함 I **found** 설립하다 I **solution** 해결책 I **baht** 바트(태국의 화폐 단위) I **implement** 시행하다 I **design** 고안하다, 설계하다 I **remote controller** 원격제어기 I **compatible** 호환되는 I **device** 장치 I **announce** 발표하다 I **ceremony** 의식 I **profession** 직업 I **submit** 제출하다 I **permit** 허용하다 I **inquiry** 문의 사항 I **rule** 규칙 I **judge** 판단하다 I **evaluation** 평가

---

25. 공지의 목적은 무엇인가?
(A) 대학 과정 지침에 대한 개요를 설명하기 위해
(B) 행사 스폰서를 유치하기 위해
(C) 대회 개최를 알리기 위해
(D) 사업 회의를 홍보하기 위해

해설 공지 첫 머리에서 대회 참여를 장려하고, 각 단락의 제목을 통해 대회 내용을 소개하고 참가 방법을 안내함을 확인할 수 있으므로 정답은 (C) To announce a competition이다.

---

26. BCRD에 관하여 언급된 것은 무엇인가?
(A) May Pannara에 의해 시작되었다.
(B) Trang 대학 캠퍼스에 사무실이 있다.
(C) 전자기기를 생산한다.
(D) Bhumibol 강당을 소유하고 있다.

해설 두 번째 단락 첫째 줄에서 BCRD는 태국의 발명가 May Pannara에 의하여 시작된 것을 확인할 수 있다. 따라서 정답은 (A) It was started by May Pannara.이다.

---

27. 공지에 따르면, 개인은 왜 Mr. Montri에게 연락하는가?
고난도 (A) 학생들의 자격을 확인하려고
(B) 프로젝트의 마감을 연장하려고
(C) 새로운 정책 시행에 대해 문의하려고
(D) 대회 우승자 결정에 도움을 주는 데 지원하려고

해설 제일 마지막 줄에서 심사단이 되는 것에 관심 있으면 Robin Montri에게 연락하라고 했다. 따라서 심사자가 되어서 우승자를 선출한다는 (D) To volunteer to help determine a contest winner가 정답이다.

[28-32] 다음 이메일, 후기, 기사에 관한 문제입니다.

수신: Roberta Moss
발신: Jared Smith
날짜: **32** 4월 5일 월요일
제목: 새 기계

Roberta에게,

우리의 스타트업 회사를 위해 기계를 구매하기 전에 고려해야 할 것들이 몇 가지 있습니다. 비즈니스 계획에 최저 발주 없이 교실들에 3D로 프린트된 자료를 공급하는 일이 포함되어 있어요. **30** 우리가 잠재 고객들에게 우리의 기술이 어떠한지를 보여주는 데모 발표를 할 때 쉽게 기져갈 수 있는 지렴한 프린더기기 필요합니다. educatech.com에 올라온 후기들을 확인하고 우리의 필요에 맞는 기계를 찾을 수 있을지 한 번 보세요. 무엇을 알게 되었는지 알려주시면 그걸 우리 예산에 포함시키도록 하겠습니다.

Jared

어휘 **consider** 고려하다, 숙고하다 I **startup** 창업 I **minimum order** 최저 발주 I **demo** 시범, 시연 I **potential** 잠재적인 I **budget** 예산

---

http://educatech.com/products/reviews
교육 적용을 위한 3D 프린터들

다음 3D 프린터들은 모두 전국 교육자 연합회에서 승인받은 것들입니다.
더 많은 정보를 보시려면 모델을 선택하세요.

★★★★★ **29** Plastimate M은 가볍고 내구성이 강한, 상표 등록된 플라스틱으로 모델을 프린트합니다. **28** 이 프린터는 아주 작은 부품을 프린트하는 기능으로 아주 잘 알려져 있습니다. 정밀함이야말로 이 제품이 현재 나온 제품들 중 가장 비싼 이유입니다.

★★★★★ Harkness Dual 7J는 레이저로 금속 부품을 프린트합니다. 금속은 가격이 비싸며 프린트할 때 느립니다. **29** 오랫동안 지속되어야 하는 물건을 프린트할 때 유용합니다.

★★★★☆ Benson-Jenkins AF9은 두 개의 분사구를 사용하기에 가장 빠른 프린터입니다. 이 프린터는 정확성이 떨어지지만 **29** Benson-Jenkins의 플라스틱 모델링 재료는 내구성이 강합니다. 속도 하나만으로도 가치가 있는 프린터입니다.

★★★★☆ **29** Binder-Tech 0A는 Binder-Stick이라고 불리는 극도로 강한 플라스틱으로 물건을 빠르게 프린트합니다. **30** 이 프린터들은 바닥에 바퀴가 달려 있는 덕분에 움직일 수 있습니다. 전반적인 프린트 질을 고려했을 때 가장 싼 옵션입니다.

어휘 **association** 협회 I **educator** 교육자 I **proprietary** 등록 상표가 붙은 I **lightweight** 가벼운 I **durable** 내구성이 있는, 오래가는 I **renowned** 유명한, 명성 있는 I **precision** 정확, 정밀 I **laser** 레이저 I **last** 지속되다 I **nozzle** 노즐, 분사구 I **accurate** 정확한 I **unusually** 대단히, 몹시 I **wheeled** 바퀴가 달린 I **overall** 전반적인

교육 스타트업의 '인쇄물들'
Carol Hernandez 씀

32 11월 2일 – 최근에 나온 어떤 교육용 카탈로그라도 한 번 **31** 들여다보면 찾아볼 수 있을 것이다: 3D 프린터로 만들어진 교육용 자료를 광고하는 회사들을. 이 사업체들은 교실을 작은 공장으로 변화화시킨다. 그리고 학생들이 자신들의 프로젝트에 대한 꿈(dream)을 꾸고, 디자인(design)을 하고, 만들어낼(deliver) 수 있게 해준다 (3 "D"). 교육 프로젝트와 수업 계획은 보통 무료로 제공된다. 그러나 회사들은 3D 프린터 사용과 특정 부분들에 대해 비용을 받는다. ProEd 3D와 같은 몇몇 회사는 큰 거래에 집중하는데, 학군 전체나 주문 당 150키트가 넘어가는 거래를 자주 한다. 또 다른 회사는 Grab-itate인데 10개 정도의 작은 주문까지도 받을 수 있으며 고급 비품을 만든다. 마지막으로, **32** Fun-D-Mental과 Beta-ED는 각각 7개월과 3년이 된 회사들인데 만약 필요할 경우 한 명의 학생을 위해서라도 수업 자료를 제작한다.

어휘 **advertise** 광고하다 | **transform** 바꾸다, 변화시키다 | **miniature** 미니어처, 소형 | **factory** 공장 | **district** 지구, 지역 | **batch** 한 회분, 집단 | **respectively** 각각

---

28. Plastimate M에 대해 무엇이 언급되었는가?
(A) 정밀한 세부 사항을 만들어낼 수 있는 능력이 있다.
(B) 클래식한 디자인으로 인기가 많다.
(C) 대부분 프린터보다 크기가 작다.
(D) 복잡한 부품을 많이 사용하여 만들어졌다.

해설 Plastimate M의 후기 중 프린터가 매우 작은 부품을 만드는 기능으로 유명하다고 언급되어 있으므로 정답은 (A) It is capable of creating fine details.이다.

---

29. 웹페이지에 나열된 프린터들은 모두 어떤 공통점을 갖고 있는가?
고난도 (A) 쉽게 운반 가능하다.
(B) 매우 빠르다.
(C) 내구성 있는 물건들을 만든다.
(D) 가격이 적당하다.

해설 Plastimate M 제품은 가볍고 내구성이 강한 플라스틱으로 모델을 프린트한다고 했고 Harkness Dual 7J은 오랫동안 지속되는 물품에 유용하다고 나왔있고, Benson-Jenkins AF9는 정확성이 떨어지나 플라스틱 모델링 재료는 내구성이 강하다고 했다. Binder-Tech 0A 또한 Binder-Stick이라고 불리는 극도로 강한 플라스틱으로 물건을 빠르게 프린트한다고 했다. 그러므로 모든 제품들의 공통점은 내구성이 강한 물건들을 만든다는 점이다. 따라서 정답은 (C) They produce durable items.이다.

---

30. Ms. Moss가 Mr. Smith에게 추천할 것으로 보이는 3D 프린터는 무엇인가?
고난도 (A) Plastimate M
(B) Harkness Dual 7J
(C) Benson-Jenkins AF9
(D) Binder-Tech 0A

해설 이메일에서 화자는 쉽게 운반할 수 있는 저렴한 프린터가 필요하다

고 했다. 후기에서 The Binder-Tech 0A가 프린트 질을 고려했을 때 가장 싸고, 바퀴 때문에 움직일 수 있기 때문에, 모든 조건에 부합함을 확인할 수 있다. 따라서 정답은 (D) The Binder-Tech 0A이다.

---

31. 기사의 첫 번째 단락, 첫 번째 줄의 "scan"과 의미상 가장 가까운 것은
(A) 훑어보다
(B) 표시하다
(C) 집중하다
(D) 제외시키다

해설 최근에 나온 어떤 교육용 카탈로그라도 한 번 들여다보면 찾아볼 수 있을 것이다는 의미로 해석할 수 있으므로 scan과 바꿔서 쓸 수 있는 단어는 (A) browse가 가장 적당하다.

---

32. Ms. Moss와 Mr. Smith는 어느 회사에서 일하는 것으로 보이는가?
고난도 (A) ProEd 3D
(B) Grab-itate
(C) Fun-D-Mental
(D) Beta-ED

해설 이메일에서 Ms. Moss에게 Mr. Smith가 4월 5일에 이메일을 쓴 것을 확인할 수 있고, 문단의 첫머리를 보면 스타트업을 위한 기계 구매에 관하여 이야기한 것을 알 수 있다. 기사는 11월 2일에 작성이 되었고, 기사의 마지막에서 Fun-D-Mental과 Beta-ED는 각각 7개월과 3년이 된 회사임을 알 수 있다. 이메일에서는 4월에 창업 이야기를 했고, 기사에서는 11월 기준으로 Fun-D-Mental이 7개월 된 회사임을 유추할 수 있으므로 Ms. Moss와 Mr. Smith는 Fun-D-Mental 회사 소속임을 알 수 있다. 따라서 정답은 (C) Fun-D-Mental이다.

UNIT 11. 명사절 접속사

Q1 1. that 2. What

1. 연간 재무 보고서는 우리가 전체적인 운영비를 절감해야 한다는 것을 보여준다.
해설 뒤에 주어와 타동사의 목적어가 올바르게 있는 완전한 구조의 절이 오므로 명사절 접속사 that

2. Mr. Wyatt이 회의에서 제안한 것은 이사회에게 깊은 인상을 남겼다.
해설 뒤에 타동사 proposed의 목적어가 없는 불완전한 구조의 절이 오므로 명사절 접속사 what

+ check 1. what 2. that

1. 잠재 고객이 필요로 하는 것을 이해하는 일은 마케터들에게 아주 중요하다.

2. 양측 CEO들은 새 경영진이 다가오는 합병 후에 직원들이 협력적으로 일하기를 기대한다고 밝혔다.

Q2 1. that   2. that

1. 변경된 차량 점검 규정은 12월 1일부터 효력이 발생한다는 점을 알고 계시기 바랍니다.
해설 문장 구조상 완전한 구조의 절이 오며, 알고 있는(aware)과 함께 쓰이는 명사절 접속사 that

2. 직원들이 정기적으로 안전 워크숍에 참석하는 것이 중요하다.
해설 문장 구조상 완전한 구조의 절이 오며, 가주어 it 뒤의 진주어에 해당하는 명사절을 이끄는 접속사 that

Q3 1. whether   2. whether   3. whether

1. 우리는 연례 회사 야유회를 회사 마당에서 할지 Jackson 공원에서 할지 결정하지 못했다.
해설 「whether A or B」 A인지, B인지

2. 사무실 매니저는 종이를 Light-Office에서 주문할지 Gartol에서 주문할지 결정할 것이다.
해설 「whether + to부정사」 ~인지 아닌지

3. 회사는 지원자들의 대학 졸업장 소지 여부에 관계 없이 직원을 채용할 것이다.
해설 명사절 접속사 if는 타동사의 목적어로만 사용 가능

+ check 1. whether   2. if

1. Canterra의 직원들은 집에서 일할지 사무실에서 일할지 선택할 수 있다.

2. Mr. Romano가 전화해서 다가오는 9월 10일 세미나가 다음 주로 연기될 수 있는지 물었다.

Q4 1. who   2. whose   3. where

1. 진행 중인 법률 분쟁으로 인해 Home Skin Care의 출시가 지연되었는데, 이것은 누가 그것을 발명했는지 불분명하기 때문이다.
해설 '누가 그 제품을 발명했는지 명확하지 않았다'는 문맥에 맞는 의문대명사 who

2. 결정을 하기 전 우리는 누구의 아이디어가 가장 독창적인지 검토할 것이다.
해설 '누구의 아이디어가 가장 독창일지 검토할 것이다'는 문맥에 맞는 의문형용사 whose

3. 행사 조직자는 파티를 열 장소를 결정했다.
해설 '어디에서 파티를 열 것인지를 결정했다'는 문맥에 맞는 의문부사 where

Q5 1. Whoever   2. whatever   3. Whoever

---

1. 전시 부스 예약에 관심이 있는 분은 누구든지 동봉된 등록 양식을 작성해야 합니다.
해설 뒤에 동사가 둘(is, should fill out)이므로 두 개의 문장을 연결하는 접속사 기능을 가진 복합관계대명사 자리

2. 이 여행 가방에 휴가에 필요한 것은 무엇이든 가져오실 수 있습니다.
해설 뒤에 타동사 need의 목적어가 없는 불완전 구조의 절이 오므로 복합관계대명사 자리

3. 가장 좋은 평가를 받는 사람은 누구든지 지점 매니저로 승진할 것이다.
해설 둘 다 명사절을 이끄는 역할을 할 수 있으므로 해석을 통해 문맥에 맞는 것을 선택해야 한다. '최고의 평가를 받는 사람은 어느 누구나 매니저 자리를 얻을 수 있다'는 문맥에 따라 복합관계대명사 whoever

Practice

1. (A)	2. (A)	3. (A)	4. (C)	5. (B)
6. (C)	7. (B)	8. (C)	9. (A)	10. (A)
11. (C)	12. (A)	13. (D)	14. (A)	15. (C)
16. (B)	17. (C)	18. (D)	19. (B)	20. (B)
21. (B)	22. (D)	23. (D)	24. (C)	25. (A)
26. (C)	27. (C)	28. (B)	29. (B)	30. (D)
31. (D)	32. (B)	33. (C)		

1. 어느 매니저에게 보고해야 하는지는 배정받는 프로젝트에 의해 결정된다.
해설 두 개의 동사(should report, depends)가 존재해 두 개의 절을 연결할 수 있는 접속사가 필요한 자리이므로 명사절을 이끄는 의문 형용사 (A) Which가 정답이다. 부정형용사인 (B), (C)나 부정대명사인 (D)는 접속기능이 없기 때문에 오답이다.
어휘 report to ~에게 업무 보고를 하다 I assign 맡기다, 배정하다, 부과하다

2. (고난도) 시 위원회는 시민들이 지하철 확장 프로젝트에 대해서 공개 청문회에서 제안한 것을 고려했다.
해설 타동사 consider의 목적어 역할을 하는 명사절을 이끌면서 동시에 빈칸 뒤 명사절의 동사 suggested의 목적어가 없는 불완전 구조의 절을 이끌어야 하므로 (A) what이 정답이다. 전치사인 (C)는 명사절을 이끌지 못하며, 부사절을 이끄는 부사절 접속사인 (D)는 타동사의 목적어 자리에서 명사절을 이끌 수 없으므로 오답이다.
어휘 city council 시 위원회 I suggest ~을 제안하다 I public hearing 공개 청문회 I expansion 확장

3. Laura Stevenson의 최신 서적인 〈Why I sing〉에 관한 그녀의 강연은 관심 있는 누구에게나 열려 있다.
해설 전치사 뒤의 명사절을 이끄는 복합관계대명사를 선택하는 문제이다. '~한 사람은 누구나'라는 의미뿐만 아니라 빈칸은 is의 주어 자리이므

로 복합관계대명사 주격인 (A) whoever가 정답이다.

어휘   talk (~의 스스럼 없는) 연설, 강연, 대화

---

4. Fabolia 무용 학원은 여름 강좌 등록에 관심 있는 사람들을 위하여 4
<u>고난도</u> 월 7일에 정보 안내 시간을 마련할 것입니다.

해설   (A) whoever는 anyone who의 개념으로 분사(interested in)의 수
식을 받을 수 없다. 또한 인칭대명사 (B) they, (D) them도 과거분
사의 수식을 받을 수 없으므로 오답이다. 따라서 정답은 (C) anyone
이다.

어휘   sign up for 등록하다 (= register for)

---

5. 매니저들은 직원들에게 그들 스스로 업무를 할 수 있는 능력이 있음을
증명할 공평한 기회를 주는 것이 필요하다.

해설   빈칸 뒤에 「주어 + 동사」 구조의 절이 왔으므로 접속사 (B) that이 정
답이며, 「가주어 it ~ that 명사절 ~」의 구조이다.

어휘   equal 공평한 I prove A 형용사 A가 ~한 것을 증명하다 I capable
of ~을 할 수 있는

---

6. Lowell 자동차를 견학하도록 초대 받은 방문객들은 디자인실에서 조
립 라인까지 우리 제품들이 어떻게 만들어지는지를 볼 수 있습니다.

해설   타동사 see의 목적어 역할을 하는 명사절을 이끄는 의문사가 필요하
므로 (C) how가 정답이다. (D)는 부사절을 이끄는 접속사로 동사의
목적어 역할을 하는 명사절을 이끌 수 없다.

어휘   tour ~을 견학하다 I assembly line 조립 라인

---

7. 11월 10일 오후 5시 전에 Gina에게 연락하셔서 참석 여부에 대해서
알려 주십시오.

해설   타동사 know의 목적어 역할을 하는 명사절을 이끄는 접속사가 필요
한데 문장 끝에 or not이 쓰였으므로 (B) whether가 정답이다.

어휘   attend 참석하다

---

8. 소득 증명서가 필요한 사람은 누구나 회계부의 Ms. Roh에게 요청해
야 한다.

해설   빈칸 뒤에 '동사 + 동사' 구조이므로, 두 개의 문장을 연결해 줄 수 있
는 접속 기능을 가진 의문사 (B) '누구'와 복합관계대명사 (C) '~한 사
람은 누구나' 중에 해석을 통해 정답을 선택하면 (C) Whoever가 정
답이다.

어휘   income verification form 소득 증명서

---

9. 조사는 거의 모든 제품 평가단들이 Everyday Bath 샴푸의 향기가
아주 매력적이라고 생각한다는 것을 보여 주었다.

해설   타동사 indicated 뒤에 목적어 역할을 하는 명사절 접속사 자리를 묻
는 문제이다. 빈칸 뒤에 절이 완전한 구조의 절이므로 (A) that이 정답
이다.

어휘   find + 목적어 + 형용사 ~가 ~하다고 생각하다 I scent 향기 I
appealing 매력적인

---

10. 이사회는 어느 연구 프로젝트에 자금을 제공할지 결정하기 위해 오늘
오후에 만날 것이다.

해설   타동사 decide의 목적어 자리에서 명사절을 이끄는 의문사를 선택하
는 문제이다. '어떤 연구 프로젝트에 자금을 제공할지'라는 문맥에 따
라 의문형용사인 (A) which가 정답이다. 해석을 통해 명사절을 이끄
는 의문사를 선택한다는 점에 유의한다.

어휘   board of directors 이사회 I fund 자금(기금)을 제공하다

---

11. 이사회는 다음 주 월요일 회의에서 누가 새로운 부사장으로 임명될 것
인지를 결정해야 한다.

해설   타동사 decide의 목적어 역할을 하는 명사절 접속사 자리를 묻는 문
제이다. 해석상 '누가'라는 의미가 적합하며, 빈칸 뒤에 주어가 없는 불
완전 구조의 절이 왔기 때문에 (C) who가 정답이다.

어휘   be appointed as ~으로 임명되다

---

12. 온라인 직원 평가서를 작성하는 데 기술적인 어려움이 있는 관리자들
은 기술지원팀에 연락해서 도움을 받아야 합니다.

해설   빈칸은 사람 선행사 supervisors를 수식해주는 형용사절을 이끄는
관계대명사 자리이며, 빈칸 뒤에 주어가 빠진 불완전 구조이므로 주
격 관계대명사인 (A) who가 정답이다. 11번의 who는 타동사의 목적
어 자리에서 명사절을 이끄는 의문사이나, 이 문제의 경우 who는 사
람 선행사 뒤에서 선행사를 수식하는 형용사절을 이끄는 관계대명사
인 점에 유의한다.

어휘   supervisor 감독관, 관리자 I evaluation 평가, 사정

---

13. 참가자들은 질의응답 시간 동안에 그들이 알고 싶은 것이 무엇이든지
질문하는 게 허용된다.

해설   두 개의 동사(are, would like)가 존재해 두 개의 절을 연결할 수 있
는 접속사가 필요한 자리이므로 대명사 (C)는 오답이다. 빈칸 뒤 절에
to know의 목적어가 없는 불완전 구조인 점과 해석을 고려할 때 (D)
whatever가 정답이다. 복합관계부사 (A)와 (B) 뒤에는 완전한 구조의
절이 와야 하므로 오답이다.

어휘   participant 참석자 I question and answer session 질의응
답 시간

---

14. Ms. Hwang은 이번 주말까지 제안서를 시 위원회에 제출할지를 결
정해야 한다.

해설   타동사 decide의 목적어 자리에서 to부정사와 함께 쓰여 목적어 역
할을 할 수 있는 보기는 (A) whether이다. 명사절 접속사 whether는
'whether 절'이나 'whether to부정사' 형태로 쓰인다.

어휘   submit ~을 제출하다

---

15. 우리는 재정 위기를 극복하거나 적어도 그것이 우리 사업에 미치는 영
<u>고난도</u> 향을 최소화하는 방법을 배울 필요가 있다.

해설   명사절 접속사인 의문사와 whether는 to부정사와 함께 쓸 수 있다.
따라서, to learn의 목적어 자리에서 빈칸 뒤에 to부정사가 쓰였으므
로, to부정사와 함께 쓰여 목적어 역할을 할 수 있는 (B)와 (C) 중에 해
석상 적합한 (C) how가 정답이다.

어휘   overcome ~을 극복하다 I crisis 위기 I minimize ~을 최소화하
다 I effect on ~에 미치는 영향

---

16. 제가 귀하가 이해하셨으면 하는 것은 저희가 제한된 시간과 예산 내에

서 Epsontech 프로젝트를 완수해야 한다는 것입니다.

해설 빈칸 뒤에 「주어 + 동사 + 동사」가 쓰였으므로 빈칸부터 understand 까지가 문장 전체의 주어 역할을 하도록 만들어 주는 명사절 접속사를 선택하는 문제이다. to understand의 목적어가 없는 불완전 구조인 점과 해석을 고려할 때 (B) What이 정답이다.

어휘 within ~이내에 | limited 제한된

17. 연말 수익 배분이 지난해의 반밖에 되지 않을 것이라는 것은 전체 직원들에게 실망스러운 소식이다.
고난도

해설 빈칸 뒤에 「주어 + 동사 + 동사」가 쓰였으므로 빈칸부터 두 번째 동사 앞인 the year's까지가 문장 전체의 주어 역할을 하도록 만들어 주는 (A)나 (C)를 써야 하며, 명사절의 구조가 완전 구조이므로 (C) That을 쓴다.

어휘 year-end 연말 | profit share 이윤 배분 | entire 전체의

18. Extell 상사의 경영진이 서류들을 검토하자마자, 누구의 제안서가 선택될 것인지를 결정할 것이다.
고난도

해설 빈칸은 완전한 절을 이끌어 타동사 determine의 목적어 역할을 할 명사절 접속사가 필요하므로 명사 앞에 써서 '누구의'로 해석되는 의문형용사 (D) whose가 정답이다. (A)와 (C)는 주어가 없는 불완전 구조의 절을 이끌고, (B)는 목적어가 없는 불완전 구조의 절을 이끈다.

어휘 review ~을 검토하다 | determine ~을 결정하다

19. 예산 위원회는 월례 직원 교육을 위해서 기금을 할당할 필요가 있는지에 대해서 여전히 논의 중이다.

해설 전치사의 목적어 역할을 하는 완전 구조의 명사절을 이끌 접속사가 필요하므로 (B) whether가 정답이다. (A)와 (C)는 불완전 구조의 명사절을 이끌므로 답이 될 수 없으며 (D)는 부사절을 이끄는 부사절 접속사이므로 전치사의 목적어 자리에 올 수 없다.

어휘 allocate ~을 할당하다 | funds 기금 | monthly 매달의

20. 온라인 비디오 스트리밍 서비스의 이용 용이성으로 인해, 사람들이 요즘에는 텔레비전에 나오는 것은 무엇이든 시청하는 일이 흔하지 않다.

해설 빈칸은 앞뒤의 두 개의 동사를 연결하는 접속사 자리이므로 대명사 (A)는 올 수 없다. 빈칸 뒤는 주어 없이 동사가 바로 온 불완전한 문장이므로, 불완전한 구조의 절을 이끄는 복합관계대명사 (B) whatever가 정답이다. 부사절 접속사 (C)와 복합관계부사 (D)는 완전한 문장을 이끌기 때문에 오답이다.

어휘 availability 유용성, 유효성 | video streaming 영상 데이터 연속 전송 | nowadays 요즘에는

[21-24] 다음 이메일에 관한 문제입니다.

수신: Harriet Watkins 〈hwatkins@mymail.co.ca〉
발신: Customer Inquiries 〈inquiries@lextech.com〉
날짜: 5월 5일 월요일 오후 3:41
제목: 요청하신 정보

고객님의 Sonic Q 태블릿 PC의 사용자 설명서와 관련하여 시간을 내서 연락 주셔서 고맙습니다. 무선 네트워크에 연결하는 방법을

보여주는 단계별 설명이 다소 복잡하다는 **21** 점에 대하여 동의합니다. **22** 다른 사용자들도 같은 문제를 제기하셨습니다. **23** 따라서 저희 기술팀은 그 설명들을 이해하기 훨씬 더 쉽도록 간결하게 만들었습니다. **24** 갱신된 설명서는 웹사이트를 방문하셔서 '온라인 매뉴얼' 메뉴를 클릭하시면 찾으실 수 있습니다. 조언에 대한 감사의 표시로 다음 번 LexTech 제품을 구입하실 때 10퍼센트 할인받으실 수 있는 쿠폰을 보내드리겠습니다.

어휘 bring up (화제를) 꺼내다 | input 조언

21. **해설** 빈칸은 두 개의 동사(agree, are)를 연결하는 접속사 자리이므로 전치사 (A), (D)는 오답이다. 타동사 agree의 복석어 사리는 명사절을 이끄는 접속사를 선택하는 문제로 빈칸 뒤에 완전한 구조의 문장이 왔으므로 (B) that이 정답이다.

22. (A) 이 설문지를 작성하기 위해 잠시만 시간을 내어주시길 바랍니다.
고난도 (B) Sonic Q 태블릿 PC는 저희의 가장 인기 있는 제품입니다.
(C) 저희의 적극적으로 돕는 직원들은 항상 들을 준비가 되어있습니다.
(D) 다른 사용자들도 같은 문제를 제기하셨습니다.

해설 빈칸 앞에 제품 설명서에 나온 무선 네트워크를 연결하는 단계들이 복잡하다는 문제점에 동의한다는 내용이 나오고, 그 후속 조치로 기술팀에서 간결하게 만들었다는 내용이 뒤따르므로, 다른 사용자들도 제품 설명서가 복잡하다는 동일한 문제를 제기했다는 (D) Other users have brought up the same issues.가 흐름상 알맞다.

23. **해설** 빈칸 앞 문제점 관련 내용이 원인이고, 뒤에 설명들을 간결하게 만들었다는 것이 결과이므로 인과관계를 나타내는 (D) therefore가 정답이다. (A) similarly '유사하게', (B) nonetheless '그럼에도 불구하고', (C) instead '대신에'

24. **해설** 복잡하다는 문제점에 따라 설명들을 간결하게 만들었다고 했으므로 기존 문제점을 반영하여 갱신된 사용자 설명서란 의미의 (C) updated가 정답이다. (A) rough '대략', (B) original '원래의', (D) detailed '자세한'

[25-28] 다음 기사에 관한 문제입니다.

Euston, 런던 (7월 28일) – 오늘 아침 **25** **26** Milway 제약은 9월 3일 현재의 Oxford 가 부지에서 1,500 평방미터 넓이의 Prader 빌딩으로 본사를 이전할 것이라고 발표했다.

"이는 Euston에 좋은 소식입니다." 신규 회사들에게 저금리 창업 대출을 제공하는 조직인 Bentley 대출의 이사인 Will Matthews는 말했다. "Milway 제약은 지역 사회의 귀중한 후원자가 될 **28** 직원 120명이 있어 다양한 방법으로 지역 사회를 지원하게 될 것입니다." Mr. Matthews는 대출 회사가 Milway 제약의 이전 비용을 대는 데 도움을 주었다고 밝혔다.

약을 개발하고 판매하는 회사인 Milway 제약은 최근 새로운 고객들을 여럿 확보해 추가 약사들을 고용할 계획이 있다고 Milway 제약의 사장인 Ella Milway가 설명했다. "우리는 추가적인 공간이 필요했고, Prader 빌딩이 제시한 뛰어난 임대 **27** 조건에 끌렸습니다."

라고 그녀가 말했다. "Bentley 대출로부터의 재정적 지원 또한 매우 매혹적인 요소였습니다."

23 Euston 동쪽에 위치한 Prader 빌딩은 Comcord 부동산에 의해 개발되었다. Smith 법률 협회, **28** CRI 회계, Lullington 탁구 클럽, 그리고 Pulford's 운동용품점이 빌딩의 세입자들이다. 이제 Milway 제약이 이전할 것이니 이 빌딩은 자리가 모두 찬 셈이다.

어휘 pharmaceutical 약학의, 제약의 I move 옮기다, 이전하다 I headquarters 본부 I announce 공지하다 I organization 기관 I low-interest 저금리의 I start-up loans 소규모 창업 대출 I valuable 귀중한, 소중한 I patron 고객; 후원자 I note ~에 주목하다 I assist 돕다 I cover the cost 요금을 충당하다 I market 상품을 광고하다 I intend to ~할 작정이다 I pharmacist 약사 I senior partner (조합 등의) 장, 사장 I terms (계약) 조건 I motivation 자극, 동기 부여 I tenant 세입자

---

25. 기사는 왜 쓰였는가?

(A) 회사가 새로운 장소로 이전하는 것을 알리기 위해
(B) 회사의 급여 인상을 공지하기 위해
(C) 업체들의 서비스 업데이트에 대한 정보를 주기 위해
(D) 한 건물에 대한 개조 공사를 설명하기 위해

해설 기사 첫머리에서 Milway 제약이 Prader Building으로 이전한다고 밝히며 회사 이전의 기대 효과, 배경, 빌딩 소개 등을 설명하고 있으므로 기사의 주요 화제는 Milway 제약의 이전임을 알 수 있다. 따라서 정답은 (A) To announce a company's move to a new location 이다.

---

26. Milway 제약에 관하여 암시되지 않은 것은 무엇인가?

(A) 직원 수
(B) 사무실의 크기
(C) 희망 급여 범위
(D) 회사의 새 위치

해설 (A)는 두 번째 단락에 직원 120명이 있다고 언급하고 있고 (B)는 첫 번째 단락에서 1,500 평방미터 넓이의 Prader 빌딩으로 이전한다고 되어있으며 Prader 빌딩이 Euston 동쪽에 위치해 있다는 정보를 토대로 (D) 역시 알 수 있는 사실이다. 급여의 범위에 대해 언급된 것은 없으므로 (C) The expected salary range가 정답이다.

---

27. 세 번째 단락, 네 번째 줄의 'terms'와 의미상 가장 가까운 것은

(A) 확장
(B) 방향
(C) 조건
(D) 표현

해설 Prader 빌딩이 제시한 '임차 조건에 끌렸다'라는 의미로 terms가 '조건'의 의미로 쓰였으므로, 이와 바꿔 쓸 수 있는 (C) conditions가 의미상 가장 적절하다.

---

28. Prader 빌딩에서 공간을 차지하고 있지 않은 업종은 무엇인가?

고난도

116

(A) 재무 서비스 회사
(B) 부동산 관리 업체
(C) 소매점
(D) 스포츠 클럽

해설 (A), (C), (D) 모두 마지막 단락의 'CRI Accountants, Lullington Table Tennis Club, Pulford's Sporting Goods'로 확인할 수 있으므로 (B) A property management firm이 정답이다. property는 재산의 가장 기본이 되는 단위인 주택, 상가, 호텔 등의 부동산 건물을 의미한다.

[29-33] 다음 이메일과 설문지에 관한 문제입니다.

수신: r_sanger@mbwhiteinsurance.com
발신: orders@stewartstationerysupplies.com
날짜: 11월 5일, 오전 9시 12분
제목: 귀하의 주문 번호 21987QT2

Mr. Sanger께,

32 Stewart 문구용품의 온라인 상점에서 주문해 주셔서 감사합니다. 귀하의 주문이 처리되었으며, 오늘 오후 2시에 Billington 창고에서 배송이 될 예정입니다.

수량	상품	비용
1	대형 갈색 봉투 (3,000장/박스)	60달러
1	Stewart T2 흰색 주소 라벨 (6,000장/박스)	20.50달러
1	Stewart S1 인쇄용지 (6,000장/박스) **29** 마지막 세일	95.50달러
1	Fine Print 13B 컬러 잉크 프린터 카트리지 (4팩/박스)	270달러
3일 내 배송		20달러
30 Stewart 기프트 카드 TR541G로 결제된 총액		466달러
기프트 카드 TR541G에 남아 있는 금액		10.50달러

29 '마지막 세일'이라고 표시된, 사용했거나 개봉된 제품은 반품될 수 없다는 것을 알아두세요. 전액 환불 보상 정책에 대해 알고 싶으시면 http://www.stewartstationerysupplies.com/returns를 방문해 주십시오.

저희가 고객 여러분께 항상 최상의 고객 서비스와 최고 품질의 제품을 제공해드릴 수 있도록, http://www.stewartstationerysupplies.com/survey에서 온라인 고객 만족도 설문 조사 양식을 작성해 주십시오. 11월 20일까지 이 설문 조사를 작성해 주시는 분들에게는 저희가 감사 선물을 보내드립니다!

Stewart 문구용품 고객 지원팀
전화번호: (800) 555-2135, 오전 9시-오후 9시, 월요일-금요일

어휘 order number 주문 번호 I process 처리하다 I ship 배송하다 I warehouse 창고 I envelope 봉투 I mailing label 수신인 주소 성명용 라벨 I cartridge 카트리지 I marked 표시된 I return policy 반품 정책 I ensure 반드시 ~하게 하다, 보장하다 I fill out 기입하다, 작성하다

---

http://www.stewartstationerysupplies.com/survey

고객 만족도 조사

31 설문지 작성을 마치시면, 저희가 다음 주문 시 사용하실 수 있는 출력 가능한 15퍼센트 할인 쿠폰을 이메일로 보내드릴 것입니다. 귀하의 이메일 주소를 포함하여 주십시오.

파트 1
Stewart 문구용품에 대해서 어떻게 알게 되셨습니까?
☐ 신문 광고   ☐ 우편으로 발송된 전단
☐ 기타 잡지 광고

파트 2
저희의 지점 중 한 곳에서 상품을 구매하셨다면, 지점을 표시해 주십시오. (**32** 온라인으로 구매하셨다면, 이 부분은 빈칸으로 비워두세요.)
33 ☐ Romford City ☐ Mountfield ☐ Ashridge
저희의 서비스를 어떻게 평가하시겠습니까?
☐ 훌륭함   ☐ 보통   ☐ 불만족

파트 3
저희 웹사이트에서 상품을 구매하셨다면, 상품을 찾기 쉬우셨습니까? (소매점에서 구매하셨다면, 이 부분은 빈칸으로 비워두세요.)
☐ 그렇다   ☐ 다소 그런 편   ☐ 아니다
저희 웹사이트에 기술 지원이 필요하셨다면, 서비스의 수준은 어땠습니까?
☐ 훌륭함   ☐ 양호함   ☐ 열악함

파트 4
저희로부터 구매하신 상품의 품질에 대한 등급을 매겨 주십시오.
☐ 훌륭함   ☐ 양호함   ☐ 불만족

어휘 customer satisfaction survey 고객 만족 설문 조사 | printable 출력[인쇄]할 수 있는 | voucher 상품권, 할인권 | purchase 구매, 구입하다 | indicate 명시하다, 가리키다 | navigate 길을 찾다, (복잡한 상황을) 다루다 | retail store 소매점 | somewhat 다소 | technical assistance 기술 지원 | rate 평가하다

29. Mr. Sanger가 주문한 상품 중 반품될 수 없는 것은 무엇인가?
(A) 프린터 카트리지
(B) 인쇄용지
(C) 주소 라벨
(D) 봉투

해설 이메일 지문에서 '마지막 세일'이라고 표기되어 있는 제품들은 사용 또는 개봉이 되면 반품 불가능함을 확인할 수 있고, 주문 품목에서 FINAL SALE이라고 표기된 것은 Stewart S1 인쇄용지이다. 따라서 정답은 (B) printing paper이다.

30. Mr. Sanger가 한 주문에 관하여 언급된 것은 무엇인가?
(A) 수량 변경을 요청했다.
(B) 배송일이 11월 5일로 잡혀 있다.
(C) Billington에 있는 그의 사무실로 배송될 것이다.
(D) 결제를 위해 기프트 카드를 사용했다.

해설 Mr. Sanger의 주문에 관한 사실을 확인해야 하는 문제이다. 이메일 지문에서 Mr. Sanger가 주문한 품목들 또는 옵션을 확인하면 Total paid by Stewart gift card TR541G에서 기프트 카드로 결제를 했다는 것을 파악할 수 있다. 따라서 정답은 (D) He used a gift card

for payment.이다. 이 문제의 경우, 이메일 작성일이 11월 5일이고 본문에 ~ will ship from our Billington warehouse today at 2:00 P.M.를 근거로 보기 (B)를 오답으로 많이 선택한다. 하지만, 본문의 주문내역서에서 3-day shipping: 20$ 부분에 집중하면, 고객이 제품 발송 후 수령하는 데 3일 소요되는 배송을 선택했음을 알 수 있다. 즉, 11월 5일에 상품을 발송해도 11월 5일 당일에 배송이 완료될 수 없기 때문에 11월 5일 배송 완료 예정이라는 보기 (B)는 오답이다. 이 문제와 같이 파트 7에서는 배송 기간에 따른 요금 차등과 배송 및 수령일 날짜와 관련된 유형이 자주 출제된다는 점에 유의해야 한다.

31. 설문 조사를 작성하는 고객들은 어떤 혜택을 받을 수 있는가?
(A) 무료 잉크 카트리지 팩
(B) 11월 20일에 있을 할인 판매 행사 초대
(C) 앞으로의 주문에 대한 무료 배송
(D) 다음 구매에 대한 가격 할인

해설 설문지 지문의 첫 단락에서 설문을 완료할 시에 다음 구매에 대한 할인권을 제공한다고 이야기하고 있으므로 정답은 (D) A reduction in price on their next purchase이다.

32. Mr. Sanger는 설문 조사의 어떤 부분을 작성하지 말아야 하는가?
(A) 파트 1
(B) 파트 2
(C) 파트 3
(D) 파트 4

해설 설문지 지문에서 생략해도 되는 부분에 대한 내용을 찾아야 한다. 이메일 지문의 첫 문장에서 Mr. Sanger는 온라인으로 물품들을 주문했음을 알 수 있고, 설문지의 Part 2 부분에서 온라인으로 구매했다면 이 부분을 비워두라고 하고 있다. 따라서 파트 2 부분은 공백으로 남겨두어야 하는 부분이다. 정답은 (B) Part 2이다.

33. Stewart 문구용품에 관한 설문 조사에서 알 수 있는 것은 무엇인가?
(A) 24시간 고객 지원이 가능하다.
(B) 텔레비전을 통해 제품을 광고한다.
(C) 적어도 세 곳의 소매점이 있다.
(D) 최근에 웹사이트를 업데이트했다.

해설 설문지 지문의 Part 2 부분에서 Romford City/Mountfield/Ashridge를 통하여 Stewart 문구용품은 최소한 세 곳의 지점이 있음을 유추할 수 있다. 따라서 정답은 (C) It has at least three retail stores.임을 확인할 수 있다. (A), (B), (D)에 관한 내용은 지문에서 찾아볼 수 없다.

UNIT 12. 형용사절 접속사

Q1 1. which 2. who

1. 이례적인 폭설이 내렸고 이는 다수의 항공기 결항으로 이어졌다.
해설 사물이 선행사이며 뒤에 주어가 빠진 불완전한 문장이 왔으므로 주격 관계대명사 which

2. 현재 프로젝트를 담당하고 있는 매니저는 다음 달에 사임한다.
해설 사람이 선행사이며 뒤에 주어가 빠진 불완전한 문장이 왔으므로 주격 관계대명사 who

Q2 1. whose

1. 그 유명 저자는 참석자들이 대부분 대학생인 학회에서 연설을 할 예정이다.
해설 완전한 문장이 뒤에 이어지므로 소유격 관계대명사 자리. which 뒤에는 불완전한 문장이 와야 하므로 오답

Q3 1. which

1. HR 팀이 조직한 스포츠 축제가 토요일에 열릴 것이다.
해설 타동사 organized의 목적어가 없는 불완전한 문장이 뒤에 오므로 관계절에서 목적어 역할을 하는 목적격 관계대명사 자리. 소유격 관계대명사 뒤의 명사는 관사나 소유격이 없는 명사가 오므로 오답

Q4 1. What

1. 우리에게 중요한 것은 고객들이 우리 서비스에 만족하는 것이다.
해설 뒤에 주어 없이 동사가 바로 위치한 불완전한 문장이 오므로 선행사 없이 쓰이는 관계대명사 what

Q5 1. where

1. 현재 그녀가 조사를 진행하고 있는 회사는 대기 오염을 유발하는 것으로 비난받아 왔다.
해설 뒤에 완전한 문장이 오므로 관계부사 자리. 관계대명사 which 뒤에는 주어나 목적어가 빠진 불완전한 문장이 와야 하므로 오답

Q6 1. which 2. on 3. which

1. 주민 센터는 주민들이 체력 단련 활동을 즐길 수 있는 시설을 제공한다.
해설 전치사 뒤의 목적어 자리이므로 목적격 관계대명사 자리

2. 시에서 극장이 지어질 땅을 제공할 것이다.

해설 which는 the land를 받아주는 대명사이므로 which 대신 the land를 넣어보고 문맥에 맞는 전치사를 선택한다. 생산 시설들은 땅 위에 지어지는 것이므로 전치사 on

3. E-logics 사는 다양한 컴퓨터용 소모품을 취급하며, 이 모든 것들은 온라인으로 구매할 수 있습니다.
해설 전치사 of 뒤의 목적격 관계대명사 자리이며 선행사 accessories가 사물이므로 which

Q7 1. interested 2. selling

1. 워크숍 참석에 관심이 있는 직원들은 Ms. Lim에게 연락해야 한다.
해설 주어진 문장에는 동사(should contact)가 존재하나 접속사나 관계사가 없기 때문에 동사가 아닌 과거분사가 정답. 또한, '참석에 관심 있는 직원들'이란 문맥에 따라, 'employees who are interested in~'에서 '주격 관계대명사 who와 be동사'를 생략하여 과거분사 interested가 명사 employees를 뒤에서 수식하는 구조

2. 다 쓴 잉크 카트리지에 대한 보상을 받으시려면 저희 Clean Ink 제품을 판매하는 매장으로 가져오시면 됩니다.
해설 주어진 문장에는 동사(take)가 존재하나 접속사나 관계사가 없기 때문에 동사가 아닌 현재분사가 정답. 또한, '제품을 파는 가게'란 문맥에 따라, 'any store which is selling ~'에서 주격 관계대명사 which와 be동사를 생략하여 현재분사 selling이 명사 store를 뒤에서 수식하는 구조

Q8 1. are 2. have learned

1. 복사기에 필요한 토너 카트리지가 임시 품절 상태이므로 복사기를 아껴 써주시기 바랍니다.
해설 선행사 the toner cartridges와 it requires 사이에 목적격 관계대명사 which가 생략된 구조이므로 동사가 하나 더 필요함

2. Dr. Wayne의 지도 아래 내가 배운 모든 것을 실행할 것이다.
해설 선행사 all 뒤에 목적격 관계대명사 which가 생략된 구조로 '내가 배워 온 모든 것'이란 능동 의미에 맞는 능동태

Practice

1. (B)	2. (B)	3. (B)	4. (C)	5. (A)
6. (A)	7. (D)	8. (A)	9. (A)	10. (A)
11. (D)	12. (A)	13. (A)	14. (C)	15. (C)
16. (C)	17. (A)	18. (D)	19. (A)	20. (D)
21. (B)	22. (C)	23. (A)	24. (A)	25. (C)
26. (A)	27. (D)	28. (A)	29. (A)	30. (C)
31. (D)	32. (C)	33. (B)		

1. 컴퓨터에 문제가 있는 직원들은 정규 업무 시간 동안 회사의 IT 지원 팀에 전화를 해야 한다.

해설 두 개의 동사(have, should call)를 연결해주는 접속사나 관계사가 필요하기 때문에 대명사인 (A), (C), (D)는 오답이다. 사람 선행사 뒤에 주어가 없는 불완전 구조의 절이 쓰였으므로 주격 관계대명사인 (B) who가 정답이다.

어휘 regular working hours 정규 업무 시간

2. 전통 접시를 만드는 기술을 전문으로 하는 Royal Tableware 사는, 작년에 남미로 시장을 확장했다.

해설 사물 선행사 뒤에 주어가 없는 불완전 구조의 절이 쓰였으므로, (B) which가 정답이다.

어휘 specialize in ~을 전문으로 하다 | expand ~를 확상하나

3. Mr. Murphy의 최신작 한 권이 대회에 참가한 우승자에게 무료로 주어질 것이다.

해설 주격 관계대명사 that 뒤이므로 동사 자리이며, 그 동사는 선행사에 수나 태를 맞춰야 하므로 (B) participates가 정답이다.

어휘 copy 사본 | participate (in) (~에) 참가하다

4. 전 세계적으로 유명한 작가인 Carol MacMillan의 작품이 여러 언어로 번역되었는데, 그녀는 예전에 영어 선생님이었다.

해설 명사 앞의 소유격 관계대명사 자리이므로 (C) whose가 정답이다. (A)와 (D)는 주어가 없는 불완전 구조가 와야 하며, (B)는 두 개의 동사를 연결하는 접속사 역할을 하지 못하므로 오답이다.

어휘 world-famous 세계적으로 유명한 | author 작가 | translate ~을 번역하다 | used to 동사원형 (과거에) ~했다, ~였다

5. Hamasaki 자동차는 그 회사를 세계에서 세 번째로 큰 자동차 생산업체로 만들어 줄 Liberty 자동차와의 합병을 막 발표했다.

해설 사물 선행사 뒤에 주어가 없는 불완전 구조의 절이 쓰였으므로, (A) which가 정답이다. (B)는 그 앞에 선행사를 취하지 않으며, (C)는 사람 선행사와 쓰이며, (D)는 뒤에 명사가 와야하는 소유격 관계대명사이므로 오답이다.

어휘 merger 합병 | manufacturer 생산자

6. 최근의 전기요금 인상은 평소 에너지 소비량이 많은 사업체들에게 영향을 미쳤다.

해설 명사 energy 앞의 소유격 관계대명사 자리이므로 (A) whose가 정답이다. 관계 대명사 (B) which는 뒤에 주어나 목적어가 빠진 불완전 구조가 와야 하며, 주격 관계대명사 (C) who는 그 앞에 사람 선행사와 뒤에 주어가 빠진 불완전 구조가 와야 하며, 명사인 (D)는 두 개의 동사(has affected, is)를 연결하는 접속사 역할을 할 수 없으므로 오답이다.

어휘 electricity price 전기요금 | affect ~에 영향을 미치다 | consumption 소비, 소모(량)

7. 귀하가 주문한 물건을 언제 받을 수 있을지를 알기 위해서는 봉투 안에 있는 주문서를 참조하십시오.

해설 사물 선행사 뒤에 목적어가 없는 불완전 구조의 절이 쓰였으므로 (D) which가 정답이다. 소유격 관계대명사 (A)나 관계부사 (B)는 완전 구조의 절을 이끌어야 하며, (C)는 콤마 뒤의 계속적 용법으로 쓰일 수 없으므로 오답이다.

어휘 refer to ~을 참조하다 | purchase order sheet 주문서 | envelope 봉투

8. 그 대학은 매년 봄 학기에 그 지역의 기업들이 일자리에 대해 학생들을 인터뷰하는 취업 박람회를 개최한다.

해설 장소를 선행사로 뒤에 완전한 문장이 왔으므로 관계부사 (A) where가 정답이다. 관계대명사 (D) which 뒤에는 주어나 목적어가 빠진 불완전한 구조가 와야하므로 오답이며, 부사 (B)와 대명사 (C)는 접속사 역할을 하지 못하므로 쓰일 수 없다.

어휘 semester 학기 | job fair 취업 박람회

9. Harington 사의 본사를 방문하기 위해 남방향 11번 고속도로를 타고 3번 출구까지 오시면, Eliot Building 옆에 있습니다.

해설 사물 선행사 뒤에 주어가 없는 불완전 구조의 절이 쓰였으므로, (A) which가 정답이다. (B)는 주어가 있는 완전 구조의 절을 이끌어야 하고, (C)는 콤마 뒤에 쓸 수 없으며, (D)는 선행사가 사람 명사이어야 하므로 오답이다.

어휘 headquarters 본사 | next to ~의 옆에

10. Sydney 미술관을 설계한 국제적으로 유명한 건축가가 프로젝트의 팀장이 될 것이다.

해설 사람 선행사 뒤에 주어가 없는 불완전 구조의 절이 쓰였으므로, (A) who가 정답이다. (B)는 사물 선행사와 쓰여야 하며, 대명사인 (C)는 두 개의 동사(designed, will be)를 연결하는 접속사 역할을 하지 못하며, (D)는 선행사를 취하지 못하므로 오답이다.

어휘 renowned 유명한 | architect 건축가

11. 지난달에 신간을 출간한 철학 교수가 Alpha 서점에서 책 사인회를 열 것이다.

해설 명사 앞의 소유격 관계대명사 자리이므로 (D) whose가 정답이다. (B)는 두 개의 동사(was published, will hold)를 연결하는 접속사 역할을 할 수 없고, (A)는 선행사를 취하지 못하며, 복합 관계대명사인 (C)는 뒤에 동사가 오고, 선행사를 취하지 못하므로 오답이다.

어휘 publish ~을 출판하다 | hold ~을 개최하다

12. Hill 은행은 모든 대출 신청자들에게 각 신청자의 재무기록에 대한 세부사항들이 논의 되어지는 1대 1 상담을 제공한다.

해설 사물 선행사와 쓰이며 전치사 during 뒤에 오는 목적격 관계대명사인 (A) which가 정답이다. 전치사 뒤의 목적어 자리에는 관계부사인 (B), 부사절접속사인 (C), 소유격 관계대명사인 (D)는 쓰일 수 없다.

어휘 one-on-one 1대 1의 | consultation 상담

13.
고난도 DGN 산업이 설립 이래로 주재하고 있는 Center One 빌딩은 많은 개선과 수리를 필요로 한다.

해설 관계대명사 목적격 앞의 전치사를 묻는 문제이다. 빈칸 뒤의 동사 reside와 선행사 building을 연결해보면 그 건물 안에 거주한다는 의미가 되어야하므로 (A) in이 정답이다.

어휘 reside 거주하다, 주재하다 | updating 개선, 개정

14. Thomas Wyatt의 조각작품은 미술에 있어서 세련된 기호가 있는 고객들이 구매한다.

해설 명사 tastes 앞의 소유격 관계대명사 자리이므로 (C) whose가 정답이다. 대명사인 (B)는 두 개의 동사(are, are)를 연결하는 접속사 역할을 할 수 없으므로 오답이다.

어휘 taste 기호, 취향 | sophisticated 세련된

15. 당국은 탄소 배출을 줄이는 지역 제조업체들에 포상할 것이다.

해설 두 개의 동사(reward, decrease)를 연결하는 접속사 역할을 하며, 주어가 빠진 불완전 구조를 이끄는 주격 관계대명사 (C) that이 정답이다. 조동사 (A) will은 문장을 연결하는 접속사 역할을 못하며, 「주어 + 동사」의 안전한 문장을 이끄는 부사절 접속사 (B), (D)는 빈칸 뒤에 주어 없이 동사가 오기 때문에 쓰일 수 없다.

어휘 authority 당국 | reward (일, 공적 등에 대해) 포상하다 | decrease 감소시키다 | carbon 탄소 | emission 배출

16. Groove 건설사는 Ms. Schmidt가 감독한 환경 친화적인 프로젝트로 올해의 건축상을 탔다.

해설 주격 관계대명사 that 뒤의 동사는 선행사에 수나 태를 맞춰야 한다. 선행사로 쓰인 project는 '감독되는' 것이므로 수동태 (C) was overseen이 정답이다.

어휘 environmentally-friendly 환경 친화적인 | oversee ~을 감독하다

17. 홍보 담당자는 요청한 참고 자료가 준비되지 않아 발표를 시작할 수 없었다.
고난도

해설 「선행사 + 목적격 관계대명사 + 주어 + 동사」의 구조를 묻는 문제이다. 이때 목적격 관계대명사는 생략 가능하므로 주어에 해당하는 (A) she가 정답이다. 만약 주격 관계대명사인 (B)가 정답이라면 선행사(참고자료)와 그 뒤에 오는 동사가 수의 일치와 태가 올바르게 되어야 하는데 참고 자료가 요청되는 대상이므로 수동의 형태(was requested)가 되어야 한다. 하지만 문제 속의 동사는 능동형(requested)이므로 주격 관계대명사는 정답이 될 수 없다. 소유격 관계대명사인 (D)는 뒤에 완전 구조가 와야 하므로 주어가 없는 불완전 구조에 쓰일 수 없다.

어휘 PR 홍보 | reference material 참고 자료

18. Community Heritage Pride 상은 Grant 시의 역사적인 건물들을 복원하는 것을 돕는데 시간을 자원하여 내준 주민들에게 영예를 준다.

해설 선행사로 사람명사가 오고 빈칸 뒤에 주어가 빠진 불완전 문장이 왔으므로 주격 관계대명사인 (D) who가 정답이다. 빈칸 뒤의 volunteer는 뒤에 their time을 목적어로 가진 타동사이므로 뒤에 명사를 취하는 전치사인 (A), (C), 소유격 관계대명사인 (B)는 오답이다.

어휘 honor ~에게 영예(명예)을 주다 | volunteer 자진(자원)하여 제공하다 | restore 복원/복구하다

19. 많은 고객들이 잡지와 신문에 광고가 나가는 Hrudy 가구에 의해 실시되는 제품 설문조사에 참여했다.
고난도

해설 명사 앞의 소유격 관계대명사 자리이므로 (A) whose가 정답이다. 대명사인 (B)는 두 개의 동사(participated, apper)를 연결하는 접속사 역할을 못하며, (C)는 주어나 목적어가 빠진 불완전 문장이 와야 하므로 오답이며, (D)는 선행사를 취하지 못한다.

어휘 appear 나오다, 발간되다

20. Miles 해운은 신속한 배송을 위해 먼저 더 큰 트럭을 사용하기 시작
고난도 했는데, 그것들 모두에는 회사 고유의 로고가 새겨져 있다.

해설 두 개의 동사를 연결해주는 접속사 기능을 가진 관계대명사 (C)와 (D) 중 사물 선행사와 쓰이며 전치사(of) 뒤에 오는 목적격 관계대명사에 해당하는 (D) which가 정답이다. 대명사 (A), (B)는 두 개의 동사를 연결해주는 접속사 역할을 못하며, (C)는 사람 선행사와 쓰여야 하므로 오답이다.

어휘 prompt 신속한 | delivery 배송 | unique 고유의 | imprint 새기다

[21-24] 다음 기사에 관한 문제입니다.

> Desert Business Times
>
> Palm Desert (4월 25일) – Janell Cantu가 Forrest 금융 서비스의 새 CEO로 선정되었다. 이사회는 어제 그 임명을 **21** 확정했다. **22** Ms. Cantu는 이전에 Forrest의 가장 큰 경쟁사의 마케팅 부서를 이끌었다. CEO로서, Ms. Cantu는 저비용 대안들의 도전에 적응하기 위한 새로운 비즈니스 모델을 만드는 일을 담당할 것이다. **23** 더욱이, 그녀는 Forrest의 새롭게 디자인된 인터넷 금융 서비스를 책임질 것이다. 그녀의 전 고용 업체는 현재 소비자 설문조사에서 가장 높은 등급을 받은 온라인 금융 서비스를 **24** 개발했던 회사이다.
>
> 어휘 select 선정하다, 선택하다 | board of directors 이사회 | appointment 임명 | be responsible for 책임지다, 담당하다 | adapt 적응하다 | alternatives 대안 | in charge of ~을 담당하는 | former 이전의 | rate 등급을 매기다, 평가하다

21. 해설 빈칸 뒷부분에 Ms. Cantu가 CEO로서 앞으로 하게 될 업무들이 나오므로, 이사회가 Ms. Cantu의 임명을 확정했다는 내용의 (B) confirmed가 정답이다. (A) postponed '연기했다', (C) reversed '뒤바꿨다', (D) considered '고려했다'

22. (A) 기업은 새 CEO를 계속해서 찾아볼 것이다.
고난도 (B) Forrest 금융 서비스는 성공적인 현재 전략을 지속할 것이다.
(C) Ms. Cantu는 이전에 Forrest의 가장 큰 경쟁사의 마케팅 부서를 이끌었다.
(D) 〈Desert Business Times〉는 새롭게 디자인한 온라인 판을 이제 막 출시했다.

해설 빈칸 앞 부분에 Ms. Cantu의 신임 CEO 임명에 관련된 내용이 나오고, 빈칸 뒤에 Ms. Cantu가 신임 CEO로서 하게 될 업무에 대한 내용이 나오므로 이전에 Ms. Cantu가 경쟁사의 마케팅 부서를 이끌었다는 (C) Ms. Cantu previously led the Marketing Department at Forrest's largest competitor.가 흐름상 적절하다. 신임 CEO를 계속 찾을 거라는 (A)는 Ms. Cantu가 신임 CEO로 임명되었다는 앞 내용과 일치하지 않고, Forrest 금융 서비스가 현재의

전략을 유지할 것이라는 (B)와 〈Desert Business Times〉의 온라인 판을 출시했다는 (D)는 빈칸 앞, 뒤의 내용과 연관성이 없으므로 오답이다.

23. **해설** 빈칸 앞뒤 문장 모두 CEO의 신규 업무에 관한 내용들로 앞 문장은 신임 CEO로서 새로운 비즈니스 모델을 만드는 일을 책임질 것이고, 뒷문장은 인터넷 금융 서비스를 책임질 것이라는 내용이다. 따라서, 앞 문장의 신규 업무에 또 다른 업무가 뒤에 추가되는 것이기 때문에 추가, 부연을 나타내는 (D) Furthermore가 정답이다. (A) Nonetheless '그럼에도 불구하고', (B) Consequently '결과적으로', (C) Otherwise '그렇지 않으면'

24. **해설** 빈칸 앞의 사물 선행사 the company를 수식하는 주격 관계 대명사절인 (A), (B) 중에 정답을 선택해야 한다. (A)와 (B)의 가장 큰 차이점은 동사의 시제이다. 관계대명사의 수식을 받는 the company는 Ms. Cantu를 이전에 고용했던 업체이므로 온라인 금융 서비스를 개발한 것은 과거에 해당한다. 따라서, 과거 시제 동사가 포함된 (A) that developed가 정답이다.

[25-28] 다음 양식에 관한 문제입니다.

GIOVANNI 피혁

Giovanni 피혁은 생산하는 전 제품에 대한 품질을 보증합니다. 다음과 같이, 저희는 일 년까지의 사용에 있어 어떤 제품 결함에 대해서도 무조건적인 보증을 제공합니다. **25** 만약 이 기간 내에 어떠한 결함을 찾으시게 된다면 전액 환불받거나 결함이 있는 제품과 동일한 가격 또는 더 저렴한 상품으로 교환할 수 있습니다.

제품을 등록함으로써 고객님의 보증을 활성화하실 수 있습니다. 이 선불 우편 카드를 기입하시고 저희에게 다시 보내주세요.

이름: *Kevin Troust*
이메일: *ktroust@zotmail.com*
주소: *100 Windsor 로, 제임스타운, 버지니아 10923*
제품 번호: *BF30ZZXU992*
26 제품 설명: *번호 자물쇠가 있는 갈색 서류가방*
소유하고 있는 다른 Giovanni 피혁 제품 수는?: *1*
이 제품은 선물이었습니까? *아니오*
소유하고 있는 다른 가죽 제품들은 무엇입니까? *Good Old Texan, Westwing, Falco*
Giovanni 피혁에 대한 코멘트를 적어 주세요:
27 *귀사의 웹사이트는 둘러보기 편했으며, 그래서 제가 찾고 있던 제품을 쉽게 찾았습니다. 제 구매에 매우 만족하며, (바지나 부츠와 같은)*
28 *남성용 제품들의 폭이 더 넓었으면 좋겠다는 게 저의 유일한 제안입니다. Giovanni는 지갑, 핸드백 같은 여성용 액세서리를 주로 취급하는 것 같습니다.*

어휘 **fully** 완전히, 충분히 | **guarantee** 보증하다 | **quality** 질 | **manufacture** 제조하다, 생산하다 | **provide** 제공하다 | **unconditional** 무조건적인 | **defect** 결점 | **up to** ~까지 | **encounter** 맞닥뜨리다, 접하다 | **refund** 환불 | **exchange** 교환 | **defective** 결함이 있는 | **activate** 작동시키다, 활성화 시키다 | **register** 등록하다 | **fill out** 기입하다 | **pre-paid** 선불된 | **combination lock** 번호 자물쇠 | **regarding** ~

에 관해 | **convenient** 편리한, 간편한 | **navigate** (인터넷·웹사이트를) 돌아다니다 | **easily** 쉽게, 수월하게 | **find** 찾다 | **look for** ~을 찾다 | **satisfy** 만족하다 | **suggestion** 제안 | **selection** 선택 | **seem** ~인 것 같다 | **carry** 취급하다

25. Mr. Troust는 왜 양식을 기입했는가?
고난도
(A) 결함이 있는 제품에 대해 항의하기 위해
(B) 회원들에게 할인을 제공하는 프로그램을 신청하기 위해
(C) 미래에 제품을 반품할 수 있게 하기 위해
(D) 가게에 일련의 지침들을 요청하기 위해

해설 지문 첫 단락에서 제품 등록 시에 전액 환불이나, 제품과 동일한 가격 또는 더 저렴한 상품으로 교환할 수 있음을 알 수 있다. 따라서 정답은 (C) To allow himself to return a product in the future이다.

26. Mr. Troust는 무엇을 샀는가?
(A) 서류를 넣을 수 있는 가방
(B) 핸드백
(C) 부츠 한 켤레
(D) 지갑

해설 제품 등록 상세 정보에서 구매 제품이 서류 가방인 것을 알 수 있다. 따라서 정답은 (A) A bag for papers이다.

27. Mr. Troust에 관하여 언급된 것은 무엇인가?
(A) Giovanni 피혁 제품을 선물로 받았다.
(B) Giovanni 피혁 제품을 많이 소유하고 있다.
(C) Giovanni 피혁에서만 쇼핑한다.
(D) Giovanni 피혁 제품을 온라인으로 구매했다.

해설 Mr. Troust는 양식을 작성하는 고객임을 인지하여, 제품 등록 상세 정보 및 고객 코멘트 내용에 주목해야 한다. 코멘트 내용 중 웹페이지에서 찾던 것을 쉽게 찾았다고 기입했으므로, 웹페이지에서 제품을 주문했음을 알 수 있다. 따라서 정답은 (D) He purchased a Giovanni Leather product online.이다.

28. Mr. Troust의 의견에서, Giovanni 피혁은 어떻게 개선될 수 있는가?
(A) 더 많은 종류의 제품들을 제공함으로써
(B) 제품 보증 기간을 연장함으로써
(C) 제품 할인을 더 많이 해줌으로써
(D) 더 질이 높은 제품을 판매함으로써

해설 고객 코멘트 내용에서 Giovanni Leather에 대한 제안 또는 불만 사항에 주목해야 한다. 코멘트 내용 중에서 Mr. Troust는 남성용 제품의 폭을 늘리기를 희망하는 것을 확인할 수 있다. 따라서 정답은 (A) By offering more types of products이다.

[29-33] 다음 웹사이트와 이메일, 설문지에 관한 문제입니다.

https://pcg.com/yearlyexpo

[학회 홈] [**박람회 안내**] [연사들] [등록] [회원]

제7회 연례 전문 제과업자 세계 박람회가 2월 16일부터 19일까지 부에노스아이레스에서 열릴 예정입니다.

다국적 기업이나 신생 기업이나 할 것 없이 사탕 제조 분야에서 업계 동향과 혁신적인 기술을 배울 기회를 갖기 위해 연례 전문 제과업자 세계 박람회(PCG)에 참여합니다. 32 기조 연설자 Kayla de Silva와 함께 아르헨티나에서 열리는 올해의 모임에 참가하세요. Jupiter Foods CEO인 Ms. de Silva는 사탕 제조 기술의 가장 최신 변화에 대해 얘기할 것입니다. 또한 박람회 동안 행사에서 사탕 산업의 전문가들인 Gabe Luciano, Nikki Mendoza, Ji-won Song, 그리고 John Kimeli이 강연을 할 것입니다. 위의 '연사들' 탭을 클릭하여 모든 연설자들과 워크숍에 대해 자세히 알아보세요.

올해 박람회는 Ambassador Inn에서 열립니다. 29 일부 객실은 단독으로 PCG 회원만을 위해 특별 할인 요금으로 배정되었습니다. 빙을 예약하실 때, 회원 아이디 번호와 프로모션 코드 PCG7를 입력하세요.

PCG 회원들 신청은 12월 15일부터 가능하고, 비회원의 신청이 가능한 시점인 1월 15일부터는 요금이 인상됩니다. 그러니 오늘 위의 등록 탭을 클릭하여 신청해주세요.

어휘 yearly 1년에 한 번씩 있는 I professional 전문적인 I confectioner 사탕이나 초콜릿을 만드는 사람, 제과업자 I global 세계적인 I expo 박람회 I multinational 다국적의 I corporation (큰 규모의) 기업 I start-up 스타트업 회사, 신생 벤처기업 I alike (서로) 유사하게, 마찬가지로 I opportunity 기회 I industry 산업 I trend 추세, 트렌드 I innovation 혁신 I gathering 모임 I keynote speaker 기조 연설자 I manufacturing 제조(업) I technique 기법, 공법 I expert 전문가 I click (마우스 등을) 클릭하다, 누르다 I set aside ~을 한쪽으로 치워 놓다, 챙겨 두다 I exclusively 독점적으로 I rate 요금, 요율 I membership 회원권, 회원 자격 I promo 홍보용의 I registration 등록 I admission 입장, 입학 I sign up 등록하다, 가입하다

수신: Nikki Mendoza 〈nmendoza@prochocolatier.co.ca〉
발신: Milo d'Antoni 〈mdantoni@pcg.com〉
제목: 정보
날짜: 2월 22일
첨부: 답변.doc

Ms. Mendoza께,

PCG 박람회에 참석하기 위해 멀리 아르헨티나까지 비행기를 타고 와주셔서 감사합니다. 33 직접 만나 뵙게 되어 영광스럽게 생각하며, 하드캔디를 만드는 법에 관한 귀하의 멋진 발표에 다시 한번 감사드리고 싶습니다. 30 참석자 모두가 새롭고 흥미로운 맛을 만들어내는 것이 얼마나 쉬운지에 대해 잘 알게 되었습니다. 이 메일에는 Mr. Randy Fischer가 제공한 응답 양식이 포함되어 있으며, 귀하의 설명회에 대한 참석자들의 의견을 보여주고 있습니다.

안부를 전하며,

Milo d'Antoni
PCG 행사 위원회 의장

어휘 attachment 첨부(파일) I response 응답, 답변 I fly 비행하다 I present 발표하다 I honor 영광 I hard 단단한, 딱딱한 I in attendance 참석한 I appreciate 진가를 알게 되다 I representative of ~을 대표하는 I attendee 참석자 I review 평가, 검토 I session (미팅 등을 하기 위한) 시간[기간], 모임

전문 제과업자 세계 박람회 참가자 설문지

	★★★★	★★★	★★	★
발표	X			
구성			X	
장소	X			
식사	X			

기타 의견:
박람회에 찾아가는 것은 꽤 정신이 없었습니다. 비록 12월 초에 등록을 했지만, 제 여행 정보를 매우 늦게 받는 바람에 공항에 도착해서 행사장까지 가는 방법에 대해 혼란스러웠습니다. 32 저는 이것 때문에 첫날 아침의 기조 연설과 행사들에 참석할 수 없었습니다. 그러나 제가 볼 수 있었던 다른 발표들은 훌륭했습니다. 33 특히, 저는 Tutti's Hard Candy의 소유주가 한 발표가 좋았습니다. 저는 배운 그 기술들을 제 가게에서 사용할 계획입니다.

Randy Fischer

어휘 comment 언급, 의견, 논평 I get to ~에 도착하다 I hectic 정신 없이 바쁜 I at the last minute 임박해서 I confusion 혼란 I in particular 특히 I accommodation 숙박, 숙소 I register 등록하다 I be open to ~에게 개방[공개]되다 I venue 행사장 I input 의견, 조언, 입력 I in time 제시간에

29. 박람회에 관하여 알 수 있는 것은 무엇인가?
(A) 일부 참가자들은 할인된 요금으로 숙박비를 낼 것이다.
(B) PCG회원들은 1월 15일 전에 신청해야 한다.
(C) 사탕 제조업체들만 참가가 가능하다.
(D) 이전에 부에노스아이레스에서 개최된 적이 있다.

해설 첫 번째 지문(웹사이트), 세 번째 단락에서 Some rooms have been set aside exclusively for PCG members at special rates (일부 객실은 단독으로 PCG(= Professional Confectioners' Global Expo) 회원만을 위해 특별 할인 요금으로 배정되었습니다.)라고 했으므로 (A) Some participants will pay a reduced rate for accommodations. 가 정답이다.

30. 이메일의 목적은 무엇인가?
(A) 발표 제안서를 제출하려고
(B) 행사장 장소에 대해 문의하려고
(C) 설명회에 대한 의견을 주려고
(D) 설문의 응답을 요청하려고

해설 Milo d'Antoni가 Ms. Mendoza에게 보낸 두 번째 지문(이메일), 세 번째 줄에서 Everyone in attendance left with an appreciation for how easy it can be to make new and interesting tastes. Included with this e-mail is a response form given by Mr. Randy Fischer, and is representative of the attendees' reviews of your session. (참석자 모두가 새롭고 흥미로운 맛을 만들어 내는 것이 얼마나 쉬운지에 대해 잘 알게 되었습니다. 이 메일에는 Mr. Randy Fischer가 제공한 응답 양식이 포함되어 있으며, 귀하의 설명회에 대한 참석자들의 의견들을 보여주고 있습니다.)라고 했으므로 (C) To give input on a session가 정답이다.

presentation on making hard candies. (직접 만나 뵙게 되어 영광스럽게 생각하며, 하드캔디를 만드는 법에 관한 귀하의 멋진 발표에 다시 한번 감사드리고 싶습니다.)에서 이 글의 수신자, Ms. Mendoza가 Tutii's Hard Candy의 오너임을 알 수 있으므로 (B) Nikki Mendoza가 정답이다.

---

31. 이메일에서, 첫 번째 단락, 세 번째 줄의 단어 "appreciation"과 의미상 가장 가까운 것은

(A) 동정

(B) 증가

(C) 감사

(D) 이해

해설   Milo d'Antoni가 Ms. Mendoza에게 보낸 두 번째 지문(이메일), 세 번째 줄의 Everyone in attendance left with an appreciation for how easy it can be to make new and interesting tastes. (참석자 모두가 새롭고 흥미로운 맛을 만들어 내는 것이 얼마나 쉬운지에 대해 잘 알게 되었습니다.)에서 'appreciation'은 '이해'의 의미로 쓰였으므로 보기 중 같은 의미를 갖는 (D) understanding이 정답이다.

---

32. Mr. Fischer에 관하여 알 수 있는 것은 무엇인가?

(A) 호텔이 비싸다고 생각했다.

(B) 오후 행사에 참석할 수 없었다.

(C) Ms. de Silva의 강연을 들을 수 없었다.

(D) 제시간에 신청을 완료하지 못했다.

해설   Mr. Fischer가 쓴 세 번째 지문(설문지)의 'Other comments'에서 I was unable to attend the first morning's keynote speech and events because of this. (저는 이것 때문에 첫날 아침의 기조 연설과 행사들에 참석할 수 없었습니다.)라고 했는데, keynote speech가 언급된 첫 번째 지문(웹사이트), 두 번째 단락에서 Join this year's gathering in Argentina with keynote speaker Kayla de Silva. Ms. de Silva (기조 연설자 Kayla de Silva와 함께 아르헨티나에서 열리는 올해의 모임에 참가하세요.)라고 하여 기조 연설자(Ms. de Silva)의 이름을 확인했으므로 Mr. Fischer가 Ms. de Silva의 연설을 들을 수 없었다는 것을 유추할 수 있다. 따라서 (C) He could not listen to Ms. de Silva's talk. 가 정답이다.

---

33. Mr. Fischer는 특이 어떤 연사를 마음에 들어 했는가?

(A) Gabe Luciano

(B) Nikki Mendoza

(C) Ji–won Song

(D) John Kimeli

해설   Mr. Fischer가 쓴 세 번째 지문(설문지)의 'Other comments'에서 In particular, I liked the presentation given by the owner of Tutti's Hard Candy. (특히, 저는 Tutti's Hard Candy의 오너가 한 발표가 좋았습니다.)라고 했는데, hard candy가 언급된 Milo d'Antoni가 Ms. Mendoza에게 보낸 두 번째 지문(이메일), 두 번째 줄의 I would like to thank you again for your wonderful

토익 개념&실전 종합서

실력
완성